Vold의 이론범죄학

7th Edition

Vold's Theoretical Criminology

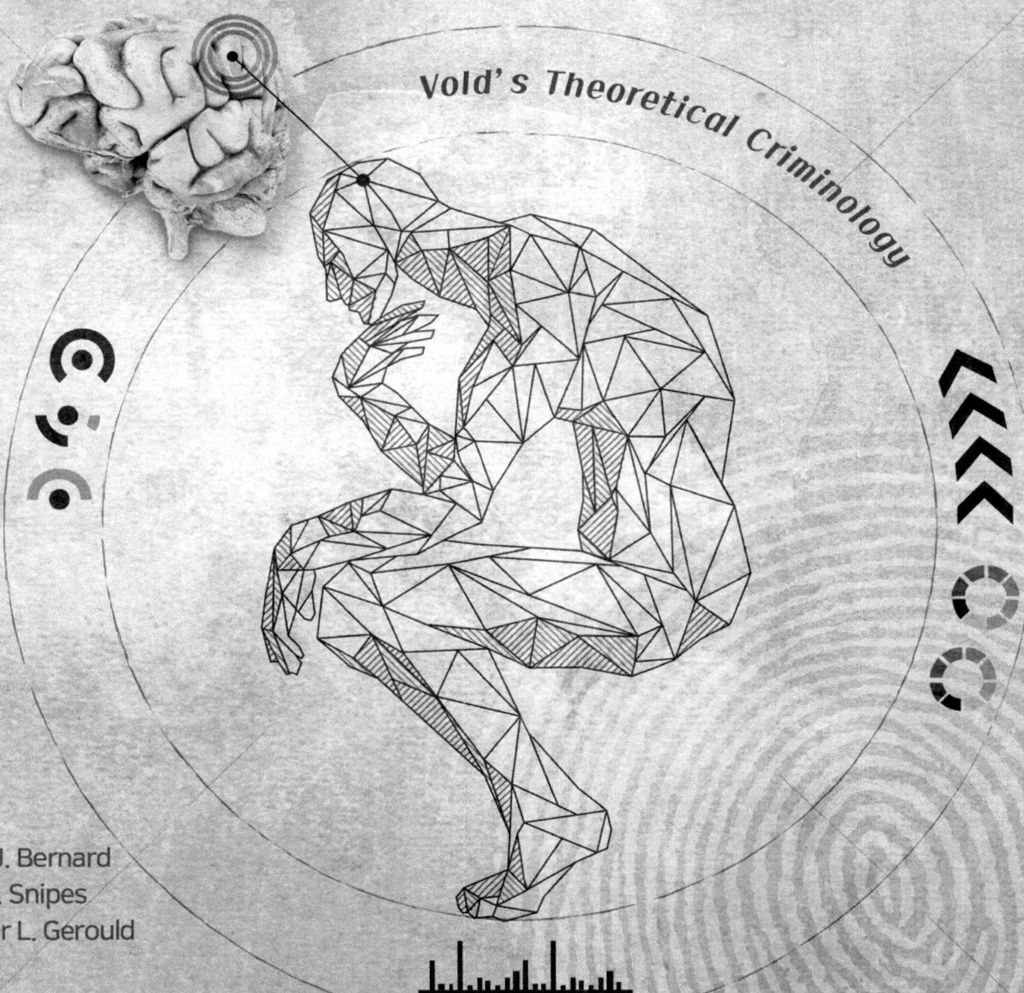

Thomas J. Bernard
Jeffrey B. Snipes
Alexander L. Gerould
지음

이순래 · 이성식 · 박정선 · 김성언
박철현 · 김상원 · 박성민 · 류준혁
옮김

도서출판 그린

한국어판 서문

그동안 "이론범죄학(Theoretical Criminology)"이란 이름으로 널리 알려졌다가 최근 "Vold의 이론범죄학(Vold's Theoretical Criminology)"으로 개명된 최신판이 한국에서 번역·출판되어 우리 저자는 매우 큰 영광으로 생각합니다. 한국어 번역판은 기존의 국제적 번역판(중국, 페르시안, 일본)과 함께 범죄현상의 이론적 이해에 크게 기여하리라 믿습니다.

이 책은 범죄학 분야에서 오랜 역사를 지니고 있으며, 미국과 캐나다를 비롯해 영국, 호주, 아시아, 중동에 이르기까지 폭넓고 국제적인 독자층을 갖고 있습니다. 조지 볼드(George Vold) 교수는 미네소타 대학에서 오랫동안 범죄학자와 교수로 여러 방면에 걸쳐 중요한 활동을 하셨으며 1967년에 작고하셨습니다. 볼드 교수가 돌아가시면서 어쩌면 이 책은 사람들의 관심에서 멀어질 수도 있었습니다. 그러나 1970년대 후반에 토머스 버나드(Thomas Bernard) 교수께서 볼드 가족의 양해를 얻어 두 번째 판을 출판하면서 새로운 모습으로 세상에 등장하였습니다. 버나드 교수는 이후 세 번째 판을 출판하였고 1998년 네 번째 판을 준비할 무렵에 저에게도 참여할 기회를 주셨습니다. 저는 스승과 함께 저술한다는 사실이 매우 기뻤으며 이후의 새로운 판들을 지속적으로 공동집필하였습니다. 가장 최신판인 여섯 번째 판 (2010)에서 저는 알렉스 저롤드(Alex Gerould) 교수에게 공동저자로 참여해줄 것을 부탁하였고 이 책은 또다시 새로운 활기를 띄게 되었습니다. 이 판이 출판된 직후 토머스 버나드 교수께서 작고하신 것은 매우 안타까운 일입니다.

이 책에서 소개하는 이론은 대부분 북미, 유럽, 호주의 범죄학자가 제안한 내용입니다. 약간의 차이는 있겠지만 이 이론들이 전 세계의 모든 국가에 적용될 수 있다는 사실을 믿어 의심치 않습니다. 특히 볼드 교수 자신이 제안한 집단갈등이론(group conflict theory)은 폭넓은 사회 환경과 다양한 정치 형태에 대해서도 적용할 수 있을 것입니다. 저의 소박한 생각에는, 한국의 범죄학자들이 남한과 북한 사회에 집단갈등이론을 적용해보면 매우 주목할 만한 연구결과가 있지 않을까합니다. 잘 아시겠지만 남한과 북한은 국가의 권력구조와 형태에서 오랜 시간에 걸쳐 극적인 변화를 겪었습니다. 이런 점에서 미국과 같은 서구사회보다 정치 구조와 집단갈등이 범죄의 정의와 구성, 범죄의 실태, 법집행의 양태에 훨씬 더 많은 영향을 미쳤으리라 판단할 수 있을 것입니다.

물론 갈등이론이 한국의 학자나 한국어 번역판 독자가 관심을 가질 유일한 이론은 아닐 것입니다. 통제이론, 심리학적 이론, 생물학적 이론, 사회해체이론, 낙인이론, 그 외 이 책에서 소개하는 다양한 이론이 한국에서 발생하는 범죄현상과 관련이 있을 것입니다. 이런 이론들이 한국의 학생이나 범죄학자에게 더 널리 알려지는 것과 관련하여 저를 가장 흥분시키는 것은 범죄학이 한국에서 (그리고 한국 밖에서 연구하는 한국 범죄학자 사이에서) 한 학문으로 발전함에 따라 우리는 다양한 범죄이론이 다른 나라의 범죄와 비교하여 한국의 범죄에 얼마나 적용되는지를 배울 수 있게 된다는 점입니다. 미국에서 경험적으로 비교적 드물게 입증되었던 어떤 이론이 한국에서는 경험적으로 더 많이 입증되는 것이 가능하며 그 반대의 경우도 사실입니다. 제가 한국 범죄학자에서 특별히 권하고 싶은 것은 이 다양한 이론으로 한국의 범죄패턴을 설명하도록 노력하는 동시에 현존하는 어떤 이론보다 한국의 범죄를 더 잘 설명할 수 있는 독자적인 범죄이론을 형성하는 것입니다. 범죄기록이 별 도움이 되지 않아 북한의 범죄패턴을 설명하는 것은 어렵겠지만, 남한에서는 1953년의 형법과 같은 새로운 법률 제정에 이어 수십 년간 기록된 괄목할 만한 변화가 있었습니다. 그 예로 1980년대의 여성에 대한 폭력의 증가, 1990년대와 2000년대의 조직범죄의 등장과 마약문제의 증가, 1990년대 후반의 살인, 강간, 침입절도 및 단순절도의 증가 등을 들 수 있습니다.

미국에서는 범죄학자가 더 현실적이 되어야 한다는 강력한 요구가 있습니다. 범죄학자는 현대화되어야 합니다. 그들은 수십 년 된 옛 이론의 하찮은 이론적 간격을 메우기보다는 범죄가 왜 변하는지, 수십 년 또는 여러 세기에 걸친 사회변화로 인한 범죄를 어떻게 막을 수 있을지 설명할 수 있어야 합니다. 예를 들어 어떤 범죄학자는 범죄예방의 방법을 도출하기 위해 합리적 선택이나 상황의존적인 이론에 더 초점을 두고 있습니다. 아마 한국의 범죄학자도 현명하게 이 추세를 따라 한국의 범죄 원인과 해법을 제시할 때 최대한 현실적이 된다는 사실을 명확히 할 수 있을 것입니다. 저는 한국인이 이 중요하고 매력적인 분야에 노력을 계속 경주하여 최상의 성과를 이룰 것을 기원합니다.

Dr. Jefferey B. Snipes

San Francisco State University, California

저자 서문

나(제프 스나입스)는 펜스테이트 대학에서 학부와 석사과정을 다니기 수 년 전에 탐 버나드를 알았다. 그는 내가 다니던 교회에서 적극적인 사람이었으며 내 가족의 친구 중 하나였다. 나는 학부 1학년 때부터 그에게 수업을 들었지만, 정작 그에 대해 정말로 잘 알게 된 것은 대학원 수업을 들었을 때였다. 그 과목은 이론이었고, 내 기억에는 첫 세미나 수업에 약 15권 정도의 책을 쌓아서 들고 뒤뚱거리며 들어왔었는데, 그 책들은 그 방의 먼지 쌓인 가구들만큼이나 오래된 것이었다. 그는 우리에게 그 책들을 하나씩 주면서, 다음 주까지 각자 분석보고서를 내도록 요구했다. 이 책들은 범죄학에서 고전들이었는데, *Delinquency in a Birth Cohort*, *Wayward Puritans*, 그리고 *Delinquents in the Making*과 같은 책들이었다. 이렇게 우리의 수업은 시작되었다. 우리는 그 위대한 저작들에 대한 다른 사람들의 해석이 아닌 원전을 그대로 읽고 우리의 결론을 내렸다. 탐은 겸손하고, 상냥하며, 그리고 감동을 자아내는 교수였고, 우리는 그에게 그 학기 동안 많은 것을 배웠고, 심지어 그가 부담한 주점에서의 술파티에서 오히려 더 많은 것을 배웠다.

수년 후 그가 이론적 통합에 대한 한 논문에 공동저자를 해줄 것을 요청했을 때 나는 큰 혜택을 받았다고 느꼈고, 이런 느낌은 그가 이 책(4판 이후)의 공동저자로 함께하자고 했을 때 더욱 강해졌다. 탐은 이 책을 범죄학의 기초를 세운 (작고한) 조지 볼드로 부터 물려받았다. 탐이 그램블링대학에서 강사로 있을 당시 이 작업을 맡게 되었고, 그 이후 그는 옥스포드대학 출판부에 이 책 2판을 출간할 수 있는지 문의했다. 그 책은 그 당시 탐의 엄청난 계획을 상징한다. 그리고 그 당시 그 일이 탐에게 많은 부담을 주었지만, 그것은 한 범죄학자로서 그의 경력에 큰 프라이드 중의 하나가 되었다.

우리의 우정은 우리가 서로 알게 된 이후 수십 년 동안 계속되고 있다. 우리는 친절한 충고, 가끔의 애정 어린 말다툼, 그리고 가장 중요한 것으로 서로를 위해 함께함으로써 항상 서로 의지해 왔다. 탐은 몇 번의 재발된 암에 맞서 강하고 용기 있게 투병했다. 그는 놀라운 친구이자 선생님, 아버지, 남편, 범죄학자, 그리고 지역사회의 지도자였다. 탐은 2009년 6월 28일 숨을 거두었다. 나는 그가 몹시 그립다.

이 이론범죄학의 7판에서 특기할만한 점은 맥락 속에서의 이론에 대한 새로운 장이 추가된 것인데, 이 장은 1990년대 초 이후 미국에서의 큰 범죄율의 하락에 대한 수많은 설명들을 다룬다. 이 장은 이론이 어떻게 정책을 만들 때뿐만 아니라 범죄동향을 설명할 때도 큰 적합성을 가질 수 있는지를 학생들에게 이해시키기 위해 만들어졌다. 추가적으로 이 판에서는 새로운 절 몇 개를 추가하였는데, 그것은 공공주택에서의 범죄, "전사" 유전자, 총기통제, 그리고 통합체계이론이다. 실질적이고 교육적인 개선을 위해서, 이 책의 체계를 다소 바꾸었다. 범죄의 의미에 대한 장은 없어졌고, 여기에 있던 내용들은 다른 장들에 분산하여 배치하였다. 빈곤의 직접효과에 대한 장은 없어졌고, 그것의 결론은 다른 부분에 삽입되었다. 마지막으로, 책의 곳곳에 지난 5년 동안 이 분야에서의 공헌들을 반영하기 위해 일반적인 업데이트가 있었다.

제프 스나입스, 알렉스 저롤드

역자 서문

범죄는 오늘날 사회성원들이 가장 우려하는 사회문제의 하나이다. 우리나라에서는 해마다 200만 건 이상의 범죄가 발생하여 수많은 사람들이 신체적으로나 정신적으로 돌이킬 수 없는 범죄피해를 겪고 있다. 형사사법기관들이 나름대로 많은 노력을 하지만 아직까지 범죄문제가 완화되는 징후는 찾아보기 어렵다. 오히려 최근에는 더욱 심각해지는 추세이다. 범죄문제에 적절히 대처하려면 현상에 대한 올바른 이해가 선행되어야 한다. 범죄가 무엇이며, 왜 사람들이 반사회적 행위를 저지르는가를 제대로 이해할 때에 사회적으로 적절히 대처할 수 있기 때문이다.

범죄학이론은 범죄의 성격을 해명하고, 범죄가 발생하는 원인을 논리적으로 설명하려는 학문적 노력의 산물이다. 사람들은 잃게 되는 질환의 유형은 다양하며 각양각색의 이유로 인해 질환에 시달린다. 이와 유사하게 그 동안 여러 학자들이 범죄의 특성과 범죄원인에 관해 다양한 이론들을 제안했다. 1958년에 처음 출판한 이 책에서 볼드 교수는 기존에 제안되었던 범죄이론들을 일목요연하게 정리하고 주요이론들의 배경과 장단점을 상세히 분석했다. 볼드 교수의 뛰어난 통찰력으로 집필된 저서는 이후 범죄문제를 연구하는 전문학자와 형사사법분야의 실무자들 사이에 범죄학이론의 대표적 서적으로 자리매김했다. 우리 8명의 역자들은 범죄학 분야의 핵심적 필독서인 "볼드의 이론범죄학" 7판을 번역할 수 있는 기회를 갖게 된 것을 매우 영광스럽게 생각한다. 동시에 번역에 따르는 책임감을 그 어느 때보다 무겁게 느꼈으며, 매우 신중한 자세로 원문의 내용이 독자들에게 정확하게 전달될 수 있도록 최선의 노력을 기울였다.

한국어판 서문에서 공동저자인 스나잎스 교수가 설명했듯이 처음 출판된 이후로 약 50년이 흐르면서 이 책의 집필진에는 약간의 변화가 있었다. 최근에는 저자 중의 한 사람인 버나드 교수마저 작고했고, 이 책은 버나드 교수의 유작이 되었다. 이후 스나잎스 교수와 저롤드 교수가 저술에 참여하고 집필진이 새롭게 구성되면서 최근에 발표되고 있는 범죄학의 이론적 성과들이 적극적으로 수집되어 이 책은 최신이론들의 동향까지도 반영하고 있다. 범죄문제에 대한 사회적 우려가 커지면서 우리나라 대학에서 범죄실태론, 범죄유형론, 범죄대책론, 지역사회 범죄예방론, 신종범죄론 등 여러 유관과목들이 개설되고 있다. 범죄의 특성과 발생원인에 대한 충분한 선행학습이 이러한 유관과목들의 이해에 필수적이라는 점에서 이 책은 매우 유용하리라 생각한다.

우리 역자들은 원문의 내용을 충실히 반영하기 위해 완역된 내용을 역자 개별적으로 재검토하는 수정작업을 거쳤으며, 범죄학을 전공으로 하지 않는 학생이나 일반독자를 위해 국내번역에서는 유례없는 6개월간의 전문 윤문과정을 거쳤다. 이런 노력이 있었지만 우리 역자들이 발견하지 못한 오류가 있다면 그것은 우리 역자 모두의 책임일 것이다. 이 책의 출판을 위해 많은 분들이 기여를 하였다. 그 중에서도 한국어판 서문을 통해 우리나라에 적용할 수 있는 범죄학이론에 대한 아이디어를 제공한 스나잎스 교수께 우선적으로 감사드린다. 또한 출판의 지연까지 감수하며 더 나은 책의 탄생을 위해 인내하며 물심양면으로 지원을 아끼지 않은 그린출판사의 윤덕우 사장님께 깊은 감사를 드린다.

역자 일동

차 례

제15장 통합이론 | 425

제16장 범죄학이론의 평가 | 451

제1장 이론과 범죄

장 개요

- 초자연적 설명
- 자연적 설명
- 과학적 이론들
- 과학적 이론의 인과관계
- 세 가지 준거틀
- 세 가지 준거틀 사이의 관계

C/H/A/P/T/E/R

01 이론과 범죄

수십 년 전부터 이미 훌륭한 교과서들이 범죄학을 하나의 독립적인 학문분야로 잘 다루어 왔다.[1] 이 교재 대부분은 범죄라는 주제에 대해 이미 알려져 있는 사실을 보여준다. 예를 들어 그들은 사회 내에서 범죄가 얼마나 많이 발생하고 어떻게 분포하는지를 설명한다. 형사법과 형사절차의 특성, 범죄자의 특성, 형사사법체계의 역사, 구조, 기능이 여기에 해당한다. 통상 이 교재들은 다소 제한적으로 이론들을 다룬다. 거의 모든 교재가 범죄의 원인에 대한 주요 이론들만을 살펴보고 있으며, 일부 교재가 법사회학, 형벌의 철학, 교정처우의 이론과 같은 이론적 성과를 다루고 있는 정도다.

이론범죄학을 위한 교재인 이 책은 범죄에 관해 이미 알려져 있는 사실을 적어도 몇 개의 장 속에서 다루기는 하지만 그것이 핵심은 아니다. 대신 이 책은 사실을 설명하는 이론에 초점을 맞춘다. 이 책의 초점은 범죄의 사실이 아닌, 이론 그 자체이다.[2]

기본적으로 이론은 설명의 일부이다.[3] 이것은 무언가를 이해하고, 그것을 특정 시·공간의 지적 분위기를 구성하는 정보와 신념, 태도의 전체 세계와 연결시키는 적절한 방식이다. 역사적으로 범죄이론에는 두 가지 기본적인 유형이 있다. 하나는 초자연적 설명(또는 내세적 설명)에 근거를 두고, 다른 하나는 자연적 설명(또는 현세적 설명)에 의거한다. 두 유형은 모두 현대적이면서도 오래된 것이다.

초자연적 설명

범죄의 초자연적 설명(spiritual explanations)은 삶에 대한 일반적인 관점이다. 이 관점은 많은 사건이 내세적인 힘에 의해 발생한다고 해석한다. 예를 들어 원시인은 기근, 홍수, 전염병과 같은 자연재해를 자신들이 초자연적 권력자에게 나쁜 짓을 했기 때문에 받는 처벌이라고 생각했다.[4] 그래서 그들은 신성화된 의례와 의식을 통해 이 권력자를 달랬다.

세상에 대한 초자연적 관점은 근대적인 형사사법체계의 기원 및 발전과 밀접한 관련이 있다.[5] 중세 유럽에서 범죄는 대개 사적인 사건이었다. 피해자나 피해자의 가문은 가해자나 가해자의 가문에 대해 비슷하거나 더 큰 피해를 입혀 복수를 하였다. 그러나 사적인 응징은 서로 상대편에 더 큰 피해를 입힐 수 있기 때문에 두 가문이 피를 흘리며 반목하게 만드는 경향이 있었다. 이 반목은 한쪽 가문이 완전히 사라질 때까지 수 년 동안 계속될 수도 있었다. 따라서 봉건군주는 누가 무죄이며, 누가 유죄인지를 신이 지명하는 방법을 고안해 냈다. 그 첫 방법이 '결투재판(trial by battle)'이다. 양쪽은 서로 자신의 주장이 진실이라고 맹세할 것이다. 그 다음에 그들 또는 그들이 지명한 대리인이 서로 싸울 것이다. 신은 옳은 사람에게 승리를 주고, 거짓을 맹세한 사람에게는 패배를 안겨줄 것이다. 따라서 패배자 가문은 승자에게 가혹한 복수를 할 명분이 없어 피를 보는 반목은 끝날 것이다.

이런 결투재판에서 생기는 문제는 훌륭한 전사들(그리고 그들을 고용할 여유가 있는 사람들)은 그들이 원하는 만큼 많은 범죄를 저지를 수 있다는 것이다. 신은 항상 그들에게 승리를 안겨줄 것이기 때문이다. 따라서 이후에 '시련재판(trial by ordeal)'이 만들어졌다. 이 방법은 피고가 어렵고 고통스러운 테스트를 체험하도록 하는 것인데, (신이 보호하는) 무고한 사람은 해를 입지 않는 반면에 죄를 지은 사람은 고통스럽게 죽을 것이다. 예를 들어 어떤 여성이 마녀인지 아닌지를 판별하는 일반적인 방법은 그녀를 묶어서 성직자가 축성한 물에 던지는 것이다.[6] 피고가 가라앉으면 무죄이지만, 물에 뜨면 유죄였다. 고통의 다른 형태는 두 줄로 늘어서서 가운데로 통과하는 사람에게 매질을 하는 것과 불 위를 걷게 하는 것이었다. 시련재판은 1215년 로마교황의 비난을 받은 후 면책선서로 대체되었다. 이것은 피고가 12명의 평판 좋은 사람을 모으고 그들이(피고가 무죄라고) 맹세를 하면 무죄가 되는 제도였다. 이 아이디어는 신에게 벌 받는 것을 두려워해 어느 누구도 맹세한 다음에는 거짓말을 하지 않으리라는 믿음에서 나온 것이다. 이 면책선서는 궁극적으로 법정증인의 선서제도와 배심재판제도로 발전하였다.

범죄에 대한 초자연적 설명은 매사추세츠만(Massachusetts Bay)에 있던 청교도 식민지의 신세계에서 출현하였다. 식민지가 건설된 이후 첫 60년 동안, 이 식민지에서 세 번의 심각한 "범죄의 증가시기"를 겪었다. 사람들은 그 원인이 악마 때문이라고 생각했다. 그 중 가장 심각한 범죄의 증가는 1692년에 발생했다. 당시 사람들은 수많은 마녀들이 그들을 공격했다고 생각했다.[7]

우리의 근대적인 교도소체계도 범죄의 초자연적 설명과 관련하여 나타난 것이다. 1790년경 필라델피아(Philadelphia)의 퀘이커(Quakers)교도는 범죄자를 감방에 고립시키고, 그들에게 성경을 주어 읽게 하며, 육체노동을 하게 하는 아이디어를 생각해 냈다. 퀘이커교도는 범죄자에게 이렇게 하면 그들이 과거에 행한 나쁜 짓을 깊이 되돌아보고 반성할 것이라고 생각했다.[8] 그들은 이 발명을 묘사하기 위해 참회소(penitentiary)라는 용어를 사용했다. 이는 자신의 죄에 대해 용서를 비는 참회자를 위한 장소라는 의미였다.

오늘날 많은 종교인과 종교집단은 범죄를 초자연적 측면에서 설명한다. 예를 들어 찰스 콜슨(Charles Colson)은 닉슨 대통령의 특별고문이었는데, 워터게이트 사건에 연루되어 교도소에서 7개월 동안 수감생활을 하였다. 그는 구금경험을 통해 종교적으로 전향하고 국제교정단체(Prison Fellowship International)를 설립했다. 현재 100개국 이상에서 운영되는 이 단체는 기독교의 메시지를 재소자들에게 전달하면서 형사사법제도 개혁에 앞장서고 있다.[9] 콜슨은 죄 많은 인간의 본성이 범죄의 원인이며, 종교적 전향만이 범죄를 치료할 수 있다고 주장한다.

자연적 설명

초자연적 설명은 발생한 사건을 설명하기 위해 내세적 힘을 이용하지만, 자연적 설명은 같은 사건을 설명하는 데에 물질세계의 사물과 사건을 이용한다. 초자연적인 접근과 유사하게, 자연적 설명은 현대적일 뿐만 아니라 오랜 역사를 갖는다.

초기 그리스인들은 매우 오래전부터 자연주의적·현세적 설명을 발전시켰다. 예를 들어 히포크라테스(Hippocrates, 기원전 460년)는 뇌가 마음의 기관이라고 주장했다. 데모크리토스(Democritus, 기원전 420년)는 원자라고 불리는 물질의 쪼개지지 않는 단위에 대한 관념을 제안하고, 이것을 인간을 둘러싼 세상을 설명하는 중심원리로 사용했다. 소크라테스(Socrates), 플라톤(Plato), 아리스토텔레스(Aristoteles)에게 통일성과 연속성의 관념이 중요한 역할을 하기는 했지만, 모든 설명에서 본질적인 요소는 물리적이고 물질적인 것이었다. 기원전 1세기까지, 로마 사람들은 자연주의에 철저히 물들어 있었다. 예를 들어 로마법은 히브리(Hebrew) 전통의 정신주의와 그리스 전통의 자연주의를 결합하여 권리뿐만 아니라 처벌에 대한 자연적 기초를 제공했다. 법과 질서에 대한 신성한 처벌이라는 히브리의 교의는 그리스 자연주의와 융합되었고, 로마법에서 "사물의 본성(nature of things)"에 기초한 정당화로 나타났다. 후에 신성한 권리에 의한 왕의 통치는 하나의 자연법이 되어 "사물의 본성"으로 정당화되었다.

16세기와 17세기에 홉스(Hobbes), 스피노자(Spinoza), 데카르트(Descartes), 라이프니츠(Leibniz)와 같은 학자는 물리학자의 연구과제로 인간사를 비인격적이고 양적으로 연구했다. 현대의 사회과학은 이러한 자연주의를 계속 강조하고 있다. 사회과학자 사이에서 의견이 일치하지 않는 사실은 잘 알려져 있지만, 적어도 그들이 물리적이고 물질적인 세계에서 발견되고 관찰 가능한 현상의 범위 내에서 설명하려 한다는 점만큼은 공통적이다.

과학적 이론들

과학적 이론은 자연적 설명의 하나이다. 과학적 이론은 관찰 가능한 현상 사이의 관계를 진술 한다. 예를 들어 범죄학에서 어떤 과학적 이론은 처벌의 확실성이나 엄격성과 범죄행동의 관계를 진술한다. 다른 이론은 인간의 생물학적·심리적·사회적 특성과 이들이 범죄를 범할 가능성과의 관계를 진술한다. 그러나 또 다른 이론은 개인의 사회적 특성과 이들이 형사사법기관에 의해 범죄자로 정의되고 처리될 가능성과의 관계에 대해 진술한다. 이 모든 특성은 관찰 가능하고 그렇기에 이 이론은 모두 과학적이다.

과학적 이론이 관찰 가능한 현상 사이의 관계를 진술하기 때문에 그것들은 거짓으로 입증될 수 있다는 특징을 갖는다.[12] 어떤 과학적 이론을 잘못된 것으로 입증하려는 과정은 그 이론에서 묘사된 관계들을 체계적으로 관찰한 후, 그 이론 자체의 주장과 관찰한 결과를 비교하는 것이다. 우리는 이 과정을 연구라고 부른다. 다시 말해 이론의 주장은 관찰된 사실세계에서 검증된다.[13] 관찰이 그 이론의 주장과 일치하지 않는다면, 그 이론은 거짓으로 입증될 것이다. 만약 관찰 결과가 그 이론과 일치한다면 그 이론은 보다 더 믿을 만하겠지만, 증명된 것은 아니다. 관찰된 동일한 관계를 설명할 수 있는 다른 대안적 이론이 있기 때문이다.

만약 상당히 괜찮은 모든 대안이론들이 관찰된 사실들의 세계에 부합하지 않는 것으로 밝혀진다면, 어떤 이론의 신뢰성은 매우 높아진다. 그 점에서, 그 이론은 간단히 사실로서 받아들여질 수 있다. 그러나 미래에 어떤 새로운 사실들이 드러나고 그것이 그 이론과 부합하지 않는다면 언제든 새로운 이론이 등장할 가능성이 있다. 뉴턴(Newton)의 물리학 법칙은 200년 동안 진리로 여겨졌으나 20세기 들어 새로운 사실이 발견됨으로써 아인슈타인(Einstein)의 상대성이론으로 대체되었다.[14]

과학적 이론의 인과관계

인과관계는 관찰 가능한 변수 사이에서 나타나는 관계 유형의 하나이다. 범죄학에서 모든 과학적 이론은 한 유형 혹은 그와는 다른 유형의 인과적 주장을 한다. 과학적 이론에서 인과관계가 있다는 것은 다음 네 가지 요건 – 상관관계, 이론적 근거, 시간적 순서, 허위관계의 부재 – 을 필요로 한다.

상관관계(correlation)는 어떤 것들이 서로와의 관계에서 체계적으로 변하는 경향이 있음을 의미한다. 예를 들어 키와 몸무게는 상관관계가 있다. 키가 큰 사람일수록 몸무게가 많이 나가고, 키가 작은 사람일수록 덜 나간다. 그 관계가 완벽하지는 않아 키가 작은 어떤 사람이 몸무게가 더 나갈 수 있고, 키가 큰 어떤 사람이 덜 나갈 수 있다. 그러나 키가 클수록 몸무게가 더 나가고, 키가 작을수록 몸무게가 덜 나가는 경향은 계속 유지된다. 이것을 "정적(positive)" 상관관계라 부른다.

"부적(negative)" 상관관계는 어떤 것이 더 많을수록 다른 어떤 것은 더 적은 관계에서 나타난다. 예를 들어 차의 총 주행거리가 길수록 그 차량 가격은 떨어진다. 이것 역시 키와 몸무게처럼 그 관계가 완벽하지는 않다. 오래된 차 중에는 매우 값나가는 것이 있고 새 차 중에도 값이 저렴한 것이 있기 때문이다. 그러나 일반적으로 차량의 경우, 총 주행거리와 가격은 부적 상관관계를 갖는다.

정적이든 부적이든 상관관계는 인과관계를 위해 필수적이다. 두 현상이 키와 지능지수의 관계처럼 어떤 체계적인 방식으로 함께 변하지 않는다면, 한 현상은 다른 현상의 원인이 될 수 없다. 그러나 상관관계가 있다는 것만으로는 인과관계가 있다는 것을 의미하지 않는다. 어떤 인과관계가 존재한다고 믿을 만한 타당한 이유도 필요하다. 이것을 이론적 근거(theoretical rationale)라고 부르는데, 과학적 인과관계의 두 번째 요건이다.

예를 들어 어떤 범죄학자들은 가혹하고 변덕스러운 부모의 훈육이 자녀의 비행을 증가시킨다고 주장한다.[15] 여기에는 어떤 상관관계가 존재해야 한다. 그런 훈육을 하는 부모의 자녀는, 온화하고 일관적인 훈육을 하는 부모의 자녀보다 더 많은 비행을 저질러야 한다. 하지만 왜 이와 같은 부모의 훈육방식이 자녀 비행의 원인이 되는지를 일관되게 설명하는 이론적 근거 또한 있어야 한다.

예컨대 어떤 이론적 설명은 가혹한 훈육이 사랑보다는 분노를 유발하며, 부모에 대한 복수심에서 자녀가 반항하고 비행을 저지를 가능성을 높인다고 할 것이다. 더욱이 변덕스러운 훈육은 잘못된 행동에 대해 오랫동안 어떤 방식으로든 처벌이 없었음을 의미한다. 이 예를 어떤 상관관계의 증거에 따라 생각하면, 가혹하고 변덕스러운 훈육이 비행의 원인이 된다는 결론이 나온다.

그러나 상관관계와 이론적 근거는 인과관계를 추리하기에 충분하지 않다. 예를 들어 두 명의 다정한 부모가 비행자녀를 두고 있다고 상상해 보자. 온화하고 일관된 훈육이 잘 먹히지 않고, 결국 아이가 문제를 일으킬 때, 부모는 (아무런 효과가 없다고 생각하기 때문에) 아무 것도 하지 않거나 (그들이 화나고 좌절하기 때문에) 가혹한 훈육을 한다.[16] 이 시나리오에서는 (거꾸로) 자녀의 비행이 가혹하고 변덕스러운 부모의 훈육을 유발한다.

문제는 "인과관계의 방향"이다. 훈육이 비행의 원인일까? 아니면 비행이 훈육의 원인일까? 해결책은 과학적 인과관계의 세 번째 요건인 시간순서(time sequence)를 살펴보는 것이다. 훈육이 먼저 나타나고 비행이 다음에 나타난다면, 우리는 훈육이 비행의 원인이라고 결론 내릴 것이다. 그러나 비행이 먼저 나타나고 훈육이 나중에 나타난다면, 우리는 비행이 훈육의 원인이라고 결론내릴 것이다.

과학적 인과관계의 네 번째이자 마지막 요건은 허위관계의 부재(the absence of spuriousness)이다. 범죄율이 높은 지역의 부모들이 사회적·문화적 이유 때문에 그들의 자녀가 비행을 저지르지 않을 때조차 가혹하고 변덕스러운 훈육방법을 사용한다고 가정하자. 그리고 같은 이유로 범죄율이 높은 지역의 아동들이 부모의 훈육방법에 관계없이 더 많이 비행을 저지르는 경향이 있다고 가정하자. 여기서 가혹하고 변덕스러운 훈육과 비행 사이에 어떤 인과관계가 있는 것처럼 보이지만, 실제로는 훈육과 비행이 일방적으로 또는 양방향으로 해당 지역의 높은 범죄율의 영향을 받았을 수 있다.

이 예에서, 비행과 부모의 훈육방법 사이 관계는 허위관계일 것이다. 그러나 연구자가 지역을 통제한다고 가정하자. 다시 말해 같은 지역에서 가혹하고 변덕스러운 훈육방법을 사용하는 부모와 온화하고 일관적인 훈육방법을 사용하는 부모를 비교한다고 가정하자. 여기서 비행이 가혹하고 변덕스러운 훈육방법과 관련된다는 것을 발견한다면, 지역 탓으로 돌릴 수 없다. 이 경우 어떤 인과관계가 존재한다고 결론 내리는 게 사리에 맞다.

그렇다고 어떤 인과관계가 존재한다는 것은 항상 가능성에 대한 진술이지 결코 확실한 단정은 아니다. 가혹하고 변덕스러운 훈육이 비행의 원인이 된다고 말하는 것은 흡연이 암의 원인이 된다고 말하는 것과 같다. 대다수 흡연자는 암에 걸리지 않는다. 그것보다는 흡연자가 비흡연자에 비해 암에 걸릴 확률이 더 높다는 뜻이다. 이와 비슷하게, 우리의 인과이론이 옳다면, 가혹하고 변덕스러운 훈육 하에서 성장한 아동은 온화하고 일관된 훈육 하에서 성장한 아동보다 비행을 저지를 경향이 더 높지만, 이 결과를 절대적으로 보장할 수는 없다.[17]

인과이론을 만드는 목적은 우리가 살고 있는 세계에 대해 영향력을 행사하고 통제하는 것이다. 우리가 (범죄와 비행과 같은) 어떤 것을 줄이려 하거나 (법 준수 행동과 같은) 어떤 것을 더 늘리고 싶을 때, 우리는 우리가 하고 싶은 행동의 원인을 찾으려고 한다. 그 후 우리는 그 원인으로 우리가 원하는 결과를 이끌어 내려고 한다.

사회과학에서 인과적인 이론이 단지 확률적인 것일지라도, 그 확률에 대해 아는 것은 정책적 목적을 위해 유용할 수 있다. 예를 들어 가혹하고 변덕스러운 훈육이 실제로 조금이라도 비행의 가능성을 증가시킨다면, 부모의 훈육방법을 수정하는 것은 유용할 수 있다. 특별 강좌를 통해서 부모들에게 효과적인 훈육방법을 가르칠 수 있는데, (예를 들어 범죄율이 높은 지역에 사는) 그들의 자녀는 비행청소년이 되지 않을 수 있다. 이 강좌가 부모의 훈육방법을 바꾸는 데 성공한다면, 미래의 비행은 줄어들 것이다. 실제로 그 강좌는 장기간 상당한 양의 비행을 감소시킨 것으로 나타난다.[18]

범죄학에서 모든 과학적 이론은 인과적인 주장을 하지만, 그 이론들이 범죄에 대한 서로 다른 사고방식에 기초하고 있다 보니 각기 다른, 어떤 점에서는 모순적이라고 할 준거틀을 갖는다. 범죄학 분야의 외연이 어느 정도인지 감을 잡기 위해, 이 책은 세 가지 준거틀을 제시하고 다음 절에서 간략히 설명한다.[19] 첫 번째 준거틀은 인간이 범죄를 자유롭게 선택하는 것으로 설명하는 데 비해 두 번째 준거틀은 범죄행동이 개인의 통제를 넘어서는 힘에 의해 야기되는 것으로 설명한다. 세 번째 준거틀은 범죄가 주로 형법이 제정되고 집행되는 방식에 의해 영향을 받는 것으로 설명한다. 따라서 세 번째 준거틀은 범죄자의 행동보다는 오히려 형법의 작동에 초점을 맞춘다.

세 가지 준거틀

첫째, 사고력과 합리성이 인간의 근본적인 특성으로서 인간의 행동을 설명하는 기초라는 관점이 있다. 이 입장에서는 인간이 자기 자신을 이해할 수 있으며, 자신의 이익을 최대화하도록 행동할 수 있는 존재로 여겨진다. 사회는 그것이 사람들에게 "좋은 것"이 되도록 만들고자 하는 인간의 합리적인 결정의 산물이다. 군주제든, 공화제든, 전체주의적 독재든, 민주주의든 이점에 있어서는 마찬가지다. 인간은 사려 깊은 훈련과 교육을 통해 지성적인 행동을 할 수 있으며, 이 지성적 행동이 진보를 가능케 하는 핵심이다. 개인은 정령이나 악마에 의해 조종되는 것이 아니다. 각자가 자기 운명의 주인이자 자유의지를 가진다.

이는 고전주의 범죄학의 준거틀로서 철학, 정치학, 경제학과 같은 다른 분야에서도 고전주의 사고의 준거틀이다.[20] 이 준거틀에서 범죄는 개인의 자유로운 선택이 빚은 산물로서, 개인은 먼저 잠재적인 범죄 비용에 대한 잠재적인 이익을 계산한다. 따라서 개인이 범죄를 저지르는 걸 선택하지 않을 수준으로 범죄 비용을 높이고 범죄로 얻을 이익을 줄이는 것이 사회가 취할 합리적인 반응이다.

이 준거틀 내에서 범죄학자는 범죄를 최대한 줄일 수 있는 처벌체계를 만들어내고 검증하려 한다. 다시 말해 이 준거틀은 범죄억제에 대한 이론 및 연구의 기초가 된다.

둘째, 범죄가 개인의 통제 밖에 있는 요인에 의해 결정된다는 관점이다. 이 관점은 인간이 자신이 원하고 자기의 사고력이 지향하는 대로 자유롭게 행동하는 자기결정적 행위자가 아님을 암시한다. 이 견해는 실증주의 범죄학의 준거틀이자 심리학, 사회학, 철학과 같은 다른 분야에서의 실증주의적 사고의 준거틀이기도 하다.

이 준거틀 내에서 범죄학자는 범죄의 원인을 찾으려고 한다. 최초의 실증주의 범죄학자는 주로 생물학적 요인에 주목했지만, 그 후의 범죄학자는 심리학적인 요인에, 그리고 더 나중에는 사회학적인 요인에 주목하여 범죄 원인을 규명하고자 했다. 오늘날, 대부분의 범죄학자는 다중요인적 접근을 취한다. 어떤 사람이 범죄행동에 개입할 가능성을 증가시키거나 감소시키는 데에는 많은 요인이 작용한다고 가정하기 때문이다.[21] 이 책 대부분의 장은 이 원인에 대한 다양한 설명을 다룬다.

셋째, 범죄행동의 원인은 본질적으로 합법적 행동의 원인과 유사하므로 범죄의 원인을 찾는 작업은 궁극적으로 부질없다고 보는 관점이다. 따라서 이 견해를 취하는 범죄학자는 왜 어떤 행동은 법적으로 범죄라고 정의되는 반면, 다른 유사한 행동은 범죄로 정의되지 않는지를 설명하려 한다. 그들은 또한 왜 어떤 사람은 공식적으로 범죄자로 정의되지만 그와 본질적으로 유사한 방식으로 행동한 다른 사람은 범죄자로 정의되지 않는지를 설명하려고 한다. 이 부류의 범죄학자가 주장하는 이론은 다양한 방식으로 묘사되어 왔지만, 이 책에서는 이를 "형법작용의 이론"으로 부른다. 그들이 형법 그 자체가 만들어지고 집행되는 방식에 초점을 맞추고 있기 때문이다.[22]

형법작용의 이론은 범죄 건수와 범죄자의 특성이 주로 법률의 입안과 집행에 의해 결정된다고 주장한다. 범죄로 유죄판결을 받는 대부분의 사람은 빈곤하지만 빈곤이 범죄의 원인이어서 그런 건 아니다. 오히려 빈곤한 사람들에게 전형적으로 나타나는 행동들이 법에 의해 더 범죄로 정의되는 경향이 있고, 그 범죄에 적용되는 법률은 더 엄격하게 집행되는 경향이 있다. 사형이 그 예 가운데 하나이다. 이를 주장하는 범죄학자는 법의 집행에서 차이가 존재한다고 주장한다. 살인범죄를 저지른 부유하고 권력 있는 사람들은 덜 검거되고, 재판에 덜 회부되며, 또는 유죄판결을 덜 받거나 덜 중한 범죄로 유죄를 받고, 더 관대한 판결을 받는다. 그들은 법의 집행에서도 차이가 있다고 주장한다. 중범죄 살인법(felony muder law) 하에서, 어떤 범죄자가 강도나 침입절도와 같은 "위험한" 중범죄를 저지르다가 사람을 숨지게 하였다면 1급 살인에 해당한다. 이 경우 덜 심각한 범죄를 하려던 의도가 자동적으로 더 심각한 것으로 바뀌어 버렸기 때문에 굳이 살해하려는 의도가 없어도 된다.[23] 반대로, 기업의 의사결정과 관련하여 발생하는 여러 심각한 상해와 사망은 덜 심각한 범죄(예를 들어 보건 또는 안전 법규의 위반)를 범하려는 의도에서 비롯된다. 하지만 그 결정이 무고한 많은 사람에게 심각한 상해나 사망을 초래할 수 있다는 충분한 인식과 결합될 수 있다. "중범죄 살인법"과 유사한 어떤 법률이 화이트칼라 범죄에 적용된다면, 사형수 감방은 기업의 중역들로 채워질지도 모른다.

1

세 가지 준거틀 사이의 관계

이 관점들은 서로 다르지만, 사실은 모순적이지 않다. 특히 앞서 설명한 다양한 자연적 접근과 초자연적 접근 사이에는 아무런 모순이 존재하지 않는다. 초자연적 관점의 한 예로 찰스 콜슨이 만든 국제교정단체를 거론한 바 있다. 이 조직이 깊이 관여하는 회복적 사법은 주류범죄학 이론 및 연구에서 나온 것이다.[24] 이 단체는 또한 교도소에서 "신앙에 기초한" 프로그램들의 효과성을 평가하기 위한 과학적 연구를 수행한다. 텍사스 주에서 한 프로그램은 각 재소자에게 성경 카운슬러 한 명을 배정한다.[25] 이 연구 그 자체로는 주류 범죄학자가 수행하는 과학적 연구와 다르지 않다. 다른 한편으로 자연주의적 접근을 취하는 주류 범죄학자도 범죄와 형사사법에서 신앙과 종교의 역할을 조사할 수 있다.[26]

자연주의적 접근 내에서도 확실히 모순처럼 보이는 중요한 차이점들이 존재한다. 고전주의 범죄학자는 범죄가 계획의 정도, 범행의도, 옳고 그른 것에 대한 분별력을 통해서 판단될 수 있다고 주장한다. 그들은 범죄의 원인을 찾는 작업이 아무런 실익도 없는 근본적으로 잘못된 노력이라고 생각할지 모른다. 반대로 실증주의 범죄학자는 고전주의 범죄학자의 자유의지를 부정하지만, 어떤 범죄학자는 이 준거틀 내에서 사회적 요인들에 초점을 맞추면서 대체로 생물학적·심리학적 요인을 무시한다. 반면에 다른 실증주의 범죄학자는 생물학적·심리학적 요인이 범죄행동의 상당 부분을 설명하며, 사회적 요인은 단지 생물학적·심리학적 요인과의 상호작용을 통해서만이 영향을 미친다고 주장한다. 마지막으로, 형법작용의 이론을 주장하는 범죄학자는 사회 내의 범죄발생 빈도와 범죄자의 특성은 형법이 어떻게 만들어지고 어떻게 시행되는가에 따라 달라진다고 주장한다. 이처럼 고전주의 준거틀이나 실증주의 준거틀 어떤 것도 범죄를 정확히 사회적인 현상이라고 주장하지 않는다.

자연주의적 준거틀 내에서, 범죄학자는 단지 서로의 주장에 반대하는 것 이상의 것을 할 수 있다. 이 모든 이론은 과학적이기 때문에 관찰 가능한 현상 사이의 관계를 다룬다. 그러므로 범죄학자는 세상을 체계적으로 관찰한 후, 이론에서 주장하는 관계들이 실제로 존재하는지 아닌지를 살펴볼 수 있다. 다시 말해 그들은 연구를 수행할 수 있다. 연구결과는 어떤 이론은 실제 세상에서의 관찰과 부합하지만, 다른 이론은 그렇지 않다는 것을 지적해야 한다. 이것이 과학적 과정이다.

이 과정은 필시 오랜 기간이 걸린다. 특정 이론이 관찰과 일치하는지 아닌지를 단기간에 결론 내리기란 쉽지 않다. 특정 이론에 대한 연구에서 검은색이나 흰색이 도출되는 경우는 거의 없으며, 오히려 회색이 더 많이 나타날 것이다. 일부 연구는 그 이론을 지지하는 반면, 또 다른 연구는 그것을 반박할 것이기 때문이다.[27] 이런 상황에서, 여러 범죄학자는 같은 이론을 놓고도 서로 다른 결론에 도달할 수 있다.

이후의 장에서는 이 일반적인 명제의 몇 가지 함의에 대해 더욱 자세히 살펴본다. 이 장들은 편의상 명료하게끔 나눈 것이므로 장별로 독립성이나 상호배타성이 있다고 생각할 필요는 없다. 대체로 이후의 장들은 이론이 나타난 역사적 순서에 따라 구성하였다. 따라서 가장 초기의 이론이 가장 먼저 나온다. 이렇게 구성한 건 독자들에게 범죄학이라는 분야가 시간의 흐름에 따라 어떻게 전개되어 왔는지를 보여주려는 의도에서다. 다만 제2장은 예외로, 최근 미국 내 범죄 감소를 검토함으로써 이론과 정책의 교차를 모색하고 있다.

제3장은 그 자체로 범죄학의 기원이기도 한 고전학파와 신고전학파 범죄학에 초점을 맞췄다. 이 장은 어떻게 고전주의 범죄학이 18세기와 19세기 동안 한 학문분야로서 나타났는지에 대한 역사적 문헌으로부터 시작하여, 억제에 관한 최근의 이론과 연구에까지 논의를 이어간다. 제4장과 제5장은 실증주의 범죄학의 초기 이론들인 생물학적·심리학적 이론을 살펴볼 것이다. 이후의 범죄학의 이론과 연구는 더 강하게 사회적 요인에 초점을 맞추기 때문에 뒷부분에 제시하였다. 모든 장은 역사적 문헌뿐만 아니라 현대적 문헌까지 포함하고 있다. 즉 초기 이론가의 문헌에서 시작하여, 그것과 전체적으로 같은 관점을 갖는 더 최근의 이론과 연구를 제시하고 있다.

서로 다른 유형의 이론을 모두 제시한 후, 제15장에서는 이것들을 보다 포괄적인 접근 속으로 통합하려는 최근의 움직임에 대해 논의한다. 마지막으로, 제16장은 범죄학에서 나타나고 있는 이론화의 현 수준과 어떻게 범죄학을 하나의 과학으로 발전시킬 것인지에 대한 결론을 담고 있다.

주요 용어

- 이론
- 초자연적 설명
- 결투재판
- 시련재판
- 면책선서
- 참회소
- 자연적 설명
- 과학적 이론
- 반증
- 인과관계
- 상관관계
- 이론적 설명
- 인과관계의 방향
- 시간순서
- 허위관계의 부재
- 통제
- 확률
- 고전주의 범죄학
- 실증주의 범죄학
- 다중요인적 접근
- 형법작용의 이론

토의할 문제

1. (때로 귀신론이라고 불리는) 범죄에 대한 초자연적 설명은 어떤 방식으로 오늘날에도 여전히 형사사법체계에 등장하는가?
2. (인과관계가 아닌) 상관관계가 어떻게 어떤 주어진 상황과 범죄행위 사이에 발견될 수 있는지에 대해 예를 들어보라.
3. 다중요인적 접근에 기초하여 다양한 생물학적·심리학적·사회학적 배경을 가진 가상적인 사람을 만들어보라. 그 개인의 특성을 다른 것으로 바꾼 다음 그렇게 할 경우 그 변화가 그 사람이 범죄를 저지를 확률에 어떻게 영향을 미칠 것인지 평가하라.
4. 세 가지 준거틀(고전주의, 실증주의, 형법작용의 이론)은 각각 인간의 본성을 어떻게 가정하는가? 각 이론은 어떤 종류의 형사정책을 제안하는가?

인용&
부연설명

1. 다음과 같은 많은 수의 교재들이 특정분야에 집중하지 않는 일반 범죄학에 초점을 맞춘다. including Larry J. Seigel, *Criminology*, 9th ed. (Belmont, CA: Wadsworth, 2005); Frank Schmalleger, *Criminology Today*, 4th de. (Upper Saddle River, Nj: Prentice-Hall, 2005); John E. Conklin, *Criminology*, 8th ed. (Boston: Allyn & Bacon, 2004); and Freda A. Adler, William S. Laufer, and Gerhard O. W. Mueller, *Criminology*, 5th ed. (New York: McGraw-Hill, 2003).
2. 범죄학이론에 초점을 맞추는 최근의 교재로 다음과 같은 것들이 있다. J. Mitchell Miller, Christoper J. Scherck, and Richard Tewkesbury, *Criminology theory* (Boston: Allyn & Bacon, 2006); Mark M. Lanier and Stuart Henry, *Essential Criminology*, 2nd ed. (Boulder, CO: Westview Press, 2004); Ronald Akers, *Criminological theories*, 4th ed. (Upper Saddle River, NJ: Prentice-hall, 2003). 원전에 대한 다음과 같은 대여섯 개의 편집서들도 범죄학이론에 초점을 맞춘다. including Lanier and Henry, eds., *The Essential Criminology Reader* (Boulder, CO: Westview Press, 2004); Francis T. Cullen and Robert S. Agnew, *Criminological Theories* (Los Angeles: Roxbury, 2003); Eugene Mclaughlin, John Muncie, and Gordon Hughes, eds., *Criminological Perspectives* (London: Sage, 2002); and Suzette Cote, *Criminological Theories* (Thousand Oaks, CA: Sage, 2002).
3. Arthur L. Stinchcombe, *Constructing Social Theories* (New York: Harcourt, Brace & World, 1968), pp. 3-5.
4. Graeme Newman, *The Punishment Response* (Philadelphia: Lippincott, 1978), pp. 13-25.
5. Harry Elmer Barnes, *The Story of Punishment*, 2nd ed. rev. (Montclair, NJ: Patterson Smith, 1972), pp. 7-10.
6. Newman, op. cit., p. 97.
7. Kai T. Erikson, *Wayward Puritans* (New York: John Wiley, 1966).
8. Harry Elmer Barnes and Negley K. Teeters, *New Horizons in Criminology* (New York: Prentice Hall, 1945); and Negley K. Teeters, *The Cradle of the Penitentiary: The Walnut Street Jail at Philadelphia, 1773-1835* (Philadelphia: Temple University Press, 1955).
9. Charles Colson, *Life Sentence* (Grand Rapids, MI: Baker, 1999).

10. Charles Colson, "Toward an Understanding of the Origins of Crime," in John Stott and Nick Miller, eds., *Crime and Responsible Community* (London: Hodder and Stoughton, 1980).

11. Stinchcombe, op. cit., pp. 15-17.

12. Ibid., pp. 5-6; Thomas J. Bernard, "Twenty Years of Testing Theories: What Have We Learned and Why," *Journal of Research in crime and Delinquency 27* (1990): 325-47.

13. Thomas J. Bernard and R. Richard Ritti, "The Role of Theory in Scientific Research," in Kimberly L. Kempf, ed., *Measurement Issues in Criminology* (New York: Springer- Verlag, 1990), pp. 1-20.

14. Thomas S. Kuhn, *The Structure of Scientific Revolutions* (Chicago: University of Chicago Press, 1969).

15. Robert J. Sampson and John H. Laub, *Crime in the Making* (Cambridge, MA: Harvard University Press, 1993).

16. 예를 들어 Eric A. Stewart et al.,"Beyond the Interactional Relationship Between Delinquency and parenting Practices," *Journal of Research in Crime and Delinquency 39* (2002): 36-59, 는 형사사법기관이 아동에 개입하는 것이 비효율적인 양육을 만들어낸다고 주장한다.

17. 예를 들어 David P. Farrington, "Early Predictors of Adolescent Aggression and Adult Violence," *Violence and Victims* 4 (1989): 79-100 을 보라. 이 논문은 청소년의 많은 특성들 각각으로 인해 비행에 가담하는 청소년들의 백분율을 보고한다. 이처럼 이 논문은 어떤 특별한 특성이 비행에 참여할 확률에 얼마나 많은 영향을 미치는지에 대한 감을 잡게 해준다.

18. 예를 들어 Peter W. Greenwood, Karyn E. Model, C Peter Rydell, and James Chiesa, "Diverting Children From a Life of Crime" (Santa Monica, CA: RAND Corporation, 1996)을 보라

19. 범죄학이론들이 갖고 있는 가정들을 살펴보기 위해서는 Warner Einstadter and Stuart Henry, *Criminological Theory: An Analysis of Its Underlying Assumptions* (Fort Worth, TX: Harcourt Brace College Publishers, 1995)를 보라. 범죄학에서 철학적 방법론에 대한 한 복잡한 논의에 대해서는 Bruce DiCristina, *Method in Criminology: A Philosophical Primer* (Albany, NY: Harrow and Heston, 1995)를 보라.

20. Clarence R. Jeffery, "The Structure of American Criminological Thinking," *Journal of Criminal Law, Criminology and Police Science 46* (1956): 663-64.

21. Travis Hirschi and Michael Gottfredson, eds., *Understanding Crime: Current Theory and*

Research (Beverly Hills, CA: Sage, 1980), pp. 7-19.

22. 이 용어는 Donald Black, *The Behavior of Law* (New York: Academic Press, 1976)로부터 생겨났다. Black의 용어는 그것이 모든 "정부에 의한 사회통제"를 포함한다는 점에서 보다 넓다. 여기서 이 용어는 단지 형법만을 포함하고 다른 형태의 정부에 의한 사회통제는 배제된다. 왜냐하면 이 다른 형태들은 공식적인 범죄율의 분포를 변화시키지 않기 때문이다.

23. Hazel B. Kerper, *Introduction to the Criminal Justice System* (St. Paul, MN: West, 1972), pp. 111-12.

24. 예를 들어 15장에 나오는 John Brathwaite의 논의를 보라. 리뷰를 위해서는 Michael L. hadley, ed., *The Spiritual Roots of Restorative Justice* (Albany: State University of New York Press, 2001)를 보라.

25. 산앙에 기초한 프로그램들의 쟁점에 관한 논의를 위해서는 Sheila Suess Kennedy, "Redemption or Rehabilitation? *Criminal Justice Policy Review* 14(2003): 214-28을 보라. 또한 *Journal of Offender Rehabilitation* 35(3-4) (2002)의 특별호에 있는 논문들도 보라. 이 프로그램의 합법성에 대한 논의를 위해서는 Lynn H. Branham, "Go and Sin No More: The Constitutionality of Governmentally Funded Faith-Based Prison Units, "*University of Michigan Journal of Law Reform* 37 (2004): 291-352를 보라.

26. 예를 들어 Byron R. Johnson et al., "Does Adolescent Religious Commitment Matter? *Journal of Research in Crime and Delinquency* 38 (2001): 22-44; and Brent B. Benda, "Religion and Violent Offenders in Boot Camp", *Journal of Research in Crime and Delinquency* 39 (2002): 91-121을 보라. 교정체계에서의 과학적 생각과 종교적 생각 사이의 상호관련성에 대한 일반적인 논의를 위해서는 Peter Scharff Smith, "A Religious Technology of the Self: Rationality and Religion in the Rise of the Modern Penitentiary," *Punishment and Society* 6 (2004): 195-220을 보라.

27. 현실적인 문제로서, 대부분의 범죄학이론들은 반증가능하지 않은 것으로 보인다. Bernard의 같은 책을 보라. 결과적으로, 이 책의 저자들은 범죄학이 과학적 효용성에 대한 한 가지 기준으로서의 반증 그 자체를 포기하고 위험요인 접근으로 나아갈 것을 권고한다(제15장과 제16장을 보라).

제2장 범죄실태 측면에서 이론과 정책 : 미국의 범죄 대감소

장 개요

- 미국의 범죄 추세 : 과거 50년
- 범죄 추세에 대한 두 가지 상반된 주장
- 1990년대 범죄감소에 관한 설명
- 안전해진 도시
- 결론

C/H/A/P/T/E/R 02

범죄실태 측면에서 이론과 정책 : 미국의 범죄 대감소

이 책의 주제는 이론범죄학이다. 제1장에서는 범죄학 연구에서 이론의 중요성을 강조했다. 이 책은 범죄의 실태보다 범죄학이론들을 종합적으로 서술하는 내용이다. 그러나 최근에 새로운 압력이 범죄학자들에 가해지고 있다. 이론이 범죄추세와 어떤 관련이 있고, 이론과 정책이 어떻게 연결되는지를 설명해야 한다는 요구가 점차 커지고 있다. 범죄학이론들이 서로 다른 관점, 전통, 논리구성 방식을 추구하여 다양한 방향으로 발전하는 것은 좋은 일이다. 그렇지만, 우리가 당면해 있는 범죄의 실태와 수많은 이론들은 어떤 관련성이 있는가? 이 책의 나머지 장에서는 다양한 이론들을 살펴본다. 이번 장은 조금 다르다. 범죄학에서 역사적으로 가장 기념비적 사건의 하나가 현재 진행 중에 있다. 1990년대 초반 이후로 미국에서 범죄가 대폭 감소하고 있다. 이번 장에서는 미국의 범죄 대감소를 일부 이론들이(그리고 이론들과 연관된 정책들) 어떻게 설명하는지 혹은 설명하지 못하는지를 논의한다.[1] 이런 논의를 통해 범죄학자들이 자신이 가장 적절하고 예측력이 있다고 믿는 이론을 토대로 실제 세계의 현상을 설명하려고 얼마나 부단히 노력하는지를 알 수 있을 것이다.

먼저 지난 몇 십년간의 범죄추세에 대한 기초자료를 기술할 것이다. 다음으로 1990년대 초반까지 미국의 폭력수준이 왜 그렇게 높았는지를 설명하는 두 가지 입장을 비교한다. 첫 번째는 범죄의 증가가 순수 사회학적 기저요인들과 관련이 있다는 입장이다. 두 번째는 경제적 빈곤이 아니라 도덕적 빈곤이 범죄의 증가와 관련이 있다는 입장이다. 옳고 그른 것을 제대로 배우지 못하고 마약사용과 같은 악행에 빠져든 아동이 도덕적 빈곤의 대표적 사례이다. 전자는 진보적 주장이며, 후자는 보다 보수적 접근방법이다.

이런 연구들이 발표된 이후로, 범죄 특히 폭력범죄가 미국 전역에서 놀랍게도 감소하기 시작했다. 감소가 몇 년간 지속되고, 20세기말까지 이어지면서 범죄감소가 일시적 현상이 아니라 고착화되는 경향이라는 것이 명백해졌다. 일단의 학자들이 이에 대한 설명을 제안하기 시작했다. 이 장에서는 몇몇의 가장 유력한 설명들을 살펴본다. 그 후 10년이 지나서도 범죄가 지속적으로 감소했다. 특히 뉴욕시에서는 폭력범죄가 미국의 전체 평균보다 월등히 감소했다. 뉴욕시는 무엇이 달랐기에 이런 놀라운 변화와 개선이 있었는지를 검토하는 것으로 이 장을 마무리한다.

미국의 범죄 추세 : 과거 50년

그림 2.1과 2.2는 1960년부터 2012년까지 폭력 범죄율과 재산 범죄율의 범죄 추세를 보여준다. 폭력 범죄율은 살인, 강간, 강도, 폭행을 포함해 계산한 지수이다. 재산 범죄율은 주거 침입, 절도, 차량 절도를 포함한 지수이다. 1960년대에 폭력범죄와 재산범죄가 모두 폭발적으로 증가했다. 1980년대에 폭력범죄는 지속적으로 증가했고, 재산범죄는 정점을 찍고 감소하기 시작했다. 1960년에 폭력 범죄율(주민 10만 명 당 발생건수)은 161, 재산 범죄율은 1,726이었다. 1991년에 범죄율은 각각 758과 5,140으로 치솟았다. 폭력범죄는 371%, 재산범죄는 198%가 증가했다. 1990년 초반 이후로 폭력범죄와

그림 2.1 미국의 폭력범죄(10만 명 당 지수) 1960~2012
(FBI의 표준범죄보고서 재구성, FBI, Crime in the United States)

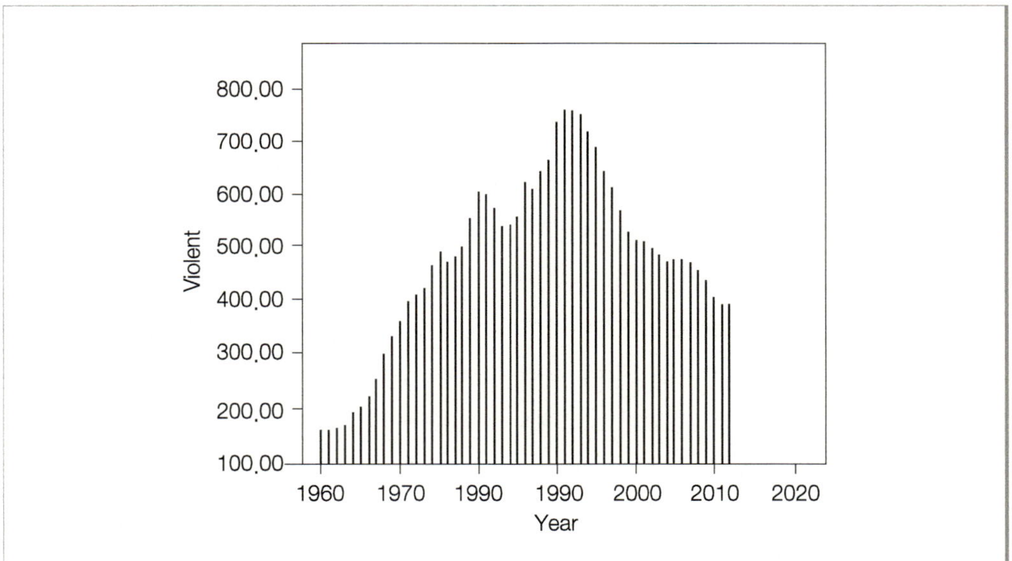

그림 2.2 미국의 재산범죄(10만 명 당 지수) 1960~2012
(FBI의 표준범죄보고서 재구성, FBI, Crime in the United States)

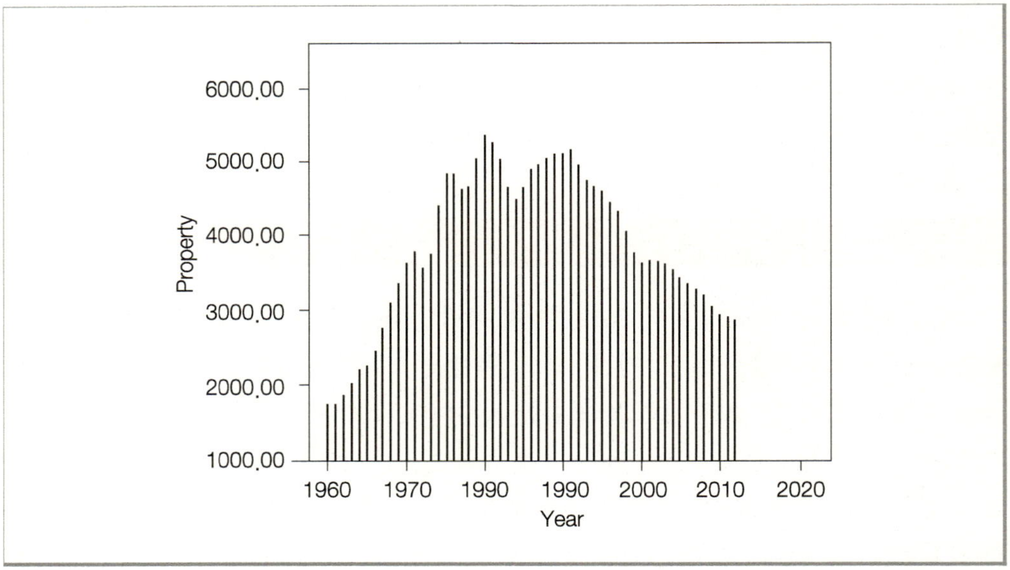

재산범죄는 역사적 감소추세에 들어섰다. 폭력범죄가 재산범죄보다 더 많이 감소했다. 2012년에 폭력 범죄율과 재산 범죄율은 386.9와 2,859.2까지 떨어졌다. 폭력범죄는 (1991년부터 2012년까지) 49%가 감소했고, 재산범죄는 44.4% 감소했다.

범죄추세에 대한 두 가지 상반된 주장

1996년과 1998년에 두 권의 주목할 만한 서적이 출간되었다. 두 책은 모두 1990년대 초반까지 범죄율이 왜 그렇게 높았는지를 다루었다. 저자들은 1990년대 초반부터 범죄 감소가 시작된 1990년대 중반까지의 자료를 사용했지만, 어느 누구도 이후 20년 동안에 범죄가 급감하리하고는 예상하지 못했다. 대신에, 이들은 미국에서 무엇이 잘못됐는지에 관심을 집중하고 어떤 요인들이 이런 불행한 상태, 특히 폭력범죄가 난무하는 상황에 책임이 있는지를 설명하고자 노력했다. 저자들의 설명은 완전히 달랐다. 이를 살펴보면 미국의 범죄문제를 두고 보수와 진보가 얼마나 서로 차이가 있는지를 알 수 있다. 첫 번째 서적은 보수적 성향의 베넷(William Bennett), 디유리오(John DiIulio), 월터스(John Walters)가 집필한 「사망자 집계 : 도덕적 빈곤...미국이 범죄와 약물에 대한 전쟁에서 승리하는 방법(Body Count : Moral Poverty...And How to Win America's Work Against Crime and Drugs)」이다.[2] 두 번째는 진보 성향의 큐리(Elliott Currie)가 저술한 「미국에서 범죄와 처벌 : 고질적 사회위기에 대한 미국의 해법이 왜 실패했는가 - 그리고 어떻게 될 것인가(Crime and Punishment in America : Why the Solutions to America's Most Stubborn Social Crisis Have Not Worked - And What Will)」라는 저서이다.[3]

「사망자 집계」라는 책제목은 당시 급증했던 살인 사건과 '총질이 끝나면 내가 한 일은 시체를 세는 것이었다(When da shootin's ova', das what I do, coun' da bodies)'라는 말로 악명을 떨친 '블러드 갱(Blood gang)' 멤버의 별명을 은유화한 것이다.[4] 이 책은 초반부에 1990년대 초반까지 미국이 얼마나 폭력적으로 변했는가를 보여주는 이야기와 통계자료들로 독자들을 충격에 빠뜨린다. 「사망자 집계」 저자들 중에서 한 명은 자신이 출장 중에 들었던 사건들을 책에 기술했다. 한 번의 출장길에 (그가 도착한 도시마다) 그가 들었던 사건 이야기는 외국 관광객을 살해한 10대들, 마이클 조던의 아버지를 살해한 10대들, 유죄판결을 받은 성범죄자의 소녀 납치, 성경 학교에서 딸을 차에 태우려고 기다리던 여성의 피살사건, 고등학교 미식축구 경기 중 발생한 17살 소년의 살인, 전처의 아버지가 사주한 사업가 청부살인 등이었다[5]. 저자들은 1965년에 10만 명 당 5.1이었던 미국의 살인 범죄율이 1993년에는 9.5로 증가한 사실을 지적했다.[6] 1985년부터 1994년까지 성인의 살인 범죄율은 25% 감소했지만 18세에서 24세 청소년의 살인 범죄율은 61%나 증가했다.[7] 18세에서 24세까지의 흑인 남성이 미국 인구의 1% 가량이었고 이 비율은 지난 10년간(1980년대 중반부터 1990년대 중반까지) 변하지 않았다. 그러나 1990년대 중반에 이 연령대의 흑인 남성은 살인사건 피해자의 17%(1980년 중반의 9%에 비해)와 가해자의 20%(1980년대 중반의 17%에 비해)를 차지했다.[8]

「사망자 집계」의 저자들은 1990년대 중반 이후로 범죄가 더욱 치솟을 것이라고 예상했다. 전체 인구에서 청소년 비중이 증가하고 새로운 세대의 "초포식자", 즉 "어리고 우람하고 지금까지 어떤 사회에도 볼 수 없었던 악질적인" 범죄자들이 출현함으로써 범죄가 더욱 증가할 것이고 보았다[9]. 이런 청소년 집단은 "살인, 폭행, 강간, 강도, 절도, 치명적 약물 거래, 총기휴대 갱단 가입, 심각한 사회문제를 유발하는, 10대 이전의 소년까지 포함된, 매우 충동적이고 잔인하고 무자비한 젊은이들"이다. 이들은 체포와 수감으로 인한 낙인을 두려워하지 않고 양심의 가책도 느끼지 않는다.[10] 초포식자들은 무시당했다는 약간의 느낌만으로도 극단적 폭력을 저지른다. 이들은 피해자의 삶에는 아무런 의미나 가치를 두지 않는다. 「사망자 집계」에 의하면, 초포식자들은 20세기 중반까지의 젊은 범죄자들과는 완전히 다른 부류이다. 그렇다면 어떻게 이들의 출현을 설명할 수 있을까?

이 질문에 답하기 앞서, 「사망자 집계」는 진보적 학자들과 보수적 학자들이 주목했던 설명요인들이 범죄에 미치는 영향을 부정했다. 진보적 학자에게, 빈곤과 인종주의는 중요 변수들이다. 이 장의 후반부에 상세히 검토하지만, 저자들은 빈곤을 중요하게 생각하지 않았다. 경제적으로 나아지고, 사회 프로그램(고용기회를 늘리는)에 정부지출이 증가한 기간에도(1960년대와 같이) 범죄가 지속적으로 폭증했기 때문이다. 사법시스템에서 인종주의와 인종차별이 범죄의 원천이라는 진보적 학자의 주장에 대해서도, 저자들은 이는 단지 인종별로 저지르는 범죄 수준이 다르기 때문이라며 반박했다.[11]

저자들은 보수적 이론의 견해도 배척했다. 보수적 학자들은 "엄격한" 교도소, 사형제도의 확대, 일반시민의 총기소지 확대, 미란다 원칙과 같은 법적 허점의 제거 등으로 범죄를 줄일 수 있다고 주장했다. 이에 대해, 저자들은 교도소를 힘들고 불편하게 만들어도 대부분의 범죄자가 교도소에 갇히리라고 기대하지 않으므로 아무 소용이 없다고 보았다(억제이론에 관한 내용은 제3장을 참고할 것). 사형을 범죄 통제수단으로 사용하는 것도 효과적이지 않다. 왜냐하면 법률시스템이 대부분의 살인범을 사형으로부터 보호하기 때문이다. 총기보급을 확대하고(선량한 시민의 총기소지는 억제력이 있다는 이론에 따라) 축소했어도(악인들의 총기소지를 금지해야 한다는 이론에 따라) 범죄 추세의 변화를 찾아볼 수 없었다. 앞으로 범죄를 줄일 수 있는 정교한 총기관련 정책을 개발해야 하겠지만, 현 단계에서 총기정책은 범죄에 거의 영향을 미치지 못한다. 마지막으로, 미란다 원칙과 같은 워렌(Warren)[1)] 대법원의 법적 보호장치는 일부 범죄자에게는 유리하게 작용했겠지만, 전체 범죄율에 미치는 영향은 극히 낮은 수준이다.[12]

그렇다면 젊은이들의 높은 폭력 범죄율과 마약사용 비율을 무엇으로 설명할 수 있을까? 「사망자 집계」에서는 경제적 빈곤이 아니라 도덕적 빈곤을 강조했다. 저자들은 도덕적 빈곤을 다음과 같이 정의했다.

---

1) 역자주: 얼 워렌(Earl Warren) 연방대법원장으로, 1953~1969년 재임 시절 '미란다 원칙' 등 수많은 진보적인 판결을 냈다.

> 다정하고, 유능하고, 책임감을 갖고 옳고 그른 것을 가르쳐주는 성인이 없는 빈곤; 다른 사람의 기쁨을 기쁨으로, 슬픔을 슬픔으로, 옳은 일을 했을 때에 만족감을, 나쁜 일을 했을 때에 자책감을 갖도록 훈육해주는 부모나 보호자가 부재한 빈곤; 일상생활에서 모범을 보여주고 이를 따라하도록 요구하는 방식으로 도덕성을 가르쳐주는 사람이 성장과정에 없는 빈곤. 가장 극단적 사례는 일탈적이고, 비행성향의, 범죄적 성인들이 심하게 학대하고 방임한 상태에서 성장하는 빈곤이다.[13]

도덕적 빈곤의 젊은이들은 충동 조절능력이 없고 공감 능력이 없다. 저자들에 의하면, 조기 마약사용이 범죄유발 공식에서 가장 중요한 역할을 한다. 어린 나이에 마약을 사용하면 다른 범죄행위도 쉽게 저지르며 이 두 가지가 이후의 범죄경력을 악화시키는 요인이라는 것이다. 도덕적 빈곤의 소년과 도덕적 건강 상태에서 성장하는 경우는 매우 달랐는데 – 후자는 다정한 부모와 후견인이 양육했고, 격려와 올바른 훈육을 받았고, 모범을 보이며 가르쳐주는 성인들과 밀접한 관계를 맺으며 성장했다. 「사망자 집계」의 저자들은 도덕적 빈곤이나 도덕적 건강이 소년의 인종, 사회경제적 지위, 다른 인구학적 특성과 관계없이 범죄의 추동기제라고 조심스럽게 지적했다.[14] 도덕적 빈곤이 범죄의 원인이라는 주장을 입증하는 증거로, 저자들은 가족이나 기타 상황적 특성이 범죄와 비행에 미치는 영향을 분석한 다수의 연구를 인용했다.[15] 저자들이 인용한 연구들은 부모의 범죄성, 부모결손 유무, 부모학대, 아동기 방임, 이웃지역의 범죄유발적 특성 – 범죄자의 수, 전과자 수, 약물사용자 수 등이 범죄와 비행에 중요한 영향을 미친다는 것을 보고했다.

「사망자 집계」는 결론에서 마약연계 범죄와 도덕적 빈곤 등의 문제에 대한 "강경" 정책을 대신하는 것으로 해석할 수 있는 몇 가지 처방을 제안했다; 약물사용에 대한 낙인; 가족, 교회, 학교, 미디어 등 사회기구의 역량 강화; 입양과정에서 불필요한 장애물 제거; 저자들이 가장 강조했던, 애정적 유대관계, 헌신, 아동과 성인들과의 사랑의 회복과 "신(God)을 기억하기".[16] 이와 함께 저자들은 강경한 정책을 장황하게 변호하였다. 길거리의 범죄자들 – 특히 상습범들 – 에 대한 처벌(특히 가장 심각하고 만성적인 범죄자에 대한 무력화 정책의 강화), 감시(보다 효율적 감시를 위해 보호관찰과 가석방제도의 개혁), 적극적 경찰활동(법 집행에 있어 무관용 접근방법의 채택) 등 강경한 접근방식을 권고했다.[17] 「사망자 집계」에서 가장 주목을 받았던 정책들은 후자, 즉 범죄와 사법정의에 대한 보수적 처벌지향 정책들이었다. 저자들은 국가나 정부가 범죄자들을 너무 관대하게 처벌하여 시민들을 크게 실망시켰다고 보았다. 이들의 주장은 사회정책들은 실패했고, 법집행기관과 교정시스템이 시민보호를 전담해야 한다는 것이었다.

엘리엇 큐리(Elliott Currie)는 중도 좌파 성향의 범죄학자이다. 큐리는 엄격한 처벌이 해결책이라는 「사망자 집계」의 주장을 반박하는 「미국에서 범죄와 처벌」을 1998년에 출간했다. 이 책에서 큐리는 경제적 빈곤이 범죄증가의 원인이라고 강조하고 사회정책 기반의 해결책을 제안했다. 큐리는 베넷과 동료들보다 약 2년 더 많은 자료를 수집했고 범죄 대감소의 초반부에 대해서도 약간의 자료를 활용할 수 있었다. 당시의 범죄감소에 대해, 큐리는 "조심스런 낙관론이 가능하겠지만, 자만하지 말아야 한다. 그리고 우리가 현재 즐기는 안도감이 지속할 것이라고 장담할 수 없다"라고 기술했다.[18] 「사망자 집계」와 같이, 큐리도 범죄가 사상 최대에 이를 만큼 많이 발생했고 이 문제가 완화될 것이라는 명백한 증거가 없는 상황에서 「미국에서 범죄와 처벌」을 집필했다.

큐리는 주 및 연방 교도소의 수감자가 1971년(20만명)에서 1996년(120만명)까지 대폭 증가한 사실을 지적하며 서술을 시작했다.[19] 인구규모를 고려해도, 교도소 수감률이 약 네 배 증가했다. 수감률의 증가는 특히 흑인에 많은 영향을 미쳤다. 예를 들어, 큐리에 의하면 캘리포니아에서 "국공립대학에 재학 중인 흑인수보다 네 배 더 많은 흑인이 주교도소에 수감 중이었다."[20] 이는 마약과의 전쟁으로 1985년부터 10년 동안 마약으로 수감된 주교도소의 흑인 수감자가 700% 증가한 결과였다.[21] 수감자 증가에 대한 요약에서, 큐리는 "주요 전쟁을 제외하고, 우리 시대에 정부가 가장 철저히 시행한 사회정책은 교도소의 대규모 수용이다"라고 풍자했다.[22] 교도소 수감에는 많은 예산이 투입되기 때문에 흔히 수감정책이 효과적일 것이라고 생각하기 쉽다. 큐리는 그렇지 않다고 단언했다. 교도소 수감자가 증가했던 25년 동안에 폭력범죄도 똑같이 늘어났다. 특히 청소년과 빈곤층에서 많이 증가했다.

「사망자 집계」는 도덕적 빈곤과 지나치게 관대한 교정시스템이 범죄증가의 원인이라고 비난했다. 이에 대해, 큐리는 빈곤과 임금 불평등의 심화와 복지예산의 부족을 실패요인으로 지적했다.

18세 미만의 미국 아동 절반이 20년 전인 1994년 수준의 가난에 놓여 있고, 점점 더 많은 빈곤층 아동들이 유아기의 상당 부분 혹은 전부를 빈곤선 아래에서 살고 있다. 더욱이 빈곤층은 공간적으로나 경제적으로 더욱 고립되었다. 빈곤화가 심화되는 불안전한 지역에서 빠져나오지 못해 친척이나 친구들의 도움도 받지 못하고 있다. 바뀐 정부들마다 연이어 임금보조부터 아동서비스까지 모든 공적 부조를 축소했다. 악화되는 경제적 박탈과 공동체 파편화의 영향을 완화시켜 줄 수 있는 공적 부조가 점차 줄어들었다.[23]

큐리에 의하면, 교도소 수용에 사용된 예산 증가분은 교육과 주택공급, 특히 빈곤층 아동지원 등과 같은 공적서비스 부문에서 가져온 것이었다.

큐리는 "교도소의 효과가 있다"는 베넷 등의 주장을 정면으로 반박했다. 그는 베넷 등이 세 가지의 잘못된 "신화" 에 빠져있다고 지적했다. 세 가지 "신화"는 온정주의, 효율성, 무비용이다. 온정주의와 관련해, 큐리는 "100건 범죄 중에서 1건만이 징역형을 받았다"는 「사망자 집계」 저자들의 유명한 발언을 문제 삼았다.[24] 이 발언은 언론매체들이 보도해 전국적으로 유명해졌다. 큐리는 수치상으론 사실이지만, 이를 폭력적 또는 상습적 범죄자를 장기간 교도소에 수감하기 위한 근거로 활용하는 것은 옳지 않다고 보았다. 대신에, 이런 통계는 단지 체포율이 낮았고 체포된 사람들의 유죄 선고율이 낮았기 때문에 나타난 결과라고 지적했다. 또한 큐리는 장기간의 수감이 「사망자 집계」에서 주장하듯이 그렇게 효율적이지는 않다고 주장했다. 비효율성의 근거로, 큐리는 지역의 양형정책이 덜 가혹할수록 살인사건이 줄어든 사례와 반면에 가혹한 지역일수록 폭력범죄가 증가한 사례를 들었다.[25] 무비용 신화와 관련해, 큐리는 "범죄자 수감을 위해 1달러를 쓸 때마다 최소한 2명이나 3명을 구할 수 있다. 범죄자 1명을 수감할 때에 연간 16,000달러에서 25,000달러의 비용이 들지만, 그가 풀려나서 사회에 초래할 피해를 계산하면 이런 비용은 헐값이나 다름없다"라는 디유리오(DiIulio)의 주장을 비판했다.[26] 교도소 수감에 사용된 예산 총액이 증가해도 범죄가 줄어들지 않았으며, 수감 효과가 나타난 사례는 단지 폭력적 경력범죄자 즉 특이한 하위 집단에서 추정한 결과인데 이를 바탕으로 무비용을 거론하는 것은 솔직하지 못하기 때문이다.

따라서, 큐리가 제안한 해결 방법은 교도소 수감의 확대나 "신을 기억하기"가 아니었다. 대신에 그는 예방, 사회적 행동, 온건한 접근의 사법체계 개혁 등으로 범죄문제에 대처해야 한다고 주장했다. 첫째, 큐리는 제1단계의 예방대책들이(주로 1960년대에서 나온) 시도되었지만 실패했다는 견해를 강력히 비판했다.[27] 당시의 대책은 적용범위가 대부분 좁았고 예산지원도 미흡해 처음부터 공동체와 범죄성향의 사람들을 변화시킬 수 있는 가능성이 없었기 때문이다. 큐리에 의하면, 1960년대 이후로 많은 지식이 쌓였고, 경험적 증거에 의해 효과가 입증된 4가지 주요영역이 있으며, 이들 영역을 제대로 관리하면 범죄를 줄일 수 있다. 4가지 주요영역은 "아동 학대와 방임의 예방, 아동의 지적·사회적 발달의 향상, 취약 청소년을 위한 후원과 지도의 제공, 소년범죄자의 집중관리" 등이다.[28] 큐리가 제안한 해결책은 외부인의 가정 방문, 학대 고위험 가족에 대한 개입, 학업 성취도 향상, 취약청소년에 일자리 제공, "다체계 치료(multisystemic therapy)" 등이다.[29] 여기서 "다체계 치료"는 청소년이 가족, 친구, 학교, 지역사회, 노동시장의 상호연계 체계의 영향을 받는다고 가정하고 문제청소년을 치료하는 방법이다. 사회적 행동에 관해, 큐리는 친사회적 환경을 조성하려면 포괄적 조치가 필요하다고 보았다.[30] 그리고 이런 조치의 예로 임금인상을 통한 빈곤의 해소, 사회보장체계의 개선 등을 들었다. 사법 시스템과 관련해, 큐리는 강경한 접근방법이 아니라 사회복귀 프로그램을 적극적으로 활용해야 한다고 주장했다.[31] 즉 과도한 교도소 수용, 병영훈련프로그램, 처벌적 보호관찰과 같은 강경한 접근방법에 의존할 것이 아니라 효과적인 사회복귀 프로그램을 개발하고 이를 대단위로 실시해야 한다는 것이었다.

「미국에서 범죄와 처벌」과 「사망자 집계」는 한 가지 중요한 공통점이 있다: 두 책 모두가 청소년을 위한 환경변화의 중요성을 믿었고 가족 건강을 강조했다. 그러나 전자는 사회 복귀와 빈곤 해소를 추구하는 개입대책을 중요시했고 처벌적 조치에 반대했다. 반면에 후자는 교회와 같은 시설들을 부양하고, 도덕적 빈곤을 해결하고, 형벌제도를 보다 광범위하고 효율적으로 활용해야 한다고 주장했다. 미래 전망에 있어, 두 책 모두는 범죄가 앞으로도 높은 수준에 머물 것이라고(그들이 제안한 일련의 개입이 실행되지 않는다면) 예상했다. 그렇지만 두 책을 출판한 인쇄기가 식어가는 동안에, 미국의 범죄 대감소가 본격적으로 시작되었고 오늘날까지 지속되고 있다.

1990년대 범죄감소에 관한 설명

1991년부터 2001년까지 살인 범죄율은 43%, 폭력 범죄율은 34%, 재산 범죄율은 29% 감소했다. 더욱이 이런 감소현상은 모든 지역과 모든 인구학적 집단에서 나타났다.[32] 사회적 통념은 그렇지 않았다. 큐리와 베넷 등이 예상했듯이, 범죄가 지속적으로 폭증하리라는 것이 사회적 통념이었다. 범죄감소의 원인을 밝히기 위한 연구들이 갑작스레 시작되었다. 이를 분석한 대표적 연구로는 두 개를 들 수 있는데, 하나는 2004년에 경제학자 레빗(Steven Levitt)이 발표한 「1990년대에 왜 범죄가 감소했는가에 대한 이해(Understanding Why Cirme Fell in the 1990s)」라는 논문이며, 다른 하나는 2007년에 버클리대 교수인 짐링(Franklin Zimring)이 발표한 「미국의 범죄 대감소(The Great American Crime Decline)」라는 논문이다.[33] 이번 절에서는 기존에 제안된 다양한 설명들을 두 범주로 구분해 살펴본다. 첫 번째는 시간에 따라 지속적으로 변하는 요인들에, 예를 들어 경제관련 수치, 인구학적 특성, 경찰력, 교도소 수감율 등에 주목하는 설명이다. 두 번째는 범죄감소에 어느 정도 앞서 발생한 시간한정적(time-specific) 사건들에, 예를 들어 코카인의 확산, 낙태 합법화, 무연휴발유 등에 주목하는 것이다. 이와 더불어 일부 학자들이 유력한 설명이라고 믿고 있는 경찰활동의 질적 변화를 검토한다.

일반시민에게 범죄율의 변화를 설명하라고 했을 때에 가장 흔한 답변은 경제가 중요하다는 것이다 – 경제가 나빠지면 범죄가 늘 것이며 경제가 좋아지면 범죄가 감소한다. 그러나 경제적 요인과 범죄와의 관계는 매우 복잡하다. 수십 년간의 연구에서 일관된 결과를 거의 찾아볼 수 없다(그리고 논리적이지 않다). 다음 문단은 이 책 6판의 "범죄와 빈곤" 장을 발췌 요약한 것이다.[34]

범죄의 경제이론은 가장 오래된 비개인적 이론이다(생물학적 또는 심리학적 특성과 같은 개인적 특성보다 사회 구조에 집중했다). 이런 연구는 19세기 초반부터 있었다. 그 당시 프랑스와 벨기에 학자들의 연구에 의하면, 빈곤과 실업 문제가 심각한 지역일수록 범죄가 적었고 부자와 취업자가 많은 지역일수록 범죄가 많이 발생했다. 이들 학자들의 가설은 범죄기회 때문이라는 것이다 – 가난한 사람들이 범죄이익의 기회가 더 많은 지역에서 범죄를 저지른다. 실제로, 부유한 지역에서 임금 불평등이 심할수록 가난한 사람들이 더 많이 범죄를 저지르는 경향이었다. 초기 연구 이후로 범죄와 빈곤을 주제로 수백편의 연구논문들이 발표되었다. 200년 이상에 걸친 연구들의 결과는 매우 복잡했고 경우에 따라 상호 모순되었다. 경제와 범죄에 관한 무수한 연구들을 이해하는 데에는 몇 가지 어려움이 있다. 직관적으론, 경제가 좋으면 범죄가 감소할 것이다. 즉, 경제가 호황기이면 잠재적 범죄자들이 합법적인 취업과 경제 활동으로부터 혜택을 받지 않을까? 그러나 이와 반대되는 결과를 보고한 연구들이 적지 않다. 경제가 좋을 때는 훔칠 것도 많기 때문이다.

범죄에 대한 경제효과에 대한 연구에서 다른 문제들은, 인과효과가 발생하는 과정에서 시간지연을 파악하기 어렵고; 소규모 지역에서는 지역의 경제상황이 그 곳의 범죄에 강력한 영향을 미치겠지만, 국가의 경우는 나라의 경제상황이 전국 범죄율에 거의 영향을 주지 못할 수 있고; 지역에는 경제문제 이외에 이혼율, 편부모 가정, 높은 인구밀도, 황폐한 주거환경, 주민유동성, 열악한 교육과 부족한 사회서비스, 소수민족과 소수인종의 집중 등의 다른 문제가 있으므로 범죄에 미치는 경제문제만의 영향을 판별하기 어렵고; 연구들이 흔히 중요한 차이가 있는 절대적 빈곤과 상대적 빈곤을 구별하지 않았다 등이다. 마지막 사항과 관련해, 역사적으로 상대적 빈곤을 반영하는 사회의 경제적 불평등이–최부유층과 최빈곤층의 격차– 그 사회의 폭력 수준에 인과적 영향을 미쳤다. 이런 사실은 상대적 빈곤을 간과했던 연구들의 문제를 정확히 지적하는 것이다. 이웃 수준에서는, 실업 혹은 빈곤의 집중화가 재산범죄에 직접적 인과효과로 작용할 수 있을 것이다. 이웃 수준의 범죄에 관한 상세한 내용은 이 책의 제7장에서 서술한다.

1990년대의 극적인 범죄감소에 다시 주목할 때에, 경제와 범죄감소와의 관계를 어떻게 설명할 수 있을까? 1인당 실질 국내총생산(GDP)이 1991년에서 2001년까지 30% 가량 상승했다. 그리고 연간 실업률은 6.8%에서 4.8%로 감소했다.[35] 그러나 레빗(Levitt)이 주장했듯이, 경제가 범죄에 미치는 영향의 상당부분은 정부예산을(예를 들어, 경찰에 쓸 수 있는 여유예산이 늘어나면 경찰력을 강화할 수 있고, 이로 인해 범죄가 감소할 수 있다) 매개로 했을 수 있다. 실제, 1990년대에 경제가 크게 팽창하면서 빌 클린턴 대통령의 경찰 10만명 증원계획이 원안대로 수행되었다.[36] 짐링(Zimring)은 이 기간 경제효과를 다룬 수많은 연구들을 분석했다. 그에 의하면, "...전체 재산범죄 감소의 약 25%에서 40%가 1990년대 상황에 기인한 것이었다."[37] 이게 사실이더라도, 재산범죄 감소에서 60%에서 75%는 설명되지 않았다. 마지막으로 남는 의문은 이 기간에 소득불평등은 어땠을까?하는 궁금증이다. 여러 통계자료에 의하면, 최상위층(예를 들어 1%)이 소유한 자산의 비율이 1990년대에 지속적으로 증가했다.[38] 더욱이, 소득 불평등은 2000년대에 들어 더욱더 확대되었다. 이런 상황에서 범죄 대감소는 여전히 유지되었다. 미국인구조사국에 의하면, 2007–2008년의 경기침체기 이후 2012년에 부유층과 빈곤층의 소득격차는 1967년 이래로 가장 크게 벌어졌다. 지니계수는 소득분배를 나타내는 지표이다. 지니계수가 0이면 완전평등 상태이며, 1이면 반대로 완전불평등 상태이다. 미국에서 지니계수는 1968년에 0.351로 가장 낮았다. 이후 계속 늘어나 2012년에는 0.456까지 증가했다.[39] 불평등이 모든 사회에서 폭력과 관련이 있다는 것은 널리 알려진 일반적 결론이다. 이런 점에서, 일반적 결론이 범죄감소 시기의 미국에는 적용되지 않는다는 것을 알 수 있다. 불평등이 더욱 심화되어 한계점을 지나면 범죄율에 영향을 미칠 수 있겠지만, 현 단계에서 이를 예견하기는 쉽지 않다.

범죄감소에 대한 또 다른 설명은 인구학적 변화, 특히 "베이비 부머(baby boomers)"의 고령화에 주목한 것이다. 사람들은 나이를 먹으면 급격히 범죄로부터 벗어난다. 2차 세계대전 이후에 폭발적으로 출산이 늘었다. 대공황 시기에는 가족의 성장이 비현실적이었고, 전쟁 중에는 가족의 성장이 불가능했다. 대공황과 전쟁이 끝나면서 젊은 부부들은 기록적 수준으로 아이들을 출산했다. 출산 붐은 15-20년간(흔히 1946년-1964년의 기간을 지적한다) 지속되었다. 이후로는 출산 붐을 주도했던 모성들의 가임기가 끝났고, 피임약이 보급되었으며, 미국인들이 물질적으로 변해 대가족을 유지하려고 돈을 쓰려고 하지 않았다. 대부분의 범죄는 10대 후반이나 20대 초반의 젊은이가 저지른다. 1940년대와 1950년에 급격히 늘어난 출생아들로 인해 1960년대와 1970년대에 들면 범죄가 폭증할 것이라는 예견이 이전부터 있었다. 그리고 실제로 폭증했다. 1980년에 비해 2000년에는 15-24세의 인구가 26% 가량 줄었다. 20년을 5년 단위로 4개 구간으로 나누었을 때에 1985-1990년 기간을 제외하고 범죄율이 모두 감소했다.[40] 1985-1990년에는 청소년 범죄율이 정상 수준보다 현저히 높은 수준이었다.

외견상으로, 베이비부머에 주목한 견해는 범죄 감소를 적절히 설명하는 듯하다. 그러나 짐링(Zimring)이 언급한 인구구조와 범죄를 분석하는 회고적 방법과 예측적 방법을 생각해보면, 두 요인의 관계가 명확하지 않다. 회고적 방법을 사용했던 레빗(Levitt)은 연령 분포의 변화가 살인과 폭력범죄의 경우는 몇 % 수준, 재산범죄는 5-6% 감소시켰을 것이라고 추정했다.[41] 짐링은 연령 기반의 절도범죄 감소가 6%라면 이는 같은 기간에 있었던 전체 절도범죄 감소의 26%를 설명하는 것이라고 지적했다.[42] 레빗은 절도범죄뿐 아니라 재산범죄 전부를 분석하고 "인구학적 변화가 1990년대에 감소했던 재산범죄의 1/6을 약간 상회하는 수준에서 설명하지만, 폭력범죄의 감소에는 중요한 영향요인이 아니었다"라고 결론지었다.[43] 예측적 측면에서, 연령 구조의 영향은 최근 몇 년 동안에 그리 인상적이지 않다. 미국에서 15-24세의 인구 비율은 1980년에 18.7%, 1990년

14.9%, 2000년 13.9%, 2010년 14.1%이었다.[44] 1990년대 후반 이후로 15-24세 젊은 층의 인구 비율은 큰 변동이 없다. 그렇지만 범죄는 감소세를 지속했다.

법과 질서(law-and-order)와 관련해서는 두 가지 방향에서 범죄감소를 설명했다. 첫 번째는 법집행의 양(경찰관 숫자로 측정된)이 확대되고, 경찰력이 증가해서 범죄가 줄었다는 것이다.[45] 레빗은 법집행의 양을 "범죄감소를 설명하는 4가지 요소"의 하나로 분류하고 "범죄감소에 거의 혹은 아무 역할을 하지 못한 6가지 요소"에는 포함하지 않았다.[46] 레빗은 경찰관의 숫자를 늘리면 범죄가 줄어들 수 있다는 여러 계량경제학 연구들을(본인 것을 포함해) 소개하고, 1991년부터 2001년까지 경찰관 숫자의 증원이 범죄에 미친 영향은 약 5-6%라고 주장했다.[47] 짐링은 레빗이 경찰 규모의 효과를 계산할 때에 관련연구들 중의 일부만을 선별했다고 비판했다. 그리고 경찰력의 완만한 증원이 범죄에 미친 영향은 최대 5% 수준에 불과하고 실제로는 그보다 낮을 수 있다고 추정했다.[48]

법집행과 관련한 두 번째 주장은 보수주의 이론가들과 맥을 같이 한다. 즉 교도소 팽창으로 1990년대의 범죄감소를 설명할 수 있다는 것이다. 보수주의 이론에 의하면, 교도소에 수감하면 무력화 효과(범죄자를 물리적으로 사회로부터 격리하는 것)와 일반 억제효과(범죄를 저지르면 어떤 일을 겪는지를 일반시민에게 보여주는 것)에 의해 범죄를 줄일 수 있다. 레빗은 1970년 중반부터 2000년까지 증가된 수감 인원의 절반 이상이 1990년대에 증가한 것이라고 지적했다. 구체적으로, 2000년에(어느 시점에) 교도소 수감인원은 200만 명 이상이었다. 이는 1972년에 비교해 4배 많은 규모로 1990년 이후로 수감인원이 대폭 늘었다는 것을 알 수 있다.[49] 레빗에 의하면, 1990년대의 수감인원 증가는 살인과 폭력범죄에서는 약 12% 감소와, 재산범죄에서는 8% 감소와 관련이 있고, 전체 범죄감소의 약 3분의 1을 설명한다.[50] 짐링은 교도소 수감의 영향을 억제효과와 무력화 효과로 구분하고 분석했다. 억제 효과는 교도소 수감인원의 비례적 증가(수감될 수 있다는 위협의 증가를 시사한다)로 추정하고, 무력화 효과는 수감인원의 전체 합계(범죄자와 시민들 사이에 물리적 장벽을 설치할 때에 예방할 수 있는 범죄의 숫자를 반영한다)로 추정했다. 이런 방법은 수감자료를 사용할 때에 가장 좋은 방법일 수 있다.

짐링이 "롤러코스터 추세"라고 표현했듯이, 1970년대 중반부터 2000년까지 미국의 범죄추세는 등락을 반복했다. 그러나 교도소 수감인원은 그렇지 않았다. 수감인원은

"멈춤이 없이" 지속적으로 증가했다.[51] 억제효과와 무력화 효과에 대해, 짐링은 어느 것도 1975년 이후의 범죄추세를 신뢰할만한 수준에서 예측하지 못했다고 지적했다.[52] 결론에 앞서, 짐링은 한 요인의 다른 요인에 대한 영향력을 결정하는 과정에서 나타날 수 있는 여러 문제들을 논의했다. 예를 들어, 수감이 최고 수준에 이른 후에 감소효과의 회귀, 탄력성(수요와 공급의 역동성을 반영하는 경제학적 개념), 순수한 억제효과 측정의 어려움, 교도소 수감의 누적효과(마지막 시기인 1995~2000년에 범죄 감소가 왜 가장 많았는가를 설명할 수 있는) 등이 결정 과정을 혼란스럽게 한다고 지적했다. 그는 상이한 추정치를 제시하며 결론을 내렸다. 짐링에 의하면, 교도소 수감이 가장 낮게는 1990년대 범죄 감소의 10%를 설명하고, 가장 높게는 감소의 27%를 설명한다.[53]

지금까지의 설명은 모두 시간이 지나면서 변화하는 요인들에 관심을 둔 견해들이었다. 다음에 살펴볼 세 가지는 1990년대에 앞선 어느 때에 발생했지만 1990년대에 영향을 미친 사건들을 중심으로 한 설명이다. 첫 번째는 크랙 코카인 열풍의 출현과 퇴조이다. 이 사건에 주목한 학자는 알프레드 블룸스타인(Alfred Blumstein)이다.[54] 크랙은 분말 코카인을 탄산수소나트륨과 섞고 가열해 만든 코카인의 한 종류이다. 고농축물이고 분말 코카인에 비해 강한 환각 상태에 이르게 하며 지속시간은 상대적으로 짧다는 특징이 있다. 다른 약물에 비해 가격 대비 환각 효과가 강해 특히 도심에서 매우 광범위하게 사용되었다. 1980년대 초반에서 중반까지 폭발적으로 사용되었고 곧바로 갱단이 크랙 시장을 주도하기 시작했다. 갱단은 구역이 중요했으므로 이를 둘러싸고 갱단 간의 심각한 총기 폭력이 일어났다. 레빗은 크랙이 범죄에 영향을 미친다는 가장 강력한 증거로 14-24세 흑인 남성의 살인범죄율이 1985년부터 10년간 급등했으며 이후 1990년대 중반부터 2000년까지 급감한 사실을 들었다. 크랙 시장이 살인사건 발생률에 영향을 미친다면 바로 이 인구집단이 가장 큰 영향을 받을 것이기 때문이다.[55]

그렇지만, 레빗은 크랙 코카인이 범죄 감소에 미친 전체 효과를 추정하는 데에는 중도적 입장이었다. 그는 인과관계를 다룬 경험적 연구가 부족하다고 인정하면서도, 크랙이 살인범죄율에 어느 정도 역할을 했다고 믿는다고 서술했다. 레빗의 개략적 추정에 의하면, 크랙 코카인의 퇴조로 1990년대에 살인 사건이 약 6% 감소했고 이는 전체 살인 사건 감소의 15%를 설명하는 것이었다.[56] 짐링은 크랙 코카인의 등락과 범죄의 등락을 "돌담에 머리를 찧을 때 좋은 점은 여러분이 그것을 멈추면 기분이 아주 좋아진다는 것이다'[2)]는 말로 요약할 수 있다면서 그의 분석을 시작했다.[57] 그는 크랙 코카인의 증가가 범죄 증가에 영향을 미친다는 것에는 동의했다. 하지만 반발효과(rebound effect), 즉 크랙의 감소가 범죄감소의 원인이라는 데에는 회의적 입장이었다. 먼저, 그는 젊은 흑인 인구집단에서 급격한 증가가 일어나면 이후에 저절로 감소할 것이라는 대안이론(alternative theory)을 제안했다. 어떤 변수가 역사적 평균치로부터 급격히 이탈하면 자연스럽게 평균으로 되돌아오는 "평균으로의 회귀"로 알려진 현상이 있다. 짐링의 대안이론은 이런 현상으로부터 유추한 것이다. 두 번째로, 짐링은 크랙 코카인 시장이 1900년대 초반부터 중반에 거의 쇠퇴했는데 왜 범죄감소가 지속되었는지에 의문을 품었다. 짐링에 의하면, 감소의 지속 현상은 크랙 시장이나 혹은 평균으로의 회귀로 제대로 설명할 수 없다.[58] 짐링은 크랙과 범죄와의 관계를 다른 측면에서도 비판했다. 1990년대의 범죄감소는 매우 광범위하게, 모든 범죄유형에 걸쳐 나타났다. 만일 크랙이 주요 요인이었다면 크랙 시장은 특정한 범죄유형에만 영향을 미쳤어야 했을 것이다(예를 들어 왜 크랙 감소가 자동차 절도나 강간 같은 범죄까지 감소시켰을까?). 게다가 살인범죄는 다른 범죄보다 빠르게 감소하지 않았다. 이는 크랙 시장이 최소한 한 가지 범죄유형(살인)의 감소에는 크게 기여했다고 주장하기 어렵게 한다.

크랙 코카인의 등락보다 범죄에 시간적으로 더욱 지연된 영향을 미칠 것으로 고려했던 현상은 1973년 미국 연방 대법원이 '로 대 웨이드(Roe V. Wade)' 사건에서 내린 낙태합법화 결정이다. 낙태합법화의 영향은 1990년 초반에 일부에서 관심을 가졌다. 그러나 학술단체, 언론매체, 일반시민들이 본격적으로 논의를 시작한 때는 2001년에 레빗과 그의 동료 도노휴(John Donohue)가 「계간 경제저널(Quarterly Journal of Economics)」에 논문을 발표한 이후였다.[59] 낙태합법화가 범죄에 영향을 미칠 수 있는 측면은 다음과 같이 간략히 요약할 수 있다. 낙태는 원치 않는 아이들 즉 범죄위험이 높은 아이들의 수를 감소시킨다. 낙태가 불법이므로 어쩔 수 없이 태어난(그리고 살고 있는) 아이는 부모가 아쉬움의 감정을 지닌 부정적 가정환경에서 성장하며, 일단의 연구에 의하면 범죄에 관여할 가능성이 높은 것으로 나타났다.[60] 낙태와 범죄의 연결을 지지하는 도노휴와 레빗은 몇 가지 관련 증거들을 제시했다.[61] '로 대 웨이드' 판결보다 3년 앞서 낙태를 합법화한 주들은 미국의 나머지 주들보다 범죄 감소가 일찍 나타났다. 그리고 시간의 흐름에 따른 낙태합법화의 지연효과를 살펴봤을 때에 낙태합법화와 범죄와는 매우 강한

---

2) 역자주: 크랙 코카인의 만연이라는 부정적 현상이 사라지면 범죄가 줄어드는 긍정적인 결과가 있기 마련이라는 뜻으로 쓴 것이다.

반비례 관계가 있었다. 낙태합법화와 범죄감소의 시작과는 대략 20년의 시차가 있는데, 이는 범죄자가 10대 후반이나 20대 초반에 더욱 활동적이 되는 경향과 일치한다. 레빗에 의하면, 낙태와 범죄의 관계는 주목할 만한 수준이었다. 1991-2000년을 대상으로 수행한 도노휴와 레빗의 연구에서 낙태합법화의 보수적 추정치는 살인, 폭력범죄, 재산범죄 범죄율의 10% 감소 효과와 관련이 있었고 이는 1990년대에 있었던 이런 범죄들 감소의 25-30%에 해당하는 것이었다.[62]

도노휴와 레빗의 논문은 이후 많은 논쟁을 촉발했다. 논문의 내용과 함의에 대한 세간의 항의와 낙태합법화에 대한 진보주의자와 보수주의자의 대립을 불렀을 뿐 아니라 다른 경제학자들은 방법론적 측면에서 비판을 제기했다.[63] 짐링은 그의 책에서 상당한 분량을 낙태효과를 분석하는 데에 할애했다(영향요인의 하나로 낙태를 배제하지 않았지만, 낙태효과의 크기는 도노휴와 레빗의 추정치 근처가 아니라고 믿었다).[64] 짐링의 분석에서는 두 가지 결론이 주목할 만하다. 첫째, 짐링은 도노휴와 레빗의 이론이 낙태 대상자가 범죄 활동의 위험에 더 많이 놓일 것이라는 가정을(경제적으로 어려운 10대 미혼모) 기반으로 한다고 보았다. 그러나 '로 대 웨이드' 판결 이후의 인구학적 경향은 이들의 이론과 일치하지 않았다. 위험 지표가 있는 사람의 출생건수와 상대적 백분율이 모두 감소하기보다는 오히려 증가했다.[65]

둘째, 짐링은 도노휴와 레빗이 사용한 분석방법에 문제가 있다고 보았다. 이들의 분석방법이 미국에 국한되었고 이론의 필요성이 범죄감소에 의해 유도되었다는 것이다. 즉, 범죄감소가 일어난 이후에 이런 현상과 일치하는 설명을 찾는 방법은 옳지 않다는 것이다.[3)]

> 범죄의 감소가 이에 관한 이론을 구성하게 된 이유이면, 일정 기간에 어떤 영향의 크기를 측정하는 데에 심각한 위험이 있다. 1990년대에 발생한 범죄 대감소는 낙태혜택 이론의 가장 기본적 토대였다. 어떤 이론이든지 1990년대의 범죄감소에 들어맞기만 하면 마치 지금까지 설명되지 않은 범죄감소를 설명한 것처럼 인정받을 수 있다.[66]

---

3) 역자주: 짐링(Zimring)의 지적은 결과가 발생한 이후에 원인을 찾는 방법은 인과관계를 올바르게 설명하는 방법이 아니라는 것이다. 유언을 작성한 사람이 사망한 경우에, 결과가 발생한 이후에 원인을 찾는 방법은 사망의 원인을 유언을 했기 때문이라는 식으로 잘못 설명할 수 있다..

짐링이 선호했던 분석방법은 도노휴와 레빗의 방법과 다르다. 짐링은 범죄에 미치는 낙태 정책과 같은 어떤 효과의 크기를 올바로 측정하려면 여러 국가에서 그것을 조사해야 한다고 주장했다. 이렇게 하면 한 국가에서의 감소가 설명을 추동하는 이유가 아니기 때문이다.

1990년대 범죄감소와 관련해, 이 절에서 다룰 마지막 설명은 효과가 20년이나 지체되어 나타난 낙태 정책과 유사하다. 하지만 이에 대한 검증은 국가들 간에, 국가들 내에서, 도시들 내에서 실시되었고 1990년대의 범죄감소뿐 아니라 1960년대와 1970년대의 범죄증가까지도 설명할 수 있다고 주장되었다. 레빗과 짐링이 대안적 이론들을 서로 평가하던 때에는 일반적으로 논의되지 않았고, 그것의 가장 흥미로운 연구결과가 아직 발표되지 않았으며, 물론 두 학자 어느 쪽도 검토하지 않았다. 2013년에 케빈 드럼(Kevin Drum)은 유명한 「마더 존스(Mother Jones)」 잡지에 「미국의 진짜 범죄 요인: 납(America's Real Criminal Element: Lead)」이란 논문을 발표했다.[67] 드럼은 지금까지 이 장에서 논의한 범죄감소에 대한 모든 설명과 연구들을 많은 시간을 들여 상세히 검토했다. 검토 후에 그는 관련요인들이 동시에 발생하여 요인들의 영향을 서로 분리하는 것이 불가능하다는 점이 문제라고 결론지었다. 드럼은 다른 방식을 택했다. 범죄를 전염병으로 보았다.

> 전문가들은 흔히 범죄가 전염병과 유사하다고 얘기한다. 그러나 어떤 종류의? 칼 스미스(Karl Smith)는...전염병을 유형화할 수 있는 유용한 경험칙을 가지고 있다: 만일 전염병이 통신라인에 따라 퍼진다면, 그 원인이 정보이다. 비버열병4)을 생각해 보라. 만일 그것이 교통 루트를 따라 이동한다면, 그 원인은 미생물이다. 유행성 감기를 생각해 보라. 만일 부채꼴 형태로 퍼진다면, 그 원인은 곤충이다. 말라리아를 생각해 보라. 그러나 만일 한꺼번에 모든 지역에 발생하면 -1960년대와 1970년대 범죄증가와 1990년대 범죄감소가 그랬던 것처럼-그 원인은 분자(molecule)이다.[68]

일부 연구자에 의하면, 사에틸납(Tetraethyl Lead)5)이 범죄전염과 범죄감소와 관련이 있는 분자(molecule)이다. 사에틸납은 제너럴 모터스(GM)사가 1920년대 개발했고

4) 역자주: 캐나다 가수 저스틴 비버에 대한 광적인 열광을 뜻한다.
5) 역자주: 미국 제너럴 모터스(GM)사에 의해 개발된 화학물질로, 가솔린 기관의 노킹 방지를 위해 첨가하기 시작했다.

제2차 세계대전 이후 자동차 열풍과 함께 사용이 폭발적으로 증가했다. 드럼은 1994년부터 2013년까지 네빈(Rick Nevin), 레이즈(Jessica Wolpaw Reyes), 밀케(Howard Mielke), 자흐란(Sammy Zahran)등과 같은 연구자들이 수행했던 납이 범죄에 미치는 영향에 대한 20년간의 연구를 재검토했다. 납 노출이 아동발달과 미래 범죄가능성에 영향을 미치는 기제는 이 책의 제4장에서 살펴볼 것이다; 신경학적으로 소녀보다 소년에게 더 영향을 미치고, 공격성과 충동성, ADHD(주의력결핍 과잉행동장애) 등의 증가와 IQ 저하를 유발한다.

1990년대 중반에 시작된 네빈의 연구는 대기 중의 납(유연휘발유 소비에 의한)과 범죄는 직접적 관계가 있다는 생각을 전제로 한 것이었다. 자동차의 납 배출이 전후 시기부터 1970년대 초반까지 증가하면서 폭력범죄가 뒤따랐다(그러나 23년의 시간지체가 있었다).[69] 1970년대에 휘발유에서 납이 제거되면서 폭력범죄도 감소했다(유사한 시간지체가 있었다).[70] 이후의 연구에서 납-범죄 곡선은 미국뿐 아니라 캐나다, 영국, 핀란드, 프랑스, 이탈리아, 뉴질랜드, 서독에서도 적용되는 것으로 나타났다.[71] 레이즈는 납 배출이 범죄에 미치는 영향을 주 단위로 분석했다. 1970년대와 1980년대에 휘발유에서 납 제거 비율은 주별로 많이 달랐는데 납과 범죄의 곡선은 주 별로 일치하는 경향이었다.[71] 가장 최근에, 밀케와 자흐란은 1950년대부터 납 배출과 범죄에 관한 신뢰할만한 자료가 보관된 미국의 6개 도시를 분석했다. 그 결과 미니애폴리스, 시카고, 인디애나폴리스, 애틀랜타, 샌디에이고, 뉴올리언스, 6개 도시 모두에서 22년의 시차를 두고 납-범죄 곡선이 일치한다는 것을 알 수 있었다. 더욱이, 뉴올리언스에서는 지역별 범죄율이 납 성분의 페인트칠을 한 가구들의 분포와 납 먼지로 오염된 공동체와 밀접히 연관되어 있다는 것을 발견했다.[72]

이런 연구결과를 검토한 뒤에, 드럼은 범죄와 납에 관한 설명을 왜 범죄학자들이 그동안 무시했는지에 대해 의문을 가졌다.[73] 예외의 범죄학자가 있었다. 제임스 윌슨(James Q. Wilson, '깨진 유리창 이론'을 소개한 유명한 보수적 범죄학자)은 이런 설명을 임종을 앞둔 2011년에 인정했다. 무시했던 한 가지 이유는 범죄학자들이 의학적 설명보다 사회학적 설명을 추구하는 경향이기 때문이었다. 또 다른 이유는 이익집단들에 미치는 영향 때문이었다.

정치적 보수주의자들은 1960년대의 사회적 급변을 이후에 나타난 범죄증가의 원인이라고 비난하고 싶어 한다. 경찰노조는 범죄의 감소가 경찰관 숫자의 증가로 인한 것이라고 주장할 이유가 있다. 교도소 경비원들은 수감 증가가 정확한 답이라는 견해를 선호한다. 마약 단속반은 마약 정책에 대한 이야기를 원한다. 정답이 납 중독이라고 알려지면, 이들 모두는 자신들이 좋아하는 이슈에 대한 큰 지지를 잃게 된다. 그리고 납의 감소가 하청계약자와 건축업자에게는 큰 사업이겠지만, 그들과 거래하는 집단들은 어떤 이유로 그것을 전혀 심각하게 생각하지 않는다.[74]

범죄추세에 대한 납 관련 설명은 따라서 주로 범죄학자가 아닌 소수의 연구자들이 제기했던 주장이다. 이런 주장이 경험적으로 입증되어도, 범죄추세의 한 부분을 설명할 수는 있겠지만 시간에 따라 등락을 반복하는 범죄추세의 대부분을 설명하는 주장으로 평가받기는 어려울 것이다.

범죄 대감소에서 적어도 일정 부분에 적용할 수 있는 마지막 설명이 남았다. 바로 다음에 논의할 치안활동의 수준이다. 이 설명의 지지자들은 주로 뉴욕시에 주목했다. 뉴욕이 현대적 치안활동 전략의 선구자로 잘 알려져 있었고(1990년대 초반의 경우) 뉴욕에서 현저한 범죄 감소가 있었기 때문이다. 레빗은 뉴욕에서 치안전략이 범죄감소에 미친 전체적 영향이 실제로 크지 않았다고 결론지었다. 그 이유로 네 가지를 들었다. (1) 뉴욕의 범죄 감소가 윌리엄 브래턴(William Bratton) 경찰서장의 취임보다 3년 앞서 시작되었고 (2) 새로운 치안전략이 경찰관 숫자가 늘어났을 때와 동시에 실시되었고 (3) 치안전략에서 문제가 있었던 로스앤젤레스와 워싱턴 D.C와 같은 다른 주요 도시들에서도 범죄가 크게 감소했고 (4) 뉴욕의 낙태율이 "로 대 웨이드" 판결 3년 전부터 전국에서 가장 높았기 때문이다.[75] 개선된 치안활동이 범죄감소를 가져왔다는 견해를 지지하는 사람들은 레빗이 그 시기 뉴욕의 치안활동을 오해했다고 지적함으로써 첫번째 이유를 비판할 수 있다. 실제로 브래턴(그리고 그의 참모였던 잭 메이플(Jack Maple))은 경찰서장이 되기 전에 이미 뉴욕시 교통국의 국장으로서 범죄예방에 많은 기여를 했다. 지하철 범죄, 특히 강도 사건은 뉴욕시 안전문제에서 상당 부분을 차지했고 교통국의 혁신은 치안활동 개혁의 초기 단계에서 가장 중요한 부분이었다. 레빗의 다른 주장들에 대해서는, 짐링이 자신의 2012년 저서 「안전해진 도시(The City That Became Safe)」에서 또 다른 10년간의 자료를 토대로 살펴봤다.

안전해진 도시

1990년대에 미국의 범죄는 전 기간에 걸쳐 감소했다. 짐링은 최근 저서에서 왜 뉴욕의 범죄감소가 2000년대에 전국 전체보다 컸고, 다른 대도시들과는 비교할 수 없을 정도로 극적인 감소를 지속하는 지를 설명하는 데 많은 노력을 집중했다. 뉴욕은 범죄감소의 규모, 기간, 폭 등 세 가지 측면에서 특별한 사례이다. 살인과 차량절도는 암수범죄가 많지 않기 때문에 통계자료를 가장 신뢰할 수 있는 범죄 유형이다. 살인과 차량절도에서 1990년부터 2009년까지 다른 도시들의 통계는 뉴욕의 통계와 비교할 때에 비참한 수준이다. 이 기간에 뉴욕의 살인 범죄는 82%, 차량절도는 94% 급감했다. 로스앤젤레스의 71%와 68%, 시카고의 47%와 69%, 휴스턴의 64%와 74%, 필라델피아의 38%와 72%와 크게 비교된다.[76] 7가지 지표범죄율 – 살인, 강간, 강도, 폭행, 절도, 차량 절도, 절도 –을 살펴보면, 뉴욕의 감소는 모든 범주에서 로스앤젤레스와 휴스턴, 샌디에이고, 산호세, 보스턴을 뛰어넘어 1위를 차지했다(한 가지 예외: 폭행은 로스앤젤레스에서 78% 감소했고 뉴욕에서는 67% 감소했다).[77] 기간(length)의 경우에, 짐링은 비록 2000년부터 2009년까지 뉴욕의 범죄감소가 1990년부터 2000년까지에 비해 다소 적었지만, 1990년부터 2009년까지 모든 지표범죄들의 하락세 궤적이 단 한 번의 중단 없이 지속되었던 사실에 주목했다.[78] 또한 뉴욕에서 범죄감소의 폭(breadth)은 범죄유형(주요 범죄들이 모두 감소했다)과 지리적 단위(주민들이 가장 많았던 4개 구역에서 모든 지표범죄들이 감소했다. 각 구역의 크기는 주요 도시급이다) 모두에서 매우 컸다.[79]

짐링은 뉴욕의 범죄감소가 왜 기간과 규모 면에서 전국적 경향에 비해 두 배나 되는지에 의문을 가졌다. “무엇이 이 도시에서 거리범죄의 대부분을 사상 유례가 없이 80%나 감소하게 만들었나?” 인구, 경제, 교육, 형사사법 제재와 같은 후보군, 즉 2배의 범죄 감소를 일으킬 것으로 생각되는 요인들에서는 분명한 변화가 없었다... 치안활동에서는 대대적 변화가 있었다. 경찰관 신규채용, 새로운 경찰전략, 새로운 관리제도 등의 조합이 다른 도시들보다 뉴욕이 우월한 부분의 원인인 듯 했다.”[80] 짐링은 다양한 치안활동 변수들을 서로 분리하고 “뉴욕 효과”(전국적 범죄 감소로 설명되지 않는 뉴욕만의 부가적 감소)를 설명하는 각 변수의 독립적 효과를 보는 것은 불가능하다고 인정했다. 대신 그는 다섯 가지의 치안활동으로 뉴욕의 차이가 만들어졌으며, 그 중의 두 가지는 입증되었고 나머지 세 가지는 가능성이 있는 것이라고 추정했다.

짐링이 "거의 확실히" 범죄를 줄였다고 확신했던 뉴욕경찰이 채택한 두 가지 치안대책은 핫스팟 치안활동과 마약시장 집중단속이다. 핫스팟 치안활동은 폭력범죄가 반복적으로 발생하고 우범성이 높은 지역에 적극적으로 순찰, 감시, 법집행을 하는 것이다. 핫스팟 치안활동의 긍정적 효과는 여러 논문에서 확인되었다.[81] 뉴욕의 옥외 마약시장은 오랫동안 강력범죄와 밀접한 연관이 있었다. 뉴욕경찰의 전략은 강력범죄의 대부분이 마약시장의 "옥외" 속성에 의해 발생하므로 이들 지역의 경우에 옥내 거래로 유도하는 것이었다. 따라서, 이 기간에 뉴욕에서 마약 사용이 줄어들지는 않았지만(예를 들어 과다복용으로 측정한 결과) 노상거래와 영역 분쟁과 관련된 폭력범죄는 감소했다.

짐링에 의하면, 뉴욕 차이를 만들었던 가능성이 있는 세 가지 변수는 컴스탯(Compstat)[6], 거리에서 마약 없애기, 인력 추가 등이다. 컴스탯은 관리적 개념으로, 범죄정보를 적시에 수집하고, 범죄지도를 작성하고, 해당 지역에서 범죄활동에 책임이 있는 지리적 구역의 최고간부들과 정기적 회의를 하는 것을 포함했다. 총기살인이 총기와 무관한 살인보다 빠르게 감소했다는 점에서 뉴욕경찰의 총기감소 대책(경찰의 적극적 정지-신체검사(stop-and-frisk)와 기타 수사기법이 실시됨)도 차이를 만들어 냈을 수 있다.[82] 마지막으로, 뉴욕에서 전체 경찰력의 규모가 1990년대에 늘어났는데 이런 사실이 그 기간의 범죄 감소에 영향을 미쳤을 수 있다. 하지만 2000년대에 지속되고 있는 감소에는 크게 영향을 미치지 않았을 것이다.[83]

「안전해진 도시」에서 짐링이 했던 일부 통계분석은 보다 엄격한 과학적 기준에 의하면 비판을 받을 수 있다. 그러나 이 책이 남긴 전체적 메시지는 강력하다. 뉴욕의 범죄가 다른 어느 곳에서보다 극적으로 감소했지만, 어느 누구도 치안활동의 수준을 바탕으로 한 설명 보다 더 적절하게 뉴욕 효과를 설명하지 못했다. 짐링의 설명이 사실이라면 다른 도시들은 뉴욕으로부터 교훈을 얻을 수 있을 것이다. 이미 일부 도시가 그렇게 하고 있다. 예를 들어, 로스앤젤레스와 댈러스에서는 뉴욕에서 진행 중인 범죄감소와 비슷한 규모로 범죄가 감소하고 있다.

---

6) 역자주: 미국 뉴욕경찰(NYPD)이 1994년부터 IBM과 협력해 만든 범죄분석예측시스템.

결론

이 장은 범죄학 이론가들에게 다양한 범죄학적 준거틀을 어떻게 현실세계의 실태에 적용할 수 있는지 그리고 특정 기간에 다른 이론들에 비해 어떤 이론이 정책에 더 부합하는지를 생각해야 한다고 촉구하면서 시작했다. 이후 미국에서 1990년대 초반부터 지금까지 이어지고 있는 범죄감소의 규모를 검토했다. 1960년대부터 1990년대까지 그리고 1990년대 이후로 구분하고 각 기간의 범죄추세에 대한 서로 대립된 설명들을 살펴봤다. 큐리와 버넷과 동료들은 서로 다른 접근방법으로 범죄추세를 설명했고, 레빗과 짐링은 범죄의 대감소를 무엇으로 설명할 수 있는지에 대해 서로 의견을 달리했다. 그리고 뉴욕의 범죄와 치안대책을 논의하는 것으로서 이 장을 마무리했다.

범죄추세의 원인에 관한 이론가들의 다양한 견해를 반영하는 많은 변수들을 살펴봤다. 주로 논의한 변수들은 빈곤, 소득 불평등, 인종주의, 교도소 수감, 도덕적 빈곤, 부모-자녀 유대, 마약 사용, 마약과의 전쟁, 종교, 아동학대와 방임, 연령, 법집행 규모, 코카인 파동, 갱단, 낙태, 납, 치안활동의 수준 등이었다. 이런 변수들은 앞으로 이 책에서 살펴볼 여러 범죄 이론의 한 부분으로 어떤 식으로든 논의할 것이다. 예를 들어, 통제이론과 심리학적 이론들(부모-자녀 유대), 생물학적 이론들(마약 사용, 납), 갈등이론들(마약과의 전쟁, 소득 불평등, 인종주의), 고전적/억제이론(교도소 수감, 경찰 규모, 치안 활동의 수준), 긴장이론(갱단), 이웃과 발달 이론(연령, 납, 낙태) 등에서 이런 변수들을 검토한다. 정책적 함의는 흔히 자연스럽게 도출되지만, 경우에 따라서는 매우 어려울 수 있다. 예를 들어, 납이 범죄에 영향을 미치는 중요 요인이라면 정책적 함의는 납 위험에 노출된 지역사회를 깨끗이 정화하는 것이다. 만일 경찰 규모가 중요하면, 경찰력을 구축하는 데에 자원을 사용해야 할 것이다. 만일 치안활동의 수준이 문제라면, 최고 수준의 치안활동이 정부의 예산집행에서 최우선 과제가 되어야 할 것이다. 그렇지만, 낙태합법화가 범죄감소와 실제로 관련이 있다면, 현재 정책에 대한 함의는 무엇일까? 빈곤이 범죄에 영향을 미친다면, 어떻게 빈곤을 없앨 수 있을까?

일부 범죄학자는 자신들이 범죄의 근본 원인이라고 생각하는 사회구조와 경제제도 등에 대처해야만 범죄가 줄어들 수 있다고 믿는다. 반면에 다른 학자들은 실용적 입장에서 깊게 뿌리내린 사회적 요인들을 단기 혹은 중기에 바꾸는 것은 불가능하며, 대신에 기회이론, 억제이론, 일상활동이론과 같은 이론들을 중심으로 자원들도 이 부분에 할당하면 범죄를 신속하고 효율적으로 감소할 수 있다고 주장한다. 상반된 접근방법은 빈곤과 폭력에서 더욱 두드러진다. 근본 원인을 강조하는 이론가들은 빈곤문제를 먼저 다뤄야 폭력이 감소될 수 있다고 오랫동안 주장했다. 그러나 그 반대를 주장하는 움직임이 점차 커지고 있다. 2014년에 하우겐(Gary Haugen)과 부트로스(Victor Boutros)는 「메뚜기떼 효과: 빈곤의 종식을 위해서는 폭력의 종식이 필요하다(The Locust Effect: Why the End of Poverty Requires the End of Violence)」[7]라는 베스트셀러에서 다음과 같이 주장했다.

> 세계적 빈곤에 맞서는 이 중대한 변곡의 시점에서, 우리는 아직 잘 알려지지 않은 매우 독특한 우리 시대 빈곤의 한 측면에 대해 목소리를 높여야 한다.
>
> 빈곤의 한 측면은 폭력이다. 보편적이고, 일상적이고, 약탈적 폭력이다. 가난한 사람들은 - 빈곤 탓에 -기아, 질병, 무주택, 문맹, 기회의 결핍에 취약할 뿐 아니라 폭력에도 취약한 게 우리가 사는 세상의 이치다. 폭력은 빈곤이 굶주리고, 병들고, 집이 없고, 일자리가 없는 상태를 의미하는 만큼이나 빈곤의 한 부분이다. 사실... 폭력은 흔히 가난한 사람들이 가장 걱정하는 문제이다. 그것은 처음부터 그들이 가난하게 된 핵심적 이유의 하나이며, 그들을 가난한 상태에 머물게 하는 일차적 이유의 하나이다. 결국, 폭력에 대처하지 않으면 우리는 극단적 빈곤에 대한 전쟁에서 결코 승리할 수 없다.[84]

이 책의 목적은, 언제나 그랬던 것처럼, 범죄의 주요 이론에 대한 역사와 분석을 제공하는 것이다. 하지만, 이론 범죄학자들은 이전과 다른 시대에 살고 있다. 현실 사회에 관여해야 하고, 이들의 이론이 직접적이고 구체적인 정책적 함의를 가져야 하며, 사회 발전에 기여할 수 있는 연구가 점차 중요해지는 그런 시대를 살고 있다. 이런 점에서, 독자들이 이 책에서 소개하는 다양한 이론들을 상세히 살펴보고 어떤 이론이 이 시대에 가장 적절한지를 생각해 볼 것을 권고한다.

---

7) 역자주: 19세기 미국 중서부의 메뚜기 떼 습격 때 농부들이 속수무책이었던 것처럼, 폭력이 빈곤한 사람들에게 미치는 충격도 이와 비슷하다는 뜻에서 '메뚜기 떼 효과'라는 제목을 붙였다. 국내에서는 '폭력국가'로 번역되어 출간되었다.

주요 용어

- 미국의 범죄 대감소
- 초포식자
- 도덕적 빈곤
- 범죄유발
- 소득 불평등
- 지니 계수
- 베이비부머
- 무력화 효과
- 지연 효과
- 사에틸납(Tetraethyl Lead)
- "뉴욕" 효과

토의할 문제

1. 1990년대의 범죄 감소를 '미국에서 범죄와 처벌'과 '사망자 집계'에서 어떻게 설명했으며, 저자들의 정치적 성향이 얼마나 반영되었는가?
2. 범죄 감소의 배경을 밝히는 일이 범죄학 학문 전반에 걸쳐 왜 중요한가?
3. 범죄 감소에 대한 설명에서 지연 효과의 적용이 필요한 설명은? 그 이유는?
4. 뉴욕의 범죄 감소 사례가 전국적 실태와 어떤 면에서 유사하고 어떤 면에서 다른가?
5. 범죄 동향에 관한 주요 설명들의 전체적 타당성은 어떠한가?
6. 낙태 설명의 어떤 부분이 여론과 정책관련 논쟁을 유발하는가?

인용& 부연설명

1. Fraknlin E. Zimring의 The Great American Crime Decline(New York: Oxford University Press, 2007의 용어를 인용한다.
2. Wiliam J. Bennett, John J. DiIulio, Jr., and John P. Walters, *Body Count: Moral Poverty... And How to Win America's War Against Crime and Drugs*(New York: Simon & Schuster, 1996)
3. Elliot Currie, Crime and Punishment in America: Why the Solutions to America's Most Stubborn Social Crisis Have Not Worked–and Whay Will(New York: Henry Holt and Company,

1998). 또한 큐리는 이후 상황을 포함해서 2013년에 2판을 출간했다. 그러나 이번 장에서는 1998년판을 기준으로 논의한다.

4. Bennet, DiIulio, Walters, op. cit., p 31. 이는 S. Fleisher, Beggars and Thieves: Lives of Urban Street Criminals (Madison: University of Wisconsin Press, 1995)의 143쪽에 나오는 인터뷰 인용.
5. Ibid, pp. 11-22
6. Ibid, p. 19(*Muder in America* [International Association of Chiefs of Police, May 1995, p. 13]을 인용).
7. Ibid, p. 21(James Alan Fox, Trends in Juvenile Violence[Bureau of Justice Statistics, December 1994, p.2]을 인용).
8. Ibid, p. 22(Fox, op. cit., p.2을 인용).
9. Ibid, p. 26
10. Ibid, p. 27
11. Ibid, pp. 41-47
12. Ibid, pp. 47-55
13. Ibid, p. 56
14. Ibid, p. 57
15. Ibid, pp. 60-63
16. Ibid, pp. 187-208
17. Bennett et al., op. cit., pp. 83-136
18. Cirrie, op. cit., p. 4.
19. Ibid, pp. 12-13
20. Ibid, p. 13
21. Ibid.
22. Ibid, p. 21
23. Ibid, p. 31
24. Ibid, p. 40
25. Ibid, pp. 57-63

26. Ibid, p. 67.
27. Robert Martinson, "What Works? Questions and Answers About Prison Reform,", *The Public Interest* (1974): 22-54
28. Currie, op. cit., p. 81.
29. Ibid, pp. 80-109.
30. Ibid, pp. 110-161.
31. Ibid, pp. 162-184.
32. 예를 들어 Steven D. Levitt, "Understanding Why Crime Fell in the 1990s: Four Factors That Explain the Decline and Six That Do Not," *Journal of Economic Perspective* 18(2004): 163-190, at pp. 167-168을 보면 된다.
33. Franklin E. Zimring, *The Great Americaa Crime Decline* (New York: Oxford University Press, 2007); Steven D. Levitt, op. cit. 범죄 감소에 대한 다양한 시각을 알아보려면 *The Crime Drop in America*, eds. Alfred Blumstein and Joel Wallman(Cambridge University Press, 2000)을 참조.
34. Thomas J. Bernard, Jeffrey B. Snipes, and Alexander L. Gerould, *Vold's Theoretical Criminology* (제6판)(New York: Oxford University Press, 2010), pp. 93-114
35. Levitt, op. cit., p. 170
36. Violent Crime Control and Law Enforcement Act of 1994. Established U.S. Department of Justice, Office of Community Oriented Policing Services.
37. Zimring, op. cit., p. 68
38. 예를 들어 Thomas Piketty and Emmanuel Saez, "Income Inequality in the United States 1913-1998," The Quaterly Journal of Economics 1(2003): 1-39를 참조.
39. Carmen DeNavas-Walt, Bernadette D. Proctor, and Jessica C. Smith. Income, Poverty, and Health Insurance Covering in the United States: 2011 (Washington, D.C.: U.S. department of Commerce, U.S. Census Bureau, 2012).
40. Zimring, op. cit., p. 62.
41. Levitt, op. cit.m p. 172.
42. Zimring, op. cit., p. 62
43. Levitt, op. cit., p. 172.

44. U.S. Census Bureau, *Age and Sex Composition in the United States.*

45. 경찰관이 많을수록 왜 범죄가 감소하는가에 대한 설명을 둘러싸고 다양한 논쟁이 있다. 캔사스 시의 예방적 순찰 실험(George L. Kelling, Tony Pate, Duane Dieckman, and Charles E. Brown, The Kansas City Preventive Patrol Experiment Summary Report(Washington, D.C.: The Police Foundation, 1974)을 참조)에서 경찰 순찰 활동이 형사사법적 효과에서 거의 성과가 거두지 못했다고 결론이 난 이후로, 경찰의 전체 규모가 왜 그리고 어떻게 범죄율이나 지역사회 건강수준에 영향을 줄 수 있는지를 탐구하는 연구들이 시작되었다.

46. Levitt, op. cit.을 참조. 그는 "범죄 감소에서 거의 또는 전혀 역할을 하지 않는 6가지 요인들"로 "1990년대의 견고한 경제", "인구학적 변화", "개선된 치안유지 전략", "총기규제법", "은닉총기 휴대허용법", "증가된 사형 선고"를 들었다. 그가 제시한 "범죄 감소를 설명하는 4가지 요인"들은 "경찰 숫자 증가"와 "수감 인원 증가", "코카인 만연현상의 퇴조", "낙태의 합법화"였다.

47. Ibid., p. 177.

48. Zimring, op. cit., p. 79.

49. Levitt, op. cit., p. 177.

50. Ibid., pp. 178–179.

51. Zimring, op. cit.m p. 49.

52. Ibid., op. cit., p. 50.

53. Ibid., p. 55.

54. 블룸스타인은 코카인 시장의 변화가 최소한 부분적으로 범죄 감소에 영향을 미쳤다는 주장을 지지하는 핵심 학자이다. 예를 들어, Alfred Blumstein and Joel Wallman, eds., *The Crime Drop in America* (Cambridge, UK: Cambridge University Press, 2000) 참조.

55. Levitt., op. cit., pp. 179–180

56. Ibid., p. 81.

57. Zimring, op. cit., p. 82.

58. Ibid., p. 83.

59. John Donahue and Steven Levitt, "Legalized Abortion and Crime," *Quarterly Journal of Economics* 116 (2001): 379–420. 그들의 주장은 특히 Steven D. Levitt and Stephen J. Dubner, *Freakonomics: A Rogue Economist Explores the Hidden Side of Everything* (New York: William Morrow, 2005) 출간과 함께 대규모 공개 토론의 주제가 되었다.

60. Levitt, op. cit., p. 182.

61. Ibid., p. 182.

62. Ibid., p. 183.

63. 예를 들어 Theodore Joyce, "Did Legalized Abortion Lover Crime?" *Journal of Human Resources* 39 (2004): 1–28; John J. Donahue and Steven D. Levitt, "Further Evidence That Legalized Abortion Lovered Crime: A Reply to Joyce, *Journal of Human Resources* 39(2004): 29–49. 참조.

64. Zimring, op. cit., pp. 85–103.

65. Ibid., p. 103.

67. Kevin Drum, "America's Real Criminal Element Lead," Mother Jones, Jan/Feb 2013., 29–62.

68. Ibid., pp. 30–31.

69. Rick Nevin, "Hoe Lead Exposure Relates to Temporal Changes in IQ, Violent Crime, and Unwed Pregnancy," *Environmental Research* 83 (2000): 1–22.

70. Rick Nevin, "Understanding International Crime Trends: The Legacy of Preschool Lead Exposure," *Environmental Research* 104 (2007): 315–336.

71. Jessica W. Reys, "Environmental Policy as Social Policy? The Impact of Childhood Lead Exposure on Crime." Working paper no. 130097. Cambridge, MA: National Bureau of Economic Research.

72. Howard W. Mielke and Sammy Zahran, "The Urban Rise and Fall of Air Lead(Pb) and the Latent Surge and Retreat of Society Violence," *Environment International* 43 (2012): 48–55

73. James Q. Wilson, "U.S. News: Hard Times, Fewer Crime–The Economic Downturn Has Not Led to More Crime–Contrary to the Expert's Predictions; So What Explains the Disconnect? Big Changes in American Culture, Say James Q. Wilson," *Wall Street Journal*, May 31, 2011.

74. Drum, op. cit., p. 34.

75. Levitt, op. cit., pp. 172–173

76. Franklin E. Zimringm, The City That Became Safe: New York's Lessons for Urban Crime and Its Control (New York: Oxford University Press, 2011), p 4(뉴욕에 대한 내용); p.16(다른 도시들)

77. Ibid., p. 18.

78. Ibid., p. 6.

79. Ibid., pp. 8–14.

80. Ibid., p. 151.

81. Anthony Braga and David Weisburd, *Policing Problem Places: Crime Hot Spots and Effective Prevention* (New York: Oxford University Press, 2010)

82. Zimring (2011), op. cit., p. 144 (Jeffrey Fagan, Franklin E. Zimring, and J. Kim, "Declining Homicide in New York: A Tale of Two Trends," Journal of Criminal Law and Criminology 88 (1988): 1277–1324).

83. Ibid., pp. 138–140.

84. Gary A. Haugen and Victor Boutros, *The Locust Effect: Why the End of Poverty Requires the End of Violence* (New York: Oxford University Press, 2014),. p. 43.

제3장 고전주의 범죄학

장 개요

- 고전주의 범죄학의 사회적·지적 배경
- 베카리아와 고전학파
- 고전주의 이론에서 억제 연구까지
- 억제 연구의 세 가지 유형
- 합리적 선택과 범행
- 일상 활동과 범죄 피해
- 집중 억제 : 총기 폭력 근절 작전
- 결론

C/H/A/P/T/E/R 03

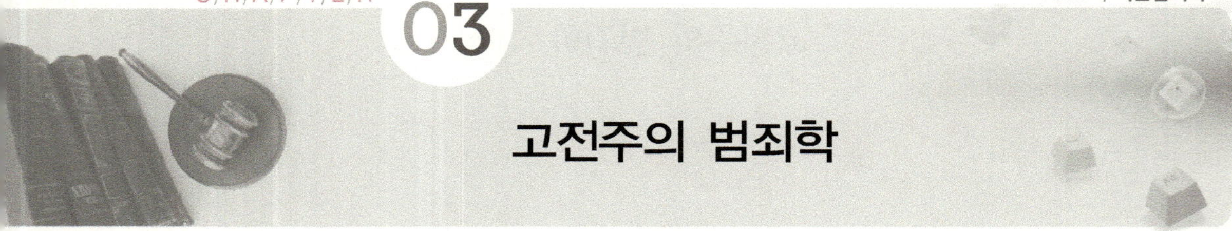

고전주의 범죄학

"고전주의" 범죄학은 아주 종종 이탈리아의 체사레 보네사나 마르체세 데 베카리아(Cesare Bonesana, marchese de Beccaria, 1738~1794)라는 이름과 결합되어 있다. 베카리아의 작업은 수 세기 전으로 거슬러 올라가는 철학적 전통인, 일종의 자유의지에 의한 합리적 쾌락주의에 기초하였다. 베카리아는 비용과 이득의 합리적 계산에 기초한 인간 선택의 단순 모형을 제안했다. 그는 이 모형에 기초하여 형벌은 범죄의 비용이 항상 그에 따른 보상을 초과하도록 범죄 행위의 심각성에 비례해야만 한다고 주장했다. 그래야만 잠재적 범죄자들에게 억제 효과가 있다는 것이다. 즉 합리적 계산은 그들이 범죄를 저지르지 않도록 유도할 것이다. 이 접근은 모든 근대 형사사법 체계의 토대가 되었다.

오늘날 고전주의는 서로 다르면서도 연관이 있는 세 갈래의 이론과 연구를 포함하며, 이 모든 것은 범죄를 감소시키기 위한 실천적인 정책적 제언들과 강하게 결합되어 있다. 우선은 형사사법 정책의 억제 효과에 관한 이론과 연구에 초점을 맞춘다. 그 다음으로는 합리적으로 계산할 수 있는 잠재적 범죄자들은 범죄를 저지를 수 있는 기회에 반응하며 그 기회는 사람들이 자신의 삶을 살아가는 "일상 활동"과 체계적으로 연관되어 있다고 주장한다. 그 정책적 권고들은 형사사법 정책의 억제 효과를 높이는 것보다 범죄 기회를 제한하는 데 초점을 맞춘다. 마지막으로, "합리적 선택"의 접근은 범죄자가 특정 상황에서 자신의 비용과 이익을 어떻게 계산하는지에 관한 보다 더 복잡한 견해를 발전시켰다. 이 접근은 잠재적 범죄자의 계산에 영향을 미치도록 상황을 변경하는 것에 초점을 두는 정책적 권고로 이어진다.

3

고전주의 범죄학의 사회적·지적 배경

고전주의 범죄학은 사회 계약 사상가의 자연주의적 접근이 천년 이상 유럽의 사유체계를 지배해 왔던 심령주의적 접근(spiritualistic approach)에 도전하고 있을 즈음 등장하였다. 이 심령주의적 접근은 대부분의 유럽에서 형사사법 정책의 토대를 형성했다. 고전주의 범죄학은 그와 같은 형사사법 정책과 그것이 기초하고 있는 범죄에 대한 영적인 설명에 맞섰다.

범죄에 대한 이 영적인 설명의 가장 중요한 자원 중 하나는 베카리아보다 5백 년 전에 살았던 성 토마스 아퀴나스(1225-1274)의 신학론에 뿌리를 두었다.[1] 아퀴나스는 악보다는 선을 행하고자 하는 사람들의 자연적인 성향을 신앙의 눈을 통해 관찰함으로써 드러나는, 신이 부여한 "자연법(natural law)"이 존재한다고 주장했다. 형법은 이 "자연법"에 기초하고 이를 반영하였다. 그러므로 범죄를 저지르는(즉 형법을 위반하는) 사람은 동시에 죄악을 저지르는(즉 자연법을 위반하는) 것이다.

범죄에 대한 이 영적인 설명 및 그와 유사한 다른 설명들은 당시 유럽의 형사사법 정책들의 토대를 이루었다. 범죄는 종교적 죄악과 동일시되었기 때문에, 국가는 범죄자에게 무시무시하고 소름끼치는 수많은 고문을 사용할 수 있는 도덕적 권위를 주장했다. 국가는 신을 대신한 행동이라고 주장하면서 범죄자에게 이 무시무시한 형벌을 가하였다.[2]

토마스 홉스(1588-1678)와 더불어 시작된 "사회 계약" 사상가들은 아퀴나스와 같은 사람들의 심령주의적 주장을 자연주의적 주장으로 대체하였다.[3] 아퀴나스가 사람들은 자연스럽게 악보다는 선을 행한다고 주장한 반면, 홉스는 사람들은 혹시 자신이 다른 누군가를 해치지나 않을까 우려함이 없이 자연스럽게 자신의 이익을 추구한다고 주장했다. 이 상황은 모든 사람이 오직 자기 자신만을 추구하기 때문에 그 누구도 안전하지 못하는 "만인에 대한 각자의 전쟁"을 초래한다.

그런 다음 홉스는 인간은 이런 상황이 누구에게도 득이 되지 않는다는 점을 충분히 알아차릴 만큼 합리적이라고 주장했다. 그리하여 인간은 누구라도 동시에 같은 일을 하는 한은 자기 자신의 이기적 행위를 포기할 것에 동의한다. 이것이 홉스가 "사회 계약"이라고 부른 것인데, 이는 인간이 만인에 대한 각자의 전쟁에서 진이 다 빠졌기 때문에 모두가 동의하는 일종의 평화 조약과도 같다. 하지만 사회 계약에는 몇몇 사람들이 다른 사람이 다치든 말든 속이고 자기 자신의 이익을 추구하기 시작할 경우의 집행 메커니즘이 필요하다. 이것이 국가가 하는 일이다. 홉스에 의하면, 사회 계약에 동의한 사람은 누구나 그 계약을 유지할 수 있도록 물리력을 행사하는 권한을 국가에 부여하는 데에도 동의한다.

로크(1632–1704), 몽테스키외(1689–1755), 볼테르(1694–1778), 루소(1712–1778)와 같은 사회 계약 철학자들은 홉스의 주장을 좇아 범죄와 그에 대한 국가의 대응을 설명할 수 있는 자연주의적·합리적 기초를 포함하는 철학을 구성하였다. 이 이론들은 많은 점에서 서로 달랐지만, 지배적인 심령주의적 접근과 달리 범죄와 형벌을 설명하는 데 있어서는 모두 합리적·자연주의적 접근을 취했다. 베카리아가 저술 활동을 하기 직전인 1700년대 중반 즈음에, 이 자연주의 사상은 널리 알려졌고 당대 지식인들에게 폭넓게 수용되었지만, 유럽 국가들을 통치하는 정치적 권력 집단의 사고 체계를 대표하지는 않았다. 그 지배 집단은 여전히 범죄에 대한 영적인 설명을 고수했고, 범죄는 악마의 소행이 발현된 것으로 여겨졌다. 결과적으로 당시의 형사사법 체계는 범죄자에게 과도하고 잔인한 형벌을 부과하는 경향이 있었다.

베카리아는 범죄와 형사사법에 합리주의적인 사회 계약 사상을 적용함으로써 이와 같은 과도하고 잔인한 형벌을 바꾸려 했던 저항 작가였다. 그의 저서는 이미 사회 계약 사상의 일반적인 틀을 받아들였던 지식인과 몇몇 개혁적 의지를 지닌 통치자들에게 널리 읽혔다.[4] 하지만 그 책의 수용 과정에서 더욱 중요했던 점은 1764년 그 책이 출간된 지 얼마 지나지 않아 1776년 미국 독립 혁명과 1789년 프랑스 대혁명이 발발했다는 사실이다.[5] 두 혁명은 모두 사회 계약 철학자의 자연주의 사상이 주도했다. 두 혁명에 대해 베카리아의 저서는 범죄와 형사사법 체계의 주제에 관한 가장 최신의 사례이자 가장 최고의 사유 체계를 대변하였다. 그러므로 두 혁명은 그의 사상을 새로운 형사사법 체계를 위한 토대로 사용하였다. 미국으로부터 프랑스에 이르기까지 베카리아의 사상은 산업화된 다른 세계로 확산되었다.

베카리아와 고전학파

체사레 보네사나 마르체세 데 베카리아는 수학에 흥미가 있었던 그저 그런 학생이었다.[6] 공식 교육을 마친 후, 그는 정기적으로 만나 문학과 철학을 주제로 토론하는 한 청년 모임에 참여했다. 베카리아는 1763년 3월 그가 전혀 알지 못하는 주제인 행형학에 관한 에세이를 작성하라는 과제를 부여받았다. 그 에세이는 1764년 1월에 완성되어 그 해 7월 리보르노(Livorno)라는 한 작은 마을에서 "범죄와 형벌에 관하여(Dei deliti e delle pene)"라는 제목으로 출간되었는데, 그때 베카리아의 나이는 스물여섯이었다.[7]

베카리아는 당대의 지식인들과 마찬가지로 형사사법 관행을 더 논리적이고 합리적인 것으로 만들기 위한 다양한 개혁을 제안했다. 그는 특히 당시의 판사들이 시행하고 있었던 변덕스럽고 순전히 사적인 사법(personal justice)과 혹독하고 야만적인 형벌에 반대하였다. 다음은 형사사법 체계를 공정하고 효과적인 것으로 만드는 방법에 관한 베카리아의 사상을 요약한 것이다.

1. 베카리아에 의하면, 입법부의 역할은 범죄와 각 범죄에 대한 특정 형벌을 규정하는 것이어야만 한다.[8] 이 견해는 입법부는 일반 법률을 통과시키고 그 시행은 판사의 재량으로 남겨뒀던 당시의 관행과 대조를 보였다.
2. 판사의 역할은 유죄 여부, 즉 피고인이 범죄를 저질렀는지 그렇지 않았는지를 판결하는 것이어야만 한다. 일단 판결이 내려지면, 판사는 법에 따라 형벌을 결정해야 한다. 베카리아는 재량권이라면 무엇이든 판사는 아무 것도 가져서는 안 된다고 주장했다. "법의 정신을 참고할 필요가 있다는 대중적인 공리보다 더 위험한 것은 없다. 그것은 여론이라는 급류에 무너지는 댐일 뿐이다."[9]
3. 범죄의 심각성은 그것이 사회에 끼친 해악의 정도로 결정된다. 베카리아는 범죄자의 의도를 포함한 다른 요인들은 심각성을 결정하는 데 무관하다고 주장했다. "어떤 때는 최선의 의도를 갖고 있는 사람들이 사회에 가장 큰 해를 미치며, 다른 때에는 사회에 대해 최악의 것을 의도했던 사람들이 가장 큰 선을 행하기도 한다."[10]
4. 형벌의 목적은 범죄를 억제하는 것이다. 그러므로 형벌은 범죄의 심각성에 비례해야만 한다. "범죄가 발생하지 않도록 하는 것뿐만 아니라 그것이 사회에 야기하는 해악에 비례하여 발생 빈도를 줄이는 것이 공통의 관심사이다. 그러므로 사람들이 범죄를 저지르지 못하도록 억제하는 장애물은 그들이 공공선에 반하는 정도와 그 범행을 유도하는 세기에 비례하여 더 강력해야만 한다."[11] 이 주장은 국가가 신을 대신하여 형벌을 행사한다는 종교적 상징주의가 형벌을 통해 전달되어야 한다는 견해와 대조

를 이루는 것이었다.

5. 형벌의 엄중성이 억제를 달성하는 데 필요한 정도를 초과하는 것은 부당하다. "형벌이 소기의 목적에 이르기 위해서는 그것이 끼치는 폐해가 범죄로부터 도출될 수 있는 이득을 초과해야만 한다. 이 폐해의 초과에는 형벌의 확실성과 아마도 범죄가 만들어 낼 것으로 보이는 이익의 상실이 반드시 포함되어야 한다. 이것을 넘어서는 모든 것은 과잉이며 그런 이유로 압제적이다."[12]
6. 과도한 엄중성은 범죄를 억제하는 데 실패할 뿐만 아니라 사실상 그것을 증가시킨다. "형벌의 엄중성 그 자체가 그것이 예방하리라 기대되는 바로 그 잘못을 사람들이 범하도록 조장한다. 그들은 단지 한 범죄에 대한 형벌을 회피하기 위해 부가적인 범죄들을 저지르도록 궁지에 몰린다. 형벌이 혹독하기로 가장 악명 높았던 국가와 시기에는 항상 가장 처참하고 가장 비인간적인 소행들이 저질러졌다. 왜냐하면 입법자들의 손을 인도했던 동일한 잔악성의 정신이 존속 살인자와 암살자의 정신까지 지배했기 때문이다."[13]
7. 형벌은 신속해야 한다. "형벌이 범행을 좇아 신속하고 즉각적으로 작동하면 할수록, 그것은 보다 공정하고 유용한 것이 될 것이다. 나는 좀 더 나은 공정성을 이야기하고 있는데, 왜냐하면 범죄자는 불확실성에서 비롯되는 쓸데없고 잔인한 고통을 겪지 않아도 되기 때문이다. …… 형벌과 잘못된 행동 사이의 시간 간격이 길지 않다면, 인간의 마음속에 범죄와 형벌이라는 두 가지 관념의 연상 작용이 더 강하고 오래 지속될 것이므로, 나는 형벌의 신속성이 더 유용하다고 이야기해왔다."[14]
8. 형벌은 확실해야 한다. "덜 가혹하더라도 확실하게 집행되는 형벌은 더 소름끼치더라도 처벌받지 않을 수 있다는 희망을 갖게 하는 다른 유형의 두려움보다 늘 강한 인상을 줄 것이다. 가장 최소한의 폐해일지라도 그것이 확실할 때는 인간의 마음을 항상 두렵게 한다."[15]

베카리아는 또한 다음과 같은 점들을 강조하였다. 법은 일반 공중이 알 수 있고 그것의 의도와 목적을 지지하도록 공포되어야만 한다. 고문과 은밀한 기소는 폐지되어야 한다. 사형은 폐지되어 구금형으로 대체되어야 한다. 교도소는 좀 더 인간적이어야 하며, 법은 부자와 빈민을 구분해서는 안 된다. 베카리아는 자신의 사상을 그의 저서에 대한 간략한 결론 속에 아래와 같이 요약해 놓았다.[16]

> 형벌이 모든 경우에 있어 사적인 시민에 대한 하나 혹은 다수의 폭력 행위가 되지 않으려면, 본질적으로 공적이고, 신속하며, 불가피하고, 주어진 상황에서 가능한 가장 최소의 것이야 하며, 범죄에 비례하고, 법률로써 구술되어야 한다.

베카리아의 사상은 당시 매우 급진적이어서, 그는 자신의 책을 익명으로 출간했으며 서문에서 무신론자 혹은 혁명주의자라는 비난에 대해 자기변호를 하였다. 하지만 로마 가톨릭 교회는 1766년 합리주의적 관념을 이유로 그 책을 규탄했고, 이를 교회의 금서 목록에 포함시켰다. 그러한 상황은 200년 이상 지속되었다. 그러나 교회의 반대에 불구하고 베카리아의 사상은 당대 사람들에게 극히 잘 받아들여졌다.

고전주의 이론에서 억제 연구까지

1800년대 동안 고전주의 범죄학의 자연주의적 접근은 그때까지 지배적이었던 심령주의적 철학을 대체함으로써 사실상 세상의 모든 형사사법 체계의 토대가 되었다. 그러나 1968년 깁스(Gibbs)가 실질적으로 억제 가설의 검증을 시도했던 최초의 연구를 출간하기 전까지 베카리아의 이론은 경험적인 검증을 받지 못했다.[17] 깁스는 형벌의 확실성을 전년도에 주어진 범죄로 주(州) 교도소에 수감된 인원수와 그 범죄가 경찰에게 알려진 인원수 간의 비(ratio)로 정의했다. 엄중성은 당해 연도에 주어진 범죄로 유죄 판결을 받은 모든 사람이 교도소에서 복역해야 할 평균 구금 월수로 정의했다. 깁스는 1960년의 경우 구금의 확실성과 엄중성이 크면 클수록 50개 주의 살인 건수는 감소한다는 사실을 발견했다(확실성의 효과는 엄중성의 효과보다 약 두 배나 되었다.). 깁스는 살인이 구금의 확실성이나 엄중성 둘 다에 의해 억제될 수 있다고 결론 내렸다.

이듬해 티틀(Tittle)은 미 연방 수사국(FBI) 표준 범죄 통계(Uniform Crime Reports)의 총 7가지 "지표 범죄(index offenses)"를 대상으로 확실성과 엄중성에 관한 유사한 통계를 산출하였다.[18] 그의 결론은 7가지 범죄 모두에서 확실성의 증가와 범죄의 감소가 서로 관련을 맺는다는 점을 시사했다. 그렇지만 살인을 제외하면 엄중성의 증가(즉 교도소에 수감되는 기간이 길수록)는 범죄의 감소가 아닌 증가를 가져왔다. 티틀은 구금의 확실성은 범죄를 억제하지만, 엄중성은 오직 확실성이 높을 때만 범죄를 억제한다고 결론을 내렸다.

1970년 치리코스와 왈도(Chiricos and Waldo)는 확실성에 대한 티틀의 결과를 경찰의 기록–관리상의 편차로써 설명할 수 있다고 주장했다.[19] 만약 특정 관할 구역 내의 경찰이 공식 기록을 작성하지 않고 비공식적으로 많은 사건을 처리한다면, 그 관할 구역의 범죄율은 낮아지고(더 적은 수의 사건만 공식적으로 기록되기 때문에) 구금의 확실성은 더 높아질 것이다(더 심각한 사건들이 보고되고, 그 사건들은 구금이라는 결과로 귀결될 가능성이 높기 때문이다). 하지만 경찰이 단일 범죄 사건을 모두 꼼꼼하게 공식적으로 기록한다면, 그 관할 구역의 범죄율은 높아지고(더 많은 범죄 사건이 공식적으로 보고되기 때문에) 확실성은 낮아질 것이다(이 범죄 사건들의 다수가 심각하지 않아 구금으로 귀결되지 않을 것이기 때문이다.).

이와 유사하게 1974년 글레이저와 자이글러(Glaser and Zeigler)는 구금의 증가가 살인을 억제한다는 깁스의 결론에 이의를 제기하였다.[20] 그들은 사형 제도가 있는 주가 그렇지 않은 주보다 실질적으로 살인 범죄율이 더 높지만, 사형 제도를 실시하는 주에서 사형 선고를 받지 않은 살인범이 사형 제도가 없는 주의 살인범보다 구금 형량이 더 낮다는 점을 지적하였다. 깁스와 티틀이 공통적으로 발견한 패턴은 구금 형량이 낮을수록 살인 범죄율은 높고(사형 제도가 실시되는 주의 경우) 구금 형량이 높을수록 살인 범죄율은 낮다(사형 제도가 없는 주의 경우)는 것이었다. 하지만 글레이저와 자이글러는 장기간의 구금형은 살인을 억제하나 사형은 이를 억제하지 못한다는 것은 그럴 듯 해보이지 않는다고 주장했다. 대신 그들은 이 세 가지 통계(더 높은 살인율, 사형 제도의 사용, 사형이 선고되지 않은 살인범에 대한 더 짧은 구금형) 모두를 사형 제도를 활용하는 주에서 나타나는 인명 경시 현상의 탓으로 돌렸다.

이와 같은 초기 연구에 대한 간략한 개관은, 달리 보면 형벌의 효과성에 대한 간단한 주장처럼 보이는 것 속에 들어 있는 그 쟁점의 복잡성을 이해할 수 있게 한다. 1975년 이 복잡성은 깁스의 한 책을 통해 더 잘 드러났다. 여기서 그는 관련된 경험 연구에 대한 폭넓은 개관과 더불어 그 쟁점에 대한 길고 정교한 이론적 분석을 제시했다.[21] 1978년에는 이 책에 뒤이어 억제 연구에 직접 초점을 두고 억제 효과를 옹호하는 증거가 이를 비판하는 증거보다 더 많다는 신중한 결론에 도달한 미국 학술원(National Academy of Sciences)의 보고서가 발간되었다.[22]

이 1978년 보고서가 출간된 이후로 상당히 많은 연구들이 범죄에 대한 형사사법 정책

3

의 억제 효과를 검증해왔다. 내긴(Nagin)은 1998년에 이 연구들을 검토하고 "실질적인 억제 효과의 증거는 20여 년 전보다 훨씬 더 확고하다."고 결론 내렸다.[23] 그는 또한 억제 연구는 "세 가지의 변별적이고 대체로 단절된 문헌들"로 진화했다고 주장하였다.[24]

억제 연구의 세 가지 유형

내긴이 언급했던 억제 연구의 첫째 유형은 마약 시장, 음주 운전, 무질서한 행동, 불법적인 총기 사용 등에 대한 경찰의 단속과 같이, 특정 장소에서 특정 범죄를 표적으로 하는 정책의 효과를 주시한다.[25] 연구는 이 정책이 일반적으로 처음에는 억제 효과를 낳는 데 성공하지만 그 효과는 심지어 경찰의 단속 활동이 지속되더라도 다소 빠르게 저하되는 경향이 있음을 보여주었다. 덧붙여 억제 효과는 단속 활동이 종료된 이후에도 종종 지속되기도 한다. 셔먼(Sherman)은 이 두 가지 효과를 묘사하기 위해 "초기 억제 효과의 쇠퇴(initial deterrence decay)"와 "잔여적 억제(residual deterrence)"라는 용어를 사용했다.[26] 그는 초기 억제 효과의 쇠퇴는 아마도 "잠재적 범죄자가 시행착오를 통해 단속이 개시되었을 때 체포될 확실성에 대해 과대평가했다는 점을 학습하기 때문에" 발생한다고 추정했다. 다른 한편, 그는 범죄자가 "다시 범행을 저질러도 '안전하다'."는 결론에 도달하는 데까지 다소 시간이 걸리기 때문에 단속이 종료되더라도 잔여적 억제가 지속된다고 설명했다.[27]

셔먼의 결론은 객관적 위험과 이 위험에 대한 잠재적 범죄자의 지각 간 차이를 암시한다. 내긴이 규명한 억제 연구의 둘째 유형은 이 쟁점을 탐구했다.[28] 대부분의 "지각된 억제(perceptual deterrence)" 연구에는 특정 범죄를 저질렀을 때 처벌받게 될 위험성에 대한 사람들의 인식과 그들이 실제 그 범죄를 저질렀거나 저지를 의도가 있는지 여부를 묻는 설문 조사가 수반되어 왔다. 이 연구는 범행과 형벌의 확실성에 대한 지각 간에는 상당히 일관성 있는 결합 관계가 있으나 범행과 엄중성의 지각 사이에는 일관된 결합 관계가 덜 나타난다는 점을 발견했다.

이 연구가 지닌 문제점 중 하나는 인과 관계의 방향이 불분명하다는 점이다.[29] 억제 가설이 제기하듯이, 위험에 대한 인식의 증가가 범죄 행위의 감소를 유도할 수 있지만, 범죄 행위에의 참여가 위험에 대한 더 현실적인(즉 감소된) 인식을 유도하는 것도 가능하다. 이 쟁점을 해결하기 위해 연구자들은 수년 동안 연이어 매년 같은 사람에게 같은 질문을 하는 패널 연구를 수행해왔다. 이 연구는 일반적으로 응답자가 연초에 보고한 위험 지각과 그 사람이 연말에 보고한 한 해 동안의 범행 정도 간에는 거의 혹은 아무런 연관성도 없음을 발견하였다.[30] 이 발견은 위험 지각과 결합된 억제 효과가 거의 혹은 전혀 존재하지 않음을 시사한다.

다른 연구자들은 위험 지각은 매우 상황 의존적이기 때문에 범행의 결정 시기와 근접해서 측정되어야 한다고 주장해왔다. 다시 말해 위험에 대한 일반 질문은 사람들이 범행의 기회를 제공하는 특정 상황에 놓여 있을 때 실제 무엇을 행할지 예측하지 못한다.[31] 결과적으로 연구자들은 다음과 같은 시나리오를 사용하기 시작했다. 귀하께서 이 상황에 놓여 있다면 무엇을 하시겠습니까? 시나리오 연구는 위험 지각과 보고된 범행 가능성 간에 억제와 유사한 결합 관계를 일관되게 산출해왔다.

내긴은 이 모든 연구를 검토하고 나서, "나는 지각된 억제 연구자들 사이에는 제재 위험의 지각과 범행 혹은 범행 의도 간에 나타나는 부적인 결합 관계로 억제를 판단한다는 어떤 합의가 생겨난 것으로 여긴다."고 언급하였다.[32] 이 합의에 상당 부분 기초하여 지각된 억제에 관한 연구가 확대되었다. 이 연구들로부터 몇 가지 주요한 결론들이 도출되었다.

첫째, 확실성은 엄중성보다 유의미하게 더 나은 억제의 예측 인자이며, 이 둘은 모두 민첩성(처벌의 신속성)보다 더 나은 예측 인자인 것처럼 보인다.[33] 하지만 어떤 하위 인구 집단의 맥락에서는 형벌의 엄중성이 더 중요할 수도 있다. 예를 들어 포거스키(Pogarsky)는 처벌의 위협에 영향을 받지 않는 범죄자와는 대조적으로, "억제할 수 있는 범죄자" 사이에는 엄중성이 확실성보다 행위에 더 큰 영향을 미친다는 사실을 발견했다.[34]

둘째, 범행의 법 외적인 결과까지 포괄하도록 억제 이론을 확장하려는 몇몇 움직임이 있다. 예를 들어 직업, 친구, 명성의 상실 가능성 때문에도 범죄 행동이 억제될 수 있다. 내긴과 포거스키는 지각된 억제 연구에서 법 외적인 결과가 법적 결과와 마찬가지로 상당한 억제 효과를 가질 수 있다는 증거를 발견했다.[35]

셋째, 위험 지각은 형사사법 체계에 대한 개인의 이전 경험에서 영향을 받을 수 있다. 예를 들어 포거스키와 피퀘로(Pogarsky and Piquero)는 범죄자가 실제 처벌을 받고 난 뒤에는 한 번 붙잡혔기 때문에 다시 붙잡힐 가능성은 낮다는 식의 (비논리적으로 보이는) 추론에 기초하여 형벌의 확실성에 대한 인식이 낮아지는 "재설정 효과"(resetting effect)가 존재한다고 주장했다.[36] 그들은 이 "재설정 효과"가 사실상 범죄를 저지를 위험이 낮은(빈번하게 범죄를 행하지 않는) 범죄자에게는 나타나지만 범죄를 저지를 위험이 높은 범죄자에게는 나타나지 않는다는 사실을 발견했다. 그들은 처벌 받은 경험이 있는 만성적인 범죄자의 경우 의사 결정 시 형벌의 확실성을 고려하지 않기 때문에 이 효과가 발생하는 것으로 추정했다.[37] 범죄자가 범행이나 체포 경험을 얻게 됨에 따라 (논리적이든 그렇지 않든) 자신의 인식을 바꾼다면, 이것은 지각된 억제 효과 연구에서 인과 관계의 문제를 제기한다.[38]

내긴이 1998년의 고찰에서 다뤘던 별도의 질문은 위험 지각이 형사사법 정책의 객관적 실재들로부터 영향을 받는지 여부이다. 기본적으로 그 질문은 예를 들면 형벌에 대한 실질적인 위험의 증가가 위험 지각을 증가시키는지 여부에 관한 것이다. 여기서의 증거는 대단히 미약하다. 일반적으로 잠재적 범죄자는 객관적 위험에 대해 제한된 지식만을 가질 것이고, 그 지식이 공공 정책에 의해 어느 정도 영향을 받을 수 있는지는 명확하지 않다. 현 시점에서 그 문제에 관한 결론에 도달하는 것은 불가능해 보인다.[39]

내긴이 규명한 억제 연구의 셋째 유형은 억제 효과가 있는지 여부를 알기 위해 서로 다른 사법 권역의 형사사법 정책 및 그것과 결합된 범죄율을 살피는 것이다.[40] 예를 들어 억제 가설은 경찰관이 더 많고 구금된 재소자가 더 많으며 사형 제도를 실시하는 사법 권역에서 범죄가 덜 발생한다고 가정할 것이다. 이런 유형의 질문에 대해 상당량의 연구가 수행되어 왔으나, 대부분 그 결과는 만족스럽지 못하다.

일례로 제2장에서 논의했던 것처럼 억제 가설은 경찰관 수가 더 많은 사법 권역에서 범죄가 덜 발생할 것이라고 추정한다. 하지만 상당수의 연구가 그 반대 상황을 발견했다. 즉 경찰관 수가 더 많은 사법 권역이 범죄도 더 많다. 1971년에 출간된, 초기 연구 중의 하나는 "인구 1인당 경찰관 수와 범죄율 간의 상관 관계는 정적이고 유의미했다. …… 아마도 이것은 범죄율이 높은 지역에서는 더 많은 수의 경찰관이 고용된다는 가설로 가장 잘 설명된다."는 점을 발견했다.[41] 이 논문에서 지적했듯이, 문제는 여기에 두 방향의 인과 관계가 존재한다는 점이다. 더 많은 범죄는 분명 더 많은 경찰관의 "원인"이므로, 더 많은 경찰이 더 적은 수의 범죄의 "원인"인지 여부를 결정하기란 어렵다.[42]

이와 같은 "동시적 인과성"(simultaneous causation)의 문제를 해결하기 위해 레빗(Levitt)은 범죄에 대한 경찰의 효과를 예증하기 위한 "도구적 변인"으로서 선거 주기와 소방관 및 다른 지방 공무원의 수를 이용했다.[43] 이 도구적 변인들은 경찰관의 수와 높은 상관성이 있지만 범죄율의 변화에 영향 받지 않아, 통계 모형에서 동시적 인과성의 함정을 피하기 위해 사용될 수 있다. 레빗은 그의 분석에 기초하여 경찰관 1명의 추가적인 증가가 3.2건에서 7건 사이의 폭력 범죄 감소 및 1.6건에서 12.4건 사이의 재산 범죄의 감소로 귀결된다고 결론 내렸다.[44] 하지만 다른 학자들은 그 문제에 대한 그의 접근을 비판하고 있다.[45]

유사한 상황이 사형에서도 존재한다. 억제 가설은 사형 제도가 있는 주가 사형 제도가 없는 주보다 살인 범죄율이 낮을 것이라고 추측한다. 하지만 반대가 명확한 사실이다. 사형 제도가 있는 주가 그렇지 않은 주보다 실질적으로 살인 범죄율이 더 높다.[46] 아마도 사형 제도는 살인 범죄율이 더 높은 사법 권역에서 시행된다는 점이 그 이유가 될 것이다. 경찰에 관한 억제 연구와 함께 문제는 양 방향의 인과 관계가 존재한다는 점이다. 즉 높은 살인 범죄율은 분명 "사형"의 원인이 되기 때문에, 사형이 살인 범죄율을 낮추는 "원인"인지를 결정하는 것은 쉽지 않다.

이런 문제에도 불구하고 사형의 억제 효과는 범죄학 영역에서 가장 많이 연구되는 쟁점 중의 하나이다. 전체적으로 봤을 때, 사형이 구금의 증가로써 성취될 수 있는 효과를 넘어서서 억제를 달성한다는 경험적 지지는 거의 없거나 전무하다.[47] 결과적으로 대부분의 범죄학자는 사형이 폭력 범죄를 감소시키지도 않으며 그렇게 할 수 있는 잠재력조차 갖고 있지 않다고 결론을 내려왔다.[48] 몇몇 연구자는 그것을 넘어서, 사형이 실질적으로 살인을 증가시킨다는 결론에 이르게 하는 복잡한 통계 분석을 제시해왔다.[49]

이 발견은 사형 제도가 실시되는 사법 권역에서 살인 범죄의 발생 수준이 더 높은 것은 부분적으로 사형 그 자체에 의해 야기된 결과임을 암시한다. 다소 놀라운 이 발견에 대한 설명은 글레이저와 자이글러가 깁스 및 티틀의 초기 발견에 대한 비판에서 제시했던 설명과 유사하다. 즉 사형은 인명을 경시하게 하는 "야수화(brutalization)" 효과가 있어 살인을 증가시킨다는 것이다.

합리적 선택과 범행

인간의 선택에 관한 고전주의 모형은 범죄자가 범행의 비용과 이득을 합리적으로 계산한다고 가정한다. 몇몇 이론의 지지자는 잠재적 범죄자가 그 합리적 계산에 관여하고 범행 기회를 포착하는 상황과 환경을 검증해 왔다.[50] 이 이론들은 범행의 동기를 설명하는 대신 기회가 주어진다면 범행을 저지를 사람은 항상 사방에 존재한다고 가정한다.

예를 들어 약탈은 종종 홍수, 지진, 거센 폭풍, 전쟁, 소요 등과 같은 대규모 재앙과 함께 한다. 가옥 소유주와 상점 소유주는 자신의 자산을 무방비 상태로 남겨둔 채 그 재앙에서 도망친다. 경찰은 종종 인명 구조와 같은 더 시급한 문제로 인해 분주하다. 평소 범죄를 저지르지 않는 사람은 그 재앙 상황에서 그 기회를 이용할 수도 있으며 훔쳐 달아날 수 있다고 생각하는 것은 무엇이든 훔칠 수 있을 것이다. 이 이론은 합리적으로 계산하는 잠재적 범죄자에게 범행 기회를 제공하는 상황에 초점을 맞추기 때문에, 종종 "기회 이론(opportunity theories)"이라고 부른다.

앞의 약탈 사례는 "상황적 선택(situational selection)"을 수반하는데, 이는 동기가 부여된 범죄자가 범행을 행하기로 선택하는 상황 유형들을 묘사한다.[51] 일반적으로 동기가 부여된 범죄자는 목표물에 대한 접근의 용이성, 발각되거나 체포될 가능성, 기대되는 보상을 고려한다. 이 관점은 자신의 의사 결정 과정에서 범죄자는 대개 합리적이므로, 그 과정은 범죄의 "합리적 선택" 이론과 관련이 있다고 가정한다.[52]

합리적 선택 이론은 이 장의 서두에서 언급했던 것처럼 베카리아의 인간의 선택에 관한 원래의 단순 모형을 훨씬 더 상세하게 발전시켰다. 하지만 그 목표는 잠재적 범죄자가 어떻게 특정 상황에서 비용과 이득을 저울질하는지, 그 상황이 어떻게 변화되어 잠재적 범죄자들이 범행을 행하지 않겠다고 결정하는지를 고찰하는 것이다. 따라서 합리적 선택 이론은 형벌의 확실성과 엄중성의 억제 효과보다는 "상황적 범죄 예방"[53]과 관련이 있다.

이 이론은 모든 범죄가 범죄자에게 이득을 안겨주기 위한 목적을 갖고 의도적으로 행해진다고 가정한다. 합리적 선택 이론의 "기본 원칙"은 범죄 행동을 악의적이라거나 무의미하거나 비합리적인 것으로 일축하지 않고, 범죄자의 목적을 이해하려 노력하는 것이다.[54] 이 이론은 또한 범죄자의 합리성은 항상 제한적이라고 가정한다. 즉 "범죄자는 자신에게 이득이 되는 것을 추구할 때, 연루된 위험과 불확실성 때문에 최선의 결정을 내리는 데 항상 성공하지는 못한다."는 것이다.[55] 마지막으로, 그 이론은 범죄자의 의사결정은 다양한 범죄 유형별로 매우 다르다고 가정한다.[56] 예를 들어 동일한 범죄자가 강도와 강간을 저지를 수 있지만, 이 범죄 사건은 다른 피해자를 대상으로, 다른 환경에서, 다른 무기를 사용하여, 다른 목적을 갖고 행해진다. 따라서 상황적 범죄 예방은 범죄별로 초점을 달리 해야 한다. 합리적 선택 이론은 이 원리에 기초하여 지각된 노력과 위험은 증가시키고, 지각된 이득은 감소시킴으로써 범죄자의 의사-결정 과정과 결과적인 행위를 수정하도록 상황을 바꿔야 한다고 권고한다.[57] 이 접근은 공항의 수하물 검색(이것은 실질적으로 항공기 납치를 막아왔음), 우체국, 편의점, 은행의 목표물의 강화(이것은 강도를 줄이는 데 성공적이었음), 술집 영업 시간이 종료될 때 술 취한 청소년이 모여드는 것을 막는 일(이는 알코올로 유발되는 폭력을 감소시켜 왔음) 등 수많은 다양한 상황에 적용되어 왔다.[58] 환경 설계를 통한 범죄 예방(CPTED)은 합리적 선택의 접근법을 활용하여 물리적 풍경을 바꿈으로써 인간의 행위를 수정하려 한다. 여기에는 조명 개선, 자연적 감시의 증가, 만남의 장소 재배치 등의 노력이 포함된다.[59] 게다가 합리적 선택에 기초한 범죄 예방 조치는 기업 범죄자를 겨냥해왔다. 이들은 전형적으로 미래의 결과를 고려하고 위험과 이득을 생각한 다음 자신의 범죄를 선택한다.[60]

상황적 범죄 예방을 비판하는 사람은, 집중적인 범죄 예방 노력들로 인해 범행의 시간이나 장소가 바뀌어 단지 범죄가 "전이"될 뿐이라고 주장함으로써, 상황적 범죄 예방의 궁극적인 혜택에 의문을 제기해왔다.[61] 그렇지만 최근 연구는 전이가 "거의 전면적이지 않고 종종 대수롭지 않은 정도이며" 범죄 예방의 대상이 되는 지역의 주변에서도 그 혜택의 "확산"을 자주 경험한다는 점을 발견했다.[62] 합리적 선택의 접근법에 대한 또 다른 비판은 좀 더 포괄적으로 약물이나 어떤 감정 상태(분노와 같은)가 범죄 행위에 영향을 미칠 수 있다는 것이다. 예를 들어 알코올은 많은 폭력 범죄 사례에 영향을 미친다. 몇몇 학자들은 술에 취한 사람이 범죄에 가담할지 여부를 결정할 때 과연 비용과 이득의 논리적 평가에 의존하는지 의문을 제기한다. 술에 취한 사람의 행동을 설명하는 데 합리적 선택 모형의 가치가 떨어진다면, 술에 취하는 일이 범죄자 사이에 흔히 있는 것인 한 모형의 유용성은 낮아진다. 이 쟁점에 관한 연구의 한 사례로 엑섬(Exom)은 피험자를 알코올 중독(보드카 음주)과 분노(거짓으로 약속 시간보다 30분 늦었다는 말을 듣게 함)의 여러 수준에 무작위로 할당한 다음, 갈등 시나리오에 반응하는 그들의 공격성을 측정했다.[63] 알코올과 분노는 공격성의 지각된 이득을 증가시키거나 지각된 비용을 감소시키지 않았지만, 피험자가 화가 나 있고 취해 있을 때의 그들의 위험-이득 계산은 그렇지 않은 피험자에 비해 그들의 공격성 수준을 예측하는 데 훨씬 약한 영향을 미쳤다. 환언하면, 그들은 비용-이득 분석을 수행할 능력을 갖고 있겠지만, 궁극적으로 그들의 행위는 아마 그 분석과는 무관하게 발생할 것으로 보인다.[64]

일상 활동과 범죄 피해

범죄에 대한 합리적 선택 이론과 유사한 또 하나의 접근 방법은 집단별 범죄 피해율의 차이를 설명하는 데 활용되어 왔다.[65] 힌델랑(Hindelang)과 그의 동료들은 범죄 피해 위험에서의 차이가 그들이 "인습적인 일상 활동(routine daily activities)"이라 부른, 직업 활동(일, 학업, 가사 활동 등)과 여가 활동에서 나타나는 생활양식의 차이와 연관되어 있다고 주장했다.[66] 일반적으로 젊은 사람, 남성, 미혼자, 가난한 사람, 그리고 흑인이 노인, 여성, 기혼자, 부유한 사람, 백인보다 범죄 피해의 위험성이 더 높다. 이것은 앞의 집단이 뒤의 집단에 비해 특히 밤에 집밖에 나가거나, 외출해 있는 동안 공적인 활동에 가담하거나, 범죄자가 될 가능성이 높은 사람과 교제하는 경향이 짙기 때문이다.[67] 이와 같은 습관은 재산 범죄와 대인 범죄 피해의 위험을 증가시킨다.

코헨과 펠슨(Cohen and Felson)은 현대 사회의 어떤 변화는 동기가 부여된 범죄자에게 상당히 늘어난 범행 기회를 제공하였다고 주장했다.[68] 그들은 대부분의 폭력 범죄와 재산 범죄는 가해자와 "목표물" – 즉 범죄 피해의 대상이 되는 사람이나 재물 – 간의 직접적인 접촉을 수반한다고 지적했다.[69] 그러므로 이 범죄는 동기화된 범죄자, 적절한 목표물, 범죄를 막을 수 있는 능력을 갖춘 보호자(경찰)의 부재가 같은 시간 같은 장소에 집중되는 것을 필요로 한다. 대부분의 범죄학 이론은 동기화된 범죄자 수의 변화나 그 동기의 세기의 변화가 범죄율에 영향을 준다고 가정한다. 하지만 코헨과 펠슨은 범죄율의 변화는 목표물의 입수 가능성과 능력을 갖춘 보호자 부재의 변화로 대신 설명할 수 있다고 주장했다. 이것이 정확히 자연 재해 – 범죄 동기는 전혀 증가하지 않았지만 갑자기 가용한 목표물은 많아지고 유능한 보호자는 거의 없는 – 뒤에 약탈 행위가 뒤따를 때 발생하는 것이다.

코헨과 펠슨은 현대 세계에서는 "일상 활동", 즉 보통 사람이 일, 가정생활, 자녀 양육, 교육, 여가라는 측면에서 자신의 삶을 영위하는 방식이 변화함에 따라 목표물의 입수 가능성과 유용한 보호자의 부재가 엄청나게 증가해왔다고 주장했다. 사람들은 집에 머무를 때, 자기 재산에 대한 보호자의 역할을 한다. 하지만 현대 생활의 일상 활동은 "가족과 가정으로부터 분리된 활동들의 확산"으로 이어졌다. 이것은 많은 가정이 오랫동안 그리고 상당히 예측 가능한 시간 동안 비어 있게 된다는 점을 의미한다. 이와 더불어, 휴대가 용이하여 절도의 목표물로 적합한 물건이 상당히 많아졌다. 예를 들어 코헨과 펠슨은 1975년 자동차와 그 부속품은 구매 액 100달러 당 26.44달러가 도난당한 것으로 추산했다. 이와 대조적으로 가전제품은 구매 액 100달러 당 6.82달러, 가구와 전기를 사용하지 않는 생활 용품은 구매 액 100달러 당 12센트에 해당하는 가치가 도난당했다. 도난당한 물품의 가치들이 어마어마한 차이를 보이는 것은 절도 목표물로서의 그 물품의 적합성이 각기 다르기 때문이다. 코헨과 펠슨은 1947년에서 1974년까지 미국의 범죄율 변화를 대체로 이 추이로 설명할 수 있음을 입증했다. 1947년 사람들은 더 많은 시간을 집에서 보냈고 더 많은 가구류를 소유했다. 1974년에 이르자, 사람들은 더 많은 시간을 집밖에서 보냈고 더 많은 자동차와 가전제품을 소유했다. 그리하여 그 기간 동안 범죄는 크게 증가했음에도 불구하고, 동기화된 범죄자의 수나 범죄자를 동기화하는 이유는 전혀 변하지 않았을지도 모른다.

환경 범죄학자들은 일반적으로 범죄자들이 자신의 일상 활동과 일치하는 지역의 경계 내에서 범죄를 행하고 범죄 기회를 찾기 위해 그 장소에서 멀리 이동하지 않는다고 주장함으로써 범죄자 행위의 공간적·시간적 측면을 설명하고자 노력해왔다.[70]

집중 억제 : 총기 폭력 근절 작전

지난 20년간 합리적 선택과 일상 활동 이론 모두에 이론적 기반을 두고 있는 다른 종류의 억제 전략이 목격됐는데, 그것이 범죄에 미치는 영향은 매우 고무적이라는 평가가 나왔다. 깊이 연구된 구금과 범죄의 관계를 논하면서 덜라우프와 내긴(Durlauf and Nagin)은 어떻게 하면 이 둘을 함께(예를 들어, 범죄를 감소시키려면 구금을 늘려야 하는 것이 아니라) 감소시킬 수 있을까 하는 의문을 파고들었다.[71] 집중적인 억제에 관한 수많은 연구들을 검토한 두 사람은 범죄를 억제하기 위해 대규모의 구금을 활용하는 것보다는 고위험의 개인과 집단을 겨냥한 현대적인 경찰 개입에 의존하는 것이 훨씬 더 전략적이고, 특별 억제뿐만 아니라 유사한 위치의 다른 개인과 집단들에 대한 일반 억제로서도 가치를 지닐 수 있다고 결론지었다. 일상 활동 이론과 합리적 선택 이론은 모두 경찰로 하여금 범죄자들이 이용할 수 있는 기회들을 체계적으로 바꾸도록 유도한다. 비용-편익 분석상의 변화는 범죄자들이 범죄에 관여하는 것을 덜 매력적이게 할 수 있다. 가장 위험한 사람과 집단을 목표로 한 개입들이 가장 영향력이 클지도 모른다. 이것은 집중 억제 프로그램들 중 가장 오래됐고 가장 잘 알려진 보스턴의 총기 폭력 근절 작전(Boston's Operation Ceasefire)이 채택한 전략이었다. 이 프로그램은 데이비드 케네디(David Kennedy)가 아이디어를 냈고, 앤 피엘(Anne Piehl)과 앤서니 브라가(Anthony Braga)가 디자인과 이행, 평가를 지원하였다.[72]

총기 폭력 근절(Ceasefire)의 배경으로 보스턴에서는 청소년에 의한 살인 사건의 폭발적인 증가가 있었다. 1984년부터 1994년까지 18세 미만 청소년이 저지른 권총 살인 피해가 418% 증가했고, 다른 종류의 총기 살인 피해도 125% 늘었다.[73] 1995년 보스턴 총기 프로젝트(Boston Gun Project)는 보스턴에서 청소년(청소년을 21세 미만으로 규정하면서) 살인의 감소를 목표로 하는, 문제 지향적 경찰 활동 프로그램의 일환으로 시작되었다. 이 프로젝트는 1996년에 총기 폭력 근절 작전을 시행하였다. 총기 폭력 근절 작전은 두 가지-청소년에 대한 총기 공급을 공략하고 갱 폭력을 강력히 억제하는-전략을 취했다. 첫 번째 공급 측면의 전략은 총기 추적을 통해 무기 출처를 식별해 내고 총기 불법 거래상을 차단하는 전통적인 법집행 전략들을 통합했다.[74] 일반적으로 "지렛대 당기기(Pulling Levers)"로 알려진 두 번째 전략은 총기 폭력 근절 작전의 독특하고 혁신적인 억제 방식이었다.

총기 프로젝트는 분석을 통해 보스턴 시내에서 동일 연령 집단의 1%에도 못 미치는 1,300명의 갱 단원들이 그 도시에서 발생한 청소년 살인 사건의 최소 60%를 저지른다는 사실을 발견했다. 5년간 발생한 155건의 청소년 살인 사건과 연관된 범죄자 125명 중에 77%(96명)가 범죄 혐의로 평균 9.7건의 기소 사실 인부 절차(arraignment)*를 거쳤던 것으로 나타났다. 달리 말하자면, 적은 무리의 청소년 갱 집단이 위 범죄자 중 높은 비율을 차지했고 엄청난 양의 살인 사건에 책임이 있었던 것이다.[75] "소수가 많은 부분을 차지하는" 개념은 형사사법에서 널리 퍼져 있는데, 필라델피아에서 울프갱, 피글리오, 셀린(Wolfgang, Figlio, and Sellin)의 연구(청소년 코호트의 6%가 전체 범죄 사건의 절반 이상을 차지했다.[76])와 미니애폴리스에서 셔먼(Lawrence Sherman)의 연구(그 도시의 주소지 중 3%에서 경찰 서비스를 요청하는 신고 전화의 50%가 걸려 왔다.[77])로 입증되었다.

* 영미법상의 형사소송 절차의 하나로서, 공판정에서 피고인에게 공소장을 읽어주고, 공소 사실에 관하여 유죄인가 무죄인가를 물어 피고인이 유죄임을 시인하면 증거 조사를 하지 않고 즉시 유죄 판결을 할 수 있고, 무죄임을 주장하면 비로소 증거 조사를 하는 제도이다. 역자 주

총기 폭력 근절 작전 연구자들은 갱 멤버들이 아주 다양한 유형의 범죄를 종종 공개적으로 저지르고 있어 그들의 높은 범죄율이 그들로 하여금 법집행을 받기 쉬운 표적이 되게 하고, 가석방, 보호관찰, 혹은 보석으로 인해 자주 제약을 받게 되며, 비록 어떤 심각한 범죄로 쉽게 유죄 판결을 받지는 않더라도 강력하고 집중적인 법집행 노력의 대상이 된다면 그들의 일상생활이 아주 불쾌해 질 수 있다는 점에 주목하였다. 전통적인 법집행 노력들 역시 이러한 취약성들을 이용하지만, 총기 폭력 근절 작전의 독특한 접근 방식은 갱들을 한꺼번에 쓸어버리기보다 폭력을 제거하는 데 전적으로 초점을 맞추려 한다는 점이다.[78] 이는 마약 시장 폐쇄, 영장 송달, 보호관찰 제한 조치의 시행, 난동 행위 체포, 기소와 판결을 통해 어떤 결과가 나오는 사건들을 더욱 엄격하게 다루기, 연방 공권력의 배치 등 갱이나 갱으로 의심되는 이들에게 적용 가능한 "모든 지렛대 당기기"로 실현될 수 있을 것이다.[79]

억제 작전은 그 표적이 그것을 인식해야만 성공할 수 있음을 알기 때문에 총기 폭력 근절 작전에서는 이를 확실히 하기 위해 다수의 독특한 "광고(advertising)" 전략을 사용했다. 선택한 갱들과의 공식적인 동석, 소년 교정 시설 수감자들과의 대화, 학교 모임 참석, 갱 담당 경찰관, 보호관찰 또는 가석방 담당관들과 갱 멤버 및 그들 가족과의 일대일 대화, 갱 멤버들에게 총기 폭력 근절 작전의 존재를 알리고 메시지를 전달하는 보스턴 갱 지원 활동가 고용 등의 수단이 망라되었다.[80] 폭력을 멈추지 않으면 전 방위적으로 다가오는 형사사법 시스템의 엄청난 분노에 직면할 것이라는 메시지였다.

총기 폭력 근절 작전의 효과를 평가하기 위해 개입이 실행되기 전(1991년 1월~1996년 5월)과 실행 된 이후(1996년 6월~1998년 6월)의 보스턴 청소년 살인(24세 이하의) 건수를 검증하였다.[81] 개입 이전에 청소년 살인 건수는 연평균 44건이었다. 개입은 1996년 5월 본 궤도에 올랐는데, 살인 건수는 1996년 26건에서 1997년 15건으로 떨어졌다(이는 1976년 이후 보스턴에서 발생한 청소년 살인 사건으로서는 가장 적은 수치다). 전체적으로 총기 폭력 근절 작전의 개입을 통해 청소년 살인 사건이 63% 감소했다. 다른 방식으로 수행된 갱 폭력에 대한 평가도 총기 폭력 근절 작전이 월 단위 총격 사건 신고 건수가 32% 감소하고 청소년 총기 난사가 25% 줄어든 것과 관련이 있음을 보여줬다. 이 평가는 청소년 살인과 연관됐을지 모를 보스턴의 다른 특정 요소들(고용율과 청소년 인구 변화와 같은)을 통제했다. 게다가 개입이 없었던 다른 도시에서는 보스턴과 같은 극적인 감소가 나타나지 않았음을 확실히 하기 위해, 같은 기간에 다른 도시의 청소년 살인 범죄율의 변화를 검증하였다.

이 평가가 고무적인 결과를 보여주기는 할지라도 몇몇 연구자들은 유사-실험 설계가 취약하다고 지적했다.[82] 결과의 측정은 보스턴에서의 전체적인 청소년 살인(그리고 총격 사건)에 관한 것이었고, 그 개입이 대상으로 선정된 특정 갱들의 행동에 영향을 끼쳤는지 여부를 검사하지는 않았다. 뿐만 아니라 이 설계에는 통제 집단이 없었다(개입 대상이 아닌 갱들의 행동은 전혀 조사되지 않았다.). 나중에 브라가와 동료들은 연구 설계를 보다 강력하게 가다듬어 보스턴 총기 폭력 근절 작전에 대한 평가 논문(2014)을 출간하였다.[83] 1999년 갱 관련 살인 건수는 단지 5건이었음에도 불구하고 총기 폭력 근절 작전은 2000년에 중단되었다. 2006년 그 수치는 37건으로 늘었다. 2007년 1월 새 경찰청장이 총기 폭력 근절 작전을 복귀시켰고, 이때부터 2010년 12월까지 19개 갱단을 표적으로 삼았다. 이 평가에서는 비교 갱단을 총기 폭력 근절 작전에 포함된 19개 갱단 중 16개와 부합하게 함으로써(유사성의 숫자에 기초하여), 총기 폭력 근절 작전의 표적이 된 갱단의 행동이 비교 갱단의 행동에서 벗어났는지 여부를 결정할 수 있었다. 그 결과 "보스턴 총기 폭력 근절 작전 개입을 재개하면서 목표가 되었던 갱단의 전체 총격 사건은 비교 갱단의 그것에 비해 31.3% 감소한 것으로 추산되었다."[84]

총기 폭력 근절 작전은 보스턴 이외에도 로스앤젤레스, 인디애나폴리스, 시카고, 볼티모어, 미니애폴리스, 로웰(매사추세츠 주), 신시내티를 포함해 다른 많은 도시에서 이러저런 형태로 복제되어 실시되었다. 개입 노력을 평가했던 도시들에서는 대부분 긍정적인 결과가 나왔다. 일부 집중 억제 전략은 집단뿐만 아니라 문제성 (가령 반복적인) 범죄자도 다뤘다. 시카고의 총기 폭력 근절 작전(안전한 이웃 프로젝트; Project Safe Neighborhoods)은 위험한 이웃으로 다시 돌아오는 총기 혹은 갱 관련 가석방 자를 목표로 삼았고[85], 하와이의 HOPE(Hawaii Opportunity with Probation Enforcement) 프로그램은 약물 남용 관련 보호관찰 대상자를 목표로 했다.[86]

총기 폭력 근절 작전 형태의 프로그램과 같은 집중 억제 개입의 조류는 미국 전역에 걸쳐 너울거리고 있는데, 이를 두고 파파크리스토스(Papachristos) 교수는 (시카고 판에서) "어떤 의미에서 총기 폭력 근절 작전은 단순히 개입 프로그램이 아니라 하나의 사회 운동이 되었다.[87]"고 언명하였다. 이런 프로그램들이 지속적으로 확산됨에 따라 그 영향에 대한 평가 측정의 질이 확보되어야 한다는 요구가 커졌다. 브라가와 와이즈버드(Braga and Weisburd)는 – 잠재적으로 연관된 2,000여개의 연구를 포괄적으로 조사한 뒤 – 개입이 집중 억제 전략에 관여했는지, 연구에서 무작위 대조 실험 설계(randomized controlled trial designs) 또는 비 임의적 준 실험 설계(nonrandomized quasi-experimental designs) 방식을 썼는지를 기준으로 하여 이에 부합하는 11개 연구를 추려냈다.[88] 11개 연구 중 10개에서 상당한 범죄 행위의 감소가 그 전략들로부터 기인한 것으로 입증되었다. 그럼에도 불구하고 브라가와 와이즈버드는 이 프로그램들을 평가할 때에는 무작위 대조 실험을 훨씬 많이 사용할 필요가 있다는 점을 지적했다.[89]

집중 억제 개입이 주로 처벌적인 수단을 활용하는 반면, 많은 경우 당근과 채찍 접근법을 수반하기도 한다. 그것은 "지렛대 당기기"를 사회 복지 상담, 직업 기회, 상담과 같은 일련의 사회적 서비스의 제공과 결합한다. "당신이 해를 끼친다면 엄하게 다루겠지만, 순응한다면 법 준수 사회로 통합(또는 재통합)되도록 돕겠다."는 것이 전달하고자 하는 메시지이다. 사실 총기 폭력 근절 작전 프로그램에서 "소집"(calling) 기간에는 범죄 증거가 유력한 갱 멤버들이 포럼에 초청되는데, 그곳에서 그들은 다수의 법집행자들뿐만 아니라 사회 서비스 제공자들과도 만난다. 당근과 채찍 접근법은 특히 합리적 선택의 관점과 양립한다. 왜냐하면 두 가지 측면의 계산을 모두 다루기 때문이다. 즉 단순히 처벌적 제재를 통해 억제하기보다, 범행을 저지르지 않는 이에게 특별 혜택을 제공한다. 이렇게 함으로써 비용–편익 분석을 더 복잡하게 만들고 체포되거나 처벌받지 않고자 하는 단순한 욕구를 넘어서는 식으로 범죄자의 전체적인 동기를 변화시키는 결과를 낳을 수 있다. 틸러와 엥겔, 로빈스(Tillyerm, Engel, and Lovins)는 사실 장기적으로 봤을 때 집중 억제 전략의 지속 가능성은 범죄자에게 의미 있는 사회 서비스 일괄 프로그램을 꾸준히 제공할 수 있는 능력에 달려 있을 것이라고 주장했다.[90]

결론

이 장은 억제, 일상 활동, 합리적 선택에 초점을 둔 범죄학 이론과 연구를 검토했다. 세 가지 접근은 모두 베카리아가 처음 제기한 대로 비교적 단순한 고전주의 인간 선택 모형에 토대를 두고 있다. 일반적으로 이 연구의 어떤 것도 직접적으로 그 모형을 검증하려고 하지 않았다. 대신 각 접근은 그 모형이 옳다면 분명 범죄를 감소시킬 정책들을 개발하였다. 따라서 연구는 이 정책들의 효과성을 검증하였고, 그 결과들은 이 정책들이 근거하고 있는 고전주의 인간 선택 모형의 타당성에 대한 증거로 받아들여지고 있다.

일반적으로 오늘날 억제 가설은 20년 전보다 훨씬 더 많은 지지를 받는다. 그럼에도 불구하고, 연구는 현재 정책들이 형벌의 엄중성을 지나치게 강조하고 있고 확실성에는 충분한 관심을 두지 않고 있다는 점을 지적하는 것 같다. 이 연구 결과는 과도한 형벌의 엄중성은 사실상 범죄의 원인이 된다는 베카리아의 주장과 일치한다. 이와 더불어, 미국에서는 1970년 이래 구금이 폭발적으로 증가하여 범죄에 어느 정도 영향을 미쳤지만, 억제와 관련 없는 다른 요인들보다 영향력이 더 크지는 않았던 것으로 보인다. 잠정적이긴 하나 이 시점에서 전체적인 결론은 형벌의 엄중성을 더 높여도 범죄를 감소하는 데는 아마 아무런 영향도 미치지 않을 것이고 여러 가지 이유로 사실상 범죄를 증가시킬 수 있다는 것이다. 반면에 검거, 유죄 판결, 처벌의 확실성이 증가하면 아마도 범죄는 더 감소될 것이다.

아마도 범죄를 감소시킬 수 있는 보다 큰 잠재력은 합리적 선택과 일상 활동 접근에서 나타난다. 그것들의 정책적 제언은 잠재적 범죄자가 범죄의 비용과 이득을 합리적으로 계산하는 상황과 환경을 변경시키는 것에 근거를 두고 있다. 비록 이 접근들은 상대적으로 새롭지만, 이미 몇몇 분석가로부터 1990년대의 범죄 감소에 중요한 역할을 수행한 것으로 인정을 받았다. 합리적 선택에 토대를 둔 범죄 통제 정책은 지속적으로 범죄를 감소할 수 있는 많은 장기적인 잠재력을 갖고 있지만, 증가된 보안, 감시, 치안 활동에 의존하는 그 노력이 시민의 자유를 위협하지 않고 요새 사회나 통제 문화를 만들어 내지 않으면서 공동체의 이해관계를 보호하는 방식으로 시행될 수 있을지에 대한 우려가 제기되고 있다.[91] 총기 폭력 근절 작전처럼 억제와 인센티브를 결합한 집중 억제 정책은 표적이 된 범죄자나 잠재적인 범죄자들 사이에서 범죄를 감소시키는 데 있어 초기에 대성공을 거뒀다. 현 시점에서 이러한 개입 조치들로 인해 시민적 자유가 어느 정도까지 영향을 받았을지는 불분명하다.

주요 용어

- 억제
- 합리적 계산/선택
- 일상 활동
- 범죄 기회
- 자연법
- 사회 계약 사상가
- 재량권
- 법의 정신

- 형벌의 신속성
- 형벌의 확실성
- 형벌의 엄중성
- 공포된 법률
- 경험적 검증
- 초기 억제 효과
- 초기 억제 효과의 쇠퇴
- 잔여적 억제
- 객관적 위험
- 위험의 지각
- 지각된 억제
- 시나리오 연구
- 억제 될 수 있는 범죄자
- 재설정 효과
- 야수화 효과
- 상황적 범죄 예방
- 지렛대 당기기
- 집중 억제 전략들
- 총기 폭력 근절 작전

토의할 문제

1. 체사레 베카리아의 사상은 어떠한 방식으로 근대 형법과 양형 제도에 구현되었습니까?
2. 억제 연구는 형벌의 확실성과 신속성에 관해 어떤 결과를 도출했습니까? 이 결과를 어떻게 설명할 수 있을까요?
3. 특별 억제와 일반 억제의 차이점은 무엇입니까? 억제 연구의 결과를 고려할 때, 사형과 삼진아웃법이 일반 억제 효과를 가지려면 무엇을 기대할 수 있어야 합니까?
4. 어떤 유형의 범죄자를 “억제 될 수 있는 범죄자”로 칭할 수 있습니까? 특히 무엇이 이런 형태의 범죄자들을 더욱 억제할 수 있게 만듭니까?
5. 여러분이 정책 입안가라면, 어떻게 잠재적 범죄자가 체포의 객관적 위험을 지각하게 할 수 있을까요?
6. 1990년대 미국의 범죄율과 관련하여 무엇이 발생했습니까? 다중 요인 접근을 사용하여 이 추이를 어떻게 설명할 수 있을까요?
7. 일상 활동 이론가는 전국 범죄율의 등락을 어떻게 설명합니까?
8. 집중 억제 전략들은 다른 유형의 억제와 어떻게 다릅니까?
9. 왜 “홍보”가 억제에서 중요한 요소입니까?
10. 만성적인 폭력을 다룰 때 당근과 채찍 접근법은 어떻게 작용합니까?

3

인용&
부연설명

1. 아퀴나스 사상에 대한 간략한 고찰은 Thomas J. Bernard, *The Consensus –Conflict Debate*(New York: Columbia University Press, 1983) 제3장을 참조할 수 있다.
2. Piers Beirne, *Inventing Criminology* (Albany: State University of New York Press, 1993), pp. 11–12. 다미앙(Damiens)의 처형은 이 시기와 관련하여 가장 널리 인용되는 사례인데, 그는 1757년 프랑스 국왕을 살해하였다. 이에 관해서는 Michel Foucault, *Discipline and Punish* (New York: Pantheon, 1977), pp.3–5를 참조할 것.
3. 홉스 및 그의 아퀴나스와의 관련성에 대한 논의는 Bernard, op. cit. 제4장에 정리되어 있다.
4. Graem Newman and Pietro Marongiu, "Penological Reform and the Myth of Beccaria," *Criminology* 28(1990): 325–46.
5. 베카리아의 업적은 토마스 제퍼슨(Thomas Jefferson), 존 아담스(John Adams) 및 다른 미국 혁명가들에 의해 폭넓게 인용되었다. 이에 대해서는 David A. Jones, *History of Criminology* (New York: Greenwood Press, 1986), pp.43–46을 참조할 것.
6. 베카리아의 삶과 업적에 대한 설명은 Beirne, op. cit. 제2장에서도 소개되고 있음. 또한 Randy Martin, Robert J. Mutchnick, and W. Timothy Austin, *Criminological Thought: Pioneers Past and Present* (New York: Macmillan, 1990); Elio D. Monachesi, Pioneers in Criminology: Cesare Beccaria (1738–94), Journal of Criminal Law, Criminology and Police Science 46 (1955): 439–49, reprinted in Hermann Mannheim, Pioneers in Criminology (Montclair, NJ: Patterson Smith, 1972), pp.36–50 등도 참조할 것.
7. Cesare Beccaria, *On Crimes and Punishments*, trans Henry Paolucci (Indianapolis, IN: Bobbs–Merrill, 1963).
8. Ibid., pp. 13–14.
9. Ibid., pp. 14–15.
10. Ibid., pp. 64–65.
11. Ibid., p. 62.
12. Ibid.

13. Ibid., pp. 43-44.

14. Ibid., pp. 55-56.

15. Ibid., pp. 58-59.

16. Ibid., p. 99.

17. Jack P. Gibbs, "Crime, Punishment and Deterrence," *Southwestern Social Science Quarterly* 48 (1968): 515-30. 같은 해에 경제학자 게리 베커(Gary S. Becker)는 범죄와 형사사법 둘 다 비용-이득 분석에 따른 선택으로써 설명할 수 있다는 상당히 이론적인 논증 논문("Crime and Punishment: An Economic Approach," *Journal of Political Economy 76* [1968] : 169-217)을 발표하였다.

18. Charles R. Tittle, "Crime, Rates and Legal Sanctions," Social Problems 16 (1969): 409-23. 지표범죄에는 살인(murder) 및 과실치사(nonnegligent manslaughter), 강간(forcible rape), 강도(robbery), 중폭행(aggravated assault), 침입절도(burglary), 절도(larceny-theft), 자동차 절도(motor vehicle theft) 등이 포함된다.

19. Theodore G. Chiricos and Gordon P. Waldo, "Punishment and Crime: An Examination of Some Empirical Evidence," Social Problems 18 (1972): 200-17. 치리코스와 왈도(Chiricos and Waldo)의 논의는 순차적으로 찰스 로건(Charles H. Logan), "General Deterrent Effects of Imprisonment," Social Forces 51 (1972): 64-73에 의해 비판을 받았다.

20. Daniel Glaser and Max S. Zeigler, "Use of the Death Penalty v. Outrage at Murder," Crime and Delinquency 20 (1974): 333-38. Glaser, "A Response to Bailey," *Crime and Delinquency* 22 (1976): 40-43도 참조할 것.

21. Jack P. Gibbs, Crime, Punishment and Deterrence (New York: Elsevier, 1975). 깁스의 저술이 출간되기 바로 전에 상당히 이론적인 두 개의 분석이 발표되었다. Franklin E. Zimring and Gordon J. Hawkins, *Deterrence – The Legal Threat in Crime Control* (Chicago: University of Chicago Press, 1973), *Johannes Andenaes, Punishment and Deterrence* (Ann Arbor: University of Michigan Press, 1974). 하지만 깁스는 그 문제에 대한 경험 연구를 폭넓게 검토한 최초의 저자였다.

21. Alfred Blumstein, Jacqueline Cohen, and Daniel Nagin, eds., *Deterrence and Incapacitation: Estimating the Effects of Criminal Sanctions on Crime Rates* (Washington, DC: National Academy of Sciences, 1978), p. 7. 또한 Philip Cook, "Research in Criminal Deterrence: Laying the Groundwork for the Second Decade," in Norval Morris and Michael Tonry, eds., *Crime and Justice: A Review of Research*, vol. 2 (Chicago: University of Chicago Press, 1980), pp. 211-68. 쿡(Cook)의 논문 또한 그 연구에 초점을 맞췄지만 "많은 지역에서 비효과적으로 보였던 형사사

법 체계가 상당한 정도로 일반적인 범죄 억제 효과가 있다."(p. 213)는 보다 낙관적인 결론에 이르렀다.

23. Daniel S. Nagin, "Criminal Deterrence Research at the Outset of the Twenty-First Century," in Michael Tonry, ed., *Crime and Justice: A Review of Research* (Chicago: University of Chicago Press, 1998), pp. 1–42. 다음 논의는 상당 부분 내긴(Nagin)의 고찰과 분석에 의존하고 있다. 이 세 가지 탐구 노선에서 억제 연구자들이 직면하는 수많은 복잡한 인과적 쟁점들로 인해, 소수의 범죄학자만이 네 번째 연구 유형, 즉 실험 설계를 감행하였다. 예를 들어 내긴과 그렉 포거스키(Nagin and Greg Pogarsky)("An Experimental Investigation of Deterrence: Cheating, Self-Serving Bias, and Impulsivity," *Criminology* 41 [2003] : 167–93)는 급료를 받고 설문에 응하는 과정에서 학생들이 속임수를 쓸 수 있는 기회가 제공되는 세팅에서 실험적으로 형벌의 확실성과 엄중성을 조작하였다. 저자들은 형벌의 확실성이 엄중성보다 더 억제적이라는 억제 연구에서의 기본적인 발견을 확증했다. 실험 설계는 윤리적인 고려로 인해 인과성의 문제를 피해가지만, 그 방법에는 통상 범죄학자에게 보다 실질적인 관심을 부여하는 행위보다는 속임수와 같은 행위가 포함되며 따라서 결과를 일반화하는 데도 다소 제한적이다.

24. Ibid., p. 2.

25. Ibid., pp. 8–12.

26. Lawrence W. Sherman, "Police Crackdowns: Initial and Residual Deterrence," in Michael Tonry and Norval Morris, eds., *Crime and Justice: A Review of Research*, vol. 12 (Chicago: University of Chicago Press, 1990), p. 10.

27. 셔먼(ibid)은 이 효과에 대해 두 번째로 가능한 설명을 다음과 같이 제시하였다. 즉 정책이 실제적인 형벌의 위험을 변경시키지 않더라도, 그것은 그러한 위험에 대한 불확실성을 증가시킬 것이고 그 결과 범행을 감소시킨다는 것이다.

28. Nagin, op. cit., pp.12–23.

29. David F. Greenberg, "Methodological Issues in Survey Research on the Inhibition of Crime," *Journal of Criminal Law and Criminology* 72 (1981): 1094–1101. 또한 인과성의 방향에 대한 논의를 위해서는 이 책의 제1장을 볼 것.

30. 개관을 위해서는 Raymond Paternoster, "The Deterrent Effect of the Perceived Certainty and Severity of Punishment: A Review of the Evidence and Issues," *Justice Quarterly* 4 (1987), 173–217쪽을 볼 것.

31. See, e.g., Irving Piliavan, Rosemary Gartner, Craig Thornton, and Ross L. Matuseda, "Crime, Deterrence, and Rational Choice," *American Sociological Review* 51 (1986), 101–19쪽.

32. Nagin, op. cit., p.15.

33. Daniel S. Nagin and Greg Pogarsky, "Integrating Celerity, Impulsivity, and Extralegal Sanction Threats into a Model of General Deterrence: Theory and Evidence," *Criminology* 39 (2001), 865-891쪽을 볼 것.

34. Greg Pogarksy, "Identifying 'Deterrable' Offenders: Implications for Research on Deterrence," *Justice Quarterly* 19 (2002): 431-52. 하지만 반대되는 결과에 대해서는 Bradley R. E. Wright, Avshalom Capsi, Terrie E. Moffitt, amd Ray Paternoster, "Does the Perceived Risk of Punishment Deter Criminally Prone Individuals? Rational Choice, Self-Control, and Crime," *Journal of Research in Crime and Delinquency* 41 (2004), 180-213쪽을 볼 것.

35. Nagin and Pogarsky, op. cit., p. 879.

36. Greg Pogarsky and Alex R. Piquero, "Can Punishment Encourage Offending? Investigating the 'Resetting' Effect," *Journal of Research in Crime and Delinquency* 40 (2003): 95-120.

37. Ibid., p. 112.

38. Nagin and Pogarsky (2003), op. cit., p.168.

39. 예를 들어 Gary Kleck, Brion Sever, Sencer Li, and Marc Gertz, "The Missing Link in General Deterrence Research," Criminology 43 (2005), 623-60쪽을 보면, "실제적인 형벌 수준이 형벌에 대한 지각에 어떤 영향을 미친다는 사실이 전혀 확인되지 않는다."는 점을 알 수 있다. 지각(perceptions)이 객관적인 지식에 의해 추동된다는 전제 및 반박에 대한 논의를 위해서는 Anne L. Schneider and Laurie Ervin, "Specific Deterrence, Rational Choice, and Decision Heuristics: Applications in Juvenile Justice," *Social Science Quarterly* 71 (1990), 585-601쪽을 볼 것.

40. Nagin, op. cit., pp. 23-33.

41. Israel Pressman and Arthur Carol, "Crime as a Diseconomy of Scale," *Review of Social Economy* 29 (1971): 227-36.

42. Nagin, op. cit., 29쪽에는 이것을 "내생성"(endogeneity)의 문제로 돌려지고 있었다. 연구들을 개괄하고 난 뒤의 그가 내린 결론은 범죄에 대한 경찰의 효과는 "그 물리력이 동원되는 방식에 달려 있다."(33쪽)는 것이었다. 그는 이 결론을 뒷받침하기 위해, 공중 질서 위반 범죄(예, 공공장소에서의 음주 행위)에 대한 사전적 경찰 활동(proactive policing)이 심각한 범죄에 대해 억제 효과를 갖는다는 사실을 발견한 샘슨과 코헨(Robert J. Sampson and Jacqueline Cohen)의 연구("Deterrent Effects of Police on Crime," Law and Society Review 22 [1988] : 163-89)를 폭 넓게 논의하였다. 그렇지만 내긴의 논문 이후 발표된 연구 중 샘슨과 로덴부시(Sampson and Stephen W. Raudenbush)의 연구

("Systematic Social Observation of Public Space," *American Journal of Sociology* 105 [1999] : 603-51)에서는 이 효과가 전혀 지지되지 않았다.

43. Steven D. Levitt, "Using Electoral Cycles in Police Hiring to Establish the Effect of Police on Crime," American Economic Review 89 (1997): 270-90; Steven D. Levitt, "Using Electoral Cycles in Police Hiring to Establish the Effect of Police on Crime: Reply," *American Economic Review* 92 (2002): 1244-50.

44. Levit (1997), op cit., p. 298. 가능한 효과의 변이 폭이 상당히 큰 것은 그 모델 구성에서의 표집 오차(혹은 비탄력성)에 따른 결과이다.

45. 이에 대한 사례로는 Justin McCray, "Using Electoral Cycles in Police Hiring to Establish the Effect of Police on Crime," *American Economic Review* 92 (2002), 1236-43쪽을 보시오.

46. 예를 들어 보너와 페슨덴(Raymond Bonner and Ford Fessenden)은 두 사람의 공저인 "States with No Death Penalty Share Lower Homicide Rates"와 Ford Fessenden. "Deadly Statistics: A Survey of Crime and Punishment"(두 편 모두 2000년 9월 22일자 뉴욕 타임즈에 실렸음)에서 "지난 20년 동안, 사형 제도를 실시하는 주의 살인 범죄율은 사형 제도를 실시하지 않는 주보다 48퍼센트에서 101퍼센트 더 높다."고 보고하였다.

47. 이것은 "절대적" 억제 효과와 대조되는 "한계적" 억제 효과이다. 자세한 것은 Nagin, op. cit. 3-4쪽을 볼 것.

48. Michael Radelet and Ronald L. Akers, "Deterrence and the Death Penalty: The Views of the Experts," *Journal of Criminal Law and Criminology* 87 (1996): 1-16.

49. 이에 대한 사례로는 William C. Bailey, "Deterrence, Brutalization and the Death Penalty," *Criminology* 36 (1998), 711-33쪽을 볼 것. 이 논문은 사형에 대한 반발로서 발생한 1990년 오클라호마의 살인에 대해 검증하였다. 이 연구는 낯선 사람은 물론 아는 사람에 대한 사례도 포함하는 다양한 종류의 살해 행위에 대해서 야수화 효과가 일관되게 지지된다는 점을 발견했다.

50. 개관을 위해서는 Christopher Birkbeck and Gary LaFree, "The Situational Analysis of Crime and Deviance," *Annual Review of Sociology* 19 (1993), 113-137쪽을 참조할 것.

51. Ibid., pp. 124-26.

52. Derek B. Cornish and Ronald V. Clarkes, eds., *The Reasoning Criminal* (New York: Springer-Verlag, 1986).

53. Graeme Newman, Ronald V. Clarke, and S. Giora Shoham, eds., *Rational Choice and*

Situaltional Crime Prevention: Theoretical Foundations (Dartmouth, England: Ashgate, 1997)를 볼 것.

54. Ronald V. Clarke and Derek B. Cornish, "Rational Choice," in Raymond Paternoster and Ronet Bachman, eds., *Explaning Criminals and Crime* (Los Angeles: Roxbury, 2001), p. 25.

55. Ibid., p. 24.

56. 일반적인 범죄자의 의사 결정에 대한 분석과 관련해서는 Vokan Topalli, "Criminal Expertise and Offender Decision-Making: An Experimental Analysis of How Offenders and Non-Offenders Differentially Perceive Social Stimuli," British Journal of Criminology 45 (2005): 269-95를 볼 것. 특별하게 침입절도범의 의사 결정에 대해서는 Claire Nee and Amy Meenaghan, "Expert Decision Making in *Burglars,*" *British Journal of Criminology* 46 (2006): 935-49.

57. Ronald V. Clarke, ed., *Situational Crime Prevention: Successful Case Studies*, 2nd ed. (Albany, NY: Harrow and Heston, 1997) 참조할 것.

58. Ibid., p. 5.

59. Timothy Crowe, *Crime Prevention Through Environmental Design*, 2nd ed. (Woburn, MA: Butterworth-Heinemann, 2000); and Ian Colquhoun, *Design Out Crime: Creating Safe and Sustainable Communities* Burlington, MA: Elsevier, 2004).

60. 어떻게 합리적 선택에 기초한 억제가 기업 범죄자에게 잘 들어맞는지에 대한 분석으로는 Neal Shover and Andy Hochstetler, *Choosing White-Collar Crime* (New York: Cambridge University Press, 2006) 참조. 또한 Anne Alvesalo, Steve Tombs, Erja Virta, and Dave Whyte, "Re-imagining Crime Prevention: Controlling Corporate Crime?" *Crime, Law & Social Change* 45 (2006), 1-25쪽, Nicole Leeper Piquero, M. Lyn Exum, and Sally S. Simpson, "Integrating the Desire-for-Control and Rational Choice in a Corporate Crime Context," *Justice Quarterly* 22 (2005). 252-280쪽도 볼 것.

61. 전이(displacement)에 대한 최초의 분석으로는 Thomas A. Repetto, "Crime Prevention and the Displacement Phenomenon," *Crime and Delinquency* 22 (1976), 166-167쪽 참조할 것.

62. 전이 효과는 유의미하지 않고 오히려 이익의 확산을 암시한다는 점을 발견한 연구로는 David Weisburd, Laura A. Wycoff, Justin Ready, John E. Eck, Joshua C. Hinkle, and Frank Gajewski, "Does Crime Just Move Around the Corner? A Controlled Study of Spatial Displacement and Diffusion of Crime Control Benefits," *Criminology* 44 (2006): 549-52, Ronald Clarke, ed., *Situational Crime Prevention: Successful Case Studies*, 2nd Ed. (Guilderland, NY: Harrow and Heston, 1997), pp.

28-33이 있음.

63. M. Lyn Exum, "The Application and Robustness of the Rational Choice Perspective in the Study of Intoxicated and Angry Intentions to Aggress," *Criminology* 40 (2002): 933-66.

64. 합리적 선택 관점 중 과잉 합리화된 인간 개념에 대한 일반적 주장으로는 Willem De Haan and Jaco Vos, "A Crying Shame," *Theoretical Criminology* 7 (2003), 29-54쪽을 볼 것.

65. Michael J. Hindelang, Michael R. Goffredson, and James Garofalo, *Victims of Personal Crime* (Cambridge, MA: Ballinger, 1978). James Garofalo("Reassessing the Lifestyle Model of Criminal Victimization," in Michael Goffredson and Travis Hirschi, eds., *Positive Criminology: Essays in Honor of Michael J. Hindelang* (Beverly Hills, CA: Sage, 1987)는 그 이론을 새롭게 하고 "생활양식" 접근과 "일상 활동" 접근 간에는 실질적인 차이가 없다고 주장한다. 또한 Michael G. Maxfield, "Lifestyle and Routine Activity Theories of Crime," *Journal of Quantitative Criminology* 3 (1987) 275-82쪽도 볼 것.

66. Hindelang et al., op. cit., p. 241.

67. 요약이 잘 된 사례로는 Robert F. Meier and Terance D. Miethe, "Understanding Theories of Criminal Victimization," in Michael Tonry, ed., *Crime and Justice: An Annual Review of Research* 17 (1993): 459-99가 있음. 또한 Birkbeck and LaFree, op. cit.도 볼 것.

68. Lawrence E. Cohen and Marcus Felson, "Social Change and Crime Rate Trends: A Routine Activity Approach," *American Sociological Review* 44 (1979): 588-608. 코헨과 펠슨(Cohen and Felson)이 약탈 범죄의 범죄율 추이에 초점을 맞추었다면, 펠슨 자신은 이 접근을 보다 넓은 범위의 범죄로 확장하고 개인의 범죄 행동에 대한 일상 활동의 함의를 검증하였다. Marcus Felson, "Linking Criminal Choices, Routine Activities, Informal Control, and Criminal Outcomes," in Cornish and Clarke, op. cit., pp. 119-28, Marcus Felson, *Crime and Everyday Life* (Thousand Oaks, CA: Pine Forge Press, 1994), Felson and Michael R. Goffredson, "Social Indicators of Adolescent Activities Near Peers and Parents," *Journal of Marriage and the Family* 46 (1984): 709-14도 참조할 것.

69. 예를 들어 화이트칼라 범죄와 같은 몇몇 범죄들은 직접적인 접촉을 포함하지 않는다. 코헨과 펠슨은 이러한 범죄에 대해 *Crime and Everyday Life*, 3rd ed. (Thousand Oaks, CA: Sage, 2002) 93-104쪽에서 다루었는데, 여기서 그들은 일상 활동의 기회에 기초한 접근(routine activities, opportunity-based approach)을 적용하였으며, "전문화된 접근의 범죄"(crime of specialized access)라는 용어를 선호함으로써 "불충분하게 명명된" "화이트칼라" 범죄를 폐기할 것을 요청하였다.

70. Jerry H. Ratcliffe, "A Temporal Constraint Theory to Explain Opportunities– Based Spatial Offending Patterns," *Journal of Research in Crime and Delinquency* 43 (2006): 261–91; Derek J. Paulsen and Matthew B. Robinson, Spatial Aspects of Crime: Theory and Practice (Boston: Pearson Education, 2004). 범죄자의 일상적 삶에서 "축"(nodes) 혹은 정박지(anchor points)는 그들의 여행 패턴을 좌우하고 공간적인 범행의 기회에 영향을 미친다고 서술하는 범죄 패턴 이론(crime pattern theory)을 소개하는 글로는 *Patrica Brantingham and Paul Brantingham, Environmental Criminology* (London: Waveland Press, 1981), 7–26쪽 참조. 보다 큰 사회적·생태학적 틀 속에서의 범죄자 행동을 분석한 작업으로는 Marcus Felson, *Crime and Nature* (Thousand Oaks, CA: Sage, 2006)이 있음.

71. Steven N. Durlauf and Daniel S. Nagin, "Imprisonment and Crime : Can Both Be Reduced?, " *Criminology and Public Policy* 10 (2011), 13–54쪽 참조.

72. 보스턴과 다른 지역에서 총기 폭력 근절 작전의 역사를 알려면, David M. Kennedy, *Don't Shoot : One Man, a Street Fellowship, and the End of Violence in Inner–City America* (New York : Bloomsbury, 2011)을 참조.

73. James A. Fox, *Trends in Juvenile Justice*(Washington, D.C. : U.S. Department of Justice, Bureau of Justice Statistics, 1996).

74. David M. Kennedy, Anne M. Piehl, and Anthony A. Braga, "Youth Violence in Boston: Gun Markets, Serious Youth Offenders, and a Use–Reduction Strategy," *Law and Contemporary Problems* 59 (1996): 147–196 참조.

75. David M. Kennedy, "Pulling Levers: Chronic Offenders, High–Crime Settings, and a Theory of Prevention," *Valparaiso University Law Review* 31 (1997): 452쪽 449–484 참조.

76. Marvin E. Wolfgang, Robert M. Figlio, and Thorsten D. Sellin, *Delinquency in Birth Cohort*(Chicago: University of Chicago Press, 1972).

77. Lawrence W. Sherman, Patrick R. Gartin, and Michael E. Buerger, "Hot Spots of Predatory Crime: Routine Activities and the Criminology of Place," *Criminology* 27 (1989): 27–56.

78. Kennedy(1997), op. cit., pp. 461–462.

79. Ibid., p. 462

80. Ibid., p. 463

81. Anthony A. Braga, David M. Kennedy, Elin J. Waring, and Anne Morrison Piehl,

"Problem-Oriented Policing, Deterrence, and Youth Violence: An Evaluation of Boston's Operation Ceasefire," *Journal of Research in Crime and Delinquency* 38(2001): 195-225.

82. 예를 들면, Jeffrey Fagan, "Policing Cuns and Youth Violence," *Future Child* 12 (2002): 133-151; Richard Rosenfeld, Robert Fornango, and Eric Baumer, "Did Ceasefire, Compstat, and Exile Reduce Homicide?", *Criminology and Public Policy* 4(2005): 195-225를 참조할 것.

83. Anthony A. Braga, David M. Hureau, and Andrew V. Papachristos, "Deterring Gand-Involved Violence: Measuring the Impact of Boston's Operation Ceasefire on Street Gang Behavior," *Journal of Quantitative Criminology* 30(2014): 113-139

84. Ibid., p. 134.

85. Andrew V. Papachristos, Tracey L. Meares, and Jeffrey Fagan, "Attention Felons: Evaluating Project Safe Neighborhoods in Chicago," Journal of Empirical Legal Studies 4(2007): 223-272

86. Angela Hawken and Mark Kleiman, Managing Drug Involved Probationers with Swift and Certain Sanctions: Evaluating Hawaii's HOPE. 마지막 보고서가 2009년 미국 법무부의 국립사법연구원(NIJ)에 제출되었다.

87. Andrew V. Papachristos, "Too Big to Fail: The Science and Politics of Violence Prevention," *Criminology and Public Policy* 10(2011): 1053-1061 at 1056.

88. Anthony A. Braga, David L. Weisburd, "The Effects of Focused Deterrence Strategies on Crime: A Systematic Review and Meta-Analysis of the Empirical Evidence," *Journal of Research in crime and Delinquency* 49(2012): 323-358.

89. Ibid., p. 347.

90. Marie Skubak Tillyer, Robin S. Engel, and Brian Lovins, "Beyong Boston: Applying Theory to Understand and Address Sustainability Issues in Focused Deterrence Initiatives for Violence Reduction," *Crime and Delinquency* 58(2012): 973-997.

91. 이러한 범죄 통제 방법과 그것이 통치 정책과 맺는 관련성에 관한 비판적 작업으로는 David Garland, *The Culture of Control: Crime and Social Order in Contemporary Society* (Chicago: University of Chicago Press, 2001), Jonathan Simon, *Governing Through Crime: How the War on Crime Transformed American Democracy and Created a Culture of Fear* (New York: Oxford University Press, 2007), Katherine Beckett and Steve Herbert, "Dealing with Disorder: Social Control in the Post-Industrial City," *Theoretical Criminology* 12 (2008): 5-30, Mike Davis, *City of Quartz: Excavating the Future in Los Angeles* (New York: Vintage Books, 1992)

가 있음. 이러한 범죄 통제 방법들이 사회정의 개념과 양립할 수 있다는 것을 암시하는 설명과 관련해서는 Ian Loader and Neil Walker, *Civilizing Security* (New York: Cambridge University Press, 2007), K. M. Lersch, *Space, Time and Crime* (Durham, Nc: Carolina Academic Press, 2004), Ronald V. Clarke, op. cit. 등을 볼 것.

제4장 생물학적 요인들과 범죄 행위

장 개요

- 배경: 신체적 외형과 결함
- 롬브로조(Lombroso), 생래적 범죄인 그리고 실증주의 범죄학
- 생래적 범죄인에 대한 고링(Goring)의 반박
- 체형이론들
- 가계 연구
- 쌍생아 그리고 입양 연구
- 모노아민 산화효소(MAOA): 전사의 유전자
- 호르몬들
- 중추 신경계
- 자율신경계
- 환경적으로 유도되는 행위의 생물학적 요인들
- 제안들과 결론들

C/H/A/P/T/E/R 04

생물학적 요인들과 범죄 행위

이 장에서는 범죄 행위에 연루될 위험성을 높이는 것과 연관성이 있다고 언급되는 생물학적 특징들에 대해 집중하고자 한다. 범죄학에서의 현대 생물학적 이론들은 생물학적 결정주의를 주장하지는 않는다. 대신 이러한 이론들은 어떤 생물학적 특징들이 폭력 또는 반사회적 행위와 같이 법적으로 범죄 또는 비행으로 정의 내려지는 행위에 연루될 가능성을 증가 시킨다고 주장한다.[1] 단지 가능성이 증가한다고 주장할 뿐, 이러한 특징들은 가진 모든 사람들이 범죄를 저지를 것이라는 절대적인 예측이 가능하다고 주장하지는 않는다. 게다가, 이러한 이론들의 대부분은 생물학적 특징들과 사회적 환경사이에 상호 작용에 집중한다.[2] 어떤 생물학적 특징들은 어떤 상황들에서 범죄에 미약한 영향력을 주지만, 다른 상황들에서는 큰 영향력을 줄 수도 있다. 이와 같은 이유 때문에 이러한 이론들은 생물사회학적 이론이라 표현될 수 있다.

이 장에서, 우리는 생물학과 범죄에 관련된 가장 최근의 몇몇 연구들을 살펴 볼 것이다. 가장 먼저, 우리는 범죄의 신체적 특징에 주목한 이론들의 관점에 대한 역사적 근원을 보고자 한다. 두 번째, 우리는 수정될 시기에 인간들이 그들의 부모들로 받는 유전자 때문에 물려받게 되는 생물학적 요인들에 대해 볼 것이다. 세 번째, 우리는 본래 유전적으로 물려받지만, 인생 과정에서 환경적인 조건들에 대응으로 변화할 수 있는 생물학적 요인들에 대해 보고자 한다. 마지막으로, 환경에서 기원하는 생물학적 요인들에 대해 보고자 한다.

배경: 신체적 외형과 결함

범죄학에서 가장 초기의 생물학적 이론들은 범죄자들의 뚜렷한 흔적으로 신체적 외형을 강조하였다. 범죄자들은 무엇인가 다르고, 비정상적이고, 결함이 있는 것으로 간주되었으며, 결과적으로 생물학적으로 열등한 존재로 취급되었다. 이러한 생물학적 열등함이 범죄자와 비범죄자를 구분 짓게 만드는 어떤 신체적 특징들을 만들어 내는 것으로 생각되어졌다. 그러나 범죄행위에 대한 조금 더 현실적인 설명은 생물학적 결함 그리고 생물학적 열등함이었다 — 신체적 또는 다른 특징들은 단지 그러한 열등함의 징후들일 뿐이었다.

범죄자들이 특이한 신체적 외형을 가지고 있다는 믿음은 고대로 거슬러 올라간다. 예를 들어, 소크라테스(Socrates)의 얼굴을 조사한 그리스 관상학자는 소크라테스의 얼굴이 잔인하고, 육체적인 쾌락과 관련해서 감각적이고, 술을 좋아하는 경향이 있다는 것을 발견하였다. 소크라테스는 그것이 자신의 타고난 천성이라는 것을 받아들였지만, 그는 이러한 경향을 극복하는 법을 터득하였다고 주장하였다.[3] 1775년 스위스의 학자 그리고 신학자였던 조나단 캐스퍼 라바터(Johan Caspar Lavater, 1741-1801)는 인상학에 관련된 4권의 저서를 발표하여, 불과 11년 전 베카리아(Beccaria)가 발표한 저서와 같이 매우 호의적인 주목을 받기도 하였다. 이 연구에서, 라바터(Lavater)는 많은 대중적인 관점을 체계화 하였으며, 얼굴 형태와 인간의 행위사이에 관계에 대한 많은 과장된 주장을 하였다.

인상학이 인간의 얼굴에 대해 연구하였다면, 골상학은 두개골의 외형적 모양에 대해 연구하였다. 골상학자들은 두개골의 모양이 뇌속의 모양을 밝힐 수 있으며, 뇌에서의 차이점은 인간의 내적 능력과 기능에서의 차이점들과 연관성이 있다고 가정하였다. 결과적으로, 두개골의 형태는 어떻게 인간 내면이 기능하는가를 가리킬 수 있다는 것이다. 1791년 유럽의 저명한 해부학자 프렌쯔 조셉 갤(Franz Joseph Gall, 1758-1828)은 인간의 머리 형태와 인간의 성격적 특성들 사이에 관한 논문들을 발표하기 시작하였다. 그의 학생이자 공동 연구자였던 존 개스퍼 스펄즈헤임 (John Gaspar Spurzheim, 1776-1832)은 그들의 학설을 영국과 미국으로 전파하였으며, 과학적 모임에서 강연을 개최하여 그들의 학설에 대한 관심을 증폭시키기도 하였다.[4]

롬브로조(Lombroso), 생래적 범죄인 그리고 실증주의 범죄학

세자르 롬브로조(Cesare Lombroso, 1835-1909)는 두개골 또는 얼굴의 형태뿐만 아니라 인간의 신체의 모든 구조에 관해 연구함으로서 인상학 그리고 골상학의 전통을 더욱 확대하였다.[5] 롬브로조에 따르면 범죄자는 생물학적으로 더 이른 진화의 단계로 퇴행된 사람으로서 더욱 더 원시적이고 상대적으로 범죄자가 아닌 사람들에 비해 진화가 덜 된 사람이라 주장하기 위해 다윈(Darwin)의 진화론에 의존하였다. 다윈은 그런 사람들을 표현하기 위해 격세유전이라는 용어를 사용하였다.

다윈은 1859년 저서 종의 기원(On the Origin of Species)에서 진화론을 최초로 제안하였으며, 종의 기원에서 적자생존을 통한 자연선택이 동물의 세계에서 다양성을 설명하였다고 주장하였다. 1871년 저서 인류의 기원(Descent of Man)에서, 다윈은 진화론을 인간의 존재에 적용하였다. 이 저서에서 비교적 사소한 부분으로서 그는 몇몇 인간들은 이른 진화의 단계로 회귀하였다고 주장하였다: "가족들 중에서 그들의 외모를 만들 만한 하등의 이렇다고 할 이유 없이 가끔 최악의 성향을 가지게 되는 몇몇 인간들은 아마도 수 세대동안 제거된 야만적인 상태로의 회귀일는지 모른다."[6] 5년 후에 롬브로조는 이러한 다윈의 생각을 기반으로 더욱 더 발전시킨 그 자신의 격세 유전적 범죄인 이론을 출판하게 된다.

롬브로조는 이탈리아 군의관으로서 남부 이탈리아에서 온 군인들의 범죄를 포함한 다양한 문제들에 관심을 가지고 있었다.[7] 격세유전이론은 롬브로조가 절도범의 부검 중에 갑자기 떠오르게 된 생각에서 출발하였다:[8]

> 두개골을 절개했을 때, 나는 후두부 부분에서 뚜렷한 함몰을 발견했으며, 그것의 위치가 열등한 동물, 특히 설치류의 후두부 가운데 존재하는 것과 정확하게 일치하기 때문에 나는 그것을 중간 후두부 홈으로 명하였다. 그 두개골을 보았을 때, 나는 불타는 하늘아래 거대한 평원에서 번개가 치듯이, 갑자기 범죄자의 타고난 모든 문제점을 본 것만 같았다. 범죄자는 격세유전의 존재로서 열등한 동물 그리고 미개한 인류의 흉폭한 본능이 인간 속에 다시 나타난 존재들이다.

롬브로조는 후에 66명의 범죄자에 대한 부검을 더 실행하였으며, 범죄자와 비범죄자 모두를 포함한 많은 살아 있는 사람들의 신체적 특징을 연구하였다. 그의 발견은 1876년에 출판된 그의 저서 범죄인(L'uomo delinquente - The Criminal Man)에서 발표되었다. 롬브로조는 이 저서에서 다양한 신체적 특징들 - 두개골의 크기, 모양에서의 일탈, 비대칭적 얼굴, 큰 턱과 광대뼈, 비정상적으로 크거나 작은 귀 또는 머리로부터 삐져나온 귀, 얇은 입술, 비정상적인 치아, 움푹 들어간 턱, 많은 털, 많은 주름, 긴 팔, 비정상적인 손가락 또는 발가락 수, 비대칭적인 뇌 등이 범죄와 연관성이 있다고 주장하였다.[9] 이러한 특징들은 원숭이나 침팬지와 같은 하등동물의 특징과 닮았다고 한다.

롬브로조는 그의 후기 저서들에서 자신의 이론을 상당히 확대시켰다. 그는 범죄자를 크게 3가지로 분류할 수 있다고 주장하였다: (1) 생래적 범죄자(born criminal)로 분류된 자들의 경우 롬브로조는 이들이 하등 또는 더욱 원시적인 진화의 단계로의 격세 유전적 퇴행으로 이해하였으며, 모든 범죄자의 약 3분의 1이 이에 속한다고 하였다; (2) 정신병적 범죄자(insane criminal)의 경우 롬브로조는 백치, 정박아, 편집증환자, 우울증으로 고통 받는 자, 그리고 일반적으로 마비, 치매, 알코올중독, 간질, 과잉흥분으로 고통 받고 있는 자들을 포함하였다; (3) 범죄형(criminaloids)에 분류된 자들은 어떤 신체적 정신적 특징을 가지고 있지는 않지만, 그들의 정신적 그리고 감정적 기질이 어떤 상황 하에서 그들이 범죄 행위에 연루되도록 한다고 보았다. 생래적 범죄자와 정신병적 범죄자는 상대적으로 매우 적은 반면 대부분의 범죄자들은 범죄형(criminaloids)이라고 한다.

롬브로조의 최초의 이론은 단지 신체적 구조에 집중하였다. 하지만 후기에 그의 관심은 생물학적 그리고 심리학적 요인들 보다는 사회적 그리고 환경적 요인들 이었다. 롬브로조의 마지막 저서, 범죄, 그것의 원인들과 해결책들(Crime, its Causes and Remedies)은 특별히 미국의 독자들을 위해 준비되어진 그의 인생에 걸친 연구의 요약이었다. 롬브로조가 사망한지 2년이 지난 1911년에 출판된 이 저서는 범죄의 원인과 관련된 수많은 요소들에 대한 논의를 포함하고 있으며, 이들 요인들은 단연코 생물학적 요인들이기 보다는 환경적 요인들이 많은 부분을 차지하였다. 그가 제시한 환경적 요인들은 기후, 강우량, 곡물의 가격, 성과 결혼 관습, 형법, 은행업무, 국가의 관세 정책, 정부의 구조, 교회조직, 그리고 종교적 믿음의 상태 등을 포함하였다.[10]

오늘날, 롬브로조는 격세 유전적 범죄인을 최초로 제시한 학자로서 잘 알려져 있다.

하지만, 범죄학에서의 그의 진정한 기여는 범죄형(Criminaloids)과 더욱 더 연관성이 깊다. 롬브로조는 범죄형으로 분류된 자들에 대한 범죄의 원인에서 복합적인 요인론을 기반으로 접근하였다. 즉 어떤 요인들은 생물학적 또는 심리학적 이었으며, 어떤 다른 요인들은 사회학적 요인들 이었다. 모든 이러한 요소들은 어떤 사람이 범죄행위에 연루될 가능성을 높이거나 줄이는 것을 설명하기 위한 연구에서 사용되었다. 이러한 기본적 접근 방식이 1장에서 서술한 것처럼, 실증주의 범죄학으로 알려 지게 되었으며, 오늘날 많은 범죄학자들에 의해 활용되고 있다.

생래적 범죄인에 대한 고링(Goring)의 반박

롬브로조의 생래적 범죄인은 동시대 사람들로부터 호의적이든 호의적이지 않던 매우 강한 반응을 일으켰다. 이론적 비판에 대한 대응으로서, 롬브로조는 백 명의 생래적 범죄인(Born Criminal), 백 명의 범죄형(Criminaloids), 그리고 백 명의 일반인을 연구하기 위한 공정한 위원회를 구성할 것을 제안하였다. 그는 또한 만약 3집단의 신체적, 정신적, 그리고 심리학적 특징들이 동일할 경우에 그의 이론을 철회할 의향이 있음을 제안하였다. 하지만 그의 이러한 도전은 결코 성사되지 못했다. 왜냐하면, 롬브로조의 반대자들은 세 가지 집단을 정확하게 구분하는 것이 불가능하다고 주장하였기 때문이다.

그러나 1901년에 시작되어 1913년에 출판된 찰스 고링(Charles Goring)의 연구는 롬브로조의 주장에 반박하는 결과를 제시하였다.[11] 롬브로조는 범죄자는 일반인들과 비교하였을 때 머리의 길이, 폭, 그리고 이마의 기울기 정도, 머리의 둘레, 머리의 대칭 등의 이상(즉 차이점 또는 결함)을 보일 것으로 주장했었다. 교도소 수감자들과 영국의 공군공병대(Royal Engineers)의 군인들을 비교하였을 때, 고링은 전혀 어떤 이상도 발견하지 못하였다. 그는 또한 코의 굴곡, 눈의 색, 머릿결의 색, 왼손잡이와 같은 다른 특징들 또한 비교하였지만, 중요한 차이점을 발견하지는 못하였다. 마지막으로, 고링은 37가지 신체적 특징에 대해서 다양한 종류의 범죄자(절도, 위조범, 좀도둑등) 집단을 비교한 후에 환경적인 요인들의 선택적인 영향에 연관되지 않는 다양한 종류의 범죄자들 사이에는 어떤 중요한 차이점이 존재하지 않는다고 결론지었다.[12]

고링이 발견한 유일한 차이점은 범죄자가 같은 직업의 범죄자가 아닌 사람들 보다 2인치 정도 신장이 작고 3에서 7파운드 정도 체중이 적다는 점이었다.[13] 고링은 이러한 차이점들이 실질적으로 중요하다는 사실을 받아들였으며, 그들은 유전적 본질의 일반적 열등함을 나타내는 것으로 해석하였다.[14] 고링의 유전적 열등함에 관한 이론은 가계연구 부분에서 다시 다루기로 한다.

고링의 연구에 대한 후의 평가들은 고링이 인정하였던 것 보다 고링이 롬브로조의 이론들을 더욱더 지지하였다는 것을 발견하였다.[15] 심지어는 오늘날에도, 몇몇 연구자들은 롬브로조에 의해 언급되었던 특징들을 포함한 미세한 신체적 이상과 폭력의 연관성을 연구해 오고 있다.[16] 그러나 전문가 견해의 무게는 범죄자들이 범죄자가 아닌 사람들과 신체적으로 다르다는 주장에 반대 입장을 표명하고 있으며, 그 문제에 대한 고링의 일반적 결론은 대부분의 범죄학자들에게 받아들여지고 있다:[17]

> 범죄자의 신체적 이상의 존재와 측정에 관한 두 가지를 보두 고려하였을 때, 우리의 통계는 법을 지키는 사람들과 놀랍도록 유사함을 나타내고 있다. 우리의 불가피한 결론은 신체적 범죄자 유형과 같은 것은 존재하지 않음이 틀림이 없다.

체형이론들

범죄 행위와 신체적 형태를 연관시키는 몇몇 흥미 있는 노력은 소위 체형이론이라고도 한다. 체형 이론들은 몸의 신체적 모습과 인간의 기질사이에는 높은 수준의 일치성이 존재한다고 주장한다.

윌리엄 셀던(William Sheldon)의 연구,[18] 특히 비행청소년에 관한 그의 저서는 체형이론의 좋은 예라고 할 수 있다. 셀던의 근본 생각은 인간은 3가지 다른 조직층, 즉 가장 안쪽 층(내배엽), 중간층(중배엽), 그리고 가장 바깥 층(외배엽)으로 만들어진 관을 의미하는 배아(embryo)에서 삶을 시작한다는 것이다. 다음으로 셀던은 태생학과 생리학의 발달로부터 알려진 사실들에 일치하는 신체적 정신적 유형 분류체계를 구성하였다. 내배엽은 소화내장 조직을 생기게 한다; 중배엽은 뼈, 근육, 힘줄 등의 운동조직을 생기게 한다; 외배엽은 신경세포조직의 연결과 피부 그리고 그와 관련된 부속조직을 생기게 한다. 셀던의 체형과 기질의 기본적 유형 특징은 다음의 도식에서 간략하게 요약되어 있다:[19]

신체	기질
1. 내배엽형: 소화 내장이 비교적 잘 발달됨; 살찌기 쉬운 경향이 있음; 다양한 지역의 체형에서 부드럽고 둥근 형태; 짧고 가는 팔다리; 작은 뼈; 부드럽고, 매끄러운 피부.	1. 내장형: 보통 완화된 신체; 편안한 사람; 부드러운 사치품을 좋아함; 부드럽지만 여전히 외향적임.
2. 중배엽형: 근육, 뼈, 그리고 운동조직이 비교적 잘 발달됨; 큰 코; 큰 가슴; 큰 손목과 손; 만약 가늘다면, 강한 직사각형의 외형; 만약 가늘지 않다면, 건장한 외형.	2. 활동형: 활동적, 역동적인 사람; 걷고, 말하고, 단정적인 몸짓; 공격적인 행위
3. 외배엽형: 신경계통을 포함한 피부와 그 부속물의 상대적 발달; 마르고, 허약하고, 연약한 몸; 작고 연약한 뼈; 축 처진 어깨, 작은 얼굴과 날카로운 코, 가느다란 머리카락; 비교적 작은 몸집과 비교적 큰 표면적.	3. 두뇌(긴장)형: 내향적; 많은 기능적인 불평; 알레지, 피부 문제, 만성적인 피로, 불면증; 소리와 산만한 주위에 민감함; 대중들 속에는 위축됨

사람들은 각각 어느 정도 이 세 가지 형태의 특징을 소유하고 있다. 따라서 셀던은 각 개인들이 어느 정도 이 세 가지 형태의 특징을 소유하고 있는지를 나타내기 위해 세 가지 형태의 특징을 각각 1에서 7사이로 측정하였다. 예를 들어, 체형이 7-1-4인 사람은 많은 내배엽형 특징, 적은 중배엽형 특징 그리고 평균적인 외배엽형 특징을 나타낼 것이다.

셀던은 1939년에서 1949년 10년 동안 소년들을 위한 보스턴의 작은 전문화된 재활치료 기관인 헤이던 굿윌 여관(Haydon Goodwill inn)에서 접촉하였던 200명의 소년들을 조사한 결과 그는 이 소년들의 평균적인 체형은 3.5-4.6-2.7로서 높은 중배엽형, 그리고 낮은 외배엽형 특징을 가지고 있음을 발견하였다. 이전에 비행소년이 아닌 200명의 대학생을 조사한 연구에서 셀던은 이들의 평균적인 체형이 3.2-3.8-3.4 임을 발견하였다. 중배엽형과 외배엽형에 관련된 이 두 집단의 차이는 통계적으로 유의미했다 ($p < .001$).[20]

중배엽형과 비행과의 연관성은 500명의 반복적인 비행을 저지른 청소년과 500명의 일반 청소년을 비교한 글럭(Gluecks) 부부의 연구에서도 역시 발견되었다.[21] 두 집단은 나이, 일반적 지능, 인종, 그리고 사회. 경제적 혜택을 받지 못하는 지역에서의 거주 조건 등이 통제 되었다. 소년들의 사진은 섞여진 후 두드러진 체형이 시각적으로 평가되었다. 이러한 방법을 통하여, 일반 청소년의 단지 30.7%가 중배엽형인데 반해 비행 청소년의 60.1%가 중배엽형임이 발견되었다.[22] 분석에는 비행과 연관성이 있는 요인들을 결정하기 위해 67가지의 성격적 특성과 42가지의 사회문화적인 요인들이 포함되었다.[23] 글럭 부부는 일반적으로 중배엽형은 공격적 행위를 저지르는데 적합한 특성(신체적 강인함, 힘, 무감각, 행위에서 긴장과 좌절을 표현하는 경향)과 권위에 대한 뚜렷한 복종의 부족, 감정적 불안정성등과 같은 반사회적 모험에 대한 억제로부터 비교적 자유로움 등으로 높게 특징되어질 수 있다는 것을 발견하였다.[24] 그들은 또한 비행청소년이 되는 중배엽의 체형을 가진 소년들은 어린 시절의 전염병에 취약함, 파괴적임, 무능함의 느낌, 감정적 불안정성, 감정적 갈등 등 일반적으로 중배엽에서 발견되지 않는 많은 성격적 특성으로 특징되어 진다는 것 역시 발견하였다.[25] 게다가, 일반적으로 부주의한 가정, 가족 사이에서의 휴식과 오락 부족, 가정에서의 휴식과 오락을 위한 시설의 취약함의 세 가지 사회 문화적 요소들과 비행과는 강하게 연결되어 있었다.[26]

체형과 범죄행위사이에 관계를 가리키는 이러한 연구들은 주로 작은 표본을 가지고 있었다는 점과 반복하기 힘들다는 근거 때문에 비판 받아 왔다.[27] 특히 셀던의 방법론은 무작위 표본 사용의 실패를 시작으로 사전의 추론을 사용한 점, 주관적 순위 선정, 계측의 문제, 사진의 조작, 계산 오류, 그리고 적절한 통계 사용 실패 등에 이르기 까지 문제점으로 비판받았다.[28] 또한, 체형과 행위사이의 관계는 간접적일 수 있다. 엔더슨(Anderson)이 언급한 것처럼, 신체적으로 큰 아이들은 신체적 힘이 갈등을 마무리 할 수 있는 가장 효과적인 방법이라는 것을 찾을지 모르는 반면, 신체적으로 작은 아이들은 신체적 힘이 아닌 대안적인 방법 속에서 분쟁을 해결할 필요성을 인지할지도 모른다.[29]

가계 연구

유전적 조건 속에서의 인간행위에 대한 설명은 고대로 거슬러 올라간다. 이러한 생각은 아이들이 그들의 부모와 외모, 버릇, 성향 등에서 닮는 경향이 있다는 상식적인 관점에 근거를 가지고 있다. 유전적 특징에 대한 과학적 이론들은 대략 1850년에 시작하였고 이후 75년 넘게 더욱 광범위하게 발전해 왔다. 유전이론의 발전과의 연관을 통해, 프랜시스 갤톤(Francis Galton)과 그의 제자(칼 피어슨 – Karl Pearson)에 의해 유사함 또는 연관성의 정도를 측정하기 위한 새로운 통계 방법론이 고안되었다.[30] 찰스 고링은 이러한 새로운 통계적 기법들을 영국 죄수에 대한 그의 연구에서 사용하였으며, 이 연구에서 그는 롬브로조의 생래적 범죄인 이론을 반박하였다.

고링은 범죄성의 심각함은 구금의 빈도와 기간으로 측정될 수 있다고 가정하였다.[31] 그 결과 고링은 어떤 신체적, 정신적, 그리고 도덕적 요인들이 그러한 측정과 연관되었는지를 찾기 위해 시도하였다. 고링은 빈번하고 오랜 기간 동안 구금된 자들은 신체적으로 보통 사람들 보다 더 작고, 정신적으로 열등한 자들이었다. 비록 이러한 요인들이 환경적 요인과 연관성이 있을 수 있지만, 고링은 두 가지 요인들 모두 주로 유전된 특징들이라고 믿었다. 고링은 한쪽 부모의 구금 빈도와 구금기간이 다른 부모의 구금빈도와 구금기간 사이의 관계에서, 부모의 구금과 그 자식들의 구금 사이의 관계에서, 그리고 형제들 사이의 구금에서 각각 높은 상관관계를 가지고 있음을 또한 발견하였다. 고링은 이러한 발견들이 사회적 환경적 조건들에 의해 설명되는 것은 아니라고 주장하였다. 왜냐하면, 그는 구금의 빈도와 기간과 빈곤, 민족, 교육, 출생순서, 그리고 붕괴된 가정들 사이에는 거의 또는 전혀 관계가 없음을 발견하였기 때문이다. 결과적으로 고링은 범죄성(예: 구금의 빈도와 기간)은 환경적 특성이 아니라 유전된다는 결론에 도달하게 되었으며, 범죄를 줄이기 위해서는 이러한 유전되는 범죄적 특징을 가진 사람들이 더 이상 자손을 가지는 것을 금지해야 한다고 주장하였다.[32]

고링의 주장에는 심각한 문제점들이 존재하였다.[33] 가장 중요한 문제점은 고링이 환경적 영향을 통제하고 제거함으로서 유전의 영향을 증명하려 시도하였다는 점이다. 그러한 목표를 달성하기 위해서, 관련된 모든 환경적 요소들에 대한 정확한 측정이 필요하였지만, 명백하게 그는 그러한 측정을 실행하지 못했다. 결과적으로 적절한 환경적 영향력 측정에 대한 실패는 유전의 영향력을 과대하게 강조하는 결과를 양산하고 말았다.

범죄자의 가계도에 대한 이후의 연구들도 비슷한 문제점에 부딪치게 되었다. 일반적으로, 범죄를 저지르는 경향에서 그 가족 구성원들 사이에는 많은 유사성이 있다.[34] 문제점은 가족 구성원 사이에서도 비슷한 환경의 영향력을 통제하기가 매우 어렵다는 점이다. 비록 가족 구성원들이 범죄를 저지르는 성향이 서로 닮았다고 해도, 그것은 그들 모두가 같은 환경에 살기 때문일 수 있으며, 그들이 비슷한 유전을 공유하기 때문이 아니라 비슷한 환경적 요인들이 범죄를 저지르는 비슷한 성향을 야기할 수 있기 때문이다. 이러한 문제는 너무 풀기 어렵기 때문에 대부분의 범죄학자들은 범죄 연구에서 더 이상 가계 연구를 통하여 유전의 역할을 증명하려고 시도하지 않는다.

쌍생아 그리고 입양 연구

고링은 범죄의 원인 연구에서 유전의 역할을 증명하는 과정에서 환경적인 영향을 적절하게 통제해야만 하는 문제점에 직면하였다. 환경적 통제는 매우 어려운 것으로 드러났기 때문에 더욱 최근에 연구자들은 같은 목표 달성을 위해 대안적인 전략을 제시하였다. 이 전략은 쌍생아와 입양아들의 범죄 성향의 연구를 통해 유전의 역할을 본질적으로 통제하려고 시도하였다.

유전학에서는 일란성 쌍생아와 이란성 쌍생아 사이에는 명백한 구분이 있다. 일란성 쌍생아는 단일 수정란의 결과물이고 동일한 유전성을 가지고 있다; 이란성 쌍생아는 두 개의 수정란이 두 개의 정자에 의해 동시에 수정된 결과물로서 일반 형제자매와 같은 관계를 가지고 있다.[35] 결과적으로 이란성 쌍생아의 행위에서의 차이점들은 유전에서의 차이에 의해 설명되어질 수 있다. 그러나 일란성 쌍생아의 행위에서의 차이는 그렇지 않다. 따라서 이란성 쌍생아에 비해 일란성 쌍생아에서의 어떤 유사성은 인간행위에 대한 유전의 영향력으로 간주되어 질수 있다.

많은 연구들이 유전의 역할을 결정하기 위한 시도로서 이러한 접근방식을 사용해 왔다. 모두 이란성 쌍생아들 사이에서 보다 일란성 쌍생아들 사이에서 더 큰 범죄행위의 유사성을 보여주는 경향이 있었다.[36] 예를 들어, 크리스티안센(Christiansen)은 1881년에서 1910년 사이에 덴마크에서 태어나 15세 까지 살았고 공식적인 쌍생아로 등록된 6000쌍의 쌍생아를 연구하였다.[37] 그런 후에 그는 쌍생아의 한쪽 또는 모두가 범죄자 또는 비행청소년인지를 확인하기 위해 공식적 처벌 기록을 사용하였다. 크리스티안센은 남자 일란성 쌍생아들 중에서 최소한 한쪽이 범죄자로 기록된 사례는 67개였으며, 이 사례 중에 24개(35.8%)에서 쌍생아의 다른 쪽도 범죄자로 기록되어 있음을 발견하였다. 이란성 쌍생아의 114개의 사례 중에 14개(12.3%)만이 쌍생아 모두 범죄자로 등록되어 있음을 발견하였다. 여자의 경우에는 14개의 일란성 쌍생아 중에서 3개의 사례(21.4%)에서 범죄성이 일치한데 반해, 이란성 쌍생아의 경우에는 23개의 사례 중에서 1개의 사례(4.3%)만이 일치하였음을 발견하였다. 후에 크리스티안센은 이러한 일치도

는 덜 심각한 범죄성에서보다 심각한 범죄성에서 높았다는 것을 증명하였다.[38]

이러한 방식에서 중요한 문제점은 일란성 쌍생아의 행위에서의 높은 유사성은 일란성 쌍생아가 이란성 쌍생아 보다 신체적으로 더욱 유사함에서 기인하는 일란성 쌍생아의 환경적 경험에서의 더욱 큰 유사성 때문일 수 있다.[39] 일란성 쌍생아가 이란성 쌍생아 보다 더욱 공통된 환경을 공유할 가능성을 통제하는 방식은 따로 양육된 쌍생아를 연구하는 것이다. 글로브(Glove)와 그의 동료들은 출생한 직후 바로 떨어진 32쌍의 일란성 쌍생아를 연구하였으며,[40] 크리스티안센 따로 양육된 8쌍의 일란성 쌍생아를 조사하였다.[41] 비록 이 연구들이 작은 표본을 이용하였지만, 두 가지 연구 모두 반사회적 행위는 유전된다는 증거를 발견하였다.

1992년, 월터스(Walters)는 쌍생아 연구들이 유전과 범죄와의 관계에 대한 증거를 발견하였는가를 측정하기 위한 시도로서 1930년부터 1984년에 출판되어진 14편의 쌍생아 연구에 대한 메타분석을 실시하였다.[42] 그는 연구표본의 크기, 연구 설계의 질, 쌍생아의 성별과 민족, 그리고 연구가 실시된 연도들을 고려한 후에 월터스는 일반적으로 이러한 연구들은 범죄성에 대한 유전적 역할의 증거를 보여주었다고 결론 내렸다. 하지만, 더욱 최근의 쌍생아 연구에 대한 분석은 쌍생의 연구의 결과는 비행의 시작과 발달에 대한 다른 최근 지식의 맥락 속에서 분석되어 져야 한다고 주장하였다. 이러한 맥락 속에서 학자들은 이란성 쌍생아에 비해 일란성 쌍생아의 더 높은 범죄의 일치성은 비슷한 유전의 영향이라기보다는 사회적으로 연관된 사람들 사이에서 일어나는 행위와 비슷한 환경을 강조하는 행위의 전염성의 결과로서 가장 잘 해석될 수 있다고 주장하였다.[43] 그러한 논쟁은 결코 해결되지 않았으며, 쌍생아에 대한 연구는 유전과 환경의 영향력들을 분리시키려는 노력을 아직도 계속하고 있다.[44]

범죄성에 대한 유전의 영향력을 결정하기 위한 또 다른 방법은 입양아의 기록에 대한 연구이다. 예를 들어, 허칭스(Hutchings)와 메드닉(Mednick)은 코펜하겐에서 1927년과 1941년에 태어났던 입양아들 중에 모든 비 혈연관계의 남성 입양기록을 조사하였다.[45] 먼저 그들은 입양된 아이들이 범죄 전과를 가지고 있는지에 대해서 집단을 나눈 다음에 생물학적 아버지의 범죄전과를 보았다. 범죄 기록을 가지고 있는 않은 소년들의 31.1%에서 생물학적 아버지의 범죄 전과를 발견하였지만, 사소한 공격행위를 저지를 아이들의 37.7%, 범죄 기록을 가지고 있는 아이들의 48.8%에서 생물학적 아버지의 범죄 전과를 발견하였다.[46] 이러한 수치는 입양아들의 생물학적 아버지가 범죄전과를 가지고 있을 때 입양아 역시 더욱 더 범죄를 저지른다는 것을 가리키고 있다.

다음으로 연구자들은 생물학적 아버지와 입양한 아버지를 범죄 전과가 있는가에 따라 구분한 다음 입양된 소년들의 범죄전과를 조사하였다. 그들은 생물학적 아버지와 입양한 아버지들의 범죄성향의 상호 교류 효과를 발견하였다.[47] 생물학적 아버지와 입양한 아버지 중에 단지 한명만이 범죄 전과를 가지고 있었을 때에 둘 모두가 범죄전과를 가지고 있는 경우 보다 큰 영향력을 가지고 못했다. 또한 입양한 아버지가 가진 범죄성의 효과는 생물학적 아버지가 가진 범죄성의 효과보다 더 약했다는 것을 발견하였다.

또한 허칭스와 메드닉은 경찰 기록의 신뢰성을 최대화하기 위해 생물학적 아버지와 입양한 아버지 모두 1889년 이후 태어난 전과를 가진 모든 입양아를 선택하였다. 이러한 기준에 적합한 143명의 입양아들은 입양한 아버지의 나이와 직업에 따라 선정된 범죄 전과가 없는 143명의 입양아들과 비교되었다. 범죄 기록을 가진 아이들의 입양한 아버지가 더 높은 범죄전과(49% 비해 9.8%), 범죄 기록을 가진 아이들의 생물학적 아버지가 더 높은 범죄전과(49%에 비해 28%), 그리고 범죄 기록을 가지 아이들의 생물학적 어머니도 더 높은 범죄전과(18%에 비해 7%)를 가지고 있음을 발견하였다.[48]

이러한 덴마크 입양아 표본은 여성과 덴마크 전체를 대상으로 한 연구로 확대되어 메드닉과 그의 동료들에 의해 재분석되었다.[49] 이 연구자들은 입양아들이 범죄자로 유죄판결을 받을 가능성은 그들을 입양한 부모가 아니라 그들의 생물학적 부모가 법정에서 유죄판결을 받는 횟수와 의해 영향을 받는다는 것을 발견하였다. 이러한 발견은 폭력범죄가 아니라 재산범죄에서 더욱 정확하였다. 동일한 표본을 이용한 재분석에서는 입양한 부모와 생물학적 부모의 사회.경제적 지위와 생물학적 부모의 인격 장애, 그리고 최종 입양 전에 거쳤던 장소의 수, 모두가 입양아의 범죄에 영향을 미치는 것으로 밝혀졌다.[50] 또 다시 이러한 연관성은 폭력 범죄가 아니라 대부분 재산범죄에서 영향을 미치는 것으로 밝혀졌다.

월터스는 1972년과 1989년 사이에 출판되었던 13편의 입양연구에 대한 메타분석을 실시한 결과 유전이 범죄와 반사회적 행위에 영향을 미친다는 중요한 증거를 발견하였다.[51] 그러나 입양연구에서 두 가지 한계점들이 언급될 필요가 있다. 첫째, 몇몇 연구에서는 범죄 행위에 연루되는 입양 부모가 일반인들에 비해 매우 낮았다.[52] 이러한 연구는 가정환경의 영향을 일반화하기 어렵게 만들고 행위에 대한 유전과 환경의 상호교류효과를 검증하기 어렵게 만들었다. 둘째, 몇몇 연구에서는 심각한 폭력범죄가 아닌 사소한 그리고 재산 범죄에서만 유전의 영향력을 발견하였다. 이러한 결과는 사소한 그리고 재산 범죄가 더욱 빈번하게 일어나는 범죄라는 사실을 반영하는 것일 수 있다. 결과적으로, 유전의 효과는 빈번하게 저질러지지 않은 심각한 폭력범죄 보다 사소한 재산범죄에서 더 쉽게 발견될 수 있을지 모른다.

모노아민 산화효소(MAOA): 전사의 유전자

신경전달물질들은 뇌 속에서 전기적 자극의 전달을 가능하게 하는 화학물질이며, 뇌의 정보처리를 위한 가장 기본이라고 할 수 있다. 일반적으로 신경전달물질들은 반사회적 행위를 포함한 모든 행위의 기초가 된다.[53] 최소한 최근의 다양한 연구들은 시험적으로 세 가지 다른 수준의 신경전달물질들이 반사회적 행위와 연관되었다고 주장하였다: 세로토닌, 도파민, 노르에피네프린. 하지만 반사회적 행위와 공격적인 행위에 영향을 미치는 신경전달 물질에 대한 대부분의 연구들은 세로토닌과 도파민에 집중하였다. 레인(Raine)은 2013년 그의 저서 폭력의 해부학(The Anatomy of Violence)에서 신경전달물질에 대한 중요성을 인식하면서 신경전달물질에 대한 견해를 다음과 같이 밝혔다: "우리가 폭력의 신경화학 이해하기 위해서 앞으로 가야 할 길이 멀다"[54] 하지만 일반적으로 선행연구들은 낮은 세로토닌과 높은 도파민 수치가 어떤 환경적인 상황들과 상호작용을 할 때, 폭력과 연관된다는 것을 보여주고 있다.

신경전달물질은 모노아민 산화효소(MAOA)라 불리는 유전적으로 암호화된 효소에 의해 뇌에서 대사 작용을 하게 된다. 모노아민 산화효소는 신경전달물질의 분해를 책임지고 있기 때문에, 만약 산화효소의 수준이 과도하게 높거나 낮을 경우에는 행위에 영향을 미칠 수 있다. 예를 들어 낮은 모노아민 산화효소는 낮은 자기 통제와 높은 공격성을 야기할 수 있는 매우 높은 수준의 도파민과 노르에피네프린 수치를 가져온다.[55]

모노아민 산화효소(MAOA)가 폭력과 공격성에 연관된다는 연구는 네덜란드의 한스 브루너(Hans Brunner)의 연구에서 시작되었다. 브루너의 연구는 특히 남성들의 공격성과 폭력성을 포함하는 기이한 행동적 문제를 보이는 4세대의 가계에 대한 연구를 실시하였다. 연구는 가족들의 유전자형에서 모노아민 산화효소(MAOA)에서의 돌연변이를 발견하였다. 이 돌연변이 형태에서는 모노아민 산화효소가 거의 작동하지 않았다. 이러한 가계에 대한 그의 연구는 1978년 시작되었으며 15년 후 1993년에 사이언스에 게재가 되면서 발표되었다.[56] 2년 후의 연구에서 모노아민 산화효소 유전자가 제거된 쥐는 다른 쥐에 대해서 극단적인 공격성과 잔인함의 원인이 된다는 연구결과가 발표되었다.[57]

행위에 대해서 유전자의 역할에 대한 가장 중요한 다음의 연구 결과가 2002년 사이언스에 발표되었다. 캐스피(Caspi)와 그의 동료들은 더니든 학제간 건강과 발달(Dunedin Multidisciplinary Health and Development) 연구의 부분으로서 모노아민 산화효소를 측정하였다.[58] 1037명의 더니든 출생 집단은 3세에서 26세까지 매 2년 주기로 측정하였다. 초기 유년시절(3세에서 11세)동안, 아이들의 8%가 심각한 학대를 경험하였고, 28%가 학대를 당한 것으로 추정되었다. 모노아민 산화효소의 활동과 더불어, 이러한 발견들은 청소년 품행장애, 폭력범죄에 대한 유죄, 폭력적 성향, 그리고 반사회적 인격 장애의 증후로 구성되는 반사회적 행위를 예측하기 위해 사용되어졌다.

먼저 연구자들은 어린 시절의 학대는 장래의 반사회적 행위와 매우 강하게 연관되어 있지만, 모노아민 산화효소의 활동은 그렇지 않음을 발견하였다. 그러나 그들은 모노아민 산화효소와 학대 사이의 상호교류는 네 가지 개별적 그리고 한 가지 종합적 방식으로 측정한 반사회적 행위에 중요한 영향을 끼친다는 것을 발견하였다. 즉 학대를 당한 아이들이 낮은 모노아민 산화효소를 가지고 있는 경우에 더욱 더 반사회적 행위에 연루되었다. 연구자들은 인간의 유전적 특징이 인간의 행위에 환경이 미치는 영향력을 완화시킨다고 결론 내렸다.[59] 2006년에서 2014년 발표된 후속적인 연구들을 종합적으로 분석한 메타분석(평균적인 영향력에 대한 분석)은 모노아민 산화효소에 대한 연구 결과를 확정하였다.[60]

현재 전사의 유전자로 불리는 모노아민 산화효소(MAOA)는 마오리인(뉴질랜드의 토착의 폴리네시안)의 경우 낮은 수치를 가지고 있는 것으로 알려져 있다; 이러한 결과는 뉴질랜드의 백인의 경우 낮은 수준의 모노아민 산화효소를 가진 사람이 1/2정도라는 점과 비교된다.[61] 모노아민 산화효소에 대한 인종과 관련된 연구로의 확대는 IQ와 인종과 관련된 연구처럼 많은 논쟁을 불러일으켰다(5장을 보시오). 최초의 논쟁은 이러한 연구 결과에서 마오리인을 어떻게 다루어야 할 것인가에 대한 논쟁이었던 반면에 미국에서는 모노아민 산회효소의 변종 보다 더 심각은 폭력에 연관되는 매우 희귀한 유전적 변형(MAOA-2R)의 발견이 백인에 비해 흑인에게 더욱 많이 발견되어 지는 인종적 차이에 대한 논쟁으로 번지게 되었다.[62] 폭력에 대한 모노아민 산화 효소 같은 유전자의 전체적인 효과에 대한 의문은 계속적으로 연구될 것이다; 최근 핀란드 교소도에 수감자들에 대한 연구는 모노아민 산화효소와 다른 유전자 CDH13이 핀란드의 모든 심각한 폭력 범죄의 5-10% 정도를 설명한다고 발표하기도 하였다.[63]

비록 신경전달물질 수준이 초기에는 유전에 의해 결정되지만, 탄산리튬(세로토닌에 대해서는), 레서핀(노르에피네프린에 대해서), 다양한 향정신병적 의약품(도파민에 대해서)이 신경전달물질을 다루는 것을 가능하게 한다. 이러한 조절이 실제로 반사회적 행위를 낮출 수 있는지에 대해서는 아직 명확하지 않다. 그러나 몇몇 긍정적인 결과를 포함하고 있다.[64] 신경전달물질의 수준은 환경의 변화에도 영향을 받는다. 예를 들어, 식습관에서의 변화는 폭력 또는 반사회적 행위에 연루되는 경향을 줄일 수 있는 세로토닌, 도파민, 노르에피네프린 수준을 크게 증가시킬 수 있다. 게다가, 스트레스가 많은 환경에서 사는 것은 낮은 세로토닌 수치를 야기할 수 있고, 폭력이나 반사회적 행위에 연루되는 경향을 높일 수 있다.[65]

호르몬들

신경전달물질의 수준과 더불어, 많은 연구들이 공격성과 범죄행위를 포함하는 인간의 행위에 영향을 주는 호르몬 수치의 영향력에 대해 연구하였다. 호르몬에 대한 연구는 생화학자들이 내분비샘 분비물의 몇몇 생리적 심리적 효과를 처음으로 분리하고 확인할 수 있었던 1800년대 중반으로 거슬러 올라간다. 가장 최근의 관심은 공격성과 범죄행위와 연관된 테스토스테론 또는 여성의 월경 주기에 관한 것이었다.[66]

많은 동물 종의 공격성에서 테스토스테론의 역할에 대해서는 많은 증거가 있다.[67] 그러나 의문점은 테스토스테론이 인간의 공격성과 범죄행위에도 중요한 역할을 할 것인가 하는 점이다. 레인(Raine)은 이러한 문헌에 대해서 평가를 한 후에 혼합된 결과를 발견하였다.[68] 연구들은 성범죄자에 대한 거세는 특별히 성범죄 재범률을 줄일 수 있음을 발견하였지만, 성범죄가 아닌 경우와 다른 반사회적 또는 폭력 범죄의 재범률을 줄이지는 못하였다.[69]

이러한 연구의 가장 중요한 문제는 인과관계의 방향성 측면에서 테스토스테론과 공격행위 사이의 관계는 다양할 수 있다는 점이다.[70] 일반적으로, 연구자들은 높은 테스토스테론 수치가 공격성을 증가 시킬 것인가에 대해 알기를 원했다. 그러나 인관관계의 방향은 역방향이 될 수도 있었다. 즉, 어떤 유형의 공격적 행위는 테스토스테론의 분비를 증가시킨다는 것이다.[71] 세 번째 가능성은 몇몇 사람들은 보통 정상적인 테스토스테론 수치를 가지고 있지만, 테스토스테론을 크게 증가시키는 어떤 종류의 상황에 반응할 수도 있다. 이런 사람들은 테스토스테론의 수치가 대부분의 시기에 정상적임에도, 어떤 상황에서 높은 테스토스테론 때문에 공격적 행위에 연루되는 경향을 높일 수 있다. 마지막으로, 사회적 변수들인 테스토스테론과 반사회적 행위사이에 관계를 중재할 수 있다. 예를 들어, 높은 테스토스테론은 사람이 사회적 연결망 속으로 통합하는 것을 방해하고, 개인의 낮은 사회 통합 수치는 높은 범죄와 일탈을 야기할 수 있다.[72] 게다가, 테스토스테론과 폭력사이의 상호교류는 다른 생물학적 요인들에 의해 완화될 수도 있다. 예를 들어, 최근에 연구는 테스토스테론과 공격성 사이의 관계는 간접적 일수 있다고 주장한다. 왜냐하면, 높은 테스토스테론 수치는 낮은 세로토닌과의 연관성이 있기 때문이다. 결과적으로, 높은 호르몬과 낮은 신경전달물질 수준의 결합은 왜 몇몇 사람들이 좌절감을 느낄 때 공격적이고 충동적으로 행동하는가를 설명한다.[73] 이러한 다양한 인과 관계적 연결은 범죄 행위의 원인에 대한 또 다른 사회생물학적 연구의 필요성을 강조한다.

비록 호르몬과 범죄에 대한 연구의 대부분이 남성에 집중되었지만, 몇몇 연구는 여성의 생리 주기와 관련되어서 여성에 의한 범죄에서 중요한 호르몬의 역할을 연구하였다. 배란 후에 생물학적 변화는 과민함과 공격성과 연관성이 있다.[74] 이러한 연결에 대한 증거는 혼재되어있다. 하지만, 최소한 소수의 여성들은 적개심을 증가시키는 행위를 유발하는 주기적 호르몬의 변화에 취약하다.[75] 이러한 행위의 증가는 여성 호르몬들에서의 변동과 연관되어 있으며, 몇몇 여성들의 민감하게 만드는 테스토스테론의 증가와도 연관성이 있다.

중추 신경계

중추신경계는 뇌와 척추 속에 존재하는 신경세포와 조직을 포함한다. 공격성과 폭력에 대한 연구에서 가장 중요한 것은 뇌의 외부부분인 대뇌 피질이다. 대뇌피질은 2개의 반구로 구성되며 4개의 엽들로 구성된다: 전두엽, 측두엽, 두정엽, 후두엽. 반사회적 행위를 연구한 대부분의 연구자들의 관심은 전두엽과 측두엽 이었다. 왜냐하면, 이 부분들은 목적을 가진 행위, 충동, 감정과 연관되기 때문이다. 전두엽 내의 장애와 불규칙은 일반적으로 신경심리학적 기능에 영향을 미치는 반면, 측두엽은 일반적으로 표현속의 감정적 행위 부분에 더욱 직접적으로 연관된다.[76]

뇌의 비정상을 측정하는 가장 공통적인 방법은 뇌파계를 사용하는 것이다. 뇌파계는 전기적인 뇌의 활동을 측정하고 뇌의 파장형태에서 비정상적인 부분을 감지할 수 있다. 수백 개의 연구들이 다양한 범죄자들의 뇌파 활동을 측정하였다.[77] 대부분의 연구자들은 반복적인 폭력 범죄자의 경우에 뇌파에서의 비정상을 가지고 있다는 것에 대해서는 동의하고 있다. 하지만 반사회적 인격 장애와 뇌파 지표 사이에 관계는 확실하지는 않다.[78] 레인(Raine)은 이러한 연구들의 대부분은 너무 넓은 부분에 초점을 맞추고 있으며, 역기능적 행위와 뇌파 비정상 사이의 몇몇 일반적인 관계를 지적하고 있는 반면, 뇌파가 인간의 행위에 영향을 미치는 과정에 대해서는 더욱 더 구체적인 정보가 필요하다고 주장하였다.[79]

그러나 더욱 최근에는 중추신경계에 대한 더욱 직접적인 측정이 가능하게 되었다: 뇌 이미지 기술이 그것이다. 이러한 기술은 컴퓨터 단층촬영, 자기공명영상, 양전자 단층촬영, 그리고 단일광자 단층촬영이다. 이러한 새로운 이미지 과정은 전두엽과 측두엽 모두에서의 구조적 그리고 기능적 비정상을 감지할 수 있도록 사용되어 진다.[80] 뇌 이미지 연구에 대한 광범위한 분석 후에, 레인은 결론 내렸다:[81]

> 이러한 연구로 부터의 종합적인 발견들은 전두엽 기능장애는 폭력 범죄자를 특징짓는 반면에 측두엽 기능장애는 성범죄를 특징짓는다는 가설이 이르게 하였다; 폭력과 성범죄적 행위의 결합은 전두엽 그리고 측두엽 모두의 기능장애에 의해 특징지어진다는 가설이 가능해 진다.

자율신경계

중추신경계와 더불어, 신경계에서의 또 다른 부분을 자율신경계라 불린다. 자율신경계는 혈압, 심장과 장의 활동, 그리고 호르몬 수치와 같은 많은 몸의 비자발적 기능을 통제한다. 자율 신경계는 몸의 저항상황에서 활동한다. 특히 자율 신경계는 심장 박동수의 증가, 위에서 근육으로 혈액의 재 수송, 동공의 팽창, 호흡률의 향상, 그리고 당 분비를 촉진하는 것 등을 통해 저항상황에서 몸의 효율성을 극대화 시키도록 준비시키는 기능을 한다. 거짓말 탐지기는 대상이 거짓을 말하는지를 결정하기 위해 자율신경계의 기능을 측정하고 이용한다. 원리는 모든 사람들이 아이들처럼 그들이 거짓말을 할 때 조건반사적으로 처벌을 예상하게 된다. 처벌의 예상은 비자발적인 저항 반응은 생산하는데, 이러한 반응으로 심장, 맥박, 그리고 호흡률에서의 변화가 측정 가능해 지고, 땀 자체가 전기를 생산하기 때문에 피부에서 전기의 생산에서도 변화가 측정 가능해 진다는 것이다.

처벌의 예상할 때 불안반응은 아이들을 위한 사회화의 주된 작용물질로 몇몇 연구자들에 의해 서술되어왔다.[82] 아이들은 어떤 종류의 상황에서 처벌을 예상하도록 그들의 부모에 의해 조건 반응하도록 되어 있으며, 일반적인 양심의 가책 또는 죄책감이든지 간에 그들이 느끼는 불안감은 아이들이 이러한 상황을 모면하도록 만들기도 한다. 왜냐하면 처벌이 예상되어 지는 상황에서 불안반응은 저항반응과 관련된 자율신경계의 필수적인 기능이기 때문에, 아이들의 사회화의 수준은 최소한 부분적으로는 자율신경계의 기능에 의존한다고 할 수 있다. 특히, 만약 처벌이 예상되어 지는 상황에서 저항 반응이 천천히 또는 낮은 수준이거나 상황이 변화할 때 저항반응이 비활성화 되는데 실패한다면, 이 아이는 사회화하는 것이 어려울 것이다.

자율신경계에 대한 많은 연구들은 거짓말 탐지기에 의해 측정되어지는 같은 말초적 기능을 측정해 왔다. 예를 들어, 매드닉(Mednick)[83]은 피부가 가장 전류를 많이 생산할 때와 그 전도도가 정상수준으로 돌아올 때 사이의 시간을 의미하는 피부전도 반응 회복 비율이 자율신경계에서의 일반적 회복 수준을 측정하기 위해 사용되었다. 만약 그렇다면, 피부전도 반응 회복은 위협적이 상황이 제거될 때 뒤따르는 두려움이 제거되는 비율을 측정할 것이다. 매드닉은 두려움의 감소는 심리학에서 가장 강력한 강화물로 알려져 있다는 점을 강조하였다. 두려움이 빠르게 감소하였을 때, 인간은 처벌을 회피하기 위한 큰 강화물을 받데 되고, 조건 반응이 더욱 자주 발생하게 된다.

그러나 이러한 추론에 대한 연구 결과는 일관적이지는 않다. 일반적으로, 연구는 반사회적인 사람들의 경우, 그들이 휴식을 하고 있는 상황에서는 낮은 수준의 피부 전도 수준과 낮은 수준의 심장 박동수를 가지고 있다는 것을 발견하였다.[84] 이러한 생리적 측정은 반사회적인 사람들이 자율신경계 기능이 더욱 낮은 수준을 가지고 있다는 것을 의미할는지 모른다. 그러나 매드닉은 이러한 낮은 자율신경계 기능을 의미하는 중요한 지표가 처벌과 같은 혐오 자극이 나타난 후에 정상수준으로 회복을 의미하는 피부전도 반응회복이라고 주장하였다. 초기의 연구들은 일반적으로 반사회적인 처벌 후에 피부전도 반응회복이 늦다는 것을 매드닉의 주장을 지지하였다. 그러나 더욱 최근의 연구들은 이러한 발견을 지지하는데 실패하였다.[85]

그러나 매드닉의 주장의 핵심은 반사회적인 사람들은 다른 사람들 보다 더욱 생리적으로 조건화하기 힘들다는 것이다. 몇몇 연구들은 반사회적 사람들과 보통 사람들의 조건화를 직접적으로 비교하려고 시도하기도 하였다. 이러한 연구들은 개를 이용한 패브로브(Pavlov)의 유명한 실험과 유사했다. 패브로브는 개에게 먹이를 주기 전에 종을 울림으로 해서 종소리에 개가 조건 반사적으로 침을 흘리게 하였다. 레인은 반사회적인 사람들이 일반인 보다 조건화하기 더 힘들다는 개념을 일반적으로 지지하는 6개의 비슷한 연구들을 검토하였다.[86] 하지만, 이러한 연구들은 단시 낮은 사회적 배경을 가진 사람들에게만 적용되어다.[87] 이러한 연구들은 심지어는 낮은 자율 신경계 기능이 어떤 범죄를 설명할 수 있음에도 불구하고, 그것이 낮은 계층의 범죄를 설명하지 못한다는 것을 시사한다. 전체적으로, 자율신경계의 기능이 범죄행위와 연관이 있다는 몇몇 증거를 발견하였다. 그러나 지금 이 시점에서는 확실한 결론을 끌어내기는 아직 이르다고 할 것이다.

환경적으로 유도되는 행위의 생물학적 요인들

앞에서 우리는 반사회적 그리고 범죄행위에 영향을 미치는 유전적 요인들에 대한 연구(예를 들어 가계, 쌍생아, 그리고 입양연구)들과 유전적 요인일수도 있지만 환경적 영향 때문에 시간에 따라 변화하는 유전적 요인들에 대한 연구(예를 들어 호르몬, 신경전달물질들의 수준, 자극에 대한 피부 전도 반응)에 대해 보았다. 지금부터 우리는 범죄행위에 영향을 주는 몇몇 생물학적 요인들이지만 명백하게 환경에 중심을 둔 연구들에 대해 조사해 보기로 한다. 이러한 요인들은 약물과 알코올 남용, 음식과 독소 섭취, 두뇌 부상, 임신과 출산에서의 문제 등이다.

마약과 알코올 남용과 폭력행위사이에는 많은 가능한 관계가 있다: 생물학적, 심리사회적, 사회적, 문화적, 그리고 경제적. 예를 들어, 폭력과 범죄는 마약을 구입하기 위한 돈을 가지려는 중독자의 필요 때문이거나 어떤 지역에서 마약을 판매할 권리에 대한 경쟁적인 폭력 조직 간의 싸움 때문일 수 있다. 이 분야에 대한 문헌의 범위는 너무 방대해서 여기에서 우리가 그것 모두를 요약할 수는 없다.[88] 대신 우리는 폭력과 알코올 또는 마약사용사이의 엄격한 생물학적 연결에 대한 몇몇 간략한 부분에 대한 정리하고자 한다.

낮은 알코올 양은 일시적으로 공격적인 행위를 증가시키는 것으로 알려져 있고(예: 사람이 더 무례해질 때) 더 높은 알코올 양은 일시적으로 공격적인 행위를 감소시키는 것으로 알려져 있다(예: 사람이 음주로 인해 정신을 잃었을 때).[89] 많은 사람들은 낮은 알코올 섭취에서 공격성의 증가되는 것은 알코올이 인간의 억제로부터 인간을 자유롭게 하는 경향 때문이라고 믿는다. 그러나 이러한 믿음에 대해서 증거는 미약하다. 또 다른 설명은 알코올이 내분비계, 특히 테스토스테론의 생산을 증가시킨다는 것이다. 하지만, 이러한 설명에 대한 증거 역시 미약하다.

세로토닌은 알코올과 폭력사이에 가능한 매개적 요소이다. 왜냐하면 알코올은 세로토닌을 감소시키는 것으로 알려져 있기 때문에 그리고 낮은 세로토닌은 공격성을 증가시키는 것으로 알려져 있기 때문에, 낮은 세로토닌이 왜 알코올이 공격성을 증가시키는지에 대한 이유라고 추론하는 것은 논리적으로 보인다. 연구는 알코올과 공격성 사이에 관계에서 세로토닌의 이러한 매개적인 역할을 지지하는 그리고 반대되는 생리적인 증거를 발견해왔다. 하지만, 비교적 더 많은 연구에서 그러한 매개적 역할을 지지하는 증거를 발견하였다.[90] 다른 연구자들은 알코올과 폭력사이의 관계를 위한 유전적 근거가 있을지도 모른다고 믿었다. 하지만, 지금까지 이러한 믿음에 대한 어떤 확증도 존재하지 않는다. 특히 남성들에게 알코올과 폭력사이에 관계가 다른 어떤 마약보다도 강하지만, 이러한 관계의 이유에 대해서는 아직 명확하지 않다.[91]

폭력과 생물학적으로 연관성을 가질지 모르는 다른 약물들은 아편, 암페타민, 코카인, 환각제와 스테로이드 등이다. 아편은 만성적으로 사용할 경우에 폭력적인 행위를 증가시킬 가능성이 높일지도 모르지만, 일반적으로는 일시적으로 공격적이고 폭력적인 행위를 낮추는 것으로 알려져 있다. 아편으로 부터의 추출물 역시 공격적인 행위와 연관성이 있다.[92] 폭력행위에 대해 코카인 사용의 생물학적 영향력에 대한 직접적인 증거는 아직 없다.[93] 하지만, 도시 안에서 잘게 부순 코카인과 폭력사이에 연관성에 대한 근거는 잘 확립되어 있다.[94] 마리화나 사용은 대부분 폭력행위를 감소시키거나 영향을 미치지 못한다. 하지만, 향정신의약품의 일종인 펜시클리딘이 장기간 동안 사용되어 진다면, 공격적인 행위를 증가시킬 수 있다. 암페타민의 만성적 사용은 인간들에게서 폭력적 행위를 급격하게 증가시킬 수 있다. 하지만, 일반적으로는 단지 인간이 이미 폭력적 성향을 가지고 있을 때만 적용된다.[95] 비슷하게, LSD와 스테로이드의 사용 역시 이미 폭력적 성향을 가지고 있는 사람이 사용할 경우 폭력적 행위를 증가시킬 수 있다.[96]

많은 연구들이 영양소 또는 독소섭취와 반사회적 또는 공격적 행위 사이에 연관성을 발견해 왔다. 그러나 이러한 연구들의 방법론적 약점들은 인과관계가 존재한다고 결론 내리기 어렵게 만들었다. 대부분의 연구들은 당과 콜레스테롤 소비 그리고 납 중독에 관한 것이었다.[97]

1980년대 연구들은 부분적으로는 과도한 당의 섭취에 의해 야기되는 저혈당증이 습관적인 폭력 범죄자들에게 흔하게 나타난다는 결과를 보였다. 이러한 연구들이 가진 다양한 방법론적 문제들은 카나렉(Kanarek)[98]에 의해 언급되었으며, 당의 섭취가 반사회적 행위를 야기할지 모른다는 결론에 대해서 중요한 의문을 던졌다. 당은 아이들에게서는 과잉행동과 연관성이 있는 것으로 알려져 왔다. 하지만, 이러한 연관성을 지지하는 대부분의 연구에서 타당성을 의심할 만한 이유는 존재한다.[99] 당과 폭력과의 연관성에 대한 결론이 도출되기 전에 당이 잠재적으로 부정적인 결과를 야기 한다는 방법론적으로 타당한 더 많은 연구가 필요하다. 또한 연구들은 혈중 콜레스테롤과 폭력행위 사이의 연결가능성에 대해 조사해 왔다. 그러나 이러한 연구들은 당과 폭력행위사이에 대한 연구에서 존재하는 같은 종류의 문제점을 가지고 있다.[100] 마지막으로, 음식과 환경에서의 납에 대한 노출은 뇌의 기능에 부정적인 영향을 통해 아이들에게서 학습장애, 주의력 결핍 과잉행동장애등을 야기하거나 반사회적 행위를 위한 위험성을 증가시킬 수 있다.[101] 최근에 제시카 월파우 레예스(Jessica Wolfaw Reyes)(2장 납과 범죄 하락에 대한 논의를 보시오)는 어린 시절 납 노출은 어린 시절의 행동 문제, 청소년 시기의 공격성, 청년기의 범죄에 부정적인 영향력을 미친다는 것을 증명해왔다.[102]

몇몇 연구들은 두부외상과 범죄 그리고 반사회적 행위 사이에 연관성을 조사해왔다; 인과관계가 존재하는지는 또 다른 문제이다.[103] 두부외상은 X 선 촬영, CAT 촬영, 척추전자 검사와 같은 의학적 검사에 의해 검증되어 질 수 있다. 다양한 연구들은 수감자들과 폭력적인 환자들이 무의식과 연루된 많은 두부외상을 가지고 있음을 보고하고 있다는 것을 발견하였다. 메드닉(Mednick)과 그이 동료들은 1959년과 1961년 사이에 코펜하겐의 병원에 태어난 아이들에 대한 연구에서 청소년들 중에 폭력행위와 뇌 손상 사이에는 연관성이 있음을 지지하는 결과를 발견하였다.[104] 태어난 아이들 중에 후에 폭력적인 청소년이 되는 아이들은 일반적으로 임산과 출산과정 동안에는 의학적, 신체적, 그리고 신경학적으로 양호하였다. 하지만, 태어난 지 1살이 되었을 때 신체적으로 그리고 신경학적으로 매우 나쁜 상태가 되었다. 비슷한 연구 결과가 도로시 루이스(Dorothy Lewis)와 그녀의 동료들에 의해보고 되었다.[105] 루이스는 부모의 범죄성과 그들의 아이들에서의 심각한 의학적 문제점들 사이에 강한 연관성 또한 발견하였다. 그녀는 범죄자 부모를 가지 아이들 사이에 나타나는 비행은 어떤 유전적 요인이라기보다는 부모의 방임 그리고 폭행의 육체적 정신적 효과의 결합을 반영할지도 모른다고 주장하였다.[106]

레인(Raine)은 두부 외상과 범죄행위 사이에 연관성을 설명하는 몇몇 가능한 시나리오를 제시하였다. 예를 들어, 학대하는 가정에서의 아이들은 더 높은 두부 외상을 가질 가능성이 높고, 이러한 가정에서 양육되어진 아이들 사이에서 더욱 많은 범죄 행위를 양산할 가능성이 높다.[107] 하지만 레인은 아직 두부 외상과 범죄 행위 사이에 증거들은 최소한 부분적인 인과관계일지 모른다고 언급하였다.[108] 두부외상이 부정적인 행위에 영향을 줄 수 있는 과정들은 (1)알코올의 효과에 대한 더 큰 민감성을 야기; (2)인지적 그리고 사회적 기술을 감소; (3)폭력적 행위의 가능성을 증가시키는 두통과 성급함을 증가; (4)불안, 분노, 그리고 적개심을 증가시킬 수 있는 전두엽 그리고 측두엽에 손상.[109]

폭력행위와 연관된 중추신경계 손상의 또 다른 원천은 임신과 출산에서의 문제이다.[110] 캔달(Kandel)과 메드닉(Mednick)에 의한 최근 연구는 코펜하겐에서 1959년과 1961년 사이에 태어난 216명의 아이들에 관한 자료를 분석하였다.[111] 216명의 아이들은 그들의 부모들이 정신분열증, 정신병, 또는 장애적 특성을 가지고 있었기 때문에 9125명의 본래의 출생 집단으로 선택되었다; 결과적으로 아이들은 비행청소년이 될 가능성이 높은 것으로 간주 되었다. 연구는 감염, 화학요법, 그리고 황달과 같은 임신 기간 동안의 문제점과 회음부 파열, 약한 이차적 분만, 자궁의 파열 같은 분만과정에서 문제와 그리고 연구 대상자가 20세에서 22세가 되었을 때 재산 그리고 폭력 범죄로 인한 체포로서 측정한 범죄 행위 사이에 관계를 분석하였다. 연구는 임신 기간 동안의 문제점은 범죄 행위와 큰 연관이 없었지만, 출산과정에서의 문제는 범죄행위와 연관성이 있다는 것을 발견하였다. 폭력 범죄자의 80%가 재산범죄자의 30%와 비범죄자 47%에 비해 평균적으로 출산에서 더 많은 문제를 가지고 있었다.[112] 계속되는 연구에서 폭력 범죄는 출산과정에서 문제점을 가지고 부모가 정신의학적 문제를 모두 가지고 있는 경우에 더욱 자주 나타났다.[113] 또 다른 연구는 1세 이전에 어머니로부터 거부되어진 경우와 결합된 출산의 문제점은 18세에서의 심각한 폭력범죄와 연관성이 있음을 발견하였다.[114]

제안들과 결론들

어느 정도 대부분의 현대 범죄학자들은 사회학에 의해 훈련받았으며, 범죄 행위에 대한 생물학적 이론에 대해서는 오랫동안 지속되어진 회의론이 존재해 왔다. 그러나 최근에 범죄에 대한 생물사회학적 접근은 환경과 생물학적 요인이 함께 행위에 중요하게 영향을 미친다는 생각에 기반을 두고 있다.[115]

이러한 이론들은 범죄행위에 대한 다면적 요인 접근의 필수적인 부분이다. 어떤 생물학적 요인들의 존재는 가능성을 증가시킨다고 알려져 있다. 그러나 인간이 범죄에 연관되는 것을 절대적으로 결정하지는 않는다. 게다가, 생물학적 요인들은 심리학적 또는 사회학적 요인들과 결합할 때 인간이 범죄행위에 연루될 가능성을 높인다고 알려져 있다.

이러한 상호작용의 몇 가지 예는 이 장에서 지금까지 논의 되었다. 가장 주목할 만한 전형중의 하나는 신경전달물질 부분에서 언급한 캐스피(Caspi)와 그의 동료들에 의한 연구에서 발견된 모노아민 산화효소(MAOA)와 학대사이의 상호교류의 영향이다.[116] 과거에 생물학적 지향 그리고 사회학적 지향의 범죄학자들은 가끔 서로 조화를 이루지 못했다. 양쪽 측면은 그들 자신의 의견만을 주장하였고, 상대방의 의견에 대한 부분적 타당성을 인정하는 것을 거부하였다. 이러한 상황은 양쪽 모두가 범죄 행위에 대한 사회적 그리고 생물학적 현상의 분리된 노력만을 연구하지 않고 상호 교류적 측면을 연구하는 생물사회학적 이론의 필요성을 인정하면서부터 바뀌기 시작하였다. 이러한 통합적인 관점에 출현은 아마도 생물학적 범죄학에 유익할 지도 모른다. 왜냐하면, 극단적인 생물학적 관점은 몇몇 사람들에게 결정론적인 이미지를 떠올리게 하고 그러한 연구의 발달과 이론에 기반을 둔 정책에 대해서 부정적으로 반응하게 만들었기 때문이다. 예를 들면, 롬브로조(Lombroso)의 이론들은 1900년대 초기에 우생학적 움직임에 대한 근거이론으로 사용되었으며 결과적으로 유대인들의 사형에 많은 영향을 행사하였다. 그리고 레인(Raine)이 지적한 것처럼 우리 사회는 이미 무기징역 정책을 수용하여 자손을 낳지 못하게 함으로서 수동적인 우생학에 관여하고 있다.[117]

주요 용어

- 생물학적 결정론
- 확률의 증가
- 상호작용
- 생물사회학적 이론들
- 인상학
- 골상학
- 격세유전이론
- 생래적 범죄인
- 정신 이상적 범죄인
- 범죄형
- 다면적 원인론
- 비정상
- 신체적 범죄유형
- 체형
- 내배엽형의
- 중배엽형의
- 외배엽형의
- 유전적 특징들(범죄 유산)
- 쌍생아 연구
- 입양 연구
- 신경전달물질
- 전사유전자/모노아민 산화효소
- 호르몬
- 테스토스테론
- 중추신경계
- 대뇌피질
- 전두엽
- 측두엽
- 뇌파전위기록장치
- 뇌 영상기법
- 자율 신경계
- 불안반응
- 사회화
- 피부전도반응
- 마약과 알코올 남용
- 음식과 독소 섭취
- 두부외상

토의할 문제

1. 어떤 체형이 범죄성과 더욱 연관성이 있는 것으로 알려져 있는가? 어떤 발달적 요인들이 그러한 연관성을 설명하는가?
2. 환경적 요인을 통제의 실패가 쌍생아 연구와 이 연구에서 유전적 범죄성에 대한 발견을 어떻게 오염 시켰는지에 대해 제시하시오.

3. 신경전달 물질들은 무엇인가? 어느 정도 신경전달 물질의 수준이 범죄성과 연관성이 있는가? 어떻게 환경적 요인들이 신경전달물질에 영향을 미치는가?
4. 왜 저널 과학(Science)에서 모노아민 산화효소에 관련된 발견들을 보고하고 그렇게 중요하게 생각하는가?
5. 테스토스테론 연구가 가지는 방향성 문제는 무엇을 드러내었는가?
6. 인간의 범죄 가능성을 증가시키는 생물학적 조건들의 예는 무엇인가? 생물학적 위험 요인들의 정책적 제안은 무엇인가? 무엇을 해야 하는가?
7. 생물학적 이론들은 가끔 사회과학으로부터 큰 저항을 직면한다. 왜? 당신은 생물학적 이론들이 남용된 과거 역사적 예를 생각할 수 있는가? 그러한 남용에 관련해서 당신이 예상할 수 있는 위험들은 무엇인가?

인용& 부연설명

1. Gail S. Anderson, Biological influences on Criminal Behavior (Boca Raton, FL: Simon Fraser University Publications, 2007); and Diana Fishbein, Biobehavioral Perspectives in Criminology (Belmont, CA: Wadsworth, 2001), pp. 9-12.
2. 진화론적 그리고 행위적 유전학을 포함하는 생물사회학과 신경생리학적 접근에 대한 간략한 개요를 위해서, 보시오 Anthony Walsh, "Introduction to the biosocial perspective," in Anthony Walsh and Lee Ellis, eds., Biosocial Criminology: Challenging Environmentalism's Supremacy (New York: Nova Science, 2003), pp. 3-12. 생물사회학 연구들에 대한 최신의 개요를 위해서는 보시오, Adrain Raine, "Biosocial Studies of Antisocial and Violent Behavior in Children and Adults: A Review." Journal of Abnormal Child Psychology 30 (2002): 311-26. 이 분야에 대한 보다 광범위한 설명을 위해서는 보시오, Anthony Walsh, Biosocial Criminology (Cincinnati, OH: Anderson, 2002).
3. Havelock Ellis, The Criminal, 2nd ed. (New York:Scribner, 1990), p.27. 아름다움과 선함을 추악함과 악을 연관시키는 경향을 포함한, 인간의 신체적 외형의 상징적인 의미들에 대한 대중적인 논의는 Robin Tolmach Lakoff and Raquel L. Scherr, Face Value: The Politics of Beauty (Boston: Routledge & Kegan Paul, 1984) 에서 발견되어 질 수 있다.

4. 보시오 Nicole Rafter, "The Murderous Dutch Fiddler: Criminology, History, and the Problem of Phrenology," Theoretical Criminology 9(2005):65-96. 또한 보시오 Leonard Savitz, Stanley H. Turner, and Toby Dickman, "The Origin of Scientific Criminology: Franz Joseph Gall as the first in Criminologist," in Robert F. Meier., Theory in Criminology (Beverly Hills, CA: Sage, 1977), pp.41-56.

5. 롬브로조(Lombroso)의 삶과 업적에 관한 정보는 다음에서 발견된다 — Randy martin, Robert J. Mutchnick, and W. Timothy Austin, Criminological Thought: Pioneers Past and Present (New York: Macmillan, 1990), Chap.2; and Marvin E. Wolfgang, "Cesare Lombroso," In Hermann Mannheim, ed., Pioneers in Criminology, 2nd ed. (Montclair, NJ: Patterson Smith, 1972), pp.232-91. 조금 더 비판적인 관점을 위해서는 다음을 보시오 Stephen Jay Gould, The Mismeasure of Man (New York: W. W. Norton, 1981), 4장에서는 롬브로조의 격세유전에 관한 이론이 당시의 역사적 그리고 과학적 환경 속에서 표현되어 졌다. 고우드(Gould)는 당시의 과학자들은 그들 자신의 우월함 그리고 다른 인종들의 열등함을 증명하고 싶은 희망에서 객관적 과학을 가리는 장막 속에서 그들 자신들의 편견을 은폐하였다고 주장하였다.

6. Charles Darwin, Descent of Man (London: John Murray, 1871), p. 137. 진화심리학의 범죄문제에 대한 가장 최근의 적용에 대한 검토를 위해서는 Walsh 3장을 보시오. 이 모델인 사건들은 이해하기 위한 조직화된 구조를 제공하지만, 입증 또는 비입증하는 것을 불가능 해 보인다. 또한 보시오 J. S. Adler, "On the Border of Snakeland: Evolutionary Psychology and Plebeian Violence in Industrial Chicago, 1875-1920," Journal of Social History 36(2003):541-60.

7. 당시, 이탈리아 남부지방은 많은 대중의 근심거리였으며, 언론과 정치인들 사이에서 남부지역 출신들은 열등한 존재로서..... 게으르고, 무능하고, 범죄자이며, 야만인으로 간주되었다. 보시오 Antonio Gramsci, "Some Aspects of the Southern Question," in Quintin Hoare, ed., Gramsci: Selections from Political Writings (New York: International Publishers, 1978), p.444.

8. Cesare Lombroso, L'uomo Delinquente (The Criminal Man), 4th ed., (Torino:Bocca, 1889), p. 273, Enrico Ferri 에 의해 인용됨, Criminal Sociology (New York: D. Appletion, 1900), p. 12.

9. 이것은 Gina Lombroso Ferrero 의 연구 Criminal Man According to the Classification of Cesare Lombroso (New York: Putnam,1911), pp. 10-24, 1911 edition reprinted by Patterson Smith, Montclair, NJ, 1972 에서 인용한 부분적 목록이다.

10. Cesare Lombroso, Crime: Its Causes and Remedies, 1912 edition reprinted by Patterson Smith, Montclair, NJ, 1972.

11. Edwin D. Driver, "Introductory Essay" in Charles Goring, The English Convict:

A Statistical Study, 1913 edition reprinted by Patterson Smith, Montclair, NJ, 1972, p. vii.

12. Goring, The English Convict, pp. 196-214.

13. Ibid., p. 200.

14. Ibid., p. 287, esp. Table 119.

15. Driver, "Introductory Essay," op. cit., p. v.

16. 보시오, Adrian Raine, "Biosocial Studies of Antisocial and Violent Behavior in Children and Adults: A Review," Journal of Abnormal Child Psychology 30 (2002): 311-26; 또한 보시오 Fishbein, op. cit, pp. 65-66. 진화적 격세유전의 문제라기보다는 태아기의 영향력들 때문이라고 전해진다.

17. Goring, op. cit., p. 173 (italics in the original).

18. William H. Sheldon (with various associates), Psychology and the Promethean Will, 1936; Varieties of Human Physique, 1940; The varieties of Temperament, 1942; Varieties of Delinquent Youth, 1949; and Atlas of Man, 1954. All published by Harper, New York and London. 셀던의 삶과 연구에 대한 정보는 Martin et al., Criminology Thought, op. cit., chap.2에서 찾아 볼 수 있다. 셀던의 30년 동안의 연구는 Emil Hartl, physique and delinquent behavior (New York: Academic Press, 1982)에서 찾아 볼 수 있다.

19. 기본적 도식은 Sheldon의 Varieties of Delinquent Youth, pp. 14-30의 주장으로부터 구성되었다.

20. 통계적 유의미 수준 .001은 이러한 차이점들이 우연하게 일어날 확률이 1000분의 1보다 적다는 것을 의미한다.

21. Sheldon Glueck and Eleanor Glueck, *Physique and Delinquency* (New York: Harper, 1956).

22. Ibid., p. 9.

23. 이러한 특징과 요인들의 완전한 목록은, 바로 앞에서 언급한 책의 27-31을 보시오.

24. Ibid., p. 226.

25. Ibid., p. 221.

26. Ibid., p. 224.

27. Gail S. Anderson, Biological Influences on Criminal Behavior (Boca Raton, FL: Simon Fraser University Publications, 2007), pp. 21, 144.

28. Nicole Rafter, "Somatotyping, Antimodernism, and the Production of Criminological Knowl-edge," Criminology 45 (2007): 805-833 at pp. 815-816.

29. Anderson, op. cit., p. 21.

30. See Jeffrey M. Stanton, "Galton, Pearson, and the Peas," Journal of Statistics Education 9 (2001).

31. 고링은 엄격한 법적 분류로서 범죄를 다루었다. 결과적으로 그는 범죄자라는 용어보다 유죄판결을 받은 자라는 용어를 선호하였다.

32. Driver, "Charles Buckman Goring," op. cit., pp. 439.440.

33. See Edwin H. Sutherland and Donald R. Cressey, Criminology, 10th ed. (Philadelphia: Lippincott, 1978), p. 120.

34. 예를 들어, 보시오 David C. Rowe 와 David P. Farrington, " The Familial Transmission of Criminal Convictions," Criminology 35 (1997):177–201. 또한 보시오 Walsh, op. cit., chap. 2. Glenn D. Walters and W. White Thomas, "Heredity and Crime: Bad Genes or bad research?" Criminology 27(1989):455–85, 이런 종류의 연구 속에서의 방법론적 문제점에 대해 논의하고 범죄와 폭력의 유전적 증거는 존재하지 않는다고 결론지었다.

35. 인간은 다른 인간들과 자신의 유전자의 99%를 공유한다. 이란성 쌍생아는 나머지 1%의 50%를 공유하는 반면에, 일란성 쌍생아는 나머지 1% 모두를 공유한다. 보시오 Adrian Raine, The Psychopathology of Crime (San Diego, CA: Academic Press, 1993), p. 54.

36. Fishbein에서 그러한 연구에 대한 요약을 보시오, op. cit., pp. 27–29.

37. Karl O. Christiansen, "Threshold of Tolerance in Various Population Groups Illustrated by Results from the Danish Criminologic Twin Study," in Anthony Vivian Smith de Reuck and Ruth Porter, eds., The Mentally Abnormal Offender (Boston: Little, Brown, 1968), pp. 107.116.

38. Karl O. Christiansen, "Seriousness of Criminality and Concordance among Danish Twins," in Roger Hood, ed., Crime, Criminology, and Public Policy (New York: Free Press, 1974), pp. 63.77.

39. 그의 자신의 연구를 언급하면서, Christiansen (op. cit., p.77)은 말하였다: 이러한 연구결과에서 그 어떤 것도 범죄의 원인에서 뚜렷하게 유전에 의한 작용하는 부분이 원인이 되는, 즉 덜 심각한 범죄성을 가진 쌍생아 보다 더욱 심각한 범죄성을 가진 쌍생아 또는 이란성 쌍생아 보다 일란성 쌍생아에서 더 높은 쌍생 계수를 가진다는 것으로 해설될 수 있는 것은 없다. 또한 보시오. Steffen Odd Dalgaard

and Einar Kringlen, "A Norwegian Twin Study of Criminality," British Journal of Criminology 16(1976): 213-32. 그들은 쌍생아들이 그들의 상호간의 친밀도에 따라 분류하였을 때 일란성과 이란성 쌍생아 사이에 모든 차이점들은 사라지게 된다. 그들은 등록된 범죄에서 유전적 요인의 중요성은 존재하지 않는다고 결론지었다. 이러한 연구의 비판으로는 보시오. R. A. Forde, "Twin Studies, inheritance and criminality," British Journal of Criminology 18(1978):71-74. 게다가, Raine(op. cit., p.58)은 일란성 쌍생아와 이란성 쌍생아의 구분의 정확성에서 문제를 지적하였다. 가장 정확한 방법은 일반적으로 도입되지 않는 유전자 지문이다. 다른 방법들은 다양한 정도의 신뢰성을 가지고 있다.

40. W. M. Grove, E. D. Eckert, L. Heston, T. J. Bouchard, N. Segal, and D. T. Lyken, "Heritability of Substance Abuse and Antisocial Behavior: A Study of Monozygotic Twins Reared Apart," Biological Psychiatry 27 (1990): 1293.1304.
41. Christiansen, "A Review of Criminality Among Twins," in S. A. Mednick and K. O. Christiansen, eds., Biosocial Bases of Criminal Behavior(New York: Gardner Press, 1977), pp. 89.108.
42. Glenn D. Walters, "A Meta-Analysis of the Gene-Crime Relationship," Criminology 30 (1992): 595.613.
43. Marshall B. Jones and R. Jones Donald, "The Contagious Nature of Antisocial Behavior." Criminology 38 (2000): 25.46.
44. 최근에, 연구는 따러 양육되어진 작은 수의 쌍생아에 집중하기 보다는 일란성 그리고 이란성 쌍생아 모두를 포함하는 종적인 연구를 사용해왔다. 예를 들어, 보시오, T. C. Eley, P. Lichtenstein et al., "A longitudianl behavioral genetic analysis of the etiology of aggressive and nonaggressive antisocial behave," Development and psychopathology 15(2003):383-402; J. Taylor, M. McGue et al., "Sex Differences, assortative mating, and cultural transmission effects on adolescent delinquency: a twin family study," Journal of child psychology and psychiatry 41 (2000): 433-40; and J. Taylor, M. McGue et al., "A behavioral genetic analysis of the relationship between the socialization scale and self-reported delinquency," Journal of Personality 68(2000):29-50.
45. Barry Hutchings and Sarnoff A. Mednick, "Criminality in Adoptees and Their Adoptive and Biological Parents: A Pilot Study," in Mednick and Christiansen, op. cit., pp. 127.141.
46. Ibid., p. 131, Table 4.
47. Ibid., p. 132, Table 6. See also ibid., p. 137, Table 8.

48. Ibid., p. 134.

49. Sarnorff A. Mednick, W. H. Gabrielli, and Barry Hutchings, "Genetic influences in criminal convictions: Evidence from an adoption cohort," science 224:891-94 (1984). 모든 입양연구에 대한 평가를 위해서는 보시오. Gregory Carey, "Genetics and Violence," in Albert Reiss, Klaus Micz다, and Jeffery Roth, eds., Understanding and Prevention violence, vol. 2 (Washington, DC: National Academy Press, 1994), pp. 34-39.

50. K. T. VanDusen, Mednick, Gabrielli, and Hutchings, "Social Class and Crime in an Adoption Cohort," Journal of Criminal Law and Criminology 74 (1983): 249.269; L. A. Baker, "Estimating Genetic Correlations Among Disconcordant Phenotypes: An Analysis of Criminal Convictions and Psychiatric Hospital Diagnoses in Danish Adoptees," Behavior Genetics 16 (1986): 127.142; Baker, W. Mack, T. E. Moffitt, and S. A. Mednick, "Etiology of Sex Differences in Criminal Convictions in a Danish Adoption Cohort," Behavioral Genetics 19 (1989): 355.370; Moffitt, "Parental Mental Disorder and Offspring Criminal Behavior: An Adoption Study," Psychiatry: Interpersonal and Biological Processes 50 (1987): 346.360.

51. Walters, op. cit., pp. 604-05. 입양연구에서 전체적인 효과는 쌍생아 연구에서의 효과보다는 다소 더 강하다. 그러나 이것은 아마도 입양연구들이 쌍생아 연구보다 더 큰 표본을 가지고 있었기 때문에 통계적 유의성을 더욱 쉽게 획득할 수 있었기 때문일 것이다.

52. Carey, op. cit., p. 43.

53. P. A. Brennan, S. A. Mednick, and J. Volavka, "Biomedical Factors in Crime," in James Q. Wilson and Joan Petersilia, eds., Crime (San Francisco: ICS Press, 1995), p. 82. For an introduction to neurotransmitters see Walsh, op. cit, chap. 4; Raine, op. cit., pp. 83.84; and Fishbein, op. cit., pp. 35.41.

54. Adrian Raine, The Anatomy of Violence: The Biological Roots of Crime (New York: Pantheon Books, 2013), p. 58.

55. Fishbein, op. cit., pp. 40.41.

56. H. G. Brunner, M. Nelen, X. O. Breakfield, H. H. Ropers, and B. A. van Oost, "Abnormal Behavior Associated with a Point Mutation in the Structural Gene for Monoamine oxidase A," Science 262 (1993): 578.580.

57. O. Cases, I. Seif, J. Grimsby, P. Gaspar, and K. Chen, "Aggressive Behavior and Altered Amounts of Brain Serotonin and Norepinephrine in Mice Lacking MAOA," Science 268 (1995):

1763.1766.

58. Avshalom Caspi, Joseph McClay, Terrie E. Moffitt, Jonathan Mill, Judy Martin, Ian W. Craig, Alan Taylo, and Richie Poulton, "Role of Genotype in the Cycle of Violence in Maltreated Children," Science 297 (2002): 851–54. 모노아민 산화효소는 여성들이 2개를 가지지만 남성들이 1개를 가지고 있는 X 염색체에 위치한다는 사실과 관련된 복잡한 이유들 때문에 단지 남자 아이들만의 모노아민 산화효소의 활동을 조사해 왔다.

59. Caspi 와 동료들의 연구의 반복 연구들에 대한 개요뿐만 아니라 유전자와 환경과의 상호교류에 관련된 논의 그리고 자유의지와, 합리적 선택, 그리고 법적인 책임감에 관련된 그들의 제안을 위해서는, 보시오. William Bernet et al., "Bad nature, Bad nurture, and Testimony regarding MAOA and SLC6A4 Genotyping at murder trials," Journal of Forensic Science 52 (2007):1362–71; Kelly Burns and Antonie Bechara, "Decision Making and Free Will: A neuroscience perspective," Behavioral Sciences and the law 25 (2007):263–80; Hans–Ludwig Kroeber, "The Historical Debate on brain and Legal responsibility – revisited," Behavioral Sciences and the law 25 (2007):251–61.

60. J. Kim–Cohen, A. Caspi, A. Taylor, B. Williams, R. Newcombe, I.W. Craig, and T.E. Moffitt, "MAOA, Maltreatment, and Gene–Environment Interaction Predicting Children's Mental Health: New Evidence and a Meta–Analysis," Molecular Psychiatry 11 (2006): 903.913; Amy L. Byrd and Stephen B. Manuck, "MAOA, Childhood Maltreatment, and Antisocial Behavior: Meta–Analysis of a Gene–Environment Interaction," Biological Psychiatry 75 (2014): 9.17.

61. See Raine (2013), op. cit., pp. 53.55, for a discussion of research on the Maori. 62. Kevin M. Beaver, John Paul Wright, Brian B. Boutwell, J.C. Barnes, Matt DeLisi, and Michael G. Vaughn, "Exploring the Association Between the 2–Repeat Allele of the MAOA Gene Promoter Polymorphism and Psychopathic Personality Traits, Arrests, Incarceration, and Lifetime Antisocial Behavior," Personality and Individual Differences 54 (2013): 164.168.

63. J. Tihonen, M–R Rautianen, H.M. Ollila, E. Repo–Tilhonen, M. Virkkunen, A. Palotie, O. Pietlainen, K. Kristiansson, M. Joukamaa, H. Lauerma, J. Saarela, S. Tyni, H. Vartiainen, J. Paananen, D. Goldman, and T. Paunio, "Genetic Background of Extreme Violent Behavior," Molecular Psychiatry (2014): 1.7 (advance online publication 28 October 2014; doi:10.1038/mp.2014130).

64. For a review, see D. A. Brizer, "Psychopharmacology and the Management of Violent Patients,"

Psychiatric Clinics of North America 11 (1988): 551.568.

65. Fishbein, op. cit., p. 15.

66. Ibid., pp. 41.45.

67. 훌륭한 개요를 위해서는, 보시오. Paul Brain, "Hormonal Aspects of Aggression and Violence," Reiss, Miczek, and Roth, eds., Understanding and Prevention Violence, vol. 2, op. cit,. pp. 173-244.

68. Adrian Raine, The Psychopathology of Crime, op. cit. For another review of esearch on testosterone and aggression, see David Benton, "Hormones and Human Aggression," in Kaj Bjorkqvist and Pirkko Niemela, eds., Of Mice and Women: Aspects of Female Aggression (San Diego, CA: Academic Press, 1992, pp. 37.48.

69. 거세와 재범률에 대한 연구들의 요약을 위해서는 보시오. Anderson, op. cit., pp. 136-39.

70. See Julie Aitken Harris, "Review and Methodological Considerations in Research on Testosterone and Aggression," Aggression and Violent Behavior 4 (1999): 273.291. See also Robert M. Sapolsky, The Trouble with Testosterone (New York: Touchstone, 1998), pp. 147.159.

71. Brain, op. cit., p. 221. See also Albert J. Reiss and Jeffrey Roth eds., Understanding and Preventing Violence, vol. 1 (Washington, D.C.: National Academy Press, 1993), p. 119.

72. See, e.g., Alan Booth and D. Wayne Osgood, "The Influence of Testosterone on Deviance in Adulthood: Assessing and Explaining the Relationship," Criminology 31 (1993): 93.117.

73. 이 연구의 요약을 위해서는 보시오. Anderson, op. cit., pp. 133-134.

74. See R. F. Haskett, "Premenstrual Dysphoric Disorder: Evaluation, Pathophysiology and Treatment," Progress in Neuro-Psychopharmacology and Biological Psychiatry 11 (1987): 129.135; and E. P. Trunell and C. W. Turner, "A Comparison of the Psychological and Hormonal Factors in Women with and Without Premenstrual Syndrome," Journal of Abnormal Psychology 97 (1988): 429.436.

75. Diana Fishbein, "The Psychobiology of Female Aggression," Criminal Justice and Behavior 19 (1992): 99.126.

76. 뇌 기능장애와 비정상 행위를 나타내는 신경심리학적 지표에 대한 검토는 보시오. Raine, op. cit., pp.103-27

77. Ibid., p. 175.

78. Ibid., pp. 175.176.

79. Ibid., pp. 177-80. 뇌파의 비정상과 유발전위 반응은 중추신경계의 불안정, 각성저하상태, 또는 피질하부 영역의 간질을 포함한 몇 가지 가능한 문제들을 나타낼지도 모른다. 모든 뇌파의 비정상을 함께 묶는 것은 문제점이 있다. 왜냐하면 다양한 행위에 대한 다른 영향력을 가질지도 모르는 다른 문제점을 의미할 수도 있기 때문이다.

80. Ibid., p. 130.

81. Ibid., p. 155.

82. Hans J. Eysenck, Crime and Personality (Boston: Houghton Mifflin, 1964), pp. 100.19; Gordon Trassler, "Criminal Behavior," in Hans J. Eysenck, ed., Handbook of Abnormal Psychology (London: Putnam, 1972); and Sarnoff A. Mednick, "A Biosocial Theory of the Learning of Law-Abiding Behavior," in Mednick and Christiansen, op. cit., pp. 1.8.

83. Mednick, "A Biosocial Theory," op. cit., pp. 2.4.

84. Pauline S. Yaralian and Adrian Raine, "Biological Approaches to Crime," in Raymond Paternoster and Ronet Bachman, eds., Explaining Criminals and Crime (Los Angeles: Roxbury, 2001), pp. 57.72.

85. Ibid., p. 59.

86. Ibid., pp. 59.60.

87. Ibid., p. 60.

88. 마약과 폭력 문헌에 대한 광범위한 요약을 위해서는 보시오. Alfred S. Friedman, "substance use/abuse as a predictor to illegal and violent behavior: a review of relevant literature," aggression and violent behavior 3 (1998): 339-55. 또한 보시오 Diana H. Fishbein and Susan E. Pease, The Dynamics of drug abuse (Boston: Allyn & Bacon, 1996): and Reiss and Roth, eds., Understanding and prevention violence, vol. 1, op. cit., chap. 4.

89. 마약과 폭력에 관련된 논의는 보시오. Reiss and Roth, ibid., pp. 189-91.

90. Abdulla A.-B. Badawy, "Alcohol and Violence and the Possible Role of Serotonin," Criminal Behaviour and Mental Health 13 (2003): 31.44, p. 32.

91. Friedman, op. cit., but see Helene Raskin White and Stephen Hansell, "The Moderating Effects of Gender and Hostility on the Alcohol-Aggression Relationship," Journal of Research in Crime

and Delinquency 33 (1996): 450.470. See also M. Lyn Exum, "Alcohol and Aggression: An Integration of Findings from Experimental Studies," Journal of Criminal Justice 34 (2006): 131.145.

92. Reiss and Roth, op. cit., p. 192.

93. Ibid, p. 194.

94. Friedman, op. cit.

95. Ibid.

96. Reiss and Roth, op. cit., p. 195; and Ingemar Thiblin, Marianne Kristiansson, and Jovan Rajs, "Anabolic Androgenic Steriods and Behavioural Patterns Among Violent Offenders," Journal of Forensic Psychiatry 8 (1997): 299.310.

97. 이 부분은 다음에서 논의 되었다. Robin B. Kanarek다, "Nutrition and Violent Behavior" in Reiss, Miczek, and Roth, eds., Understanding and prevention violence, vol. 2, op cit., pp. 515–39.

98. Ibid., pp. 523.526.

99. Ibid., pp. 530.531.

100. Ibid., pp. 533.534.

101. Diana H. Fishbein, "Biological Perspectives in Criminology," Criminology 28 (1990): 27.72.

102. Jessica Wolpaw Reyes, "Lead Exposure and Behavior: Effects on Antisocial and Risky Behavior among Children and Adolescents," Economic Inquiry (2015) online doi:10.1111/ecin.12202.

103. S. Mednick, V. Pollock, J. Volavka, and W. Gabrielli, "Biology and Violence" in M. Wolfgand and N. Weiner eds., Criminal Violence (Beverly Hills, CA: Sage, 1982), pp. pp. 52.58.

104. Ibid., p. 55.

105. Dorothy Otnow Lewis et al., "Perinatal Difficulties, Head and Face Trauma, and Child Abuse in the Medical Histories of Seriously Delinquent Children," American Journal of Psychiatry 136 (1979): 419.423. See also Lewis et al., "Violent Juvenile Delinquents: Psychiatric, Neurological, Psychological, and Abuse Factors," Journal of the American Academy of Child Psychiatry 18 (1979): 307.319; and Lewis et al., Vulnerabilities to Delinquency (New York: Spectrum, 1981).

106. Dorothy Otnow Lewis et al., "Parental Criminality and Medical Histories of Delinquent Children," American Journal of Psychiatry 136 (1979): 288.292.

107. Raine, op. cit., p. 193.

108. Ibid., pp. 193.194.

109. Ibid., pp. 194.195.

110. 요약을 위해서, 보시오. Fishbein, biobehavioral perspectives in criminology, op. cit., pp.65–70; and Yaralian and Raine, op. cit., pp. 67–68.

111. Elizabeth Kandel and Sarnoff A. Mednick, "Perinatal Complications Predict Violent Offending," Criminology 29 (1991): 519.529.

112. Ibid., p. 523.

113. P. Brennan, S. A. Mednick, and E. Kandel, "Congenital Determinants of Violent and Property Offending," in D. J. Pepler and K. H. Rubin, eds., The Development and Treatment of Childhood Aggression (Hillsdale, NJ: Lawrence Erlbaum, 1993), pp. 81.92.

114. Adrian Raine, Patricia Brennan, and Sarnoff A. Mednick, "Interaction Between Birth Complications and Early Maternal Rejection in Predisposing Individuals to Adult Violence," American Journal of Psychiatry 154 (1997): 1265.1271.

115. 미주 2에서의 참고문헌을 보시오.

116. Caspi et al., op. cit.

117. Raine (2013) op. cit., p. 365. Also, more generally see his discussion of the ethical and policy implications of neurocriminology, pp. 329.373.

제5장 심리학적 요인들과 범죄행위

장 개요

- 지능과 범죄 : 배경적 지식과 개념
- 지능지수 검사와 범죄행위
- 비행, 인종, 지능지수
- 비행과 지능지수 사이의 연관성에 대한 분석
- 성격과 범죄행위
- 정신병질과 반사회적 성격장애
- 미래 위험에 대한 임상적 예측
- 미래의 범죄와 비행에 대한 통계적 예측
- 우울증과 비행
- 충동성과 범죄
- 성격 연구의 정책적 함의
- 결론

C/H/A/P/T/E/R 05

심리학적 요인들과 범죄행위

이 장은 주로 개인의 심리학적 측면에서 범죄행위를 설명하는 이론들에 대해서 설명한다. 두 가지 주된 종류의 심리학적 이론이 존재한다. 하나는 인간의 지능과 관련되고 다른 하나는 성격에 관련된 것이다.

낮은 지능은 아마도 범죄와 비행을 설명하기 위해 가장 빈번하게 사용하는 심리학적 특징일 것이다. 20세기 초반에 중요한 이론의 형태였으나, 지능지수 검사를 이용한 연구가 범죄자와 비범죄자 사이의 지능에서 전혀 또는 거의 차이가 없다는 연구결과를 보여주면서 쇠퇴했다. 그러나 1970년대 이후 청소년의 비행과 관련해서 이 가설을 지지하는 연구결과가 다시 나타나기 시작했다.

성격이라는 용어는 상황에 따른 개인의 행동을 안정적으로 유지하게 만드는 감정적·행위적 특징을 의미한다. 몇몇 연구자는 지능을 측정하기 위한 시도로 지능지수 검사를 이용한 것처럼 성격의 다른 측면을 측정하기 위해 성격검사를 이용했다. 다른 연구자는 반사회적 인격이나 충동성과 같은 범죄 및 비행과 관련된다고 여겨지는 구체적인 성격적 특징에 집중했다.

심리학적 이론은 범죄를 설명하기 위해 생물학적·상황적 요인 역시 고려했다. 제4장에서 검토했던 많은 생물학적 연구가 심리학자와 정신과의사에 의해 연구되었으며, 범죄의 심리학적 또는 정신의학적 이론의 부분으로 간주될 수 있다. 또한 이 이론은 개인에 대한 상황의 영향력을 고려했으며, 개인의 생물학적·심리학적 특징과 관련된 상황을 이용해 행위를 설명했다. 그러나 상황적 요인은 범죄행위의 사회학적 이론과 관련된 장에서 논의할 것이다. 범죄행위는 정상적인 학습과정의 결과라고 주장하는 심리학적 이론은 제9장에서 논의할 것이다.

지능과 범죄 : 배경적 지식과 개념

모든 인간의 언어와 문헌에서 지능이 유아보다 못한 "둔한" 또는 "느린" 개인의 행위를 묘사하기 위한 단어가 있고 이들을 설명하는 이야기 역시 존재한다. 초자연적 관점에서는 그 사람들은 때때로 악령에 씌었다고 여겨졌고 추방되도록 강요되거나 죽임을 당했다. 초자연적 설명에서 자연주의적 설명으로 이행하면서 이 문제에 대한 생각이 바뀌었다. 신의 저주로 생각하는 대신, 그들은 자연의 저주로 풀이했다. 다윈의 진화론에서 묘사된 것처럼, 유전과 가문의 혈통은 그 불행을 설명하는 자연주의적 방식이 되었다.[1]

리처드 덕데일(Richard Dugdale)은 그가 쥬크(Jukes) 가계라 부른 가족의 계보를 설명하기 위해 이 기본적인 생각을 사용했다.[2] 뉴욕 교정 협회(Prison Association of New York)를 위한 연구를 수행하면서 덕데일은 1874년 카운티 미결수 구금시설에서 쥬크 가계의 구성원 여섯 명을 발견했다. 그는 200년을 거슬러 쥬크 가의 가계도를 추적했으며, 빈곤, 매춘, 질병, 간통, 불법의 역사를 발견했다. 그는 이 우울한 역사는 쥬크 가계의 퇴보된 본성의 결과 때문이라 보았다. 그의 연구가 신뢰할 수 없는, 불완전하고 모호한 정보에 기반을 두고, 가치판단과 뒷받침되지 않는 결론으로 가득 차 있었음에도 불구하고 그의 연구는 그 시대의 사고에 강력한 영향력을 행사했다. 예를 들어 1899년의 헨더슨(Henderson)의 글은 퇴보된 가계의 전형으로서 쥬크 가계를 인용했다. 그들의 고통을 완화시키기 위한 사적인 자선행위가 그들의 수를 증가시켜 결과적으로 우리의 문명을 제압하도록 위협하는 범죄, 정신질환, 빈곤의 수준을 증가시키는 결과를 가져오는 것이라고 주장했다.[3] 그는 정상적인 혈통에 대한 오염은 그 열등한 사람들을 보호시설에 격리하는 것으로 저항해야 하며, 그들의 번식은 허락되어서는 안 된다고 주장했다. 미국의 공공 그리고 사법 정책은 가끔 이 원칙을 반영했다. 예를 들어 1927년 미국의 연방 대법원은 정신적으로 장애를 가진 사람에게 단종수술을 강제하는 버지니아주의 법을 지지하는 판결을 내리면서 3대의 정박아로 충분하다고 판결에서 언급했다.[4]

퇴보된 가계에 대한 이 연구는 범죄는 그들의 본성 때문이라는 일반적인 생각을 지지했다. 그들은 범죄의 위험한 본성을 이해하지 못하거나 법을 지키는 삶에 대한 보상을 이해하지 못하기 때문이다.[5] 그러나 정확한 비교는 정확한 측정을 요구했고 결과적으로 범죄와 정신적 능력 사이의 관계에 대한 중요한 연구는 지능 검사의 발달과 이 문제에 대한 그런 검사가 적용된 후에서 비로소 나타나게 되었다.

지능지수 검사와 범죄행위

오늘날 우리가 아는 것처럼 지능 검사는 소르본에서 최근에 설립된 심리연구소의 책임자였던 프랑스 심리학자 알프레드 비네(Alfred Binet, 1857-1911)의 연구에서 비롯되었다.[6] 1904년 비네는 파리 공립학교에서 열등한 학생을 위해 특별 학급을 운영하기 위한 정책을 수립하려는 위원회의 구성원이 되었다. 그 역할의 일부분으로, 그는 학생들의 정신적 기능을 측정하기 위한 실용적인 검증방법을 고안했다. 파리의 학교에서 의료 담당자로 활동한 테오도르 시몽(Theodore Simon)과의 공동 작업을 통해, 비네는 기본적 논리 과정을 포함하는 일상생활과 관련된 수많은 작은 과제를 통합했다. 이 과제는 다시 쉬운 단계부터 어려운 단계로 배열되었고, 결과적으로 첫 번째 과제는 매우 어린 아이가 수행할 수 있었던 반면, 마지막 과제는 단지 성인만이 수행할 수 있었다. 그들의 첫 번째 과제 척도는 1905년에 처음 나타났으며, 비네-시몽 지능 척도라 불리기도 한다.

이 척도는 1908년에 그 시대의 정신연령이라는 개념이 척도에 포함되면서 수정되었다.[7] 각각의 과제는 정신연령에 따라 할당되었다. 예를 들어 8세 이하의 평균적인 아이가 아니라 평균 9세 아이가 수행하는 과제는 정신연령 9세에 할당되었다. 각각의 아이에게는 검사를 통해 아이가 수행할 수 있는 마지막 과제의 정신연령이 할당되었다. 그런 후에 아이의 정신연령을 그들의 실제 연령과 비교할 수 있었다.

1912년 심리학자 윌리엄 스턴(William Stern)은 정신연령은 실제 연령으로 나누어야만 하고 그 결과에 다시 100을 곱해야 한다고 주장했다. 이 계산 결과는 지능지수 또는 아이큐(지수는 나누기 문제에서의 정답이 될 수 있다)라고 불린다. 정신연령이 실제 연령보다 높은 아이는 100 이상의 지능지수를 가진 반면, 정신연령이 실제 연령보다 낮은 아이는 100 이하의 지능지수를 가질 것이다.

이 검사는 1911년 비네가 죽기 직전에 다시 수정되었다. 그 시대에, 비네는 그의 검사가 쓰이는 방식에 대해 의구심을 나타냈다. 그의 검사는 학교에서 열등한 아이를 확인하기 위해 고안되었다. 결과적으로 그들은 특별한 도움을 받을 수 있었다. 비네는 그의 검사는 월등한 지능을 가진 아이를 확인하기 위해 쓰여서는 안 된다고 주장했다. 검사가 그것을 위해 고안된 것이 아니었기 때문이다. 그는 가르칠 수 없는 매우 이해가 느린 아이라는 꼬리표를 붙이기 위해 검사가 쓰여서도 안 된다는 점을 경고했다. 결과적으로 이 아이는 도움대신 학교로부터 거부되기 때문이다. 비네는 느린 아이 역시 적절하게 도움을 받는다면 그들의 능력을 향상시킬 수 있다는 것을 열성적으로 지지했다. 그리고 그는 그의 검사를 열등하게 수행한 아이를 위한 특별반을 파리의 학교에 설립했다. 그는 이 특별반의 성공에 대한 즐거움을 가지고 글을 쓰면서 학생들은 그들의 지식을 향상시켰을 뿐만 아니라 그들의 지적 능력 또한 향상시켰다고 주장했다. "실용적인 판단에서 우리가 이해하기 쉬운 단 하나를 말한다면, 이 학생들의 지적 능력은 증가되었다는 것이다. 우리는 학생들의 지적 능력(배우는 능력과 지시를 따르는 능력 모두를)을 향상시켰다."[8] 결과적으로 비네는 지능이 고정되어 있고 변화할 수 없는 태생적 특징이라는 생각을 거부했다.

파리에서의 비네-시몽 척도의 성공과 함께, 다른 많은 지역에서 그들의 척도에 대한 변화, 확장, 적용이 나타났다. 미국에서는 비네의 검사와 논문이 번역되었으며, 뉴저지 바인랜드 정박아 훈련 학교(New Jersey Training School for the Feeble Minded at Vineland)의 고다드(H.H. Goddard)는 이를 대중화했다. 고다드는 바인랜드 시설의 모든 수용자와 새롭게 들어오는 수용자의 지적 능력을 검사했다. 이 검사 결과 어떤 수용자도 정신연령이 13세를 넘지 못하고 있음을 밝혀졌다. 결과적으로 고다드는 12세의 정신연령(흔히 우리가 가정하는 아이큐 또는 지적 능력 75)이 정박아의 상한선이라고 주장했다.

고다드와 많은 심리학자는 기본적인 비교의 기준을 가지고 교도소, 미결수 구금시설, 병원, 다양한 공공시설의 수용자를 대상으로 지적 능력을 검사했다. 이 연구에서 정신박약으로 진단받은 범죄자의 비율은 28%에서 89%의 범위를 가지고 있으며, 중앙값 연구를 통해 범죄자의 70%가 정박아라는 것을 발견했다. 결과적으로 고다드는 대부분의 범죄자가 정신박약이라고 결론을 내렸다.

고다드는 또한 뉴저지의 불모지에 살았던 "결함"을 가진 광범위한 집단을 발견하고, 그들의 혈통을 추적하여 그 혈통이 정신박약의 술집 작부와 사생아를 가졌던 남성에서 시작되었음을 확인했다.[10] 고다드는 이들 가계 후손 480명 중에서, 143명이 정신박약이었으며, 36명이 사생아, 33명이 성적으로 부도덕한 자, 24명이 알코올중독, 3명이 간질병자, 3명이 범죄자, 8명이 매춘업에 종사했다고 주장했다. 그 남성은 후에 명망 높은 퀘이커 가문의 여성과 결혼하여, 궁극적으로 그 주에서 최고의 가문과 결혼한 후손 496명을 남기게 되었다.

고다드는 이 대혼란은 단 한 번의 분별없는 행위로 초래되었다고 애석해 했으며[11] 범죄자와 정박아는 퇴보한 상태를 나타내는 같은 두 가지 측면이었다고 결론 내렸다. 결과적으로 정박아는 모두 잠재적 범죄자였다. 정신박약은 그레고어 멘델(Gregor Mendel)에 의해 최초로 형성된 유전의 정상적 법칙을 따랐던 열성 유전자가 원인이라고 알려져 있다.[12] 결과적으로 고다드는 정신박약은 선택적 번식으로 제거할 수 있다고 주장했다. 이 결론은 정박아를 시설에 수용해 더 이상 자식을 못 낳게 해야 한다는 그의 권고에 이르게 만들었다.[13]

이 생각은 그 시기에 정신분석가의 생각을 지배했다. 그러나 제1차 세계대전 동안 징집된 사람에 대한 지능 검사의 결과로 직접적인 도전을 받게 되었다. 고다드를 따라, 육군 심리부대는 정신연령 12 또는 그 미만의 사람은 정신박약이며 결과적으로 군복무에 적합하지 않다는 전통적인 가정을 수립했다. 이러한 과정은 징집된 병사의 거의 반에 대해 정신박약 진단이 나오도록 만들었다.[14] 결국 이 가정은 거짓으로 판명되었다. 전쟁이 끝나고 몇 년이 지난 1921년에 고다드는 다음과 같은 글을 썼다. “이 세상의 가장 극단적인 주장은 인구의 1% 정도가 정신박약이라는 주장이다 .”[15] 1928년 고다드는 정신박약은 교육을 통해 치유될 수 있으며, 시설을 통해 정박아를 분리 수용하고 자손 번식을 막을 필요가 없다는 결론을 내렸다. 고다드는 그의 변화에 대해서 매우 솔직하게 “나 자신을 위해, 나는 적에게 넘어갔었다.”[16] 라고 말했다.

제1차 세계대전 중에 이루어진 검사 결과에 대한 논문은 지능과 범죄 관계에 대한 새로운 관점을 제공했다. 많은 연구가 교도소 수감자와 징집된 사람 사이의 지능 검사의 결과를 비교했다. 일반적으로 이 연구는 두 집단 사이에서 미약한 차이점을 발견했으며, 몇몇 연구는 교도소 수감자가 징집된 사람보다 실질적으로 더 높은 지적 능력을 가진다는 결과를 발견했다.[17] 그 연구의 결과에 따라 범죄행위를 설명하는 근거에서 정신박약은 사라지게 되었다.

비행, 인종, 지능지수

상당수 범죄자가 정신박약이라고 더 이상 믿지는 않지만, 범죄자와 비행청소년의 지능지수는 지능과 인종의 관계 측면에서 가장 최근의 논쟁에 휘말리게 되었다. 평균적으로 아프리카계 미국인은 유럽계 미국인보다 지능지수에서 15정도가 낮다. 몇몇 학자는 인종 간 범죄와 비행의 차이를 설명하기 위해 지능지수의 차이를 이용해 왔다.

이 논쟁은 1969년 하버드 교육평가(Harvard Educational Review)에 게재된 아더 젠슨(Arthur Jensen)의 논문에서 시작되었다.[18] 젠슨은 지능지수 검사는 서구의 산업화된 사회에서 행위를 위한 중요한 요인을 측정하며, 이 검사에서 개인적 차이의 약 80% 정도가 환경적 차이보다는 유전에 의해 결정된다고 주장했다. 그는 치료적 교육 프로그램은 정확하게 이 이유 때문에 실패해왔다고 결론 내렸다.

젠슨의 논문은 많은 분야에서 반향을 일으켰다. 범죄학에서는 1976년 고든(Gordon)이 비행 비율의 변이는 지능지수의 변이로 가장 잘 설명할 수 있다고 주장했다.[19] 고든은 지능지수가 대부분 생물학적 요인이라는 결과에서 젠슨을 인용했으며, 비행이 인간의 생물학적 특징과 연관된다는 가설을 지지하는 몇몇 연구를 언급했다. 그는 지능지수와 비행의 분포 사이에 유사성을 지적했으며, 필라델피아의 법원 데이터와 국가의 소년원 위탁 비율은 어떤 수준 이하의 지능지수(아프리카계 미국인과 유럽계 미국인 모두)를 가진 청소년이 비행청소년이 되며, 어떤 수준 이상의 지능지수를 가진 청소년 중에는 비행청소년이 전혀 없다고 가정하는 것이 연구에서 완전히 동일할 수 있음을 증명했다. “이 일치는 사실상 양쪽 인종 모두에 공통적 또는 거의 공통적으로 지능지수와 비행 사이에 성별 내에서의 어떤 더 합리적인 기능적 관계가 존재한다는 것을 필요로 한다.”[20]

다음 해에, 허쉬(Hirschi)와 힌델랑(Hindelang)은 지능지수와 비행이 연관된다는 많은 연구를 평가했다.[21] 그들은 낮은 지능지수는 최소한 비행을 예측하는 데 계층이나 인종만큼 중요하며, 비행은 같은 인종과 같은 사회적 계층 안에서 낮은 지능지수와 관련이 있다(예를 들어 하위 계층의 비행청소년은 하위 계층의 일반청소년보다 더 낮은 지능지수를 가질 가능성이 높다). 그리고 비행에 대한 중요한 사회학적 이론은 사회계층이 비행과 연관되거나 되어야 한다고 주장하는 것과 같은 이유로 지능지수 역시 비행과 연관되어야 한다고 주장한다. 정상적인 정신연령의 반복적인 하향 때문에 정신박약으로 간주되는 범죄자와 비행청소년의 비율이 점차 줄어들고 있지만, 허쉬와 힌델랑은 비행청소년과 그렇지 않은 청소년의 차이는 결코 완전히 사라지지 않으며, 약 8점 정도의 차이가 유지되는 것처럼 보인다는 점을 지적했다.[22]

허쉬와 힌델랑의 논문 이후 많은 연구는 비행청소년과 그렇지 않은 청소년의 지능지수의 차이점이 검사 과정에서 발생하는 문제가 아님을 계속 발견했다.[23] 게다가 더욱 심각한 비행을 저지른 청소년은 사소한 비행을 저지른 청소년보다 더 낮은 지능지수를 가지고 있으며[24], 어린 아이 중에서 낮은 지능지수는 이 아이가 청소년 그리고 성인이 되었을 때 저지르는 비행, 그리고 범죄행위와 관련이 있음을 제시했다.[25] 마지막으로, 지능지수의 차이점은 성인범죄자와 비범죄자 사이에서도 발견되어 왔다. 예를 들어 모핏(Moffitt)은 성인의 비범죄자와 생애지속적인 범죄자 사이에서 17점 정도의 차이를 발견했다.[26]

더 최근의 연구는 지능지수 검사가 측정하는 것처럼, 비행청소년의 언어능력과 언어적 지능지수(verbal IQ)와 동작 지능지수(performance IQ)의 차이에 주목하고 있다. 언어적 지능지수는 인간의 언어 이해력을 측정하는 반면, 동작 지능지수는 환경과의 비언어적 접촉의 정도와 구체적 상황에서 동작하는 역량의 정도를 측정한다. 대부분의 사람은 언어적 지능지수와 동작 지능지수가 서로 비슷하다. 그러나 비행청소년은 언어적 지능지수가 더 낮은 반면에, 기본적으로 동작 지능지수는 정상을 보임으로써, 두 가지 지능지수에서 큰 차이를 나타낸다.[27]

퀘이(Quay)는 왜 언어적 지능지수가 낮은 것이 비행과 연관되는가에 대해 몇 가지 이유를 제시했다.[28] 첫째, 언어적 지능지수가 낮으면 학업 문제를 유발하고 이는 다시 비행을 유발할 수 있다. 둘째, 언어적 지능지수가 낮다는 것은 다양한 심리사회적인 문제와 연관될 수 있으며, 이는 다시 비행을 유발할 수 있다. 마지막으로, 언어적 지능지수가 낮으면 도덕적 추론, 공감능력, 문제해결과 같은 더 높은 단계의 인지적 과정들을 발전시키는 데 실패할 수 있다. 이 인지적 과정의 부족은 다시 비행을 유발할 수 있다.

다른 학자는 언어적 지능지수가 교육의 영향을 받지만 동작 지능지수는 그렇지 않다는 점을 지적해 왔다.[29] 그들은 비행청소년 중 언어적 지능지수가 낮고 동작 지능 지수가 정상인 청소년은 학교 교육을 잘 받지 못했다는 사실, 특히 그들이 더욱 낮은 사회계층 출신일 경우에 더욱더 학교 교육을 잘 받지 못한다는 사실을 반영한다고 주장했다.

비행과 지능지수 사이의 연관성에 대한 분석

어떻게 측정하던지, 낮은 지능지수는 범죄 및 비행과 명백한 연관성이 있어 보인다.

그러나 여전히 왜 지능지수 검사에서 낮은 점수를 획득한 사람이 높은 점수를 획득한 사람보다 더 많은 범죄를 저지르는가에 대한 설명이 필요하다. 일반적으로 받아들여지는 설명은 지능지수가 무엇을 측정하는가에 대한 사람의 관점에 달려 있다는 것이다.

첫 번째 접근은 지능지수는 추상적인 추론 또는 문제해결 능력의 몇 가지 형태를 측정하는 것이고 이 능력은 대부분 유전된다는 것이다.[30] 예를 들어 고든은 이 관점을 가정하고 낮은 지능을 가진 부모의 비효과적인 아이 양육법은 낮은 지능지수를 가진 아이 사이에서 비행의 원인이 될지 모른다고 주장했다.[31] 허쉬와 힌델랑 또한 지능지수는 선천적인 능력을 측정할 뿐 아니라 학업 지수에 영향을 주어 비행을 저지르게 한다고 주장했다. 지능지수가 낮은 청소년은 학업성적이 낮을 것이고 이는 학교를 향한 분노, 무단결석은 물론 비행을 유발할 것이다.[32] 더욱 최근에, 갓프레드슨(Gottfredson)과 허쉬(Hirschi)는 지능이 낮은 청소년은 단기적이고 즉각적인 만족을 추구하는 경향이 있으며, 이 행위는 간혹 범죄행위로 이어지기도 한다고 주장했다.[33] 비슷한 주장으로 윌슨(Wilson)과 헌스테인(Herrnstein)은 지능지수를 낮은 사람은 즉각적인 보상을 포함하는 충동적인 범죄를 저지르는 경향이 높다고 주장했다.[34] 이 분석은 모두 지능지수가 타고난 능력의 몇 가지 부분을 측정한다고 가정하고 있다.

두 번째 접근은 지능지수가 타고난 능력을 측정하는 것이 아니라 지배적인 문화와 관련된 질적인 측면을 측정한다고 주장한다. 제인 머서(Jane Mercer)는 7세 아이가 자신의 신발 끈을 묶을 수 있는 것과 같이 지능과 관련된 간단한 행위적 임무에 관한 검사를 구성하는 것으로 문화적 편견의 의미를 설명했다.[35] 검사는 모두 지능지수가 70 이하인 하위 계층의 아프리카계 미국인, 멕시코계 미국인, 유럽계 미국인 표본을 대상으로 실시되었다. 아프리카계 미국인의 91%, 멕시코계 미국인의 61%는 검사를 통과했으나, 유럽계 미국인은 아무도 검사를 통과하지 못했다. 이것은 많은 아프리카계 미국인과 멕시코계 미국인이 그들의 지능지수보다 지능이 더 높다는 것을 의미한다. 이 주장에 대한 비판은 비지배적인 문화에서 온 아이는 특별히 문화적 편견을 제거하기 위해 고안된 지능지수 검사에서 그들의 수행능력을 발전시키지 못했으며, 몇몇 비지배적 문화에서 온 아이, 예를 들어 아시아 아이는 지능지수 검사에서 더 높은 점수를 받았다는 점을 지적했다.[36]

세 번째 접근은 지능지수가 일반적인 능력을 측정한다고 보지만 그 능력은 대부분 인간의 환경이 결정한다고 주장한다. 예를 들어 시몬스(Simons)는 지능지수가 낮은 하류층 아이가 특별반에 배치되면 평균 15점정도 향상되었으며, 이 향상은 대부분 약 1년 안에 이루어졌다고 보고한 많은 연구들은 인용했다.[37] 시몬스는 지능지수가 더 나은 학업적성 또는 학습준비를 나타내는 광범위한 언어적 그리고 문제해결 능력으로 결론지었다. 그는 언어적 지능 검사는 독해력 검사와 실질적으로 차이가 없으며 두 종류의 검사의 분포는 거의 동일하다는 점을 지적했다. 그는 또한 하류층과 중산층의 아프리카계 미국인 학교의 저학년 학생이 독해력 검사에서 비슷한 점수를 획득하지만, 8학년에 되었을 때, 두 집단 간에는 큰 차이점을 보여준 연구를 인용했다. 이 결과는 하류층의 아이가 어떤 이유로 인해 학업에서 정체될 뿐 그들이 시작단계에서 정신적으로 열등하지 않다는 것을 보여준다. 마지막으로, 시몬스는 비행청소년은 거의 항상 동기부여 되지 않은 학생으로 묘사된다는 것을 지적했으며, 왜 사람들은 그들이 계속적으로 동기부여가 되지 않음에도 지능지수 검사가 시행되는 그날에 그들의 능력을 최고로 발휘했다고 생각하는가에 대해 의문을 표시했다.

세 번째 접근은 "플린 효과(Flynn effect)"로 알려진 연구에서 인상적인 지원을 받아 왔다. 1980년대 제임스 플린(James Flynn)은 평균 지능지수는 데이터가 구축된 모든 국가(약 20개국)에서 최소한 60년 동안 향상되어 왔다는 것을 증명했다.[38] 이 결과는 다른 연구자들에 의해 폭넓게 확인되었으며 일반적으로 평균 지능지수의 상승은 세대간 9에서 15점 사이로 측정되었다. 지능지수의 변화는 유전의 변화가 설명할 수 없다. 플린은 지능지수는 지능이 아닌 추상적인 문제해결 능력을 측정하며, 이 능력의 향상은 환경의 변화가 설명할 수 있다는 가설을 설정했다.[39] 이 변화는 더 나은 영양섭취와 교육을 포함하지만 어떤 특정 요인들을 지지하는 실험적 데이터는 아직 미약한 수준이다.

성격과 범죄행위

성격이라는 용어는 개인이 상황과 상황에 따라 움직이는 비교적 일정하게 유지되는 경향이 있는 복잡한 감정적·행위적 특징을 의미한다. 공격적인, 적대적인, 의심스러운, 소심한, 내성적인, 친근한, 협조적인, 호감이 가는, 따지기 좋아하는, 쾌활한 등은 이 몇몇 특징을 표현하기 위해 오랫동안 쓰여 온 말들이다. 성격적 차이를 측정하기 위한 심리학적 검사는 지능 검사와 얼마간 나란히 발전해 왔다. 필연적으로, 비행청소년과 범죄자는 어떻게 그들의 성격이 일반청소년과 범죄자가 아닌 자와 다른지 알기 위해 성격 특정 항목 표를 가지고 검사를 해 왔다.

1950년 글룩(Glueck) 부부는 500명의 비행청소년과 일반청소년을 비교한 집중적인 연구를 발표했다.[40] 그들은 비행청소년의 성격은 어떤 성격적 특징이 존재하거나 존재하지 않는 것의 문제가 아니라 특징들의 상호 연관성의 문제라고 주장했다. 글룩 부부는 그 특징들의 상호 연관성에 대해 다음과 같이 요약했다.[41]

> 전체적으로, 비행청소년은 일반청소년보다 더 외향적이고, 명랑하고, 충동적이고, 자기 통제력이 낮다. 그들은 더 적대적이고, 화를 잘 내고, 반항적이고, 의심이 많으며, 파괴적이다. 그들은 정상적인 청소년보다 실패나 패배를 덜 두려워한다. 그들은 전통적인 기대에 부응하는 것에 대해 걱정하지 않으며, 권위에 대해 더 양면적인 태도를 가지거나 덜 순응한다. 집단으로서 그들은 더 사회적으로 독단적이다. 통제 집단보다 그들은 인정을 덜 받거나 그들의 진가가 제대로 알려지지 못한다는 감정을 가진다.

임상검사와 더불어, 성격은 지능지수 검사와 다소 유사한 심리학적 검사인 성격 특정 항목표로 평가할 수 있다. 가장 잘 알려진 검사는 미네소타 다면적 성격 조사표(MMPI)이다. 이것은 정신의학적 진단을 돕기 위해 개발된 550개의 문항으로 이루어진 표이다.[42] 왈도(Waldo)와 디니츠(Dinitz)는 1950년에서 1965년 사이에 실시되었던 94개의 성격검사를 조사하여 이들 연구의 약 80%에서 범죄자와 정상인 간의 성격적 차이가 통계적으로 유의미한 결과를 나타냈음을 발견했다.[43] 그들의 연구는 1966년과 1975년 사이의 연구들에 대해서 테넌바움(Tennenbaum)에 의해 반복되었다.[44] 가장 인상적인 결과는 과거 정신병적 일탈 척도라 불린 미네소타 다면적 성격 조사표의 4번 척도가 일관적으로 유의미한 결과에 도달했다는 점이다. 그러나 이 척도는 범죄자와 정상인을 구분짓도록 구성되었으며, 심지어 과거의 범죄행위에 대한 질문을 포함하고 있다. 결과적으로 이 척도에서 더 높은 점수 획득은 기본적 성격 측면, 특히 반사회적 행위에 대한 아주 작은 정보를 포함한다.[45]

밀러(Miller)와 리넘(Lynam)은 네 가지 다른 다면적 성격 모형과 반사회적 행위 사이의 관계를 조사했다.[46] 이 모형들은 모두 미네소타 다면적 성격 조사표보다 새로운 것이고, 모든 모형이 병리적인 요소에 집중하기보다는 광범위하게 성격을 측정하는 포괄적인 구조를 제안하고 있다. 각각의 모형은 성격 연구자가 집중적으로 검증해 왔으며, 모형을 지지하는 결과가 발견되었다.[47] 밀러와 리넘은 1963년에서 2000년까지 이 성격적 측면과 반사회적 행위 사이의 관계를 조사한 실증적 연구에 대한 메타분석을 실시했다. 이 연구를 기초로 그들은 범죄를 저지르는 인간을 정의하는 성격적 특징은 두 가지 뚜렷하고 분리된 측면(호감과 양심)[48]에서 가장 잘 이해할 수 있다고 결론 내렸다. 범죄자는 호감도가 떨어지는 경향이 있다. 즉 그들은 적대적이고, 자기중심적이고, 악의적이고, 시샘이 많고, 다른 사람에 대해 무감각하다. 그들은 또한 양심 수준이 낮은 경향이 있다. 즉 그들은 의욕, 동기, 인내심이 부족하다. 충동 억제에 어려움이 있다. 비전통적이고 비관습적인 가치와 신념을 가지고 있다. 밀러와 리넘은 이 설명에 두 가지 조건을 추가했다. 첫째, 이 성격적 특징은 범죄를 유발하지 않는다. 하지만 범죄와 성격 모두는 어린 시절의 경험 또는 부모의 육아 형태 등과 같은 몇몇 다른 요인 때문에 발생할 수 있다고 주장했다. 둘째, 반사회적 행위에 대한 그 성격적 특징의 영향력은 학교나 지역사회의 조건과 같은 환경에 의해 완화될 수 있다고 주장했다.[49]

정신병질과 반사회적 성격장애

미국 정신과의사협회(American Psychiatric Association)의 공식적인 「정신장애에 관한 진단과 통계 매뉴얼(Diagnostic and Statistical Manual of Mental Disorder)」의 다섯 번째 개정판(DSM-5)에서는 "반사회적 성격장애의 기본적 특징은 유년기나 청소년기의 초기에서 시작되어 성인기까지 지속되는 형태로 다른 사람의 권리를 무시하거나 위반하는 것"이라고 말하고 있다.[50] 진단은 아마도 다음 일곱 가지 특성 중에 적어도 세 개가 있을 때 내려질 수 있다. (1) 체포의 근거가 되는 법 위반의 반복, (2) 개인의 이윤 혹은 기쁨을 위해 거짓말, 변명, 남을 속이는 것을 반복하는 것, (3) 충동성 혹은 미래를 위한 계획의 실패, (4) 신체적 싸움 혹은 상해의 반복, (5) 본인이나 다른 사람의 안전에 대한 무모한 무시, (6) 계속적인 작업행동의 유지 혹은 재정상의 책무 이행에 반복적으로 실패하는 것, (7) 양심의 가책 결여가 여기에 속한다.

DSM-5는 어떠한 성격장애의 존재 없이도 발생하는 범죄행동인 "성인의 반사회적 행동"과 "반사회적 성격장애"를 구분했다. 이 특징이 "불변적이고, 잘못 적용되며, 영속적이며, 심각한 기능적 결함 혹은 주관적 고통을 유발"할 때 그 사람은 반사회적 성격장애가 있다고 진단받게 될 것이다. 이 장애는 "만성적 과정이지만 뚜렷하지 않거나 혹은 나이가 듦에 따라 완화된다. 특히 연령이 40세 즈음에 이르기까지 그렇게 된다"고 한다.

DSM-5는 반사회적 성격장애(antisocial personality disorder, APD)와 옛날 용어인 사회병질자(sociopath)와 정신병질자(psychopath)를 구분하지 않고, 세 용어를 동의어로 생각한다. 하지만 이와는 대조적으로, 헤어(Hare)는 정신병질자는 더 규모가 작고 어려운 집단이라고 주장했다. 이들은 자기중심적, 과대망상, 충동성, 무모함, 자기만족, 양심의 총체적 결여를 특징으로 하고 있다.[51] 자기중심주의와 자기만족 때문에 그들은 성공적인 치유에 대해 극단적인 비관론에 빠진다. 그러나 헤어는 APD에 해당하는 DSM의 조건을 가진 많은 사람은 정신병질자가 아니며 동일하게 비관적인 예후를 공유하는 것도 아니라고 주장했다. 정신병질이 APD의 관련증상 중에서 극단적인 부분 집합이라는 주장에 대해 헤어와 뜻을 같이하는 미첼(Mitchell), 블레어(Blair)는 "정신병질의 결정적인 양상"을 생물학 기반의 감정적 손상이라고 주장했다. 더 나아가 그들은 범죄에 책임이 있는 불균형한 범죄자의 5퍼센트는 주로 정신병질자라고 주장했다.[52]

헤어는 정신병질자가 매우 작은 집단이라고 여기는 사실에도 불구하고 클렉크리(Cleckley)는 실제로는 "정신병질(혹은 반사회적 성격)이라는 용어는 다양한 정신의학자와 병원 스태프가 가끔 너무 넓게 적용하는 것처럼 거의 모든 범죄자에게 적용할 수 있다."고 지적했다.[53] 클렉크리는 정신병질자의 대다수는 범죄자가 아니며, 대다수의 범죄자는 정신병질자가 아니라고 주장했다. 정신병질자는 사업가, 과학자, 의사, 정신과 의사를 포함하는 다른 전문 직업에서도 찾아볼 수 있다.[54] 전형적인 정신병질자는 행동의 목적이 쉽게 이해되지 않는다는 점에서 전형적인 범죄자와는 구별되며, 그들 스스로가 필요 없는 슬픔과 수치심을 야기하고, 보통은 중범죄나 폭력범죄는 저지르지 않는다.[55]

헤어는 만약 정신병질자의 치료가 그들 자신의 이익에 대한 자신의 초점을 활용할 수 있다면 그 정신병질자의 치료가 성공적일 수 있다고 추천했다. 이 아이디어는 정신병질자가 그들의 행동이 야기하는 불필요한 문제를 피할 수 있도록 정신병질의 사람에게 기본적인 친사회적 생활의 기술을 가르쳐야 한다는 것이다.[56] 그러나 다른 정신의학자는 이 사람들을 중년이 될 때까지 가두어 놓거나 심지어는 처형시켜야 한다고 충고했다.[57] 그들은 이 정신병질자를 그대로 자유롭게 놔두면, 계속해서 반사회적 행위를 저지를 것이라고 가정한다. 하지만 그 가정은 정신병질과 범죄에 관한 광범위한 연구를 수행한 윌리엄 맥코드(William McCord)의 연구를 통해 반박당했다.[58] 맥코드는 청소년 수용기관 두 곳에서 정신병질 진단을 받은 비행청소년이 같은 기관의 다른 비행청소년보다 약간 높은 재범률을 보였고, 이들이 석방된 후 몇 년이 지난 뒤에 재범률은 동일했다는 것을 발견했다.

월터(Walter)는 그가 "폭력성향의 성격(violence-prone personality)"이라고 명명한 것에 관한 연구를 재검토했다. 여기에는 그 성격의 유전된 정도와 이 성격의 시간과 상황에 걸친 안정적인 정도에 관한 내용이 포함되었다.[59] 다양한 원인을 고려해 본 결과, 그는 이 개념을 거부하고 그것을 여덟 개의 더 특정화시킨 개념으로 대체해야 한다고 주장했다. 월터는 나중에 정신병질은 심각한 문제의 총체로 괴로움을 당하는 것이라고 주장하면서, 범죄의 일반이론으로서의 정신병질을 호되게 비판했다.[60]

미래 위험에 대한 임상적 예측

정신의학자에 의한 미래 위험과 범죄자의 폭력행동을 예측하려는 과거의 시도는 대체로 성공적이지 못했다.[61] 예를 들어 코졸(Kozol)과 동료들이 매사추세츠 주에서 10년간 수행한 연구는 높은 위험군의 범죄자의 미래 위험정도를 예측하기 위한 시도로 범죄자가 교도소에서 석방되기 전에 행해진 광범위한 정신의학과 케이스워크 서비스를 사용했다.[62] 결국 판명되었듯이, 연구자는 최종적으로 발생한 폭력범죄 중에서 거의 2/3건(48건 중에 31건의 범죄)을 예측하지 못했고, 폭력적일 것이라고 예측되었던 사람 중에서 거의 2/3명(49명 중에서 32명)은 실제로 그렇지 않았다. 이 실수의 발생 가능성 때문에 모리스(Morris)는 사람의 미래 행동의 예측에 기초해서 그 사람을 구금하는 것은 근본적으로 불공정한 일이라고 주장했다.[63] 게다가 어떤 사람이 실제 한 일 때문이 아니라 할 가능성 때문만으로 처벌받을 수 있다는 아이디어는 부당한 정부통제로부터 개인이 자유로워야 한다는 기본적인 관념을 심각하게 위협한다.[64]

모나한(Monahan)은 폭력적 행동의 예측을 위한 임상 기술을 광범위하게 재검토하여 그것을 제한된 환경 내에서만 실시해야 한다는 결론을 내렸다.[65] 특히 그는 어떤 사람이 과거에 폭력적 행위를 저지른 조건과 기본적으로 유사한 상황에 남겨질 때 곧 일어날 미래의 폭력행위의 가능성을 예측하는 것이 가능하다고 결론을 내렸다. 모나한은 이런 가능성을 예측하기 위한 복잡한 절차를 제시했다. 여기에는 (1) 범죄인이 과거에 폭력행위를 저지른 적이 있었던 상황과 가까운 미래에 그 범죄자가 마주칠 가능성이 있는 상황을 비교하는 것, (2) 개인이 과거에 저질렀던 폭력행위의 새로움, 엄격성, 빈도, (3) 연령, 성, 인종, 계급, 약물남용의 이력, 주거와 고용의 안정성, 교육의 성취정도가 유사한 개인의 폭력 가능성에 관한 일반적인 통계치를 포함하고 있다. 모나한은 오랜 기간에 걸쳐 폭력을 예측하거나 개인이 하나의 상황에서 다른 상황으로 옮겨가고 있을 때(예를 들어 교도소로부터 석방된 상태) 폭력을 예측하는 것은 불가능하다고 말했다. 그는 또한 이런 유형의 예측은 정신질환의 진단에서 완전히 분리해야 하고 만약 정신질환 역시 관심이 있다면, 별개의 조사가 수행되어야 한다고 주장했다. 마지막으로, 모나한은 심리학자는 폭력행위의 가능성을 예측할 경우 스스로를 제한해야 하며 주어진 사례에서 어떤 공식적인 조치를 취해야 할지 말지에 대해 충고해서는 안 된다고 주장했다. 모나한에 따르면, 형사사법기관의 공무원은 공식적 조치를 취할지 말지에 대한 결정에 책임을 가지는 반면에, 심리학자나 정신의학자는 이 결정에 기초가 되는 정확한 정보를 제공하는 역할을 한다.

미래의 범죄와 비행에 대한 통계적 예측

심리학이나 정신의학 연구자는 특정 개인이 미래에 폭력행위를 저지를 것인지 아닐지를 예측하려고 시도하는 질문을 이제껏 외면해 왔다.[66] 그 대신 지금은 개인이 미래에 범죄를 저지를 수 있는 정도가 증가하거나 감소할 수 있는 가능성과 연관되어 있는 요소를 밝혀내려고 한다. 그래서 이번에는 특정 개인에게 예측은 개연성에 근거한 것이 된다. 어떤 사람은 요인을 많이 가지고 있으며 미래에 범죄를 저지를 수 있는 위험이 높은 반면에, 다른 사람은 요인을 적게 가지고 있어서 범죄를 저지를 위험성이 낮다. 이런 유형의 예측을 “통계적 예측”이라고 하며, 이전 섹션에서 다룬 “임상적 예측”의 반대에 해당된다.

이런 연구 중 일부는 성인범죄보다는 비행에 관심을 가져왔고, 더 심각한 범죄보다는 덜 심각한 범죄에 관심을 가졌다. 이런 이 범죄와 비행이 예측하기 쉽기 때문이다. 나중의 비행이나 범죄행동의 가장 강력한 예측인자는 교실손괴행동, 공격성, 거짓말, 부정직함을 포함하는 초기 유년시절의 문제행동이다.[67] 이것은 그 시기에 가장 문제를 많이 일으킨 사람이 청소년이나 성인이 되었을 때 동일한 사람임을 의미한다. 나중의 비행과 범죄와 연관이 있는 초기 유년시절의 다른 요인에는 부모의 자녀 다루는 기술의 미숙,

부모나 형제자매의 범죄, 낮은 지능과 교육적 성취, 부모와의 이별이 포함된다.[68] 이 발견은 나중의 범죄와 비행이 초기 유년시절의 경험이 야기한 것과 관련이 있을 수 있음을 시사한다.

미래 비행의 예측인자에 관한 연구는 일반적으로 이 요인에 영향을 주는 힘에 대한 낙관론을 이끌어왔다. 예를 들어 로버(Loeber)와 페링톤(Farrington)은 가장 심각하고 폭력적인 청소년범죄자에게조차도 성공적으로 개입조치를 취하는 데 있어 "너무 이른 것은 없다" 그리고 "너무 늦은 것도 없다"고 주장했다.[69] 이런 낙관론은 정신병질과 반사회적 성격장애를 치료하기 위한 정신의학자와 심리학자의 능력에 대한 초기 비관론과 완전히 반대되는 것이다.

우울증과 비행

일부 연구자는 유년기와 청소년기의 우울증과 비행 간의 관계를 연구해 왔다. 이 두 현상은 상관관계가 있다는 증거가 있지만, 둘 중에 어떤 것이 원인인지는 상당한 논쟁거리이다.

어떤 연구자는 우울증이 비행을 일으킨다고 주장해 왔다. 예를 들어 아이젠버거(Eisenberg)는 우울증을 가지고 있는 아동은 수치심을 경험하고 다른 사람에 대한 감정이입이 부족한 경향이 있으며, 이 두 가지 특징 모두 비행과 공격성에 직접적인 관련이 있다고 주장했다.[70] 다른 연구자는 비행이 우울증을 야기한다고 주장해 왔다. 예를 들어 캐팔디(Capaldi)는 비행은 청소년의 다른 동료, 부모, 선생님, 다른 사람과의 관계를 거부하는 결과를 이끌어 내는 반사회적 상호작용 스타일과 관련이 있다고 지적했다. 그리고 이 사회적 거부는 우울증을 유발한다고 보았다.[71]

비행과 우울증과의 관계는 어쩌면 허위적일 수도 있다. 즉 다른 어떤 요인이 두 현상을 일어나게 한 원인이 된다는 뜻이다. 캐론(Carron)과 루터(Rutter)는 이 관계가 일어날 수 있는 가능한 메커니즘을 제공했다.[72] 부모의 우울증이 원인인 결혼생활의 불화가 아동의 행동장애와 비행에 환경적으로 영향을 미치는 동안에 부모의 우울증이 아동에게 직접 전달될 수도 있다. 이 관점과 일치하는 연구가 마코트(Marcotte)와 동료들에 의해 행해졌는데, 그들은 가족의 지원정도가 낮은 것이 아동기 우울증 그리고 비행과 관련이 있음을 발견했다.[73] 우울하고 결혼생활에 갈등이 있는 부모는 아동에게 필수적인 감정적 지원을 제공할 수 없을 것이고, 결국 이 아동은 비행과 우울증의 위험에 노출되게 된다.

우울증-비행의 초기 연구는 대부분이 횡단적 연구였지만, 시간적 순서를 밝히기 위해서는 종단적 연구가 필수적이다. 즉 비행 혹은 우울증 중에서 무엇이 먼저인지, 그래서 결과적으로 무엇이 원인이 되는지를 밝힐 수 있다. 베이어스(Beyers)와 로버(Loeber)는 피츠버그에 사는 13세에서 17세까지의 남자 청소년 506명을 연구했다.[74] 다른 위험 요인을 통제한 상태에서 그들은 이 두 현상 사이에 강한 상관관계가 있음을 발견했다. 우울증을 앓고 있는 청소년은 비행을 저지르는 경향이 있고, 비행청소년은 우울증을 앓는 경향이 있다. 시간이 지나면서, 각 요인은 다른 요인에게 영향을 주었지만 다른 경로를 통해서이다. 유년시절의 비행은 이후 높은 수준의 우울증과 관련이 있다. 그러나 청소년 시절의 우울증은 개인이 성인기로 전환되면서 보통 이루어지는 비행으로부터의 "탈출"의 속도가 늦어지는 것과 관련이 있다.[75]

우울증과 비행 사이에 분명한 연관이 있다는 것은 분명해 보인다. 그리고 양방향에서 작동되는 인과적 영향도 있을 수 있다. 앞으로의 종단적 연구는 두 요인 사이의 인과관계에 대한 정도와 본질에 초점을 맞출 필요가 있다. 최근 한 연구는 미국의 전국 청년기 건강 추적조사(National Longitudinal Study of Adolescent Health)의 자료를 가져다 썼는데, 우울과 비행 사이의 연결이 제3의 변수에 의해 매개됐을 가능성을 지지해 줬다. 렘스터는 자기통제력 변수를 통제하면 우울과 비행간 관계가 사라진다는 사실을 발견하였다. 즉 우울함이 자기통제력을 낮추고, 낮아진 자기통제력이 결국 비행을 높이는 것이다.[76] 자기통제력에 대해서는 10장에서 논의할 것이다.

충동성과 범죄

다양한 연구자 집단이 최근에 충동성이 반사회적 행동과 관련이 있는 핵심 성격 특성이라고 제안했다.[77] 이 연구자는 충동성은 높은 수준의 활동성(특히 개인이 생각하지 않고 행동할 때), 성마르고 즉각적인 욕구충족 성향과 괴로워하는 성향으로 나타난다고 가정해 왔다.[78]

이 특징에 초점을 맞춘 한 이론은 윌슨과 헌스타인(Wilson and Herrnstein)이 정립했다.[79] 페링턴(Farrington)은 이 이론을 "몇몇 다른 심리학적 이론에서 보이는 명제를 통합한 범죄에 관한 전형적인 심리학적 설명"이라고 묘사했다.[80] 이 명제는 본질적인 보상을 주기 때문에 내부적으로 억제되지 않는다면 사람은 모두 범죄를 저지를 것이라는 가정을 포함하고 있다. 이 내부의 억제는 보통 양심(conscience)이라고 불리는 것과 관련이 있으며 이것은 부모의 양육습관이라는 경로를 통해 부모에 의해 주로 초기 유년시절에 형성된다. 범죄행동이 부모, 동료, 대중매체를 모방해 직접 배울 수도 있겠지만, 대부분의 범죄는 그것을 제지해주는 내부 억제를 배우는 데 실패한 결과라고 가정한다.

이 일반적인 가정의 맥락 안에서, 윌슨과 헌스타인은 범죄성과 관련이 있는 핵심적인 개인수준의 요인은 근시안적인 경향에 있다고 말하였다. 범죄를 저지르지 않음으로써 오는 보상은 대체로 항상 미래에 있는 반면에, 범죄를 저질러 얻는 보상은 거의 항상 현재시점에 있다. 단기적 결과의 측면에서 사고하는 경향은 다양한 요인과 관련이 있다. 충동성과 지능이 낮은 것도 여기에 포함된다. 윌슨과 헌스타인은 또한 범죄행위에 연루되는 경향성은 다섯 개 다른 요인과 관련이 있다고 주장한다. (1) 서투른 자녀양육 방법과 같은 가족생활의 일정 요건들이 약한 내적 억제를 만들 수 있다. (2) 길거리 갱과 같은 하위문화의 멤버십이 범죄친화적 가치를 증가시킬 수 있다. (3) 대중매체가 모방과정을 통해 직접적으로 공격성에 영향을 줄 수 있으며 사람들로 하여금 그들이 공정하지 못한 처우를 받고 있다는 확신을 갖게 함으로써 간접적으로 공격성에 영향을 끼칠 수 있다. (4) 경제체계는 정당한 활동을 통해 보상을 얻을 수 있는 능력에 영향을 줄 수 있다. (5) 학교는 아동이 정당한 활동을 통해 보상을 받을 수 있다는 믿음을 가질 수 있는지의 여부에 영향을 줄 수 있다. 윌슨과 헌스타인은 그들의 이론을 뒷받침하기 위해 방대한 양의 데이터를 재검토했다. 그러나 이 데이터가 이론을 지지하는 정도에 관해 몇몇 연구자는 의문을 제기해 왔다.[81]

글렌 월터스(Glenn Walters)도 역시 지속적인 성격 특성으로서 충동성에 강한 초점을 가지고 있는 이론을 제시했다.[82] 월터스는 생활양식 범죄자(lifestyle criminals)를 "무책임감, 자기 일에 관대함, 개인 간의 관계에서 강제적 접근, 사회적 규칙, 법률, 관습의 만성적 위반"으로 특징짓는다. 그는 이 범죄자는 그들이 이 유형의 행위를 영속화하는 여덟 가지 특정한 사고 패턴을 지니고 있다고 주장했다. 진정이 되면서, 이 범죄자는 삶에서의 불공평과 불공정을 지적하고 그들 자신의 선택에 대해 다른 사람을 비난한다. 컷오프(cutoff)는 순간적으로 모든 생각을 끝내는 효과를 가지고 있으며 단순하게 범죄자가 결과를 걱정하지 않고 행동하도록 만든다. 권리의식(sense of entitlement)은 원하는 것을 성취하기 위한 어떤 행동도 정당하다는 것을 의미한다. 권력본능(power orientation)은 이 범죄자가 이 세상을 사리사욕을 위한 경쟁의 무대로 믿으며, 강한 사람이 원하는 것은 무엇이든지 가져갈 수 있다고 믿는다는 것을 의미한다. 감상적인 생각(sentimentality)은 이 범죄자가 그들의 인생에서 이미 했던 모든 좋은 것을 되돌아보고, 따라서 그들이 나쁜 일에 대해 책임을 져야 할 이유가 없다고 주장하는 경향을 의미하는 것이다. 과도한 낙관론(superoptimism)은 나쁜 일은 결코 그들에게 일어나지 않을 것이라고 믿는 경향을 말한다. 여기에는 그들이 저지른 범죄에 대한 처벌까지 포함하고 있다. 인지적 나태(cognitive indolence)는 그들은 인생에서 섬세한 것에 대해 도무지 주의를 기울이지 않는다는 것을 의미한다. 단절(discontinuity)은 약속이행, 의지의 관철, 장기간에 걸친 목표에 집중하지 못하는 것을 의미한다.

충동성에 강한 초점을 맞추고 있는 이론은 모핏(Moffitt)의 "생애과정 지속형(life-course-persistent)" 범죄자 이론이다.[83] 모핏은 이 범죄자를 "인생의 각 단계마다 한두 번의 짧은 시간에 반사회적 행동"에 가담하는 작은 집단으로 묘사했다. 그 행동의 예에는 4세 때 깨물고 때리는 것, 10세 때 가게에서의 들치기나 무단결석, 16세 때 마약밀매와 자동차절도, 22세 때 강도와 강간, 30세 때 사기와 아동학대가 있다.[84]

모핏은 이 행동이 초기 신경심리학적 문제와 함께 시작된다고 주장했다. 이 신경심리학적 문제는 임신 기간의 약물사용 혹은 영향공급의 부족, 경미한 두뇌손상을 초래하는 출산 시의 합병증, 애정의 결핍 또는 아동학대와 출산 후의 유아방치와 같은 요인으로 일어난다고 보았다. 그리고 이 신경심리학적 문제는 충동적인 성격 스타일을 초래하는 하나의 순환(cycle)을 발생시키는 경향이 있다. 이 문제점을 가지고 있는 아동의 부모는 종종 그들 스스로도 심리학적 결함을 가지고 있으며, 그들의 아이를 훈육하고 사회화하려는 시도가 아동의 문제행동을 더 악화시키는 경향이 있다.[85] 아이가 성장함에 따라 이 문제점은 행동을 통제하기 위한 자신의 능력과 행동이 가져올 미래의 결과를 생각하는 능력을 방해하기 때문에 직접 문제를 일으킬 수 있다. 더욱이 이 문제점은 아동의 성공적인 학교생활을 방해할 수 있다. 이것은 정당한 활동을 통한 보상을 획득할 수 있는 능력을 감소시킬 수 있고, 결국 이 아동이 보상을 위해 부당하고 반사회적인 행위로 돌아설 가능성을 높일 것이다. 이 이론이 상당히 최근에 나왔음에도 다수의 연구가 이를 지지하는 결과를 보이고 있다.[86]

모핏은 "생애과정 지속형" 범죄자를 그녀가 "청소년기 한정형(adolescent-limited)"

범죄자라고 부르는 사람, 즉 어른이 됨에 따라 일탈을 중지하는 사람과 대조했다.[86] 네이건(Nagan)과 랜드(Land)는 생애과정 지속형 범죄자와 청소년기 한정형 범죄자를 분리시킬 수 있었다.[88] 그들은 또한 생애과정 지속형 범죄자를 수준이 낮은 만성적 범죄자와 수준이 높은 만성적 범죄자로 나눌 수 있음을 알아냈다. 그런 후에 네이건, 랜드, 모핏은 청소년기 한정형 범죄자가 청소년기 이후에 반사회적 행동을 완전히 중지하는 것이 아니라, 과음, 약물사용, 싸움, 경미한 범죄행위와 같은 행동에 여전히 연루되는 것을 발견했다.[89] 마지막으로, 모핏과 동료들은 열악한 신경심리학적 상태는 초기 유년시절에 시작하는 일탈은 예측할 수 있지만, 청소년기에 시작하는 비행은 예측할 수 없음을 발견했다.[90] 그러나 「비행발전에 있어서의 캠브리지 연구(Cambridge Study in Delinquency Development, 제15장의 발전이론에서 논의될 것임)」의 최근 분석에서 피케로(Piquero), 페링톤(Farrington), 블룸스타인(Blumstein)은 생애과정 지속형 범죄자들의 경우 유년기와 청소년기의 위험요인을 사용해 그들의 비행의 미래 전망을 밝힐 수 없음을 발견했다.[91]

충동성과 범죄에 관한 다른 연구로서 캐스피(Caspi), 모핏(Moffitt), 그들의 동료들이 두 집단에서의 성격 특성을 조사했다. 한 집단은 1972년에서 1973년 사이에 뉴질랜드의 더니든(Dunedin)에서 태어난 청소년 1,000명이고 다른 한 집단은 피츠버그에 거주하는 다양한 인종의 12세와 13세의 소년 500명이었다.[92] 그들은 범죄성향(crime proneness)은 충동성과 그들이 "화, 걱정, 과민성과 같은 혐오적인 감정적 상태를 경험하는 경향"으로 묘사했던 부정적 감성(negative emotionality)과 관계가 있음을 발견했다. 그들은 "부정적 감성"을 가지고 있는 청소년은 일상에서 정상적인 업무를 하는 다른 사람보다 위협과 위험을 더 많이 지각한다고 제안했다. 이 청소년이 또한 "충동을 조절하는 데 있어서 대단한 어려움"을 가질 때 그들은 이 부정적 감성을 재빨리 행위로 전환하는 경향을 가진다. 개척시대의 미국 서부지방의 비유를 사용해, 그들은 이 청소년을 "권총을 빼는 솜씨가 날쌔다(반응이 빠르다)"라고 기술했다.

성격 연구의 정책적 함의

연구자는 범죄와 비행의 위험을 증가시키는 것과 관련이 있는 성격 특성을 밝히는 일을 늘 염두에 두고 있을 것이다. 근대 성격 척도에 관한 연구는 범죄자가 호감

(agreeableness) 부분에서 낮은 경향(즉 적대적, 자기중심적, 악의적, 질투심, 타인에 대한 무관심)과 양심(conscientiousness)에서 낮은 경향(즉 그들은 야망, 동기, 인내가 부족하고, 충동성을 통제하는 데 어려움이 있으며, 전통적이거나 관습적인 것에 반하는 가치와 신념체계를 가짐)을 보임을 발견했다. 이 관점은 범죄성향이 충동성과 "부정적 감성"의 결합과 관련이 있다는 모핏의 결론과 유사하다.

그 성격 특성이 범죄와 비행의 원인이라고 말하는 것은 이 특성 자체를 다룰 수 있는 어떤 방법이 없는 한에는 쓸모가 없다. 이것은 윌슨과 헌스타인의 이론, 즉 충동성을 안정적인 성격적 특징이라고 보지만 그것을 어떻게 변화시킬 수 있는지에 관한 조치는 별로 없는 이론이 가지고 있는 문제와 유사하다.

이와 대조적으로, 월터스(Walters)의 이론은 충동성을 여덟 개의 사고 패턴과 연결시킨다. 그러므로 정책적 함의는 이 사고 패턴을 인지적 재구성 기술을 통해 변화시키는 데 초점을 맞춘다. 이 이론에 관한 질문은 이 기술이 성공적으로 사고 패턴을 변화시키고 결과적으로 미래의 범죄와 비행을 감소시킬 수 있는 정도에 관한 것이다. 이 기술이 정말로 그 결과를 만들어 낸다면, 월터스의 이론은 신뢰를 얻을 것이다.[93] 그러나 만약 그렇지 못하다면, 이 이론은 아마도 퇴색하여 사라져버릴지도 모른다.

모핏의 이론은 정책적 관점에서 보면 가장 유망한 이론이다. 이 이론은 충동성 그 자체 – 초기 신경심리학적 문제점들, 아동의 문제행동을 악화시키는 경향을 만드는 부모와의 순환적 상호작용, 충동성에 의해 발생되는 학교에서의 이후의 문제들과 그로 인해 일어나게 되는 범죄와 비행 – 의 원인을 설명하고 있기 때문이다. 만약 과학자가 충동성의 기원을 완전하게 이해할 수 있다면, 우리는 아동들이 10대나 성인이 되었을 때 범죄나 비행을 줄일 수 있는 여러 방법을 사용해 초기 아동의 인생에 어떤 조치를 취할 수 있을지도 모른다.

충동성에 관한 많은 연구에서, 심리학자는 초기 유년시절의 다양한 요인이 나중의 범죄행동과 비행을 예측하는 데 유용하다는 결론을 내려왔다. 우울증과 비행 사이의 닭이 먼저냐 달걀이 먼저냐 식 관계는 여전히 풀어야 할 과제이지만, 우울증은 그 요인 중의 하나일 것이다. 다른 요인에는 아동기의 문제행동, 초기 학교생활의 실패, 부모의 서투른 양육기술이 있을 수 있다. 비행의 고위험군에 속한 아동에 대한 초기의 개입조치는 이 문제를 다룰 수 있다. 예를 들어 특수반은 고위험군 아동의 부모에게 양육기술을 가르칠 수 있으며, 고위험군 아동 스스로도 학교생활에 대한 실패 가능성을 줄이는 데 필요한 추가 도움을 받을 수 있다. 사실 이 정책은 고위험군 아동의 나중의 범죄와 비행을 현저히 줄일 것 같다. 더욱이 이 정책은 범죄자가 이미 범죄를 저지른 후에 잡아서 가두는 것보다 훨씬 비용이 적게 든다.[94] 따라서 이 정책은 청소년이나 문제를 일으키는 아동에 대해 초기에 조치를 취함으로써 미래의 범죄와 비행을 줄일 수 있는 대단한 잠재력을 가지고 있는 것처럼 보인다.

결론

지능이 낮거나 특정 성격 특성을 가진 사람이 범죄나 비행을 더 잘 저지른다는 인식이 널리 퍼져 있다. 이 인식이 사실일 수도 있겠지만, 지금까지의 연구는 이에 관해 어떠한 확고한 결론을 뒷받침하기에는 불충분하다고 볼 수 있다.

현재로서는 지능이 낮은 것이 범죄와 비행에 직접적인 인과적 영향을 주지는 않는다고 하는 것이 최선인 것 같다. 비행을 저지르는 사람과 그렇지 않은 사람 사이의 IQ 점수 차이는 아마도 유전적 요인보다는 환경적 요인에서 비롯되는 것으로 보인다. 특히 이 차이는 비행청소년이 학교에서 얻는 저조한 성적을 반영하는 것일 수도 있다. 게다가 지능이 낮은 것과 범죄 사이에 어떤 인과적 연결고리가 있다면, 학교생활의 실패와 같은 다른 요인처럼 매개되었을 수도 있다. 이 경우에서만큼은 범죄와 비행을 줄이기 위한 정책은 지능이 떨어지는 것이 아니라 실질적인 원인(예를 들어 학교생활의 실패)을 다루어야 할 것이다.

성격과 범죄를 연결하는 연구는 방법론적 문제를 많이 내포하고 있다.[95] 이 문제는 많은 범죄학가 (심지어 이 이론적 입장을 선호하는 학자조차) 연구결과를 의미 없는 것으로 여겨 폐기해 버리도록 한다.[96] 충동성에 초점을 맞춘 최근 연구들은 이 방법론적 문제를 많이 해결한 것처럼 보인다. 따라서 연구자가 범죄와 실질적으로 관련이 있는 성격 특성에 가깝게 다가갈 수 있을지도 모른다.

한편으로는, 심리학적 특성이 범죄의 원인이 된다 할지라도, 그 역할이 큰 것인지는 아직 명확하지 않다. 예를 들어 샘슨(Sampson)과 동료들은 8세에서 25세에 이르는 3,000명에 관한 데이터를 분석했다.[97] 그들은 폭력적 범죄의 변이 가운데 60%가 이웃의 특성, 부모의 배우자 유무, 이민자의 신분으로 설명된다는 것을 발견했다. 이와 대조적으로, 지능과 충동성은 단지 변량의 약 6%만을 설명했다. 이는 심리학적 요인이 범죄를 설명하기는 하지만, 그 역할이 작음을 시사한다.

심리학적 이론은 어떤 사람은 그들이 처해 있는 상황과 상관없이 범죄를 더 저지르는 경향이 있다고 가정한다. 그러나 어떤 상황은 누가 그 상황 속에 처해 있는가에 상관없이 범죄와 더 관련이 있는 경향이 있는 것도 역시 사실이다. 대부분의 범죄자와 비행을 저지르는 사람의 행동을 이해하기 위해서는 그들의 심리학적 특성보다는 사람이 스스로가 처해 있는 상황을 분석하는 것을 출발점으로 삼는 것이 더 유익한 것 같다.

주요 용어

- 지능지수 검사
- 언어적 지능지수
- 동작 지능지수
- 성격
- 쥬크와 칼리카크
- 선택 번식
- 선천적 능력
- 일반적 능력들
- 플린 효과
- 성격 목록표
- 호감
- 양심
- 반사회적 성격장애
- 통계적 예측
- 임상적 예측
- 우울증
- 비행
- 충동성
- 지능
- 내적 억제
- 신경심리학적 문제
- 생활양식 범죄자와 생애과정 지속형 범죄자
- 청소년기 한정형 범죄자
- 부정적 감성

토의할 문제

1. 지능지수 검사에 따르면 지능 측정의 정책적 제안은 무엇인가?
2. 지능은 고정된 태생적 특성인가 아니면 변화할 수 있는가?
3. 어떤 이유들로 비행청소년과 정상 청소년 간 지능지수 차이를 설명할 수 있는가?
4. 플린효과가 설명하는 것은 무엇인가?

5. 반사회적 성격의 발달을 설명하기 위해 범죄학자들이 사용한 요인들은 무엇인가?
6. 반사회적 성격장애를 가지는 자들에게서 보이는 특징의 예를 제시하시오.

인용&
부연설명

1. Charles R. Darwin, *On the Origin of Species* (New York Penguin, 1968) (originally published in 1859).
2. Richard L. Dugdale, *The Jukes: A Study in Crime, Pauperism and Heredity* (New York: Putnam, 1877; reprinted by Arno, New York, 1977.
3. C. R. Henderson, "The Relation of Philanthropy to Social Order and Progress," *Proceedings of the National Conference of Charities and Correction* 26 (1899): 1–15; partially reprinted in Frederic L. Faust and Paul J. Brantingham, eds., *Juvenile Justice Philosophy*, 2nd ed. (St. Paul, MN: West, 1979), pp. 48–57.
4. *Buck v. Bell*, 274 U.S. 200, 208 (1927).
5. 또 다른 일반적인 초기의 생각은 반사회적 인격과 같은 정신의학적 개념의 전조였던 도덕적 정신이상이었다. 퇴보와 마찬가지로 자연주의적 접근은 이러한 현상에 대한 지배적인 초자연적 설명으로 부터 상당한 반대의견을 생산하였다. 자연주의적 접근은 결국 퇴보와 정신박약을 하나의 설명으로 합치게 되었다. Nicole Harn Rafter, "The unrepentant horse-slasher: Moral Insanity and the Origins of Criminological Thought," *Criminology* 42(2004): 979–1008.를 보시오.
6. 다음 설명은 Stephen Jay Gould, *The mismeasure of man*(New York: W. W. Norton, 1981), pp.146–58 으로부터 발췌하였다.
7. 지능지수를 결정하는 이러한 방법은 평균과 표준편차 도입이 선호됨에 따라 지금은 사용하지 않는다. 정신연령 방식의 문제에 대한 논의와 현재의 방식에 대한 논의를 위해서는 Lee J. Cronbach, *Essentials of psychological testing*, 3rd ed. (New York: Harper & Row, 1970), pp.215–18을 보시오.
8. Quoted in Gould, op. cit., p. 154.
9. H. H. Goddard, *Feeblemindedness: Its Causes and Consequences* (New York: Macmillan, 1914);

reprinted by Arno, New York, 1972.

10. H.H. Goddard, *The Kallikak Family, A study in the Heredity of feeblemindedness* (New York:Macmillan, 1912). 고다드는 이 가계를 칼리카크라고 불렀다. 왜냐하면, 그리스어로 아름다움(*Kallos*)와 악(*Kakos*)을 결합하였기 때문이다. Gould, op. cit., pp. 168–71는 고다드가 시각적으로 이 가계의 구성원들 사이의 정박아를 판단하였으며, 어떤 지능 검사를 실행하지 않았다는 것을 지적하였다. 또한 고다드는 그의 책에서의 그들의 사진을 사악하게 그리고 모자라게 보이도록 조작하기도 하였다.

11. Goddard, *The Kallikaks*, p. 103.

12. Goddard, *Feeblemindedness*, p. 539. See the discussion in Gould, op. cit., pp. 158–64.

13. 이 시대의 생각을 위해서는 다음을 보시오, John Doris, "Social Science and Advocacy: A case study," *American Behavioral scientist* 26(1982):1999–234. 또한 Hamilton Cravens, *The Triumph of Evolution: American Scientists and the Heredity– Environment Controversy*, 1900–1912(Philadelphia: University of Pennsylvania Press, 1978); and Michael M. Sokal, ed., *Psychological testing and American society:1890–1930*(New Brunswick, NJ: Rutgers University Press, 1987)도 보시오. 이데올로기적 토대에 강조점을 가진 이 시대의 지능 검사를 위해서는 다음을 보시오. Russell Marks, The idea of IQ (Washington, DC: University Press of America, 1981).

14. Robert M. Yerkes, ed., "Psychological Examining in the United States Army," in *Memoirs of the National Academy of Sciences*, vol. 15 (Washington, DC: U.S. Government Printing Office, 1921), p. 791. See also John Carson, "Army Alpha, Army Brass, and the Search for Army Intelligence," Isis 84 (1993): 278–309.

15. H. H. Goddard, "Feeblemindedness and Delinquency," *Journal of Psycho–Asthenics* 25 (1921): 173.

16. H. H. Goddard, "Feeblemindedness: A Question of Definition," Journal of Psycho– Asthenics 33 (1928): 224–25.

17. See, for example, Simon H.Tulchin, *Intelligence and Crime* (Chicago: University of Chicago Press, 1939), reprinted 1974; and Carl Murchison, *Criminal Intelligence* (Worcester, MA: Clark University Press, 1926), chap. 4.

18. Arthur R. Jensen, "How Much Can We Boost IQ and Scholastic Achievement?" *Harvard Educational Review* 39 (1969):1–123. 젠슨의 대중적이고 호의적인 주장을 위해서는 다음을 보시오.

Daniel Seligman, *A Question of Intelligence: The IQ Debate in America* (New York: Carol Publication Group, 1992). 논쟁의 간략한 평가는 R. A. Weinberg, "Intelligence and IQ: Landmark issues and Great Debates," *American Psychologist* 44 (1989):98-104에서 찾을 수 있다. 더욱 더 광범위한 평가는 Raymond E. Fancher, *The intelligence Men: Makers of the IQ Controversy* (New York: W.W. Norton, 1985)에서 찾을 수 있다.

19. Robert Gordon, "Prevalence: The Rare Datum in Delinquency," in Malcolm W. Klein, ed., *The Juvenile Justice System* (Beverly Hills, CA: Sage, 1976), pp. 201-84.

20. 이후의 논문에서 ("SES versus IQ in the Race-IQ-Delinquency Model," *International Journal of Sociology and social policy* 7, no. 3 [1987]:30-96), 고든은 자신의 연구결과가 지능의 차이가 아니라 사회계층의 차이를 반영한다는 비판에 대답하였다. 만약 그렇다면, 사회 계층에 대한 더욱 직접적인 측정이 지능지수보다 비행을 더 예측할 것이라고 추정했다. 그런 후 고든은 남성의 소득, 가족의 소득, 교육수준, 그리고 직업을 포함한 계층에 대한 몇몇 더욱 직접적인 측정은 지능지수보다 비행을 더 설명하지 못했다는 것을 증명했다. 어떤 수준 이하의 지능지수(아프리카 미국인과 유럽계 미국인 모두)를 가진 모든 청소년이 비행청소년이 되며, 어떤 수준 이상의 지능지수를 가진 청소년들 중에는 비행청소년이 전혀 없다고 가정하는 것이 필라델피아에서의 법원 데이터와 국가의 소년원 위탁 비율 모두에서 완전히 동일하다는 것을 증명했다.

21. Travis Hirschi and Michael J. Hindelang, "Intelligence and Delinquency: A Revisionist Review," *American Sociological Review* 42 (1977): 572-87.

22. 허쉬와 힌델랑은 범죄와 비행의 설명으로서 지능지수는 1920년대 그것의 사용에 대한 편견 때문에 범죄학에서 간과되어왔었다고 주장했다. 그 시기에 범죄와 비행의 설명으로서 지능지수는 롬브로조의 시대 이후 범죄학 분야를 지배해왔던 의사들(고링과 고다드와 같이)과 연관되어 있었다. 사회학자들이 그 분야를 넘겨받기 시작하였다. 그들은 사회적 조건의 영향력에 집중하기를 열망하였고 개인적 특징에서 멀어지게 되었다. 특히 허쉬와 힌델랑은 서덜랜드를 주목하였다, "Mental Deficiency and Crime," in Kimball Young, ed., Social Attitudes (New York: Henry Holt, 1931), pp. 357-75; partially reprinted Stephen Schafer and Richard D. Knudten, eds., *Criminological Theory* (Lexington, MA: D.C. Health, 1977), pp.157-60.

23. Ronald Blackburn, *The Psychology of Criminal Conduct* (Chichester, England: John Wiley, 1993), pp. 186-89.

24. Alfred Blumstein, David P. Farrington, and Soumyo Moitra, "Delinquency Careers," in Michael H. Tonry and Norval Morris, eds., *Crime and Justice: A Review of Research* (Chicago:

University of Chicago Press, 1985), pp. 187–219; and Deborah W. Denno, *biology and Violence* (New York: Cambridge University Press, 1990).

25. Paul D. Lipsitt, Stephen L. Buka, and Lewis P. Lipsitt, "Early Intelligence Scores and Subsequent Delinquency," *American Journal of Family Therapy 18* (1990): 197–208.

26. Terrie E. Moffitt, "Life-Course-Persistent and Adolescent-Limited Antisocial Behavior," *Psychological Review* 100 (1993): 674–701.

27. R. J. Herrnstein, "Criminogenic Traits," in James Q. Wilson and Joan Petersilia, eds., *Crime* San Francisco: Institute for Contemporary Studies Press, 1995), pp. 49–53.

28. Herbert C. Quay, "Intelligence," in Quay, de., *Handbook of Juvenile Delinquency* (New York: John Wiley, 1987), pp. 106–17.

29. Gary Groth-Marnat, *Handbook of Psychological Assessment* (New York: Van Nostrand Reinhold, 1984), p. 76.

30. 유전 전문가들은 지능지수에서 변화량의 약 60퍼센트 정도가 유전자에 의해 설명된다고 추정했다. 평가를 위해서는 보시오. R. J. Herrnstein and Charles Murray, *The Bell Curve* (New York: Free Press, 1994); and Anthony Walsh, "intelligence and antisocial behavior," in Anthony Walsh and Lee Ellis, eds., *Biosocial Criminology: Challenging Environmentalisms' Supremacy*(New York: Nova science, 2003). 따라서 현재 다양한 연구들이 지능지수가 유전되는 방법을 연구하고 있다. 예를 들어, 신경생리학적 연구들은 지능이 뇌속에서의 회백질과 연관되어 있는지를 조사하고 있다(예를 들어 P. Thomson et al., "Genetic Influences on Brain Structure," Nature Neuroscience 4 [2001]:1–6,), 반면에 유전 연구은 어떤 염색체의 부분이 낮은 그리고 높은 지능지수를 가진 사람들을 구분할 것인가를 조사하고 있다(예를 들어., R. Plomin et al., "DNA Makers accociated with high versus low IQ: the IQ Quantitative Train Lock(QTL) Project," behavior Genetics 24 [1994]: 107–18). 그러나 지능지수 변화량의 60퍼센트 정도가 유전자에 설명된다는 측정은 일란성 쌍둥이와 이란성 쌍둥이의 지능지수의 비교에 기본을 두고 있으며, 형태에 관계없이 모든 쌍둥이들은 지능지수에 영향을 주는 동일한 비슷한 환경적 조건을 경험한다는 가정이 필요하다. 다른 연구자들은 이러한 가정에 이의를 제기하면서, 일란성 쌍둥이는 이란성 쌍둥이보다 더욱 유사한 환경을 경험한다고 주장했다. 3장에서 쌍둥이에 대한 논의를 보시오. 특히 미주 39를 보시오. 유전이 지능지수의 60퍼센트를 설명한다는 주장을 포함하여 유전과 지능지수의 연관관계에 대한 통렬한 공격은 다음을 보시오. Leonard Leibman, "Herrnstein and Murray, Inc.," *American Behavioral Scientist* 39(1995):25–34.

31. Gordon, op. cit., p. 269.

32. Hirschi and Hinderlang, op. cit. 이러한 주장은 교육적 실패와 연관되는 학교의 특징들과 비행과 연관되는 학교의 특징들과 같다는 것을 보여주는 연구들과 일치한다(학생과 교사의 비율이 높음, 낮은 학생 출석률, 높은 학업 포기, 그리고 낮은 학업의 질). D.A. Hellman and S. Beaton, "The Pattern of Violence in Urban Public Schools," *Journal of Research in Crime and Delinquency* 23 (1986):102-27; Kenneth Polk, "The New Marginal Youth," *Crime and Delinquency* 30 (1984):648-59; and W. T. Pink, "Schools, Youth, and Justice," *Crime and Delinquency* 30 (1984):439-61.을 보시오.

33. Michael R. Gottfredson and Travis Hirschi, *A General Theory of Crime* (Stanford, CA: Stanford University Press, 1990).

34. James Q. Wilson and Richard J. Herrnstein, *Crime and Human Nature* (New York: Simon & Schuster, 1985).

35. Jane Mercer, "IQ: The Lethal Label," *Psychology Today*, September 1972, pp. 44-47ff. For a critique of Mercer, see Robert A. Gordon, "Examining Labelling Theory: The Case of Mental Retardation," in Walter R. Gove, ed., *The Labelling of Deviance: Evaluating a perspective* (New York: Halsted-Wiley, 1975), pp. 35-81.

36. 보시오 J. Loehlin, "Group Differences in Intelligence," in R. Sternberg, ed., *Handbook of Intelligence*(Cambridge, England: Cambridge University Press, 2000), pp.176-93. 아시아 집단이 이러한 검사에서 더 높은 점수를 받았다는 것에 대해서는 Seligman, *A Question of Intelligence*, op. cit; and J. Rushton, "Race and Crime: A Reply to Roberts and Gabor," *Canadian Journal of Criminology* 32 (1990):315-34.를 보시오.

37. Ronald L. Simons, "The meaning of the IQ-Delinquency Relationship," *American Sociological Review* 43 (1978):268-70. 또한 Scott Menard and Barbara J. Morse, "A structuralist Critique of the IQ-Delinquency Hypothesis: Theory and Evidence," *American Journal of sociology* 89 (1984):1347-78.을 보시오. 그들은 지능지수가 비행행위에 어떤 인과적 영향이 없다고 주장했다. 그러나 지능지수는 어떤 제도적 환경 속에서 다른 처우를 위해 사용되는 기준이라고 주장했다.

38. James R. Flynn, The Mean IQ of Americans: Massive Gains, 1932 to 1978. *Psychological Bulletin* 95 (1984): 29-51; "Massive IQ Gains in 14 Nations: What IQ Tests Really Measure, *Psychological Bulletin* 101 (1987): 171-91; IQ Gains Over Time, in R. J. Sternberg, ed., *Encyclopedia of Human Intelligence* (New York: Macmillan, 1994), pp. 617-23; "Searching for

Justice: The Discovery of IQ Gains Over Time," *American Psychologist* 54 (1999): 5–20. The countries were Australia, Austria, Belgium, Brazil, Britain, Canada, China, Denmark, East Germany, France, Israel, Japan, the Netherlands, New Zealand, Northern Ireland, Norway, Sweden, Switzerland, the United States, and West Germany.

39. Flynn, "IQ Gains Over Time...," and "Searching for Justice...," op. cit.

40. Sheldon Glueck and Eleanor Glueck, *Unraveling juvenile Delinquency* (New York: Commonwealth Fund, 1950). 이 데이터는 후에 다음의 연구에서 사용되었다. Robert J. Sampson and John H. Laub, *Crime in the Making*, 1993, and Laub and Sampson, *Shared beginnings: Divergent Lives*, 2003, 모두 Harvard University Press를 통해 출판되었다. 15장에서는 이러한 연구들에 대한 논의를 보시오.

41. Gluecks, Ibid., p. 275.

42. 미네소타 다면적 성격 검사표(MMPI)에 대한 일반적인 정보는 다음을 보시오. W. Grant Dahlstrom, George Welsh, and Leona Dahlstrom, *An MMPI Handbook* (Minneapolis: University of Minnesota Press, 1972).

43. Gordon P. Waldo and Simon Dinitz, Personality Attributes of the Criminal: An Analysis of Research Studies, 1950–1965, *Journal of Research in Crime and Delinquency* 4 (1967): 185–202.

44. David J. Tennenbaum, "Personality and Criminality: A Summary and Implications of the Literature," *Journal of Criminal Justice* 5 (1977): 225–35.

45. Joshua D. miller and Donald Lynam, "Structural Models of Personality and Their Relation to Antisocial Behavior: A Meta-Analytic Teview," *Criminology* 39 (2001): 765–98.

46. Ibid.

47. 네 가지 모형은 전체 18가지의 다른 성격적 측면을 제안하였다. 8개의 측면은 반사회적 행위에 최소한 적당한 영향력을 가진 반면, 6개의 다른 측면은 전혀 어떤 영향력도 없었다. 밀러와 리넴은 이 모든 성격적 측면사이에서, 특히 반사회적 행위와 관련된 측면들에서 상당한 공통점이 있다고 주장했다. 이것이 왜 모든 모형이 그들의 차이들에도 불구하고 연구자들에 의해 지지 받았는지를 설명한다. 그것은 또한 왜 밀러와 리넴이 결과들을 두 가지 기본적인 성격적 측면으로 묶을 수 있었는지를 설명한다.

48. Ibid., p. 780.

49. Ibid., p. 781–82. 이러한 두 가지 특징은 두 가지 특징적인 성격적 측면이 존재한다는 사실과 함께,

밀러와 리넘의 주장을 갓프레드슨과 허쉬의 *A general theory of crime* 에서의 낮은 자기 통제 주장과 구분 짓는다. 10장에서의 논의를 보시오.

50. *Diagnostic and Statistical Manual of Mental Disorders*, 4th ed. (Washington, DC: American Psychiatric Association, 1994), pp. 645–50.

51. Robert D. Hare, *Without Conscience: The Disturbing World of the Psychopaths Among Us* (New York: Guilford Press, 1999). 사회병질자(sociopath) 용어를 사용한 최근의 대중적인 책을 보려면, Martha Stout의 다음 책을 참조하라. The *Sociopath* Next Door (New York: Random House, 2006). Stout는 전체 사람들 중 4퍼센트가 사회병질이라고 주장했다. 그녀는 이런 사람들은 매력적이고 자발적이지만, 사랑이 없고 양심을 가지고 있지 않다고 말했다.

52. James Blair, Derek Mitchell, and Karina Blair, *The Psychopath: Emotion and the Brain* (Malden, MA: Blackwell, 2006), pp. 14, 154. 정신병질과 만성적 범죄를 연결시키는 최근의 논문을 보려면 다음을 참조하라. Michael G. Vaughn and Matt Delisi, "Were Wolfgang's Chronic Offenders Psychopaths? On the Convergent Validity Between Psychopathy and Career Criminality," *Journal of Criminal Justice* 36 (2007): 33–42.

53. Hervey Cleckley, *The Mask of Sanity* (St. Louis: Mosby, 1976), p. 263.

54. Ibid., pp. 188–221.

55. Ibid., pp. 261–63.

56. Hare, op. cit.

57. 이러한 추천에 대한 비판적 논의를 보기 위해서는 다음을 참조하라. Charles Patrick Ewing, "Preventive Detention and Execution: The Constitutionality of Punishing Future Crimes," *Law and Human Behavior* 15 (1991): 139–63.

58. William McCord, *The Psychopath and Milieu Therapy* (New York: Academic Press, 1982). See also William McCord and Jose Sanchez, "The Treatment of Deviant Children: A Twenty–Year Follow–Up Study," *Crime and Delinquency* 29 (1983): 238–53.

59. Glenn D. Walters, "Disposed to Aggress? In Search of the Violence–Prone Personality," *Aggression and Violent Behavior* 5 (2000): 177–90.

60. Glenn D. Walters, "The Trouble with Psychopathy as a General Theory of Grime," *International Journal of Offender Therapy and Comparative Criminology* 48 (2004): 133–48.

61. 논평을 위해서는 다음을 참조하라. Blackburn, op. cit., pp. 328–35.

62. Harry L. Kozol, Richard J. Boucher, and Ralph F. Garofalo, "The Diagnosis and Treatment of Dangerousness," *Crime and Delinquency* 18 (1972): 371–92.
63. Norval Morris, *The Future of Imprisonment* (Chicago: University of Chicago Press, 1974), pp. 71–73.
64. Ibid., pp. 83–84.
65. John Monahan, *Predicting Violent Behavior* (Beverly Hills, CA: Sage, 1981).
66. E.G., Jeremy F Miller ("Advances in the Assessment and Prediction of Interpersonal Violence," *Journal of Interpersonal Violence* 20 [2005]: 236–41,)는 다음과 같이 말했다. "지난 20년에 있어서 아마도 가장 중요한 교훈은 미래의 폭력 가능성에 대한 추정을 하기 위한 임상적 판단은 빈약하고 일관적이지 않은 방법이라는 것이다."
67. See, e.go., Mard W. Sipsey and James H. Derzon, "Predictors of Violent of serious Delinquency in Adolescence and Early Adulthood," in Rolf Loeber and David P. Farrington, eds., *Serious and Violent Juvenile Offenders: Risk Factors and Successful Interventions* (Thousand Oaks, CA: Sage, 1998), pp. 86–105; and Lynn Kartzer and Sheilagh Hodgins, "Adult Outcomes of Child Conduct Problems," *Journal of Abnormal Child Psychology* 25 (1997): 65–81.
68. 전체 개관을 살피기 위해서는 다음을 참조하라. Terrence P. Thornberry, David Huizinga, and Rolf Loeber, "The Causes and Correlates Studies: Findings and Policy Implications," *Juvenile Justice* 9 (Washington, DC: Office of Juvenile Justice and Delinquency Prevention, September 2004); J. David Hawkins et al., "Predictors of youth Violence," *Juvenile Justice Bulletin* (Washington, DC: Office of Juvenile Justice and Delinquency Prevention, April 2000); and David P. Farrington, "Predictors, Causes, and Correlates of Male Youth Violence," in Michael Tonry and Mark H. Moore, eds., *Youth Violence (vol. 24 of Crime and Justice: A Review of Research)* (Chicago: University of Chicago Press, 1998), pp. 421–75.
69. Rolf Loeber and David P. Farrington, "Never Too Early, Never Too Late: Risk Factors and Successful Interventions for Serious and Violent Juvenile Offenders," *Studies on Crime and Crime Prevention* 7 (1998): 7–30. See also James Garbarino, *Lost Boys: Why Our Sons Turn Violent and How We Can Save Them* (New York: Free Press, 1999).
70. N. Eisenberg, "Emotion, Regulation, and Moral Development," *Annual Review of psychology* 51 (2000): 665–97. 수치심과 공격에 대한 감정 이입 사이를 연결시키는 주장을 살펴보기 위해서는 다음의 문헌들을 참조하라. J. Tangney et al., "Relation of Shame and Guilt to Constructive

versus Destructive Responses Across the Lifespan," *Journal of Personality and Social Psychology* 70 (1996): 797–809.

71. D. Capaldi, "Co-occurrence of Conduct Problems and Depressive Symptoms in Early Adolescent Boys: I. Familial Factors and General Adjustment at Grade 6," *Development and Psychopathology* 3 (1991): 277–300: and Capaldi, "Co-occurrence of Problems and Depressive Symptoms in Early Adolescent Boys: II. A 2-Year Follow-Up at Grade 8," Development and Psychopathology 4 (1992): 125–44. Gerald Patterson, J. Reid, and T. Dishion의 다음 문헌을 참조하라. *A Social Interactional Approach: Antisocial Boys* (vol. 4) (Eugene, OR: Castalia,, 1992), 여기서 저자들은 유년시절의 반사회적 행동은 거절과 낮은 자존감을 이끌어내고, 이것은 비행친구, 반사회적 태도, 그리고 우울증을 초래한다고 주장한다.

72. C. Caron and M. Rutter, "Co-morbidity in Child Psychopathology: Concepts, Issues, and Research Strategies," *Journal of Child Psychology and Psychiatry* 132 (1991): 1063–80.

73. Genevieve marcotte, Diane Marcotte, and Therese Bouffard, "The Influence of Familial Support and Dysfunctional Attitudes on Depression and Delinquency in an Adolescent Population," *European Journal of Psychology of Education* 17 (2002): 363–76. See also I. Sigfusdottir et al., "The Role of Depressed Mood and Anger in the Relationship Between Family Conflict and Delinquent Behavior," *Journal of Youth and Adolescence* 33 (2004): 509–220.

74. Jennifer M. Beyers and Rolf Loeber, "Untangling Developmental Relations Between Depressed Mood and Delinquency in Male Adolescents," *Journal of Abnormal Child Psychology* 31 (2003):247–66.

75. Ibid., p. 259. "A Longitudinal Latent Variable Analysis of Reciprocal Relations Between Depressive Symptoms and Delinquency Across Adolescence," *Journal of Abnormal psychology* 112 (2003): 633–45. 여기서 마깃 와이스너(Margit Weisner)는 성별에 따라 다른 효과를 발견했다. 남자 청소년에게 있어서, 와이스너는 비행은 미래의 경력에 대한 전망을 위험에 빠뜨린다고 내다보았지만, 우울증은 실제 상황이 분명해질 때인 고등학교 후반까지는 별로 알지 못한다고 추측하였다. 따라서 남자 청소년에게는 비행이 먼저이고, 우울증이 나중이다. 와이스너는 비행에 관여한 여자 청소년은 엄한 처벌을 받고, 그때 그 결과로 우울증이 나타난다고 생각하였다. 그러나 이러한 소녀들은 처벌을 받지 않기 위해서 비행을 자제한다. 따라서 그들은 전체적인 삶의 안녕을 향상시키고 우울증에 빠지는 것을 멈춘다.

76. Brianna Remster, "Self-Control and the Depression-Delinquency Debate," *Deviant Behavior*

35(2014): 66–84.

77. See, for example, the collection of articles in Alan R. Felthous, ed., "Impulsive Aggression," Behavioral Sciences & the Law 16 (1998): 281–389; David P. Farrington, "Have Any Individual, Family, or Neighbourhood Influences on Offending Been Demonstrated Conclusively?" in Farrington, Robert J. Sampson, and P. O. Wikstrom, eds., Integrating Individual and Ecological Aspects of Crime (Stockholm: National Council for Crime Prevention, 1993), pp. 3–37; E. E. Gorenstein and J. P. Newman, "Disinhibitory Psychopathology," Psychological Review 87 (1980): 301–15; Jennifer L. White et al., "Measuring Impulsivity and Examining Its Relationship to Delinquency," Journal of Abnormal Psycholoy 103 (1994): 192–205; Marvin Zuckerman, "Personality in the Third Dimension," Personality and Individual Differences 10 (1989): 391–418; and Jeffrey A. Gray, "Drug Effects on fear and Frustration," in Leslie L. Iversen, Susan D. Iversen, and Solomon H. Snyder, eds., Handbook of Psychopharmacology: Drugs, Neurotransmitters, and Behavior, vol. 8 (New York: Plenum, 1977).

78. White et al., op.cit.

79. Wilson and Hernnstein, op. cit., esp. chap. 7

80. Farrington, "Introduction," op. cit., pp. xix–xx.

81. 다음의 서평을 참조하라. Lawrence E. Cohen, Contemporary Sociology 16 (1987): 202–05; and Jack P. Gibbs, Criminology 23 (1985): 381–88. 추가적으로, Gottfredson and Hirschi, A General Theory of Crime, op. cit., 에서 저자들은 이 이론이 이론적으로 모순이라고 비판하였다.

82. Glenn D. Walters, The Criminal Lifestyle: Patterns of Serious Criminal Conduct (Newbury Park, CA: Sage, 1990). Walter's work is based, in part, on the earlier description of fifty–two "thinking errors" by Samuel Yochelson and stanton E. Samenow, The Criminal Personality, vols. 1 and 2 (New York: Jason Aronson, 1976, 1977).

83. Terrie E. Moffitt, "Life–Course–Persistent and Adolescent–Limited Antisocial Behavior," Psychological Review 100 (1993): 674–701.

84. Ibid., p. 679.

85. Ibid., p. 682.

86. 리뷰를 위해서 다음의 문헌을 참고하라. Terrie E. Moffitt and Anthony Walsh, "The Adolescence–Limited/Life–Course Persistent Theory of Antisocial Behavior: WhatHave We Learned?" in Anthony Walsh and Lee Ellis, eds., Biosocial Criminology: Challenging

Environmentalism's Supremacy (New York: Nova Science, 2003), pp. 125-44. 이들의 저자들은 특별히 다음의 문헌을 지적하였다. Avshalom Caspi, Terrie E. Moffitt, Phil A. Silva, Magda Stouthamer-Loeber, Robert F. Krueger, and Pamela S. Schmutte, "Are Some People Crime-Prone?" Criminology 32 (1994): 163-95, 여기서는 아동에 대한 잘못된 처우와 이런 잘못된 처우와 상호작용하는 유전자형 사이의 중요한 유전자-환경 상호작용을 보여주었다. 이 연구는 3장에서 논의되었다.

87. Moffitt, op. cit.

88. Daniel Nagan and Kenneth Land, "Age, Criminal Careers, and Population Heterogeneity," Criminology 31 (1993): 327-62.

89. Daniel Magan, Kenneth Land, and Terrie E. Moffitt, "Life-Course Trajectories of Different Types of Offenders," Criminology 33 (1995): 111-39.

90. Terrie E. Moffit, Donald Lynam, and Phil Silva, "Neuropsychological Tests Predicting Persistent Male Delinquency," Crinimology 32 (1994): 277-300.

91. Alex R. Piquero, David P. Farrington, and Alfred Blumstein, Key Issues in Criminal Career Research: New Analyses of the Cambridge Study in Delinquent Development (New York: Cambridge University Press, 2007), p. 205, cit-ing John H. Laub and Robert J. Sampson, Shared Beginnings, Divergent Lives: Delinquent Boys to Age 70 (Camridge, Ma: Harvard University Press, 2003).

92. Caspi et al., op. cit.

93. See Glenn D. Walters, "Recidivism in Released Lifestyle Change Program Participants Short-term Outcome of Inmates Participating in the Lifestyle Change Program," Criminal Justice and Behavior 32 (2005): 50-68. 이 논문은 월터스(Walters)의 프로그램을 이행한 291명의 수감자들은 이 프로그램에 참여하지 않고 석방된 89명의 수감자들에 비해 체포되거나 다시 재수감되는 경우가 현저하게 적었다고 보고하였다.

94. See, for example, Peter W. Greenwood Karyn E. Model, C. Peter Rydell, and James Chiesa, Diverting Children from a Life of Crime (Santa Monica, CA: RAND Corporation, 1996).

95. 이러한 문제들은 다음의 문헌이 재검토하였다. Robert F. Kruger et al., "Personality Traits Are Linked to Crime Among Men and Women: Evidence from a Birth Cohort," Journal of Abnormal Psychology 103 (1995): 328-38. Moffitt, op. cit., 1993.도 보시오. 특성에 기초한 성격 이론들에 관한 간략한 변호는 다음의 문헌을 참조하라. Caspi et al., op. cit., pp. 164-65.

96. 예를 들어 Gottfreson and Hirschi, op. cit., p. 209 를 참조하라. 범죄에 관한 그들의 이론은 성격 이론과 밀접한 관계가 있으며 10장에서 소개된다.

97. Robert J. Sampson, Jeffrey D. Morenoff, and Stephen Raudenbush, "Social Anatomy of Racial and Ethnic Disparities in Violence," American Journal of Public Health 95 (2005): 224-32.

제6장 뒤르켐, 아노미, 그리고 근대화

장 개요

- 에밀 뒤르켐
- 기계적 사회에서 정상으로서의 범죄
- 유기적 사회의 병리적 상태로서의 아노미
- 뒤르켐의 범죄이론
- 결론

C/H/A/P/T/E/R 06

뒤르켐, 아노미, 그리고 근대화

앞의 장에서 경제적 불평등은 범죄와 관계가 있을 것이라고 결론을 내렸다. 에밀 뒤르켐(Emile Durkheim)은 불평등은 자연발생적인 것이며 인간의 조건에서 피할 수 없는 것이고 사회적 규범이나 규칙을 붕괴시키지 않는 한, 범죄와 같은 사회적 병리와는 관련이 없다고 주장했다. 뒤르켐은 이 붕괴를 "아노미(anomie)"라고 불렀으며, 근대화 과정에서 수반되는 급속한 사회 변동의 결과로 아노미가 그들 자신의 사회에서 발생해 왔다고 주장했다. 대략 20년 먼저 쓰인 롬브로조의 이론에서처럼, 뒤르켐의 이론은 인간이 계약적인 사회에서 자유롭고 이성적이라는 고전주의적 가정에 대한 부분적인 반응이었다. 그러나 롬브로조는 개인 내에서의 인간행동의 결정 인자에 초점을 맞춰온 반면에, 뒤르켐은 사회와 그 사회의 조직과 발전에 초점을 맞추었다.

뒤르켐의 이론은 복잡하지만 범죄학에 대단히 큰 영향을 미쳤다. 이 장에서는 그의 이론을 살펴보고 범죄와 근대화 사이의 관계에 관한 이후의 연구의 맥락에서 그의 이론을 논의하고자 한다. 그러나 뒤르켐의 아이디어는 뒤에 나오는 몇 개의 장에서도 또한 보일 것이다. 1920년대 한 무리의 시카고학파 사회학자는 도시지역의 청소년비행과 급속한 사회변동을 연결시켜보려는 광범위한 연구프로젝트의 근간으로 다른 것들 중에서 뒤르켐의 이론을 사용했다. 이 연구는 현재 범죄에 미치는 이웃의 영향에 초점을 맞추고 있으며 제7장에서 다룬다. 1938년 로버트 머튼(Robert K. Merton)은 뒤르켐의 아노미 개념을 수정해 미국 사회에 직접 적용했다. 이 이론과 다른 유사한 이론들은 범죄와 비행에 관한 긴장이론으로 알려져 있으며 제8장에서 제시한다. 1969년 트래비스 허쉬(Travis Hirschi)는 뒤르켐의 원래 아노미 개념으로 돌아와 비행에 관한 그의 통제이론의 근거로 사용했다. 통제이론은 제10장에서 논의할 것이다. 마지막으로, 뒤르켐의 "정상으로서의 범죄"라는 관점은 제11장에서 다룰 법 제정 과정에 대한 사회적 반응 관점의 기초이다.

에밀 뒤르켐

에밀 뒤르켐(1858-1917)은 "가장 잘 알려져 있으면서 가장 이해받지 못한 주요 사회사상가"라고 불린다.[1] 그의 사상을 말하는 것은 쉽지 않은 일이다. 그의 사상을 둘러싼 논쟁은 기본적인 논점에 관한 것이지 세부적인 내용은 아니기 때문이다.[2] 따라서 그의 사상과 관련이 있는 정치적·지적 환경을 먼저 고려하는 것이 그의 사상에 대한 가장 좋은 접근방법이라고 본다.

19세기의 프랑스는 1789년 프랑스혁명의 태동과 프랑스 사회의 급격한 산업화로 야기된 거대한 혼돈의 시기였다. 이 두 혁명에 대한 언급에서, 니스벳(Nisbet)은 "인간의 사상과 가치에 미치는 영향의 직접성과 크기라는 측면에서 인간사회의 어느 곳에서도 이 두 혁명과 견줄만한 혁명을 찾기란 불가능하다."고 지적했다.[3] 그 당시의 저작들은 "수천 년 동안 따라왔던 방향으로부터 사회의 급작스럽고 격동적인 전환의 강렬한 의식"으로 가득했으며, "역사적 가치의 소멸-그것과 함께, 예로부터의 폭정과 불평등뿐만 아니라 오랜 세월을 거친 안전감-그리고 새로운 권력, 새로운 불안감, 근본적인 대책이 취해지지 않는 한, 이전에 알려진 그 어떤 것보다도 더 나쁜 새로운 폭정의 도래에 대한 깊은 직관"으로 가득했다.[4]

사회학은 이러한 두 혁명의 영향에 대한 반응으로 19세기 전반부의 대부분 동안 오귀스트 콩트(August Comte)에 의해 발전을 보았다. 그것은 전통적 사회의 폐허로부터 이성적인 사회를 건설하려는 더 일반적인 노력의 일부분이었다.[5] 사회학자는 자신들을 "'사회적 갱생'을 위한 정치적 행로를 조종"하기 위해, 이미 일어나고 있는 중인 기념비적인 사회적 변동에 대한 이성적·과학적 분석을 제공하는 사람으로 보았다.[6] 이 갱생은 프랑스 사회에서 사실상 붕괴된 것으로 보이는 사회적 연대(social solidarity)의 재확립이 주된 부분이 되었을 것이다.

에밀 뒤르켐은 콩트가 죽은 지 1년 후에 독일과의 국경 인근에 있는 작은 프랑스 마을에서 태어났다. 학업을 마친 후, 그는 파리 근처의 지방에서 중등학교 교사로서 몇 년간 철학을 가르쳤다. 그 후 그는 독일에서 1년 동안 사회과학 그리고 사회과학이 윤리학과 가지는 관계를 공부했다. 이 연구의 결과물인 뒤르켐의 두 개의 논문은 1887년 그가 사회학을 최초로 프랑스 대학의 교과목으로 가르쳤던 장소인 보르도 대학교에서 그를 위한 특별한 자리를 마련하게끔 해주었다. 1892년 뒤르켐은 파리 대학교에서 처음으로 사회학으로 박사학위를 받았으며, 10년 후에 그는 보르도 대학교의 원래 자리로 돌아와 1917년 죽을 때까지 사회학을 보급했다.

산업화와 관련된 사회적 변동 과정에 관한 뒤르켐의 분석은 박사논문으로 1893년 출판된 그의 첫 번째 주요저작인 「사회분업론(The Division of Labor in Society)」[7]에서 제시되고 있다. 이 저서에서 그는 이 사회변동 과정을 더 원초적이고 "기계적(mechanical)" 형태의 사회로부터 더 진보한 "유기적(organic)" 형태의 사회로 나아가는 발전의 한 부분으로 묘사했다. 기계적인 형태에서는 사회 내 각 사회집단이 상대적으로 다른 모든 사회집단으로부터 고립되어 있고 기본적으로 자급자족할 수 있었다.[8] 이 사회집단 내에서 개인은 주로 동일한 환경에서 동일한 일을 하고 동일한 가치를 지니면서 살아간다. 부족이나 촌락 내의 오직 소수의 사람만이 특별한 기능을 가지고 있을 뿐, 분업이 거의 존재하지 않는다. 따라서 개인의 재능은 거의 필요하지 않으며, 사회의 연대는 구성원의 일치성에 기초해 있다.

기계적 사회와 대조를 이루는 것이 유기적 사회이다. 유기적 사회에서는 사회의 서로 다른 분파(segments)들이 고도로 조직화된 분업 속에서 서로를 의지하고 있다. 사회적 연대는 더 이상 개인들의 일치성에 기초해 있지 않으며, 대신에 사회의 여러 부분의 다양한 기능에 기초해 있다. 뒤르켐은 모든 사회는 기계적 사회와 유기적 사회 사이에서 어느 정도의 단계에 위치해 있다고 봤으며, 어떤 사회도 둘 중에 전적으로 어느 한 사회에 속해 있을 수는 없다고 주장했다. 가장 원초적인 사회에서조차도 어떤 형태로든 분업을 볼 수 있으며 마찬가지로 가장 진보한 사회에서조차도 구성원의 일치성을 어느 정도는 요구할 수 있는 것이다.[9]

법은 이 두 가지 사회 유형에서 각각의 사회적 연대를 유지하는 데 필수적인 역할을 수행한다. 하지만 방법에서는 서로 차이가 있다. 기계적 사회에서 법은 사회집단 구성원의 일치성을 강요한다. 따라서 그 시대의 규범에서 일탈하려는 모든 것을 억압하려 한다. 다른 한편으로 유기적 사회에서 법은 사회의 다양한 부분의 상호작용을 조절하고 불법거래의 경우에 배상(restitution)을 제공한다.

이처럼 두 유형의 사회에서 법이 이렇게 다른 역할을 수행하기 때문에 범죄도 다른 형태로 나타난다. 뒤르켐은 사회가 기계적 형태로 남아있다면, 범죄 없는 사회란 병리적으로 과도한 통제가 행해지고 있음을 의미한다는 점에서 범죄는 "정상적"이라고 주장했다. 사회가 유기적 형태로 발전하면서, 그가 아노미라고 불렀던 병리적 상태가 발생하는 것이 가능해지고, 이 상태는 범죄를 포함하는 다양한 사회적 병폐를 양산할 수 있을 것이다. 뒤르켐은 「사회분업론」 이 출판된 지 2년 만에 1895년에 출간된 그의 두 번째 주요 저작인 「사회학적 방법의 규칙(The Rules of the Sociological Method)」 [10]에서 "정상으로서의 범죄(crime as normal)"라는 그의 개념을 발전시켰다. 그는 계속해서 1897년에 출판된 그의 가장 유명한 저작인 「자살론(Suicide)」 [11]에서 아노미 개념을 발전시켰다. 이 개념은 이어지는 절들에서 논의할 것이다.

기계적 사회에서 정상으로서의 범죄

기계적 사회는 생활, 일, 신념에 대한 구성원의 일치성을 그 특징으로 한다. 뒤르켐은 한 사회에서 존재하는 모든 일치성, 즉 "사회적 유사성의 총체(totality of social likeness)"를 "집합의식(collective conscience)"[12]이라고 불렀다. 모든 사회는 그 구성원(구성원 그 누구도 전적으로 유기적이지는 않음)에게 적어도 어느 정도의 균일성을 요구하기 때문에 집합의식은 모든 문화에서 발견될지도 모른다. 그러나 모든 사회에서는 그 구성원 사이에서 개별적 차이가 많이 있을 수 있는 만큼 어느 정도의 다양성은 늘 존재할 것이다. 뒤르켐이 말했듯이, "개인들이 집합적 유형에서 다소간 다르지 않은 사회는 존재할 수 없다."[13]

특정 사회가 기계적인 형태인 한, 그 사회의 연대는 다양성에 반대하여 행사되는 일치성을 위한 압박으로부터 나올 것이다. 그 압박은 다양한 정도와 형태로 실행될 것이다. 가장 강력한 형태는 형사제재가 될 것이며, 반면에 상대적으로 약한 형태는 특정 행동이나 신념에 대해 도덕적으로 비난할 만하다거나 단순히 품위 없다는 식의 지적이 될 것이다. 다음에서 뒤르켐이 지적한 것처럼 말이다.

> 내가 사회의 풍습을 받아들이지 않는다면, 옷을 입을 때 내가 속한 국가나 계급 내에서 지키도록 되어있는 관습을 따르지 않는다면, 내가 유발한 비웃음, 내가 갇혀 있는 사회적 고립은 희석된 형태이긴 하지만 엄격한 의미와 처벌과 같은 효과를 만들어 낸다.

그럼에도 불구하고 그 강제는 간접적인 측면에서 효과가 있다.[14]

뒤르켐은 "사회는 우리에게 요구되는 영구적이고 값비싼 희생 없이는 형성될 수 없다."고 주장했다.[15] 집합의식에 대한 요구로 구현되는 이 희생은 사회 구성원으로서의 대가이고, 그 요구에 대한 이행은 개인 구성원에게 사회적 연대의 중요한 원천인 공동체 구성원으로서의 정체감을 부여한다.

그러나 더 중요한 것은 이 요구가 몇몇 사람은 필연적으로 그것을 이행하지 않게끔 구성되어 있다는 사실이다. 그 숫자는 확인 가능한 집단을 구성할 정도로 충분히 클 것이지만, 사회의 중요한 일부가 될 정도만큼 큰 정도는 아니다. 이것은 집합의식의 요구를 이행한 수많은 사람이 도덕적 우월감을 느끼도록 하고, 자신들을 훌륭하고 올바른 사람으로 생각하게 하며, 자신들을 집합의식의 요구를 이행하는 데 실패한 위반자에 반대편에 있도록 한다. 뒤르켐이 사회적 연대의 주요한 원천으로 본 것이 바로 이 도덕적 우월감, 미덕과 정의이다. 따라서 범죄자는 사회적 연대를 유지시키는 데 중요한 역할을 수행한다. 범죄자는 사회에서 열등하다고 간주되는 집단 속에 있게 되고, 이것은 사회의 나머지 사람이 우월감을 느끼도록 만들기 때문이다.

범죄자에 대한 처벌 역시 사회적 연대를 유지시키는 데 일정한 역할을 수행한다. 집합의식의 명령이 어겨질 때 사회는 억압적인 제재로 반응한다. 그것은 응보나 억제를 위해서가 아니라, 제재가 없다면 항구적이고 값비싼 희생을 치르려는 사람이 도덕적으로 심하게 타락하기 때문이다.[16] 예를 들어 심각한 범죄를 저지른 사람이 가벼운 꾸지람을 듣는 것으로만 끝난다면, 법을 준수하는 사람이 몹시 당혹스러워 하게 될지도 모른다. 그들은 정해진 규칙에 따라 게임을 하고 있는 것 같다고 느낄 수도 있다. 따라서 그 밖의 모든 사람도 그렇게 할 수 있다. 범죄자 처벌은 일반시민이 사회구조에 충성하도록 하기 위해 필수적이다. 이것이 없다면, 보통 시민은 사회에 헌신하지 않을 수도 있으며 사회를 위해 기꺼이 희생하려는 의지가 상실될지도 모른다. 그러나 이것을 넘어서, 범죄자 처벌은 범죄자 집단의 열등성과 비난받을 만함에 대한 명백한 사회적 표현으로 작동하기도 한다. 그것은 많은 대중에게서 볼 수 있는 우월감과 정의감을 강화함으로써 결국 사회의 연대감을 튼튼하게 한다.

범죄 자체는 사회에서 정상적인 것이다. 범죄로 간주되는 행동과 도덕적으로 비난할 만한 행동이나 품위 없는 행동 사이에 명백하게 구분지울 수 있는 경계선이 없기 때문이다. 범죄로 간주되는 행동이 감소한다면, 이전에 도덕적으로 비난받을 만한 것으로 여겨지던 행동이 범죄의 범주로 옮겨지는 경향이 생길지도 모른다. 예를 들어 정당하지 못한 재산양도가 모두 절도로 간주되는 것은 아니다. 그러나 만약 절도와 강도의 전통적 형태가 감소한다면, 다양한 형태의 화이트칼라 사기를 범죄로 정의하려는 경향은 증가하게 될 것이다. 이 행동은 늘 도덕적으로 비난받을 만한 것으로 여겨져 왔고, 그런 점에서 집합의식을 어긴 것이다. 그러나 그런 행동이 범죄로 간주되지는 않았다. 사회는 이 행동을 범죄의 범주로 보기 시작했다. 형벌은 사회적 연대를 유지하기 위해 이용할 수 있는 가장 강력한 도구이기 때문이다.

처벌제도는 필수불가결한 기능을 제공하기 때문에 어떤 사회에서든지 필수적일 것이다. 다음에서 뒤르켐이 언급한 것처럼 말이다.

> 성인(聖人)들의 사회, 모범적인 사람들의 완벽한 수도원을 상상해 보라. 당연히 그곳에서는 소위 범죄가 무엇인지도 알 수 없을 것이다. 그러나 평신도에게는 가벼워 보이는 실수가 그곳에서는 보통의 범죄가 보통의 양심에서 행하는 것과 같은 스캔들을 만들 수 있을 것이다. 그래서 만약 이런 사회가 판결과 처벌의 권력을 가진다면, 이런 행위를 범죄로 정의내리고 범죄처럼 다룰 것이다. 같은 이유로, 완벽하고 정직한 사람은 대다수가 정말로 범죄의 본질적인 측면에서 행동하는 것으로 여길 수 있는 엄격함을 가지고 자신의 아주 작은 부족한 점을 판단한다.[17]

따라서 범죄가 없는 사회는 불가능하다. 현재 범죄로 정의되는 모든 행동이 더 이상 발생하지 않는다고 해도, 새로운 행동이 범죄의 범주에 들어갈 것이다.[18] 따라서 범죄는 피할 수 없는 것이다. 사회에는 필연적인 행동의 다양성이 존재하기 때문이다. 사회 연대는 이 다양성에 반하는 일치를 위한 압력을 행사함으로써 발생되며, 이 압력의 일부는 필연적으로 형벌의 형태를 취하게 될 것이다. 뒤르켐이 말했듯이 말이다.

> 실수를 저지르지 말자. 전형적인 사회학 현상 중에서 범죄를 분류하는 것은 인간의 교정할 수 없는 사악함에 기인한 유감스러운 현상이지만, 단순히 그것이 필연적이라고 말하는 것은 아니다. 그러한 분류작업은 그것이 공중보건에서의 한 요인이며, 모든 사회의 필수적인 부분이라는 것을 확언하는 것이다.[19]

사회의 비정상적 혹은 병리적 상태는 범죄가 없는 사회일 것이다. 범죄가 없는 사회는 집합의식의 강제가 너무 엄격해서 아무도 그것에 반대하지 못하는 사회이다. 이런 형태의 사회에서는 범죄는 제거될 수 있을 것이다. 그러나 진보적 사회의 변동 가능성도 제거될 것이다. 사회 변동은 보통 집합의식의 강제에 반대하면서 시작된다. 그런 사람은 종종 자주 범죄자로 낙인찍힌다. 그렇게 때문에 소크라테스와 예수는 범죄자가 되었고, 마하트마 간디와 조지 워싱턴도 마찬가지였다. 1920년대와 1930년대의 노동조합 운동의 지도자도 역시 마찬가지였다. 집합의식의 요구가 범죄가 존재할 수 없을 정도로 엄격했더라면 이 운동도 불가능했을 것이다. 따라서 범죄는 사회가 진보의 가능성을 위해 지불한 대가이다. 뒤르켐은 다음과 같이 말했다.[20]

> 진보를 이루기 위해서는 개인의 독창성을 그 자체로 표현할 수 있어야만 한다. 그 꿈이 그가 살고 있는 시대를 뛰어넘는 이상주의자의 독창성이 표현되기 위해서는 그 시대의 수준 아래에 있는 범죄자의 독창성도 역시 가능해야 하는 것이 필수적이다. 어느 하나가 다른 하나 없이는 일어나지 않는다.

이와 유사한 방식으로, 개인의 성장은 나쁜 짓을 저지를 수도 있는 어린 시절이 없이는 일어날 수 없다. 그 아이는 잘못된 행동 때문에 처벌받을 것이고, 아무도 그 아이가 나쁜 짓을 하기를 원하지 않는다. 그러나 한 번도 어떤 잘못을 저지르지 않은 아이는 병리적일만큼 과도하게 통제되어진 것이다. 잘못된 행동을 제거하는 것은 개인의 성장 가능성을 제거하는 것일 수도 있다. 이 점에서 아동의 잘못된 행동은 개인의 발전 가능성을 위해 반드시 지불해야 할 대가이다. 뒤르켐은 다음과 같이 결론을 내렸다.[21]

> 이 관점에서 범죄성에 관한 근본적인 사실은 우리에게 완전히 새로운 사고방식을 제시한다. 널리 알려진 생각과는 반대로, 범죄자는 더 이상 전적으로 비사교적인 존재, 일종의 기생적 요소, 흐릿한 사회 속에 들어온 이상하고 융합할 수 없는 사람으로 생각되지 않는다. 이에 반해, 범죄자는 사회생활에서 뚜렷한 역할을 수행한다. 범죄는 그 자체로서는 더 이상 아무리 억압되어도 지나치지 않은 해악으로 생각해서는 안 된다. 범죄율이 눈에 띄게 평균수준 밑으로 떨어질 때 자축해야 할 이유가 없다. 이 외견상의 진보는

어떤 사회적 혼란과 관계가 있을지도 모른다.

유기적 사회의 병리적 상태로서의 아노미

사회가 기계적인 한, 그 사회의 연대는 그 구성원의 다양성에 반하는 일치성에 대한 압박에서 나온다. 그러나 사회가 유기적인 경우에, 법의 기능은 전체 사회의 다양한 부분의 상호작용을 조절하는 것이다. 이 조절이 부적당하다면, 범죄를 포함한 다양한 사회적 질병이 생길 수 있다. 뒤르켐은 이 부적당한 조절상태를 아노미라고 불렀다.

뒤르켐은 이 개념을 「사회분업론(The Division of Labor in Society)」에서 처음으로 도입했다. 여기서 그는 프랑스 사회의 산업화는 그것의 결과물인 분업과 함께 일치성에 기초한 전통적인 연대를 파괴해왔다고 주장했다. 그러나 산업화는 너무나 급속한 나머지 사회가 변동을 조절하기 위한 충분한 기제를 아직 개발하지 못했다. 경제적인 경기후퇴에 따른 과잉생산의 주기적인 순환은 생산자와 소비자 사이의 관계가 비효율적으로 조절되고 있음을 나타내는 것이었다. 파업과 노동자 폭력은 노동자와 고용자 사이의 관계가 해결되지 않았음을 보여주었다. 개별적 노동자의 소외와 분업이 사람들을 단순한 "톱니바퀴의 이"와 같이 변화시켰다는 점은 사람과 일의 관계가 부적절하게 규정되었다는 것을 가리키는 것이었다.[22]

뒤르켐은 4년 후에 출판한 그의 가장 유명한 저작인 「자살론(Suicide)」에서 아노미에 대한 그의 개념을 확장하고 일반화시켰다. 여기서 그는 자료를 통계적으로 분석했고 자살률이 경제적 불황기와 호황기 모두에서 급격하게 증가하는 경향이 있음을 보여 주었다. 경제적 불황기에 자살률의 증가는 쉽게 이해되지만, 그의 핵심 질문은 왜 경제 번영기에 자살률이 증가하는가이다. 뒤르켐은 사회는 다양한 구성요소의 경제적 상호작용을 조절하기 위해 기능할 뿐만 아니라 개인이 자기 자신의 필요를 지각하는 방식을 조절하기 위해서도 기능한다고 말한다. 뒤르켐의 아노미이론은 이후의 범죄에 관한 설명과 다양한 일탈 행동을 설명하는 토대가 되었다.[23]

이 이론은 동물과 인간의 본성에 대한 비교로 시작하였다.[24] 뒤르켐에 따르면 동물의 욕망은 본성적으로 물리적 신체의 제약을 받는다. 따라서 배부르고 잠잘 수 있는 안전하고 따뜻한 안식처가 있는 동물은 만족을 느낀다. 그러나 인간은 심지어 그들의 육체적 요구가 만족되었을 때조차도 불만을 느끼게끔 하는 활동적인 상상력을 가지고 있다.

인간에게는 육체적 욕구와 필요의 충족 시 새로운 욕구와 필요를 일깨우는 경향이 있어서, "더 많은 것을 가진 사람이 더 많을 것을 원한다." 따라서 동물의 육체적 성질은 그들의 욕망을 자연적인 한계를 가지도록 하는데 비해, 인간의 욕망은 본성적으로 한계가 없다.

뒤르켐에 의하면, 인간의 욕망을 제한할 수 있는 유일한 기제는 인간 사회이다. 사회는 다양한 사회적 위치에 속한 사람이 획득하는 것과 합리적으로 기대할 수 있는 것에 관한 도덕적 규칙을 만들어 낸다.

> 사실 역사의 매 순간 사회의 도덕적 의식에서 서로 다른 사회적 서비스의 상대적 가치에 대한 흐릿한 인식이 존재하고, 각각의 직업에 종사하는 노동자에 대체로 적합한 쾌락의 당연한 정도라는 것이 존재한다. 이 압력 하에서, 각각의 영역에 속한 사람은 그들의 끝없는 야망과 열망을 제한해 줄 최고 한계를 막연하게 깨닫고 있다. …… 따라서 어떤 목적과 목표가 그 열정에 배정된다.

이 사회적 규칙이 약해지거나 붕괴될 수 있는 다양한 상황이 존재한다. 그러나 뒤르켐은 사회가 경제적 후퇴나 불황에 처하는 경우를 포함해, 급격한 사회변동 상황에 초점을 맞추었다.

> 경제적 재난의 경우, 정말로 특정 개인이 예전 자기 위치보다 아래의 지위로 갑자기 몰락하는 계급강등(declassification)과 같은 일이 발생한다. 그렇게 되면, 그들은 요구를 줄이고, 필요를 억제하며, 더 많은 자기통제를 배우게 된다. 그래서 그들은 그들을 강제하는 조건에 맞추지 못하며, 그것의 전망조차도 견딜 수 없는 것이다.

이 경험은 경제적 침체기 동안의 높은 자살률을 설명해 줄 수 있다. 그러나 뒤르켐은 급격한 경제적 팽창기에도 유사한 상황이 일어난다고 주장했다.

> 위기의 원인이 권력이나 부의 갑작스러운 성장이라면 그것은 동일하다. 따라서 정말로 삶의 조건이 바뀌듯 어떤 욕구가 조절되는지에 따라서, 그 기준은 더 이상 같은 형태로 남아있지는 않는다. …… 가치의 기준은 엉망이 되었다. 하지만 새로운 가치기준은 즉각

> 적으로 마련될 수 있는 것이 아니다. 대중의식에서 인간과 자연이 재분류되기 위해서는 시간이 걸린다. 따라서 사회적 힘이 균형을 되찾지 못하는 한에서는 그들의 상대적 가치는 알 수 없게 되고, 따라서 모든 규칙은 잠시 동안 부재한 상태가 된다.

사실 아노미(혹은 욕구에 대한 규칙 철폐)는 경기 침체기보다는 경기 번영기에 더 심하다. 욕구에 대한 억제가 붕괴되는 바로 그 순간에 번영은 그 욕구를 자극하기 때문이다.

> 증가된 번영과 더불어 욕구도 증가한다. 전통적인 규칙이 권위를 상실하는 그 순간, 이 욕구에 제공되는 더 많은 보상은 욕구를 자극하고 더 요구하게끔 만들고 통제를 견딜 수 없도록 만든다. 따라서 규칙의 철폐 혹은 아노미 상태는 더 많은 통제가 필요한 바로 그때 훈련이 덜 된 열정 때문에 더 고조된다.

뒤르켐은 프랑스 사회가 백년간에 걸쳐서 서서히 인간의 욕구를 규제하는 전통적 원천을 파괴해 왔었다고 계속 주장했다.[25] 종교는 노동자와 고용자에 대한 영향력을 거의 완전히 상실했다. 길드와 같은 전통적인 직업집단은 파괴되었다. 정부는 기업 활동에서 자유방임, 혹은 불간섭 정책을 고수했다. 결국 인간의 욕구는 더 이상 억제되지 않았다. 이 욕구의 자유는 프랑스 산업혁명을 뒤에서 받쳐주는 추진력이었지만, 그에 수반하는 높은 자살률과 함께 만성적인 아노미적 상황을 일으켰다.

뒤르켐의 범죄이론

뒤르켐의 범죄이론은 그의 전체적인 근대화이론의 맥락 – 기계적 형태에서 유기적 형태의 사회로의 진보 – 에서 제시된다. 그래서 그는 서로 다른 것이 다른 시간대에 일어날 수 있다고 주장한다. 첫째, 원시적(기계적) 사회에서, 그는 범죄의 처벌은 범죄행동의 양적 증가나 감소와는 독립적으로 꽤 안정적으로 유지될 것이라고 주장했다. 둘째, 사회가 근대화될수록(기계적 사회에서 유기적 사회로 전환이 이루어짐), 더 다양한 행동들이 묵인되고, 처벌은 그 목적이 억압(repression)에서 배상(restitution)으로 바뀜에 따라 덜 폭력적이게 될 것이며, 유기적 사회의 출현과의 상호작용을 조절하기 위한 “기능적” 법률의 방대한 확장이 있을 것이다. 셋째, 근대적(유기적) 사회에서는 범죄행동의 양은 급격한 사회변동기 동안에 증가할 것이다. 이 각각의 아이디어는 뒤르켐의 저서 이후에 많은 이론과 연구를 낳았다.

원시적 사회의 처벌의 안정성에 관한 뒤르켐의 이론은 에릭슨(Erickson)이 재형성했으며 17세기 매사추세츠 주에서의 청교도 식민지에 관한 연구의 기초로 사용되었다.[26] 이 사회는 그 세기 전반에 걸쳐서 상대적으로 일정한 정도의 처벌수준을 유지했다. 이것은 도덕률 폐기론자, 퀘이커교도, 마녀에 의한 세 번의 “큰 범죄증가(crime wave)”에도 불구하고 사실이었다. 에릭슨은 이렇게 결론을 내렸다.[27] “한 지역사회가 그것의 통제기구를 조정하여 어떤 양의 범죄행동을 다루려고 할 때, 그 지역사회는 그것의 법적 정의를 조절하려고 하였고, 그 방식으로 범죄량이 현실화된다.”

1973년 블룸스타인(Blumstein)과 코헨(Cohen)은 처벌의 안정성에 관한 유사한 이론을 제안했다.[28] 그들은 1924년부터 1974년까지의 미국 수감률, 1880년부터 1959년까지의 캐나다 수감률, 1880년부터 1964년까지의 노르웨이 수감률을 조사한 뒤, 이 수감률이 이 기간 안정된 상태를 유지했고, 이 안정성은 구금형이 선고되는 행동유형을 조정하여 유지되었다고 주장했다.[29] 예를 들어 미국에서는 수감률이 범죄율의 높고 낮음에 상관없이, 대략 인구 10만 명 당 100명 정도를 유지했다.

대략 1970년 이래로 많은 국가의 수감률이 “엄벌주의(get tough)”의 판결정책과 함께 현저하게 올라갔다. 예를 들어 미국의 수감률은 거의 5배가 되었다.[30] 이 구금의 증가는 범죄가 줄어드는 상황에서 발생해 왔다. 예를 들어 미국에서는 2004년에 폭력범죄와 재산범죄 모두는 지난 30년 중 최저점을 기록했다. 1993년 이래로 폭력범죄는 57% 감소했고, 재산범죄는 50% 감소했다.[31]

닐스 크리스티(Nils Christie)는 범죄도 필연적으로 다양한 인간행위의 한 부분이라는 점에서 범죄가 “정상적”이라는 뒤르켐의 일반적 관점을 사용하여 구금 붐(boom)을 조사했다.[32] 그는 모든 사회에는 범죄로 정의되고 처리될 수 있는 광범위하게 다양한 “원하지 않는 행동들”이 있지만, 그 행동도 어떤 다른 방법으로 다루어질 수 있다고 주장했다. 그는 사회가 이런 “원하지 않는 행동들”을 상대적으로 더 많이 범죄로 정의내리는 게 나을지 아니면 더 적게 정의내리는 게 나을지를 물었다. 그것은 바로 무엇이 범죄의 “적당한” 양이냐는 것이다. 크리스티는 이 쟁점에 대해 서로 다른 접근을 하고 있는 많은 근대 사회들을 조사했다. 미국과 러시아와 같은 일부 국가는 “원하지 않는 행동들”

의 많은 부분을 범죄화한 반면에, 핀란드와 같은 다른 국가는 그런 행동의 적은 부분을 범죄화했다. 크리스티는 보다 적게 범죄화하는 것이 전체 사회를 위해 더 낫다고 결론을 내렸다.

뒤르켐은 근대화 기간의 범죄에 대해 세 가지 주장을 하였다. 더 다양한 행동이 관대히 다루어지고, 처벌은 그 목적이 억압에서 배상으로 바뀜에 따라 덜 폭력적이게 될 것이며, 유기적 사회의 출현과의 상호작용을 조절하기 위한 "기능적" 법률의 방대한 확장이 있을 것이다. 울프갱(Wolfgang)은 미국 사회에서 뒤르켐의 첫 번째 주장을 지지하는 결과를 발견했다. "나의 주요 핵심은 우리가 현재 미국 문화, 그리고 아마도 일반적으로 서양사회의 문화에서, 일탈에 대한 수용의 확대 및 그에 상응하여 우리가 범죄로 정의내린 것의 축소를 경험하고 있는 중이라는 것이다."[33] 그러나 연구는 근대화 기간에 처벌이 덜 폭력적이게 될 것이라는 뒤르켐의 두 번째 주장을 일반적으로 지지하지 못했다. 예를 들어 스핏처(Spitzer)는 발전된 사회는 더 엄격한 처벌이 특징인 반면에, 단순한 사회는 관대한 처벌이 특징인 것을 발견했다. 이것은 뒤르켐이 예견한 것과는 정반대이다.[34] 다른 연구에서는 일반적으로 근대화 이전 서양사회의 농촌지역은 높은 정도의 폭력과 그 폭력을 상당한 정도로 포용하는 것을 특징으로 한다는 것을 발견했다.[35] 사회가 폭력에 대해 일관적이고 엄격하게 처벌하기 시작한 것은 익명의 도시에서의 인구집중과 함께 나타난, 겨우 근대화가 이루어진 이후였다. 뒤르켐은 베카리아나 다른 고전주의적 이론가가 도입한 개혁 때문에 그 당시 유럽사회에서 처벌이 덜 엄격해지고 있다는 사실에서 그의 아이디어를 얻었는지도 모른다. 그러나 개혁 이전에 부과되어왔던 극단적으로 가혹한 처벌은 단순하고 발달하지 못한 사회와 관련이 있는 것이 아니라, 절대군주제와 관련이 있었다. 엄격한 처벌은 이전의 더 단순한 사회에서는 발견되지 않았다.[36]

뒤르켐은 근대(즉, 유기적)사회에서는 기능적 법률이 방대하게 확장할 것이라고 예견했다. 거(Gurr)는 1800년부터 현재까지의 도시 네 곳에 관한 사례연구에서 "무역, 공적인 태도, 교통과 같은 서로 다른 영역에서 매일의 상호작용을 조절하기 위해 고안된 법률과 행정법규의 진정한 급증"을 발견했다.[37] 뒤르켐이 주장했듯이, 법률과 법규의 일부는 성장하는 도시에서 늘어난 교통량과 상업적 활동을 조절하기 위한 기능적 필요성에 의해 발생되기도 하였지만, 거(Gurr)는 많은 다른 입법이 도덕성에 반하는, 그리고 폭동과 항의와 같은 "집단행동"에 반하는 새로운 종류의 범죄를 정의하고 금지하도록 통과되는 것도 발견했다.[38] 거(Gurr)는 도덕성에 반하는 새로운 범죄는 주로 중간계급의 가치를 전체 사회집단에 적용시키려는 노력에서 생긴 반면에, 집단행동에 반하는 범죄는 엘리트집단의 권력 유지를 위한 노력에서 생겼다고 주장했다.[39]

마지막으로, 뒤르켐은 유기적 사회에서 범죄율이 높은 것은 근대화와 관련된 급격한 사회변동이 야기한 무규범 혹은 아노미 때문이라고 주장했다. 뒤르켐의 아노미이론은 범죄에 관한 생태학적 이론, 긴장이론, 통제이론을 이끌어 냈다. 따라서 이 이론에 관한 평가는 제7장, 제8장, 제10장에서 언급할 때까지 기다려야만 한다. 그러나 뒤르켐의 이론에서 말했던 것처럼 이 이론들이 사회규범의 붕괴를 직접적으로 근대화 과정과 연결시키고 있는 것은 아니다. 따라서 뒤르켐의 아노미이론은 여기에서 그의 근대화이론의 맥락에서 평가된다.

뒤르켐은 그가 살던 사회의 높은 범죄율과 다른 형태의 일탈을 프랑스혁명과 산업혁명이 야기한 무규범 탓으로 돌린다. 이 주장에 관한 기본적 비판은 프랑스의 범죄율이 그 시대에 올라가지 않았다는 것이다. 로디(Lodhi)와 틸리(Tilly)는 1831년과 1931년 사이에 일어난 심각한 재산범죄 통계에서 상당한 양의 감소를 인용하면서 이 기간에 프랑스의 절도와 강도의 발생률이 감소했다고 결론을 내렸다.[40] 폭력범죄 통계는 이 기간에 걸쳐서 대략적으로 안정된 상태를 유지했고, 일부는 감소하는 경향을 보이기도 했다. 뒤르켐은 그의 아노미이론을 범죄율이 아니라 자살률의 연구 맥락에서 발전시켰었다. 그렇게 함으로써, 그는 그의 결론을 지지하기 위한 데이터는 아무 데서도 제시하지 않았지만, 단순히 범죄도 역시 증가할 것으로 추정했다. 맥도날드(McDonald)는 범죄율의 감소를 보여주는 통계는 범죄율이 증가하고 있다고 추정했던 그 당시의 다른 저명한 범죄학자뿐만 아니라 뒤르켐도 이용가능 했지만, 그들 중 아무도 주의를 기울이지 않았다고 주장했다.[41] "그 당시의 마르크스주의자는 뒤르켐주의자가 산업화·도시화가 필연적으로 더 높은 범죄율을 이끌지는 않았다는 것을 인정하고 싶지 않으려고 했던 것만큼 사회적·경제적 조건이 향상되고 있다는 사실을 인정하고 싶지 않았다."

최근 연구는 근대화가 재산범죄의 증가와 관련이 있지만, 폭력범죄는 감소시킨다는 결론을 일반적으로 받아들이도록 이끌어 왔다.[42] 예를 들어 뉴먼(Neuman)과 버거(Berger)는 17개의 국제적(cross-national) 범죄연구를 재검토한 후에 도시화와 산업화 모두 재산범죄의 증가와 관련이 있는 반면에, 폭력범죄의 증가와는 아무런 관련이 없는 것으로 결론을 내렸다.[43] 더욱이 그들은 재산범죄의 증가가 전통적 가치가 근대적 가치로 이행함에 따라 야기되었다는 주장을 뒷받침할 아무런 근거도 발견하지 못했다. 베넷(Bennett)의 연구도 범죄와 근대화 사이의 연결고리를 설명하려는 뒤르켐 이론에 이의를 제기했다.[44] 뒤르켐은 범죄가 급격한 사회변동 때문에 야기된다고 주장했었다. 그것이 사실이라는 가정 하에 베넷은 다음과 같이 추론했다. (1) 범죄증가율이 사회의 성장률과 직접적으로 비례할 것이다. (2) 절도와 살인은 급격한 성장기 동안에 증가해야 한다. (3) 국가가 급격하게 변동하지 않는 한, 발전 수준 그 자체(즉 국가가 발전하지 못했는지 혹은 발전했는지)는 범죄율에 영향을 주지 않을 것이다. 1960년부터 1984년까지 52개국의 데이터를 사용하여, 베넷은 성장률은 살인이나 절도에 유의미한 영향을 주지 못했으며, 성장률과는 독립적으로 발전수준 그 자체가 절도에 유의미한 영향을 주었지만, 폭력범죄에는 영향을 끼치지 못했음을 보여 주었다. 베넷은 "이 발견은 뒤르켐주의의 가정을 반박하는 것"이라고 결론을 내렸다.[45]

이 연구 때문에, 뉴먼과 버거는 근대화와 범죄 사이의 연결고리를 설명할 때 뒤르켐 이론의 계속되는 우세에 의문을 제기했다. 그들은 전통적 가치의 붕괴에 관한 뒤르켐의 강조와는 대조적으로, 이 과정에서의 경제적 불평등의 역할에 더 많은 관심을 기울일 것을 제안했다. 그들은 경제적 불평등과 살인 사이의 관계가 "문헌에서 가장 시종일관된 발견"[46]임을 지적했고 범죄학자는 불평등과 경제적 발전 사이의 관계에 대해 문헌 조사를 더 폭넓게 해야 한다고 제안했다.[47] 이 문헌의 기본적 발견은 개발도상국에서는 다국적 기업에 의한 외국자본투자와 원료수출의 의존은 장기적 경제성장을 저하시키고 경제적 불평등을 증가시킨다는 것이다. 따라서 경제적 불평등은 범죄행동과 형사사법당국에 의한 그런 행동의 범죄화를 증가시킨다. 이것은 아주 억압적이거나 혹은 민주적인 정부보다는 적당하게 억압적인 정부가 특히 그렇다. 저자들은 "장래의 연구는 다국적 침투, 불평등, 정부 유형 사이의 관계를 연구해야 한다."고 결론을 내렸다.

뉴먼과 버거, 베넷, 그리고 다른 학자가 20세기에 일어난 근대화에 연구의 초점을 맞춘 반면에, 아이스너(Eisner)는 800년 동안의 근대화에 걸친 유럽의 살인율을 조사한 연구를 검토했다.[48] 그는 13세기와 14세기에 인구 10만 명 당 평균 살인율이 20명에서 40명에 이르던 것이 20세기 중반에는 1명이 채 되지 않을 정도로 감소했음을 발견했다.[49] 이들 국가에서의 큰 감소율은 대부분 17세기 초에 시작되었다.[50]

살인율의 상대적 감소라는 아이스너의 발견은 일반적으로 엘리아스(Elias)의 "문명화 과정(civilizing process)"이론을 지지했다.[51] 엘리아스에 따르면, 유럽에서 폭력이 줄어든 것은 남자들이 폭력을 통해 자신의 명예를 수호하던 "기사다운 전사" 사회에서 절대 군주제, 혹은 법정이 더 강력한 영향력을 가지고 있는 국가 통제적 독점으로의 전환에 기인한 것일 수 있다. 엘리아스에 따르면, 이 중앙집권적 절대 권력으로의 전환은 개인의 자기 통제력 수준의 증가와 상응하는 것이었다. 이것은 폭력을 완화시키고 공식적 기제를 통해 개인적 갈등을 다룰 수 있는 폭을 넓혀 주었다.

식사예절부터 공격행위까지 사회규범을 평가하면서, 엘리아스는 중세시대부터 19세기에 이르기까지 젊은 사람의 복종 혹은 사회적 배제의 직면과 함께, 증가된 통제의 내면화를 일으킨 조건의 압력인 "문명화 곡선(civilization-curve)"이 점차적으로 출현하였다고 주장했다.[52] 국가에서 개인으로 퍼지고 충동적인 폭력이 감소되는 문명화 과정에 관한 엘리아스의 이론은 서구에서의 1세기에 걸친 폭력률의 장기간 감소를 기록한 범죄와 처벌에 관한 역사가의 발견으로 지지를 얻었다.[53] 사실은 일부 기록상의 가장 높은 살인율의 통계적 예측은 산업혁명 전, 총이 없는 동질적 환경 속에 있었던 13세기 영국의 농촌에서 발생했다.[54] 물론 충동적인 대인폭력을 감소시킬 수도 있는, 국가에 의한 폭력의 독점이 국가에 의한 폭력사용의 증가를 가져왔다는 점은 나치 독일에서 망명한 엘리아스가 잘 알고 있었어야만 했던 사실이다.[55]

아이스너의 발견 중 일부는 절대적 독점이 실패한 1688년 명예혁명 후 영국의 살인율 감소와 같이, 엘리아스의 이론으로 잘 설명되지 않는 것들이 있다. 아이스너는 이 변동을 설명하기 위해 게르하르트 웨스트라이히(Gerhard Oestreich)의 "사회적 훈육(social disciplining)"이라는 관념에 의존했다.[56] 이 이론구조에서, 국가권력의 중앙 집중화는 16세기와 17세기에 일어난 거대한 변동의 여러 특성 중의 하나일 뿐이다. 다른 변동에는 적절한 의복, 알코올 소비, 종교적 의무를 규정하는 법령은 물론 학교의 진보, 자본주의의 성장도 포함된다. 이 모든 변동은 근대화되고 있는 사회에서 나타나는 개인행동의 "사회적 훈육"에 해당되는 것이었다.

결론

뒤르켐은 범죄학과 사회학에 매우 광범위한 영향을 주었다. 당시 지배적 사고가 사람들이 행위과정을 자유롭게 선택하는 것인가 혹은 행동이 생물학이나 심리학적인 내적 힘에 의해서 결정되는 것인가에 매달려 있을 때 그는 인간행위의 결정에서 중요한 역할을 하는 사회적 힘의 역할에 대해 주의를 기울였다. 지금은 사회적 힘이 범죄를 설명하기 위해 사용되는 지배적 관점이지만, 그 당시에는 급진적 사고로 받아들여졌다.[57]

근대 세계에서 발견되는 범죄의 기본 패턴은 근본 요인으로 근대화에 초점을 두는 이론에 의해서만 설명될 수 있다는 중요한 증거가 있다. 셸리(Shelley)는 범죄와 근대화에 관련된 연구를 검토하고는 서유럽에서 처음 발생했던 범죄패턴에서의 동일한 변화가 동유럽 사회주의 국가들에서도 다시 발생했으며, 근대화 과정을 겪고 있는 아시아, 아프리카, 라틴 아메리카의 신생국가들에서도 동일한 변화가 다시 발생했다는 사실을 발견하였다.[58] 그녀에 따르면, "그 증거는 …… 발전과정에 수반하는 그 변화만으로 지난 2세기 동안 국제범죄 패턴의 거대한 변화를 설명하기에 충분하다는 것을 보여준다."

근대화 과정이 수반해 왔던 많은 변화는 뒤르켐의 이론이 예견한 것이 아니다. 근대화 이전 사회는 폭력범죄가 안정적일 것이라는 뒤르켐의 주장과는 반대로 높은 정도의 폭력범죄가 특징이었다. 근대화 과정이 일어남에 따라 지난 몇 백 년에 걸쳐서 폭력범죄가 장기적으로 감소해왔던 것으로 보인다. 이는 뒤르켐의 이론이 예측하지 않았던 것이다.[59] 이 장기간의 감소 속에 단기간의 증가가 도시화와 산업화의 초기단계에 발생했지만, 단기간의 증가는 농촌문화의 붕괴가 아니라 유지와 관련이 있는 것처럼 보인다. 거(Gurr)는 폭력범죄율의 단기적 증가의 다른 원인으로 전쟁과 청소년 인구의 성장이 포함될 수 있다고 주장했다.[60]

근대화는 높은 재산범죄율과 관계가 있어 보인다. 하지만 재산범죄의 증가가 급격한 사회적 변동과 관련이 있는 도덕적 가치의 붕괴로 인해 야기되었다고 볼 수는 없을 것 같다. 오히려 재산범죄를 저지를 수 있는 더 많은 기회를 만든 사회적 변동과 관련이 있다고 봐야 할 것이다. 예를 들어 사람들이 값나가고 휴대하기 편한 소유물을 더 많이 가지고 있고, 종종 이 물건을 두고 떠나면서 개인적으로 이를 보호할 수 없을 때, 재산범죄가 증가하게 될 것이다. 이는 제3장에서 논의한 것이다.

한편으로, 뒤르켐의 기본 주장은 근대화가 사회규범과 규칙의 붕괴를 통해 범죄와 연결된다는 것이었다. 즉 그는 범죄를 사회통제의 부재와 연결시켰다. 뒤르켐의 주장 자체는 맞을지도 모른다. 그러나 근대화 이전의 사회가 강한 사회적 통제를 가지고 있었고 그에 따라 범죄가 적었다고 보는 뒤르켐의 가정은 틀린 것이었다. 지금에서 보면 이런 사회는 사회적 통제가 약했고 그에 따라 폭력범죄가 많았던 것 같다. 폭력범죄의 장기적 감소는 근대화의 증가와 관련된 사회통제 수준의 계속적인 증가에 의해 설명될 수 있을지도 모른다.[61] 범죄와 사회통제 사이의 관계는 제10장에서 더 자세히 살펴본다.

주요 용어

- 아노미
- 근대화
- 프랑스혁명
- 산업혁명
- 이성적 사회
- 전통적 사회
- 사회적 연대
- 기계적 사회
- 유기적 사회
- "정상으로서의 범죄"
- 집합의식
- 도덕적 우월성
- 병리적인 지나친 통제
- "원하지 않은 행동"
- 문명화 과정
- "사회적 훈육"

토의할 문제

1. 뒤르켐이 볼 때 범죄와 처벌은 어떤 기능을 하는가? 범죄와 처벌이 사회적 기능을 하는 현재의 특정한 실례를 들어보자.
2. 아노미적 상황에 관한 현재의 예와 역사적 예를 들어보고, 왜 범죄행동의 양이 급격한 사회변동 기간에 늘어날 수 있는지 설명해 보자.
3. 근대화가 재산범죄의 증가와는 관련이 있는 데 반해 폭력범죄에서는 그것의 감소와 관련이 있는지를 무엇으로 설명할 수 있을까?
4. 무엇이 지난 수세기에 걸친 서양의 살인율 하락을 설명해 줄 수 있는가?
5. 엘리아스는 "문명화 과정"을 통해 무엇을 말하려고 하는 것인가? 어떤 방식에서 이것이 폭력범죄율의 하락에 공헌해 왔는가?
6. 근대화 과정이 공식적·비공식적 사회통제를 증가시켜온 방식에 대한 구체적인 예를 제시해보자.
7. 산업화된 문화와 비교되는 것으로서 산업화 이전 문화의 폭력수준과 관련해서 연구는 무엇을 보여주었는가? 무엇이 이 발견을 설명해 줄 수 있을까?

6

인용&
부연설명

1. Dominick LaCapra, Emile Durkheim, *Sociologist and Philosopher* (Ithaca, NY:Cornell University Press, 1972), p. 5.
2. Ibid., p. 5.
3. Robert A. Nisbet, *Emile Durkheim* (Englewood Cliffs, NJ: Prentice Hall, 1965), p. 20.
4. Ibid., p. 20.
5. LaCapra, op. cit., p. 41.
6. Julius Gould, "Auguste Comte," in T. Raison, ed., *The Founding Fathers of Social Science* (Harmondsworth, England: Penguin, 1969), p. 40.
7. Emile Durkheim, *The Division of Labor in Society*, trans. George Simpson (new York: Free Press, 1965).
8. Raymond Aron, *Main Currents in Sociological Thought*, vol. 2, Richard Howard and Helen Weaver, trans. (New York: Basic Books, 1967), p. 12.
9. Ibid., pp. 12–13.
10. Emile Durkheim, *The Rules of the Sociological Method*, Sarah A. Solovay and John H. Mueller, Trans.; George E. G. Catlin, ed. (New York: Free Press, 1965).
11. Emile Durkheim, S*uicide*, John A. Spaulding And George Simpson, trans.; George Simpson, ed. (New York: Free Press, 1951).
12. 프랑스에서는 conscience라는 용어는 "conscience(양심)"와 "consciousness(의식)" 둘 다를 함축하고 있다. 그러나 이 용어는 보통 "collective conscience(집합의식)"으로 번역되고 있다.
13. Durkheim, *Rules*, op. cot., p. 70.
14. Ibik., pp. 2–3.
15. Kurt Wolff, ed., Emile Durkheim et al., *Writings on Sociology and philosophy* (New York: Harper & Row, 1960), p. 338.
16. Nisbet, op. cit., p. 225. See also Jackson Toby, "Is Punishment Necessary?" *Journal of Criminal Law, Criminology and Police Science* 55 (1964): 332–37.

17. durkheim, Rules, op. cit., pp. 68-69.

18. Ibid., p. 67.

19. Ibid., p. 67.

20. Ibid., p. 71.

21. Ibid., p. 72.

22. Durkheim, *Division of Labor*, op. cit., pp. 370-73.

23. Marshall B. Clinard, ed., *Anomie and Deviant Behavior* (New York: Free Press, 1964).

24. 아노미이론은 Emile Durkheim의 *Suicide* (New York: Macmillan, 1952), pp. 246-53, 에 제시되어 있으며, 여기에서의 인용구는 이 페이지들에서 따온 것이다. 이론을 요약한 광범위한 인용들은 다음의 문헌을 참조하라. George B. Vold Thomas J. Bernard, and Jeffrey B. Snipes, Theoretical Criminology, 4th ed. (New York: Oxford University Press, 1998), pp. 130-32.

25. Ibid., pp. 254-58.

26. Kai T. Erikson, *Wayward Puritans* (New York: John Wile & Sons, 1966).

27.Ibid., p. 26.

28. Alfred Blumstein and Jacqueline Cohen, "A Theory of the Stability of Punishment," *Journal of Criminal Law and Criminology* 64 (1973): 198-207.

29. Blumstein, Cohen, and Daniel Nagin, "The Dynamics of a Homeostatic Punishment Process," *Journal of Criminal Law and Criminology* 67 (1976): 317-34. 이 연구에 관한 간단한 리뷰와 이 연구의 확장, 지지, 비판에 관한 많은 자료를 보려면 다음의 문헌을 참조하라. Allen E. Liska "Introsuction" in Liska, ed., *Social Threat and Social Control* (Albany: State University of New York Press, 1992), pp. 13-16. 그리고 네덜란드에서 유사한 패턴을 발견한 Jan P. C. Fiselier, "A Test of Quantitative Criminology 8 (1992): 133-51 도 참조하라.

30. 이 수치는 오직 연방 그리고 주의 수감인구만을 포함한 것이다. 교도소나 소년수용시설에 있는 수감인구를 포함하여 미국의 전체 수감률은 2004년에 약 인구 10만 명 당 780명이었다.

31. Bureau of Justice Statistics, *Criminal Victimization, 2004* (Washington, DC: U.S. Department of Justice, 2005).

32. Nils Christie, *A Suitable Amount of Crime* (London: Routledge, 2004). 이 저작은 그의 이전의 책인 *Crime Control as Industry: Towards Gulags, Western Style* 3rd ed. (London: Routledge, 2000) 에서 제시한 주장을 확대하였다. 여러 가지 내용 중에서, Christie는 범죄통제가 실업자를 교도

관과 수감인의 역할로 흡수한다고 주장했다. 이것은 Chris Hale이 그의 연구인 "Unemployment, Imprisonment, and the Stability of Punishment Hypotheses: Some Results Using Cointegration and Error Correction Models," *Journal of Quantitative Criminology* 5 (1989): 169-86 에서 제기한 주장과 유사하다. Hale은 영국에서의 처벌의 수준이 범죄가 아니라 실업에 따라 증가하거나 감소하였음을 발견했다. 따라서 그는 "처벌의 안정성" 가설을 거절하였고 수감은 경제적 위기에 대한 사법적 반응으로서 가장 잘 해석되어진다고 주장했다.

33. Marvin E. Wolfgang, "Real and Peal and Perceived Changes in Crime," in Simha E. Landau and Leslie Sebba, eds., *Criminology in Perspective* (Lexington, MA: D. C. Heath 1977), pp. 27-38.

34. Steven Spitzer, "Punishment and Social Organization," *Law and Society Review* 9 (1975): 613-37.

35. 예를 들어 Howard Zehr, *Crime and Development of Modern Society* (Totowa, NJ: Rowman & Littlefield, 1976) 를 참조하라. 폭력의 감소에 관해서는 다음의 문헌을 참조하라. Manuel Eisner, "Modernization, Self-Control, and Lethal Violence: The Long-term Dynamics of European Homicide Rates in Theoretical Perspective," *British Journal of Criminology* 41 (2001): 618-38.

36. Michel Foucault, *Discipline and Punish* (New York: Pantheon, 1977), pp. 3-69. 과거를 조화롭고 평화로운 것으로 이상화하는 경향에 대한 논의에 대해서는 다음의 문헌을 역시 참조하라. Philippe Ari s, *Centuries of Childhood* (New York: Knopf, 1962) 의 1장.

37. Ted Robert Grr, Rogues, *Rebels, and Reformers* (Beverly Hills, CA: Sage, 1976), p. 180.

38. Ibid., p. 177.

39. Ibid., pp. 93-115.

40. A. Q. Lodhi and Charles Tilly, "Urbanization, Crime and Collective Violence in Nineteenth-Century France," *American Journal of Sociology* 79 (1973): 297-318. See also A. V. Gatrell and T. B. Hadden, "Criminal Statistics and Their Interpretations," in E. A. Wrigley, ed., *Nineteenth-Century Society* (Cambridge, England: Cambridge University Press, 1972), pp. 336-96.

41. Lynn McDonald, "Theory and Evidence Of Rising Crime in the Nineteenth Century," *British Journal of Sociology* 33 (1982), p. 417.

42. 이에 관한 리뷰는 다음의 문헌을 참조하라. Gray D. LaFree and Edward L. Kick, "Cross-National Effects of Development, Distributional and Demographic Variables on Crime: A Review and

Analysis," *International Annals of Criminology* 24 (1986): 213–36. 이와 반대로, 인구의 연령구조와 종교를 적절히 통제한 한 연구는 살인율과 절도율이 모두 근대화와 함께 상승하였음을 발견했다. 다음의 문헌을 참조하라. Suzanne T. Ortega et al., "Modernization, Age Structure, and Regional Context: A Cross-National Study of Crime," *Sociological Spectrum* 12 (1992): 257–77.

43. W. Lawrence Neuman and Ronald J. Berger, "Competing Perspective" on Cross- National Crime: An Evaluation of Theory and Evidence, *Sociological Quarterly* 29 (1988): 281–313.
44. Richard R. Bennett, "Development and Crime," *Sociological Quarterly* 32 (1991): 343–63.
45. Ibid., p. 356.
46. Ibid., p. 296.
47. Ibid., pp.298–99. Sethard Fisher는 그의 연구에서 다른 인과경로를 제시하였는데, 그는 범죄가 농촌인구가 도시지역으로 이동하는 무계획적 표류와 관련이 있으며, 사회가 근대화와 경제적 성장을 성취하려고 시도함에 따라 엘리트 집단에서 일어나는 변동과 관련이 있다고 주장했다. 다음의 문헌을 참조하라. "Economic Development and Crime," *American Journal of Economic and Sociology* 46 (1987): 17–34.
48. Eisner, op. cit.
49. Ibid., p. 628.
50. Ibid., p. 629.
51. Norbert Elias, *The Civilizing Process*, vols. I and II (Oxford, England: Oxford University Press, 1978).
52. Norbert Elias, *The Civilizing Process* (Oxford, England: Blackwell, 2000), pp. 72–172.
53. Eric A. Johnson and Eric H. Monkkonen, eds., *The Civilization of Crime Violence in Town and Country Since the Middle Ages* (Chicago: University of Illinois Press, 1996).
54. Roger Lane, *Murder in America: A History* (Columbus: Ohio State University Press, 1997), pp. 9–32. Lane은 현재 영국의 살인율이 대략 인구 10만 명 당 1명인 것에 대조해서 13세기 영국의 살인율이 대략 인구 10만 명 당 20명인 것으로 통계적 예측을 하였다.
55. Johnson and Monkknonen, op. cit., pp. 5–6.
56. Eisner, op. cit., p. 631.
57. See the chapter on Durkheim in Ian Taylor, Paul Walton, and Jock Young, *The New Criminology* (New York: Harper, 1973), pp. 67–90.

58. Louise I. Shelley, *Crime and Modernization* (Carbondale: Southern Illinois University Press, 1981), pp. 141–42.

59. See Steven F. Messner, "Societal Development, Social Equality, and Homicide," *Social Forces* 61 (1982): 225–40.

60. Ted Robert Gurr, "Historical Forces in Violent Crime," in Michael Tonry and Norval Morris, eds., *Crime and Justice*, vol. 3 (Chicago: University of Chicago Press, 1981), pp. 340–46. See also Gurr, "On the History of Violent Crime in Europe and America," in Hugh David Graham and Ted Robert Gurr, eds., *Violence in America*, 2nd ed.(Beverly Hills, CA: Sage, 1979).

61. 이것은 기본적으로 Gurr의 해석이다. 미주 60의 자료를 참조하라.

제7장 이웃지역과 범죄

장 개요

- 인간생태학 이론
- "비행지역"에서의 조사연구
- 정책적 함의
- 거주지 계승, 사회 해체 및 범죄
- 샘슨의 집합효율성 이론
- 공공주택에서의 범죄
- 이웃 지역의 사회적 과정에 대한 관심의 확장
- 함의와 결론

C/H/A/P/T/E/R **07**

이웃지역과 범죄

뒤르켐의 주장 가운데 하나는 급속한 사회변동이 사회통제의 붕괴 때문에 발생한 범죄의 증가와 상호 관련되어 있다는 것이었다. 이러한 생각은 범죄와 관련되어 있는 환경적인 요인을 정확히 찾아내고 그 요인들 간의 관계를 밝혀내기 위해 1920년대 시카고대학 사회학과 구성원들이 사용했던 여러 가지 아이디어 가운데 하나였다. 그러나 그들은 전체 사회의 급속한 변동 대신에 이웃지역의 급속한 변동에 주목했다.

그들의 연구절차에는 각 이웃지역이 갖는 특징과 그 지역의 범죄율을 서로 상관 짓는 것이 수반되었다. 이 미국 최초의 대규모 범죄연구는 범죄에 관한 엄청난 양의 자료와 수많은 관찰사례를 축적했고, 이것들은 직접적으로 미국 범죄학계의 수많은 후속연구를 이끌어냈다. 이 조사연구는 식물생태학에서 유추한 인간 공동체라는 이미지에 기초를 두었기 때문에, 인간생태학의 시카고학파로 알려지게 되었다.

인간생태학 이론

오늘날 사용되는 생태학이라는 용어는 흔히 자연환경을 보존하자는 발상과 연계된다. 그러나 근본적인 의미에서 생태학은 생물학의 한 분과로서 식물과 동물 간의 상호관계 및 그들이 자연서식지와 맺는 관계에 대해 연구하는 것이다. 생태학에서는 식물 및 동물의 생활을 복잡하게 얽혀진 완전체로 보는데, 그 거미줄 같은 삶 속에서 각 부분은 생존의 일부로써 거의 모든 다른 부분에 의존한다. 자연적인 서식지에 사는 유기체는 지속적인 자연의 균형 속에서 존재하는데, 그 역동적인 균형상태에서 각 개체는 생존을 위해 투쟁해야 한다. 생태학자는 이 거미줄 같은 상호관계성과 상호의존성을 연구하여

각 부분의 활동을 규정하는 힘을 발견하고자 한다.

인간공동체, 특히 자유시장경제와 자유방임정부 주위로 조직화된 인간공동체는 본질적으로 이 생물의 상태와 유사해 보일 수 있다. 각 개인은 서로 연관되고 상호의존적인 공동체 안에서 각자의 생존을 위해 투쟁한다. 다윈의 적자생존의 법칙이 여기에도 적용된다.

로버트 파크(Robert Park)는 자연에서의 식물생활 분포와 사회에서의 인간생활 조직 간에는 상응하는 점이 있다고 제안했다.[1] 그는 25년 동안 시카고의 한 신문 기자로 활동하면서 도시 내 사회적 여건들을 조사하는 데 대부분의 시간을 보냈다. 당시 시카고 인구는 200만 명이 넘었다; 1860년과 1910년 사이 이주자들의 연속되는 물결 속에 시카고의 인구는 10년마다 두 배로 증가했다. 파크는 1914년 시카고대학 사회학과 교수로 임명되었다. 식물과 동물 생태학 연구에서 그는 스스로 "인간생태학 이론"이라고 불렀던 이론의 기초를 형성하는 두 가지 개념을 유도해냈다.

첫 번째 개념은 덴마크 생태학자인 바밍(Warming)의 관찰로부터 나왔는데, 그는 특정 지역에 사는 식물 집단은 수많은 특징들을 갖는데, 이들을 묶어놓으면 개별 유기체의 특징들과 유사하다는 점에 주목했다.[2] 바밍은 그 집단들을 "식물공동체"라고 불렀다. 다른 생태학자들은 특정한 거주지의 식물과 동물의 생활은 "자연경제"를 발전시키는 경향이 있고, 그 자연경제 안에서 각각의 서로 다른 종(種)들은 따로 떨어져 살 때보다 함께 살 때 더 풍요로울 수 있다고 주장했다. 이것을 "공생(symbiosis)" 또는 서로 다른 종들이 각 개체의 상호 편익을 위해 함께 사는 것이라고 부른다. 각각의 식물 및 동물 공동체가 유기체와 닮았다고 하기 때문에, 서식지에서 이룬 자연의 균형은 거대유기체(superorganism)를 닮았다고도 한다.

신문기자로서의 파크의 활동은 그로 하여금 도시를 유사한 방식으로 보게 하였는데 – 즉 도시를 단순히 지리적 현상으로 본 것이 아니라, 도시에 사는 사람들의 공생적 상호관계에서 도출된 "유기적 통합성"을 갖는 일종의 "거대유기체"로 보게 하였다.[3] 이 거대유기체 안에서 파크는 다른 유형의 사람이 살고 있는 수많은 "자연지역"을 발견했다. 식물의 자연지역과 마찬가지로, 이 자연지역들은 그들 스스로의 유기적 통일성을 가졌다. 자연지역들 가운데 일부는 "차이나타운", "리틀 이태리", 또는 "블랙벨트"라고 하는 인종 혹은 민족 공동체였다. 다른 자연지역들에는 일정한 수입 또는 직업 집단에 따라, 혹은 산업이나 상업 지역에 따라 구분되는 사람들이 살고 있었다. 그 밖의 또 다른 지역은 철로, 강, 고속도로, 공터 등에 의해 여타의 도시지역들로부터 물리적으로 분리되었다. 공생적 관계는 자연지역(정육업자가 빵을 먹으려면 제빵업자가 필요하듯이, 제빵업자가 고기를 먹으려면 정육업자가 필요한) 안에 있는 사람들 간에만 존재하는 것이 아니라, 도시 내의 자연지역들 간에도 존재했다. 각각의 자연지역은 전체로서의 도시생활에서 일정 역할을 담당하고 있는 것처럼 보였다.

파크가 식물 생태학에서 도출한 두 번째 기초개념은 특정 지역에서의 자연적 균형이 변화할 수도 있는 과정을 포함하였다. 하나의 새로운 종은 특정 지역에 침입하여, 그 지역을 지배하고, 마침내 자신과 다른 생명체를 몰아낼 수도 있다. 예를 들어 남부 주의 한 인가된 들판이 처음엔 키 큰 갈대로 덮여 있다고 하자. 훗날 이 들판은 사초(broomsedge)의 침입을 받아 그것의 지배를 당하게 될 것이며, 더 오랜 시간이 지난 후에는 소나무에게 잠식당할 것이다. 결국 그 들판은 오크 히코리(oak-hickory) 나무가 우거진 숲으로 안정될 것이다. 생태학자들은 이 과정을 "침입, 지배, 계승"이라고 부른다.

이 과정은 인간사회에서도 볼 수 있다. 미국의 역사는 유럽인이 원주민의 영토를 침입, 지배, 계승한 과정이다. 또한 도시에서도 하나의 문화적 또는 민족적 집단이 단지 한두 사람의 이주로부터 시작하여, 다른 집단으로부터 한 이웃지역 전체를 빼앗아 버릴 수도 있다. 이와 유사하게 상업이나 산업도 이전에는 주거지 위주였던 이웃지역에 침입하여 궁극적으로는 산업공단으로 탈바꿈시켜버릴 수도 있다.

파크의 동료인 버제스(Burgess)는 침입, 지배, 계승의 과정을 더 심층적으로 연구했는데, 그는 도시가 주변부에서는 그냥 성장하지만은 않는다는 점을 지적했다. 오히려 도시는 중심에서 동심원을 그리면서 점진적으로 방사형으로 뻗어나가는 경향이 있다고 보았다. 버제스는 이 동심원을 "구역(zone)"이라 기술했다.

구역 I은 중심상업지역(CBD)인데 비해, 구역 II는 바로 그 주변을 둘러싼 지역이다. 구역 II는 일반적으로 도시에서 가장 오래된 구획(section)으로 구역 I에서 확장되는 상업 및 산업에 의해 지속적으로 침입, 지배, 계승의 과정을 수반한다. 이 구역에 있는 집들은 이미 황폐화되어 있고 앞으로도 더 황폐화되도록 허용될 것인데, 그 이유는 가까운 장래에 상업 및 산업시설이 들어올 수 있도록 한 번 더 허물어질 것이기 때문이다. 이곳은 도시에서 거주하기에 가장 적절치 못한 구획이므로, 통상 가장 최근에 그 도시로 이주해온 사람들을 포함하여 가장 가난한 사람들이 주로 거주한다. 구역 III은 상대적으로 보통 수준의 집과 아파트로 구성된 구역으로, 구역 II의 열악한 여건을 탈출한 노동자와 그의 가족들이 주로 거주한다. 도시 내의 마지막 구역은 구역 IV인데 이곳은 단독주택과 조금 더 비싼 아파트로 이루어졌다. 도시의 경계를 넘어서면 교외지역과 위성도시들이 있는데 이곳이 통근구역이라고도 하는 구역 V이다. 이들 다섯 구역 각각은 성장해가면서 침입, 지배, 계승의 과정을 통해 다음 구역이 점유한 바깥쪽 영역으로 점차 움직여 나아간다.

자연지역은 각각의 구역 안에서 발생하며, 종종 다른 구역의 자연지역과 연계된다. 예를 들어 버제스는 유대인 이주자가 초기에 정착한 시카고의 구역 II의 위치에 주목했다. 구역 III은 유대인 노동자 가정이 몰려있는 지역으로 구역 II로부터 끊임없이 새로운 거주자를 받아들이는 동시에, 구역 IV와 구역 V에 있는 더 매력적인 유대인 이웃지역에 거주자를 빼앗기고 있었다.[4]

이 생각의 구조틀 안에서 파크와 동료들은 시카고라는 도시와 그 도시가 갖는 문제점들에 대해 연구했다. 그들은 "생물학적 균형(balance)과 사회적 평형(equilibrium)이 일단 확보되기만 하면 그 이후에 그것이 유지되는 과정에 대해, 그리고 생물학적 균형과 사회적 평형이 흔들릴 때 상대적으로 안정적인 질서에서 또 다른 질서로 전이가 일어나는 과정에 대해" 알고자 했다.[5]

"비행지역"에서의 조사 연구

파크의 이론들은 클리포드 쇼(Clifford R. Shaw)에 의해 시카고 청소년비행 문제에 대한 광범위한 연구의 기초로 활용됐다. 범죄와 비행의 문제는 1920년대 사회과학자들에게 커져가는 관심사였는데, 그 이유는 미국 전체가 금주령에 대한 저항에서 촉발된 범죄의 물결에 휩싸여 있었기 때문이고, 그 문제는 특히 시카고에서 심각했다.

쇼는 이 시기에 가석방 및 보호관찰 공무원으로 일을 하면서, 청소년비행의 문제는 그 근본 원인이 청소년들의 어떤 생물학적 혹은 심리학적 비정상성에 있다기보다는 그들의 "인습적 집단으로부터의 분리"에서 찾을 수 있다고 확신하게 되었다.[6] 시카고의 청소년연구소(Institute for Juvenile Research)에서 일하게 되면서, 그는 인간생태학 이론에 기초하여 바로 이 "인습적 집단으로부터의 분리"가 발생하는 과정을 연구하기 위한 전략을 수립했다.

그는 비행청소년들이 근본적으로는 정상적인 사람들이라고 보았기 때문에, 그들의 불법 활동은 어떻게든 그들이 처한 주변 환경과 밀접한 관계가 있다고 믿었다. 그러므로 그가 취한 전략의 첫 번째 단계는, 경찰과 법원의 기록상, 비행청소년이 가장 많은 이웃지역의 특성을 분석하는 것이었다. 그러나 가장 열악한 지역에서조차 실제로는 단지 20% 정도에 불과한 아이들만이 법원과 관련이 있을 뿐이었다. 그래서 쇼는 그들이 어떠한 방식으로 주변 환경과 관련을 맺게 되었는지를 명확히 알아내기 위해 개별 비행청소년으로부터 광범위한 "생활사적 일대기(life history)"를 엮어냈다.

쇼는 1929년 먼저 *비행지역*Delinquency Areas이라고 명명된 시리즈물의 형태로 그의 이웃지역 연구물을 출간했고, 연이어 후속연구물인 「청소년비행의 사회적 요인들Social Factors in Juvenile Delinquency(1931)」과 「청소년비행과 도시지역Juvenile Delinquency and Urban Areas(1942)」이라는 두 연구를 헨리 맥케이(Henry D. McKay)와 공저로 출간했다. 쇼와 맥케이는 이웃지역 연구의 결과로 다음과 같은 결론에 도달했다.

1. 물리적 상태 : 높은 비행률을 보이는 이웃지역은 중공업지역이나 상업지역 안에 있거나 그런 지역들과 가까이 있음을 발견했다. 이 지역은 버려진 빌딩이 가장 많았고, 인구도 줄어들고 있었다. 인구의 변화는 그 지역에 대한 산업시설의 침입과 관련되어 있다고 추정되었고, 그 결과 주거용 건물은 거의 남지 않았다.[7]
2. 경제적 상태 : 가장 높은 비행률이 발견되는 곳은 경제적 지위가 가장 낮은 지역인데, 경제적 지위는 복지혜택을 받는 가족비율, 임대료의 중위수, 자가 소유가족 백분율 등을 포함한 몇 가지 구체적 요인들에 의해 결정된다.[8] 이 지역은 또한 영아사망률, 활동성 결핵 사례, 정신이상 등에서도 가장 높은 비율을 보였다. 그러나 쇼와 맥케이는 경제적 조건 그 자체로는 이러한 문제를 야기하지 않는다고 결론지었다. 이러한 결론은 도시 전체에서의 비행률, 성인범죄율, 유아사망률, 결핵유병률이 1929년에서 1934년 사이에 상대적으로 안정적인 상태를 유지하였다는 사실에 기초하는데, 마침 그때는 대공황이 절정에 이르러, 공적 부조나 사적 부조를 받는 가족의 수가 10배나 증가했던 때였다. 임대료의 중위수, 복지비율, 여타의 경제적 측정치는 이 문제가 고도로 집중된 지역이 도시의 다른 지역에 비해 가장 낮은 경제적 상태에 있다는 것을 지속적으로 보여 주었다. 이 문제는 그 사회 전체의 실제적 경제여건과는 관계없이, 그 사회에서 특혜가 가장 적은 집단과 연관된 것으로 나타났다.

3. 인구구성 : 높은 비행지역은 외국 태생과 흑인 가장의 집중률이 높은 곳과 지속적으로 연관되었다.[9] 비행의 원인에서 인종 및 민족적 요인의 정확한 역할을 밝혀내기 위해, 쇼와 맥케이는 이 자료를 추가로 분석했다. 그들은 구역 II에 있는 특정 도심지역은 이 지역의 인구가 거의 모두 바뀌었음에도 불구하고 도시에서 가장 높은 비행률을 보이는 지역 가운데 하나로 남아있다는 사실을 발견했다. 1884년에는 이 지역 인구의 약 90% 정도가 독일인, 아일랜드인, 영국인, 스코틀랜드인, 스칸디나비아인 등이었다. 1930년대까지는 이 인구의 약 85%가 체코인, 이탈리아인, 폴란드인, 슬라브인 또는 기타 민족 등으로 전환되었다. 민족적 인구의 이 같은 극적인 변화에도 불구하고, 이들 8개 지역은 도시에서 가장 높은 비행률을 가진 일부로 지속적으로 기록되었다. 동시에 노년 이주민 공동체가 이주해온 지역에서는 비행률에 아무런 증가를 보이지 않았다.

쇼와 맥케이는 또한 동일한 지역에서, 외국 태생이건 국내 태생이건, 최근 이주자이건 오래된 이주자이건, 흑인이건 백인이건 관계없이, 각 집단은 전체 지역에서의 비율과 비례하는 정도의 비행률을 보인다는 사실도 알아냈다. 그 어떤 인종, 국가, 태생별 집단도 도시의 모든 지역에서 동일한 특성의 범죄율을 보이지는 않았다. 각 집단은 조사된 지역의 유형에 따라 가장 낮은 범죄율에서 가장 높은 범죄율까지 다양한 범위의 범죄율을 나타냈다. 집단에 따라 약간의 변이가 보이기는 했지만, 특정 집단의 전반적인 비행률은 주로 그 집단에 소속된 사람 중 얼마나 많은 사람이 소위 "비행지역"에 거주하느냐에 달렸다는 것이 명백했다. 쇼와 맥케이는 다음과 같이 결론지었다.[10]

이 사실을 직시해 볼 때, 인종, 태생, 출신국가와 같은 요인이 그 자체만으로 청소년비행의 문제와 필수적으로 관련된다는 주장을 견지하기는 어렵다. 흑인들의 자녀, 외국 태생의 자녀, 최근 이주자의 자녀 가운데 발견되는 상당히 높은 비행률은 오히려 도시 내 지리적 분포에서 각 집단별 유형이 갖는 기존의 차이와 밀접히 연관되어 있다고 결론지을 필요가 있어 보인다. 만일 이들 집단이 모든 지역에서 같은 비율로 발견된다면, 다양한 집단으로부터 법정에 불려나온 소년들의 상대적 수에 나타난 기존의 차이는 크게 줄어들거나 아예 사라질 수도 있다.

이 연구 이외에, 쇼는 「아리랑치기범(The Jackroller, 1930)」, 「비행경력의 자연사(The Natural History of a Delinquent Career, 1931)」, 「범죄에 빠진 형제들(Brothers in Crime, 1938)」 등을 포함해, 개별 비행자에 대한 일련의 "생활사적 일대기"를 수집하여 출판했다. 이들 인생사에서 발견된 기본 내용이 다음의 핵심요점에 함축적으로 요약되어 있다.

1. 비행자는 대체로 "지능, 육체적 조건, 성격상의 특성 등에서 수많은 보통 사람들과 차이가 없다."[11]
2. 비행지역에서는 "인습적인 전통, 이웃지역의 제도, 대중의 여론 등과 같이 보통 이웃지역이 아이들의 행위에 통제를 가하는 데 활용하는 것들이 대부분 해체되어 있다."[12] 더구나 부모와 이웃들은 종종 비행행위를 괜찮다고 승인하기에, 아이는"[비행]이 용인된 적절한 행위 유형인 사회 세계에서 자라난다."[13]
3. 이웃지역에는 "고철상, 전문적인 장물아비, 훔친 물건을 구매하는 주민"과 "훔친 물건의 거래를 장려하는 황폐한 건물"을 포함해서 비행활동을 저지를 수 있는 기회가 많다. 또한 이 지역에는 "사기업에 성공적으로 취직하기 위해 필요한 준비, 교육, 기회, 적절한 격려가" 부족하다.[14]
4. 이들 지역에서의 비행 활동은 길거리에서 벌어지는 놀이 활동의 일부분으로 이른 나이에 시작된다.[15]
5. 이들 놀이 활동에는 특정 이웃지역에서 나이 많은 소년들로부터 나이 어린 소년들에게 전해지는 전통의 연속성이 있다.[16] 이 전통에는 아리랑치기, 상점절도, 고철상 절도 또는 자동차절도와 같은 서로 다른 범죄 기법들이 전수되는 것이 포함되기 때문에, 상이한 이웃지역들이 오랜 기간에 걸쳐 동일한 유형의 범죄행위로 특성화되기도 한다.[17]
6. 공식적인 사회통제와 같은 통상적인 방법으로는 이 과정을 멈출 수 없다.[18]
7. 한 개인이 "자신 스스로를 범죄세계와 동일시하기 시작하고, 자신이 접촉했던 범죄세계에서 만연했던 도덕적 가치를 자신의 삶의 철학에 구현하기" 시작하는 것은 범죄경력의 후반부에 이르러서일 뿐이었다.[19] 이것은 소년범죄자가 거리위에서 그리고 교정기관에서 소년범죄자 및 성인범죄자와 가졌던 지속적인 접촉이라는 첫째 이유와 지역사회로부터의 거부와 낙인이라는 둘째 이유 모두에 기인하였다.

쇼는 소년범죄와 다른 사회문제가 도시의 동심원적 성장패턴을 결정하는 침입, 지배, 계승의 과정과 밀접한 관련이 있다고 결론지었다. 도시의 특정 지역이 새로운 거주민에 의해 "침입"당하면, 그 지역을 자연지역과 묶어주던 기존의 상징적 관계성이 붕괴된다. 궁극적으로 이 지역은 새로운 자연지역의 한 유기적 부분으로 병합될 것이며, 사회적 평형이 회복될 것이다. 반면에 그 지역의 자연적 조직은 심각하게 손상될 것이다.

이 "틈새지역(이 지역들이 조직화된 자연지역들 사이에 끼어 있기 때문에 그렇게 불림)"들은 인구의 급격한 변화에서 직접적인 원인을 찾을 수 있는 다양한 사회적 문제들 때문에 피해를 입는다. 이웃지역에 존재하였던 공식적인 사회조직들은 원래 살고 있던 사람들이 빠져나감에 따라 해체되는 경향이 있다. 지역이 전이단계에 있기 때문에 거주민들은 더 이상 그 지역과 동일시하지 않으며, 따라서 그곳의 외관이나 평판에 그다지 신경을 쓰지 않는다. "친밀한 이웃관계"와 그들의 아이를 통제할 수 있는 이웃지역 사람들의 능력이 뚜렷하게 줄어든다. 예를 들어 안정된 이웃지역의 주민은 어떤 아이가 잘못된 길로 간다는 것을 알게 되면 아이의 부모에게 전화하거나 지역 당국에 신고할 것이다. 그러나 틈새지역에서는 새로운 사람이 지속적으로 오고 가기 때문에, 주민은 누가 이웃이고 누가 이웃의 아이인지 더 이상 알지 못한다. 그러므로 부모의 감독에서 벗어난 아이들은 자기들이 살고 있는 이웃지역에서조차 거의 아무런 통제도 받지 않는다. 주민의 잦은 거주지 이동은 지역 학교에서 아이들이 자주 전학을 간다는 것을 의미하기도 한다. 잦은 전학은 학습과 훈육에 지장을 준다. 결국 그 지역은 침입하는 문화와 쫓겨나는 문화 간의 싸움터가 되게 된다. 이 변화는 지역사회에 엄청난 갈등을 일으켜 두 문화를 대표하는 청소년 사이의 개인적 갈등 및 갱 갈등으로 드러나게 된다.

다른 지역은 이 과정을 간헐적으로 겪게 되지만, 구역 II에 있는 지역은 양자 즉 중심상업지역(CBD)에 의해, 그리고 외국이나 농촌에서 도시로 밀려드는 새로운 이주자들의 연속적인 물결에 의해, 지속적으로 침입을 당하고 있다.[20] 이 새로운 이주자들은 새로운 문화에 적응하는 것과 관련하여 이미 많은 문제를 가지고 있다. 또한 이주자가 밀려들어가는 지역은 만성적인 "사회해체" 상태에 놓여 있다. 이 사회해체 상태는 이주자들에게 수많은 추가적인 문제를 가져다주지만, 그 어느 문제도 해결에 유용한 도움을 거의 받을 수 없다. 그래서 최근 이주자들은 자녀들의 청소년비행문제를 포함해서 광범위한 사회적 문제를 갖게 되는 경향이 있다. 이 문제들은 최근 이주자들이 스스로의 문제를 해결하기, 그리고 더 안정된 구역 III으로 이주하기라는 두 가지를 이루는데 필요한 자원의 일부를 얻게 되면, 사회통제의 자연적 과정과 함께, 해결된다.

정책적 함의

쇼는 청소년범죄가 틈새지역의 사회해체로 인해 일어났다고 믿었기 때문에, 개별 비행청소년의 처우가 전반적인 청소년비행율의 감소에 큰 영향을 미치지 않을 거라 생각했다. 오히려 그는 "특정한 지역공동체, 도시의 전반적인 생활환경을 변화시키고자 하는 프로그램을 개발"하는 것에서 해답을 찾을 수 있다고 생각했다.[21] 쇼는 이 프로그램이 조직화된 이웃지역 거주민에게서만 나올 수 있고, 그래야 사회통제의 자연적인 힘이 효력을 발휘할 수 있다고 생각했다. 그래서 그는 1932년에 시카고지역 프로젝트에 착수했고, 그 프로젝트의 일환으로 시카고 6개 지역에 이웃지역 센터 22개를 설립했다.[22] 이 센터들의 관리는 프로젝트 핵심 직원의 책임이 아니라 지역 거주민으로 구성된 위원회의 책임이었고, 따라서 지역 거주민을 직원으로 고용했다.

이 센터들은 두 가지의 기본적 기능을 수행했다. 첫째, 지역사회의 문제를 천명하고 해결하는데 있어 교회, 학교, 노동조합, 산업, 클럽 및 다른 조직들과 같은 지역사회 자원을 조정하는 것이었다. 둘째, 레크리에이션, 여름캠프와 스카우트활동, 수공예품 작업장, 토론집단, 지역사회 프로젝트를 포함하는 다양한 활동 프로그램을 후원하는 것이었다.[23] 이러한 활동들을 통해 그 프로젝트는 "거주민으로 하여금 그들 스스로의 복지에 긍정적인 관심을 키우고, 지역 시민으로 구성된 민주적인 단체를 만들어 전체 지역사회가 그들의 문제를 인식하여 공동의 행동을 통해 해결을 시도하도록" 추진했다.[24]

시카고지역 프로젝트는 1957년 쇼가 세상을 뜰 때까지 25년간 지속적으로 운용되었지만, 이들 지역의 비행에 미친 효과는 결코 정확하게 평가되지 않았다.[25] 월터 밀러(Walter B. Miller)는 보스턴에서 시행된 유사한 프로젝트를 3년에 걸쳐 신중히 평가했다.[26] 보스턴에서는 이 프로젝트가 목표를 달성하는 데 괄목할 만큼 효과적이었다는 것이 밝혀졌다. 프로젝트는 지역 갱들과 긴밀한 관계를 수립하여, 갱 구성원을 클럽으로 조직화했으며, 그들이 레크리에이션활동에 더 많이 참여하도록 하였고, 그들에게 직업이나 교육 기회로 접근할 수 있도록 하였으며, 시민조직을 구성하고, 지역사회문제를 천명하는데 있어 기관 간 협력을 증진시켰다.

이 모든 활동의 목적은 비행행위의 발생을 줄이는 것이었다. 청소년의 행위에 미치는 프로젝트의 영향력을 평가하기 위해, 밀러는 각 청소년의 활동내역이 포함된 봉사활동 종사자의 일일 현장 보고서를 분석했다. 그 후, 그들의 행위는 "도덕적"이거나 "비도덕적(여기서 "비도덕적"이란 공동체의 승인을 받지 못한 상태를 의미하나 반드시 법을 위반한 행위일 필요는 없는)"인지, 그리고 "합법적"이거나 "불법적"인지 분류되었다. 프로젝트가 진행되는 내내 도덕적 행동과 비도덕적 행동의 비율은 상대적으로 안정적이었으며, 프로젝트 진행 동안 불법행동의 전체 수는 약간 감소했지만, 소년들의 주요 범죄 건수는 증가했다. 또한 각 소년이 프로젝트와 접촉하기 이전, 프로젝트 동안, 그리고 이후에 행한 법정출두 횟수에 대한 자료가 축적되었고, 이 자료는 통제집단의 법정출두 횟수와 비교되었다. 그 결과 이 통계에는 차이가 거의 나타나지 않았다. 밀러는 그 프로젝트가 비행에 "미미한 영향력"만을 행사하였다고 결론지었다.[27] 이 프로젝트와 다른 유사한 프로젝트들의 실패 때문에 런드맨(Lundman)은 "시카고지역 프로젝트 역시 청소년 범죄를 예방하는 데 실패했을" 공산(Likely)이 있다고 결론 내렸다.[28]

거주지 계승, 사회 해체 및 범죄

시카고지역 프로젝트가 비행을 예방했음을 보여주는 데 실패한 후 쇼와 맥케이의 이론은 쇠퇴기를 겪었다. 그러나 이 이론은 1978년 콘하우저(Kornhauser)의 영향력 있는 책이 출판됨으로써 새로운 활력을 얻었다.[29] 콘하우저는 쇼와 맥케이의 이론이 사실상 독립적인 주장 두 개를 갖는다고 주장했다. 비행은 이웃지역의 관계와 제도가 붕괴되어 더 이상 효과적인 사회통제를 유지할 수 없는 지역에서 나타난다는 "사회해체론적" 주장과, 시간이 지날수록 이러한 비행행위들은 이웃지역 거주민이 공유하는 가치와 규범에 의해 지지된다고 하는 "하위문화적" 주장이 그것이다.[30] 상당한 고민 끝에 쇼와 맥케이는 두 번째 주장이 첫 번째 주장보다 중요하고, 비행하위문화가 빈민가에서 발생하는 대부분의 비행을 설명한다고 결론지었다. 그러나 콘하우저는 이 결론이 비논리적이라고 주장했다. 쇼와 맥케이의 이론은 사회해체 때문에 비행이 먼저 부각되고 그 다음 비행에 대한 사회적 지지를 제공하기 위해 비행하위문화가 부상한다고 기술한다. 따라서 콘하우저는 해체된 지역은 비행하위문화가 있건 없건 비행을 발생시켰을 테지만, 비행하위문화는 사회해체로 야기된 비행이 없이는 존재하지 않았을 것이라고 주장했다. 따라서 이론적 수준에서 보면 사회해체가 비행의 더 근본적인 원인이 되는 것이다.

그러므로 콘하우저는 사회해체에 대한 주장을 요약한 쇼와 맥케이의 이론에서 "공동체 모델"을 추출해낸 셈이다. 이 모델의 기본 주장은 가난한 사람, 인종/민족적으로 다양한 이웃지역에 사는 사람, 이곳저곳으로 자주 이사 다니는 사람들은 이웃지역 거주민들이 공동의 열망과 목표를 보통의 경우엔 얻도록 해주는 정상적인 사회관계와 제도를 설립하고 유지하는 데 어려움을 겪게 될 거라는 것이다. 따라서 높은 빈곤율, 높은 인종/민족 다양성, 잦은 거주지 이동이 나타나는 지역은 높은 범죄 및 비행률도 함께 나타날 수밖에 없다. 그 다음 콘하우저는 자신의 모델에 대한 지지를 입증하기 위해 수많은 경험적 연구를 검토했다.[31]

1982년 버식과 웹((Bursik and Webb)도 비슷하게 이웃지역의 사회해체가 그 지역 높은 비행률의 가장 기본적인 원인이라고 결론지었다.[32] 그들은 쇼와 맥케이의 거주지 계승이란 개념, 즉 지역은 흔히 인구구성의 완전한 변화에도 불구하고 높은 범죄 및 비행률을 유지한다는 사실에 주목했다. 쇼와 맥케이가 사용한 자료와 직접적으로 비교가 가능한 시카고 지역 자료를 이용해 버식과 웹은 거주지 계승 주장이 1940년에서 1950년의 자료에 의해서는 지지된다는 사실을 발견했다. 즉 이웃지역 범죄율은 인구의 총체적 전환에도 불구하고 비슷하게 유지되는 경향이 있었다. 그러나 1950년 이후엔 인구의 인종-기반 전환을 겪은 모든 이웃지역은 변화 이전의 비행률과 관계없이 높은 비행률로 특징지어졌다.

버식과 웹은 이 발견을 지역사회 안정화라는 측면에서 해석했다. 쇼와 맥케이가 책을 썼을 당시엔, 전이지역이 전적으로 도심지역(inner-city)에서만 발견되었고 외곽의 거주지역으로 확산되는 과정도 점진적이었다. 이 "자연적" 과정은 아프리카계 미국인들이 다른 민족 집단의 전철을 따라가려고 하면서 최근 들어 무너져버렸다. 자신들의 이웃지역에 아프리카계 미국인들이 들어오는 것에 대한 유럽계 미국인들의 강한 저항은 짧은 시간 내에 전체적인 "백인 탈출"과 전체적인 인종전환을 불러왔을 것이다. 이웃지역의 사회기관은 완전히 사라지거나 보존된다 하더라도 새로운 거주민들이 가입하는 것에는 저항하곤 했다. 이 과정은 거의 완전할 정도로 이웃지역의 사회해체를 초래했고, 그 다음엔 높은 비행률의 원인이 되었다.

버식과 웹은 또한 이웃지역의 인구가 안정화된 이후에는 그 이웃지역들이 "그 이전의 인구구성에서 기대된 상황과 그리 다르지 않은 비행률을 나타냈다"는 사실을 발견했다.[33] 그러므로 이들 이웃지역이 안정된 이후에는 거주지 계승현상이 다시 나타나는 것으로 보였다. 이러한 발견은 최근에 거주지 변동이 진행되었던 아프리카계 미국인들의 이웃지역에서는 비행률이 증가했지만, 일정 기간 안정적이었던 아프리카계 미국인들의 거주지역에서는 비행이 감소하고 있다는 사실을 발견한 몇몇 다른 연구들과 일치한다.[34]

거주지 계승에 대한 발견사항들을 더 설명하기 위한 시도로서, 스타크(Stark)는 범죄율이 높은 지역에 살고 있는 사람과는 별개로, 높은 범죄율과 연계된 이웃지역 그 자체가 갖는 특성이 무엇인지를 물었다. 이 질문에 대한 대답으로, 스타크는 30개의 통합된 명제로 이루어진 공식 이론을 발표했다.[35] 이 30개의 명제들은 도시 내 이웃지역의 네 가지 구조적 측면인 밀도(작은 지역에 많은 사람), 빈곤(돈이 거의 없는 사람들), 혼합된 토지사용(거주지, 산업 및 상점이 모두 한 곳에 있음), 주거이동(사람들이 이웃지역 주변에서 자주 이사 가고 이사 옴), 황폐화(빌딩 자체가 낡아서 허물어짐)에 초점을 맞추었다. 스타크는 이 다섯 가지 구조적 특성이 다양한 방식으로 지역사회 거주자 가운데 도덕적 냉소주의를 증가시키고, 범죄를 저지를 기회를 더 많이 제공하며, 범죄를 저지를 동기를 증가시키고, 지역사회 내의 범죄를 점검할 수 있는 비공식적 감시를 감소시킴으로서 지역사회내 범죄를 견제한다(?)고 주장했다. 결과적으로 법을 준수하는 사람은 가능한 한 이 이웃지역 밖으로 나가려고 하는 반면, 범죄성향이 있는 사람은 이 지역에 끌리게 된다. 이러한 유형은 그 곳에 사는 사람들의 완전한 전환이 이루어진 때조차도 지속되는 경향을 보이는 높은 범죄율을 초래한다.

샘슨의 집합효율성 이론

이와 유사하게, 샘슨(Sampson)은 지역사회의 구조와 문화가 어떻게 범죄율의 차이를 만들어 내는지를 밝혀내기 위해 이웃지역과 범죄 간의 관계에 대한 연구를 검토했다.[36] 샘슨은 빈곤 그 자체가 범죄와 연계되지 않는다 할지라도, 거주지 이동(예로, 주민들이 자주 이사함)과 결합된 빈곤은 높은 수준의 폭력범죄와 연계되어 있음을 알아냈다. 이웃지역의 가족해체비율(이혼율과 여성가장 가구율)은 폭력범죄율과 강하고 지속적인 관계가 있다. 아프리카계 미국인의 비율이 높은 지역들은 범죄율이 높았지만, 인종 자체의 효과는 가족해체와 빈곤이 함께 고려될 때에는 사라지는 경향이 있다. 끝으로, 인구밀도가 높고, 아파트가 많고, 가족적인 환경에서 살지 않는 사람이 고도로 집중된 지역은 범죄와 폭력비율이 높은 경향이 있다.

샘슨은 이 유형의 발견을 쇼의 사회해체라는 개념으로 설명하며, 이 개념을 지역사회가 자체의 공동가치를 실현할 수 있는 능력이 없는 상태라고 정의했다. 지역사회 주민은 약물남용에 반대함에도 불구하고 인근 골목길이나 주택을 장악해 마약시장화 해버린 약물판매상을 제거할 수 없는 것이 한 예가 될 것이다. 일부 지역사회가 왜 스스로의 공동 가치를 실현할 수 없는지를 설명하는 다양한 이유가 있을 수 있지만, 그 중 하나는 콜맨(Coleman)이 "사회자본," 즉 공동 행동(common actions)을 용이하게 하고 공동 목표(common goals)의 성취를 가능하게 하는 사람들 간의 관계망이라고 명명한 것이 결여되었기 때문이다.[37] 샘슨은 지역사회 주민 간에 수많은 사회적 관계(예로 많은 사회자본)가 있을 때, 범죄는 적다고 주장했다. 범죄자조차 그들 자신의 이웃지역에서는 범죄를 원치 않으며, 사회적 관계는 사람으로 하여금 범죄를 몰아내고자 하는 공동 목표를 달성할 수 있도록 허용한다.

그러고 나서 샘슨은 쇼의 초기 연구와 유사한 방식으로 이 모든 연구를 함께 묶는 인과적 연계를 제안하였다.[38] 빈곤, 가족해체, 그리고 잦은 거주지 이동은 익명성, 이웃주민들 간의 사회적 관계의 결여, 지역사회 조직 및 지역활동에로의 낮은 참여를 초래하는 지역사회의 특성들이다. 이 낮은 사회자본 때문에 이웃지역은 거리나 공원과 같은 공공장소나 공동지역을 효과적으로 통제하지 못해 범죄자에게 탈취당하도록 방치되는 것이다. 게다가, 지역에 거주하는 십대들은 상당한 자유를 누리기도 하는데, 그 이유는 이웃지역의 익명성으로 인해 십대들이 지역 어른의 집에서 조금만 떨어진 곳에 있다 하더라도 어른들은 십대들과 그들의 친구들이 누구인지를 알 수 없기 때문이다. 그곳에 사는 사람들이 누구든 이 익명성이 이웃지역의 범죄와 폭력의 증가를 초래한다. 게다가 법을 준수하는 사람이 지역사회 생활에서 철수하여 이웃지역 밖으로 이사하려고 애를 쓰기 때문에, 범죄와 폭력이 많은 곳은 지역사회의 와해를 더욱 촉진시킨다.

샘슨에 따르면, 아프리카계 미국인 가운데 범죄가 집중적으로 발생하는 것은 주로 그들이 살고 있는 지역의 차이에서 기인한다. 가난한 아프리카계 미국인의 약 38%가 최악의 빈곤한 이웃지역에서 살고 있는 것은 가난한 유럽계 미국인의 약 7%만이 최악의 빈곤한 이웃지역에서 살고 있는 것과 대조를 이룬다. 가난한 아프리카계 미국인의 단 16%만이 가난하지 않은 이웃지역에서 살고 있는 반면, 가난한 유럽계 미국인의 약 70%가 가난하지 않은 이웃지역에서 살고 있다. 따라서 가난한 유럽계 미국인은 훨씬 더 흩어져서 살지만, 가난한 아프리카계 미국인은 모든 다른 주민들도 역시 가난한 장소에 훨씬 더 집중적으로 거주한다. 더구나 유럽계 미국인이 살고 있는 "최악의" 도시 이웃지역조차도, 빈곤과 가족해체라는 측면에서, 가난한 아프리카계 미국인이 살고 있는 평균적인 도시 이웃지역보다 훨씬 낫다.[39] 이웃지역 자체가 범죄의 원인이 되는 만큼, 이 통계는 두 집단의 범죄율에 획기적인 차이를 만들어 내곤 했을 것이다.

추가적인 연구에 따르면, 아프리카계 미국인의 높은 범죄 및 비행률은 그들이 극도로 빈곤한 이웃지역에 집중되어 있다는 사실로 대부분 설명된다는 주장을 지지하는데,[40] 특히 이들 이웃지역들이 도시의 나머지 지역으로부터 고립되어 있을수록 더욱 잘 설명된다.[41] 그래서 이웃지역이 범죄와 비행을 어떻게 통제하는지(혹은 통제에 실패하는지)에 대한 정확한 메커니즘을 이해하는 데 관심이 쏟아졌다. 샘슨은 이 메커니즘이, 주민들의 지역사회의 조직 및 지역 활동에 참여하는 것을 포함하여, 지역사회 주민 들 간의 전반적인 사회적 관계와 관련되어 있다고 주장했었는데, 특히 그런 주민의 참여가 비공식적 과정과 관련되어 있고 바로 그 과정에 의해 주민들이 이웃지역 내 공공장소(예로, 거리와 공원)의 활동을 통제한다고 주장했었다. 일련의 후속연구들이 이 기본적인 주장을 검증하고자 했다.

영국의 자료를 사용해, 샘슨(Sampson)과 그로브스(Groves)는 감시받지 않는 청소년 동년배 집단이 지역사회의 거리에 나타나면, 청소년 그들 사이에 벌어지는 개인적 폭력행위율에도 전반적인 큰 영향을 줄 뿐만 아니라, 그 지역사회의 거리범죄에도 전반적인 큰 영향을 주게 된다는 사실을 밝혀냈다.[42] 이 집단이 거리에 나타난다는 것은 청소년에 대한 이웃지역의 사회적 통제가 없음을 시사했다. 공공지역에서 청소년들에 대한 비공식적 사회통제를 측정하려는 더 직접적인 시도로서, 샘슨은 80개의 시카고 내 지역에서 추출된 사람들에게 만약 1) 이웃지역의 아이가 학교를 빼먹고, 2) 동네 건물에 스프레이-페인트로 낙서(graffiti)를 하거나, 3) 어른에게 불경한 모습을 보인다면, 이웃들이 그에 대해 무언가의 대처를 할 가능성이 얼마나 되겠는가? 라고 물었다.[43] 이웃지역에서의 사회통제에 대한 이 세 가지 척도가 얼마나 행해졌는지는 차례대로 이웃지역에서 범죄와 주거이동 간의 관계를 절반 정도 설명했다.

샘슨과 동료들은 그 후 집합효율성(collective efficacy)이라는 용어를 소개했는데, 집합효율성이란 거리, 보도, 공원 등과 같은 공공장소에서 질서를 유지할 수 있는 이웃지역의 능력이라는 측면에서 정의된다.[44] 집합효율성은 이웃지역 거주민들이 당국에 불만을 토로하거나 지역 감시 프로그램을 조직하는 것과 같이 공공질서를 유지하기 위한 명확한 행동을 취할 때 나타난다. 저자들에 따르면, 주민들은 이웃지역의 "결속과 상호 신뢰"가 "이웃지역 사회통제를 지키기 위해 개입하고자 하는 주민의 공유된 기대"와 연계될 때에만 그러한 행동을 취한다.[45] 상호신뢰나 공유된 기대 중 어느 하나라도 충족되지 않으면, 공공장소에서 무질서가 발생한다 하더라도 주민들은 행동하지 않을 것이다.

이 집합효율성 이론을 검증하기 위해 시카고의 196개 지역에서 약 12,000개의 블록 구역에 걸친 거리의 양면이 낮 시간에 천천히 움직이는 차량에 의해 모두 비디오테이프로 녹화되었다.[46] 그 후 이 비디오테이프들은 공공장소의 물리적 무질서(예를 들어 버려진 건물이나 차량, 낙서, 거리의 쓰레기, 길거리의 마약용 주사기 등)가 존재하는가를 파악하기 위해 분석되고 부호화되었다. 이 이웃지역에 거주하는 3,800여 명의 성인이 공공장소에서의 사회적 무질서(예를 들어 마약 판매, 매춘부의 유혹, 공공장소에서의 음주나 싸움)에 대한 설문조사에 응했다.[47] "이웃지역의 사회통제를 지키기 위해 개입하고자 하는 주민의 공유된 기대"를 측정하기 위해, 거주민에게 그들이 공공 무질서를 포함한 다섯 가지의 구체적 상황에 처한다면 이에 대응하여 그들의 이웃이 행동을 취할 것 같은지 질문했다. 마지막으로, "결속과 상호신뢰"를 측정하기 위해, 거주민은 그들의 이웃지역이 "긴밀하게 맺어진 이웃지역"인지, "이 이웃지역에 사는 사람이 동일한 가치를 공유"하는지에 대해 다섯 가지 질문을 받았다. 비디오테이프와 설문자료는 경찰의 범죄통계와 합해졌고, 또한 빈곤의 집중도, 인구이동의 집중도, 주거안정성, 토지사용 및 이웃지역의 인구밀도 등에 관한 1990년도 센서스자료와도 합쳐졌다.

이 모든 자료를 분석한 후 샘슨(Sampson)과 로덴부시(Raudenbush)는 물리적 무질서와 사회적 물질서는 둘 다 빈곤의 집중 및 혼합된 토지사용과 강하게 관련되어 있음을 밝혀냈다. 그러나 그 관련성의 맥락 안에서, 사회적 결집력이 강할수록, 이웃지역의 사회통제를 지지하여 개입하리라는 공유된 기대가 더 많을수록, 그 지역의 범죄는 적게 발생하였음을 발견했다. 그래서 샘슨과 라우덴부쉬는 "범죄를 활성화시키는 요소는 구조적인 불이익과 약화된 집합효율성처럼 보인다."고 결론지었다.[48] 모레노프, 샘슨, 그리고 라우덴부쉬의 또 다른 공동연구는 집합효율성의 역할이 중범죄에서도 여전히 중요하다는 점을 발견했다. 이들은 시카고에서의 살인범죄율이 폭력적인 장소와의 근접성, 이웃지역의 불평등(집중된 빈곤과 같이), 그리고 집합효율성에 의해 가장 심각하게 영향을 받는다는 사실을 발견했다. 더구나 집합효율성은 집중된 빈곤의 영향력과는 관계

없이, 살인범죄에 강한 직접적 효과를 나타냈다.[49]

사회해체이론을 검증하고자 하는 연구자는 무질서와 범죄와의 관계에 열정적 관심을 갖는 것이 중요하다. 1982년 제임스 윌슨(James Q. Wilson)과 조지 켈링(George Kelling)은 "깨진 창(broken windows)" 이론에 대한 논문을 발표하면서, 이웃지역이 사회적 그리고 물리적 양자의 측면에서 쇠퇴와 무질서를 겪게 될 때, 그것은 중범죄를 자초하는 것이며, 결국 무질서가 범죄로 변질된다고 주장했다.[50] 최근 학자들은 이 관계가 많은 사람이 가정해 왔던 것처럼 필연적으로 강한 관계는 아니라는 사실과, 강도와 같은 일부 범죄에만 적용될 뿐 주거침입에는 적용되지 않을지도 모른다는 사실을 인정하게 되었다.[51] 그러나 마코위츠(Markowitz)와 동료들은 사회해체이론이 상호피드백 모형에서 이득을 볼 수도 있다는 견해를 지지하는 증거를 발견했다. 구체적으로, 무질서는 범죄의 두려움을 증가시키고, 두려움의 증가는 지역의 결집이나 집합효율성을 감소시키며, 그러한 감소가 범죄 그 자체를 증가시키게 된다는 것이다.[52]

"깨진 창" 효과의 힘에 관한 경험적 쟁점들과는 상관없이, 그 용어는 사법전략(예를 들어 질서유지 정책이나 무관용 경찰활동)안으로 깊숙이 침투하여 법을 집행하는 공동체 안에서, 그리고 법집행 정책에 영향을 주는 사람들 가운데 가장 보편적으로 알려진 용어 중 하나가 되었다.[53]

공공주택에서의 범죄

사회해체와 이웃지역을 조사한 연구자들의 관심 분야 중 하나는 공공주택 또는 공공주택개발(PHDs)이다. 이런 개발은 미국 전역에 걸쳐 웬만한 규모의 도시에서는 모두 발견되고 당연히 "소규모 이웃지역(micro-neighborhood)"으로 보일 수 있다. 가난과 인종적 소수자, 거주 유동성, 주거 이동, 여성 가장 가족(female-headed family)이 고도로 집중된 지역이기 때문에 어떤 사람은 그들이 범죄에 의해 불균형적으로 영향을 받는다고 예상할 수도 있다. 최근 범죄와 공공주택에 관한 40년간의 조사연구들을 요약한 움바흐(Umbach)와 제롤드(Gerould)는 "범죄와 공공주택개발(PHDs), 그리고 소수 인종을 '거룩하지 못한 삼위일체'로 엮어 넣은 경험적 정확성*이 종종 일부 미국의 대중에게는 초점을 벗어난 지적처럼 보인다"고 논평하면서 엄격한 연구가 부족하다는 점을 지

* 40여년간 미국에서 행해진 경험적 조사연구를 비꼬는 말

적했다.[54] 그들의 논문은 공공주택 범죄에 대한 논의에서 제기된 세 가지 의문점을 고심해 다룬다. 개인주택보다 공공주택에서 범죄가 더 많이 발생하는가? 공공주택이 근처 이웃지역의 범죄를 증가시켰는가? 그리고 공공주택 거주자들이 분산되었을 때 그것이 단지 무질서를 전이시킬 뿐인가? 공공주택-범죄간 연계를 검토한 조사연구들은 역사적으로 두 가지 문제로 인해 시달림을 당해왔다: 공공주택개발(PHDs)에서 발생한 범죄에 관해 신뢰할 수 있는 자료가 부족하다는 문제 그리고 공공주택개발(PHDs)이 사회정치적 개념이라기보다 다만 물리적 개념이라고 보는 견해의 문제.[55]

1970년대 초반 발간된 두 논문은 공공주택을 폭력과 동일시했다. 레인워터(Rainwater)의 「게토의 벽 너머: 연방 슬럼가의 흑인 가정(Behind Ghetto Walls: Black Families in a Federal Slum 1970」은 악명 높은 세인트루이스의 '프루이트-이고(Pruitt-Igoe)' 프로젝트를 다뤘는데, 이 공공임대 아파트는 1970년 책이 출간된 지 2년 만에 철거되었다.[56] 움바흐(Umbach)와 제롤드(Gerould)가 지적한 것처럼, 당시 꽃을 피우듯 유행했던 범죄와 공공주택 사이의 동의어 같은 관계는 일반적인 공공주택이 아니라 전국에서 가장 문제적임에 틀림없었던 공공주택 사례에 기반을 두고 있다: "... 범죄가 만연한 프루이트-이고 프로젝트에 대해 레인워터가 묘사한 말은 모든 공공주택 개발을 대표하는 대역(Stand-in)이자 실패한 가난퇴치 프로그램의 교훈을 주는 우화(Parable)가 되었다".[57]

두 번째 논문은 1972년 발표된 오스카 뉴먼(Oscar Newman)의 「방어 공간(Defensible Space)」으로, 브루클린 브라운스빌 이웃지역에서 서로 길 하나를 사이에 두고 마주한 두 프로젝트를 대비시켰다.[58] 하나는 대문을 열어놓을 정도로 안전하고 다른 하나는 범죄로 들끓는다는 점, 그리고 안전한 지역(브라운스빌 주택)은 건물 높이가 낮은 반면에 위험한 지역(밴 다이크 주택)은 높은 고층 건물이었다는 것을 제외하고 두 프로젝트는 실질적으로 동일했다. 그리고 나서 뉴먼은 공공주택개발이 범죄를 야기할지 아닐지를 결정하는 건 건축양식이라고 주장했다. 그의 연구는 범죄문제와 공공주택을 고심해서 다루는 이들이 주요한 정책 초점을 건축 양식에 두도록 이끌고는 했다. 그러나 사실, 두 개발 방식은 서로 매우 다르다. 고층 건물은 저층 건물에 비해 훨씬 더 가족 크기가 큰데, 이는 어른 대 아이들 비(ratio)가 훨씬 커서 어른들의 감독 소홀로 이어짐을 의미하며, 이것이 공공주택에서 범죄율을 높이는 것으로 드러났다.[59] 움바흐와 제롤드가 지적한대로, 범죄에 미치는 가족 크기의 효과는 비록 뉴먼이 문서화하긴 했지만 그의 책

「방어 공간(Defensible Space)」의 맨 마지막 페이지에 따로 떨어져 놓인 표 안에 있을 뿐이었다.[60] 1990년대 말부터 이뤄진 연구는, 빌딩 높이가 공공주택개발 범죄의 핵심이 아니라는 점을 확인하면서, 빌딩 높이의 효과는 세입자의 빈곤, 빌딩의 개수, 빌딩당 거주자의 수와 같은 다른 요인에 비해 범죄에 미치는 효과가 적다는 것을 알아냈다.[61]

주택및도시개발(HUD: Housing and Urban Development)은 조사연구의 초점을 1970년대에 가장 문제가 된 프로젝트에 맞춰 지속시켰는데, 범죄피해조사를 채택함으로써 경찰에 신고 되지 않은 범죄에 대한 자료를 수집하는 것까지 고려하였다. 하지만 움바흐와 제롤드에 따르면 "요컨대, 설문조사(Survey)로는 연구 지역을 둘러싼 사회적, 물리적, 그리고 공간적 요인들의 무리를 일컫는 범죄학자들의 개념인, 더 큰 "생태계" 내에서 공공주택의 무질서를 고려하는 것이 가능하지 않았다."[62] 다시 말해, 이런 일련의 연구들이 내는 결론(워싱턴 D.C.의 캐퍼 거주지에서 강도를 당할 위험은 의사당에 비해 두 배, 전국 평균의 다섯 배라는 것처럼)은 그 어느 것도 적절한 이웃지역의 맥락을 설명해주지 못했다: 즉 이와 같이 증가한 위험이 단순히 공공주택개발단지(PHDs)가 가장 위험한 이웃지역에 위치해 이루어졌기 때문인가? 라는 질문에 적절한 대답을 하지 못했다.

1980년대 공공주택 범죄 연구에 지원되는 연방 기금은 거의 0으로 줄어들었다; 하지만 1980년대 초반에 독립적인 학자들은 1970년대의 자료를 분석하였는데, 이는 주택및도시개발(HUD) 연구자들이 범죄피해조사로 했던 것보다 훨씬 규모가 크고 대표성이 있는 공공주택개발단지(PHDs)의 표본에 초점을 맞추었다. 그들은. PHDs로부터 특별한 자료가 없을 때는, 어떤 블록이 프로젝트가 가장 집중하는 지역인지를 나타내는 블록 단계의 자료를 사용하곤 했다. 존 팔리(John Parley)는 「공공주택이 부당한 비난을 받고 있는가?(Has Public Housing Gotten a Bum Rap)」라는 논문에서 세이트 루이스의 공공주택개발단지가 그 이웃지역들로부터 예상된 범죄율을 넘어서지는 않는다는 사실을 발견했고,[63] 데니스 론섹(Dennis Roncek)과 동료들은 클리브랜드(1971년부터 1977년까지)에서 공공주택개발단지로부터 주변 이웃지역으로 재산범죄의 유출효과(spillover effect)가 없다는 것을 발견했다. 폭력범죄의 유출효과는 다소 있었으나 인근 지역들의 사회경제적 조건들을 통제하자 그 효과는 사라졌다.[64]

공공주택개발단지에 관한 후속 연구는 1980년대 말부터 1990년 초까지 이뤄졌는데,

그 때 크랙 코카인이 대량으로 밀려들면서 연방 기금이 다시 활성화되었다. 공공주택 내 범죄에 관한 이전의 연구처럼, 이 연구도 프로젝트를 비교할 통제집단을 정확하게 찾기 어렵다는 문제를 겪었는데, 그 이유는 공공주택이 무작위 확률적으로 분포하는 것이 아니라 불리한 지역에 집중되었기 때문이다. 연구결과가 종종 서로 모순되기는 하지만, 일반적으로 공공주택이 비교 지역보다 더하지는 않더라도 최소한 비슷하게 위험하다는 사실을 발견했다. 게다가, 이 연구를 통해 워싱턴 D.C.와 로스앤젤레스의 공공주택개발단지가 두 도시의 다른 지역이나 근처 이웃지역보다 재산범죄율은 낮지만 폭력범죄율은 높다는 사실을 발견했다. 이는 1970년대 10년간의 이전 연구에서 공공주택개발단지의 재산범죄율은 더 높지만 폭력범죄율은 더 낮게 나온 것과는 정반대의 결과이다.[65]

1990년대 후반 지리정보시스템(GIS) 기술로 무장한 연구자들은 공공주택개발단지의 범죄를 더욱 정확히 검토할 수 있었기에 이전의 발견, 즉 이 지역에서 폭력범죄율은 높고 재산범죄율은 낮다는 발견을 확인해 주었다. 해럴드 홀츠만(Harold Holzman)과 동료들은 이것을 일상생활 이론(제3장 참조)으로 설명하였다. 1970년대(공공주택개발단지에 성인 근로자들이 많았던)와 달리 1990년대 공공주택 거주자들은 평균적인 도시 거주자들에 비해 집에 머무르는 경향이 더 많았고, "유능한 보호자"로서의 그들의 존재가 절도를 억제하기도 했다. 그러나 역으로 그들의 존재는 종종 젊은 흑인 여성으로 하여금 남편이나 남자 친구가 저지르는 폭력의 피해자가 될 가능성을 높였다.[66]

공공주택과 범죄에 관한 가장 최근의 연구는 철거 프로젝트(예를 들어, 1990년부터 2010년 사이에 22만 프로젝트 단위가 매각되거나 붕괴되었다)의 효과에 집중되어 있다.[67] 공공주택 거주자들의 전이는 두 가지 관련된 질문을 낳는다. 더 나은 이웃지역으로 이사할 때 그들의 생활이 개선되는가? 그리고 전이된 공공주택 거주자들의 유입이 이뤄진 지역사회는 범죄의 증가를 경험하는가? 첫 번째 질문은 "기회로의 이동(MTO, Moving to Opportunity)" 실험에서 다루어진 주제인데, 이 연구는 5개 도시를 대상으로 10년 이상에 걸쳐 전이된 5000명을 추적해 조사했다. 결과는 혼재되어 나타나지만 전체적으로 성별 차이를 드러낸다. 많은 측면에서 공공주택개발단지에서 더 좋은 이웃지역으로 옮겨가면 소녀(예로, 우울증, 성적 압박, 약탈 등이 줄어듦)들은 혜택을 받고 소년(예로, 재산범죄로 체포되는 숫자가 더 많아짐)들은 혜택을 받지 못한다.[68]

두 번째 질문은 공공주택개발단지를 밀어버리고 거주자들에게 다시 주거지를 선택할 수 있는 보증서(voucher)를 사용하도록 허용한 도시재생 프로그램, HOPE VI에 관한 연구에서 다뤄졌다. 과거 프로젝트 거주자들이 새로운 이웃지역에 범죄를 가져오는지를 연구하게 된 건 저명 월간지 아틀란틱(Atlantic)의 한나 로신(Hanna Rosin)이 쓴 기사가 계기가 됐는데, 이 기사는 경험적 엄격함을 갖추지 않은 채 프로젝트 거주자들이 범죄를 가져온다고 논란이 될 주장을 했다.[69] 시카고(1999-2008)와 애틀랜타(2002-2009)의 HOPE VI 지역에 대한 수잔 폽킨스(Susan Popkin's)와 동료들의 방법론적으로 완벽한 2012년도 분석은 공공주택개발단지가 붕괴된 지역에서 폭력범죄와 재산범죄가 크게 감소했으나 공공주택개발단지의 옛 거주자들을 받아들인 지역에서는 문제가 더욱 복잡해졌다는 사실을 발견하였다. 이곳에서도 범죄가 떨어지긴 했으나 같은 기간에 범죄는 전국 모든 곳에서 떨어지고 있었고, 이들 이웃지역에서는 일단 임계점(tipping point)에 도달하면(특정 이웃지역이 일정 수의 옛 공공주택 거주자들을 받아들이게 되면), 범죄율이 떨어지기는 했으나 그들이 없었어도 떨어졌을 비율보다는 낮게 떨어졌다.[70]

공공주택 연구에 대해 움바흐와 제롤드가 요약한 바는 상호 연결된 두 가지 결론을 내렸다. 첫째는 "...'공공주택이 범죄를 증가시킨다'는 단순하면서도 자주 떠오르는 아이디어는, 문화적인 이야기처럼 놀라울 정도로 강력한 것으로 증명되는 듯한 바로 그 순간, 분석적인 결론으로서나 인과적 모델로서나 입증 가능한 거짓일 뿐이다."[71] 둘째, "거의 두 세대에 걸쳐 이루어진 공공주택과 범죄에 대한 연구는 우리에게 꽤나 불만족스러운 일반화를 남겼다: 특정한 결론 하에서는 일부 공공주택이 범죄율을 증가시킨 것으로 보이는데, 반면에 다른 상황에서 진행된 다른 주택 프로젝트들은 실제로 개인주택보다 더 안전했다."[72]

이웃지역의 사회적 과정에 대한 관심의 확장

로웬캄프(Lowenkamp)와 동료들이 말한 바와 같이, "사회해체적 관점은 다 써버린 범죄학적 패러다임이라는 쓰레기통에서 부상하여 결출한 거시-수준이론으로서의 지위에 도전하기 위해 극적인 부활을 경험하였다."[73] 사회해체이론을, 더 일반적으로는 범죄에 미치는 이웃지역 효과를 연구해온 연구자들은 집중된 빈곤, 거주지 불안정, 민족 이질성과 같은 구조적 특성을 검토하는 것을 넘어서 이웃지역의 사회적 과정으로 관심을 옮겨갔는데, 이 사회적 과정은 부분적으로 구조적 조건에 의해 결정될 수도 있지만, 그들 스스로도 또한 범죄와 무질서에 직접적인 영향을 주기도 한다. 집합효율성은 범죄에 미치는 구조적 조건의 효과 중 단지 일부만을 매개하는 것처럼 보여 왔기 때문에, 연구자들은 가능한 매개요인으로 다른 사회적 과정에 눈을 돌리기도 한다.

샘슨, 모레노프 및 개논-로울리(Gannon-Rowley)는 범죄에 미치는 이웃지역의 효과에 새로워진 관심을 스며들게 하는 네 가지 "등급의 지역 메커니즘"을 찾아냈다.[74] 첫째는 앞서 논의된 사회적 끈(social ties)과 상호작용인데, 이들이 사회자본을 만들어 낸다. 둘째도 역시 앞서 논의된 규범과 집합효율성으로, 사회적 끈보다는 범죄에 더 중요한 영향을 미치는 것으로 보인다. 셋째는 지역사회의 조직과 협회가 포함되는 제도적 자원(institutional resources)으로, 설명력이라는 측면에서 그다지 중요한 메커니즘으로 보이지는 않는다. 마지막으로, 샘슨과 동료들은 일상활동(routine activity)을 "지역효과에 대한 논의에서 흔히 간과되는 요인"이라고 지적했다.[75] 제3장에서 자세히 논의되었듯이, 일상활동이론은 주거지와 상업지의 혼용, 학교의 위치, 대중교통의 유형, 술집과 주류상점의 밀도와 같은 이웃지역의 변수들을 포함한다. 이 요인들은 이웃지역의 구조적 특성과 범죄 사이에서 매개역할을 할 수도 있고, 범죄에 직접적인 역할을 수행할 수도 있다.

다른 두 유형의 메커니즘은 다른 학자들에 의해 비록 이웃지역효과를 연구할 때 덜 검토되었지만 잠재적으로는 꼭 필요하다고 인정받아 왔다. 그 첫째는 공식적 사회통제의 역할이다. 사회적 끈과 집합효율성은 비공식적 사회통제라는 개념과 연관되어 있는데, 이를 통해 지역사회 주민들이 공식적으로 법을 들먹이지 않고 올바른 행동을 하게 하는 수단이다. 일부 학자들이 지적한 바와 같이, 공식적 사회통제는 사회해체이론과 이웃지역효과에도 중요할 수 있다. 한 예가 이웃지역에서의 경찰 참여이다. 경찰행위의 양과 질은 집중된 빈곤과 같은 구조적 특성에 의해 영향을 받을 수도 있고, 범죄율에 직접적인 영향을 줄 수도 있다.[76] 또한 양질의 치안활동은 주민을 조직화하고 통제의 수단(방범대와 같이)을 제공하는 것뿐만 아니라, 경찰이 그들을 돌보고 있다는 것을 보여줌으로써, 비공식적 사회통제를 달성하려는 지역의 능력을 향상시켜 줄 수도 있다. 집중된 빈곤이나 그 밖의 구조적 약점이 있는 지역에서 경찰이 덜 효과적일 수도 있다는 사실은 갈등이론(제11장을 보라)의 주장과 일치한다.

공식적 사회통제의 또 다른 예는 구금의 역할이다. 비록 구금은 공식 기관에 의해 집행되지만, 구금을 남용하면 이웃지역의 사회 조직에 악영향을 줄 수도 있다. 한편으로, 이웃지역에서 범죄자를 제거하는 것은 논리적으로 볼 때 그 지역의 범죄율에 긍정적인 효과를 주어야만 한다. 그러나 다른 한편으로, 구금이 지나치게 많으면 주거불안정(주민들의 교도소, 구치소로의 이동과 지역사회로의 재복귀가 반복됨)을 야기할 수도 있다. 구금률이 높으면 주민이 형사사법체계에 대해 부정적으로 느낄 수도 있으며(주민을 지역사회에서 부당하게 격리시킨다는 느낌), 범죄에 비공식적으로 저항하려는 지역사회의 결집과 능력을 와해시킬 수도 있다. 클리어(Clear)와 동료들은 플로리다 주 탈라하시(Tallahassee)시에서 이웃지역 범죄자의 구금과 석방을 연구하면서, "임계점(tipping point)" 가설이 경험적으로 지지됨을 발견했다. 특정한 지점까지는 범죄자들을 구금할수록 범죄가 줄어들지만, 그 지점을 넘으면 과도한 구금이 오히려 범죄의 증가를 초래했다.[77]

쇼와 맥케이의 초기 연구 및 쿠브린(Kubrin)과 와잇저(Weitzer)와 같은 최근 연구자들에 따르면, 이웃지역효과에 대한 연구의 일부분이 되어야 하는 또 다른 두 번째 사회적 과정은 문화와 하위문화의 역할이다.[78] 집중된 불이익은 법규범에 냉소적인 하위문화를 구조적으로 만들어내는데 기여할 수도 있으며, 범죄와 비행은 강화하고 인습적인 믿음과 행위는 처벌하는 거리의 규범을 발전시킨다.[79] 범죄율이 높은 이웃지역에서는 인습적 가치의 고수를 유지하려는 정반대의 하위문화도 함께 존재할 수 있다. 전반적인 행위는 하위문화끼리의 경쟁이 만들어 낸 산물일 것이다. 문화의 역할에 대한 보다 상세한 내용은 9장에서 나온다.

함의와 결론

인간생태학의 시카고학파는 오늘날 범죄학을 풍성하게 지속시키는 금광이라고 묘사할 수 있다. 쇼의 개인사례 연구는 비행청소년과 그들의 사회세계를 그려낸 고전으로 남아 있고, 그의 도시연구방법은 수많은 유형의 경험적 연구를 이끌었으며, 사회해체이론은 현대범죄학의 몇 가지 다른 이론들의 기초를 형성하고 있다.

이처럼 풍부한 역사적 유산에도 불구하고, 범죄에 대한 생태학적 접근은 다년간 다소 정체되어 왔다. 그러다가 대강 1980년부터 생태학적 이론을 토대로 한 새로운 이론과 연구가 가히 폭발적으로 증가했다. 이 새로운 이론과 연구의 기본 요점은 범죄란 그 자체의 즉각적 맥락(immediate context)인 이웃지역(neighborhood)을 함께 이해하지 않고서는 결코 이해될 수 없다는 것이다. 궁극적으로 이 결론은 쇼와 맥케이의 거주지 계승에 관한 발견에 기반을 두고 있다: 즉 이웃지역의 범죄율은 그 이웃지역의 인구가 완전히 뒤바뀜에도 불구하고 똑같이 유지되는 경향이 있다는 것이다.

거주지 계승은 범죄를 줄이기 위한 정책적 권고가 범죄다발성 이웃지역에 살고 있는 사람들에게 맞추어지기보다는 범죄다발성 이웃지역 그 자체를 직접 겨냥할 수도 있음을 암시한다. 비록 시카고지역 프로젝트의 초기 시도들이 범죄에 대해 거의 아무런 영향력을 행사하지 못한 듯이 보였다 하더라도, 샘슨과 동료들은 "시카고 이웃지역에서의 인간 개발 프로젝트"의 일부분으로서 "사람을 변화시키는 것이 아니라 장소를 변화시키는" 것에 초점을 맞춘 다양한 새로운 정책들을 제안했다. 이 정책에는 범죄활동이 빈번한 지역사회 내 "우범지대(hot spot)"를 목표로 삼기; 쓰레기나 낙서 등등을 청소함으로써 "쇠퇴의 소용돌이"를 중단하기; 조직화된 청소년활동을 통해 어른과 십대 간의 사회적 관계를 증진시키기; 거주민으로 하여금 집을 구매하게 하거나 그들의 아파트를 관리하게 함으로써 거주지 이동을 줄이기; 공공주택을 빈곤지역에 집중시키기보다는 이웃지역의 곳곳에 흩어지게 하기; 특별히 아동학대와 십대임신을 감소시키는 데 초점을 맞추면서 경찰, 소방 및 공중보건서비스 등과 같은 도시 서비스를 유지 발전시키기; 마지막으로 지역사회 조직화를 촉진함으로써 지역사회의 힘을 전반적으로 증진시키기 등이 포함된다. 샘슨은 그러한 프로그램들이 과거에는 제한된 성공만을 거두었다는 점을 인정했지만, 작은 성공이 축적된 변화를 일으키면 장기적으로 더욱 안정된 지역사회를 만들어 낼 것이라고 주장했다. 사실 일부 연구자는 최근에 도심지역의 범죄가 크게 감소한 것은 주민들이 스스로의 이웃지역에서 범죄와 싸우기 위해 점차 효과적으로 주민들을 조직화한 덕택으로 설명될 수 있다고 주장했다.[80]

샘슨은 그의 2012년 저서 「위대한 미국의 도시(Great American City)」[81]에서 시카고 이웃지역에서의 인간 개발 프로젝트('시카고 프로젝트'의 일부분)로부터 15년에 걸쳐 얻은 종합적인 결과를 제시했다. 이 발견을 근거로 그는 같은 해 미국범죄학회(ASC) 회장 취임 연설에서 범죄학이 직면한 다섯 가지 "어려운 문제"라고 명명한 다음 질문을 제시했다 –"우리 분야에서 최전선에 있는 연구 분야와 미해결 의문들".[82]

첫 번째는 불평등의 유산으로, 이웃지역이 그들의 과거에 갇혀 공고화되는 것을 가리킨다. 이 책 제14장에서 살펴볼 개인들과 마찬가지로, 이웃지역도 생애과정

(life-course)의 관점으로 생각되었다. 인지된 무질서, 위계의 유지, 그리고 부정적인 평판의 오명(stigma)과 같은 요인들이 이웃지역을 현상유지 상황에 빠트려 변화하지 못하게 만든다. 이 안에서 세대 간 효과가 핵심적인 역할을 담당하는데, 특히 흑인들이 대다수인 이웃지역의 경우, 그 중에서도 고도의 불평등 지역에서 연속적인 세대가 불평등의 고리를 깨지 못하고* 끈질기게 지속된다.[83]

두 번째는 인종, 범죄, 그리고 새로운 다양성이다. 샘슨은 범죄 그리고 개인들이 사법 시스템에서 대우받는 방식 양자에 있어 인종적 차이가 여전히 규모를 계속 키워가고 있을지 모르며, 이러한 차이가 이웃지역에서 집중된 불이익(concentrated disadvantage)에 기여하게 될 지도 모른다고 지적했다. "인종 불변(racial invariance)" 논지에 따르면, 같은 집합체로서의 공동체 수준 요인들이 백인과 흑인 양쪽 모두에게 범죄를 저지르게 하지만 이러한 차이를 설명하는 건 인종 간 분리(racial segregation)와 폭력 관련 기제에로의 차별적 노출(differential exposure)이다. 게다가, 미국에서 이민, 특히 라틴계 인구가 증가하면서 범죄학자들은 전통적 이웃지역과 지구적(global) 이웃지역에서 새로운 인구학적 요인이 범죄에 미치는 영향을 연구할 필요가 있을 것이다.[84]

세 번째는 인지와 맥락이다. 샘슨은 깨진 유리창 이론(이 장의 앞부분에서 살펴본)의 맥락에서 이 문제를 논의했는데, 하나의 깨진 유리창이 필연적으로 또 다른 깨진 창으로 이어지는 게 아니라 대신에 문화적 맥락에 달려 있다고 주장했다. 예를 들어 백인은 똑같은 환경에서 다른 인종에 비해 무질서를 더욱 심각한 문제로 받아들인다. 무질서를 문제로 받아들일지 여부는 교육이나 인종, 계층, 연령과 같은 변수가 영향을 준다. 이민자와 흑인의 집중 현상은 이웃지역에서 실질적인 무질서 수준이 어떤지와 상관없이 모든 인종과 민족 집단에게 무질서를 문제로 보게 한다.[85]

네 번째는 집합효율성의 측정과 원천이다. 샘슨과 많은 학자들은 공동체의 전체적인 건강과 웰빙을 측정하는 가장 좋은 잣대는 집합효율성이라고 본다. 하지만 질서와 통제, 연대, 비공식적 통제에 대한 공유된 기대를 비롯해 측정하는 게 복잡할 뿐만 아니라 검토하는 연구 맥락에 종속되어 있다. 집합효율성 연구에 결정적인 것은 조직의 역할(비영리가 대부분), 기술(소셜 미디어와 빅데이터와 같은), 그리고 집합효율성을 만들어내고 증진시키는 경찰(신뢰를 형성함으로써)이다.[86]

---

* 역자 첨부

다섯 번째이자 마지막은 외부의 이웃지역 효과다. 이웃지역은 고립된 실체로 보이는 것이 아니라, "복잡하고 고도로 질서 정연한 사회적, 정치적 시스템" 안에 내재하고 있는 것처럼 보인다.[87]

주요 용어

- 급속한 사회변동
- 인간생태학
- 공생
- 침입, 지배, 계승
- 동심원/구역
- 비행지역
- 생활사적 일대기
- 지리적 분포
- 틈새지역
- 사회해체
- 시카고지역 프로젝트
- 지역사회 통제 모델
- 거주지 이동
- 사회자본
- 익명성
- 비공식적 과정
- 집합효율성
- 물리적 무질서
- 사회적 무질서
- 집중적인 빈곤
- 혼합된 토지사용
- 깨진 유리창 이론
- 범죄두려움
- 공식적 사회통제
- 공공주택개발단지

토의할 문제

1. 생활사적 일대기란 무엇이고, 이것은 통계적 증거가 밝혀주지 못하는 어떤 구체적 유형의 정보를 밝혀줄 수 있는가? 이 질문에 답하면서 당신의 친구나 가족 구성원들의 일대기는 물론, 당신 자신의 생활사적 일대기에 대해 자세히 생각해 보라.
2. 사회적 결집이란 무엇인가? 당신이 살았던 다양한 지역을 방문해보거나 회상해보고 사회적 결집의 지표라고 여겨지는 예들을 제시해 보라.
3. 사회해체란 무엇인가? 당신이 사는 지역 중 어떤 지역이 사회적으로 해체되었다고 생각하

는가? 이웃지역 내 어떤 요인이 당신으로 하여금 이 결론을 내리게 한 것으로 드러났는가?

4. 인종이나 민족구성에 관계없이, 같은 지역은 높은 범죄율을 안정되게 보여준다는 것을 증명한 연구에 대해 당신은 어떻게 설명을 할 것인가?
5. 당신이 지역을 더 낫게 변화시키기 위한 정책을 수행하는 책임을 지고 있다면, 특별히 무엇을 하겠으며 그 이유는 무엇인가?
6. 깨진 유리창 이론에 관한 원전을 읽어보라. 당신은 개인의 시민권적 차원에서 사법부가 이 이론을 어떤 방식으로 남용할 수 있다고 생각하는가? 이러한 방식이 완화될 수 있는 방법이 있는가?
7. 이웃지역에서 작동하고 있는 공식적·비공식적 사회 통제의 구체적 예를 들어보라. 그 양자가 어떻게 한꺼번에 작동할 수 있을까?
8. 공공주택개발단지에서 재산범죄가 낮지만 폭력범죄가 높은 것을 어떻게 설명할 수 있을까?

인용& 부연설명

1. 파크(Park)의 학문적 배경과 인간생태학 이론의 검토는 다음의 문헌에 상세히 기술되었다. Terence Morris, *The Criminal Area* (New York: Humanities Press, 1966), pp. 1–18. 또한 Winifred Raushenbush, *Robert E. Park: Biography of a Sociologist* (Durham, NC: Duke University Press, 1979); and Amos H. Hawley, "Human Ecology," *International Encyclopedia of the Social Sciences*, vol. 4 (New York: Free Press, 1968), pp. 328–37.도 참조.
2. Eugenius Warming, "Plant Communities," in Robert E. Park and Ernest W. Burgess, *Introduction to the Science of Sociology* (Chicago: University of Chicago Press, 1969), pp. 175–82.
3. Robert E. Park, *Human Communities* (Glencoe, IL: Free Press, 1952), p. 118.
4. Ernest W. Burgess, "The Growth of the City," in Robert E. Park, Ernest W. Burgess, and Roderick D. McKenzie, Jr., *The City* (Chicago: University of Chicago Press, 1928), p. 62.
5. Robert E. Park, "Human Ecology," *American Journal of Sociology* 42 (1936): 158.
6. James F. Short, Jr., "Introduction to the Revised Edition," in Clifford R. Shaw and Henry D. McKay, Juvenile Delinquency and Urban Areas (Chicago: University of Chicago Press, 1969),

p. xlvii. Additional back-ground material on Shaw and his colleague Henry McKay can be found in Jon Snodgrass, "Clifford R. Shaw and Henry D. McKay: Chicago Criminologists," *British Journal of Criminology* 16 (January 1976): 1-19. 이들이 범죄학에 끼친 영향에 대한 상세한 기술은 다음의 문헌에서 찾아볼 수 있다. Harold Finestone, "The Delinquent and Society: The Shaw and McKay Tradition," in James F. Short, ed., *Delinquency, Crime and Society* (Chicago: University of Chicago Press, 1976), pp. 23-49; and Finestone, *Victims of Change: Juvenile Delinquency in American Society* (Westport, CT: Greenwood Press, 1977), pp. 77-150.

7. Clifford R. Shaw and Henry D. McKay, *Juvenile Delinquency and Urban Areas* (Chicago: University of Chicago Press, 1969), p. 145.

8. Ibid., pp. 147-52.

9. Ibid., p. 155.

10. Ibid., pp. 162-63.

11. Clifford R. Shaw, *Brothers in Crime* (Chicago: University of Chicago Press, 1938), p. 350. See also Shaw's *The Jackroller* (Chicago: University of Chicago Press, 1930), p. 164; and *The Natural History of a Delinquent Career* (Chicago: University of Chicago Press, 1931), p. 226.

12. Shaw, Natural History, p. 229. 또한 *The Jackroller*, p. 165, and *Brothers in Crime*, p. 358.도 참조.

13. Shaw, Brothers in Crime, p. 356. 또한 Shaw and McKay, op. cit., p. 172; and Shaw, *The Jackroller*, p. 165; and Shaw, *Natural History*, p. 229.도 참조.

14. Shaw, Brothers in Crime, p. 356.

15. Shaw, Brothers in Crime, pp. 352, 355; Shaw, *Natural History*, p. 227; and Shaw, *The Jackroller*, p. 164. 또한 Short, op. cit., p. xli.도 참조.

16. Shaw and McKay, op. cit., pp. 174-75.

17. Ibid., p. 174.

18. Shaw, *Natural History*, p. 233; Shaw, *Brothers in Crime*, p. 260; and Shaw and McKay, op. cit., p. 4.

19. Shaw, *Natural History*, p. 228. See also Shaw, *The Jackroller*, pp. 119, 165; and Shaw, Brothers in Crime, p. 350.

20. 이 주제의 연구에 관한 최근 검토는 다음 참조. Matthew G. Yeager, "Immigrants and Criminality,"

Criminal Justice Abstracts 29 (1997): 143–71.

21. Shaw and McKay, op. cit., p. 4.

22. See Solomon Kobrin, "The Chicago Area Project—A 25-Year Assessment," *Annals of the American Society of Political and Social Science* (March 1959): 19–29; or Anthony Sorrentino, "The Chicago Area Project After 25 Years," *Federal Probation* (June 1959): 40–45. 이런 프로그램과 다른 유사 프로그램에 대한 검토는 다음의 문헌에서 찾을 수 있다. Richard Lundman, *Prevention and Control of Juvenile Delinquency*, 2nd ed. (New York: Oxford University Press, 1993), chap. 3.

23. Shaw and McKay, op. cit., p. 324.

24. Morris, *The Criminal Area*, p. 83.

25. Short, op. cit., p. xlvi.

26. Walter B. Miller, "The Impact of a 'Total-Community' Delinquency Control Project," *Social Problems* 10 (Fall 1962): 168–91.

27. Ibid., p. 187.

28. Lundman, op. cit., p. 81.

29. Ruth Rosner Kornhauser, *Social Sources of Delinquency* (Chicago: University of Chicago Press, 1978).

30. Ibid., pp. 61–69.

31. Ibid., pp. 69–138. 모형은 비행의 사회적 원인(Social Sources of Delinquency)의 73쪽 표에 요약되어 있다.

32. Robert J. Bursik, Jr., and Jim Webb, "Community Change and Patterns of Delinquency," *American Journal of Sociology* 88 (1982): 24–42.

33. Ibid., p. 39.

34. Robert E. Kapsis, "Residential Succession and Delinquency," *Criminology* 15 (1978): 459–86. 1969년판 저서에서 맥케이가 보고한 연구결과와 스노글래스의 논평 참조. The 1969 edition of Shaw and Mckay, op. cit., p. 345, and interesting comments by Snodgrass, op. cit., pp. 5–6.

35. Rodney Stark, "Deviant Places: A Theory of the Ecology of Crime," *Criminology* 25 (1987): 893–909.

36. Robert J. Sampson, "The Community," pp. 193–216 in James Q. Wilson and Joan Petersilia,

eds., *Crime* (San Francisco: ICS Press, 1995). 또한 Sampson and Janet Lauritsen, "Violent Victimization and Offending: Individual, Situational, and Community-Level Risk Factors," in Albert J. Reiss and Jeffrey A. Roth, eds., *Understanding and Preventing Violence*, vol. 3 (Washington, DC: National Academy Press, 1994), chap. 1. 참조.

37. James Coleman, "Social Capital in the Creation of Human Capital," *American Journal of Sociology* 94 (Suppl.) (1988): 95–120.

38. Sampson, "The Community," op. cit., pp. 200–201.

39. Ibid., pp. 201–02. 또한 Robert Sampson and William Julius Wilson, "Toward a Theory of Race, Crime and Urban Inequality," in John Hagan and Ruth Peterson, eds., *Crime and Inequality* (Stanford, CA: Stanford University Press, 1995). 참조.

40. 참조 Lauren J. Krivo and Ruth D. Peterson, "Extremely Disadvantaged Neighborhoods and Urban Crime," *Social Forces* 75 (1996): 619–48; and Edem F. Avakame, "Urban Homicide," *Homicide Studies* 1 (1997): 338–58. 검토내용에 대해서는 다음 참조. Robert J. Sampson and Janet L. Lauritsen, "Racial and Ethnic Disparities in Crime and Criminal Justice in the United States," in Michael Tonry, ed., *Ethnicity, Crime, and Immigration: Comparative and Cross National Perspectives* (Crime and Justice: A Review of Research, vol. 21) (Chicago: Unniversity of Chicago Press, 1997), pp. 311–74.

41. Edward S. Shihadeh and Nicole Flynn, "Segregation and Crime," *Social Forces* 74 (1996): 1325–52.

42. Robert J. Sampson and W. Byron Groves, "Community Structure and Crime," *American Journal of Sociology* 94 (1989): 774–802. 이런 결론에 대한 상반된 연구결과는 다음 참조. Bonita M. Veysey and Steven F. Messner, "Further Testing of Social Disorganization Theory," *Journal of Research in Crime and Delinquency* 35 (1999): 156–74. 샘슨과 그로브스(Sampson & Groves)의 주장을 재검증한 유일한 연구는 12년 후에 1994년 영국범죄조사(British Crime Survey) 자료를 이용해 실시되었다. 참조 Christopher T. Lowenkamp, Francis T. Cullen, and Travis C. Pratt, "Replicating Sampson and Groves's Test of Social Disorganization Theory: Revisiting a Criminological Classic," *Journal of Research in Crime and Delinquency* 40 (2003): 351–73. 연구결과는 샘슨과 그로브스의 결과와 일치했지만, 저자들은 다른 지역에서 재검증해야 할 필요가 있다고 지적했다.

43. Robert J. Sampson, "Collective Regulation of Adolescent Misbehavior," *Journal of Adolescent*

Research 12 (1997): 227–44. 또한 Delbert Elliott et al., "The Effects of Neighborhood Disadvantage on Adolescent Development," *Journal of Research in Crime and Delinquency* 33 (1996): 389–426, 참조. 덴버지역의 이웃주민들에게 다른 사람의 집에 누군가 침입하려는 것이 분명할 때에 행동을 취할 가능성이 얼마인가를 물었다.

44. Robert J. Sampson, Stephen W. Raudenbush, and Felton Earls, "Neighborhoods and Violent Crime: A Multilevel Study of Collective Efficacy," *Science* 277 (1997): 918–24; and Robert J. Sampson and Stephen W. Raudenbush, "Systematic Social Observation of Public Spaces," *American Journal of Sociology* 105 (1999): 603–51. 집합효율성은 사회해체와 반대되는 개념이라고 할 수 있다 – 집합효율성은 공통의 목적을 달성할 수 있는 능력을 의미하지만 반면에 사회해체는 무능력을 반영한다. 그러나 이 연구에서 집합효율성은 공공장소의 통제목적이라는 다소 협소한 의미로 사용되었다.

45. Sampson and Raudenbush, op. cit., pp. 611–12.

46. Ibid., pp. 617–19.

47. Ibid., p. 620. 또한 사회적 무질서를 비디오테이프를 사용해 측정했지만, 실제 거의 포착되지 않았다.

48. Ibid., p. 638. 또한 다음도 참조. Sampson, Raudenbush, and Earls, op. cit. 저자들은 이웃주민간의 사회적 결속과 이웃주민들이 공통선(common good)에 참여하려는 의지가 해당 이웃지역에서의 폭력범죄 감소와 밀접한 관련이 있다는 것을 알 수 있었다. 또한 집중된 빈곤과 주거이동성은 이런 의지를 감소시키고, 따라서 범죄와 공중무질서를 증가시킨다는 사실을 발견했다. 반면에, 미국 시애틀 지역의 자료를 분석했을 때에 워너와 라운트리 (Barbara D. Warner and Pamela Wilcox Rountree, "Local Social Ties in a Community and Crime Model," *Social Problems* 44 [1997]: 520–36)는 이웃지역의 사회적 유대가 유럽계와 미국계의 지역에서는 폭력범죄를 감소시켰지만, 흑인거주 지역이나 인종혼합 지역에서는 아무런 영향을 미치지 못했다는 것을 알 수 있었다. 또한, 벨레어(Paul Bellair, "Social Interaction and Community Crime," *Crimmology* 35 [1997]: 677–703)는 이웃주민의 사회적 상호작용빈도는 범죄발생에 아무런 영향을 미치지 못했다고 지적했다. 그러나 두 연구 모두는 집합효율성을 구성하는 공유기대와 상호결속을 직접 측정하지 않았다.

49. Jeffrey D. Morenoff, Robert J. Sampson, and Stephen W. Raudenbush, "Neighborhood Inequality, Collective Efficacy, and the Spatial Dynamics of Urban Violence," *Criminology* 39 (2001): 517–59.

50. James Q. Wilson and George Kelling, "The Police and Neighborhood Safety: Broken Windows," *Atlantic Monthly* 127 (1982): 29–38.

51. 참조. Sampson and Raudenbush, op. cit., p. 628.

52. Fred E. Markowitz, Paul E. Bellair, Allen E. Liska, and Jianhong Liu, "Extending Social Disorganization Theory: Modeling the Relationships Between Cohesion, Disorder, and Crime," *Criminology* 39 (2001): 293-320.

53. 예를 들어 2015년 5월에 인터넷 구글 서비스로 "깨진 유리창"과 "경찰"을 찾았을 때에 45만1000개 이상의 검색결과가 있었다.

54. Fritz Umbach and Alexander Gerould, "Myth #3: Public Housing Breeds Crime" in Nicholas Dagen Bloom, Fritz Umbach, and Lawrence J. Vale, eds., Public Housing Myths:Perceptions, Reality, and Social Policy(Ithaca, NY: Cornell University Press, 2015), pp. 64-65. 공공주택에서 법집행의 역할에 관한 종합적인 설명을 원한다면 Fritz Umbach, The Last Neighborhood Cops: The Rise and Fall of Community Policing in New York Public Housing(New Brunswick, NJ: Rutgers University Press, 2011)을 참조할 것.

55. Ibid., p.66.

56. Lee Rainwater, Behind Chetto Walls: Black Families in a Federal Slum(Chicago: Aldine Publishing Company, 1970).

57. Umbach and Gerould, op. cit., p.67.

58. Oscar Newman, Defensible Space:Crime Prevetion Through Urban Design(New York: Macmillan Press, 1972).

59. Umbach and Gerould, op. cit., 69.

60. Ibid.

61. Tamara Dumanovsky, "Crime in Poor Places: Examining the Neighborhood Context of New York City's Public Housing Projects"(PhD diss, New York University, 1999), pp. 90-115.

62. Umbach and Gerould, op. cit., p. 72.

63. John E. Farley, "Has Public Housing Gotten a Bum Rap?", Environment and Behavior 14(1982), 463-464.

64. Dennis W. Roneck, Ralph Bell, and Jeffrey Franick, "Housing Projects and Crime: Testing a Proximity Hypothesis," Social Problem 29(1982), 163.

65. Umbach and Gerould, op. cit., p. 78.

66. Harold R. Holzman, Robert Hyatt, and Tarl Roger Kudrick, "Measuting Crimes in and Around

Public Housing," in Fahui Wang, ed., Geographic Information System and Crime Analysis(London: Idea Group Publishing, 2005), p. 324.

67. Edward G. Goetz, "Where Have All the Towers Gone?: The Dismantling of Public Housing in U.S. Cities," Journal of Urban Affairs 33(2011).

68. Xavier de Souza Briggs, Susan J. Popkin, and John M. Goering, Moving to Opportunity: The Story of an American Experiment to Fight Ghetto Poverty(New York: Oxford University Press, 2010).

69. Hanna Rosin, "American Murder Mystery?" Atlantic Monthly July/August(2008).

70. Susna J. Popkin, Michael J. Rich, Leah Hendey, Chris Hayes, and Joe Parilla, Public Housing Transformation and Crime: Making the Case for Responsible Relocation(Washington D.C.: Urban Institute, 2012).

71. Umbach and Gerould, op. cit., p. 89.

72. Ibid., pp. 89-90.

73. Lowenkamp et al., op. cit., p. 351.

74. Robert J. Sampson, Jeffrey D. Morenoff, and Thomas Gannon-Rowley, "Assessing 'Neighborhood Effects': Social Processes and New Direction in Research," Annual Review of Sociology 28 (2002): 443-478.

75. Ibid., p. 458.

76. Charles Kubrin and Ronald Weitzer, "New Direction in Social Disorganization Theory," Journal of Research in Crime and Delinquency 40 (2003): 374-402.

77. Todd R. Clear, Dina R. Rose, Elin Waring, and Kristen Scully, "Coercive Mobility and Crime:A Preliminary Examination of Concentrated Incarceration and Social Disorganization," Justice Quartly 20 (2003): 33.

78. Kubrin and Weitzer, op. cit., pp. 379-381.

79. 예를 들어, Robert J. Sampson and Dawn Jeglum Bartusch, "Legal Cynicism and (Subcultural?) Tolerance of Deviance: The Neighborhood Context of Racial Differences," Law and Society Review 32 (1998): 777-804.을 볼 것.

80. Richard Curtis, "The Improbable Transformation of Inner-City Neighborhoods," pp. 1233-1276, and Warren Friedman, "Volunteerism and the Decline of Violent Crime," pp. 1453-1474, both

in Journal of Criminal Law & Criminology 88(1998).

81. Robert J. Sampson, Great American City: Chicago and the Enduring Neighborhood Effect (Chicago, IL: University of Chicago Press, 2012). 시카고 프로젝트는 3개의 추가 연구 및 실험과 더불어 '시카고 인근 지역의 인적 발달에 관한 프로젝트'를 참조할 것.

82. Robert J. Sampson, "The Place of Context: A Theory and Strategy for Criminology's Hard Problems," Criminology 51 (2012): 1–31, p. 3.

83. Ibid., pp. 10–12.

84. Ibid., pp. 12–15.

85. Ibid., pp. 15–18.

86. Ibid., pp. 18–22.

87. Ibid., pp. 22–24.

제8장 긴장 이론

장 개요

- 미국 사회에서 로버트 머튼(Robert K. Merton)과 아노미
- 청소년 폭력 집단 비행의 설명으로서 긴장
- 1960년대 긴장이론에 기반을 둔 정책들
- 긴장 이론들의 쇠퇴와 부활
- 개인 안에서의 긴장
- 사회 속에서의 긴장
- 결론

C/H/A/P/T/E/R 08

긴장 이론

뒤르켐(Durkheim)의 이론을 미국사회에 적용함에 있어, 쇼(Shaw)와 맥케이(McKay)는 급속한 사회변화에 대한 뒤르켐의 주장을 유지하였지만, 초점을 일반적인 사회에서 지역사회로 이동하였다. 로버트 머튼(Robert K. Merton) 또한 뒤르켐의 이론을 미국사회에 적용하였지만, 급속한 사회변화에서부터 벗어난 부분에 초점을 맞추었다. 대신 그는 낮은 사회 계층들에서의 높은 범죄율뿐만 아니라 미국 사회에서의 전체적으로 높은 범죄율과 연관되는 어떤 비교적 안정적인 사회적 조건들이 존재한다고 주장하였다. 머튼은 이러한 사회 조건들을 설명하기 위해 사회 구조적 긴장이라는 용어를 사용하였다. 그래서 머튼의 안내를 따랐던 이론들은 긴장이론으로 알려지게 되었다.

미국 사회에서 로버트 머튼(Robert K. Merton)과 아노미

뒤르켐은 인간의 자연적 욕구를 통제하는 사회의 능력에서의 붕괴로서 아노미를 분석했다. 1938년에[1] 처음으로 출판되었던 논문에서 머튼은 많은 욕구가 자연적인 것이 아니라 미국 사회의 문화 속에서 비롯된다고 주장하였다. 동시에, 미국 사회의 사회적 구조는 이러한 욕구들을 만족시키기 위해 어떤 집단의 능력을 제한한다. 결과적으로 어떤 사람들에게는 사회에서 순응적인 행동보다는 비순응적 행위를 하게 만드는 명백한 압력을 의미한다.[2]

머튼은 어떤 사회의 문화는 추구할 가치가 있다고 간주되어 지는 어떤 목표들을 정의한다고 지적하면서 시작하였다.[3] 모든 사회에서는 그러한 다양한 목표들이 있고, 이러한 목표들은 문화에 따라 다양하다. 그러나 아마 미국사회에서 가장 중요한 문화적 목표는 부를 획득하는 것이다. 이것은 뒤르켐이 주장하였던 것처럼 자연적 열망으로 간주되어 질지도 모른다. 그러나 미국의 문화는 목표 자체가 가지고 있을지 모르는 어떤 본질적인 보상을 훨씬 넘어서도록 이런 목표를 장려한다. 부의 축적은 일반적으로 인간의 가치와 동일시되고 높은 수준의 위신과 사회적 지위와 연관된다. 돈을 가지지 못한 자는 연륜 또는 정신적 절제력등과 같이 다른 문화에는 가치를 가지는 인간적 특징들을 가지고 있다고 하더라도 비하될 수도 있다.

뒤르켐은 문화는 인간들안에 있는 이러한 열망들을 제한하는 기능을 했다고 주장한 반면(어떤 시기에는 문화가 이러한 역할을 잘 하지는 못했지만), 머튼은 미국의 문화는 모든 인간들에게 최대한의 부를 추구하도록 장려한다고 주장하였다. 미국의 문화는 모든 사람이 부를 달성하기 위한 동일한 기회를 가지고 있다고 주장하는 평등주의적 이념에 기반을 두고 있다. 비록 모든 인간들이 이러한 목표를 달성하도록 기대되어지지는 않지만, 모든 인간들이 시도는 하도록 기대되어진다. 시도를 하지 않는 사람들은 게으름 또는 야망이 없는 인간으로서 비판적으로 특징지어질지도 모른다.[4]

또한 문화는 모든 인간들이 문화적 목표를 추구하는데 있어서 따르도록 기대되어지는 승인된 규범 또는 제도적 방법들을 명시한다. 이러한 방법들은 문화 속에서의 가치에 기반을 두고 있으며 일반적으로 목표를 달성하는 기술적으로 가장 효율적인 많은 방식들을 배제할 것이다. 예를 들어, 미국문화에서 일반적으로 부를 추구하기 위해 사용되어 져야 하는 제도적 방식들은 중산층의 가치 또는 프로테스탄티즘의 직업윤리로서 확인되어질 수 있다. 이러한 방식들은 근면, 정직, 교육, 그리고 욕구충족의 연기 등이다. 부를 얻기 위한 가장 효율적인 방식인 강압과 사기는 금지되어 진다.[5]

머튼은 모든 사람들이 문화적 목표들은 달성하도록 기대되어 질수는 없기 때문에, 문화는 제도화된 방법들과 그들 자신의 가치를 위해 이러한 방법들을 따를 필요성들을 강하게 강조하는 것이 중요하다.[6] 이러한 방법들은 문화에 참여하는 모든 사람들을 위한 몇몇 본질적인 만족들을 제공해야만 한다. 이것은 비록 이기지 못하더라도 스포츠 자체가 즐거움을 제공해야하는 운동경기의 상황과 유사하다. "그것을 당신이 경기에서 이기는지가 아니라 당신이 어떻게 경기를 치루는가" 라는 문구는 기본적인 만족은 목표의 달성(이기는 것)이 아니라 제도화된 방법(규칙)을 따르는 것으로부터 온다는 개념을 표현한 것이다.

그러나 운동경기에서 승리의 목표는 과도하게 강조되어 질 수 있다. 결과적으로 스포츠 자체에 의해 제공되는 보상은 경시될 수 있다. 이러한 상황에서는(그것은 당신이 어떻게 경기를 하는가가 아니라 당신이 이기는가이다), 제도화된 방법이 심각한 긴장 속에 놓여지게 된다. 머튼은 이것이 부를 획득하는 목표에 관한 미국사회에서의 상황이라고 주장하였다.[7] 제도적 방식 자체는 거의 보상이 없다는 점에서 목표는 강조되어 왔었다. 근면, 교육, 정직, 욕구충족의 연기와 같은 방식을 고수하는 사람은 만약 그 또는 그녀가 결과적으로 최소한 어느 정도의 부를 획득하지 못한다면 이러한 방식에 대해서는 매우 작은 사회적 보상만을 받게 된다. 그러나 심지어는 승인된 방식이 아니라 할지라도 부를 획득한 사람은 여전히 위신과 사회적 신분에서의 사회적 보상을 받게 된다. 이러한 상황은 제도화된 방법에 심각한 긴장을 주게 된다. 특히 제도적 방식을 사용하여 부를 취득할 수 없는 사람들에게는 심각한 긴장을 주게 된다.

이러한 긴장은 사회에서 다양한 사람들에게 부과된다. 그러나 긴장은 주로 낮은 계층에 있는 사람들에 더욱 집중되는 경향이 있다. 그 집단의 사람들에게는 부를 획득할 수 있는 능력이 개인의 재능과 노력뿐만 아니라 사회적 구조 자체에 의해서도 제한된다. 따라서 이 집단속에서는 단지 가장 재능 있고 가장 열심히 일하는 사람들만이 제도화된 방법을 이용하여 부를 획득하도록 예상되어진다. 같은 의미에서, 긴장은 상위 계층에서 있는 사람들 사이에는 가장 적으며, 같은 제도적 방법을 사용하더라도 상위계층의 사람들은 적당한 재능을 가진 사람이 단지 적당한 노력으로 어느 정도의 부를 획득할 수 있게 된다.

어떤 집단에게는 문화적 가치에 대한 심각한 긴장이 유발된다. 왜냐하면 (1)문화는 부의 축적을 통한 목표 달성을 비정상적으로 강조하고 이러한 목표가 모든 인간들에게 적용가능하다고 주장하기 때문에, 그리고 (2)사회적 구조는 제도화된 방법들의 사용을 통하여 이러한 목표를 달성하기 위해 이러한 집단들 속에 개인의 가능성들을 효과적으로 제한하기 때문이다. 문화와 사회의 사회적 구조사이의 이러한 모순이 머튼이 아노미라고 정의하였던 것이다.[8]

결과적으로 머튼은 전체적으로 미국사회에서 높은 범죄율을 설명하기 위해 문화적 주장을 사용하였고 낮은 계층에서 범죄의 집중을 설명하기 위해서 구조적 주장을 사용하였다.[9] 미국 사회의 높은 수준의 범죄는 문화적 불균형(금전적인 성공에 대한 목표에 가치를 두는 강한 문화적 힘과 근면 정직 그리고 교육과 같은 제도적 방법들에 가치를 두는 매우 약한 문화적 힘 사이에 불균형) 측면에서 설명하려고 하였다. 그러나 머튼은 미국의 문화를 모든 계층적 구조 속에서 비교적 동일한 것으로 기술하였으며, 결과적으로 모든 사람들이 부를 획득하기 위해 비슷하게 압력을 받으며 모든 사람들인 제도화된 방법에 대해 비교적 약한 충성심을 가지고 있다고 보았다. 따라서 문화적 불균형은 왜 미국사회에서 하위 계층이 상위 계층보다 높은 범죄율을 가지고 있는지 설명하지 못한다. 그래서 머튼은 문화가 아니라 사회적 구조를 미국사회에서 하위 계층의 사람들이 상위 계층의 사람들 보다 높은 범죄율을 가지는가를 설명하기 위해 사용하였다. 이러한 설명은 미국의 사회적 구조 속에서 합법적인 기회에 대한 분포, 즉 제도적 방법을 통하여 부를 획득할 수 있는 능력에 집중하였다. 따라서 상위 계층에는 비교적 적지만 하위 계층에는 집중되는 범죄 행위의 분포는 적법한 기회 분포의 반영이라고 할 수 있다. 문화적 목표와 제도적 방법에 대한 인간의 태도에 따라 이러한 아노미 문제에 대해 인간의 적응방식은 다양하다. 머튼은 이러한 적응방식을 순응형, 혁신형, 의례형, 회피형, 그리고 반역형 등으로 서술하였다.

사회가 어느 정도 안정적일 때, 그 사회 속에 사는 모든 사람들은 문화적 목표와 제도화된 방법 모두의 수용을 수반하는 순응을 선택할 것이다. 이러한 사람들은 중산층의 가치 속에서 승인된 방식을 통하여 부를 획득하려고 할 것이고 그들이 성공하든지 하지 못하든지 그러한 방식을 계속 고수할 것이다.

그러나 사회에서 존재하는 대부분의 범죄는 아마도 혁신의 형태를 가질 것이다. 혁신형은 부를 획득하기 위해 문화적 목표에 대한 그들의 충성을 지속한다(왜냐하면 이러한 목표는 매우 강하게 강조되어지기 때문에), 그러나 그들은 제도적 방법을 통해서는 그것을 달성하지 못한다는 것을 발견하게 된다. 결과적으로, 그들은 부를 획득할 수 있는 새로운 방식을 생각하게 된다. 사업가는 사기와 허위정보 공시를 수반하는 다른 형태의 화이트칼라 범죄를 고안할 수 있으며, 그들 자신들의 소득세를 속일수도 있다. 노동자들은 작업장에서 조직적으로 물건을 훔칠 수도 있다. 가난한 사람들은 도박, 매춘 또는 마약과 같은 불법적인 행위를 발전시킬 수 있고 절도나 강도와 같은 행위를 할 수도 있다. 각각의 사례에서, 인간들은 문화적 목표에 대해 그들 자신을 헌신한다. 하지만, 승인되지 않은 방법을 통하여 그것을 추구한다.

이러한 상황은 인간은 쾌락주의자이기 때문에 만약 그들이 사회에 의해 부과된 처벌에 의해 제한되지 않는다면 그들은 항상 자신의 목표를 달성하기 위해 기술적으로 가장 효율적인 방법들을 선택할 것이라고 주장해온 고전주의 학자들이 묘사한 것과 유사하다.[10] 비록 고전주의 학자들이 이것이 인간들의 정상적인 상황이라고 생각했지만, 머튼은 오로지 규범이 붕괴된 상황에서 문화적 목표가 과도하게 강조되었을 때의 상태라고 주장하였다.

세 번째 가능한 적응인 의례형은 부의 획득 가능성을 거부한다. 그러나 근면, 정직과 같은 규범에 대한 충실함은 지속한다. 이것은 더 빠르고 효율적인 방법이 있더라도 규범을 우선적으로 준수하고자 하는 사람들의 적응방식이다. 그들은 그들 자신의 목표 달성에 실패한 것에 의해 실망하지 않는다. 왜냐하면, 그들은 그러한 목표를 단념하였기 때문이다. 동시에 그들은 결코 어떤 곤란한 상황을 맞지는 않는다. 왜냐하면 그들은 모든 사회적 규범을 준수하기 때문이다. 이것은 금전 출납 우리 속에서 겁먹은 종업원처럼 열정적이고 순응적인 관료의 관점이고,[11] 하위 계층속의 사람들 중에서 가장 빈번하게 나타나는 경향이 있다. 이러한 사람들은 제도화된 방법을 통해 최소한 수준의 성공을 달성하려고 노력하고 더 이상의 것들을 획득하고자 하는 진정한 희망이 없다. 심지어는 이러한 최소 수준조차 잃을지 모른다는 두려움은 그들을 그들만의 적응 속에 가두게 된다.

네 번째 가능한 적응은 전체 경기 자체를 간단하게 포기하는 회피형이다. 그들은 문화적 목표를 추구하는 것 그리고 제도화된 방법을 준수하는 행위 모두를 거부한다. 이러한 적응을 선택하는 사람은 정신우울병 환자, 자폐장애자, 따돌림 받는 자, 사회에서 버림받는 자, 방랑자, 만성적인 알코올 그리고 마약 중독자등이 포함된다.[12] 머튼은 이러한 적응이 문화에 대한 헌신의 부족 때문에 필연적으로 일어나는 것은 아니라고 주장하였다. 문화적 목표와 제도적 방식 모두에 대한 강한 헌신이 있지만, 성공을 이룰 수 있는 가능성이 존재하지 않을 때도 일어날 수 있다.

이것은 두 가지의 갈등을 생산한다: 제도적 방법 수용에 대한 내면화된 도덕적 의무는 불법적인 방식(아마도 목표를 달성할 수도 있는)을 선택해야만 하는 압박과 충돌하게 되고 인간은 합법적이고 효과적인 방법 모두를 포기하게 된다. 경쟁적인 질서가 지속되지만, 이러한 경쟁적 질서에 적응하지 못하는 좌절한 사람들은 결국 포기하게 된다.

반역형은 아노미 문제에 대한 마지막 적응이다. 여기에서, 인간은 새로운 가치로 기존의 사회 가치를 대체하는 것으로 그들의 좌절에 적응한다. 이러한 새로운 가치는 정치적일 수 있다. 예를 들어, 목표는 사회주의적 사회의 획득이고 허용된 방법은 폭력적인 혁명을 포함할 수 있다. 반대로 이러한 가치는 정신적인 것일 수 있다. 목표는 어떤 상태의 의식 또는 정신의 획득을 포함하고 방식은 금식과 명상을 포함할 수 있다. 가치는 다른 지역 또는 국가에서의 어떤 것들 중에 하나가 될 수도 있다. 근본적인 점은 이러한 사람은 현존하는 사회의 구성원으로서 기능을 그만두고 대체적 문화 속에서 살기 시작한다는 것이다.

이러한 적응들은 인간의 성격적 특징을 서술하지는 않는다. 대신, 그들은 아노미 긴장에 적응으로서 행위에 대한 인간의 선택을 서술한다. 몇몇 사람들은 의례를 통해 그들의 상황에 적응하는 낮은 수준의 관료와 같은 적응을 지속적으로 선택할지 모른다. 그러나 같은 관료들도 때때로 그들의 고용인으로부터 작은 부분을 훔치는 것을 통해 혁신적인 적응을 할 수도 있고 알코올의 사용을 통해 회피적으로 반응할 수 있다. 또 다른 사람들은 동시에 몇 가지 적응을 포함하는 행위 양식 발전을 포함할 수도 있다. 예를 들어, 전문적인 범죄자, 혁신형은 만성적인 마약을 사용(회피)할 수도 있고, 동시에 공격적이고 혁명적인 철학자(반역)를 추구할 지도 모른다. 이러한 행위들은 인간이 직면하는 아노미적 상황에 대한 모든 적응들을 이해하지 못한다면 서로 일관성 없는 것으로 보일 수 있다.

같은 적응들도 목표와 그들의 획득하기 위한 방법과 가치 사이의 차이가 존재하는 다른 상황들 속에서도 나타날 수 있다. 운동경기에서 만약 이기고자 하는 목표가 과도하게 강조되어진다면, 제도적 방법으로는 경기에서 이기지 못하는 사람은 속임수를 경기를 승리하도록 강한 동기부여를 받을 수도 있고(혁신), 단지 경기에서 이기려고 하는 희망을 가지고 경기를 계속하거나(의례), 또는 경기를 그만두거나(회피), 다른 형태의 경기를 시작하기 위해 시도할 수 있다(반역). 학생들은 가끔 높은 성적을 취득할 목표가 지나치게 강조된 상황을 직면했을 때 비슷한 적응에 의존할 지도 모르게 된다. 과학자들 사이에서의 일탈행위는 과학 연구에서 독창성에 대한 목표의 지나친 강조 때문으로 분석될 수 있다.[13] 이러한 목표를 달성할 수 없는 사람들은 가설을 지지하는 자료만을 보고하거나, 표절, 자기 권리적 주장, 가끔 남의 생각을 도용, 흔하지는 않지만 데이터를 조작하는 등의 다양한 적응행동을 최후의 수단으로 선택할지도 모른다.[14] 표 8-1에서 머튼의 유형 분류체계에 대한 개요가 제시되어 있다.

표 8-1 머튼의 적응 형태에 대한 분류체계

적응의 형태	목표(문화적으로 정의된)	수단(구조적으로 정의된)
순응형	받아들임	받아들임
혁신형	받아들임	거부함
의례형	거부함	받아들임
회피형	거부함	거부함
반역형	거부하거나 대체함	거부하거나 대체함

마지막으로, 머튼은 아노미 이론은 범죄 또는 비행 행위로 일반적으로 언급되어지는 모든 형태가 아닌 몇몇 형태의 일탈적인 행위를 설명하기 위해 설계되었다는 점을 지적하였다.[15] 이론의 목적은 문화적으로 유도된 목표와 사회적 구조 속에서의 기회 사이에 불일치에 의해 만들어지는 극심한 압력과 같은 특별한 문제에 대한 관심이다. 즉 어떤 시기 또는 다른 시기에서의 형법에 의해 금지되어진 모든 다양한 행위를 설명하려는 시도는 이론이 아니라고 주장하였다.

많은 이론가들은 머튼의 이론을 확대하고 개선하려고 노력해 왔다. 가장 중요한 시도는 리차드 클로워드(Richard Cloward)가 1959년에 쓴 논문이었다.[16] 머튼은 낮은 계층의 사람들은 성공이라는 목표를 달성하기 위한 합법적인 방법에 접근이 제한되어 있다고 사실에 초점을 두었지만, 클로워드(Cloward)는 같은 사람들도 가끔 그들의 지역사회에 존재하는 불법적인 방법에 대한 광범위한 접근을 가지고 있다는 점을 지적하였다. 지역사회의 전당포는 물건이 도난당하는 것을 막기 위해 펜스를 세우고, 고물상은 좋을 차를 아무나 만질 수 없도록 할 것이고, 부정한 돈벌이 수단, 마약과 매춘 지역 등의 모든 것이 사회의 성공을 달성하기 위한 불법적인 기회를 제공한다. 또한 클로워드는 만약 인간이 기회를 이용할 수 있는 방법이 제시되지 않는다면 단지 기회가 존재한다는 것만으로는 충분하지 안다고 주장하였다.[17] 이것은 학습구조는 비행 지역에서의 연구에서 쇼(Shaw)와 멕케이(McKay)에 의해 그리고 범죄는 정상이고 학습되는 행위라는 주장은 서덜랜드에 의해서 서술되었다. 그리고 클로워드는 그의 이론을 이러한 세 가지 접근의 통합으로 간주하였다. 머튼 역시 클로워드의 이론이 그 자신의 이론에 대한 중요한 확장으로 간주하였다.[18]

청소년 폭력 집단 비행의 설명으로서 긴장

머튼의 아노미 이론을 재구성해 본다면 범죄를 설명하기 위해 어떤 계층이 긴장아래 놓이게 되고 이러한 긴장을 사용하는가에 초점을 맞추었다. 이러한 형태의 주장은 도심의 하위계층의 남자 청소년 비행을 설명하기 위해 사용되어 왔다. 그중의 하나는 앨버트 코헨(Albert Cohen)이며 다른 하나는 리차드 클로워드(Richard Cloward)와 엘로이드 올린(Lloyd Ohlin).

청소년에 대한 연구에서 코헨은 대부분의 비행 행위는 개인적이라기보다는 청소년폭력 집단 안에서 발생하고 그것의 대부분은 비실용적이고, 악의적이고, 부정적이었다는 것을 발견하였다.[19] 이러한 형태의 비행은 대부분의 성인 범죄와 달리 어떤 유용한 목적을 가지고 있지 않았다. 청소년 폭력 집단은 그들이 원하지 않거나 필요하지 않은 것들을 훔치고, 공공기물을 파괴하고, 악의적으로 물건들을 파괴하거나, 폭력 집단들 간의 전쟁에 참여하였으며, 이유 없는 공격행위를 하였다. 범죄는 불법적인 방법을 이용해서라도 돈을 획득하고 자 하는 목적을 가지고 있다고 주장한 머튼의 이론으로는 이유 없는 범죄가 설명될 수 없었다. 코헨은 이러한 행동들이 비행 청소년들 사이에서 지위를 획득하기 위한 방법이라고 믿었다. 그러나 그는 왜 이러한 행위들이 어떤 집단에서는 지위 획득을 가능하게 해주고 다른 집단에서는 나쁜 행위로서 비하되어 지는가에 대해 질문해야 했다.[20] 그는 폭력 집단은 가치 있는 것들에 대해서 지배적인 문화로부터 분리된 문화를 가지고 있다고 결론 내렸다. 그런 후 코헨이 한 질문은 왜 그리고 어떻게 이러한 분리된 문화가 발전되어 왔는가에 관한 것이었다.

머튼은 성공이라는 문화적 목표를 추구하는 존재로서 인간을 묘사하였다. 비슷한 방식으로, 코헨은 청소년들을 그들의 친구들 사이에서 지위 획득의 목표를 추구하는 존재로 보았다. 그는 청소년들이 같은 연령과 같은 성별의 집단과의 경쟁 속에서 얻어진 획득되어진 지위와 청소년의 아버지가 중요한 사람일 때와 같은 그들의 가족 덕분에 얻어지는 태어나면서부터 얻어지는 지위 사이에 고전적 구별을 이용하였다. 지위 획득을 위한 경쟁은 일반적으로 학교 안에서 일어난다. 코헨은 학교를 중간계층의 교사들과 행정가들의 가치에 의해 지배되는 견고한 중간계층 제도로 보았다. 그는 학교에서의 지위는 야망, 책임감, 성취(특히 성적과 운동의 영역), 욕구충족의 연기, 합리성, 예의, 신체적 공격성을 통제할 수 있는 능력, 시간의 생산적 사용, 소유물에 대한 존경과 같은 기본적 가치로 결정된다고 보았다.[21]

그들의 가족의 미덕에 의한 어떤 태생적 지위를 가지고 있지 않는 청소년들은 지위획득을 위한 경쟁에서 일반적으로 패배하고 심각한 긴장상태에 놓이게 된다. 그들은 중산층의 가치에 계속적으로 따르려고 할 수 있지만, 그들은 그들의 친구들 사이에서는 낮은 지위에 대해 만족을 해야만 한다. 또는 그들은 중산층의 가치에 대한 반항할 수 있고 그들이 그들의 지위와 자신의 가치를 증가시킬 수 있는 새로운 가치 구조를 세울 수 있다. 그러한 방법으로 반항한 청소년들은 그들의 선택을 입증하고 그들의 새로운 가치를 강화하기 위해 함께 집단을 형성하는 경향이 있다. 비행 폭력 집단이 그러한 집단이다. 비슷한 문제(낮은 지위)를 직면한 많은 청소년들은 자발적 발전으로서 그러한 문제에 대한 공통적인 해결책을 함께 창조한다.

지위의 부족은 다른 사회적 계층에 있는 청소년들에게도 영향을 미칠지 모른다. 하지만, 머튼의 아노미처럼, 그것은 하위계층에 있는 청소년들에게 불균형적으로 영향을 끼친다. 이러한 젊은이들은 일반적으로 그들의 가족으로부터 어떤 태생적 지위를 가지고 있지 않다. 왜냐하면, 일반적으로 그들의 부모는 낮은 지위의 직업을 가지고 있기 때문이다. 동시에 그들은 학교에서의 지위획득을 위한 경쟁에서 불리한 위치에 놓이게 된다. 하위계층의 아이들은 가끔 학교에 입학하기 전에 중산층의 아이들과는 다른 내면화된 가치를 가지고 있다. 이러한 가치에 반해서 평가되어 질 때, 그들은 행동을 바르게 하지 못하고 이러한 새로운 가치에 적응하거나 그것을 거부하게 된다. 이와 같은 이유로 비행 폭력집단의 일원은 일반적으로 하위계층의 아이들이다. 그리고 폭력집단이 주로 중산층의 가치에 반발하기 때문에 폭력 집단은 코헨에 의해 알려진 바와 같이 부정적인 특징을 가지고 있다.

머튼과 코헨의 이론들은 몇 가지 측면에서 차이를 가지고 있었다. 머튼은 범죄의 실용적인 본능을 강조함으로서 사회 구조적 압박에 대한 적응으로서 혁신에 초점을 둔 반면 코헨은 청소년 비행의 비실용적 특징을 설명하였다. 코헨의 이론은 머튼에 의해 제시된 반역적 적응과 유사하다. 그러나 코헨의 이론에서 반역이 취하는 특별한 형태는 중산층의 가치에 대한 반동에 의해 결정되어 진다는 측면에서 머튼이 주장한 반역과는 차이가 있다. 머튼의 이론에서서 반역은 수많은 다양한 형태 중에서 한 가지 형태를 취할지 모른다. 마지막으로, 코헨은 반역의 결정은 집단의 다른 구성원들의 결정과 연관된 것으로 보았다. 반면에 머튼은 개인적 적응으로서 적응유형의 결정을 반영하였다.

클로워드와 올린의 폭력 집단 비행 이론은 범죄의 실용적인 본성에 대한 머튼의 주장에 주목하게 되었다.[22] 클로워드와 올린은 몇몇 청소년 폭력 집단 비행이 중산층의 가치에 대한 반항에 의해 그리고 지위 획득 추구에 동기부여를 받는다는 점에 대해서는 코헨에 동의하였다. 그러나 그들은 이러한 청소년들이 더 심각한 비행청소년이 되는 경향이 있다고 주장하였다. 클로워드와 올린에 따르면 더욱 심각한 비행청소년은 지위획득이 아니라 돈을 획득하는 것을 추구한다. 특히, 심각한 비행청소년들은 완전히 경제적 조건들에 의해서 그리고 중산층의 가치에 전혀 연관성이 없는 목표로서 빠른 차, 좋은 옷과 같은 과시적 소비 쪽으로 치우치는 경향이 있다. 이러한 청소년들은 중산층의 가치와 가장 큰 충돌을 경험하게 된다. 왜냐하면, 그들은 그들 자신이 원하지 않는 것들(예: 중산층의 생활 형태)과 그들 자신이 원하는 것들(예: 무신경한 물질만능주의) 모두 때문에 멸시되어지기 때문이다.[23] 이들이 클로워드와 올린이 청소년 비행과 관련된 문헌에서 반복적으로 언급해 왔던 청소년들이다.

그런 후에 클로워드와 올린은 이러한 청소년들이 행할 특별한 형태의 비행을 설명하기 위해 클로워드에 의한 머튼 이론의 초기 확장에 주목하였다. 그는 이러한 청소년들에게는 그들의 경제적 위치를 높일 수 있는 어떤 합법적인 기회도 없다고 가정하였다. 만약 클로워드가 주장한 것처럼 불법적인 기회가 존재한다면, 이러한 청소년들은 소득의 생성을 강조하는 범죄적 폭력 집단의 형태를 나타날 경향이 있다. 그러나 그들에게 합법적 또는 불법적 기회 중에 어느 것도 가능하지 않다면, 청소년들의 좌절과 불만은 높아질 것이다. 게다가, 기회의 부족은 가끔은 청소년들에게 통제가 거의 없음을 의미하는 지역사회에서의 사회조직(불법적이든지 합법적이든지)이 존재하는 않는다는 징표라 할 수 있다. 이러한 환경 속에서는 젊은이들은 그들의 분노를 표현하는 폭력 또는 갈등적 폭력 집단을 형성하는 경향이 있다. 이것이 코헨이 주장한 비실용적, 악의적 그리고 부정론적인 행위의 원인이라 할 수 있다. 마지막으로, 클로워드와 올린은 머튼의 회피적 적응과 흡사한 회피적 하위문화를 주장하였다. 이러한 하위문화 속에 청소년들은 기회의 부족 또는 불법적인 방식의 사용에 대한 내적 금지 때문에 그들이 추구하는 경제적 성장을 획득할 수 없다. 그들은 또한 갈등과 폭력에 의지하는 것에도 실패한다. 이러한 집단은 알코올 또는 마약에 빠지고 낙오하게 된다.

1960년대 긴장이론에 기반을 둔 정책들

1960년대에 긴장이론은 범죄학에서 지배적인 이론이 되었고, 결국 범죄와 비행과 관련된 국가 정책에 큰 영향을 미치게 되었다.[24] 미국의 법무부 장관 로버트 케네디(Robert Kennedy)는 클로워드와 올린의 저서를 읽은 후에 청소년 비행에 관한 새로운 국가 정책의 수립을 도와달라고 요청하게 되었다. 결과는 클로워드와 올린에 의해 개발된 광범위한 행동 프로그램에 기반을 둔 1961년의 청소년 비행 방지와 통제를 위한 법률(Juvenile Delinquency Prevention and Control Act)의 제정이었다. 프로그램은 교육의 개선, 직업 기회의 창조, 하위계층 지역에서의 공동체 조직, 개인과 폭력 집단 그리고 가족들에게 다양한 서비스 제공 등을 포함하였다. 후에 프로그램은 모든 하위계층을 포함하도록 확대되었고 린든 존슨(Lyndon Johnson)대통령의 빈곤과의 전쟁(War on Poverty)의 기초가 되었다. 비록 수십억 달러가 이 프로그램에 지원되었지만, 단 하나의 명백한 결과는 기회가 없는 사람들에게 기회를 확대하고자 하는 이러한 노력에 대한 광범위한 정치적 반발만을 양산하게 되었다. 프로그램은 그들의 목표 달성에 실패하였으며, 결국에는 리차드 닉슨(Richard Nixon)대통령에 의해 중지되고 말았다.

기회의 진정한 확대가 없었기 때문에, 이러한 실패는 프로그램이 직면하는 반발에 그 원인이 있을지도 모른다. 로즈(Rose)는 이러한 프로그램의 실패에 대한 대안적 분석을 제시하였다.[25] 빈곤과의 전쟁은 범죄와 빈곤은 사회의 구조적 질서 속에 그들의 근원이 있다고 주장하는 긴장이론에 기반을 두고 있다. 결과적으로, 이러한 이론은 범죄와 빈곤의 문제에 대한 해결은 사회 구조의 변화에 있다고 주장한다. 최초의 생각으로 빈곤과의 전쟁은 개인의 변화가 아닌 사회의 구조적 질서를 변화시키도록 계획되었다. 그러나 이러한 프로그램의 대부분은 그들 자신의 관료주의적인 이익을 보호하고 증가시키기 위해 행동한 빈곤 프로그램을 주도하는 기관의 관료들에 의해 주도되어 졌다. 결과적으로, 빈곤 프로그램이 실질적으로 시행될 때, 대부분의 프로그램은 가난한 사람들을 변화시키도록 계획되었고, 단지 소수의 프로그램이 사회 구조적 질서를 변화시키도록 계획되고 말았다. 로즈는 빈곤과의 전쟁은 실패했다고 주장하였다. 왜냐하면 빈곤과의 전쟁은 그것의 최조의 목적이 빈곤 프로그램을 집행하는 관료들의 이익을 대변하도록 변화함으로서 변질되었기 때문이다. 이러한 이유로 그는 그의 저서를 가난한 자들의 배신(The

Betrayal of the Poor)으로 제목을 정하게 되었다.

긴장 이론들의 쇠퇴와 부활

1960년대의 긴장이론들에 기반을 둔 정책들이 실패한 후에, 긴장이론들은 면밀한 검증과 비판의 대상이 되었다. 비판의 몇몇은 이론적으로 이론에 사용된 용어와 개념의 적절성에 초점을 두었고, 다른 몇몇은 경험적으로 이론이 경험적 연구에 지지를 받는지에 대한 초점을 맞추었다.

가장 광범위한 비판점들은 1978년에 출판된 콘하우저(Kornhauser)의 저서에 의해 만들어졌다.[26] 콘하우저는 압박 또는 좌절감이 범죄와 비행을 유발한다는 주장으로서 긴장이론의 중심적 내용을 서술하였다. 이러한 긴장 또는 좌절감의 원인으로는 범죄자 그리고 비행청소년이 원하는 것(열망)과 그들이 얻도록 기대하는 것(기대) 사이에 격차라고 주장하였다. 그런 후에 콘하우저는 비행청소년의 열망과 기대에 대한 경험적 연구를 검토한 후에 경험적 연구는 청소년 비행과 낮은 기대 그리고 낮은 열망 모두와 연관되어 있음을 보여준다고 주장하였다.[27] 그녀는 이러한 청소년들은 긴장을 느끼지 않는다고 주장하였다. 왜냐하면, 그들이 원하는 것과 그들이 기대하는 것 사이에 전혀 차이가 없기 때문이다. 이러한 비판들은 범죄학에서 광범위하게 받아들여졌고, 결과적으로 긴장이론에 대한 일반적 관심의 쇠퇴로 이어지게 되었다.

1984년, 버나드(Bernard)는 콘하우저의 긴장이론에 관한 비판의 타당성을 공격하였다.[28] 예를 들어, 버나드는 비행청소년들이 그들의 열망과 그들의 기대 사이에 어떤 격차도 존재하지 않는 다는 것을 보여준 연구들은 청소년들에게 더 많은 교육을 획득하는 것 그리고 높은 지위의 직업을 획득하는 것과 관련된 열망과 기대에 대해 질문했다는 점을 지적하였다. 그러나 특히 클로워드와 올린은 비행청소년들은 그러한 열망을 가지고 있지 않다고 주장하였다. 대신, 그들은 빠른 차, 좋은 옷, 상류사회를 원했다. 판스워스(Farnsworth)와 레이버(Leiber)에 의한 나중의 연구에서는 엄밀하게 금전적인 조건 속에서만 측정되어질 때 열망과 기대의 차이는 청소년 비행과 관련됨을 발견하였다.[29]

또한 1984년에 컬린(Cullen)은 머튼, 코헨, 클로워드, 그리고 올린의 중요한 긴장이론들을 재해석한 이론적인 저서를 발표하였다.[30] 그는 머튼이 실질적으로 두 개의 다른 이론들을 제안했다고 주장하였다 – 하나는 미시 수준이고 다른 하나는 거시 수준이다.

미시적 수준에서, 컬린은 머튼의 이론에 따라 사회 구조적 긴장 속에서 있는 사람들은 좌절감을 느끼고 이러한 감정들이 그들에게 일탈적인 방향으로 행동하게 동기부여를 한다고 주장한 콘하우저의 주장에 동의하였다.[31] 그러나 거시적 수준에서, 머튼은 범죄자들이 전혀 압박을 받거나 좌절감을 느끼는 않는다고 주장하였다는 점에서 컬린은 머튼이 다른 이론을 제안하였다고 주장하였다.[32]

머튼은 규제되지 않는 인간은 일탈자기 되기 위해 어떠한 특별한 긴장 또는 압박을 경험해야만 하는 것은 아니라고 주장하였다.... 긴장된 일탈자의 경우에, 머튼은 일탈자에 관한 전통적인 관점을 완전히 대체하였으며, 규제되지 않은 또는 사회적 무질서적 행위자는 자유롭게 어떤 종류의 행위를 선택한다. 인간의 행위에 대한 유일한 안내는 가능한 다양한 방법의 비용과 이익에 대한 합리적인 계산이다. 일탈자의 행위는 이제 불법적인 방법이 희망하는 목표를 획득하기 위해 도입되어 질 수 있는 기술적으로 가장 효과적인 절차일 때 일어난다. 머튼이 주장한 것처럼, 제도적 통제에 대한 이러한 약화는 실용주의 철학자들에 의해 잘못 주장되어진 사회가 전형적이 되는 상황을 창조하게 된다. 이러한 상황은 인간의 이득에 대한 계산과 처벌의 두려움이 유일한 통제적 장치가 되는 상황을 의미한다.

이러한 아노미 이론은 사회 구조적 특징과 일탈행위의 비율과 분포를 연관시키는 사회적 수준에서 작용한다.

컬린(Cullen)의 해석은 긴장이라는 용어가 두 가지 다른 방법으로 사용될 수 있다는 것을 명확하게 하고 있다. 첫째, 긴장은 사회의 특징을 의미할 수 있다: 즉 사회 구조가 문화적 가치를 획득할 합법적인 방법을 제시하는데 실패한 상황이다. 둘째, 긴장은 개인이 경험하는 느낌과 감정을 의미한다: 압박, 좌절, 걱정, 우울함, 분노 등의 감정. 이러한 두 가지 의미를 연결하는 주장은 사회 구조적 긴장의 상황에 놓인 사람은 (예: 사회적 구조에 의해 제시되는 합법적인 방법을 통해 문화적으로 가치 있는 목표들을 획득할 수 없는 사람들)은 아미도 긴장을 느낄 것이다(예: 아마도 압박, 좌절, 걱정, 우울함, 분노를 느낄 수 있음). 그리고 이러한 느낌들은 이러한 사람들과 연관된 더 높은 범죄율의 실질적 원인이다. 머튼, 코헨, 클로워드, 그리고 올린의 초기의 긴장이론이 이러한 주장을 포함하고 있는지에 대해서는 의견충돌이 존재한다.[33] 그러나 이러한 주장이 포함하고 있는지에 관계없이, 최근에 2가지 특징들 – 사회적 그리고 개인적 – 모두를 포함하는 새로운 긴장이론들이 나타나고 있다.

개인 안에서의 긴장

미시적 수준에서 에그뉴(Agnew)는 다른 사람들과 부정적인 관계에 집중하는 일반긴장이론을 제안하였다.[34] 그는 이러한 부정적 관계들은 인간 안에서 부정적인 감정을 유발하게 되고 이러한 부정적인 감정이 범죄를 유발한다고 주장하였다. 이것은 범죄의 일반적인 이론이다. 하지만, 에그뉴는 이 이론을 왜 청소년들이 비행과 연루되고 마약을 사용하는지에 대해 설명하기 위해 사용하였다.

부정적인 관계는 가치 있는 목표 달성이 다른 사람에 의해 방해 받았을 때, 이미 자신에게 가치 있는 무엇인가를 제거하였을 때, 그리고 자신이 원하지 않는 유해한 무엇인가가 부과할 때의 관계를 포함한다. 에그뉴에 따르면 이전이 긴장이론들은 금전적인 성공과 지위처럼 그들 가치 있어 하는 목표를 획득하는 것을 방해 받은 관계에 집중하였다. 그러나 에그뉴는 그 또는 그녀가 받기를 원하는 대우를 다른 사람이 해 주지 않는 유해한 상황 그리고 그 상황으로부터 벗어날 수 없는 관계에 집중하였다. 이 상황에는 다양한 관계가 포함되어 질 수 있다. 그러나 청소년들에게는, 이러한 상황은 집에서 살거나 학교에 출석하는 것이 될 수 있다. 성인과 달리, 청소년들은 만약 그들이 이러한 관계에서 유해한 것을 경험한 경우에도 법적으로 이러한 관계를 떠날 수 없다. 하지만 만약 청소년들 이 관계에서 벗어나 도망친다면, 그들은 무단결석 또는 가출로 체포될 수 도 있다. 이러한 관계들은 실망, 우울증, 두려움 그리고 분노와 같은 다양한 부정적인 감정을 만들어 내게 된다. 에그뉴는 이러한 부정적인 감정을 긴장으로 정의 내렸다.

비행과 마약의 사용 모든 이러한 부정적인 감정에서 기인하는 긴장에 적응하고 긴장을 다룰 수 있는 방법들이다. 비행은 청소년들이 그들에게 가치 있는 목표를 달성하기 위해, 그들이 잃어버린 것들을 원상복구하기 위해, 부정적인 관계로부터 벗어나기 위한 방법이 될 수 있다. 다음으로는 비행은 부정적인 관계에 대한 책임이 있는 사람에 대한 보복의 의미가 될 수 있다. 마지막으로, 마약의 사용은 부정적인 관계 그 자체의 해결이라기보다는 직접적으로 부정적인 관계를 관리하는 방법이 될 수 있다. 결과적으로 에그뉴는 대인관계에 관련된 문제에 대한 적응 방법으로서 청소년 비행과 마약의 사용을 설명하였다.

많은 연구들이 부정적인 관계와 압박이 많은 삶들이 다양한 비행행위의 증가와 연관된다는 에그뉴의 기본적 주장을 지지하는 결과를 발견하였다.[35] 다른 연구들은 비행행위는 긴장에 의해 유발되는 부정적 감정을 다루는 기술로서는 정상적인 행위 보다 더욱 성공적이라는 것을 발견하였다.[36] 즉 같은 수준의 긴장이 주어졌을 때, 비행에 연루된 청소년들은 법을 준수하는 청소년에 비해 부정적 감정으로부터 보통의 감정적 안도감을 경험한다. 다른 연구들은 긴장이 남성과 여성 모두에게 비슷한 효과를 가진다는 것을 발견하였다.[37] 여전히 다른 연구들은 긴장에 대한 적응으로서 분노는 폭력 범죄와 연관되는 경향이 있음을 발견하였다.[38] 이러한 연구 결과에는 법원에서 유죄 판결을 받은 청소년들에 대한 한 가지 연구 역시 포함되어 있다.[39]

몇 가지 일관적이지 못한 결과들을 도출해온 에그뉴 이론의 한 가지 측면은 긴장을 유발하는 사건과 비행 또는 범죄 사이를 간섭하는 부정적인 감정의 유형과 관련된 것이다. 그녀의 일반 긴장이론의 검증에서 브로이디(Broidy)는 분노는 비행의 가능성을 증가 시키지만, 변덕스러움, 우울함, 불안정과 같은 다른 부정적인 감정은 비행의 가능성을 실질적으로 감소시키는 것을 발견하였다.[40] 피켈로(Piquero)와 셜록(Sealock) 역시 분노가 긴장과 범죄 사이를 중재하지만 우울함의 중재 효과는 발견하지 못하였다.[41] 반대로 캐포위치(Capowich)와 그의 동료들은 행위 종류에 따라 분노가 아닌 다른 부정적인 감정들이 인과적 연결을 중재하는 것을 발견하였다. 다른 부정적 감정을 제외한 상황적 분노는 싸움과 연관되어 있으며, 반면에 분노가 아닌 우울함 그리고 근심은 상점 절도와 연관성이 있다.[42] 흑인 아이들 사이에서의 비행에 대한 인종차별의 영향에 주목한 다른 연구들은 긴장의 근원으로 차별이 우울함과 분노 모두를 통해 비행을 유발한다는 것을 발견하였다.[43]

일반 긴장이론은 이론이 시작된 이후 계속적으로 확대되었다. 에그뉴는 개인이 직접적으로 경험한 긴장뿐만 아니라 간접적인 긴장(개인적으로 가까운 다른 사람에 의해 경험된 긴장)과 기대되는 긴장(아직 일어나지는 않지만 일어날 것으로 기대되는 긴장)을 포함하여 긴장의 범위를 확대하였다. 신체적 피해에만 집중하였을 때, 에그뉴는 이 세 가지 긴장 모두가 비행에 영향을 끼치며, 가장 강한 영향은 개인적으로 그리고 간접적으로 긴장을 경험한 경우임을 발견하였다.[44] 에그뉴는 또한 일반 긴장이론의 범위를 우리가 거시적 수준의 긴장이론이라 부르는 지역사회로 확대하였다. 이러한 변화는 긴장을 경험하는 사람이 높은 비율을 차지하는 지역사회는 더 높은 범죄율로 고통 받을 것이라고 주장한다. 왜냐하면, 이러한 불안한 사람들이 다른 사람들과 상호 교류할 때 충돌과 범죄 행위를 생산할 가능성이 높기 때문이다.[45] 워렌(Warren)과 포울러(Fowler)에 의한 연구는 지역사회의 긴장은 최소한 낮은 사회적 도움을 받는 지역사회에서 폭력범죄와 연관성을 발견함으로서 거시 수준의 긴장이론을 지지하였다. 지역사회 긴장은 언어적 위협 또는 모욕, 다른 사람에게 사기 당한 느낌을, 또는 경찰에 의해 괴롭힘을 당한다고 응답한 지역주민의 비율로서 측정되었다.[46]

일반긴장이론은 몇 가지 방식 안에서 변형되고 조건화 되어왔다. 먼저, 비행 또는 범죄를 더 많이 생산하는 긴장과 그렇지 않은 긴장 사이에 차별화의 필요성을 인정하였을 때, 에그뉴는 불법적인 행위에 대한 긴장의 효과를 확대해야만 하는 긴장의 4가지 특징들을 구체화 하였다. 광범위한 문헌에 기반을 둔 연구들을 이용하여, 그는 범죄 다음과 같은 긴장의 경우에 더욱 많이 생산된다고 주장하였다. (1) 부당하게 그리고 의도적으로 타인에 의해 야기되고 분노를 생산하는 긴장에 의해; (2) 심각성, 지속성, 새로움 그리고 집중적 측면에서 강도가 높은 긴장의 경우 ; (3) 낮은 사회 통제에 의해 원인이 되거나 또는 연관된 긴장; (4)불법적인 적응 전략 의존에 대한 압력 또는 장려를 생산하는 긴장.[47] 이 모든 조건을 포함하는 긴장으로 제시한 예는 신체적 피해이다. 왜냐하면 다른 사람의 책임이며 직접적으로 개인을 침해하기 때문에 신체적 피해는 부당하다고 간주되어질 수 있다. 신체적 공격을 받는 것은 누군가에게 일어날 수 있는 더욱 심각한 것 중에 하나이다. 그러한 피해는 소수의 사회적 통제를 포함하는 상황들 속에서 가끔 일어난다. 그리고 마지막으로, 범죄행위가 더욱 빈번한 문화 속에서 공격행위의 피해자에게 가능한 전형적인 적응 방법은 사회적 배경 속에서 어떻게 다른 사람들에게 되갚아주는 것을 배우는 것이다.[48]

범죄행위의 가능성을 증가시키는 긴장의 특징을 구체화하는 것과 더불어, 에그뉴와 그의 동료들은 범죄행위의 가능성을 증가시키는 긴장된 인간의 특징을 제시하였다. 전체적으로 부정적인 정서성이 높은 사람과 통제가 낮은 사람으로, 이 두 가지 중요한 특징을 가지 사람은 긴장에 노출되었을 때, 불법적인 행위를 할 경향이 특히 높다. 반면에 이러한 특징들을 가지고 있지 않는 사람들은 전통적인 적응 전략을 사용할 가능성이 더욱 높다.[49] 그들의 예비적 경험 연구는 범죄행위에 대한 긴장의 효과를 증폭시키는 이러한 성격적 특징의 역할을 지지하는 결과를 제시하였다.

일반 긴장이론은 다양한 범죄학 이론들을 검증하기 위한 사람들에게 매우 대중적이었다는 것을 입증해 왔다. 예를 들면, 일반 긴장 이론은 증오범죄,[50] 학교 예방 정책,[51] 학교 내에서의 괴롭힘,[52] 배우자 살인,[53] 성 범죄자,[54] 약물남용,[55] 그리고 교도소 수감자의 위반 행위등과 관련된 영역에서 매우 광범위하게 사용되어 왔다.[56] 일반긴장 이론은 브로이디(Broidy)와 에그뉴(Agnew)에 의해 범죄에서의 성별차이를 설명하기 위해서도 적용되었다(13장을 보시오). 다른 많은 일반 이론들처럼, 일반 긴장 이론은 너무 광범위하게 표현되기 때문에 모든 것들이 이론의 정의 속에 포함되고 결과적으로 경험적 지지가 당연히 나타날 수밖에 없는 위험성을 가지고 있다. 에그뉴가 말한 것처럼, 일반 긴장 이론에 의해 제시된 중요한 긴장의 범주 속에 수백 개 종류의 긴장이 포함된다.[57] 희망하는 목표에 대한 기회의 좌절로서의 긴장의 개념이 너무 막연하게 해석되어 강간, 경찰에 의한 조롱, 취직 신청 결과 실패, 식량 카드의 거절 등처럼 긴장을 느끼는 사건들을 다양하게 만들었다. 결과적으로 일상생활에서 긴장을 유발하지 않는 많은 부정적인 사건들이나 결과들을 상상하는 것이 오히려 더 어렵다. 앞에서 언급한 것처럼, 에그뉴는 일반 긴장이론을 변형하고 조건화하려고 시도는 이론의 폭을 줄이려는데 도움이 되었을 수도 있다; 그러나, 일반 긴장 이론이 이러한 방식으로 제한된 것처럼 빠르게 다른 방식으로 확대되었다. 범죄와 비행 연구에 대한 개인적 수준의 긴장이론의 궁극적인 생명력은 독자생존 가능한 매개변수가 이성적으로 모형의 경험적 검증의 범위를 정의할 수 있는지에 부분적으로는 달려있다. 너무 일반적인 이론은 정확할 수 있지만 정책적 제안에서의 유용함에는 그렇지 못하다.

또한 개인적 수준에서, 에그뉴는 범죄 또는 연속적으로 관련된 범죄의 가능성을 증가시키는 상태와 사건으로 정의한 스토리라인의 개념을 소개하였다.[58] 스토리라인은 일시적 수준에서 작용한다. 결과적으로 배경적 변수의 장기적 효과와 즉각적인 상황적 신호 사이의 연결에 기여한다. 에그뉴는 범죄를 전도하는 5가지 스토리라인을 확인하였다.

돈의 필사적인 필요; 해결되지 않는 분쟁; 다른 범죄자와의 짧지만 가까운 관련; 짧지만 유혹적인 범죄의 기회; 전통적인 다른 사람 그리고 제도와의 관계에 대한 일시적 붕괴.[59]

에그뉴에 따르면 스토리 라인은 범죄를 이해하는데 유용하다. 왜냐하면, 그들은 어떻게 개인적 배경적 요인들이 영향을 미쳤는가를 보여주기 때문이다. 하지만, 행위를 결정하거나, 범죄의 불규칙적인 본성에 대해 실마리를 제공하지는 않는다. 다만, 범죄 사건의 발전을 위한 전후사정을 제공한다. 나아가 에그뉴는 스토리 라인은 범죄 통제에 도움을 줄 수 있다고 주장하였다. 왜냐하면, 범죄를 전도하는 스토리라인을 가장 경험할 것 같은 사람들은 식별이 가능하고 적절한 개입이 가능할 수 있기 때문이다.[60]

스토리라인과 함께, 에그뉴는 친구의 접촉을 강조하는 차별적 접촉과 제한된 열망을 가진 일반 긴장 이론적 측면(9장을 보시오), 그리고 범죄의 기회와 관련된 합리적 선택 이론(제 2장을 보시오)을 합쳐서 일반적인 통합이론을 제시하였다.

사회 속에서의 긴장

사회적 수준에서, 메스너(Messner)와 로젠펠드(Rosenfeld)는 머튼의 이론과 흡사한 제도적 아노미 이론을 발표하였다.[61] 그들은 펼쳐진 인간의 경쟁 조건아래 사회에 있는 모든 사람에 의해 추구되어지는 물질적 성공 목표에 대한 과도한 집착을 동반하는 광범위한 문화적 정신을 의미하는 미국인의 꿈을 지적함으로서 미국사회에서의 높은 범죄율을 설명하였다.[62] 머튼처럼, 그들은 이러한 문화적 정신이 물질적 성공을 위한 강력한 문화적 압력을 유발한다고 주장하였다. 동시에, 미국인의 꿈은 물질적인 성공을 획득하기 위해 더욱 효율적인 불법적인 방법을 사용하는 것을 강하게 통제하지 못하고 있다.

메스너와 로젠펠드는 두 가지 방향 속에서 머튼의 이론에서 분리되고 확대되었다. 먼저, 그들은 만약 제도적 방식을 따르며 물질적인 성공의 목표를 강조하는 문화가 변화하지 않는다면 합법적인 기회의 재분배는 범죄행위에 대한 압력을 감소시키기 보다는 실질적으로 증가시킨다고 주장하였다. 기회의 확대는 물질적 성공을 위한 경쟁에서 이기는 자와 지는 자를 변화시킬지 모른다. 하지만 여전히 경쟁에서 지는 자는 존재한다. 이러한 경쟁에서 지는 자는 그들 자신 그리고 그들 자신의 그리그 자신의 부적절함을 제외하고는 비난할 어떤 것도 존재하진 않는다. 이러한 상황은 그들이 제도의 공정성을 비난하기 보다는 범죄를 저지르도록 심지어는 더 많은 압력을 준다(예: 불법적인 방법을 통해 물질적인 성공의 획득).

머튼의 이론으로부터의 두 번째 차이는 미국인의 문화 속에서 물질적인 성공에 대한 지나친 강조에 대한 메스너와 로젠펠드의 설명이다. 메스너와 로젠펠드는 미국사회에서 경제제도의 압도적인 영향력을 지적하면서 가족, 교육, 그리고 정치와 같은 다른 제도들도 경제에 종속되는 경향이 있음을 주장하였다:[63]

친사회적인 문화적 교훈들은 미국인의 꿈의 무규범적 경향에 의해 압도되는 경향이 있다... 왜냐하면 제도적 균형에서 힘이 경제에 치우친 경제의 지배 때문이다. 가족, 교육과 같은 비경제적 제도의 주된 의무는 경제적 가치가 아니라 믿음, 가치, 그리고 헌신과 같은 것을 심어주는 것이다. 그러나 이러한 비경제적 제도들은 경제제도에 비해 평가 절하되고 경제적 고려사항에 맞추어 지도록 강요되어진다. 그리고 이러한 비경제적 제도들은 경제적 기준에 의해 침투됨에 따라 비경제적 제도들은 그들만의 독자적인 사회화 기능을 성공적으로 수행할 수 없게 된다.

결과적으로 메스너와 로젠펠드는 경제에 대한 다른 제도들의 관계에서 다른 제도들을 강화시키는 많은 정책들과 다른 제도들에 대한 경제제도의 영향력을 약화시키는 정책들을 제안하였다.[64] 첫째로, 그들은 미국사회에서 어느 정도 가족은 사회제도로서 가족의 구성원들의 행위에 영향을 미치지 못하게 될 정도로 경제적 걱정에 의해 강하게 주도되어 진다고 주장하였다. 가족은 육아휴가, 부부의 직업 공유, 탈력적인 근무 시간, 근무지의 육아 보육시설 제공등과 같은 정책을 도입함으로서 경제에 대한 관계에서 가족제도가 강화될 수 있다. 이러한 정책들은 경제의 요구로부터 어느 정도의 자유를 부모들에게 제공할 수 있으며, 부보들은 가족의 관심사에 더 많은 시간과 노력을 기울일 수 있게 된다. 학교제도 역시 경제제도에 굴복해 왔다. 좋은 직업들은 일반적으로 높은 학력 또는 학위를 요구한다. 그래서 많은 학생들은 학교에 머무른다. 하지만 이것은 학생들은 교육을 원하기 때문이 아니라 그들은 미래에 좋은 직업을 원하기 때문이다. 선생들은 학생들의 이러한 요구를 응답함으로서, 전체 교육적 산업은 일자리 시장에 의해 움직이는 되는 것이다. 만약 직업적 성공과 학교에서의 머무르는 시간 사이에 연관성이 낮다면, 교육을 습득하는 것에 진정으로 관심이 없는 학생들은 학교를 그만두고 일자리를 찾아서 떠날 것이다. 그렇다면 학교는 실질적으로 목표로서 교육에만 전념할 수 있게 된다.

정치제도 또한 경제제도에 종속되는 경향이 있다. 메스너와 로젠펠드는 정치적 삶의 다른 요소들이 강조되어져한 한다고 주장하였다. 예를 들어, 국가에 대한 서비스로서의 군복무의 창조는 물질적인 성공보다는 공동체적인 목표를 강조하는 방식으로 지역사회의 삶에 젊은 사람들이 연관되게 만들 것이다. 경제 그 자체는 개인에 대한 경제의 통제를 다소 감소시키기 위해 변화될 수 있다. 메스너와 로젠펠드는 서유럽과 일본의 혼합된 경제는 물질적 행복의 수준이 완전하게 경제적 성과에만 의존하지 않는다는 것을 명확히 하고 있다는 점을 지적하고 있다. 마지막으로, 문화적 수준에서 물질적 성공이외의 목표들에게 우리 사회에서 더 큰 중요성을 부여해야 한다. 예를 들어, 육아, 교육, 지역사회에 헌신 등이 그것이다. 일반적으로, 메스너와 로젠펠드는 미국사회에서 상호지지와 공공의 의무를 강조해야하고, 개인적 권리, 이익 그리고 특권에 대한 강조는 줄여야 한다고 주장하였다.

메스너와 로젠펠드의 이론에 대한 초기 검증에서 챔린(Chamblin)과 코크란(Cochran)은 미국의 다양한 주에서 교회 참여, 이혼 그리고 투표비율을 조사하였다.[65] 이러한 비율은 교회, 가족, 국가와 같은 세 가지 비경제적 제도의 영향력을 측정하기 위해 제시되어 졌다. 이론이 예상한 것처럼, 챔린과 코크란은 더 높은 교회 참여, 낮은 이혼율, 그리고 높은 투표율을 가진 주에서 낮은 재산범죄율을 가진다는 것을 발견하였다. 그런 후 그들은 메스너와 로젠펠드 이론의 더욱 미묘한 예상을 검증하였다: 비경제적 제도의 영향력은 범죄에 대한 경제적 어려움의 효과를 누그러지게 해야만 한다. 즉 더욱 강한 비경제적 제도를 가진 주에서는 범죄와 빈곤사이에는 연관성이 약해야만 한다는 것이다. 챔린과 코크란은 범죄와 다양한 경제적 빈곤의 측정 사이의 관계를 조사한 후에 예상했던 패턴을 발견하였다. 이러한 패턴은 이론을 위한 강한 지지로서 간주되어졌다.

또 다른 검증에서, 메스너와 로젠펠드는 경제 시장의 위험으로부터 시민들을 보호하는 사회 안전망 정책들(복지, 보건, 그리고 육아휴가)에 집중하였다.[66] 이러한 정책들은 비경제적 제도에 대한 국가의 영향력을 가리키는 정책들이다. 즉 경제적 필요성만을 따르는 정책이 아니다. 40개 국가에 대한 표본에서, 메스너와 로젠펠드는 국민들이 시장경제로부터 더 많은 보호를 받는 국가에서 더 낮은 살인범죄율을 가지고 있음을 발견하였다.

최근의 연구들은 머튼과 메스너와 로젠펠드의 이론의 일치성이 존재하는지 또는 분리되어서 고려되어야 하는지에 대해서 검증하기 위해 시도하였다. 부각되는 관점은 둘은 서로 보충적이며, 개별적으로 고려했을 때 보다 함께 고려되었을 때 일탈행위의 변화를 더 잘 설명할 수 있다는 것이다.[67] 연구들은 비경제적 제도들 위에서의 경제 제도의 지배는(메스너와 로젠펠드의 이론으로부터) 특별히 사회 구조에서 기회의 불균형이 존재할 때(머튼의 이론으로부터) 범죄로 변형된다는 것을 보여준다.[68] 이러한 발견들은 적법한 기회의 재분배가 경제적 시장 지배의 문화 속에서 범죄행위를 증가시킬지도 모른다는 메스너와 로젠펠드의 주장에 의문을 제기하였다.

결론

빈곤과의 전쟁에서의 실패는 긴장이론의 정책적 주장이 현실세계에서는 실현하기 어려울지도 모른다는 것을 보여준다. 문제는 항상 자기 이익을 위한 양식이 현존하는 사회의 구조 적 질서 주위에서 발달한다는 것이다.[69] 이러한 사회구조로부터 이익을 얻는 사람들은 사회적 변화에 저항함으로서 자신의 이익을 보호할 것이다. 메스너와 로젠펠드의 정책적 제안들은 가정과 교육의 강화를 강조하였기 때문에 빈곤과의 전쟁과 관계된 정책들 보다 더 정치적으로 매력적일지 모른다. 어느 정도, 이러한 정책들은 보수주의와 진보주의 모두의 관심을 끌 수 있을 수 있다.[70] 하지만, 그들의 정책적 제안의 요지는 미국 사회에서의 경제의 압도적인 영향을 줄이는 것이다. 최근의 선거들에서의 공론은 경제적 관심이 정치적 과정을 거의 완전하게 지배하고 정부의 정책들은 경제적 성장을 촉진하는 방향으로 움직이고 있음을 의미한다. 미국인들은 가까운 시기 안에는 일반적 복지를 촉진하게 위해 경제적 성장을 포기하지 않을 것 같지 않아 보인다.

긴장이론이 제시한 문제들이 복잡하다는 것에는 어떤 이견도 없다. 그것은 단지 재능 있는 개인이 열등한 교육과 차별적인 고용을 직면하게 되는가의 문제가 아니다. 많은 연구들은 비행청소년들과 범죄자들은 복잡한 산업사회에서의 효과적으로 경쟁할 수 없는 재능 없는 인간들이라는 점이다.[71] 이러한 연구들의 관점 속에서, 긴장이론들은 재능이 없는 사람들 역시 재능이 있는 사람들처럼 많은 것을 원하지만 합법적인 방법을 통해서는 이러한 것들을 얻을 수 없다는 점을 제시하는 것으로 해석될 수 있다. 결과적으로 그들 중에 몇몇은 범죄행위를 통해 이러한 것들을 얻으려 노력한다는 것이다. 이러한 관점에서, 긴장이론은 공공정책의 위한 몇 가지 혼란스러운 질문을 제시하는 것처럼 보인다. 과연 재능이 없는 사람들도 재능 있는 사람들이 가지는 물질적인 상품, 동료 또는 친구들로 부터의 존경, 다른 사람들의 삶에 대한 영향력 등을 같이 소유할 권리를 가지고 있는가? 사회가 이러한 것들을 얻기 위한 합법적인 기회를 재능 있는 사람들뿐만 아니라 재능 없는 사람들에게도 제공하고 있는가? 또는 그러한 질문들에 대해 고려하지 못할 정도로 미국 사회에서 경제적 지배가 너무 강한 것은 아닌가?

주요 용어

- 사회경제적 긴장
- 자연적 욕구
- 문화적 욕구
- 문화적 목표
- 평등주의적 이념
- 승인된 규범/제도적 방법
- 청교도적 직업윤리
- 빈곤과의 전쟁
- 대리적 긴장
- 거시수준의 긴장
- 지역사회의 긴장
- 일반 긴장이론
- 미국인의 꿈
- 적응
- 비실용주의
- 분리된/하위문화
- 성취신분
- 생득지위
- 불법적인 기회들
- 범죄조직 갈등
- 욕구의 연구
- 머튼의 아노미
- 문화적 주장
- 구조적 배열
- 문화적 불균형
- 혁신

토의할 문제

1. 하위계층 사회에서 단지 낮은 비율의 개인들이 혁신형이라는 사실을 머튼의 이론은 어떻게 설명할 것인가?
2. 머튼의 이론은 화이트칼라 범죄를 어떻게 설명할 것인가를 예로서 제시하시오.
3. 긴장이론들은 어떤 방법으로 거리의 범죄 집단의 행위를 설명하는가?
4. 어떤 긴장이론이 도시지역에서 살인의 집중현상을 가장 잘 설명할 수 있는가?
5. 긴장이론의 정책적 주장은 무엇인가? 긴장이론에 의해 제시된 변화들이 어떻게 실질적으로 시행될 수 있는가?

6. 빈곤과의 전쟁에 대한 정책을 이용하여 1960년대 도입된 정책적 접근과 1990년대 도입된 정책적 접근을 비교하시오. 둘은 어떤 차이점이 있는가? 구조적 변화에 대한 생각에 대해 둘은 어떻게 말할 것인가?
7. 일반긴장이론에 따르면, 어떤 요인들이 범죄자의 행위를 이끌게 되는가? 당신의 삶을 생각해 보고, 에그뉴가 언급한 부정적 긴장 중에 당신은 어떤 종류를 경험하였는가? 당신은 그 긴장을 어떻게 다루었는가?

인용&
부연설명

1. Robert K. Merton, Social theory and social structure (Glencoe, IL: Free Press, 1968), p. 186. 이 이론에 대한 가장 최근에 발표와 논의는 다음에서 찾을 수 있다. In Merton, "Opportunity structure: The Emergence, Diffusion, and Differentiation as Sociological Concept, 1930s–1950s," in Freda Adler and William Laufer, eds., Advances in Criminological Theory: The Legacy of Anomie Theory, Vol. 6 (New Brunswick, NJ: Transaction Press, 1995), pp. 3–78. 뒤르켐과 머튼의 이론 사이의 관계에 대한 논의를 위해서는 보시오. Thomas J. Bernard, "Merton vs. Hirschi: Who is Faithful to Durkheim's Heritage?" in Adler and Laufer, op. cit., pp. 81–90.
2. 머튼의 이론에서 구조와 문화의 정의에 대해서는 머튼의 “Opportunity Structure,” op. cit., pp. 6–7를 보시오.
3. Merton, Social Theory and Social Structure, op. cit., p. 187.
4. Ibid., p. 193.
5. Ibid., p. 187.
6. Ibid., p. 188.
7. Ibid., p. 190.
8. Ibid., p. 216.
9. 이러한 문화적 구조적 주장들은 Thomas J. Bernard, "Testing Structural Strain Theories," Journal of Research in Crime and Delinquency 24 (1987): 264–70에서 나타난다.
10. Merton, op. cit., p. 211.

11. Ibid., p. 204.

12. Ibid., p. 207.

13. Robert K. Merton, "Priorities in Scientific Discovery: A Chapter in the Sociology of Science," American Sociological Review 22 (December 1957): 635-659. See also Harriet Zuckerman, "Deviant Behavior and Social Control in Science," in Edward Sagarin, ed., Deviance and Social Change (Beverly Hills, CA: Sage, 1977), pp. 87-138.

14. Marshall B. Clinard, "The Theoretical Implications of Anomie and Deviant Behavior," in Clinard, ed., Anomie and Deviant Behavior (New York: Free Press, 1964), p. 23.

15. Merton, Social Theory and Social Structure, p. 195.

16. Richard A. Cloward, "Illegitimate Means, Anomie, and Deviant Behavior," American Sociological Review 24 (April 1959): 164-176.

17. Ibid., p. 168.

18. Robert K. Merton, "Social Conformity, Deviation and Opportunity Structures: A Comment on the Contributions of Dubin and Cloward," American Sociological Review 24 (April 1959): 188.

19. Albert K. Cohen, Delinquent Boys: The Culture of the Gang (New York: Free Press, 1955). 이론의 분석과 명제적 형태로서 이론의 중요한 주장들을 위해서는 보시오, Bernard, "Testing structural strain theories," op. cit. 머튼은 앞에서 언급한 "opportunity and structure" 33–44에서 이론을 논의하고 분석하였다.

20. Ibid., p. 27.

21. Ibid., pp. 88.91.

22. Richard A. Cloward and Lloyd E. Ohlin, Delinquency and Opportunity: A theory of delinquent Gangs (New York: Free Press, 1960). 이론의 분석과 명제적 형태로서 이론의 중요한 주장들을 위해서는 보시오, Bernard, "Testing Structural Strain theories," op. cit. 머튼은 앞에서 언급한 "opportunity and structure" 44–71에서 이론을 논의하고 분석하였다.

23. Cloward and Ohlin, ibid., p. 97.

24. 연방 정책에서 클로워드와 올린의 이론을 시행하려는 시도에 관한 간략한 분석을 위해서는 보시오. LaMar T. Empey, American Delinquency, rev. ed. (Homewood, IL: Dorsey, 1982), pp. 240–45. 좀 더 상세한 설명을 위해서는 보시오. Peter Maris and Martin Rein, Delemmas of social reform, 2nd ed.(Chicago: Addine, 1973); James F. Short, Jr., "The natural history of an applied theory:

differential opportunity and mobilization for youth," in N.J. Demerath, ed., Social policy and Sociology (New York: Academic Press, 1975), pp. 193–210; Joseph J. Helfgot, Professional Reforming: Mobilization for youth and the failure of social science (Lexington, MA: D. C. Health, 1981); and Stephen M. Rose, The betrayal of the poor: The Transformation of community action (Cambridge, MA: Schenkmann, 1972).

25. Rose, The Betrayal of the Poor, op. cit.

26. Ruth Rosner Kornhauser, Social Sources of Delinquency (Chicago: University of Chicago Press, 1978), pp. 139–180.

27. Ibid., pp. 167–180.

28. Thomas J. Bernard, "Control Criticisms of Strain Theories: An Assessment of Theoretical and Empirical Adequacy," Journal of Research in Crime and Delinquency 21 (1984): 353–372. See also the discussion of Kornhauser on pp. 199–201 of the third edition of the present text.

29. Margaret Farnsworth and Michael J. Lieber, "Strain Theory Revisited: Economic Goals, Educational Means, and Delinquency," American Sociological Review 54 (April 1989): 263–274.

30. Francis T. Cullen, Rethinking Crime and Deviance Theory: The Emergence of a Structuring Tradition (Totowa, NJ: Rowman and Allanheld, 1983). See also Francis T. Cullen, "Were Cloward and Ohlin Strain Theorists?" Journal of Research in Crime and Delinquency 25 (1988): 214–241.

31. Ibid., pp. 36–37.

32. Ibid., pp. 80–82.

33. Journal of Research in Crime and Delinquency 24(1987): 262–90에서 버나드와 에그뉴 사이에 상호교환을 보시오. 에그뉴는 전통적인 긴장이론들은 각각 이러한 개인적 수준의 주장을 필수적으로 포함하고 있다고 주장하였다. 반대로, 버나드는 이러한 이론들은 개인 안에 좌절이 좌절을 느끼는 사람들에게 범죄를 저지르게 만든다는 어떤 개인적 수준의 주장을 하지는 않는다고 주장하였다. 이러한 논쟁과 관련해서, 머튼의 가장 최근의 주장("opportunity structure, op. cit., p. 9)은 아노미 전통 속에 있는 이론들의 기본적인 점은 이러한 또는 저러한 인간의 행위가 아니라 구조적으로 유발되어지고 강요되어진 인간 행위의 비율에 그 중심이 있다. 또한 보시오 머튼, p. 27.

34. Robert Agnew, "Foundation for a General Strain theory of crime and Delinquency," Criminology 30 (1992): 47–87. 일반긴장이론의 최신의 분석을 위해서는 보시오. Robert Agnew, Pressured into Crime: An Overview of General Strain Theory (Los Angeles: Roxbury, 2006).

35. Robert Agnew and Helene Raskin White, "An Empirical Test of General Strain Theory," Criminology 30 (1992): 475.499; Raymond Paternoster and Paul Mazerolle, "General Strain Theory and Delinquency: A Replication and Extension," Journal of Research in Crime and Delinquency 31 (1994): 235.263; John P. Hoffman and Alan S. Miller, "A Latent Variable Analysis of General Strain Theory," Journal of Quantitative Criminology 14 (1998): 83.110; Timothy Brezina, "Teenage Violence Toward Parents as an Adaptation to Family Strain," Youth & Society 30 (1999): 416.444; John P. Hoffman and Felicia Gray Cerbone, "Stressful Life Events and Delinquency Escalation in Early Adolescence," Criminology 37 (1999): 343.373; and Paul Mazerolle and Jeff Maahs, "General Strain and Delinquency," Justice Quarterly 17 (2000): 753.778. See also two earlier articles by Agnew, "A Revised Strain Theory of Delinquency," Social Forces 64 (1985): 151.167; and "A Longitudinal Test of the Revised Strain Theory," Journal of Quantitative Criminology 5 (1989): 373.387.
36. Timothy Brezina, "Adapting to Strain: An Examination of Delinquent Coping Responses," Criminology 34 (1996): 39.60.
37. Robert Agnew and Timothy Brezina, "elational Problems with Peers, Gender, and Delinquency." outh and Society 29 (1997):84–111; Paul Mazerolle, "Gender, General Strain, and Delinquency," Justice Quarterly 15(1998):65–91; John P. Hoffman and S. Susan Su. "The conditional effects of stress on delinquency and drug use: a strain theory assessment of sex differences," Journal of Research in crime and delinquency 34 (1997): 46–78. 반대로, Lisa Broidy and Robert Agnew ("Gender and Crime,"ournal of Research in crime and delinquency 34 [1997]: 275–306)은 여성이 남성보다 어떤 긴장을 더욱 부정적으로 평가한다는 것을 발견하였다. 또한 "an overview of general strain theory,"in Raymond Paternoster and Ronet Bachman eds., Exploring Criminal and Crime (Los Angeles: Roxbury, 2001), pp. 161–74에서 에그뉴에 의한 다른 연구들에 대한 논평을 보시오.
38. Paul Mazerolle, Velmer S. Burton, Jr., Francis T. Cullen et al., "Strain, Anger, and Delinquent Adaptations," Journal of Criminal Justice 28 (2000): 89.101; Paul Mazerolle and Alex Piquero, "Linking Exposure to Strain with Anger," Journal of Criminal Justice 26 (1998): 195.211.
39. Nicole Leeper Piquero and Miriam D. Sealock, "Generalizing General Strain Theory," Justice Quarterly 17 (2000): 449.484.
40. Lisa M. Broidy, "A Test of General Strain Theory," Criminology 39 (2001): 9.35.
41. Nicole Leeper Piquero and Miriam D. Sealock, "Gender and General Strain Theory: A

Preliminary Test of Brody and Agnew's Gender/GST Hypotheses," Justice Quarterly 21 (2004): 125.158.

42. George E. Capowich, Paul Mazerolle, and Alex Piquero, "General Strain Theory, Situational Anger, and Social Networks," Journal of Criminal Justice 29 (2001): 445.461.

43. Ronald L. Simons, Yi-Fu Chen, Eric A. Stewart, and Gene H. Brody, "Incidents of Discrimination and Risk for Delinquency: A Longitudinal Test of Strain Theory with an African American Sample," Justice Quarterly 20 (2003): 827.

44. Robert Agnew, "Experienced, Vicarious, and Anticipated Strain: An Exploratory Study on Physical Victimization and Delinquency," Justice Quarterly 19 (2002): 603-632.

45. Robert Agnew, "A General Strain Theory of Community Differences in Crime Rates," Journal of Research in Crime and Delinquency 36 (1999): 123-155.

46. Barbara D. Warner and Shannon K. Fowler, "Strain and Violence: Testing a General Strain Theory Model of Community Violence," Journal of Criminal Justice 31 (2003): 511-521.

47. Robert Agnew, "Building on the Foundation of General Strain Theory: Specifying the Types of Strain Most Likely to Lead to Crime and Delinquency," Journal of Research in Crime and Delinquency 38 (2001): 319-361.

48. Ibid., p. 337.

49. Robert Agnew, Timothy Brezina, John Paul Wright, and Francis T. Cullen, "Strain, Personality Traits, and Delinquency: Extending General Strain Theory," Criminology 40 (2002): 43-72.

50. Chad W. Sexton, "The Impact of Strain on Hate Crime: Testing Agnew's Macro-Level General Strain Theory" (PhD diss., University of Buffalo, State University of New York, 2011).

51. Byongook Moon and Merry Morash, "General Strain Theory as a Basis for the Design of School Interventions," Crime & Delinquency 59 (2012): 886-909. See also Hanne Op de Beeck, Lieven J. R. Pauwels, and Johan Put, "Schools, Strain and Offending: Testing a School Contextual Version of General Strain Theory," European Journal of Criminology 9 (2012): 52-72; George E. Higgins, Nicole L. Piquero, and Alex R. Piquero, "General Strain Theory, Peer Rejection, and Delinquency/Crime," Youth and Society 43 (2011): 1272-1297.

52. Byongook Moon, Hye-Won Hwang, and John D. McCluskey, "Causes of School Bullying: Empirical Test of a General Theory of Crime, Differential Association Theory, and General

Strain Theory, Crime & Delinquency 57 (2011): 849-877; Justin W. Patchin and Sameer Hinduja, "Traditional and Nontraditional Bullying Among Youth: A Test of General Strain Theory," Youth & Society 43 (2011): 727-751.

53. Li Eriksson and Paul Mazerolle, "A General Strain Theory of Intimate Partner Homicide," Aggression and Violent Behavior 18 (2013): 462-470.

54. Alissa R. Ackerman and Meghan Sacks, "Can General Strain Theory Be Used to Explain Recidivism Among Registered Sex Offenders?," Journal of Criminal Justice 40 (2012): 187-193.

55. Susan F. Sharp, B. Mitchell Peck, and Jennifer Hartsfield, "Childhood Adversity and Substance Use of Women Prisoners," Journal of Criminal Justice 40 (2012): 202-211.

56. Robert G. Morris, Michael L. Carriaga, Brie Diamond, Nicole Leeper Piquero, and Alex R. Piquero, "Does Prison Strain Lead to Prison Misbehavior? An Application of General Strain Theory to Inmate Misconduct," Journal of Criminal Justice 40 (2012): 194-201.

57. Agnew, "Building on the Foundation of General Strain Theory," op cit., p. 320.

58. Robert Agnew, "Storylines as a Neglected Cause of Crime," Journal of Research in Crime and Delinquency 43 (2006): 119.147.

59. Ibid., p. 141.

60. Ibid., pp. 141.143.

61. Steven F. Messner and Richard Rosenfeld, Crime and the American Dream, 3rd ed. (Belmont, CA: Wadsworth, 2001). 제도적 아노미란 용어는 이론에 대한 부분적인 지지를 발견한 Michell B. Chamlin and John K. Cochran, "Assessing Messner and Rosenfeld's institutional anomie theory," Criminology 33 (1995):411–29, 의 연구에서 도입하였다. 또한 보시오 Gary Jensen에 의한 논평과 Criminology 34 (1996):29–34에서 Chamlin 과 Cochran의 응답을 보시오. 또한 4th ed., Wadsworth, 2007 에서는 저자들은 더 많은 국가 간의 비교와, 2000년대 초기 기업들의 문제점에 대해 서술하였으며, 1990년대 미국에서의 범죄 하락에 대해 이론화 하였다. 그들은 미국에서의 범죄 하락이 범죄의 동기와 범인성의 감소 없이 범죄기회를 줄임으로 해서 범죄율을 감소시킨 구금정책에서의 전례 없는 사회적 실험에 그 원인이 있다고 주장하였다. 이 관점과 관련해서, 4장의 머리말에서는 저자들은 사회 제도들의 통제적 측면들은 사회적 지지를 제공하기 위해 그들의 수용능력을 없애서는 안된다는 것을 강조하였다.

62. Messner and Rosenfeld, op. cit., p. 85.

63. Ibid., p. 78.

64. Ibid., pp. 101.110.

65. Chamblin and Cochran, op. cit.

66. Steven F. Messner and Richard Rosenfeld, "Political restraint of the Market and Levels of Criminal Homicide," Social Force 75(1997): 1393-1416. 이러한 발견들은 더 낳은 복지 정책들인 낮은 수준의 범죄수준과 연관된다는 결과를 발견한 많은 다른 연구들과 일치한다. 또한 보시오. Junsen Zhang, "The Effect of Welfare programs on criminal behavior," Economic inquiry 35 (1997):120-37; Lance Hannon and James DeFronzo, "Welfare and Property Crime," Justice Quarterly 15(1998):273-88; Hannon and DeFronzo, "The Truly disadvantaged, Public assistance, and crime," social problems 45 (1998):383-92; and DeFronzo and Hannon, "Welfare assistance levels and homicides rates," Homicide studies 2 (1998):31-45. 또한, Jukka Savolainen, "Inequality, Welfare state, and homicide: Further support for institutional anomie theory," Criminology 38(2000):1021-42. 사회 안전망을 지지하는 발견과 더불어 이러한 검증은 복지 비용이 높았을 때, 경제적 불평등이 더 이상 살인과 연관되지 않는다는 것을 발견하였다. 2장에서 불평등과 살인에 관련된 논의를 보시오.

67. Jon Gunnar Bernburg, "Anomie, Social Change and Crime," British Journal of Criminology 42 (2002): 729.742. See also Eric P. Baumer and Regan Gustafson, "Social Organization and Instrumental Crime: "Assessing the Empirical Validity of Classic and Contemporary Anomie Theories," Criminology 45 (2007): 617.663.

68. J. Savolainen, "Inequality, Welfare State, and Homicide: Further Support for the Institutional-Anomie Theory," Criminology 38 (2000): 1021-1042.

69. Talcott Parsons, Politics and Social Structure (New York: Free Press, 1969), p. 95.

70. Messner and Rosenfeld, op. cit., pp. 101-102.

71. 예를 들어 미국이 재능 있는 사람들과 재능 없는 사람이 인종적으로 분리된 사회 쪽으로 움직이고 있으며, 재능 있는 자의 경우에는 경제를 통제하고 재능 없는 자들은 높은 범죄율을 가지게 된다는 일반적인 주장을 위해서는 보시오. Richard J. Herrnstein and Charles Murray, The Bell Curve (New York: Free Press, 1994). Messner와 Rosenfeld처럼, Herrnstein 과 Murray는 미국사회에서 사회적 재난을 막기 위해 경제의 지배력이 약화되어야 할 것을 제안하였다.

제9장 학습이론

장 개요

- 학습에 대한 기초적인 심리학적 논의
- 서덜랜드의 차별접촉이론
- 서덜랜드 이론의 검증 연구
- 학습의 내용 : 문화와 하위문화이론
- 학습과정 : 사회학습이론
- 애선스의 폭력화이론
- 캣츠(Katz)의 범죄의 매력
- 짐바도(Zimbardo)의 루시퍼 효과
- 함의
- 결론

C/H/A/P/T/E/R 09

학습이론

이 장은 범죄발생에서 학습이 하는 역할에 주목한다. 여기에는 학습될 수 있고, 법위반을 지지하고 부추기는 생각과 행동에 관한 이론이 포함된다. 생각과 행동의 학습이 이루어지는 과정에 관한 이론과 특정한 집단 내에서의 범죄를 지지하는 생각을 함축하는 문화와 하위문화에 관한 이론도 포함된다.[1]

학습과 문화는 이전에 소개했던 긴장이론들에서도 중요한 역할을 했다. 머튼(Merton)과 이후 메스너(Messner)와 로젠펠드(Rosenfeld)는 범죄를 미국 주류문화의 관념들과 연결하여 다뤘다. 코헨(Cohen)은 어떻게 별개의 부정적 하위문화가 미국 주류문화에 반대하는 갱들에게서 싹트게 되었는지를 기술했다. 클라워드(Cloward)는 기회가 합법적이든 비합법적이든 사람이 그것을 어떻게 이용할지에 대한 학습이 없다면 아무 소용이 없다고 보았다. 그러나 이런 긴장이론들은 이와 같은 생각과 행동의 학습보다는 이들을 일으키는 합법적·비합법적 기회라든지 권력배분의 불균형과 같은 사회구조적 조건에 먼저 주목했다.[2]

반면 이 장에서 다루는 학습이론들은 학습의 내용과 과정에 주목한다. 이 학습이론의 일부는 학습을 가능하게 하는 구조적 조건에 대해 아주 간략하게, 그리고 다른 이론은 매우 심도 있게 다룬다. 그러나 이 이론들은 그 기반이 되는 구조적 조건보다는 학습 그 자체에 주목한다. 이 점에서 긴장이론과 학습이론은 상호보완적이지만, 그 강조점에서는 다르다고도 할 수 있다.[3]

학습에 대한 기초적인 심리학적 논의

학습이란 개인이 환경에 접하고 적응하면서 경험하여 얻은 결과로 발전한 습관과 지식을 말한다.[4] 이는 개인이 타고나면서 생물학적으로 결정되는, 학습되지 않은 본능적 행동과는 구분된다.

학습의 본질을 논의한 것 가운데 조합과 연상에 의한 학습은 가장 오래된 것 중의 하나이다.[5] 아리스토텔레스(Aristotle 384-322 B.C.)는 모든 지식은 경험을 통해 습득한 것이고 타고나거나 본능적인 것은 아무것도 없다고 주장했다. 기본적인 감각적 경험들은 우리가 상호작용하는 어떤 관계에서 발생하기 때문에 우리의 마음속에서 서로 조합된다. 아리스토텔레스는 이런 상호관계에서 연상의 네 가지 법칙을 제시했다. 유사성 법칙, 대비 법칙, 시간의 연속성 법칙, 공간에서의 공존 법칙이 그것이다. 아리스토텔레스에 따르면 대부분의 복잡한 사상은 이 감각적 경험들의 단순한 조합과 연상에 의한 것이라고 보았다.

연합주의는 현재까지 수세기에 걸쳐온 가장 주된 학습이론이다. 이는 홉스(Hobbes), 로크(Locke), 흄(Hume) 등의 철학자가 정교화했고, 에빈하우스(Ebbinhaus)가 처음으로 인간기억에 대한 실험연구를 수행했으며[6], 손다이크(Thorndike)가 처음으로 동물을 대상으로 한 학습실험을 실시했다.[7] 행동주의자의 혁명은 초기의 정신과 사상 대신 관찰할 수 있는 자극과 반응에 주목한 점에 있지만 학습은 연상에 의해 달성된다는 기본 생각은 유지했다. 현재 학습이론가 사이에 주요 논쟁은 행동주의 이론과 인지이론 간에 있지만 이 둘 모두 관념과 실제 지식의 연상 때문에 학습이 일어난다는 기본적인 아리스토텔레스의 기본주장을 포함하고 있다.[8] 행동주의자는 우리가 자극과 반응의 연상을 통해 습관을 습득한다고 보지만 인지이론가는 우리가 기억, 관념, 기대의 연상과 조합에 의해 실제 지식을 습득한다고 본다. 행동주의자는 학습이 시행착오를 통해 이루어진다고 보지만, 인지이론가는 학습은 문제해결의 통찰로 이루어진다고 본다. 이와 같은 행동주의와 인지적 학습이론 간의 논쟁이 있지만 둘 모두 학습의 기본이 연상에 관한 아리스토텔레스의 근본 사상에 있다고 본다.

개인이 연상을 통해 학습하는 방법은 세 가지가 있다. 가장 간단한 방법은 파블로프(Pavlov)가 제시한 고전적 조건화(classical conditioning)이다. 어떤 자극은 유기체의 이전의 어떤 훈련 없이도 반응을 일으킨다. 예를 들어 개는 음식을 보면 침을 흘릴 것이다. 그런데 파블로프는 개에게 음식을 줄 때마다 어떤 자극을 주었는데, 그것은 그 자체로는 침을 흘리게 하지 못하는 것으로, 종소리의 자극이 그 예이다. 그는 종소리만으로도 개에게 침을 흘리도록 한다는 것을 발견했다. 이와 같은 파블로프의 실험은 행동이 연상에 의해 학습될 수 있다는 것을 제시한다. 즉 종소리가 음식의 제시와 지속적으로 연상이 된다면 개는 종소리만으로 침을 흘리게 학습된다는 것이다.

고전적 조건화에서는 유기체가 수동적이고 환경으로부터 기대되는 것을 학습한다는 면을 다루었다. 반면 조작적 조건화(operational conditioning)에서는 유기체가 능동적이고 환경에서 원하는 방식으로 학습한다는 면에 주목한다. 스키너(Skinner)와 연관이 있는 조작적 조건화는 아마도 심리학에서는 주도적인 학습이론이라 할 수 있을 것이다. 조작적 조건화는 어떤 행동을 강화하기 위해서 보상과 처벌을 사용한다. 예를 들어 쥐는 음식을 제공하는 지렛대를 누르지 못하면 전기충격과 같은 벌을 주는 방법으로 지렛대를 누르도록 학습된다. 쥐는 그의 행동에 대한 보상과 처벌을 연상함으로써 환경에서 조작하는 것을 학습하는 것이다. 이처럼 조작적 조건화는 또 다른 연상의 학습방법이 된다.

고전적 조건화와 조작적 조건화가 모두 학습이론에서 행동주의자와 연관된다고 한다면 세 번째 이론은 사람이 어떻게 조작적 조건화와 인지심리학의 요소를 합쳐서 연상을 학습하는가를 기술했다. 사회학습이론이라 불리는 이것은 행동이 보상과 처벌에서뿐만 아니라 다른 사람에게 일어나는 것을 관찰하여 학습한 기대에서도 강화된다는 것을 강조한다. 예를 들어 반두라(Bandura)는 직접적인 경험에서 나온 모든 학습된 현상은 다른 사람의 행동과 그 결과를 관찰하는 대리경험에서 일어난다고 보았다.[9] 사실 고전적 조건화와 조작적 조건화가 동물을 대상으로 한 실험에서 검증되었지만 사회학습이론은 인간의 정신적 과정에 주의한 학습에 주목했다. 초기 범죄학자인 타르드(Tarde 1843-1904)가 범죄를 학습된 행동이라 제시하긴 했지만[10] 더 본격적인 학습이론의 논의는 서덜랜드(Sutherland)의 차별접촉이론이 그 시초라고 볼 수 있다.

서덜랜드의 차별접촉이론

서덜랜드(Sutherland 1883-1950)는 네브래스카 주의 작은 마을에서 태어나 그곳 그랜드 아일랜드 대학에서 학사학위를 받았다.[11] 그는 미국 시카고대학에서 박사학위를 받기 전 사우스다코타에 있는 작은 침례교대학에서 몇 년 동안 교직생활을 했다. 서덜랜드는 실업문제에 관심을 가졌고, 그 주제로 박사논문을 썼다. 졸업 후에는 미주리에 있는 작은 대학에서 6년간 강단에 섰고, 일리노이대학으로 가서는 그곳 학과장의 제안으로 범죄학 책을 집필했다. 그 결과로 1924년 「범죄학(criminology)」 첫 번째 판이 발간됐다.

서덜랜드의 범죄행동에 대한 이론은 그가 그의 생각을 체계화함에 따라 점차 여러 판으로 계속 새롭게 발간하게 되었다.[12] 그는 1933년 당시 범죄학이론과 연구에 비판을 가했던 마이클(Michael)과 애들러(Adler)의 리포트의 영향을 받았다.[13] 서덜랜드는 그들의 비판에 괴로워하다가 범죄행동에 대한 여러 측면을 논리적으로 정리한 일반이론을 제시함으로써 그에 화답했다. 그 일반이론이 1934년 두 번째 판으로 발간되었고, 1939년 세 번째 판에서는 더 체계적으로 이론을 정리했고, 1947년 네 번째 판에서 그는 이론을 확장하고 명료화했다. 이 변화과정에서도 그의 이론에서 변하지 않고 남아있는 것은 다음의 아홉 가지 명제이다.[14]

1. 범죄행동은 학습된다.
2. 범죄행동은 다른 사람과 의사소통을 할 때 일어나는 상호작용에서 학습된다.
3. 범죄행동 학습의 주요 부분은 친밀한 집단 내에서 일어난다.
4. 범죄행동의 학습에는 첫째, 매우 복잡한 것에서 매우 단순한 것에 이르는 범죄의 기술과, 둘째, 동기, 충동, 합리화, 태도의 구체적 지향을 포함한다.
5. 동기와 충동의 구체적 지향은 법 규정에 대한 우호적 또는 비우호적 정의로부터 학습된다. 몇몇 사회에서 어떤 사람은 법 규정을 준수되어야 할 규칙으로 확고히 정의하는 사람에 둘러싸여 있지만, 다른 사회에서 그는 법규위반에 우호적인 정의를 갖는 사람에 둘러싸여 있다.
6. 사람은 법위반에 비우호적인 정의보다 우호적인 정의를 더 갖게 될 때 비행소년이 된다. 이것이 차별접촉(differential association)의 원리이다.
7. 차별접촉은 빈도, 기간, 우선성, 강도에 따라 다르다. 이는 범죄자와의 접촉은 물론 비범죄자와의 접촉에도 해당된다.
8. 범죄적·비범죄적 유형과의 접촉을 통한 범죄행동의 학습과정은 학습의 모든 기제를

포함하고 있다.

9. 범죄는 일반적 욕구와 가치의 표현이지만 그 욕구와 가치로 설명되지는 않는다. 비범죄행동도 동일한 욕구와 가치의 표현이기 때문이다. 절도범죄자는 돈을 얻기 위해 훔치지만 마찬가지로 정직한 노동자도 돈을 벌기 위해 일을 한다. 범죄가 일반적 충동과 가치, 즉 행복, 지위, 돈, 좌절 등 때문이라고 설명하려는 것은 합법적인 것도 그러하다는 점에서 실패했다고 볼 수 있다. 그것은 범죄행동과 비범죄행동을 구분할 수 없다.

서덜랜드의 이론에는 두 가지 기본 요소가 있다. 첫째, 그 학습내용은 특정한 기술 이외에 동기, 충동, 합리화, 태도를 포함한다는 것이고, 그것을 더 일반적으로 법위반에 우호적인 정의라고 한다. 이것들은 인지적 요소로, 즉 행동보다는 모두 관념이다. 둘째는 이 학습과정은 친밀한 집단에서 다른 사람과 접촉하면서 일어난다는 점이다. 서덜랜드의 이 두 요소는 그가 박사과정 때 그 대학에 있었던 미드(Mead 1863-1931)가 발전시킨 상징적 상호작용론에서 비롯된 것이다.[15]

서덜랜드가 기술한 학습의 내용은 미드의 주장, 즉 "사람은 사물이 사람에게 갖는 의미에 따라 행동한다."는 주장에서 나온 것이다.[16] 미드의 이론에서는 인지적 요소인 의미가 행동을 결정한다고 본다. 미드는 사람들이 특정한 경험에서 얻은 의미로부터 상대적으로 영속적인 그 상황의 "정의(definition)"를 구성한다고 보았다.[17] 즉 특정한 상황에서 의미를 일반화하고 사물에 대한 일정 패턴을 형성한다. 서로 다른 사람은 유사한 상황에서 다른 방식으로 행동하는 상이한 정의가 있다. 두 형제는 거의 동일한 환경에서 자랐지만 한 사람은 범죄자가 되고, 다른 사람은 성직자가 되기도 한다. 서덜랜드는 사람이 법을 위반하는 결정요인으로 그들이 경험하는 사회조건 그 자체보다 그것에 부여하는 의미를 강조했다. 즉 사람이 법을 따르느냐 위반하느냐 하는 것은 사람이 상황을 어떻게 정의하는가에 달려있다고 본다.

서덜랜드가 정의를 학습하는 과정을 언급할 때 그것 또한 미드의 이론에서 비롯된 것이다. 미드는 사물의 의미가 동료와의 상호작용에서 비롯된다고 보았다.[18] 미드를 따라 서덜랜드는 범죄행동의 의미는 그것이 살인, 상점절도, 마리화나, 탈세, 매춘, 횡령이든 관계없이 그 개인이 교제하는 친밀한 집단 구성원이 그 행동에 부여한 의미에 주로 영향을 받는다고 보았다. 어떤 접촉이 다른 접촉보다 더 중요한 이유는 그것의 빈도, 기간, 우선성, 강도에 따른 것이라고 했다.

서덜랜드는 차별접촉 과정의 일반적 사회조건에 대해서도 논의했다. 1939년 판에서 그는 문화적 갈등으로 사회조건을 기술했다. 문화적 갈등이란 사회에서 여러 집단이 행동에 적합한 여러 생각을 갖는다는 것을 의미한다.[19] 그는 사회해체, 즉 시카고 인간생태학자를 포함한 사회학이론에서 끌어온 개념을 통해 사회에서 일어나는 문화적 갈등의 모습을 기술했다.[20]

1949년 마지막 판에서 서덜랜드는 사회해체를 차별적 사회조직(differential social organization)이라는 용어로 대체했다. 사회해체는 조직이 없다는 뜻이다. 하지만 서덜랜드는 사회에는 다양한 이해와 목적에 따라 다양한 접촉이 있다고 가정했기 때문에 이에 부합하여 차별적 사회조직이라는 용어를 제시했고, 어떤 집단은 법위반을 옹호하지만, 어떤 집단은 중간정도이고, 또 다른 집단은 법위반에 반대한다고 보았다.[21]

서덜랜드의 공저자였던 크레시(Cressey)는 서덜랜드가 문화적 갈등이라는 용어를 잘못 사용했다고 지적하면서 서덜랜드 사망 후 그것을 규범적 갈등으로 바꾸었다. 규범은 사람이 특정한 상황과 환경에서 어떻게 행동해야 하는지에 관해 사회가 수용한 규칙을 말한다.[22] 규범적 갈등은 서로 다른 조직이 특정한 상황과 환경에서 서로 다른 방식으로 행동하도록 규정한 상태를 말한다. 크레시는 이 수정을 통해 서덜랜드의 주장에 큰 변화를 주지 않고 더 명쾌하게 할 수 있게 되었다고 보았다.

서덜랜드의 이론에서는 차별적 사회조직과 규범적 갈등의 상황 하에서 범죄행동을 포함하여 행동이 다르게 나타나는 것은 차별적 접촉 때문이라고 주장한다. 이는 감리교 신자와 접촉하면 감리교 신자가 되는 것이고, 공화당원과 접촉하면 공화당원이 되는 것이며, 범죄자와 접촉하면 범죄자가 된다는 것이다.

서덜랜드 이론의 검증 연구

서덜랜드의 이론에서는 범죄나 비행이 법위반에 우호적인 정의를 전달하는 다른 사람과의 접촉 때문이라고 본다. 이 이론의 검증은 성인범죄보다는 주로 청소년비행의 설명에 주목했다. 그것은 청소년이 주로 다른 친구와 어울리는 데서 범죄와 비행을 저지르게 되듯이 비행이 집단현상인 경우가 많기 때문이다.[23]

서덜랜드 이론은 비행이 다른 비행친구와의 접촉으로 인해 정의를 학습함으로써 야기된다고 하지만, 그 사실만으로 그렇게 주장할 수 있는 것은 아니다. 글룩(Glueck) 부부가 유유상종의 속담을 언급했듯이[24] 비행소년이 자신의 가치와 행동에서 유사한 친구를 선택하는 것일 수 있기 때문이다. 즉 비행친구가 비행의 원인이 되는 것이 아니고 비행이 비행친구와의 접촉에 원인이 될 수 있다. 비행친구와 접촉한 청소년 모두가 비행패턴을 수용하고 따른다고도 볼 수 없다. 어떤 경우에는 "법위반에 대한 우호적인 정의를 수용"하고 다른 경우에는 법 위반자와 친분은 있지만 그 정의를 받아들이지 않는 등, 교제의 질적 차이가 나타나는 이유는 무엇인가? 서덜랜드는 빈도(교제의 숫자), 기간(교제 기간), 우선성(그 친구와 얼마나 밀접하게 관련되어 있는가), 강도(얼마 만에 한 번씩 그 친구와 상호작용 하는가)가 개인에 대한 그것들의 영향력의 정도를 결정한다고 봤는데, 그 주장은 여러 사례나 범죄패턴을 따랐던 다양한 개인들의 자기 평가적 진술이 뒷받침하고 있다.[25] 마지막으로, 쉘던 글룩은 서덜랜드의 이론은 검증될 수 없는 것이라고 비판하면서 "법위반에 우호적인 정의와 비우호적인 정의의 수를 어떻게 셀 수 있을까? 비행소년이나 범죄자는 이전에도 비행경험이 있을 텐데 그 이전의 수가 현재보다 더 많을 수 있는 것은 아닌가?"라고 질문한다.[26] 1960년에 서덜랜드의 공저자 크레시도 넓은 수준에서 볼 때 차별접촉이론은 검증될 수 없는 것이라는 데에 동의했다.[27]

1988년에 마쓰에다(Matsueda)는 차별접촉이론이 검증될 수 있으며 상당 부분의 연구가 이를 지지하고 있다고 주장했다.[28] 첫째, 그는 많은 연구에서 더 많은 비행친구와 사귀는 청소년이 비행을 했다고 보고한 점을 들어 그 이론을 지지했다고 주장한다. 둘째, 마쓰에다는 많은 연구에서 법에 우호적인 정의 내용에 주목하여 그 정의가 비행이나 범죄행동과 연관이 있음을 제시했다고 주장했다. 마쓰에다는 이 정의가 "법의 정당성을 부정하고 범죄가 도덕적으로 옳다고 하는 정반대적 가치"는 아니라고 주장했다.[29] 대신 그 정의는 법이 적용되는 특정한 상황에서 더 큰 문화와 그 견해가 다른 것들이라고 보았다. 예를 들어 마쓰에다는 자기방어나 정신이상과 같은 법적 방어가 법위반에 우호적인 정의의 전형이라고 했다. 그런데 이 방어가 법적으로 완전히 배척되는 것이 아니라 법에 포함되는 내용이라고 보았다.[30] 셋째, 마쓰에다는 최근 통계기법의 발전으로 서덜랜드의 주장, 특히 법위반에 우호적이거나 비우호적인 정의의 비율을 포함하여 복잡한 인과과정을 잘 검증할 수 있다고 주장했다.[31]

범죄학과 관련한 현대의 많은 이론과 연구는 서덜랜드의 주장을 따르고 있다. 문화 혹은 하위문화이론은 서덜랜드의 규범적 갈등과 학습의 내용에 대한 논의에 기초한다.

이 이론은 서덜랜드 이론의 인지적 지향을 따르면서 그것이 범죄행동에 미치는 영향력을 조사한다. 그러나 다른 이론은 서덜랜드가 학습한다고 말한 내용보다는 학습과정에 주목하기도 한다. 그들은 서덜랜드의 차별접촉 개념을 유지할지라도 좀 더 현대적인 학습이론과 관련된다. 현대이론과 조사의 두 분야를 바로 뒤에서 다룰 생각이다.

학습의 내용 : 문화와 하위문화이론

서덜랜드 이론에서는 범죄행동의 실제 원인이 관념, 즉 법위반에 우호적인 정의라고 본다. 문화와 하위문화이론들 역시 범죄행동에서 관념이 하는 역할에 주목한다. 이 이론은 서덜랜드 이론처럼 사회조건에서 그 생각의 근원을 찾는다. 하지만 범죄행동의 직접적 원인으로 그런 사회조건보다는 관념 그 자체를 강조하는 것을 특징으로 한다.[32]

밀러(Miller)는 문화이론을 제시했는데 갱비행을 설명하고자 했다.[33] 그는 하류층이 중산층 문화와는 구별되는 별개의 문화를 갖는다고 보고, 그 문화가 중산층 문화처럼 오랜 전통이 있다고 주장했다. 중산층은 성취와 같은 "가치"를 갖지만 하류층은 말썽(말썽 문제에 끼어들거냐 마느냐 처럼 말썽 자체가 하류층 사람들을 지배하는 관심사다), 강인함(남성성, 끈기, 힘), 재치(다른 친구들을 능가하는 기술; 높은 지능지수보다 그때그때의 현장 감각), 흥분추구(단지 어슬렁거리기와 반대 되는, 지속적인 흥분 추구), 운명주의(사람들에게 발생하는 거의 모든 것은 그들의 통제 밖에 있고 그들에게 해 줄 어느 것도 없다는 생각), 자율성 추구(권위와 규칙에 대한 분개)로 특징되는 "주요 관심(focal concern)"을 갖는다고 보았다. 밀러는 이 하류층 문화는 하층지역에서 전형적으로 발견되는 여러 사회조건을 나타내는 점에서 갱비행의 "발생환경"이 된다고 보았다. 하류층 가정은 주로 여성이 가구주이기 때문에 아들이 가정에서 남성의 역할모델로 삼을 사람이 없다. 이 아이는 다소 과장된 남성성을 획득하게 되는 경우가 있다. 하류층 가정은 주거공간이 비좁아 아이가 길거리로 나가 갱을 형성하게 된다. 그 갱의 비행적 성격은 그 소년이 생각하는 방식의 분명한 결과이다. 다시 말해 비행은 하류층 문화와 주요 관심의 결과이다.

울프갱(Wolfgang)과 페라쿠티(Ferracuti)는 "폭력하위문화"라 불리는 폭력범죄에 관한 일반이론을 제시했다.[34] 이 이론은 이전의 울프갱의 필라델피아 살인사건에 대한 초기 이론에 근거한다.[35] 울프갱은 하류층에서 발생하는 살인의 상당 부분이 사람의 사고

방식에 관한 서로의 기대가 다름에서 오는 하찮은 사건 때문이라고 보았다. 그는 이 사건을 해석하기 위해 이론적 근거로 서덜랜드의 이론을 사용했다.[36]

> 다툼, 서로의 모욕적 언행, 상대방 손에 들고 있는 무기는 흑인과 백인, 남성과 여성에게 서로 달리 해석되는 자극이다. 상호작용의 특정한 유형에 반응하는 것에 대한사회기대는 차별적인 "상황적 정의"라는 결과로 나타난다. 남성은 어머니의 이름과 명예를 방어하고, 그의 인종, 나이, 남성성에 대한 어떠한 모욕도 허용하지 않는 것으로 기대된다. 육체적 싸움은 백인과 흑인 모두의 하류층 남성에게 과감, 용기, 지위 보전 등의 문화적 표현이다. 그 문화규범이 개인상호 간에 반응방식으로 나타날 때 살인으로 귀결하는 육체적 공격, 다툼, 폭력적 싸움은 자연스러운 것이다.

울프갱과 페라쿠티는 이 결과와 폭력범죄에 관한 다른 연구에서 일반화하여, 계획적·극단적 정신이상에 의한 것이 아닌 충동범죄인 살인에 대한 이론을 제시했다.[37] 그들은 지배문화와 하위문화 간의 가치 갈등을 기술했다. 예를 들어 한편으로 폭력하위문화의 사람은 지배적 문화의 사람보다 명예를 더 중시하고, 다른 한편으로 그들은 인간의 삶에 대해 가치를 덜 부여한다. 또한 폭력하위문화와 지배문화 간의 규범적 갈등이 있다. 이 규범은 살인의 원인인 사소한 다툼에 대해 기대하는 행동의 규칙을 말하며 사회보상 및 처벌과 관련이 있다. 즉 규범을 지키지 않는 사람은 그 하위문화 내의 다른 사람에게 비판을 받거나 조롱의 대상이 되며, 그것을 잘 지키는 사람은 존경의 대상이 된다. 이 규범은 사람이 받아들이는 지의 여부와 상관없이 따를 수밖에 없게 한다. 그 규범을 따르지 않는다면 그 사람이 폭력의 피해자가 될 것이기 때문이다. 어떠한 사람이 받아들이지 않는다 하더라도 사람은 다른 사람이 폭력적으로 반응할 것이라고 생각하기 때문에 그 상황에서 폭력으로 대응하게 된다. 이처럼 폭력하위문화는 "상대를 죽이지 않으면 내가 죽는다."는 전쟁상황과 같다.[38]

울프갱과 페라쿠티는 서덜랜드처럼 충동적 살인의 원인이 관념, 즉 가치, 규범, 행동의 기대에 있다고 주장한다. 서덜랜드와 같이 그들은 이 관념의 근원이 사회조건에 있다고 보았고 코헨, 클라워드와 올린, 밀러도 하위문화의 근원을 설명하려 했다고 본다. 그러나 정작 자신들은 폭력하위문화가 어떻게 발생했는지에 대해선 상세히 설명하지 않았다.[39] 그 질문이 이 이론에 중요한 것은 아니다. 이 이론에서는 폭력범죄의 원인이 그 관념을 일으키게 한 사회조건보다는 관념 그 자체에 있다고 보았기 때문이다. 그들은 하위문화가 과거에 어떤 역사적 이유에서 비롯되었다고 주장했다. 하지만 사회조건이 사라진 이후에 그 사상이 세대를 거쳐 전해져 왔다고 주장했다. 이처럼 그들의 정책적 제안은 사회조건을 다루는 것이 아니라 폭력하위문화를 구성하는 관념의 패턴을 깨버리는 그 어떤 것을 요구했다. 예를 들어 주요 정책제안의 하나로 저소득층 가구를 도시내부에 집중시키기보다는 도시 여러 곳에 분산시킴으로써 하위문화를 막는 것이다.[40] 그렇게 되면 개인은 지배적 문화에 흡수되고, 폭력범죄는 줄어들 것이라는 점이다.

폭력하위문화의 주제는 이후 특별히 미국 남부와 흑인의 높은 폭력범죄율을 설명하기 위한 상당히 많은 이론과 연구에 영향을 주었다. 이론가는 미국 남부 신사의 과장된 명예, 노예제도의 일부분으로 지속되어온 제도화된 폭력, 북부에 의한 남북전쟁에서의 패배, 그 후 북부에 의한 경제적 종속 등 미국 남부에 역사적으로 뿌리 깊게 폭력하위문화가 자리 잡고 있다고 보았다.[41] 울프갱과 페라쿠티의 이론과 함께 이 이론은 그 다양한 역사적 이유로 폭력하위문화가 남부에서 싹텄다고 본다. 그 관념을 일으켰던 사회조건은 더 이상 존재하진 않지만 세대에서 세대로 이어져 왔기 때문에 지금도 지속되고 있다고 보았다.[42]

엘리야 앤더슨(Elijah Anderson)은 미국 도심의 "거리규약(code of the street)"에 기초한 흑인의 폭력하위문화이론을 제시했다.[43] 앤더슨에 의하면 이 지역의 사람은 빈곤층의 집중, 합법적 일자리의 감소, 비합법적 일자리의 증가, 마약과 총기류의 확산, 높은 범죄율, 복지혜택의 감소, 불확실한 미래 등에 직면해 있다고 보았다. 이 환경에서 사람은 나머지 사람한테서 고립감과 소외감을 경험한다. 거주민은 이를 토대로 품위 있는 사람과 거리의 사람을 구분한다.

도심의 "품위 있는" 사람은 미국 중산층의 가치를 포함하는 "시민규약(civil code)"에 따라 살아간다. 그런데 거리에서는 가치가 없고 나름의 거리규약이 있다. 거리규약은 도심 거주자의 총체적 절망감, 특히 미국 형사사법체계를 믿지 못하는 데에서 나온 산물이다. 그것은 그들 환경에서 살아가야 하는 행동규칙이며 도심 거주자가 실제 상황에 맞춘 문화적 적응이다.[44] "품위 있는" 사람도 이 상황에 직면하게 되면 그 순간만큼은 시민규약이 아닌 거리규약을 따를 수도 있다.

거리규약의 중심에는 존경의 이슈–올바르게 취급당하고 당연히 받아야 할 것은 받는–가 있다. 도심 사람은 자신의 삶을 잘 통제할 수 없어서 그만큼 즉각적 상황에서의 신체적 통제가 매우 중요하다. 그런데 상대가 멸시하면 신체적인 공격을 하겠다는 의도로 받아들이기 때문에 같은 방법으로 상대에게 보복하게 된다. 이는 품위 있는 부모조차도 자녀에게 이 방식, 즉 누군가가 멸시하면 그를 즉시 제압해야 한다는 것으로 사회화하게 된다(누군가 당신을 존경하지 않는다면 그들을 바로잡아야 한다).

거리 가족(품위 있는 가족의 반대)의 아이는 어른의 감독 없이 자란다. 그들은 여덟 혹은 아홉 살에도 밤늦게 거리에 있으면서 다른 아이와 사회화된다. 이 친구집단에서 아이는 지식을 함께 나누고 거리에서 생존하는 기술을 연마한다. 특히 그들은 어떻게 싸워야 하는지와 싸우는 것이 거리에서 얼마나 중요한지를 학습한다.

품위 있는 가족의 아이는 어릴 때 거리에 나가지 못하도록 부모의 보호를 받는다. 하지만 열 살 즈음하여 품위 있는 가족의 아이와 거리의 아이는 지역에서 서로 섞이게 되고 지역의 맥락에서 그들 자신의 정체성을 갖도록 노력하게 된다. 품위 있는 아이는 또래 아이를 관찰하게 되고, 논쟁에서 어떻게 협상하고 해결할지를 알게 되며, 그 도심의 지역에 사는 어른을 주의 깊게 보게 된다. 더구나 품위 있는 아이는 계속되는 환경의 위험에 대한 메시지를 듣고, 육체적으로 건장하고 용기를 보여줄 필요성을 알게 된다. 용기를 보이는 것은 실제 싸움보다도 중요하다. 싸움의 필요성을 사전에 차단할 수 있기 때문이다. 거리규약에서는 실제 싸움을 방지하기 위해 폭력을 행사할 가능성을 보이고 상해를 입힐 수 있는 의지와 능력을 보이는 것이 중요하다. 이는 말로도 가능하고 몸짓, 외관, 옷, 장신구, 차림새, 신발, 체인, 무기 등 여러 가지로 표현될 수 있다. 이는 모두 싸움이 일어나기 전 그 문제를 방지하려는 외견상의 조치이다.

10대가 되면 품위 있는 아이조차도 서로 협상하고 세상에 조율해 나가는 것에 능숙해져야 한다. 이 과정은 남녀 모두 해당되지만 특히 남자는 용기와 남성다움이 서로 연결되기 때문에 더 중요하다. 거리규약에서 남성다움은 다른 사람과의 관계에서 육체적으로 무례하고 거친 능력을 포함한다. 이는 크기나 힘, 용감성의 표출 등으로 존경심을 얻을 수 있는 능력이다. 용감성이란 죽음의 두려움을 무릅쓰는, 즉 죽음이 멸시보다 더 중요한 그 무엇이다. 작고 나약한 아이조차 용감성을 제시할 수 있다. 이는 공격을 방지하는 점에서 매우 중요하기 때문이다. 도심에서는 나이가 들어가면서 남성다움이 요구되며 작은 아이가 큰 아이한테서 존경을 얻기 위해 크기나 힘을 사용하는 방식을 발견한다. 이처럼 용기는 이 노력에서 중요한 핵심이 된다.

거리의 아이와 품위 있는 아이의 주요 차이는 품위 있는 아이는 유용하고 필요할 때는 거리의 행동방식을 보이지만 곧바로 품위 있는 규약대로 행동을 바꿀 수 있다는 점이다. 그들은 어떤 사람이나 상황은 거리행동을 요구하지만, 다른 어떤 사람은 품위 있는 규약을 사용하고 그것으로 되돌아가는 것이 기대된다는 점을 이해한다. 그러나 거리의 아이는 모든 사람이 거리규약대로 살아가는 세상에서 살아간다. 이와 같이 거리의 아이는 다른 모든 행동을 거리규약대로 해석한다.

앤더슨은 사람이 도심의 개인을 비난하고 그들이 어떤 도덕적 가치도 없는 사람임을 믿는 경향이 있다고 주장한다. 그러나 그는 초점을 사회경제구조, 특히 직업이 없고, 직업훈련과 네트워크도 없는 것에 두어야 한다고 주장한다.[45] 더구나 앤더슨은 노예와 차별의 역사를 지적하면서 세상 사람의 태도가 거리규약과 얽혀있다고 본다. 적어도 어떤 아이, 특히 소외되고 취약한 아이는 주류 사회에서 거부당하고 경멸받는 느낌을 받고 있으며 이로 인해 자신들이 받은 대로 사회에 경멸감을 보이게 된다. 어떤 아이는 자신과 자신의 자존감을 지키기 위해 자신과 자신의 상당한 정신자원을 기존 문화에 반대되는 쪽으로 투자하는 경향도 있을 것이다. 앤더슨은 다음과 같은 결론을 내렸다.[46]

> 사악한 순환이 형성된다. 도심의 젊은 흑인 남녀가 느끼는 절망감과 소외감은 뿌리 깊은 실업과 인종주의의 결과이고 이는 폭력을 촉진한다. 이 폭력으로 많은 백인과 중산층 흑인은 반대문화를 갖고 거리규약을 갖는 그들에게 부정적 감정을 갖게 할 것이다. 이 순환이 깨지지 않으면 양쪽에 대한 태도는 굳어질 것이며 가난한 사람과 잘 사는 사람의 폭력도 증가할 것이다.

울프갱과 페라쿠티의 이론과는 달리 앤더슨은 거리규약에서 발견된 하위문화의 관점을 그것을 발생시킨 사회조건과 연계해 다루었다. 이처럼 앤더슨의 이론은 울프갱과 페라쿠티처럼 관념이 행동에 영향을 준다는 문화이론이지만 긴장이론처럼 사회조건이 행동에 영향을 준다고 한 점에서 구조이론이라고도 볼 수 있다. 앤더슨의 정책적 제언은 이처럼 두 원인과 연관된다. 울프갱과 페라쿠티와는 달리 앤더슨은 문화규약을 생성하게 한 일반적 사회조건을 다루어야 한다고 주장했다.

마쓰에다(Matsueda)와 동료들은 모든 하위문화이론은 그것을 발생시킨 사회조건을 포함해야 한다고 주장했다.[47]

문화이건 하위문화이건 그 가치가 사회구조와 행동과 연결된다는 점에서 중요하다. 사회구조를 무시하는 그 어떤 하위문화이론도 불완전하고, 하위문화의 가치에 노출된 개인이 언제 그 가치대로 행동할지를 예측하는 것에도 실패할 것이다. 하위문화는 아주 밀접하게 구조적 기회와 연결된다. 구조적 기회가 하위문화에 영향을 주고 그것이 다시 범죄에 영향을 주기 때문에 하위문화를 무시한 어떤 구조적 설명도 불완전하다.

학습과정 : 사회학습이론

문화와 하위문화이론들은 서덜랜드의 학습내용에 관한 주장에 주목했지만, 다른 이론과 연구는 서덜랜드의 학습과정에 대한 논의에 주목했다. 많은 학자가 서덜랜드의 견해, 즉 범죄는 정상적으로 학습된다는 점을 지속적으로 주장했지만, 더 최근의 학습이론에서 발견되는 주장들을 포함시키기 위해 "정상학습"이 무엇인지에 대한 개념을 새롭게 제시했다.[48] 특히 더 최근의 이론은 배움의 중요한 원천으로 계속 유지된다고 할지라도 친밀한 개인적 집단에서 정상학습의 가장 중요한 부분이 발생한다는 서덜랜드의 주장을 철회했다. 그들은 학습이 다른 사람들과 접촉과 독립적으로 조건화의 원리를 통한 환경과 직접적 상호작용을 함으로써 일어난다고 주장했다. 보다 최근의 이론들은 학습 과정 뿐만 아니라, 또한 학습되는 콘텐츠에 관한 것에도 변화를 보였는데, 특별히, 관념만 학습된다는 서덜랜드 본래의 인지적 지향에서 벗어나 행동 자체는 조건화와 사회학습 두 가지 모두를 통해 직접 학습되어질 수 있다는 더 최근의 이론적 지향을 받아들였다.

에이커스(Akers)가 이 변화를 수용하였는데, 차별강화(differential reinforcement) 혹은 사회학습(social learning) 이론이라고 불린다. 에이커스는 버제스(Burgess)와의 초기 저작에서 차별접촉의 원리를 조작적 조건화의 용어로 다시 다뤘다.[49] 이 재구성은 범죄행동이 차별적으로 강화되는 비사회적 상황과 다른 사람과의 상호작용을 통해 모두 학습이 가능하다는 것이다.[50] 비사회적 상황의 학습이란 다른 사람과의 상호작용 없이 환경이 범죄성을 강화하는 것을 말한다. 그러나 버제스와 에이커스는 서덜랜드의 주장처럼 범죄행동의 학습이 개인을 강화하는 주요 원천이 되는 집단에서 발생한다는 점을 강조했다.[51]

에이커스는 후에 이 이론을 수정했다. 조작적 정의의 원리를 확대하여 모델링과 사회학습이론을 포함했고[52] 다른 사람의 행동 결과를 관찰함으로써 학습이 이루어진다는 것을 강조했다. 에이커스는 사회학습이론의 확립에서 네 가지 주요 개념에 주목했다.[53] 에이커스에 따르면 사회학습의 가장 중요한 원천은 차별접촉으로, 이는 법위반에 우호적이거나 비우호적인 정의를 갖는 사람과의 상호작용의 패턴을 말한다. 에이커스는 차별접촉이 빈도, 기간, 우선성, 강도에 따라 다르다는 점에서 서덜랜드의 주장을 그대로 따랐지만, 차별접촉은 상호의사소통을 통한 정의의 직접적 전달과 더 원거리의 준거집단과의 동일시를 통한 간접적 전달을 포함한다고 주장했다. 에이커스는 정의를 사람이 자신의 행위에 부여한 의미를 반영하는 것으로 보았다. "특수" 정의는 특정한 행동(마리화나 흡연, 주거침입절도, 무장강도의 목격자 살인 등)에 부여한 의미이지만, "일반" 정의는 전체적인 종교적·도덕적·윤리적 신념을 반영한다. 차별강화는 주어진 행동에서 실제적 혹은 기대되는 결과를 말한다. 사람은 보상이 기대되는 일을 하고, 미래에 처벌이 예상되는 일은 피한다. 이 보상과 처벌은 사회적(주위로부터의 칭찬이나 비난)이거나 사회적이지 않은 것(마약으로 기분이 좋아지거나 병을 얻게 되는 것)일 수 있다. 마지막으로, 모방은 다른 사람이 하는 것을 관찰하는 것을 포함한다. 행동이 모방될지 말지는 관찰되는 사람의 특성, 그 사람이 하는 행동, 관찰된 그 행동의 결과에 달려있다.

에이커스는 또한 범죄행동의 학습에서 일어나는 사건의 구체적 연속성을 제시했다.[54] 연속성은 다른 어떤 사람과의 차별접촉에서 시작하여 범죄행동에 우호적인 정의를 갖고, 다른 행동을 모방하게 되며, 범죄행동에 사회적 강화를 경험한다. 이처럼 범죄행동에 개인의 초기 참여는 차별접촉, 정의, 모방, 사회적 강화로 설명된다. 사람이 범죄를 저지른 후에는 차별강화로 그 행동이 계속될지 아닐지가 결정된다. 여기에는 범죄행동으로 직접 경험하는 보상과 처벌뿐만 아니라 다른 사람의 범죄를 관찰함으로써 대리 경험을 통한 보상과 처벌의 사회적·비사회적 강화를 포함한다.

에이커스는 사회학습과정이 사회구조조건과 개인행동의 관계를 설명한다고 주장한다.[55] 예를 들어 제2장, 제6장, 제7장, 제8장에서 제시했던 경제불평등, 근대화 과정, 사회해체, 사회구조적 긴장은 범죄행동과 연결될 수 있다. 이와 같은 구조적 조건은 차별접촉, 정의, 모방, 강화에 영향을 줌으로써 범죄에 영향을 미친다고 본다.

마지막으로, 에이커스와 셀러스는 많은 연구를 검토한 결과 사회학습에 관한 대부분의 연구가 이론적으로 제시한 대로 사회학습 변수와, 범죄, 비행, 일탈행위 범위 간의 관계가 이론적으로 예상된 방향이었다고 주장했다.[56] 특히 그들은 범죄행동이 차별접촉, 정의, 모방, 강화를 통해 습득되고, 또 사회적·비사회적 강화로 지속된다는 사회학습의 "전형적인" 설명이 연구에 의해 지지되고 있다고 언명하였다. 에어커스의 사회학습이론은 다양한 논문에서 계속 검증되었다.[57]

애선스의 폭력화이론

또 다른 학습이론으로는 학습과정과 상징적 상호작용론에 기반을 둔 로니 애선스(Lonnie Athens)의 폭력화이론이 있다. 이 이론은 범죄학자에게 큰 주목을 받지는 못했지만 살펴볼 만한 가치가 있는 이론으로, 왜 어떤 사람이 강간, 상해, 살인과 같은 극단적 폭력을 저지르는지를 설명하고 있다.[58] 애선스의 저작은 퓰리처상을 수상한 적이 있는 로즈(Rhodes)의 최근 저서에서 소개된 것으로 1980년도에 발간되었고 1990년대에도 계속 발간되었다.[59] 애선스는 상징적 상호작용론으로 잘 알려진 블루머(Blumer, 상징적 상호작용론자로 잘 알려져 있음)의 제자로, 그의 저작이 범죄학의 주류로 자리 잡지는 못했지만 폭력에 대한 기본적이고도 혁신적인 연구를 수행했다. 애선스는 상징적 상호작용론의 학생이었지만 인간 단체 생활을 이해하는 데 있어 힘과 지배의 역할을 강조하는 급진적 상호작용론자로 더 잘 알려져 있다.[60]

애선스의 이론은 그가 자신의 과거의 경험, 즉 상당한 폭력적 배경에서 자랐고, 폭력을 실제 경험했으며, 그 가운데 직접 폭력을 저지르기도 한 경험에 기반을 둔 점에서 가치가 있다. 버지니아에서 자란 애선스는 가족에게 지나치게 신체적 학대를 가한 아버지가 있었다. 그는 자신의 폭력 경험이 폭력을 이론화하는 데 기반이 되었다고 믿었다. 그의 방법론은 질적 방법이었고, 그 이론은 교도소 수감자 58명과의 심층면접을 통해 발전했다. 현상학과 상징적 상호작용론의 관점에 따라 애선스는 그가 실제로 경험한 폭력화과정을 이론화했다.

1단계는 "야수화"로, 일차집단 구성원(가족 등)이 "폭력정복(직접적으로 주체에게 범죄피해를 입하는)", "개인공포(형제 등 주체의 친인척에게 피해를 입히는)", "폭력지도(폭력은 많은 사회상황에 대한 바람직한 반응이라고 가르치는)"에 참여한다.[61] 2단계는 "투쟁"으로, 개인은 더 이상 피해대상이 되지 말아야겠다고 결심하고 그의 맹세를 마음에 품는 단계이다.[60] 3단계는 "폭력수행"으로, 개인이 폭력에 참여하여 새로운 접근을 시도하는 것이다. 이때 그 시도가 실패로 끝나 그 개인이 폭력으로부터 벗어나게 되거나 그 실패가 그로 하여금 적절한 무기를 확보하여 그의 접근을 끌어올리게 할 수도 있고, 아니면 승리를 거두고 4단계로 진입하게 할 수도 있다.[63] 4단계는 "악의"로, 계속되는 승리 이후에 오는 결과이다. 사람들은 그 개인을 다르게 보기 시작한다. 폭력적인 사람으로 보는 것이다. 그리고 다른 사람들이 간직한 그 사람에 대한 이미지가 그 개인의 새로운 자아 이미지가 된다. 이 새로운 평판을 받아들이게 될 때 그는 폭력을 여러 사회 상황에서 습득된 반응으로 간주한다.[64] 이것들은 개인이 폭력을 자기방어를 위해 필요한 것으로 느끼고, 피해자가 자신을 좌절하는 사람으로 다루게 하고, 피해자를 사악하게 바라보는 것을 포함한다.[65] 로즈가 언급했듯이 애선스는 다음과 같은 사실을 발견했다.[66]

> 폭력범죄자는 법을 준수하는 이웃과는 세상을 달리 해석한다. 그들의 폭력도 그 해석에서 비롯된 것이다. 그는 폭력행동을 분노의 폭발이 아니라 결정이라고 보기 시작한다.

애선스 이론에서는 개인의 "환상공동체(phantom community)"의 변화에 따라 폭력이 증가하거나 감소한다고 본다.[67] 이 공동체는 폭력을 가르치고 또 강화할 모습을 갖춘다. 그러나 그 모습은 다른 가치를 갖는 환상공동체에 가입하도록 하여 개인에게 긍정적 영향을 줄 수도 있다. 이 개념은 서덜랜드의 차별접촉과 유사한 것이다. 애선스는 자신이 궁극적으로 비범죄적 생활양식으로 바꾸게 된 것이 "폭력수행" 단계에서의 실패뿐만 아니라 바로 이 환상공동체의 변화 때문이라고 보았다.

애선스 이론은 몇 년에 걸쳐 수정되고 확장되었다.[68] 앞서 폭력화의 두 번째 단계인 투쟁은 "반항"으로 언급된다. 그리고 다섯 번째 단계로 "폭력적 포식"이 추가됐다. 대상자의 폭력이 인간성의 한계를 넘어서 완전히 제한받지 않는 단계다.[69] 이 설단계는 일부 폭력적인 범죄자들이 단지 상황에 반응하지 않지만, 어떤 도발이 없더라도 다른 사람을 공격하는 이유에 관한 적절한 설명을 제공한다. 이것은 대상자가 지나치게 폭력적으로 변해서 다른 사람을 괴물인 듯 인식하게 될 때 일어난다. 일단 이런 일이 일어나면 "돌아올 수 없는 지점"에 이르고 문명사회로의 재통합은 가능할 것 같지 않고 괴물의 역할을 수행할 수밖에 없게 된다.

애선스는 폭력적인 패권 접촉의 3가지 형태, 즉 폭력적인 개입, 폭력적인 충돌, 패권 다툼에 대해서도 기술하였다. 어떤 형태의 접촉이 가시권에 들어올지는 진행되는 과정이 몇 단계냐에 달려 있다.[70] 이 과정에는 역할 요구(최상급자는 그 역할을 확보하고 다른 사람에게 하급자 역할을 맡긴다), 역할 거절(하급자가 자신에게 할당된 역할을 거부한다), 역할 분쟁(분쟁 당사자들이 다양한 지배 요구 전략을 채택한다), 역할 강제(분쟁 당사자들이 힘이나 힘의 위협을 사용할지를 결정한다), 역할 결정(개입은 완벽한/근소한 패배, 철수, 무승부로 끝난다)이 포함된다. 패권 다툼은 3단계로만, 충돌은 4단계로 진행되고, 폭력적인 패권 개입은 5가지 단계 전체에 걸쳐 이뤄진다.

마지막으로, 애선스는 공동체를 "공공의(Civil, 비폭력적 패권 개입이 분쟁을 해결하는 데에 일반적으로 사용되는 공동체)", "악의의(Malignant, 분쟁을 해결하는 가장 중요한 방법으로 폭력적 패권 개입을 사용하는 공동체)", "격동의(어떤 특별한 분쟁 해결 전략도 두드러지게 등장하지 않는 공동체)" 3가지 특징으로 구분지었다.[71]

애선스의 이론은 제한적으로 검증과 비평의 대상이 되었다. 일부 학자는 애선스의 해석적인 방법론이 범죄학자에게 범죄자 행동이나 행위자를 연구할 때 범죄자의 시각에서 살펴볼 것을 요구하고 있다고 비판해 왔다.[72] 그들은 애선스가 비무작위로 대상을 선택하고 대상자의 이야기에 대한 검증이 부족했다고 지적했다. 다른 학자들은 애선스의 연구가 폭력의 생물학에 대해서는 어떤 설명도 내놓지 못한다고 비판했다. 로즈(Rhodes)는 그의 저서에서 일반적으로 애선스의 업적을 칭찬하면서 애선스 이론을 타당하게 하는 몇몇 폭력범죄자의 여러 이야기를 예로 제시했다. 길거리 거리의 범죄자들에게 적용된 애선스의 이론에 대한 종합적인 검증이 이뤄진 적은 없다.[73] 오도넬(O'Donnell)은 애선스의 이론이 폭력화 이론으로서 지닌 독특함을 평가하면서도 그가 믿기에, 미국 남부지역의 흑인 린치행위와 같은 대량학살의 경우나, 그리고 이 책 제2장에서 살펴본 범죄의 감소처럼 적용되기 어려운 영역이 있었다는 점을 지적하면서 그 일반성을 비판했다.[74] 하지만 대량학살에 관련해 윈턴(Winton)은 애선스의 이론이 보스니아와 르완다에서 이뤄진 대량학살의 전개와 입법을 어떻게 적절히 설명하는지를 보여줬다.[75] 언급한대로 애선스의 폭력화 이론은 주류 범죄학자 사이에서 광범위하게 논의되지는 않았다. 하지만 상징적, 급진적 상호작용론자로 불리는, 애선스 이론의 지지자들은 이론이 나온 이후 지난 25년간 열중해 있다. 애선스의 이론은 오도넬이 "대담한(daring)"[76]이란 표현을 쓴 것처럼, 비폭력에서 폭력적인 일에 이르기까지 단계를 거치는 이들의 마음에 접근하는 능력에 있어 본능적으로 강하다. 애선스의 이론은 폭력의 일반 이론으로서 평가되기보다 직관적으로(그리고 아마 경험적으로) 폭력화 과정을 요약하는 데 아주 잘 작동한다는 평가를 받아야 한다. 경험적으로 이를 검증하는 노력이 더욱 이뤄져야 할 것이다.

캣츠(Katz)의 범죄의 매력

상징적 상호작용론에 기초한 다른 이론은 잭 캣츠(Jack Katz)의 저서 「범죄의 매력(Seductions of Crime)[77]」에서 드러난다. 캣츠는 기존의 범죄학자가 주로 인종, 사회계급, 성, 도시지역 등의 "배경" 변수를 중심으로 범죄를 설명했다고 비판했다. 캣츠는 더 중요한 것은 "전경(foreground)" 변수, 즉 사람이 범죄를 저지를 때 그것을 어떻게 느끼는가를 이해하는 일이라고 주장했다. 캣츠는 "범죄를 저지를 때 사람이 무엇을 하려고 하는가?"[78]라는 질문을 반복해서 던졌다. 즉 범죄자가 범죄에 대해 갖는 의미에 관심을 집중했다.

캣츠는 다양한 출처의 자료를 검토했다. 범죄자의 일대기, 자서전, 언론기사, 참여관찰 연구결과 등 다양한 자료를 검토하고 범죄자 본인이 범죄행위를 설명한 내용을 파악하고자 했다. 그는 이런 방법을 다섯 가지 유형의 범죄 – 충동살인, 청소년 재산범죄, 갱집단의 폭력범죄, 상습강도, 냉혈살인 – 에 적용했다. 각 유형에서, 그는 범죄자가 "기획(project)" 에 참여한다는 것을 알 수 있었다. 즉 범죄를 통해 무엇인가를 성취하려고 한다는 것이다. 기획의 본질은 기본적으로 옳고 그름, 정의와 부정의를 포함한 도덕적인 것이다. 따라서 기획은 도덕적 성격이 강한 감정들, 예를 들어 모멸감, 고결함, 오만함, 경멸, 냉소, 불결함, 복수심 등을 포함한다. 각 유형에서 범죄행위는 목전의 상황에서 범죄자가 직면한 도덕적 도전을 극복하려는 시도이다.

캣츠의 분석에 의하면, 충동살인자가 직면한 도덕적 도전은 "견딜 수 없이 모멸스런 상황으로부터 도피하는"[79] 것이다. 살인자는 모멸감을 받아들이지 않고, 대신 "정당한 살인"을 수행한다. 즉 자신의 범죄를 상위 가치의 선(good)을 구현하는 일에 참여하는 것으로 해석한다. 상점절도와 경미한 기물파손에 가담한 소년은 일종의 멜로드라마에 참여하는 것이다. 그것을 "무난히 해냄"으로써 평소에 가졌던 무능력감을 극복하고 개인적 능력을 입증한다. 도시의 갱폭력에 가담하는 소년은 대부분 농촌에서 최근에 이주한 가난한 집안 출신이며 따라서 이들은 도시의 정돈된 환경에 주눅이 들고 이곳에 사는 사람에게 공손한 태도를 보인다. 도덕적 도전에 직면한 소년은 의도적으로 비합리적으로 행동하며 오만한 태도로 다른 사람을 지배하려고 한다. 이를 통해 갱집단의 소년은 자기만의 "영역"을 지리적 의미와 도덕적 의미 모두에서 구축한다. 상습적으로 강도를 저지르는 범죄자는 "고집쟁이(hard men)"이며, 자기의 의지를 폭력적이고 무자비하게 관철함으로써 목전의 상황을 완벽히 통제한다.[80] 강도범죄는 따라서 이들이 일상생활에서 겪는 통제력의 상실 – 즉 자기 뜻대로 생활하지 못하거나 "체계(system)"에 완벽히 통제된 생활을 하는 것 – 을 극복하도록 해준다. 끝으로, 냉혈살인자는 사회성원이 무시한다는 피해의식이 강하다. 사람들이 오랫동안 자기를 천민이나 인간이하로 취급했다고 깊은 원한을 갖고 있다. 이런 마음에 냉혈살인자는 "분별없이" 사회성원의 일부를 살해함으로써 모멸감에 대한 보복을 단행한다.

각 유형에서 범죄의 실행은 도덕적 도전을 극복하고 도덕적 우세를 달성하는 것이다. 도덕적 극복은 "스릴"을 동반한다. 즉 범죄자는 범죄를 저지를 때에 감각적이고, 매력적이고, 신비스럽고, 창조적이며, 심지어 강렬한 스릴을 경험한다. 캣츠는 "죄를 범할 때의 도덕적이고 감각적인 매력"을 빼고는, 범죄와 비행에 대한 일반적 설명이란 있을 수 없다고 주장했다. 그러나 티틀(Tittle)은 의견이 달랐다. 티틀은 캣츠가 분류했던 범죄유형들 사이에는 상위수준의 유사성이 있다고 지적했다. "모든 유형이 주위 사람의 통제와 상황이 강요한 통제를 회피하려는 노력이며, 동시에 통제를 거꾸로 주위 사람과 상황에 가하려는 시도를 표현한 것일 수 있다."[81] 캣츠의 논의는 범죄자가 갖는 범죄의 핵심의미는 다른 사람의 통제를 회피하고 다른 사람에게 통제를 행사하는 것이라고 티틀은 시사했다.

범죄자에게 범죄가 어떤 의미를 갖는지에 대한 연구는 새로운 것이 아니다. 1930년대 클리포드 쇼(Clifford Shaw)는 제7장에서 살펴봤듯이 비행소년의 일대기에 대한 연구를 연속해 발표했다.[82] 그 일대기들은 비행소년이 살았던 사회적 세계를 기술하고, 그들이 살았던 세계에서 일탈행위의 의미를 분석한 것이다. 거의 같은 시기에 서덜랜드(Sutherland)는 이 장 앞부분에서 살펴본 차별접촉이론을 설명하기 위해 전문절도범을 상세히 기술한 문헌을 발표했다.[83] 1950년대 서덜랜드의 공동저자였던 크레시(Cressey)가 차별접촉이론과 연관 지어 횡령범죄자의 세계를 기술했다.[84]

1960년대 베커(Becker)는 재즈음악가의 대마초 흡연을 생생하게 기술했고,[85] 폴스키(Polsky)는 사기꾼과 갱단의 세계에 관한 문헌을 발표했다.[86] 최근 들어 이런 연구가 더욱 많아졌다.[87] 애들러(Adler)는 우두머리 급의 마약거래상 세계를 조사했고,[88] 터넬(Tunnell)은 일상적인 성인절도범의 세계를 기술했다.[89] 라이트(Wright)와 데커

(Decker)는 현재 활동하는 침입절도범과 무장강도범의 세계를 기술했다.[90] 제이콥스(Jacobs)는 현재 활동하는 마약거래범의 세계[91]와 이들을 범행대상으로 하는 강도범의 세계[92]를 기술했다. 한편 페렐(Ferrell)은 형사사법체계에 의해 연구자가 범죄자라고 낙인이 찍힐 위험을 포함해 이런 연구에 내재하는 문제를 검토했다.[93] 그럼에도 불구하고 페렐은 범죄와 형사사법체계의 “생생한 의미”에 대해 범죄학 연구가 더욱 관심을 가져야 한다고 주장했고 이 주장을 지지하기 위해 이론적 분석틀과 방법론을 구체적으로 제시했다.

짐바도(Zimbardo)의 루시퍼 효과

캣츠가 범죄자가 갖는 범죄의 의미에 관심을 두었다면, 필립 짐바도(Philip Zimbardo)는 「루시퍼 효과(The Lucifer Effect)」라는 저서에서 왜 “선량한 사람이 악인이 되는가”[94]라는 의문을 다루었다. 2003년에 이라크의 아브 그라이브(Abu Ghraib) 교도소에서 미군이 저지른 학대사건이 있었다. 스탠퍼드 교도소 실험(Stanford Prison Experiment, 1971)을 창안했던 짐바도는 이에 관한 저서를 집필하고자 했으며, 특히 온순하고 준법적인 시민이 폭력적 만행에 적극적 역할을 하게 되는 이유를 연구하고자 했다. 그는 스페인의 이단자 탄압에서부터 나치 독일, 스탈린의 러시아, 최근에 있었던 르완다와 다르푸르에 이르기까지 여러 참변을 검토했으며 이를 통해 사건에 공통된 내재적 유형을 밝히고자 했다. 짐바도는 선한 사람과 악한 사람이라는 “손쉬운 구분”을 배척했다. 대신에 이들 간의 구분선은 “모호하고 불명확하다”[95]고 보았다. 인간행위의 성격과 관련해 그는 사악함을 법적 측면에서 규정하지 않았다. 이런 규정은 악인에게 “명령을 따랐을 뿐이다”라는 변명의 여지를 줄 수 있기 때문이다. 대신에 사악함을 “의도적으로 무고한 사람을 해치고, 학대하고, 멸시하고, 훼손하는 행위”라고 규정했다. 사회심리학자로서 짐바도는 생물학적 유전과 고정적 인간기질을 강조하는 본질주의적 관점을 거부하고, 인간의 자질은 경험과 실천을 통해 형성되며 상황에 따라 모두가 악행을 저지를 수 있다는 점진주의적 관점(incrementalist view)을 수용했다. 그는 생득적 개인자질을 강조하는 기질적 설명을 거부하고, 대신에 상황과 그것이 개인에 미치는 영향에도 주목했다.[96]

짐바도는 인간과 상황은 “역동적 상호작용의 상태”에 있으며, 상황적 맥락이 성격을 변화시킨다고 보았다. 캣츠가 "범죄자"에 주목하고, 짐바도는 "평범한" 사회성원을 대상으로 했지만, 두 학자 간에는 공통점이 있다. 이들은 모두 도덕적 의무감이 행위에 의미를 부여한다고 주장했다. 이에 범죄자는 자기의 행위가 사악하다고 생각하지 않는다. 조국을 구하고, 침략자를 쫓아내고, 재앙의 근원을 제거하는 등의 고결한 가치와 연관지어 생각한다는 것이다. 역사적 사실과 사회심리학을 결부시켜, 짐바도는 사악함에 대처하려는 진지한 욕구가 어떻게 한때 친구, 이웃, 같은 시민이었던 사람을 괴롭히는 상상할 수 없는 잔인함으로 발전하는지를 분석했다. 짐바도에 의하면, 이런 현상은 권력의 체계로 설명할 수 있다. 즉 국가가 선전활동으로 사회성원에 공포심을 주입하고, 다른 사람을 정형화하고 비인간화함으로써 사회성원의 도덕적 영역에서 이들을 제거했기 때문이다. 그 결과로 "합리적이었던 사람이 비이성적으로 행동하며, 독립적이었던 사람이 맹목적으로 집단에 순응하고, 온순했던 사람이 전사로 행동하게 된다."[97] 짐바도는 상황적 성격변화에 대한 실험실 통제연구를 통해 "평범한 사람들"이 인간성을 포기했던 역사적 사례들을 보다 잘 이해하고자 했다. 그는 스탠퍼드 교도소 실험[98]과 스탠리 밀그램(Stanley Milgram)의 복종 실험[99]을 검토했다. 두 실험연구는 권력 차이를 명확히 하고 시설환경에서 실시한 것이다. 교도관은 죄수가 저항하면 강력한 제재를 할 수 있고, "교사"는 무능한 "학생"에게 전기충격을 가할 수 있도록 조치되었다. 두 실험 모두 도덕성이 빠른 시간 내에, 아주 쉽게 해체된다는 결과를 보여주었다. 짐바도의 교도소 실험에서 교도관은 곧바로 죄수를 비하하고 학대했으며 밀그램의 실험에서 교사는 최고 전압으로 학생에게 전기충격을 가했다.[100]

짐바도의 상황적 분석으로 이 행위가 변호되지는 않는다. 단지 "상황적 요인이 개인 행위에 미치는 위력"을 강조한다. 짐바도의 분석은 범죄학이론에도 많은 함의를 갖는다. 다시 한 번 개인수준의 속성인 생물학적 혹은 심리학적 요인을 중심으로 범죄행위를 설명하려는 시도는 의문시 된다. 더 근본적인 측면에서 범죄자와 비범죄자를 명확히 구분할 수 없다는 것이다. "평범한" 사람이 급격히 범죄자가 되고, 나아가 폭력적 약탈자가 될 수 있다. 더욱이 권력자가 힘없는 다른 사람에게서 공포심, 불안감, 충성심을 이끌어낼 때, 권력관계와 시설환경의 효과는 전면에 등장한다. 끝으로, 제도적 압력에 직면한 행위자 문제가 있다. 왜 어떤 사람은 적극적으로 가담하고, 다른 사람은 모른척하고, 반면에 어떤 사람은 저항하는가?[101] 짐바도는 모든 사람이 악마가 될 수 있는 능력이 있다면, 역으로 모든 사람은 "의도하는 대로 자신의 행위를 선택하는 합리적 행위자로서 주의 깊고 비판적으로"[102] 행위할 수 있는 능력이 있다고 낙관적으로 단언했다.

함의

서덜랜드의 이론은 범죄학에 엄청난 영향을 미쳤다. 당시 범죄학은 범죄원인을 생물학과 심리학의 비정상성에서 찾는 의사나 정신의학자가 주도했다. 서덜랜드의 등장으로 이 관점은 시들해졌고 환경의 결과로 보는 관점이 증가하기 시작했다.

명확한 구분을 위해 서덜랜드의 이론과 그것을 따랐던 현대 학습이론을 구분할 필요가 있다. 상당한 정도로 서덜랜드의 이론은 이전의 학습이론에 근거했다. 그런데 그의 주장, 즉 학습이 전적으로 관념(정의)으로 이루어지고, 학습의 주요 부분이 친밀한 집단과의 차별접촉으로 발생한다는 주장은 인간의 학습 본질에 관한 연구의 측면에서 평가되어야 한다. 학습이론은 이론 자체에 대한 논쟁이 있었고, 인지이론에 속한 서덜랜드의 이론은 다른 인지이론 및 더 대중적인 행동주의이론과 싸워야 했다. 서덜랜드 이론이 그 전쟁에서 이길 것이라고 볼 어떤 이유도 없다. 그 반대로 서덜랜드 이론이 하나의 학습이론으로 사실상 전혀 중요성이 없었다고 믿을 만한 많은 이유가 있다. 결국 서덜랜드는 공부하는 이론가가 아니었고 그 당시에 진행되던 인간의 학습에 대한 주요이론과 연구에 특히 익숙하지도 않았다.

범죄학에 대한 서덜랜드의 유산은 그의 특정한 학습이론이 아니라 범죄는 정상적인 학습 행위라는 그의 주장에 있다. 서덜랜드가 주목했고 현재 범죄학자 역시 여전히 직면하고 있는 과업은 범죄학의 주장에서 함의를 이끌어내는 것이다. 볼드(Vold)는 이 책의 초판에서 서덜랜드 이론의 논리적 함의는 범죄가 정치적·사회적 갈등의 맥락에서 이해되어야 한다는 것이라고 주장했다.[103]

범죄행동이 바람직하지 않고, 불법적이며, 따라서 범죄적인 상황에서 평범하게 반응하는 사람의 정상행동이라면, 기본 문제는 사회정치적 조직이고 이제까지 있어왔던 가치나 정의라 할 것이다. 그 점에서 범죄는 정치적 행동이고, 범죄자는 국가 경찰력의 통제를 받고 공공의 지지가 충분하지 않은 소수집단의 성원이라 할 수 있다.

서덜랜드는 그의 이론에서 유사한 함의를 이끌어냈다. 1939년에 첫 번째로 체계적인 이론을 제시한 후에 그는 화이트칼라범죄에 관심을 돌렸고 세상을 뜰 때까지 그 관심을 유지했다.[104] 서덜랜드는 화이트칼라범죄가 정상적인 학습 행동이라 보았고 그 행동과 하류층 범죄자의 행동과는 그 원인에 근본적인 차이가 없다고 주장했다. 그런데 상류층과 하류층 간에는 공식통계상에서 차이가 있다. 그것은 상류층이 형법 제정과 집행의 통제에서 엄청난 정치적 권력을 갖기 때문이다. 상류층의 정상적인 학습행동은 사회적으로 해로운 것이라 해도 나쁜 것으로 정의되지 않지만, 하류층의 정상적으로 학습된 행동이 사회적으로 해로운 것일 때에는 범죄로 정의되거나 집행된다. 그래서 상류층의 구성원은 범죄율이 낮지만, 하류층의 구성원은 범죄율이 높게 된다. 이 함의에 대한 논의는 제11장 갈등이론에서 더 다룬다.

결론

서덜랜드는 범죄행동을 정상적인 학습행동으로 기술했다. 따라서 그것은 정상적 학습의 본질에 관한 특정 분야의 주장이다. 그는 정상적 학습이 다른 사람과의 차별접촉과정에서 관념과 신념의 학습을 포함한다고 주장했다. 그리고 범죄행동을 포함해 행동은 그러한 관념과 신념에서 비롯된 산물이라고 보았다.

서덜랜드의 주장은 인간학습에 관한 일반적인 이론과 연구의 맥락에서 평가될 수 있다. 다른 사람과의 차별접촉에서 학습한 관념과 신념이 범죄행동의 직접적 원인이 된다고 결론짓는 것이 합당해 보인다. 그러나 범죄행동은 다른 유형의 정상적 학습일 수도 있다. 에이커스의 사회학습이론과 같은 더 최근의 학습이론은 범죄행동이 정상적 학습행동이라고 보면서 서덜랜드의 입장을 유지하고 있지만 정상적 학습과정에서 학습의 기본 원리를 적절히 통합했다. 애선스의 학습이론은 개인이 폭력범죄자가 되는 여러 인지적·행동적 단계를 학습과정을 통해 설명했다.

범죄가 신념을 직접 설명한다는 주장은 사회학의 기본 명제인 신념의 구조적 근원이 있다는 것을 부인하지 않는다. 중요한 것은 신념이, 일반적인 측면과 특수한 측면에서 범죄행동의 원인으로 그들 자신의 어떤 삶에 영향을 주고 있는가 하는 것이다. 요즈음 가장 합당한 주장은 마쓰에다와 동료들에 의해 제기되었다. 문화적 기능이 사회구조와 행동 사이에 매개변인이 된다는 것이다.[105] 즉 행동의 정의, 특정한 상황에서 어떻게 행동해야 할지의 기대, 어떤 행동에 대한 사회적 승인과 평가, 어떤 행동에 대해 보상과 처벌 등의 사회적 반응을 포함한 관념과 신념들이 사회구조의 근원과 별도로 행동에 직접적 원인이 된다는 점이다.

주요 용어

- 학습이론
- 연합주의
- 인지이론
- 조작적 조건화
- 모방의 법칙
- 관습
- 빈도
- 우선성
- 학습의 내용과 과정
- 문화적 갈등
- 차별사회조직
- 정의의 전달
- 폭력하위문화
- 시민규약
- 비사회적 상황
- 특수정의
- 전경 변수(foreground variables)
- 본능적 행위
- 행동주의자
- 고전적 조건화
- 사회학습이론
- 유행
- 차별접촉
- 기간
- 강도(Intensity)
- 상징적 상호작용론
- 사회해체
- 규범적 갈등
- 주요관심
- 거리규약
- 차별강화
- 일반정의
- 폭력화
- 스탠퍼드 감옥 실험

토의할 문제

1. 정상적 학습행동으로서 범죄란 무슨 의미인가? 구체적 예를 제시하시오.
2. 차별접촉이론의 문제점은 무엇인가?
3. 차별접촉이론은 왜 검증할 수 없는가?
4. 서덜랜드의 이론에 따르면 범죄의 원인은 무엇인가? 화이트칼라 범죄를 어떻게 설명하는가?
5. 폭력하위문화이론은 사소한 상호작용 때문에 생기는 상해와 살인을 어떻게 설명하는가?

무엇이 이러한 유형의 폭력하위문화를 설명하는가?
6. 울프갱과 페라쿠티의 정책적 제안은 무엇인가? 이 제안을 어떻게 수행할 것인가?
7. 거리소년과 품위 있는 소년의 차이는 무엇인가? 이러한 구분의 정책적 함의는 무엇인가?
8. 애선스 이론에서는 어떤 방법으로 폭력범죄를 예방하겠는가?
9. 캣츠는 사람이 왜 범죄를 저지른다고 생각했는가? 캣츠 이론이 갖는 정책적 함 의는 어떤 것인가?
10. 짐바도의 "루시퍼 효과"는 인간이 본질적으로 선한 존재인가 아니면 악한 존재인가라는 오랜 질문에 어떤 입장인가? 짐바도는 사람이 단기간에 사악해지는 과정을 기술했는데 짐바도의 견해는 행위자의 책임을 면제하는 것인가?

인용&
부연설명

1. 과거에는 이 이론들을 문화일탈이론이라고 불렀다. 이 용어는 문화 자체가 일탈적이고, 그러한 일탈문화를 따르는 개인이 범죄를 저지를 것이라는 주장에 근거하는 것으로, 이 용어와 해석은 Ruth Rosner Kornhauser, "Theoretical Issues in the Sociological Study of Juvenile Delinquency," (미간행물) Center for the Study of Law and Society, Berkeley, CA, 1963; and *Social Sources of Delinquency* (Chicago: University of Chicago Press, 1978 참조. 이러한 용어의 사용과 이것과 관련된 이론의 해석은 많은 비판을 받았다. 이에 대해서는 Ross L. Matsueda, "The Current State of Differential Association Theory," *Crime and Delinquency* 34(1988):277-306; and Thomas J. Bernard and Jeffery B. Snipes, "Theoretical Integration in Criminology," in M. Tonry ed, *Crime and Justice: A Review of Research*(Chicago: University of Chicago Press, 1996), pp.327-30 참조. 보다 최근 논의는 Ronald L. Akers, "Is Differential Association/Social Learning Cultural Deviance Theory,"와 이에 대한 답으로 Travis Hirschi, "Theory Without Ideas: Reply to Akers," in *Criminology* 34(1996):229-56 참조.
2. Bernard and Snipes, op. cit., pp.332-35.
3. 구조와 과정에 대한 논의는 Ronald, L. Akers, *Deviant Behavior: A Social Learning Approach*(Belmont, CA: Wadsworth, 1985), p.66과 보다 확대된 논의로 Akers, *Social Learning and Social Structure*(Boston: Northeastern University Press, 1998) 참조.

4. 학습이론에 대한 기본정보는 Gordon, H. Bower and Ernest R. Hilgard, *Theories of Learning* (Englewood Cliffs, NJ: Prentice Hall, 1981); Stewart H. Hulse, Howard Egeth, and James Deese, *The Psychology of Learning*, 5th ed.(New York: McGraw- Hill, 1980); Robert C. Bolles, *Learning Theory*, 2nd ed.(New York: Holt, Rinehart, and Winston, 1979): Winifred F. Hill, *Learning: A Survey of Psychological Interpretations* 3rd ed.(New York: Crowell, 1977) 참조. 이 이론들은 Gwynn Nettler, *Explaining Crime*, 3rd ed.(New York: McGraw- Hill, 1984), pp.296-300에 간략히 언급됨.
5. 좀 더 자세한 설명은 J.R. Anderson and Gordon H. Bower, *Human Assocative Memory* (Washington, DC: Winston and Sons, 1973). 간략한 설명은 Hulse, Egeth and Deese op. cit., pp.2-4와 Bower and Hilgard, op. cit., pp.2-4 참조. 연합주의의 주요 대안으로는 인간학습의 합리적 측면을 강조한 Plato(427-347 b.c.)가 있음. 또한 Bower and Hilgard, op. cit., pp.4-8; and Hulse, Egeth, and Deese, op.cit, pp.4-8 참조. 아리스토텔레스는 복잡한 학습을 간단한 요소로 분석했지만 플라톤은 전체가 그 부분의 합보다 더 크다고 주장했다. 그는 인간의 마음이 감각자료를 분석하는 타고난 능력이 있다는 것을 강조했고 그의 사상은 현대 게스탈트(형태)심리학에서 나타난다. 이 학파는 최근 특정한 종에 대한 연구로 지지를 받는다. Keller Breeland and Marian Breeland, "The Misbehavior of Organism," *American Psychologist* 16(1961):681-84; M.E.P. Seligman, "On the Generality of the Laws of Learning," Psychological Review 77(1970):406-18; and J. Garcia and R. Koelling, "Relation of Cue to Consequence in Avoidance Learning," *Psychonomic Science* 4(1996):123-24 참조. 그러나 이 견해가 범죄에 적용되지는 않았다.
6. H. Ebinghaus, *Memory*(New York: Teachers College, 1913) Dover, New York, 1964에서 재발간.
7. E.L. Thorndike, "Anormal Intelligence," *Psychological Review Monigraph Supplement* 2, no 8(1898).
8. Bower and Hilgard, op. cit., pp.15-17.
9. Albert Bandura, *Principles of Behavior Modification*(New York: Holt, Rinehart, and Winston, 1969), p.118.
10. Margaret S. Wilson Vine, "Gabriel Tarde," in Hermann Mannheim, ed., *Pioneers in Criminology*, 2nd ed.(Montclair, NJ: Patterson Smith, 1972), pp.292-304. Don Martindale, *The Nature and Types of Sociological Theory*(Boston:Houghton Mifflin, 1960), pp.305-9; Jack H. Curtis, "Gabriel Tarde," in Clement S. Mihanovich, ed., *Social Theorists*(Milwaukee, WI: Bruce, 1953), pp.142-57.

11. Mark Warr, "The Social Origins of Crime: Edwin Sutherland and the Theory of Differential Association," in Raymond Paternoster and Ronet Bachman, eds., *Explaining Criminals and Crime*(Los Angeles: Roxbury, 2001), pp.182-91.

12. 이 이론의 발전에 대한 설명은 Ross L. Matsueda, op.cit., pp.278-84 참조.

13. Jerome Michael and Mortimer J. Adler, *Crime, Law, and Social Science*(New York: Harcourt, Brace, 1933), Sutherland의 응답은 Patterson Smith, Montclair, NJ 1971에 재발간된 Gibert Geis의 "Introduction"; Donald, R. Cressey, "Fifty Years of Criminology," *Pacific Sociological Review* 22(1979):457-80 참조.

14. Edwin H. Sutherland, *Criminology,* 4th ed. (Philadelphia: Lippincott, 1947): pp.6-7; Edwin D. Sutherland, Donald D. Cressey, and David F. Luckenbill, *Principles of Criminology* 11th ed. (Dix Hills, NY: General Hall, 1992), pp.88-90.

15. Mead 논의는 Hebert Blumer, *Symbolic Interactionism*(Englewood Cliffs, NJ:Prentice Hall, 1969) 참조. 이론은 George B. Vold, *Theoretical Criminology*, 2nd ed., by Thomas J. Bernard(New York: Oxford University Press, 1979), pp.255-58 참조.

16. Blumer, op. cit., pp.2-3 나중에 소개할 로니 애선스의 이론 또한 상징적 상호작용론에 영향을 받았고, 그는 블루머의 제자이다.

17. Cf. W.I. Thomas, *The Unadjusted Girl*(Boston: Little, Brown, 1923), pp.41-53. 좀 더 상세한 논의는 Peter McHugh, *Defining the Situation*(Indianapolis, IN: Bobbs- Merill, 1968).

18. Blumer, op. cit.

19. Sutherland, *Criminology,* 1939 ed., p.7

20. Ibid. p.8

21. Ibid.

22. Donald R. Cressey, "Culture Conflict, Differential Association, and Normative Conflict," in Marvin E. Wolfgang, ed., *Crime and Culture*(New York:John Wiley, 1968), pp.43-54.

23. Albert J. Reiss, Jr., "Co-offender Influences on Criminal Careers," in Alfred Blumstein, Jacqueline Cohen, Jeffery Roth, and Christy Visher, eds., *Criminal Careers and Career Criminals* vol 2(Washington, DC: National Academy Press, 1986), pp.145-52.

24. Sheldon Glueck and Eleanor T. Glueck, *Unraveling Juvenile Delinquency* (New York: Commonwealth Fund, 1950), p.64.

25. Edwin H. Sutherland, *White Collar Crime*(New York: Dryden, 1949), pp.222-56.

26. Sheldon Glueck, "Theory and Fact in Criminology: A Criticism of Differential Association," *British Journal of Delinquency* 7(October 1956):92-109.

27. Donald Cressey, "Epidemiology and Individual Conduct," *Pacific Sociological Review* 3 (1960):47-58.

28. Matsueda, "The Current State of Differential Association Theory," op. cit., pp.284-87.; James D. Orcutt, "Differential Association and Marijuana Use," *Criminology* 25(1987):341-58.

29. Matsueda, op. cit., p.296.

30. Ibid. p.301

31. Orcutt, op.cit.; Matsueda, "Testing Control Theory and Differential Association," *American Sociological Review* 47(1982):489-504; Matsueda and Karen Heimer, "Race, Family Structure, and Delinquency," *American Sociological Review* 52(1988):826-40; Elton F. Jackson, Charles R. Tittle, and Mary Jean Burke, "Offense-Specific Models of the Differential Association Process,", *Social Problems* 33(1986):335-56; Charles R. Tittle, Mary Jean Burke, and Elton, F. Jackson, "Modeling Sutherland's Theory of Differential Association," *Social Forces* 65(1986):405-32. 보다 최근에 Mark Warr("Age, Peers, and Delinquency," *Criminology* 31(1993):17-40)는 차별접촉이 연령과 비행의 관계를 설명할 수 있다고 주장한다. 특히 그는 서덜랜드의 기간의 개념을 지지했으나 비행친구의 우선성보다는 최신성이 비행에 더 영향을 미친다는 것을 발견했다. 또한 Daniel P. Mears, Mattew Ploeger, and Mark Warr("Explaining the Gender Gap in Delinquency," *Journal of Research in Crime and Delinquency* 35(1998):251-66)는 서덜랜드의 이론이 비행의 성별 차이를 설명하는 데 유용하다고 주장했다. 그들의 연구에서는 비행친구가 가장 중요한 예측요인이었고 남자가 여자보다 비행친구가 많음을 발견했다. 그리고 여자는 비록 비행친구가 있다 하더라도 강한 도덕평가가 비행으로부터 보호한다는 것으로 제시되었다. 이 결과는 서덜랜드 이론이 성차를 설명하기 위해서는 다소 수정될 필요가 있음을 제시한다.

32. 이와는 반대로 코헨이나 클라워드와 올린의 긴장이론가들은 모두 하위문화라는 용어를 사용하고 있지만 둘 모두 범죄의 일차적 원인은 사회조건이라고 본다. 비행소년들에게는 공통된 사고패턴이 있다. 그러나 그것이 비행의 원인이 되지는 않는다. 긴장이론가들에 의하면 사고패턴이나 비행이 모두 동일한 사회조건으로부터 기인한다고 본다. 8장을 참조.

33. Walter B. Miller, "Lower Class Culture as a Generating Milieu of Gang Delinquency," *Journal of Social Issues* 14(1958):5-19.

34. Marvin E. Wolfgang and Franco Ferracuti, *The Subculture of Violence* (Beverley Hilss, CA:Sage, 1981).

35. Marvin E. Wolfgang, *Patterns in Criminal Homicide*(Philadelphia: University of Pennsylvania Press, 1958).

36. Ibid. pp.188-89. 명예를 지키기 위한 남성의 폭력에 관한 논의는 Kenneth Polk, "Males and Honor Contest Violence," *Homicide Studies* 3(1999):30-46; Nancy V. Baker, Peter R. Gregware, and Margery A. Cassidy, "Family Killing Fields: Honor Rationales in the Murder of Women," *Violence Against Women* 5(1999):164-84.

37. Wolfgang and Ferracuti, op. cit., p.141. 이 이론은 pp.158-61에 소개되고 pp.314-16에 요약된다. 유사한 이론적 논의로 논쟁과 공격성에서의 문화적 차이를 논한 Davis F. Luckenbill and Daniel P. Doyle, "Structural Position and Violence: Developing a Cultural Explanation," *Criminology* 27(1989): 419-36가 있다.

38. Ibid. p.156.

39. Ibid. p.163.

40. Ibid. p.299.

41. S. Hackney, "Southern Violence," in Hugh D. Graham and Ted Robert Gurr, eds., The History of Violence in America(New York: Bantam, 1969), pp.505-27; R.D. Gastil, "Homicide and a Regional Subculture of Violence," *American Sociological Review* 36(June 1971):412-27.

42. 인종, 지역, 살인율에 관한 최근 연구들은 이 주장에 상당히 주목해 왔다. 전체적으로 살인율은 다른 지역보다 남부지역이 더 높다. 그러나 백인과 흑인의 살인율을 보면 서부가 가장 높다. Patric W. O'carroll and James A. Mercy, "Regional Variation in Homicide Rates: Why Is the West So Violent," *Violence and Victims* 4(1989):17-25; Gregory S. Kowalski and Thomas A. Petee, "Sunbelt Effects on Homicide Rates," *Sociology and Social Research* 75(1991):73-79 참조. 이 이유는 흑인이 백인보다 살인율이 높고 남부는 흑인비율이 높기 때문이다. 그러나 남부흑인들은 다른 지역의 흑인보다 폭력적이지 않다. 사실 흑인의 살인율은 다른 지역에서보다 남부에서 낮다. 이처럼 그곳에 흑인의 폭력하위문화는 존재하지 않는다. 한편 백인들 사이에서도 하위문화가 존재한다. 서부의 백인은 남부의 백인보다 살인율이 더 높다. 하지만 이는 히스패닉 백인의 높은 살인율 때문이다. 히스패닉이 아닌 백인의 살인율은 남부에서 더 높다. 이처럼 남부의 폭력하위문화가 존재한다면 그것은 히스패닉이 아닌 백인에게만 영향을 미친다고 볼 수 있다. Candice Nelsen, Jay Corzine, and Lin Huff-Corzine, "The Violent West Re-Examined," *Criminology* 32(1994):149-61; Rebekah

Chu, Craig Rivera, and Colin Loftin, "Herding and Homicide," *Social Forces* 78(2000): 971-87.

43. Elijah Anderson, *Code of Street*(New York: W.W. Norton, 1999); Anderson, "The Social Ecology of Youth Violence," in Michael Tonry and Mark H. Moore, eds., Youth *Violence*(vol. 24 of Crime and Justice: A Review of Research)(Chicago: University of Chicago Press, 1998, pp.65-104. 초기 이론은 Lynn A. Curtis, Violence, Race and *Culture*(Lexington, MA:D.C. Heath, 1975).

44. 259지역의 720명 흑인청소년 대상의 종단적 연구에서 거리규약을 채택하는 것은 폭력피해위험을 높인다는 결과를 제시했다. Eric A Stewart, Christopher J. Schreck and Ronald L. Simons, "I Ain't Gonna Let No One Disrespect Me": Does the Code of the Street Reduce or Increase Violent Victimization Among African American Adolescents? *Journal of Research in Crime and Delinquency* 43(2006):427.

45. Anderson, "The Social Ecology," op. cit., p.102.

46. Ibid. p.103.

47. Ross L. Matsueda, Rosemary Gartner, Irving Piliavin, and Michael Polakowski, "The Prestige of Criminal and Conventional Occupations," *American Sociological Review* 57(1992):752-70와 pp.767-68; Thomas J. Bernard, "Angry Aggression Among the Truly Disadvantaged," *Criminology* 28(1990):73-96; 버나드는 문화적 신념 기저에 있는 구조적 조건에 더 직접적으로 주목했다. 구조와 하위문화간의 관계에 대한 다른 예들은 Karen Heimer, "Socioeconomic Status, Subcultural Definitions, and Violent Delinquency," *Social Forces* 75(1997):799-834; John Hagan, "Deviance and Despair: Subcultural and Structural Linkages between Delinquency and Despair in the Life Course," *Social Forces* 76(1997):119-34 참조.

48. Daniel Glaser, "Criminality Theories and Behavioral Images," *American Journal of Sociology* 61(March 1956):433-44; C.R. Jeffery, "Criminal Behavior and Learning Theory," *Journal of Criminal Law, Criminology and Police Science* 56(September 1965):294-300.

49. Robert L. Burgess and Ronald L. Akers, "A Differential Association- Reinforcement Theory of Criminal Behavior," *Social Problems* 14(Fall 1968):128-47.

50. Ibid. p.146.

51. Ibid. p.140.

52. Ronald L. Akers, *Deviant Behavior: A Social Learning Approach*(Belmont, CA: Wadsworth, 1985), pp.39-70.

53. Ronald L. Akers, *Criminological Theories*(Los Angeles: Roxbury, 1994), pp.94–107: Akers, "Social Learning Theory," in Raymond Paternostr and Ronet Bachman, eds., *Explaining Criminals and Crime*(Los Angeles: Roxbury, 2001), pp.192–210. 좀 더 확대된 논의는 Akers, *Social Learning and Social Structure*, op. cit.

54. Ronald L. Akers, Marvin D. Krohn, Lonn Lanza-Kaduce, and Marcia Radosevich, "Social Learning and Deviant Behavior," *American Sociological Review* 44(1979):635–55.

55. Ronald L. Akers, "Linking Sociology and Its Specialities," *Social Forces* 71(1992): 1–16; Akers, *Criminological Theories*, op.cit., pp.101–02.

56. Akers, *Criminological Theories*, op.cit., pp.102–07.

57. 예를 들어, Jason A. Ford and Julianne Ong, "Non-medical use of Prescription Stimulants for Academic Purposes Among College Students: A Test of Social Learning Theory," Drug and Alchol Dependent 144 (2014): 279–282; Michael Capece, Lonn Lanza-Kaduce, "Binge Drinking Among College Students: A Partial Test of Akers' Social Structure-Social Learning Theory," American Journal of Criminal Justice 38 (2013): 503–519. 에이커스의 이론에 관한 다양한 연구들을 더 논의하려면 Akers and Sellers, op. cit., pp. 89–91.을 볼 것.

58. Lonnie Athens, *Violent Criminal Acts and Actors: A Symbolic Interactionist Study*(London: Routledge and Kegan Paul, 1980): Athens, *The Creation of Dangerous Violent Criminals*(Urbana: University of Illiois Press, 1992); Athens, *Violent Criminal Acts and Actors Revisited*(Chicago: University Illinois Press, 1997)

59. Richard Rhodes, *Why They Kill: The Discoveries of a Maverick Criminologist*(New York: Vintage Books, 1999).

60. Lonnie Athens, "Radical' and 'Symbolic' Interactionism: Demarcating Their Boarders, ", Radical Interactionism on the Rise: Studies in Symbolic Interaction 41 (2013): 1–24을 볼 것.

61. Ibid., pp. 112–124.

62. Ibid., pp. 125–127.

63. Ibid., pp. 127–132.

64. Ibid., pp. 132–135.

65. Ibid., pp. 69–73. 애선스는 이런 설명을 "육체적으로 방어적인", "좌절적인", "유해한"으로 부른다.

66. Ibid. p.58. Lonnie Athens, "Radical Interactionism: Going Beyond Mead," *Journal for the*

Theory of Social Behavior 37(2007):137–65, 여기서 그는 차단된 열망 상황에서의 사람들의 다양한 행동을 설명하기 위해 미드의 "일반화된 타자"를 "환상공동체"로 대체했다. 로즈가 Why They Kill의 p.58에서 언급했듯이 미드의 일반화된 타자의 개념은 Athens의 환상공동체라는 대안적 개념으로 대체되었다.

67. Ibid. p.79–95.

68. 이 진화에 관한 요약은 Lonnie Athens, "Violentization: A Relatively Singular Theory of Violent Crime," *Deviant Behavior* 36 (2015): 625–639.에 잘 나와 있다.

69. Ibid., p. 631.

70. Ibid., p. 627–630.

71. Ibid., pp. 632–633.

72. Aviva Twersky Blasner, "Lonnie Athens Rwvisited: The Second Construction of Violence," Aggression and Behavior 18(2013): 281–285, p. 283.

73. 그러나 G. R. Jarjoura and R. Triplett, "From Violent Offenders to Dangerous Violent Criminals: A Test of Athens' Theory," *Sociology of Crime, Law, and Deviance* 4 (2003): 147–173.을 읽어볼 것.

74. Ian O'Donnell, "A New Paradigm for Understanding Violence? Testing the Limits of Lonnie Athens's Theory," *British Journal of Criminology* 43 (2003): 750–771.

75. Mark A. Winton, "Violentization Theory and Genocide," *Homicide Studies* 15 (2011): 363–381.

76. O'Donnell, op. cit., p. 751.

77. Jack Katz, *Seductions of Crime: Moral and Sensual Attractions in Doing Evil* (New York: Basic Books, 1988).

78. Ibid., p. 9.

79. Ibid.

80. Ibid., p. 218.

81. Charles R. Tittle, *Control Balance: Toward a General Theory of Deviance Boulder*, CO: Westview Press, 1995), p. 279.

82. Clifford Shaw, *The Jackroller* (1930), *The Natural History of a Delinquent Career* (1931), and *Brothers in Crime* (1938), all published by University of Chicago Press, Chicago.

83. Edwin H. Sutherland, *The Professional Thief* (Chicago: University of Chicago press, 1937).

84. Donald R. Cressey, *Other People's Money: A Study in the Social Psychology of Embezzlement* (Montclair, NJ: Patterson Smith, 1973). 이 책은 저자가 서론을 새롭게 집필한 재판본이다.

85. Becker, op. cit.

86. Ned Polsky, Hustlers, Beats, and Others, rev. ed. (New York: Lyons Press, 1998)

87. 참조 Jeff Ferrell, Mark S. Hamm, Patricia A. Adler, and Peter Adler, eds., *Ethnography at the Edge: Crime, Deviance and Field Research* (Boston: Northeastern University Press, 1998).

88. Patricia A. Adler, *Wheeling and Dealing: An Ethnography of an Upper-Level Drug Dealing and Smuggling Community*, 2nd ed. (New York: Columbia University Press, 1993).

89. Kenneth Tunnell, *Choosing Crime* (Chicago: Nelson-Hall, 1992).

90. Richard T. Wright and Scott H. Decker, *Burglars on the Job: Street Life and Residential Break-Ins*, 1994, and *Armed Robbers in Action: Stick-ups and Street Culture*, 1997, both published by Northeastern University Press, Boston.

91. Bruce A. Jacobs, *Dealing Crack: The Social World of Streetcorner Selling* (Boston: Northeastern University Press, 1999).

92. Bruce A. Jacobs, *Robbing Drug Dealers: Violence Beyond the Law* (New York: Aldine de Gruyter, 2000).

93. Jeff Ferrell, "Criminological Verstehen: Inside the Immediacy of Crime," *Justice Quarterly* 14(1997): 1-23. On pp. 4-7. 페렐(Ferrell)은 갱집단과 관련이 없는 낙서예술가들을 참여관찰 했다가 경찰에 체포되어 법원에까지 출두해야 했던 자신의 경험을 예로 들었다. 반면에, 라이트와 덱커(Wright and Decker, op. cit., 1994, p. 28)는 사전에 경찰협조를 구해 자신들의 연구에 개입하지 않도록 조치했다.

94. Philip Zimbardo, *The Lucifer Effect: Understanding How Good People Turn Evil* (New York: Random House, 2008).

95. Ibid., p. 3.

96. Ibid., pp. 5-8.

97. Ibid., p. 11.

98. Ibid., pp. 195-228.

99. Ibid., pp. 267-76.

100. Ibid., p. 17.

101. Ibid., p. 444-82.

102. Ibid., p. 21.

103. George B. Vold, *Theoretical Criminology*(New York:Oxford University Press, 1958), p.202 and the 2nd ed by Thomas J. Bernard, 1979, pp.247-48; Matsueda, op. cit., pp.298-99.

104. Edwin H. Sutherland, "White Coolar Criminality," *American Sociological Review* 5(February 1940):1-12; Sutherland, "Is 'White Collar Crime' Crime?" *American Sociological Review* 10(April 1945):132-39; Sutherland, *White Collar Crime* op. cit.

105. Matsueda, Gartner, Piliavin, and Polakowski, op. cit., pp.767-68. 신념이 범죄에 직접적인 영향을 미치지 않는다는 주장은 Kornhauser, *Social Sources of Delinquency*, op. cit., pp.207-10 참조.

제10장 통제이론

장 개요

- 초기 통제이론 : 리스에서 나이까지
- 맛차의 비행과 표류
- 허쉬의 사회통제이론
- 사회통제이론의 평가
- 갓프레드슨과 허쉬의 범죄의 일반이론
- 갓프레드슨과 허쉬의 일반이론에 대한 평가
- 함의와 결론

C/H/A/P/T/E/R 10

통제이론

범죄행동에 관한 많은 이론들은 사람들이 본래 법에 복종한다고 가정하지만 어떤 사람은 범죄를 저지르게 하는 생물학적·심리적·사회적인 특별한 무언가가 있어 범죄를 하게 된다고 주장한다. 통제이론은 정반대의 입장을 취한다. 즉 대부분의 사람은 그냥 놔둘 경우 범죄를 저지르려 한다는 것이다. 그렇다면 왜 그럼에도 대부분의 사람들은 범죄를 저지르지 않는가라고 묻지 않을 수 없다. 통제이론은 그 질문에 사람이 범죄를 저지르지 못하도록 하는 특정한 통제기제가 있음에 주목한다. 이 기제가 어떤 상황에서 무너지게 될 경우 사람은 범죄나 다른 통제되지 않는 행동을 하게 된다고 본다. 이와 같이 사람은 범죄를 하도록 하는 기제의 작용 때문이 아니라 그것을 못하도록 하는 통제기제의 부족 때문에 범죄를 저지른다고 주장한다.

이 장에서는 통제이론적 시각의 최근 사회학적 이론들을 살펴봄으로써 통제이론을 기술하려고 한다. 이 이론은 특별히 비행을 설명할 때 중요하다. 대부분의 연구에서 청소년을 대상으로 할 때 지지를 얻게 된다고 보기 때문이다. 그렇다 해도 통제이론은 성인 범죄성을 설명할 때에도 쓸모가 있다.

초기 통제이론 : 리스에서 나이까지

1951년 리스(Reiss)는 청소년 범죄자 중 보호관찰 위반을 예측하는 요인을 통제론적 시각에서 살펴보는 논문을 발간했다.[1] 리스는 11세에서 17세에 이르는 백인남자 보호관찰대상 청소년 1,110명의 법원기록을 검토했다. 그는 보호관찰 위반이 정신과의사로부터 정신의학적으로 자아와 초자아의 통제력이 약하다는 진단을 받고, 사회내 처우상 강력한 정신요법이나 시설 치료를 권고 받는 청소년에게서 더 일어난다는 것을 발견했다. 리스는 그 진단과 권고가 청소년의 개인통제력, 즉 지역사회의 규범과 규칙을 거스르는 욕구를 절제하는 능력에 기초한다고 보았다. 더구나 보호관찰시 위반은 학교를 자주 빼먹고 학교에서 행동상의 문제로 지적받는 청소년에게서 더 발생한다고 보았다. 리스는 이것이 청소년의 사회통제, 즉 사회적으로 승인된 기관의 통제에 복종하는 정도를 나타낸다고 주장했다.[2]

리스의 이론은 후에 통제이론에 영향을 주었다. 하지만 그의 연구결과는 이론을 입증하기에는 부족했다. 가정이나 지역사회의 다양한 통제요인은 청소년의 보호관찰 위반을 잘 예측하지 못했다. 그리고 단지 보호관찰 위반과 정신과의사의 진단과 권고 간의 관계에서만 가장 강한 연관성이 발견되었다. 리스는 개인통제력의 부족이 이 두 현상을 설명하는 것이라고 주장하면서 정신의학자의 이론을 표면상으로 수용했다. 그러나 그 설명은 다른 어떤 개인통제력에 관한 추가적인 증거가 없이는 동어반복적이라고 볼 수 있다.[3] 그것은 통제이론 이외의 관점으로 설명할 수도 있기 때문이다.

1957년 토비(Jackson Toby)는 "동조에의 이해관계(stakes in conformity)", 즉 사람이 법을 위반할 때 잃게 되는 것이 얼마만큼 있는가라는 개념을 소개했다.[4] 그는 모든 젊은이가 법위반에 유혹을 느끼지만 일부 젊은이는 이 유혹에 굴복할 때 다른 이들보다도 훨씬 큰 위험을 무릅쓴다고 주장했다. 학교에서 잘 지내는 학생은 법위반에 따르는 처벌의 위험뿐만 아니라 법위반시 자신의 미래 경력이 위태로워진다고 생각한다. 즉 그들은 "동조에의 이해관계"에 높은 점수를 갖고 있는 것이다. 반대로 학교에서 성적이 낮은 학생은 미래가 불투명하기 때문에 법위반에 따르는 처벌의 위험만이 있게 된다. 즉 그들은 법위반으로 잃게 되는 것이 적으며, 동조에의 이해관계에서 점수가 낮다고 볼 수 있다. 토비는 또한 일탈에 대한 친구의 지지는 동조에의 이해관계 점수가 낮은 청소년이 많이 사는 지역에서 더 발달하게 된다는 것을 주장했다. 그리고 그 지역은 개별 청소년들의 동조에의 이해관계로부터 기대되는 것보다 범죄율이 더 높게 나타난다고 보았다. 반대로 교외지역에 사는 동조에의 이해관계 점수가 낮은 청소년은 통상 친구로부터 비행에 대한 지지를 전혀 받지 못한다. 그러므로 이 젊은이들은 불행할 수도 있지만, 그들은 대개 비행을 저지르지 않는다.

토비는 이렇듯 그 청소년들이 어떻게 학교에 잘 적응하는지에 대해 주목했다. 하지만 그는 "공정하게 말하자면, 학교 적응의 기초는 가정이나 지역사회에 있음을 기억해야 할 것이다."라고 언급했다.[5] 이듬해 나이(Nye)는 청소년에게 가정이 사회통제의 가장 중요하고 단일한 원천임을 강조한 연구를 발표하였다.[6] 그는 대부분의 비행이 불충분한 사회통제의 결과이며, 긍정적 요인들에 의해 야기되는 비행은 상대적으로 드물다고 주장했다.[7] 사회통제는 구속과 처벌이라는 직접적 통제 외에, 양심을 통한 내적 통제, 부모나 다른(비범죄적) 사람과의 애정적 동일시와 관련된 간접적 통제, 욕구를 충족시킬 합법적 수단의 이용가능성 등을 포함하는 폭넓은 개념이다.[8] 나이는 사회통제의 마지막 유형과 관련해서 사람이 자신의 욕구를 법을 위반하지 않고 적절하게 지체됨 없이 충족할 수 있다면 어떠한 법위반의 가능성도 없을 것이고, 내적·간접적·직접적 통제도 최소한만 필요할 것이라고 보았다.

나이는 이론검증을 위해 워싱턴 주 세 개 도시의 9-12학년 남녀 학생 780명을 대상으로 조사했다. 이 설문조사에는 가정생활에 관한 여러 질문과 비행을 측정하기 위한 일곱 개 항목이 포함되었다. 비행 측정항목은 무단결석, 부모에 대한 반항, 2달러 이하의 절도, 음주, 공공 혹은 개인 기물 파괴, 이성과의 성관계 등이다.[9] 초등학교 이후 얼마나 많은 비행을 했는가의 질문을 기초로 응답자의 1/4이 비행집단으로 분류되었고, 나머지가 비비행집단으로 분류되었다.[10]

나이는 비행집단에 속한 청소년이 완전히 자유롭거나 전혀 그렇지 않은 경우가 많다는 것을 발견했다. 또 그들은 돈이 어느 정도 많고, 부모에게 거부당하거나 인정받지 못하고, 부모와 있으면 기분이 좋지 않으며, 그들의 부모에 대해 우울하고, 신경질적이며, 화를 내고, 즐겁지 않은, 정직하지 못한, 뭔가 잘못되었을 때 마구 호통 치는 사람으로 기술한다. 그 청소년은 엄마가 집밖에서 일하고 또 부모에게 거부당하는 경우가 많다. 반대로 비비행집단 청소년은 교회에 정기적으로 다니고, 자주 이사하지 않으며, 시골출신인 경우가 많다. 그들은 작은 규모의 가정에서 장남이거나 외동아들인 경우가 많고, 부모의 훈육기술과 부모와 여가시간을 보내는 것에 긍정적 태도를 갖고, 다양한 가치의 중요성에 대해 부모와 의견을 같이 하고, 부모가 주는 용돈액수에 만족하며, 데이트나 종교 활동에 관해 부모에게서 정보를 얻거나 충고를 듣는다는 것을 제시한다. 나이는 총 313쌍의 청소년과 부모의 관계를 조사한 결과, 139쌍이 통제이론과 일치했고, 167쌍은 그다지 딱 맞지는 않았으며, 7쌍만이 일치하지 않았다는 결과를 제시했다.[11]

나이는 이론적으로나 또 방대한 경험연구의 측면에서 통제이론의 발전에 기여했다. 그렇지만 그의 연구결과가 통제이론을 어느 정도 지지함에도 불구하고 여러 의문을 갖게 한다. 나이의 연구에서 표본이 대도시 청소년이 아니라는 점과 청소년의 부모가 백인이 아니거나 해외출신자를 매우 적게 포함시켰기 때문이다. 토비는 나이가 말하는 비행집단 청소년이 사실은 많은 학자가 비행청소년이 아니라고 판단하는 청소년임을 지적한다.[12] 또한 설문이 고등학교에서 실시되었기 때문에 15세 이전의 학생이 포함되지 않은 점과 학교를 중퇴한 16세 이상의 청소년도 포함되지 않았다고 지적한다. 그리고 질문지에는 2달러 이하의 절도와 기물파괴 등 두 가지 행동만이 범죄에 해당되는 문제가 있었다. 이와 같이 나이의 연구결과는 기본적으로 비행집단에 해당되지 않은 청소년의 사소한 비행에 대한 가족관계의 영향을 살펴본 것이라고 해석할 수 있다.

토비는 나이가 연구에서 밝힌 동일한 일상의 진행과정이 심각한 비행에도 적용될 수 있다고 명백히 추정했지만 많은 연구자들이 이 추정에 동의하지 않을 것이라고 지적했다. 마지막으로 토비는 질문에 응답한 청소년 사이에 나타나는 반응편파성(response bias)이 나이의 많은 연구결과의 근거가 됐을 수 있다고 지적했다. 자신의 비행 활동을 보다 적극 보고한 청소년에게는 자신의 가정생활에서 바람직한 부분을 실제보다 적게 기술하려는 경향이 있을 수 있다. 이처럼 토비는 나이의 연구가 더 좋은 가족관계에서 비행을 덜 저지른다는 점을 보여주기는 하지만 나이의 연구 결과를 주의 깊게 해석할 필요가 있다고 봤다.

맛차의 비행과 표류

초기의 통제이론은 어느 정도 비판을 받아왔지만 그 이론은 맛차(David Matza)나 허쉬(Hirschi)의 현대 통제이론에 기본적인 개념과 틀을 제공해 주었다. 이 이론은 청소년비행이 특정한 생물학적·심리적·사회적 요인에 기인한다는 더 상식적인 견해를 강하게 반박했다.

맛차는 「비행과 표류(delinquency and drift)」라는 저서에서 전통적인 비행이론은 차이와 강제를 강조했다고 언급했다. 즉 비행소년은 비비행소년과 근본적으로 차이가 있다는 점이고 또 그 차이 때문에 어쩔 수 없이 비행을 저지른다는 점이다.[13] 어떤 이론에서는 그 차이가 생물학적 혹은 심리적이어서 그것이 강제적 충동으로 작용한다고 했고, 다른 이론에서는 그 차이가 사회적이어서 그 강제가 비행태도를 형성하게 한다고 보았다. 맛차는 이 이론은 너무나 많은 비행을 예측하고 설명한다고 보았다. 그런데 이 이론에 따르면 비행소년은 줄곧 비행을 저질러야 하지만, 사실 그들은 다른 사람과 마찬가지로 상당 시간을 일상적인 법 준수 활동에 관여하고 있다. 더구나 기존 이론은 대부분의 비행소년이 청소년 후기나 성인 초기에 비행을 그만두고 법을 준수하게 된다는 점을 설명하지 못한다. 아마도 비행을 설명했던 요인(예컨대 합법적 기회의 부족)은 여전히 존재하지만, 그럼에도 비행 그 자체는 사라진다.[14]

맛차는 비행소년에 대한 대안적 이미지로 강제와 차이 대신에 자유와 유사성을 강조했다. 그 이미지는 바로 표류이다.[15] 표류는 통제가 느슨한, 그래서 비행소년이 인습적이거나 범죄적 힘에 대해 자유롭게 반응할 수 있는 사회구조의 영역에서 발생한다고 보았다. 따라서 비행에 정(+)적으로 작용하는 원인은 우연적인 것이거나 아니면 어떤 이론적 준거틀로부터 예측될 수는 없는 것이며, 비행경로의 굴절 역시 이와 유사하게 우연적인 것이거나 예측 불가능한 것인지도 모른다.[16] 그 이미지의 맥락에서는 비행이론이 비행의 정(+)적 원인을 기술하기보다는 표류를 가능하게 하는, 즉 사회통제가 느슨해지는 조건을 기술할 필요가 있다고 본다. 맛차는 전통이론이 주장했던 "열성적"이고 "상습적인" 비행소년이 존재함을 부정하지는 않았지만, 비행소년의 대부분은 표류자라는 점을 강조했다.

전통적인 비행이론에 대한 맛차의 비판은 비행이 비행가치를 받아들이기 때문에 발생한다는 사회학 주장에 초점을 맞추었다. 맛차는 비행소년들이 겁쟁이처럼 보이는 것을 꺼려하기 때문에 자신을 이런 방식으로 묘사한다고 주장했다.[17] 그러나 인터뷰를 통해 비행소년은 비행을 가치 있게 받아들이지 않는다는 사실을 알 수 있었다. 오히려 그 비행소년들은 그 행동이 도덕적으로 나쁘지만 어쩔 수 없는 정상참작의 상황이 존재한다고 하면서, 결국 자신의 행위가 죄가 되지 않는다고 주장하였다.[18] 비행소년이 스스로 정상참작으로 묘사하는 것은 법에서 규정한 범죄 의도나 우발적 사고, 자기 방어, 정신이상 같은 정상참작 상황과 유사하지만 실은 훨씬 더 광범위하게 해석한 것이다. 이처럼 비행소년은 인습적인 도덕적 가치를 부정하지는 않으며, 다만 비행을 저지를 수밖에 없었던 상황을 나열하면서 자신을 "중화(neutralization)"하고 그래서 죄책감을 모면하려 한다고 보았다. 이 무책임성은 소년법원 이념으로 더욱 강화되었는데, 바로 "청소년은 자기 행동에 대한 책임이 없다."고 선언한 이념이다.

이 무책임성은 비행소년들이 표류하도록 만드는 즉각적 상황조건이 된다. 그리고 비행소년은 사회가 정의롭지 않다는 널리 퍼진 생각 때문에 그 무책임성을 받아들인다.[19]

무책임성이 정상참작에 대한 인습적인 법적 기준을 광범위하게 해석한 데에서 비롯된 것처럼, 비정의성은 정의에 대한 인습적인 법적 기준을 더 넓은 의미로 해석하는 데에서 비롯된다. 예를 들어 사람들이 범죄를 저질렀을 때에는 의심의 여지가 없이 정의의 관습적 사법기준에 따라 다뤄져야 한다. 그런데 비행소년은 법적 기준이 그렇지 못하다고 본다. 비행소년은 자신의 범행을 인정하면서도 자신들이 부당하게 취급당한다고 주장한다.

법의 도덕성 기준이 무책임성과 비정의성으로 인해 느슨해진다면 청소년은 표류상태에 있게 되어 다양한 유형의 비행적인 행동과 준법적인 행동들 중에서 선택이 자유로워진다. 이 점에서 맛차는 왜 어떤 청소년이 법을 준수하는 대신 비행을 선택하게 되는지에 대한 이유가 존재한다는 의미에서 비행에 대한 몇몇 "정적인" 원인이 있음을 시사하였다.[20] 그 청소년은 그의 삶과 운명의 환경에서 어쩔 수 없었다고 느꼈을 수도 있다. 그 절망적인 기분이 새로운 비행을 하도록 동기를 부여했을 수도 있다. 일단 그 행동을 하면 죄책감을 사라지게 하는 데 필수적인 도덕적 합리화와 범행의 기술적 수단들을 습득하게 되므로 계속적으로 범행을 하도록 동기가 부여된다.

허쉬의 사회통제이론

통제이론에 가장 근접한 대표적인 이론가로는 허쉬(Hirschi)를 꼽을 수 있다. 허쉬는 1969년 「비행의 원인(causes of delinquency)」이라는 저서에서 "우리 모두는 자연적으로 범죄를 저지를 수 있는 동물"이기 때문에 비행의 동기를 설명할 필요가 없다고 주장했다.[21] 그는 가정, 학교, 친구와 같은 사회집단과 밀접한 유대를 형성하는 개인은 비행을 저지를 가능성이 낮다는 종합적인 통제이론을 제시했다.[22] 사회유대의 가장 중요한 요소는 애착(attachment), 즉 다른 사람과의 애정과 감성이다. 애착은 가치와 규범의 내면화에 기본적으로 필요한 사항이며, 리스의 개인통제의 개념과 나이의 내적·간접적 통제의 개념과 관련이 있다. 두 번째 요소는 관여(commitment)로, 이는 인습사회에 합리적으로 투자하는 정도로, 일탈행동에 참여할 경우 발생하는 위험을 말한다. 관여는 토비가 언급한 "동조에의 이해관계"개념과 유사하다. 세 번째 요소는 인습사회 활동에의 참여(involvement)이다. 이는 "한가한 사람이 악에 빠진다."와 같이 바쁜 사람은 비행 기회가 없다는 것을 말한다. 사회유대의 마지막 요소는 신념(belief)이다. 맛차는 비행소년이 인습적 도덕신념을 가지고 있지만 죄책감 없이 비행을 저지르기 위해 중화를 한다고 주장했다. 하지만 허쉬는 사람이 사회 규칙을 따라야 한다고 믿는 정도에 차이가 있다고 보면서 그 신념을 덜 갖는 사람이 규칙을 위반한다고 주장했다.[23] 이처럼 맛차의 이론에서는 비행소년이 인습적 도덕질서를 따르는 가운데 비행을 저지른다고 본 반면, 허쉬는 비행소년은 처음부터 인습질서를 따르지 않는다는 것을 가정한다는 점에서 차이가 있다.

나이와 같이 허쉬도 자신의 이론을 검증하기 위해 자기보고식 조사를 실시했다. 표본은 샌프란시스코만 지역의 중고등학교 청소년 4,000여 명으로 구성되어 있다. 질문지는 가정, 학교, 친구관계와 관련된 다양한 문항을 포함하고 있으며 여섯 개의 비행지표를 사용했다.[24] 그 중 세 개는 2달러 이하, 2-50달러, 50달러 이상의 절도이고, 다른 세 개는 무면허운전, 기물파괴, 폭행(형제간의 싸움은 포함하지 않음)이다. 응답자에게는 얼마나 많은 횟수의 비행을 했는가에 상관없이 지난 1년 동안 각 비행별로 경험이 있으면 각각 1점씩 부여되었다.[25] 허쉬는 또한 학교기록과 공식경찰의 기록도 자료로 사용했다.

허쉬는 특별히 이론 검증에서 자신의 사회통제이론이 긴장이론(머튼, 코헨, 클라워드와 올린)이나 문화 혹은 집단관련 이론(서덜랜드와 밀러) 등 비행동기와 관련된 논의와 얼마나 다른지에 관심을 기울였다.[26] 이 세 이론은 비행소년이 학교에서 다소 부족하다는, 비행에 관해 잘 알려진 사실에 대해 설명하지만 다소 다른 인과적 설명을 한다. 허쉬의 저서는 이 세 이론을 중심으로 서로 다른 인과적 과정을 검증하는 데에 주목했다.

허쉬는 극빈층 아이의 경우 비행을 더 저지른다는 것을 예외로 하고, 사회계층과 비행과는 관계가 없다고 보았다.[27] 더욱이 그는 공식 체포율에서는 상당한 차이가 있지만, 자기보고식의 비행에서는 인종적 차이가 적음을 발견했다.[28] 허쉬는 이 결과는 계층 기반의 이론인 긴장이론과는 큰 차이가 있는 것이라고 주장했다.[29]

허쉬는 부모, 학교, 친구와의 애착이 비행에 미치는 영향도 분석했다. 그리고 인종, 계층, 친구의 비행과 상관없이 부모에 밀접하게 애착을 갖는 소년이 그렇지 않은 소년보다 비행을 덜 저지른다는 것을 발견했다.[30] 이 결과는 통제이론과 일치하지만 문화이론과는 일치하지 않는다. 문화이론에서는 이론적으로 볼 때 일탈친구나 일탈부모와의 애착은 더 많은 비행과 연관된다고 볼 수 있기 때문이다. 허쉬는 비행소년이 언어점수나 학교성적이 낮고, 선생님의 말에 주의를 덜 기울이며, 학교를 싫어하고, 학교에 반항한다는 점도 발견했다. 그는 이 결과는 통제이론과 일치하는데, 그 소년은 학교의 통제에서 자유롭기 때문이라고 보았다. 허쉬가 보기에 이 결과는 코헨과 같은 긴장이론가의 주장과는 일치하지 않았다. 긴장이론은 긴장하는 청소년의 학교적응도는 낮지만, 학교성적에 지속적으로 관심을 기울인다고 주장했기 때문이다. 학교성적도 낮고 학교적응에 관심도 없는 청소년은 긴장하지 않는다는 것이다.[31] 허쉬는 비행소년들은 그렇지 않은 소년보다 친구와의 애착정도가 낮다는 것도 발견했다. 허쉬는 이 결과가 통제이론과 일치하며, 이는 친구가 비행에 대한 가치를 가질 때 한해서만 친구와의 애착이 비행을 유인하기 때문이라고 생각했다. 하지만 이 결과는 문화이론과는 일치하지 않는다. 문화이론에서 비행동기는 친구와의 친밀한 관계로 형성된다고 보았기 때문이다. 허쉬는 비행친구는 비행을 증가시키지만 그것은 사회통제가 약할 때에만 해당된다는 주장했다. 동조에의 이해관계가 높은 청소년은 비행친구와 사귀지 않으며, 비행친구와 사귄다 하더라도 비행을 저지를 가능성이 낮다고 보았다. 그러나 동조에의 이해관계가 약한 청소년은 범죄영향에 더 노출되며, 더 많은 비행을 저지르게 된다.[32]

허쉬는 애착 이외에 다른 세 요인의 영향에 대해서도 살펴보았다. 그는 비행소년이 갖는 교육상·직업상의 열망(aspirations)은 교육상·직업상의 기대(expectations) 만큼이나 일반청소년보다 낮다고 보았다. 이 결과는 통제이론과 일치한다. 열망과 기대가 낮은 청소년은 동조에 대한 관여의 정도가 낮다고 볼 수 있으며, 즉 비행으로 잃어버릴 것이 적기 때문이라는 것이다. 하지만 이 결과는 긴장이론과 일치하지 않는다. 긴장이론은 열망이 높으나 기대가 낮을 때 긴장이 발생하고 비행이 일어난다고 보기 때문이다. 허쉬는 기대와 상관없이 열망이 크다면 비행 가능성은 낮다고 주장했다.[33] 허쉬는 일을 하고, 데이트하는 청소년보다 TV를 보거나, 책을 읽거나, 게임을 하는 데 시간을 보내는 청소년이 비행을 더 많이 한다는 것도 발견했다.[34] 이 결과는 통제이론과는 사뭇 다른데, 이 행동들은 전통적 활동에 참여하는 것을 나타내기 때문이다. 그러나 허쉬는 숙제에 시간을 덜 쏟는 소년, 따분해 하고, 친구와 수다 떨고, 차를 운전하면서 여러 곳을 다니는 소년은 더 비행을 한다는 것을 발견했다. 이 행동은 인습사회에 참여하는 정도가 낮은 것을 반영하는 것이라고 볼 수 있다. 마지막으로, 허쉬는 "걸리지만 않는다면 법을 위반해도 좋다."라는 문장에 동의하는 정도와 비행은 높은 상관관계가 있다는 것을 발견했다.[35] 허쉬는 이것이 소년이 법을 준수해야 한다고 믿는 정도를 측정하는 도구로 보았다. 허쉬는 또한 맛차의 중화 기술과 관련하여 비행을 한 후에 신념을 중화하는 것이라고 하면서 그 인과적 순서를 지적했음에도 불구하고 도덕신념을 중화하는 것이 비행과 연관된다는 결과를 제시했다.[36] 마지막으로 허쉬는 밀러가 하류층 문화로 언급한 요소들의 영향력이 지지를 얻지 못하는 것을 발견했다. 허쉬는 대신 이 신념이 하류층이건 중산층이건 간에 학업이 부진한 청소년에게서 발견되고, 학업이 우수한 청소년은 하류층이건 중산층이 소위 중산층가치를 갖는다는 것을 제시했다. 허쉬는 그 하류층 가치들은 대대로 전수되지 않는다는 점에서 문화적인 것은 아니라고 결론지었다. 대신 그 가치들은 미국 사회 모든 계층 구성원에게서 발견된다고 보았다.[37] 허쉬는 아버지의 계층은 중요하지 않으며 아이의 계층도 중요하지 않다고 보았다.[38]

사회통제이론의 평가

많은 경험연구가 사회통제이론을 검증해 왔다. 이 연구들은 사회통제이론이 자료에 의해 지지를 받는다고 결론을 내리면서, 허쉬의 네 가지 요소 중 두 가지, 즉 애착과 관여가 지지를 받는다는 것을 발견했다.[39] 어떤 연구는 신념까지도 지지받는다고 하지만, 이 결과는 허쉬의 논의처럼 약한 인습신념 때문인지, 학습이론의 강한 일탈신념 때문인지가 분명하지 않다. 허쉬가 사용한 "걸리지만 않는다면 법을 위반해도 좋다."라는 문장에서 단적으로 드러난다. 허쉬는 이 문장이 약한 인습신념을 나타낸다고 주장한 반면에 학습이론의 이론가들은 강한 일탈신념을 대표한다고 주장해 왔다.

허쉬의 연구나 이후 연구에서는 허쉬의 네 번째 요소인 인습행동에의 참여에 대해 지지를 보내지 않았다. 대신에 인습활동에 참여(예컨대 조직화된 스포츠에 참여하거나 직업을 갖고 있는 것)할수록 그렇지 않은 사람보다 비행을 더 한다는 것을 발견했다. 허쉬는 자신의 연구에서 이를 발견했는데, 이 예상치 못한 결과에 대해 그는 다음과 같이 언급했다.[40]

> 이는 이 연구에서 사용한 비행의 정의가 참여에서 사용한 항목과 관련해서 어떤 연관성이 있기 때문일 수 있다. 예를 들어 코헨(Cohen)이 비행집단이 소년에게 상당한 시간을 소비하게 한다고 얘기할 때, 비행이 마찬가지로 상당한 시간을 소비하게 한다고 말하지는 않았다. 사실 비행은 정의상 그렇게 시간이 들지는 않는다. 이 표본에서 비행소년 대부분은 비행이라고 정의한 행동들에 그리 많은 시간을 소비하지 않았다.

허쉬의 언급은 그 이론의 적합성에 의문을 갖게 한다. 그 이론은 몇 시간이 걸리지 않는 비행을 설명할 수 있다. 하지만 코헨이 말하는 비행을 과연 설명할 수 있을까? 허쉬는 그의 연구에서 덜 심각한 비행을 다뤘다는 점을 인정했다. 그는 다른 범죄학자가 "이 연구에서는 비행소년이 비행을 사실보다 적게 응답할 수밖에 없어 이 결과는 문제가 있을 수 있다."는 견해를 지닐 수 있음을 언급했다.[41] 그런데 허쉬는 표본에 더 심각한 비행소년을 포함시켰다면 결과가 더 잘 나왔을 것이라고 말한다. 허쉬의 주장은 인과과정상에 사소한 비행소년과 심각한 비행소년이 같다는 전제하에서만 가능한 얘기다. 반대로 맛차는 심각한 비행소년은 비행에 빠져들지만 사소한 비행소년은 표류자(통제에서 자유로운)라고 기술했다. 맛차가 옳다면 허쉬의 표본에 더 심각한 비행소년을 포함시켰을 경우 허쉬의 가설은 지지를 받지 못할 수 있다.[42]

이 문제는 허쉬의 가정, 즉 비행은 태어날 때부터 본래 동기화된 행동이라고 한 점과 관련이 있다. 허쉬의 연구처럼 사소한 비행을 다룰 때는 그것이 소위 재미삼아라고 하듯이 본래 동기라고 말할 수는 있다.[43] 그렇지만 재미삼아라는 동기는 코헨이 말한 비행, 즉 더 많은 시간을 요하는 심각한 폭력범죄나 폭력집단의 행동에게 적용되기는 어렵다.

1993년에 켐프(Kempf)는 통제이론에 관한 71개의 연구를 검토했다.[44] 그녀는 이 연구들 대부분이 비행과 허쉬의 요소들이 상관관계가 있다는 것을 발견했지만 변인의 조작적 정의가 서로 상이하다는 점을 언급했다. 각 변인을 개별적으로 다룰 때 그 결과가 복잡하고 일관성이 없다고 보았다. 예를 들어 애착은 가장 많이 연구된 변인이고, 또 대부분이 비행과 상관관계가 높다는 것을 발견했다. 하지만 서로 다른 대상(부모, 어머니, 친구, 학교 등)에 대한 애착을 다룰 경우 그 결과는 전혀 관계가 없는 것부터 매우 관계가 높은 것까지 다양했다. 켐프는 이 개별적 연구로 사회통제이론의 타당성을 검토하기는 어렵다고 결론지었다.[45] 켐프의 연구 이래로 여러 연구가 그녀의 주장을 지지하고 있다.[46] 허쉬는 현재 그의 사회통제이론을 포기한 상태이고, 갓프레드슨과 함께 "자기 통제력(self-control)"이라고 부르는 것에 주목한 새로운 이론을 제시했다.

갓프레드슨과 허쉬의 범죄의 일반이론

1990년 갓프레드슨(Gottfredson)과 허쉬(Hirschi)는 모든 유형의 범죄와 비행을 설명할 수 있는 이론을 제시했다. 이 이론의 중심 개념은 낮은 자기 통제력이다.[47] 자기통제이론은 하나의 개념을 갖는다는 점에서 1969년 허쉬의 이론의 다중 사회통제(애착, 관여, 참여, 신념)와는 대조된다. 더구나 사회통제이론에서서는 외적 사회 환경에 주목하지만 자기 통제력은 개인의 내적 요인이라는 점에서도 차이가 있다. 마지막으로 자기통제이론은 범죄나 비행이 발생하기 훨씬 전인 초기 아동기 사건에 주목한다. 이와는 대조적으로 사회통제이론은 비행이 발생하는 그 당시의 환경과 과정에 주목한다. 이 새 이론에서는 "사회통제"가 자기 통제력에 영향을 주는 한도 내에서, 아동기인 여덟 살 때 이후 자기 통제력은 안정적이기 때문에, 이후의 범죄행위를 설명할 때 관련이 있다고 보고 있다.

갓프레드슨과 허쉬는 첫째로 일반적인 범죄의 특성을 언급하면서 그들의 주장을 펼쳤다. 그 행동은 단순하고 즉각적인 만족을 위한 것이지 오랜 기간의 이득과는 무관하며, 재미있고 위험하지만 어떤 기술이나 계획을 필요로 하는 것은 아니고, 피해자에게 고통을 주지만 범죄자 자신에게 큰 이득을 주는 것은 아닌 특성이 있다고 본다.[48] 둘째, 그들은 범죄를 하는 행위자의 특성을 열거했다. 범죄자는 충동적이고, 무감각하며, 육체적(정신적과 반대되는)이고, 위험추구적이며, 근시안적이고, 비언어적이라고 그들은 보았다.[49] 이 특성으로 매우 다양한 여러 범죄를 저지르기도 하고 그와 유사한 다른 행동, 예컨대 흡연, 과음 등의 경향이 높다고 한다.[50] 셋째, 이 특성은 범죄가 일어나기 전에 형성되고, 이 성향과 유사한 사람은 비슷한 경향이 있으며, 그 특성은 지속력이 있어 범죄를 설명하는 안정적 구성체가 된다고 했다.[51] 안정적 구성체를 "낮은 자기 통제력"이라고 불렀다. 넷째, 갓프레드슨과 허쉬는 비효과적 자녀양육이 낮은 자기 통제력의 가장 중요한 원인이라고 보았다.[52] 아동기 높은 자기 통제력을 가져오는 적절한 자녀양육은 자녀행동을 적절히 감독하고 일탈행동을 즉각 발견해 처벌할 수 있을 때 이뤄진다. 자녀의 행동에 대한 외적 통제를 통한 사회화과정으로 아이들은 그것을 내면화하게 된다. 또 다른 사회화기제인 학교는 가정에서 적절한 사회화를 받지 못한 아이에게 중요하다고 볼 수 있다.

갓프레드슨과 허쉬는 낮은 자기 통제력이 비행과 다른 요인의 잘 알려진 관계를 잘 설명할 수 있다고 보았다. 예를 들어 비행친구와 비행과의 관계는 낮은 자기 통제력으로 설명이 가능하다. 낮은 자기 통제력의 청소년이 비행친구와 더 어울리기 때문이다.[53] 비행과 부족한 학업성취의 관계도 낮은 자기 통제력의 아이가 학업에 소홀하게 되고, 학업을 중단하거나 그것을 회피하는 것에서 찾을 수 있다.[54] 마지막으로, 자기 통제력이 낮은 사람은 일자리를 구할 때 어려움을 겪는데 그 이유로 실업과 범죄와의 관계도 설명할 수 있다고 보았다.[55]

갓프레드슨과 허쉬는 자기 통제력이 여덟 살 무렵 형성된 이후 상대적으로 안정적이라고 주장했지만, 그들은 개인들이 범죄를 저지르는 비율에 있어 상당히 많은 변화가 있을 것이라는 점은 인정했다.[56] 이 이론에서는 그것을 개인의 자기 통제력 변화로 설명할 수 없다. 왜냐하면 자기 통제력은 개인의 일생동안 안정적으로 유지되기 때문이다. 대신 갓프레드슨과 허쉬는 범죄의 편차는 서로 다른 유형의 범죄 및 비범죄적 행위에 대한 기회의 편차에 의해 설명될 수 있다고 주장했다. 예를 들어 재산범죄의 기회가 적은 지역에서 낮은 자기 통제력을 지닌 사람은 재산범죄는 저지르지 않고 대신 다른 유형의 낮은 자기통제 행동을 할 것이다.

갓프레드슨과 허쉬의 일반이론에 대한 평가

그들의 저서인 「범죄의 일반이론」은 수많은 경험연구와 함께 범죄학자에게 뜨거운 논란을 일으켰다.[57] 여러 연구가 낮은 자기 통제력을 여러 방식으로 측정해왔으나, 대체로 충동성, 위험추구성, 육체적 활동선호, 이기심, 화를 잘 내는 기질, 단순한 일의 선호와 관련된 태도문항들을 사용했다. 그래즈믹(Grasmick)과 동료들이 고안한 이와 같은 여섯 개의 태도 측정방식은 낮은 자기 통제력을 측정하기 위한 가장 일반적인 방식이다.[58] 이 척도가 단일차원적인 것이냐(여섯 태도 차원은 모두 하나의 성향을 측정하기 위한 것이라는 것) 혹은 다차원적인 것이냐(여섯 차원이 범죄와 비행에 독립적으로 영향을 미치므로 각각 별개로 다뤄져야 한다는 것) 하는 점은 많은 논쟁을 불러왔다. 비록 이것이 어느 정도는 의미론의 문제이지만, 지금은 그 척도가 다차원적이라는 것에 대체로 합의하는 편이다.[59] 어떤 연구자들은 단일차원과 다차원을 사용하여 그 이론을 검증했다.[60] 다른 연구자들은 그래즈믹의 척도를 자신들의 연구에 적합하게 수정하거나[61] 혹

은 태도보다는 행동차원의 척도를 사용하여 검증하기도 했다.[62]

낮은 자기 통제력으로 설명되는 행동은 비행과 성인의 범죄행동 이외에 여러 유사한 행동, 즉 수업을 빼먹거나 음주, 흡연, 도박, 음주운전, 그밖에 사고치기 등 다양한 행동이 포함된다. 대부분의 연구는 적어도 어느 정도는 갓프레드슨과 허쉬의 이론을 지지하며 강력히 지지하는 연구도 있다.[63] 그것은 성, 인종, 국가와 관계없이 지지를 받고 있다.[64] 그러나 이론검증에서 다른 이론의 요인을 함께 통제한 연구는 그다지 많지 않았다. 하나의 예외가 캐나다 밴쿠버에서 홈리스 청소년을 대상으로 했던 바론(Baron)의 연구다. 바론은 낮은 자기 통제력 이외에 비행친구와 가치, 긴장요인들(물질적 불만족과 상대적 박탈감)의 범죄와 약물사용에 대한 영향력을 살펴보았다. 그 연구에서는 갓프레드슨과 허쉬의 이론을 지지하면서, 낮은 자기 통제력은 비행친구를 예측하고, 실업과 홈리스의 지위도 예측한다는 것을 제안했다. 그러나 긴장요인은 낮은 자기 통제력과 관련이 없고, 낮은 자기 통제력을 통제해도 범죄에 대한 영향력은 어느 정도 있음을 제시했다. 낮은 자기 통제력은 비행에 대한 비행친구와 가치의 영향력을 설명하지 못하고, 낮은 자기 통제력을 통제해도 이 변인은 여전히 범죄와 약물사용에 대해 강한 영향력을 갖는다는 점을 발견했다.[65] 바론의 연구는 낮은 자기 통제력이 범죄의 중요한 예측요인이지만 유일한 요인은 아니라는 것을 보여준다. 마찬가지로 웰치(Welch)와 동료들은 자기 통제력과 개인상호 간의 사회적 지지(같이 살고 있는 사람 외에 친한 사람이 있어 문제를 해결하는 데 서로 나누고 도움을 받을 수 있는 정도)가 서로 독립적으로 일탈을 예측하며, 그 정도도 거의 동일하다는 것을 발견했다.[66]

아마도 이 이론에서 가장 논란이 되었던 것은 자기 통제력이 여덟 살에서 열 살까지 얼마나 안정적인가 하는 점일 것이다. 연구들은 이 점을 검증하지는 않았다. 하나의 연구는 아동기의 자기 통제력이 청소년기의 범죄나 유사행위(거리에서 벌어지는 사소한 사건에의 연루, 배회, 도박, 음주)와 관계가 높다는 것을 발견했다.[67] 그러나 이 연구의 저자는 범죄와 유사행위 간의 관계가 전적으로 낮은 자기 통제력만으로 설명할 수 있는 것은 아니고 다른 요인도 고려되어야 한다고 주장했다.[68]

또 다른 평가대상은 부모의 비효율적인 양육방식이 낮은 자기 통제력에 얼마나 주요한 결정요인인가 하는 점이다. 갓프레드슨과 허쉬는 자녀양육의 세 가지 측면이 자기 통제력의 발전에 중요하다고 했다. 아이들 행동의 적절한 감독, 일탈행동이 언제 일어나는가를 인지하는 것, 인지된 일탈행동에 대한 일관적이고도 적절한 처벌이 그것이다.[69] 이 이론에 따르면 비효율적인 부모양육이 낮은 자기 통제력의 원인이 될 뿐만 아니라 비효율적 양육은 낮은 자기 통제력을 통해 범죄와 일탈에 영향을 준다고 한다. 하지만 경험증거는 복합적이다. 예를 들어 운네버(Unnever)와 동료들은 부모의 감독이 낮은 자기 통제력과는 독립적으로 일탈에 영향을 미치며, 주의력결핍 과잉행동장애(ADHD)가 낮은 자기 통제력에 영향을 준다는 것을 발견했다.[70] 라이트(Wright)와 비버(Beaver) 또한 ADHD를 낮은 자기 통제력과 연결 짓고 있으나, 그래도 "가족의 순 유전학적 유사성과 부모의 사회화기술이 적어도 아이의 개인특성에 영향을 준다."고 결론지었다.[71] 헤이(Hay)는 낮은 자기 통제력이 부모의 감독 및 훈육이 비행에 미치는 효과를 매개한다는 것을 발견했다.[72] 놉시거(Nofziger)는 일반이론을 지지하면서 자기 통제력이 낮은 어머니가 부적절한 양육방식으로 자기 통제력이 낮은 아이를 만든다는 결과를 제시했다.[73] 대부분 부모 변인은 낮은 자기 통제력뿐만 아니라 다른 경로, 즉 사회학습, 일반긴장, 통제균형, 사회통제, 생물사회이론에서의 요인을 통해 범죄와 비행에 영향을 준다.[74]

갓프레드슨과 허쉬의 이론은 이론적으로 상당한 비판을 받아 왔다.[75] 아마도 가장 자주 언급되는 비판은 그 이론이 동어반복적이라는 점일 것이다.[76] 에이커스(Akers)에 의하면 사람이 낮은 자기 통제력을 갖는지를 알려면 낮은 자기 통제력의 행동에 참여했는지를 알아야 한다고 했다. 그리고 행동을 낮은 자기 통제력으로 설명한다는 것인데,[77] 이는 낮은 자기 통제력을 측정할 다른 방법을 개발하지 않고는 동어반복적이라고 지적한다. 그러나 허쉬와 갓프레드슨은 다음과 같이 이 비판을 강하게 거부한다.[78]

> 우리의 견해로는 동어반복적이라는 비판이 사실은 영광스럽다. 우리는 내적으로 일관된 결과를 도출함에 있어 논리적 과정을 밟아왔다. 우리는 범죄의 개념에서 시작하여 거기로부터 범죄자의 개념을 도출했다. 우리의 주장이 동어반복적이라고 비판받는 이유는 우리가 설정한 행위자 개념과 행동 개념의 논리적 연관성 때문이다. 동어반복적이라고 비판하는 자는 동어반복적이지 않은 이론을 더 선호한다. 그러나 그러한 이론의 모습은 무엇과 같은가? 아마도 그 이론에서는 범죄와 범죄자의 정의가 서로 독립적인 것일 것이다.

그들은 에이커스가 낮은 자기 통제력의 개념을 잘못 이해했다고 말하면서 "우리가 말하는 자기 통제력이란 범죄가 제공하는 명백한 물질적 이득이 있음에도 불구하고 행위자가 그것을 하지 못하도록 막는 방해자 같은 것이다."라고 말했다.

다른 비판에서는 갓프레드슨과 허쉬 이론의 일반성에 의문을 제기하면서 화이트칼라 범죄나 조직범죄와 같은 유형은 낮은 자기 통제력으로는 설명할 수 없다고 지적한다.[79] 갓프레드슨과 허쉬는 이와 관련된 주장에 많은 노력을 기울였다. 예를 들어 그들은 조직범죄가 실제로는 조직적이지 않고 그 조직의 생존기간이 단기간이며 안정적이지 않다고 주장했다.[80] 조직이 협력하지 못하는 것은 바로 개인의 낮은 자기 통제력 때문이라고 보았다. 그들은 수백 번의 실패를 거듭한 끝에 겨우 조직적인 노력이 성공에 이른다고 주장하면서 조직적인 마약밀매의 중요성을 무시하였다.

다른 범죄학자는 차별적 기회구조가 어떻게 낮은 자기 통제력과 상호작용하여 범죄에 영향을 주는지에 의문을 가졌다. 바로우(Barlow)는 갓프레드슨과 허쉬 이론이 기회부분을 충분히 논의하지 않았고, 따라서 낮은 자기 통제력과의 상호작용 논의에 충분히 답하지 않았다고 보았다.[81] 롱쇼어(Longshore)와 터너(Turner)는 사기범죄에서 낮은 자기 통제력과 기회의 관계를 발견했으나, 폭력범죄에서는 관계가 없었다고 했다.[82] 동일한 자료를 분석하면서 롱쇼어는 낮은 자기 통제력과 범죄기회가 모두 범죄에 영향을 미치지만 그 효과는 작았다(총 변량의 4%)고 지적했다.[83]

티틀(Tittle), 와드(Ward), 그래즈믹(Grasmick)은 (허쉬와 갓프레드슨의 본래 개념인) 자기 통제력의 능력(ability)과 자기 통제력을 실현하고자 하는 욕구(desire)를 구분했다.[84] 그들은 자기통제의 욕구에 대한 간접적 지표로 학습이론, 합리적 선택, 사회통제이론으로부터 도출한 내적·외적 변인들을 사용했다. 그들은 도시 설문자료를 활용하여 그 척도들이 개별적으로든 총합적으로든 모두 비행을 예측하고 있고, 비행에 대한 몇몇 척도는 상호작용 효과가 있었는데, 자기통제의 욕구가 낮을 때 자기통제의 능력이 일탈행동에 영향을 주고, 욕구가 높으면 능력의 영향은 낮다는 것을 발견하였다.

쇼퍼(Schoepfer)와 동료들은 세 가지 범죄 형태, 즉 직업적 화이트칼라 범죄(횡령에 의해 측정되는)와 기업 범죄(범죄 관련 서류 파쇄), 전통적 범죄(들치기 범죄)에서 낮은 자기통제력과 욕구간의 상호작용효과를 연구하였다. 그들은 직업 범죄에는 자기 통제력이 낮은 경우에만 욕구가 범죄를 저지를 의도를 예견하고, 기업 범죄에는 욕구가 자기 통제의 수준과 관계없이 의도에 영향을 미치며, 전통적 범죄에서는 어떤 조건에서든지 욕구가 범죄를 저지를 의도에 눈에 뜨게 영향을 미치지는 않는다는 사실을 발견했다.

전체적으로 이 연구는 자기통제와 자기통제의 욕구는 다르지만 연관된 개념이라는 사실을 보여준다.[85]

일반이론에 대한 여러 가지 연구결과에 따라 허쉬는 기존의 자기통제 개념이 지나치게 심리학적이라고 칭하고 이를 수정했다.[86] 최근 그는 자기 통제력에 대한 새로운 개념을 제시했다.

> (재정의된) 자기 통제력은 특정한 행위로 발생하는 잠정적인 손실의 모든 범위를 고려하는 경향을 말한다. 이것은 어떤 행동이 가져올 수 있는 장기간의 결과에서 더 넓고 종종 동시적으로 나타나는 결과로 관심의 초점을 이동시키는 것이다. 이 새로운 정의에서는 장기적인 결과에 대한 지식을 그러한 정보를 전혀 갖고 있지 않은 사람에게 귀속시킬 필요가 없다.[87]

이처럼 허쉬는 자기 통제력을 사회통제이론에서의 유대요소를 포함하는 일련의 금기로 간주함으로써, 그의 사회통제이론과 자기통제이론을 융합하여 사회통제나 자기통제는 동일한 것이라고 보았다.[88] 허쉬는 또한 그 정의에서 인지와 합리적 선택을 강조했다. 허쉬는 9개 항목의 자기 통제력의 척도를 구성했는데, 이것은 부모나 학교와의 관계와 같은 유대요소에 초점을 맞추고, 대신 비행측정에는 관심을 덜 가졌다.[89]

피퀘로(Piquero)와 부파드(Bouffard)는 허쉬가 재개념화한 자기 통제력 논의를 검증하면서 다음에 주목했다. 상황 변화의 주목, 인성측면의 측정에서 탈피, 동어반복 비판의 해결, 자기통제와 사회통제의 연결, 부정적 결과에 대한 폭넓은 고려, 자기 통제력을 의사결정의 순간에 나타나는 것으로 정의하기, 가능한 통제요인을 포함한다는 것 등이다.[90] 그들은 새로운 개념의 영향을 음주운전과 성폭력에 적용해 분석한 결과 본래의 개념보다도 새롭게 정의한 자기 통제력이 더 잘 예측한다는 의견을 제시했다.[91]

일반이론이 자기통제 개념을 정의할 수 있을지라도 그 이론의 일차적 장점은 그것이 갖는 주된 취약성, 즉 단순함이기도 하다. 한두 가지 개념을 가지고 범죄 행위의 모든 영역을 설명할 수 있다는 생각은 호소력이 깊어, 많은 범죄학자들이 이러한 가능성에 대해 열광해왔다. 물론 다른 범죄학자는 범죄행동은 복잡하여 그 하나의 이론, 특히 간단한 이론만으로는 설명하기에 충분치 않다고 주장하기도 한다. 어쨌든 갓프레드슨과 허쉬의 자기 통제력에 관한 이론은 이 분야에 상당한 기여를 했지만 범죄나 일탈의 상당부분을 설명하기엔 부족한 면도 있다. 그러나 앞서 언급했듯이 더 넓은 개념으로 정의된다면 더 많은 부분을 설명할 수 있을 것이다.

함의와 결론

허쉬가 1969년 사회통제이론을 제시한 이래 통제이론은 어느 정도 범죄학에 영향을 미쳐왔다. 이 이론은 외적 환경(즉 주위 사람들과의 애착, 합법적 행동 참여, 미래에 대한 관여, 법의 도덕적 타당성에 관한 신념)에 기초한 행동의 강제에 주목했고, 더 최근에 갓프레드슨과 허쉬는 자기통제이론을 제시하면서 내적 강제에 주목했다. 이 이론은 어릴 때 부모의 양육방식이 여덟 살 정도에 안정적으로 유지되는 아이의 자기 통제력을 형성한다고 보았다. 이 이론에서는 자기 통제력이 낮은 사람은 범죄와 비행이 제공하는 금전적 이득에 압도되지만 자기 통제력이 높은 사람은 그 기회를 극복한다고 보았다.

사회통제이론과 자기통제이론은 모두 많은 정책적 함의를 갖는다. 허쉬의 사회통제이론은 청소년이 주위 사람에게 애착을 갖고, 인습활동에 참여하며, 범죄를 하면 잃어버릴 게 많고, 도덕신념을 갖게 될 때 비행을 덜 저지른다고 보았다. 즉 이 모든 것이 비행을 줄일 수 있는 정책과 연관된다고 할 수 있다. 야간통행금지법은 청소년을 집안에 두고, 부모에 대한 애착과 부모의 감독을 강화하려는 것으로 사회통제이론과 연관되는 정책이다. 또한 방과 후 활동이나 학교 체육관에서 이루어지는 야간 농구프로그램은 학생이 악에 빠지지 않고 합법적 활동에 참여하도록 한다. 직업을 제공하는 프로그램은 청소년이 경제체계에 관여하도록 하는 것으로 체포될 때 잃을 게 많도록 하는 것이다. 또한 도덕교육 프로그램은 모든 사람이 규칙을 지킬 때 더 이득이 된다는 것을 가르침으로써 법에 대한 신념을 강화하도록 한다.

자기통제이론의 정책은 아이가 여덟 살 때 혹은 그보다 어릴 때 자기 통제력을 향상할 수 있도록 하는 것이다.[92] 그래서 허쉬와 갓프레드슨은 양부모 가정을 활성화하고 아이들을 숫자만큼 돌봄 서비스가 가능한 친척을 늘리는 정책을 추천했다. 특히 혼전임신을 예방하기 위한 정책을 최우선시 한다. 허쉬와 갓프레드슨은 효과적인 자녀양육의 조기교육과 관련한 프로그램을 추천한다. 이는 역기능적 가정에 주목하고 아이들에 대한 감독부족을 고치도록 하는 프로그램을 내용으로 한다. 마지막으로 그들은 10대 청소년의 감독받지 않는 행동을 제한하는 프로그램을 추천한다. 야간통행금지, 무단결석에방 프로그램, 교복, 면허제한 등은 10대들이 범죄를 저지를 기회를 제약한다. 한편 허쉬와 갓프레드슨은 성인범죄자를 억제, 교화, 무력화하는 프로그램이나 범죄의 기회를 오히려 부추기는 공격적 정책(마약 함정단속)을 포기해야 한다고 주장한다.

주요 용어

- 사회통제
- 동조에의 이해관계
- 표류
- 중화
- 허쉬의 사회통제이론
- 애착
- 관여
- 참여
- 신념
- 가치와 규범의 내면화
- 자기통제이론
- 범죄의 일반이론
- 동어반복
- 외적 강제
- 내적 강제

토의할 문제

1. 사회통제이론에 따르면 범죄의 구체적 원인은 무엇인가?
2. 맛차이론에서 표류의 중요성은 무엇인가? 청소년이 표류자가 되는 다른 방법을 생각할 수 있는가?
3. 허쉬와 갓프레드슨의 주장에 따른, 낮은 자기 통제력의 원인이 되는 것의 예를 제시하시오.
4. 사회통제이론은 화이트칼라범죄를 어떻게 설명하는가? 허쉬와 갓프레드슨의 일반이론은 화이트칼라범죄를 어떻게 설명하는가?
5. 일반이론은 잘못 양육되어 낮은 자기 통제력을 갖게 된 아이가 계속해서 범죄를 저지르지 않는 것을 어떻게 설명하는가?

인용&
부연설명

1. Albert J. Reiss, "Delinquency as the Failure of Personal and Social Controls," *American Sociological Review* 16(April 1951):196–207.
2. Ibid., p.206.
3. C, Travis Hirschi, *Causes of Delinquency*(Berkeley: University of California Press, 1969), pp.11 and 198, n.4.
4. Jackson Toby, "Social Disorganization and Stake in Conformity: Complementary Factors in the Predatory Behavior of Hoodlums," *Journal of Criminal Law, Criminology and Police Science* 48(May–June 1957):12–17. 유사한 개념이 후에 다음의 논문 Scott Briar and Irving Piliavin, "Delinquency, Situational Inducements, and Commitment to Conformity," *Social Problems* 13(Summer 1965): pp.35–45에서 제시됨.
5. Ibid., p.14.
6. F. Ive Nye, *Family Relationships and Delinquent Behavior*(New York: John Wiley, 1958).
7. Ibid., p.14.
8. Ibid., p.5–8.
9. Ibid., p.13–14.
10. Ibid., p.15–19와 Nye and James F. Short, Jr., "Scaling Delinquent Behavior," *American Sociological Review* 22(June 1957):26–31.
11. Nye, *Family Relationships*, op. cit., p.155.
12. Jackson Toby, "Review of Family Relationships and Delinquent Behavior by F. Ivan Nye," *American Sociological Review* 24(February 1959): 282–83.
13. Davis Matza, *Delinquency and Drift*(New York: John Wiley, 1964), pp.1–27.
14. 연령과 범죄에 관한 논의는 16장을 참조할 것.
15. Matza, op. cit., p.27–30.
16. Ibid., p.29.
17. Ibid., p.33–59.

18. Ibid., p.59-98.

19. Ibid., p.101-77 또한 Marvin Kroh and John Stratton, "A Sense of Injustice?" *Criminology* 17(1980): 495-504.

20. Matza op. cit., p.181-91. Hirschi, *Causes of Delinquency* pp.33-34와 비교할 것.

21. Hirschi op. cit., p.31.

22. Ibid., p.16-34.

23. Ibid., p.26.

24. Ibid., p.54.

25. Ibid., p.62.

26. 긴장이론은 이 책의 8장에서 검토하고, 허쉬가 문화적 일탈이라고 부른 이론들은 9장에서 다룬다. 9장의 주장 중 하나에 따르면 이 이론들을 문화적 일탈이론이라고 부르는 것은 잘못된 것이다. 이러한 주장은 허쉬의 검증이 타당하지 않음을 말한다.

27. Hirschi op. cit., p.66-75.

28. Ibid., p.75-81.

29. Ibid., pp.226-27.

30. Ibid., p.97, 99.

31. 허쉬는 이와 같은 공식화가 긴장이론을 적절하게 검증하는 것이 아닐 수 있음을 인정했다. 왜냐하면 Cohen의 반응 형성 논의에서는 소년들이 학교성공을 바라지만, 성공할 수 없다면 그것을 부인할 수도 있기 때문이다. 그러나 허쉬는 그 주장을 반증하기란 사실상 불가능하다고 보았다: Ibid., pp.124-26.

32. Ibid., p.159-61.

33. Ibid., p.183.

34. Ibid., p.190.

35. Ibid., p.202-3.

36. Ibid., p.208.

37. Ibid., p.230.

38. Ibid., p.82.

39. Barbara J. Costello and Paul R. Vowell, "Testing Control Theory and Differential Association," *Criminology* 37(1999): 815-42.

40. Hirschi op. cit., p.190.

41. Hirschi op. cit., p.41 Toby, "Review of Family Relationships and Delinquent Behavior by F. Ivan Nye," op. cit., pp,282–83.

42. Toby op. cit.은 Nye의 결과와 동일한 주장을 했다.

43. 허쉬의 표본에서는 심각한 비행소년들이 없었고 그의 비행정의는(p.46) 주로 사소한 위반에 주목했다. 그가 만약 비행정의에서 심각한 비행을 다루었다면 그의 표본에는 그에 해당하는 비행소년이 없어서 어떠한 결론도 내리지 못했을 것이다. Toby도 Nye의 비행정의에 관해 유사한 의견을 제시했다.

44. Kimberly L. Kempf, "The Empirical Status of Hirschi's Control Theory," in Freda Adler and Williams S, Laufer, eds, *New Directions in Criminological Theory: Advances in Criminological Theory*, vol 4(New Bruswick, NJ: Transaction, 1993).

45. Kempf, op. cit., p.173. Thomas J. Bernard, "Twenty Years of Testing Theories: What Have We Learned and Why?" *Journal of Research in Crime and Delinquency* 27(1990):325–47.

46. 예를 들어 David F. Greenberg("The Weak Strength of Social Control Theory, " *Crime and Delinquency* 45(1999):66–81)는 허쉬의 원래 데이터를 재분석하였는데 통제이론을 지지하지는 못했다. 그린버그는 그 지지도가 크진 않았지만 오히려 긴장이론을 지지했다. 또한 다른 두 연구 Robert Agnew("Delinquency: A Longitudinal Test," Criminology 23(1985):47–59와 "A Longitudinal Test of Social Control Theory and Delinquency." *Journal of Research in Crime and Delinquency* 28(1991):126–56)에서는 통제변인들의 영향이 Hirschi의 횡단적 연구에서처럼 과장되었다는 것을 발견했다.

47. Michael Gottfredson and Travis Hirschi, *A General Theory of Crime*(Standord, CA: Stanford University Press, 1990).

48. Ibid., p.15–44; 89–91.

49. Ibid., p.90–91.

50. Ibid., p.94.

51. Ibid..

52. Ibid., p.97.

53. Ibid., pp.157–158.

54. Ibid., pp.162–163.

55. Ibid., p.165.

56. 개인의 변화는 연령과 범죄의 곡선에서 알 수 있다. 이에 대한 갓프레드슨과 허쉬의 논의는 15장에서 다룬다.

57. Travis C. Pratt and Francis T. Cullen("The Empirical Status of Gofttfredson and Hirschi's General Theory of Crime: A Meta-Analysis," *Criminology* 38(2000):931-64)는 21개의 경험연구를 제시한다.

58. 이러한 여섯 태도는 Harold, G. Grasmick, Charles T. Tittle, Robert Jr., and Bruce K. Arneklev, "Testing the Core Empirical Implications of Gottfredson and Hirschi's General Theory of Crime," *Journal of Research in Crime and Delinquency* 30(1993):5-29 연구에서의 24개 항목에서 요약된 것이다. 이는 Gottfredson과 Hirschi가 그 저서에서 제시한 낮은 자기 통제력의 여섯 가지 특성인 충동성, 무감각성, 육체성, 위험추구성, 근시안성, 비언어성과 동일하지는 않다.

59. 그라스믹과 동료들은 여섯 가지 태도를 통해 결국은 단일차원적인 척도를 제시했다. Alex R. Piquero, Randall MacIntosh and Mattew Kickman("Does Self-Control Affect Survey Response?" *Criminology* 38(2000):897-930)은 233명의 대학생 대상 연구에서 그것이 단일차원적이라고 결론지었다. 그러나 많은 연구들은 그것이 다차원적이라고 언급하기도 한다. Alexander T. Vazsonyi, Lloyd E. Pickering, Marianne Junger and Dick Hessig, "An Empirical Test of a General Theory of Crime: A Four-Nation Comparative Study of Self-Control and the Prediction of Deviance," *Journal of Research in Crime and Delinquency* 38(2001):91-131; Matt Delisi, Andy Hochstetler and Daniel S. Murphy, "Self-Control Behind Bars: A Validation Study of the Grasmick et al. Scale," *Justice Quarterly* 20(2003):241-63; Alexander T. Vazsonyi and Jennifer M. Crosswhite, "A Test of Gottfredson and Hirschi's General Theory of Crime in African American Adolescents," *Journal of Research in Crime and Delinquency* 41(2004):407-32 참조. 그러나 Vazsonyi 와 Crosswhite(op. cit., p.409)는 차원논쟁은 해석에 달려 있어서 그것이 서로 다른 요소와 성질로 볼 수도 있고 이 요소들이 하나의 중심적 구성물로 합쳐진다고 볼 수 있다고 보았다.

60. Vazsonyi and Crosswhite, op. cit., p.410.

61. E.g., Stephen and W. Barob, "Self-Control, Social Consequences, and Criminal Behavior: Street Youth and the General Theory of Crime," *Journal of Research in Crime and Delinquency* 40(2003)403-25.

62. 태도와 행동의 측정간의 논의는 Delisi et al., op. cit., p.260.

63. E.g., Pratt and Cullen, op.

64. Vazsonyi and Crosswhite, op. cit.은 낮은 자기 통제력이 흑인의 일탈을 잘 예측한다고 보았고 그 영향

의 본질과 크기가 백인과 유사하다는 것을 제시했다. 이 연구에서는 또한 낮은 자기 통제력이 여성(특히 백인여성)의 일탈도 잘 예측하지만 남성과 여성에서 그 영향의 차이가 있었다. Vazsonyi et al., 2001, op. cit.에서는 낮은 자기 통제력이 네 국가(미국, 스위스, 헝가리, 네덜란드)에서 모두 일탈을 잘 예측했고 변량의 17%에서 28%을 설명하였다. 그리고 낮은 자기 통제력의 여러 측정도구들과 비행의 여러 측정도구들 간의 관계는 국가별로 매우 유사했다. 그러나 Charles R. Tiitle, Davis A. Ward and Harold G, Grasmick, "Gender, Age, and Crime/ Deviance: A Challenge to Self-Control Theory," *Journal of Research in Crime and Delinquency* 40(2003):426-53의 연구에서는 낮은 자기 통제력의 영향이 서로 다른 연령집단에서는 차이가 있는 것을 제시했다.

65. Baron, op. cit., pp.413-16.

66. Michael R. Welch, Charles R. Tittle, Jenifer Yonkoski, Nicole Meidinger, and Harold G, Grasmick, "Social Integration, Self-Control, and Conformity," *Journal of Quantitative Criminology* 24(2008):73-92.

67. Raymond Paternoster and Robert Brame, "The Structural Similarity of Processes Generating Criminal and Analogous Behaviors," *Criminology* 36(1998):633-69.

68. Chester L. Britt, "Comment on Paternoster and Brame," *Criminology* 38(2000)의 pp.965-70에서의 비판과 Paternoster and Brame, "On the Association Among Self-Control, Crime, and Analogous Behaviors," *Criminology* 38(2000)의 pp.971-82.의 응답을 참조할 것.

69. Gottfredson and Hirschi, op. cit., pp.97-102.

70. James D. Unnever, Francis T. Cullen, and Travis C. Pratt, "Parental Management, ADHD, and Delinquent Involvement: Reassessing Gottfredson and Hirschi's General Theory," *Justice Quarterly* 20(2003):471-500.

71. John Paul Wright and Kevin M. Beaver, "Do Parents Matter in Creating Self-Control in Their Children? A Genetically Informed Test of Gottfredson and Hirschi's Theory of Self-Control," *Criminology* 43(2005):1169-1202.

72. Carter Hay, "Parenting, Self-Control, and Delinquency: A Test of Self-Control Theory," *Criminology* 39(2001):707-36.

73. Stacey Nofzinger, "The Cause of Low Self-Control: The Influence of Maternal Self-Control," *Journal of Research in Crime and Delinquency* 45(2008):191-224.

74. Hay, op. cit., p.726.

75. 동어반복이라는 더 큰 비판은 Gilbert Geis, "On the Absence of Self-Control as the Basis for a General Theory of Crime: A Critique," *Theoretical Criminology* 4(2000):35-53 참조. Hirschi and Gottfredson의 응답은 "In Defense of Self-Control" pp.55-69 참조.
76. E.g., Ronald Akers, "Self-Control as a General Theory of Crime," *Journal of Quantitative Criminology* 7(1991):201-11.
77. 이 주장은 낮은 자기 통제력이 아닌 다른 개념이 똑같은 주장 속에 빠져들게 된다는 점에서 동어반복적이다. 예를 들어 충동적이고 위험하며 이기적이고 육체적인 활동에 참여하는 경향은 범죄하위문화 속에서의 사회화에 의해 설명될 수 있다. 그런데 하위문화의 증거는 그렇게 사회화된 사람들의 행동에서 발견되고, 그 행동은 또한 하위문화에 의해 설명된다. 통제이론가들은 하위문화이론이 같은 방식으로 동어반복적이라고 비판해왔다.
78. Hirschi and Gottfredson, "Commentary: Testing the General Theory of Crime," *Journal of Research in Crime and Delinquency* 30(1993):52-53.
79. E.g., Gary E. Reed and Peter Cleary Yeager, "Organizational Offending and Neoclassical *Criminology:* Challenging the Reach of a General Theory of Crime," *Criminology* 34(1996):357-82; Sally S. Simpson and Nicle Leeper Piquero, "Low Self-Control, Organizational Theory, and Corporate Crime," *Law and Society Review* 36(2002): 509-48.
80. Gottfredson and Hirschi, *A General Theory of Crime*, p.213.
81. Hugh Barlow, "Explaining Crimes and Analogous Acts, or the Unrestrained Will Grab at Pleasure Whenever They Can," *Journal of Criminal Law and Criminology* 82(1991):229-42.
82. Douglas Longshore and Susan Turner, "Self-Control and Criminal Opportunity," *Criminal Justice and Behavior* 25(1998):81-98.
83. Douglas Longshore, "Self-Control and Criminal Opportunity," *Social Problems* 45(1998)102-13.
84. Charles R. Tittle, David A. Ward, and Harld G. Grasmick, "Capacity for Self-Control and Individual's Interest in Exercising Self-Control," *Journal of Quantitative Criminology* 20(2004):143-72.
85. Travis Hirschi, Self-Control and Crime. In R.F. Baumeister and K.D. Vohs, eds, *Handbook of Self-Regulation: Research, Theory, and Applications* (New York: Guilford Press:2004), p.542.

85. Andrea Schoepfer, Nicole Leeper Piquero, and Lynn Langton, "Low Self-Control Versus the Desire-for-Control: An Empirical Test of White-Collar Crime and Conventional Crime," *Deviant Behavior* 35:3(2014):197-214.

86. Travis Hirschi, Self-control and Crime. In R. F. Baumeister and K. D. Vohs, eds., *Handbook of Self-Regulation: Research, Theory, and Applications* (New York: Guilford Press: 2004), p. 542.

87. Ibid., p.543

88. Ibid.

89. Ibid., p.545

90. Alex R. Piquero and Jeff A. Bouffard, "Something Old, Something New: A Preliminary Investigation of Hirschi's Redefined Self-Control," *Justice Quarterly* 24(2007):1-27.

91. Ibid., p.13-18.

92. Travis Hirschi and Michael R. Gottfredson, "Self-Control Theory," pp.81-96 in Raymond Paternoster and Ronet Bachman, eds, *Explaining Criminals and Crime*(Los Angeles: Roxbury, 2001).

제11장 낙인이론과 갈등이론

장 개요

- 낙인이론
- 초기 갈등이론 : 셀린과 볼드
- 갈등시대의 갈등이론 : 터크, 퀴니, 챔블리스와 사이드먼
- 블랙의 "법의 행위이론"
- 범죄에 관한 통합갈등이론
- 갈등이론의 검증
- 함의와 결론

C/H/A/P/T/E/R 11

낙인이론과 갈등이론

인류 사회에 대해 고찰하였던 긴 역사 속에서 사회이론가는 반복적으로 확연하게 대조되는 두 가지 관점을 제시해 왔다.[1] 합의이론가는 가치에 대한 합의, 즉 무엇이 좋고, 옳고, 정의롭고, 중요하며, 적어도 용납되는지에 대한 공유하는 믿음이 인류 사회의 가장 핵심적인 요소라고 여겼다. 이와 반대로, 갈등이론가는 이해관계의 갈등, 즉 돈, 지위, 권력에 대한 경쟁을 인류 사회의 가장 중요한 요소로 제시했다. 이 대조적인 관점은 조직된 정부의 역할에 대해 다른 의미를 내포했다. 이에 따라 범죄의 속성이나 사법조직의 기능에 대해서도 다른 입장을 취했다.

합의이론가도 모든 인류 사회에서 개인 간 또는 집단 간 필연적으로 가치에 대한 갈등이 존재한다는 점을 인정한다. 개인이나 집단이 좋고, 옳고, 정의롭고, 적어도 용납되는 것과 관계없이 자신의 이익을 추구하기 때문에 필연적으로 이해 갈등이 있다는 점도 인지한다. 합의이론가는 이 갈등을 조정하고 그 사회의 공통된 가치와 이익을 일반적으로 대표하는 것이 조직된 정부의 역할이라고 주장한다. 선과 올바름과 정의로 통치되는 사회를 성취하는 것이 모든 사람의 관심사이기 때문에 모든 이해관계는 결과적으로 공통된 가치에 의해 결정된다고 생각한다.

이와 반대로, 갈등이론가는 이해관계가 가치를 결정한다고 주장한다. 선, 올바름, 정의에 관한 믿음은 개인의 득실과 이해관계를 감추는 얇은 막이라고 생각한다. 심지어 정직한 사람조차 이익이 된다면 좋고 올바르고 정의롭다고 여기지만, 해가 되면 나쁘고 잘못된 것이며 정의롭지 못하다고 생각할 것이다. 갈등이론가는 현실 사회에서 조직화한 정부가 보편적인 이익을 대표하는 것이 아니라 정부 운영을 통제할 충분한 권력을 지닌 이들의 이익을 대표한다고 주장한다. 결과적으로 자신의 이익을 추구할 수 있는 권력이 없는 사람은 공식적으로 범죄자로 정의되고 취급되는 반면, 더 많은 권력을 가진 자는 법적으로 자유롭게 자신의 이익을 추구하는 것이다. 그 결과는 권력과 공식범죄율과의 반비례적 관계로 나타난다. 더 많은 권력을 가진 사람일수록 그들의 행위와 관계없이 체포되거나 유죄를 선고받거나 투옥되거나 처형될 가능성이 적으며 반대의 경우도 마찬가지다.

갈등이론을 논의하기 위하여는 낙인이론을 살펴보는 것이 필요하다. 낙인이론은 초기 개인의 범죄화가 어떻게 하여 후속 행위에 영향을 미치는지를 주제로 삼는다. 갈등이론은 이 범죄화가 권력 계급 내에서 어떻게 분배되는지를 설명하는 이론이다.

낙인이론

1938년 프랑크 테넌바움(Frank Tannenbaum)은 도시의 이웃지역에서 청소년과 성인과의 갈등으로 인한 범죄에 기초하여 "낙인이론"을 정립하였다.[2] 그는 청소년들이 자신들은 아동시절부터 해왔듯이 단지 길거리의 놀이집단에 참여하고 있다고 생각한다고 주장했다. 상징적 상호작용론의 용어에 의하면, 이것이 청소년의 "상황정의"이다. 10대에 들면서, 놀이집단은 점차 자극적이고 대범하고 위험하고 위협적인 활동을 하게 되고 이웃지역 성인의 적대감을 유발하게 된다. 성인도 처음에는 "착한 애들"이 "나쁜 짓"을 하는 것으로 "상황을 정의한다." 청소년과 성인과의 갈등이 지속되면서, 결국 성인은 청소년 본인이 나쁘다고 정의하게 된다. 이후 청소년은 이런 정의와 자신을 동일시하고, 스스로를 나쁘다고 보기 시작하며, 정의에 부합한 역할을 수행하기 시작한다. 테넌바움은 이를 "사람은 그렇다고 기술되는 대상이 되어진다."[3]라고 결론지었다.

1951년 레머트(Lemert)는 낙인과정의 내용을 포함한 일탈의 일반이론을 발표했다.[4] 그는 초기단계의 범죄와 일탈행위는 여러 생물학적, 심리학적, 개인생활의 사회적 요인으로부터 유발된다고 주장했다. 예컨대 테넌바움은 도시 이웃지역의 청소년 놀이집단이 비행을 유발한다고 진단했다. 레머트는 이런 속성의 범죄나 비행에 가담한 사람을 "일차적 일탈자(primary deviant)"라고 불렀다.[5] 이후 일탈행위는 다른 사람에게 부정적 반응(negative reaction)을 초래하며, 부정적 반응은 행위의 부정적 정의를 행위자의 부정적 정의로 변화시킨다. 따라서 사람들 중에서 범법행위를(예컨대 부정적 사회반응을 초래한 행위) 그만둘 의향이 없거나 그럴 수 없는 사람은 부정적 자아개념을 가지게 된다. 즉 어느 순간부터 자기에 대한 부정적 정의를 반영하여 자아개념을 재구성하게 된다. 이것이 바로 테넌바움이 기술했던 과정이다. 성인이 처음에는 청소년의 행위가 나쁘다고 정의했다가 이후 청소년 본인이 나쁘다고 정의를 바꾼다. 이후 청소년은 자신에 대한 부정적 정의와 동일시하고 그것을 포함시켜 자아개념을 재구성한다. 자아개념의 변경은 자기보호적 노력일 수 있다. 스스로를 범죄자나 일탈자로 정의한 경우는 다른 사람이 그렇게 규정하더라도 피해나 위협을 덜 받기 때문이다. 레머트는 일탈적 자아개념을 가진 사람을 "이차적 일탈자(secondary deviant)"[6]라고 했다. 자아개념을 재정의한 경우에 그 사람은 일탈적 삶에 완전히 빠져들거나 일탈경력에 관여하게 된다. 이런 경우 레머트는 다양한 생물학적, 심리학적, 개인생활의 사회적 요인이 범죄와 일탈행위를 유발하지 않고, 그 사람의 자아개념이 직접 유발한다고 주장했다.

레머트의 주장에 반해, 범죄행위를 저지른 사람 대다수는 자신을 범죄자라고 생각하지 않는 경향이 있다. 즉 범죄적 자아개념을 갖지 않는다. 요켈슨(Yochelson)과 세임나우(Samenow)는 냉혹하고 상습적인 범죄자라도 스스로를 범죄자라고 인정하지 않는다고 했다. 대신에 다른 사람의 범죄성은 쉽게 인정한다고 했다.[7] 캐머론(Cameron)은 아마추어 상점절도범의 경우 대부분 자기행위가 절도죄라는 것을 부인했으며, 그런 행위가 "단지 부적절하거나 안 좋은" 또는 "잘못된 것이지만 진짜 범죄는 아니다."라고 합리화하는 경향이 있다고 보고했다.[8] 횡령범죄를 분석한 크레시(Cressey)의 연구결과도 유사하다.[9] 횡령범죄자는 신뢰할 만한 지위에 있고 일상적으로 스스로를 정직한 시민으로 생각하는 사람이었다. 이들은 범죄를 저지르기 전의 자기행위가 "단지 돈을 잠깐 빌리는 것"이라고 정의하는 경향이었다. 사익스(Sykes)와 맛차(Matza)는 대다수 비행소년이 일탈적 가치에 확고히 관여하지 않으며, 자신을 범죄자라고 생각하지 않는다고 주장했다.[10] 비행과 소년의 자아개념 사이에 모순이 발생하며, 이때 소년은 흔히 자기행위가 "진짜 범죄는 아니다."라고 반박함으로써 그것을 합리화한다. 다섯 가지의 "중화 기술(techniques of neutralization)"이 이런 식으로 사용될 수 있다. 책임의 부정("내 잘못이 아니다"), 피해의 부정("피해자들이 쉽게 극복할 수 있다"), 피해자의 부정 ("그들이 이 일을 야기했다."), 비난자에 대한 비난("모든 사람이 부정한 짓을 한다"), 높은 충성심에 호소하기("갱집단을 위해 했다")가 그것이다. 불법폭력을 사용한 경찰은 경찰임무를 달성해야 할 필요성을 들어 그것을 정당화한다.[11] 불법행위를 저지르는 정부기관은 "국가안보"를 들어 정당화할 수 있다. 반전운동가는 불법행위를 저지르는 "진짜 범죄자들"은 전쟁에 참전하고 있는 사람이라고 주장했다. 챔블리스(Chambliss)와 시이드만(Seidman)은 "범죄로 체포된 사람은 모두 자기가 무고하다고 생각한다. 그 이유는 자신의 행동을 범죄로 규정하지 않도록 해주는 상황이 항상 있기 때문"[12]이라고 설명했다.

이들 사례는 자신을 범죄자라고 생각하지 않는 사람이 범죄를 저지른다는 사실을 의미한다. 비범죄적 자아개념을 고수하기 위해, 범죄자는 자기행위 만큼은 진짜 범죄가 아니라는 식으로 "상황을 정의한다." 이를 통해 범죄자는 자아개념의 변경이 없이도 자유로이 범죄행위를 지속할 수 있다.

비범죄적 자아개념의 유지는 대다수 사람에게 중요한 일이다. 범죄적 자아개념을 갖도록 하는 압력은 범죄자라고 규정하는 주위 사람의 숫자와 일부 연관이 있다. 또한 어떤 사람을 범죄자라고 다른 사람에게 공표하는 과정은 사회통제의 방법으로 흔히 사용된다. 예를 들어 비범죄적 자아개념을 가진 사람이 상점절도로 관리사무실에 불려온 경우를 생각해보자. 관리사무실의 직원은 "당신은 상점절도범이다."라고 대할 것이다. 이는 그 사람에게 위협적이다. 자아개념은 다른 사람 – 여기서는 관리사무실 직원 – 과 상호작용과정에서 형성되기 때문이다. 직원은 새로운 정체성을 알게 될 사람의 수를 늘림으로써 위협의 수준을 증가시킬 수 있다. 정체성에 가장 심각한 위협은 체포와 유죄판결을 받아 더 큰 사회의· 관점에서 공식적으로 범죄자로 선언되는 과정을 거치는 경우이다. 이 관점에 따르면, 형사재판은 그 사람의 공적 정체성이 사회적으로 실추되는 "지위강등의식(status degradation ceremony)"으로 이해할 수 있다. 가핑클(Garfinkel)은 사회통제의 방법으로 거의 모든 사회가 이런 의식을 활용하며, 서로 다른 사회에서 이런 의식의 구조는 기본적으로 유사하다고 지적했다.[13]

베커(Becker)는 일단 적용되면 범죄자 낙인은 다른 측면을 압도하며, 따라서 주위 사람은 그 사람을 범죄자라고 우선적으로 생각한다고 주장했다.[14] 이에 따라 범죄자에 대한 고정관념은 그 사람에게 범죄자로서의 역할을 하도록 강요한다.[15] 예컨대 교도소에서 출소하더라도 그 사람은 전과경력 때문에 합법적인 일자리를 얻지 못하고 생존을 위해 또다시 범죄에 빠져든다. 끝으로, 범죄자라고 낙인이 찍힌 사람은 자기처럼 낙인찍힌 사람들과 주로 어울린다. 교도소에 함께 수용되었던 인연 때문이든, 다른 사람이 접촉을 거부하기 때문이든, 낙인찍힌 사람은 다른 전과자와 밀접한 관계를 맺게 된다.[16] 범죄집단의 조직원이 되면 이들은 비범죄적 자아개념을 유지하려고 노력하기보다는 범죄적 자아개념에 의존할 가능성이 더욱 커진다.

지금까지의 논의를 통해 범죄에 대한 소위 낙인적 접근방법의 핵심주장을 다음과 같이 정리할 수 있다. 사회통제의 공식·비공식 과정은 범죄행위를 증가시키는 효과가 있다. 이는 낙인과정이 범죄적 자아개념의 형성 가능성을 높이기 때문이다. 여기서 낙인적 접근방법에 제기되었던 몇 가지 비판을 검토할 필요가 있다. 첫째, 낙인이론가가 공식적 낙인과정의 영향을 지나치게 강조했다는 점이다. 에이커스(Akers)는 다음과 같이 지적했다.[17]

> 독자가 이 문헌을 읽으면 종종 사람들이 자기의 일을 하고 다니는데, 그때 – "느닷없이" – 나쁜 사회가 쫓아와 그에게 오명의 낙인을 찰싹 붙였다는 인상을 받는다. 일탈자의 역할을 하도록 강제되고 그는 어쩔 수 없이 일탈자가 되고 만다.

둘째, 낙인이론은 일반적으로 일탈자가 처음엔 일탈자 낙인에 저항하고, 더 이상 피할 수 없을 때에야 일탈자가 그것을 수용한다고 기술한다. 일부의 경우에는 그럴 수 있다. 그러나 다른 경우에는 본인 스스로가 일탈자 정체성을 자발적으로 추구하며 공식적이나 비공식적 낙인이 없어도 일탈자 정체성을 가질 수 있다. 예를 들어 비행 갱집단에 가담하는 소년은 갱활동에 집중된 일탈자 정체성을 형성할 것이다. 공식적 낙인이 있다면 이후 그런 정체성을 바꾸기 쉽지 않다. 하지만 공식적 낙인이 소년에게 일탈적 정체성을 갖도록 하지 않고 이들을 낙인찍지 않으면 법준수적 정체성을 가질 것이라고 믿을 만한 특별한 근거도 없다.

셋째, 형사법원의 낙인기능과 오명부여기능이 사회의 일반적 구성원에게, 즉 법을 준수하고 비범죄적 자아개념을 가진 사람의 경우에, 중요한 사회통제기제라는 것은 잘 알려진 사실이다. 실제로 형벌을 부과해 처벌하는 것보다 훨씬 중요하다는 것이다.[18] 일반 시민이 범죄를 자제하는 것은 유죄판결 자체를 두려워하기 때문이지, 그것과 결부된 형벌이 두렵기 때문이 아니다. 이것이 바로 법원이 집행유예 처분을 선고하고, 소액 벌금이나 비감독 보호관찰과 같은 경미처분을 범죄억제효과의 손실 없이도 활용할 수 있는 이유이다. 유죄판결이 낙인효과가 없는 경우에만, 예를 들어 교통관련 사건들의 경우, 법원은 형벌의 부과에 크게 의존한다. 형사법원의 낙인효과와 오명부여효과가 감소한다면 아마도 범죄사건은 증가할 것이며 법원의 가혹한 형벌부과는 늘어날 것이다. 따라서 낙인기능이 범죄를 유발하는지의 여부는 중요한 문제가 아니다. 중요한 문제는 과연 낙인이 억제하는 것보다 더 많은 범죄를 유발하는지를 판별하는 것이다. 이 문제는 분석하기가 어려운 복잡한 사안이다. 하지만 낙인이 억제하는 것보다 더 많은 범죄를 유발하지는 않을 것이다.[19]

초기 갈등이론 : 셀린과 볼드

1938년 토스텐 셀린(Thorsten Sellin)은 행위규범의 갈등에 초점을 둔 범죄 이론을 제시했다.[20] 행위규범은 특정 상황 하에서 특정한 종류의 사람이 특정한 방식으로 행동하도록 규정짓는 문화규칙을 말한다. 단순한 동종 사회에서는 이 행위규범이 법으로 제정되며 실질적으로 사회의 합의를 나타낸다. 더 복잡한 사회에서는 문화적으로 다른 집단 간의 행위규범이 서로 중복되고 상충된다. 셀린은 "일차적 문화갈등(primary cultural conflicts)"을 두 개의 다른 문화 간 갈등으로 규정했다.[21] 이 일차적 문화갈등은 두 개의 다른 문화의 경계 지역, 한 문화의 규범이 다른 곳으로 확장되는 식민지화의 경우, 혹은 어떤 문화를 지닌 집단이 다른 지역으로 이동하는 이민의 경우에 발생한다. "이차적 문화갈등"은 한 문화가 각기 다른 행위규범이 있는 다른 여러 가지의 하위문화로 발전할 때 발생한다. 이 문화적 갈등이 존재하는 경우, 법은 사회의 다양한 구성원의 합의를 나타내는 것이 아니라 지배적인 문화의 규범을 반영하게 된다.

셀린이 논문을 발표한지 20여 년 후, 조지 볼드(George B. Vold)는 이 책의 초기 판본에 집단갈등이론(Group conflict theory)을 제시했다.[22] 볼드의 이론은 서로 다른 집단의 이해와 노력의 역동적인 균형 안에서 사회를 집단의 집합체로 인식하는 "사회과정"의 관점에 기반을 두었다. 볼드의 이론에 따르면, 사회 집단은 다른 집단와의 경쟁과 계속되는 관계 속에서 자신들의 위치를 향상 또는 유지하기 위해 계속 노력한다. 이 사회 상호작용 과정은 그들의 방식을 사회질서 또는 사회조직이라 불리는 다소 안정적인 힘의 균형상태에 억지로 끼워 맞추는 것이다. 이것은 다양하고 불편한 적응과정을 거친다. 사회질서는 집단 간의 합의를 반영하는 것이 아니라, 서로 다른 힘과 이해관계를 가진 다양한 집단 간의 불편한 상호적응을 반영한다. 이와 같이 갈등은 사회가 움직이는데 존재하는 핵심적인 사회과정과 원칙 중 하나이다.

인류 사회에 대한 이 사회과정 관점은 인간이 집단 관계적 존재이며 그들의 삶이 그들 집단 연합의 한 부분이자 산물이라는 관점과 연결된다. 집단은 사람이 집단적인 노력을 통하여 가장 잘 이루어질 수 있는 공통된 이해관계와 필요를 가질 때에 형성된다. 새로운 이해관계가 발생하기 때문에 새로운 집단이 계속적으로 형성되며, 집단이 기여할 수 있는 목표가 없을 때 기존 집단은 약해지거나 사라진다. 집단은 구성원의 활동을 조정하고 지도함으로써 효과적인 활동단위가 되며, 그들이 기여하는 이익과 목적이 서로 중복되거나 서로를 잠식하거나 경쟁관계에 놓이면서 갈등에 이르게 된다. 집단 간의 갈등은 집단 내 구성원으로 하여금 집단에 대한 충성도를 강화하는 경향이 있다.

집단 간의 갈등은 특히 입법정책에서 가시적이다. 그 정책은 대개 대립되는 이해관계 간에 실제적인 타협안을 찾는 과정이다. 갈등 자체는 그들이 입법정책에서 가시적이 되기 훨씬 전부터 사회와 지역공동체에 존재한다. 사회 집단이 상호 적대적인 관계를 형성하기 때문에, 각 집단은 그들의 적대적인 집단으로부터 그들의 이익과 권리를 지키기 위해 정부의 협조를 구한다. 집단 갈등의 일반적인 상황은 갈등관계에 있는 집단 중 하나가 다른 집단과의 갈등에서 조직화된 정부 권력이 자신을 지원해주도록 "이것과 관련하여 법이 제정되어야 합니다."라는 눈에 익은 주장을 불러일으킨다. 자연스럽게 제안된 법안과 이해가 충돌하는 다른 집단은 그 법률의 통과를 반대한다. 어떤 집단의 이해관계가 입법과정에서 더 많은 표를 획득할 것인가가 새로운 법이 나타날 것인지를 결정한다. 이 법은 한 집단의 이익을 증진시키고 다른 집단의 이익을 저지하거나 줄어들게 한다.

일단 새로운 법이 통과되면, 그 법 제정에 반대했던 자는 더 많이 법률을 위반하게 된다. 그 법이 자신들의 이익이나 목적과 충돌하는 것들을 보호하기 때문이다. 이와 반대로 법 제정을 지지했던 자는 그 법이 자신이 추구하는 이익과 목적을 보호하기 때문에 그 법률을 더 잘 준수하고 사법체제에 법위반을 단속해 줄 것을 요구하게 된다. 즉 입법부의 과반수를 확보하는 자가 정부의 사법 권력을 통제할 수 있는 힘을 얻고, 어떤 자가 공식적으로 범죄자로 정의되고 처리될 가능성이 높은지를 결정한다.

이처럼 법 제정, 법 위반, 법 집행의 모든 절차가 집단의 이해관계 사이에 깊이 내재한 근본적인 갈등과 국가의 경찰력을 장악하기 위한 집단 사이의 더 일반적인 투쟁을 직접 반영한다. 이 점에서 볼드는 범죄행위를 소수의 권력집단 즉 자신의 이익이나 목적을 입법과정에서 보호하거나 통과를 추진할 수 있는 충분한 권력을 가지지 못한 집단의 행위라고 규정했다.

볼드의 집단갈등이론은 조직화된 정치사회의 근본적인 상황을 지적하며, 상당한 양의 범죄가 본질적으로 집단 간의 갈등과 관련이 있다고 주장한다. 이 상황 하에서, 개인의 범죄행위는 다른 집단과의 경쟁에서 자신이 속한 집단의 위치를 지키기 위해 개인에게 요구되는 행동의 과정적인 측면으로 가장 잘 이해될 수 있다. 따라서 갈등의 사회학은 이 범죄행위를 이해하고 설명하는 토대이다.[23] 다른 한편으로 볼드는 각 구성원이 충직하게 그 집단 내의 위치를 유지하고 있는 집단 사이의 충돌에 기인하는 경우에만 집단갈등이론을 개인의 범죄행위에 적용할 수 있다고 주장했다. 그 이론은 충동적이고 비이성적인 범죄행위를 설명하지는 않는다. 이 행위는 조직화된 사회 내의 서로 다른 이익집단 간의 충돌과는 관련이 없다.

갈등시대의 갈등이론 : 터크, 퀴니, 챔블리스와 사이드먼

볼드가 집단갈등이론을 저술한지 10년 후, 미국은 인권운동과 베트남전쟁을 둘러싸고 엄청난 사회적·정치적 혼란에 빠졌다. 그 갈등 속에 형사법과 사법체제는 다른 집단에 반하여 특정 집단만 보호했고 많은 사람은 볼드의 "범죄는 힘이 약한 집단의 행동"이라는 주장을 믿게 되었다. 이 인식은 갑자기 갈등이론을 범죄이론의 선두주자로 끌어 올렸으며 세 가지의 중요한 갈등이론이 3년 연속 출판되었다.

1969년 어스틴 터크(Austin Turk)는 지배집단과 피지배집단 사이의 차이가 갈등으로 귀결되는 조건과 갈등 때문에 범죄화가 이루어지는 조건을 서술하는 "범죄화 이론(theory of criminalization)"을 제안했다.[24] 터크는 지배집단과 피지배집단의 조직화와 세련화가 그들 사이의 갈등 가능성에 영향을 미친다고 주장했다.[25] 지배집단은 권력을 획득하고 유지하는 데 조직이 필수조건이기 때문에 조직화되어 있다고 가정했다. 개인이 집단의 지원을 받을 때 쉽게 굴복하지 않기 때문에 갈등은 피지배집단이 조직화되어 있을 때 더 발생하기 쉽다. 터크는 세련화를 "다른 사람을 통제하기 위해 사용되는 다른 사람의 행동양식에 대한 지식"이라고 정의했다. 더 세련화한 피지배집단은 국가의 우월한 권력과 갈등을 촉발함이 없이 그들의 목적을 달성할 수 있지만, 세련화하지 못한 지배집단은 그들의 목적을 달성하기 위해 더 교묘하고 선택적인 전략보다 명백하게 강제적인 방법에 더 의존할 수밖에 없을 것이다.

지배집단과 피지배집단 사이의 갈등 가능성에 영향을 미치는 이 조건을 고려하면서, 터크는 갈등이 피지배집단의 범죄화로 귀결될 가능성이 높은 조건에 대해 논했다. 터크는 법을 집행하는 자(경찰, 검사, 판사)에게 금지된 행동이나 속성이 가지는 의미가 가장 중요한 요소라고 주장했다.[26] 법을 집행하는 사람이 금지된 행동을 더 많이 찾아내거나 또는 그것을 공격적이라고 생각할수록, 높은 체포율, 높은 유죄 판결률, 엄한 판결이 이루어질 가능성이 높다. 두 번째 요소는 집행관과 용의자의 상대적 권력이다. 일반적으로 집행관이 더 강한 권력을 가지고 있고 용의자가 실질적으로 권력이 없을 경우 범죄화가 가장 크게 일어난다.[27] 세 번째 요소는 터크가 "갈등행동의 현실성"이라 부른 것인데 이는 피지배집단이나 지배집단이 행한 행동이 얼마나 그들의 최종 성공 가능성을 증가시킬 수 있는지와 관련이 있다. 터크는 어느 집단이든 비현실적인 갈등행동은 범죄화를 증가시키는 경향이 있으며, 범죄화는 두 집단 간 갈등의 분량을 명백하게 나타낸다.

1970년 리처드 퀴니(Richard Quinney)는 「범죄의 사회적 실재(the social reality of crime)」라는 그의 이론을 출판했다.[28] 볼드의 집단갈등이론을 근거로 퀴니는 형사법을 제정하는 입법과정과 형사법을 집행하는 사법과정이 개인 및 집단이 이익을 추구하는 정치적 상황에서 이루어진다고 주장했다. 볼드가 조직화된 이익집단 간의 갈등을 강조한 부분에서 퀴니는 사회 분파 간 갈등을 논했다. 이 분파는 같은 가치, 기준, 이념적 출발점이 같은 사람을 일컫는다. 그 공통점을 지키기 위해 이들은 조직되어 있을 수도, 되어 있지 않을 수도 있다.[29] 사업이나 노조 같이 어떤 분파는 수년간 이익집단으로 조직화되어 있기도 하고, 여성, 빈민, 동성애자처럼 어떤 분파는 최근에 조직화가 이루어졌다. 젊은 세대처럼 최소한의 조직만을 가진 분파가 있는 반면, 죄수나 정신병자와 같이 실질적으로 조직이 전혀 없는 분파도 있다. 이 차이 때문에 퀴니는 범죄의 일정 부분이 아니라 모든 범죄를 설명하는 데 갈등이론을 사용했다. 특히 볼드는 조직화된 사회 속에서 서로 다른 이익집단 간 분쟁과 관련되지 않은 충동적이고 비이성적 범죄행동은 제외했다.[30] 퀴니는 그 비이성적·충동적인 사람도 이익집단으로 조직화되어 있지는 않지만 공통가치를 지닌 사회의 한 분파를 대표한다고 보았다.

서덜랜드의 차별접촉이론을 근거로 퀴니는 사회의 다른 분파는 그들 자신의 사회적·문화적 환경에서 습득한 규범체제나 행동양식을 가지고 있다고 주장했다. 개인이 형사법을 위반할 가능성은 그들이 어느 정도 형사법을 제정하고 강제하는 권력과 영향력을 가지고 있느냐에 상당 부분 의존한다. 더 권력이 있는 분파에 소속된 사람은 법을 위반하지 않고 나름의 규범 기준과 행동 양식에 따라 행동할 수 있다. 상대적으로 권력이 없는 분파에 속한 사람이 같은 행동을 하면 법적 제재를 받고 범죄자로 공식 처리된다.

마지막으로, 퀴니는 범죄의 개념이 특정한 가치와 이익을 증가시키는 정치적 과정의 일부로 전달되고 창조된다고 주장했다.[31] 예를 들어 소비자나 환경단체가 진정한 범죄자는 회사의 경영진이라고 주장하거나, 혹은 도심지의 빈민지역공동체 운영자가 진정한 범죄자는 책임감 없는 지주나 탐욕스러운 상인이라고 주장할 때 정치적 의제는 쉽게 명백해진다. 이 범죄의 개념은 이를 제시한 집단이 정치적 힘이 없기 때문에 종종 심각하게 받아들여지지 않는다. 권력이 많은 집단이나 개인이 발의하는 범죄의 개념은 사회의 다른 사람이 합법적이라고 널리 받아들인다. 퀴니에 따르면, "범죄의 사회적 실재"는 권력 있는 개인이나 집단이 자신의 권위를 정당화하고 공동이익이라는 명분 아래 사실상 자신들의 이익을 증진시키는 정책을 추진하기 위하여 특정한 범죄의 개념을 만들어 내는 것을 말한다.

1971년 챔블리스(Chambliss)와 시이드만(Seidman)은 갈등이론의 입장에서 형사사법기관의 작동을 분석하여 「법, 질서, 권력(Law, Order, and Power)」이라는 저서를 출판하였다.[32] 이들은 합의이론과 갈등이론이 사법체제가 실질적으로 어떻게 기능하는지에 대하여 본질적으로 다른 견해를 제시한다고 보았다. 이에 따라 그들은 두 이론 중 어느 것이 옳은지에 대하여 형사사법기관의 일상적인 작동을 살펴보았다. 구체적으로 그들은 형사사법기관에 내재된 국가권력이 그 안에서 갈등이 평화적으로 해결될 수 있는 중립적 가치구조인지, 또는 갈등이론의 주장처럼 국가권력 그 자체가 사회의 영구한 갈등에서 주요 목표인지를 밝혀내려고 하였다.[33]

형사사법절차는 법을 제정하는 입법활동에서 시작한다. 합의이론은 이 절차를 전체의 전반적인 판단에 입각한 일반이익이 결정한 하나의 이해관계만을 가진 한 국가의 신중한 회합으로 설명한다. 여기에는 유도되어야 할 국지적 목적도 없고 지역적 편견도 없는 반면 전체의 일반적 이성에서 나타나는 일반적 선만이 존재한다.[34] 볼드와 퀴니가 이미 주장한 바와 같이, 이들도 법적 규범의 출현에 대한 모든 자세한 연구가 입법 내용을 결정하는 중요한 가치이자 공동의 이익이 아닌 이익집단의 활동이 매우 큰 중요한 변수임을 지속적으로 보여 왔다고 주장했다.[35] 챔블리스와 사이드먼은 한 집단의 정치적·사회적 지위가 높을수록 그 집단의 견해가 법에 반영될 가능성이 높다는 입장을 고수했다.[36]

이후 챔블리스와 사이드먼은 법을 창조하는 효과를 가진 항소법원의 판례를 연구했다. 그것은 법률이 분명하게 적용되지 않거나 한 개 이상의 법률이 적용되는 "문제 사례"에 대한 판례들이었다. 항소법원은 가치중립을 가장 중요시하는 기관이다.[37] 처음에 판사는 그 문제 사례에 대한 판결을 확립하기 위해 "자연법(natural law)"을 참고했다. 얼마 후 이 자연법은 사실상 판사의 개인적 가치를 반영한다는 것이 명백해졌다.[38] 이후 판결의 정당화는 자연법에 내재하는, 이미 존재하는 법과 원칙에 의거한다고 언급되었으나, 같은 사건에 대한 반대 의견도 그것에 의해 정당화되었다.[39] 그 후 법학자는 항소법원의 판결이 필연적으로 사회에 무엇이 가장 좋은지를 판단하는 가치 판단에 입각할 수밖에 없다고 결론지었다.[40] 로스코 파운드(Roscoe Pound)는 판사의 결정에 내재하는 공통의 가치를 언급하려고 시도했으나, 널리 받아들여지지 않았고 대부분 본인의 가치를 반영한 것이라는 비판을 받았다.[41] 챔블리스와 사이드먼은 판사가 문제 사례에 대해 결정할 때 그들의 개인적 가치에 입각하는 것이 확실하다는 결론을 내렸다.[42]

챔블리스와 사이드먼은 항소법원 판사의 개인적 가치가 대부분 가난한 사람보다 부유한 자에게서 나온다는 몇 가지 이유를 제시했다.[43] 미래의 항소법원 판사인 법학도 대부분은 이전 판례의 쟁점에 관심을 집중하는 사례연구로 양성된다. 이 쟁점은 부유한 자의 필요 및 이해관계와 밀접한 관련이 있다. 미래의 항소법원 판사로서 젊은 법률가는 부자가 높은 법률비용을 지불할 수 있기 때문에 그들과 관련된 사례에 집중한다. 미래의 항소법원 판사인 예심법원 판사는 사회의 주요 위치를 획득하고 부유하고 권력 있는 사람과 친하게 지내게 될 것으로 예상되기 때문에 그들의 필요에 관심을 기울이게 된다. 예심법원 판사가 항소법원 판사로 승진하는 것은 어느 정도 정치적 과정과 불가분의 관계가 있다. 따라서 정치권력과 적절히 타협하는 예심법원 판사가 더 승진할 가능성이 높다. 이와 같이 항소법원 판사로 하여금 부유하고 권력 있는 사람과 관련 있는 쟁점을 신중하게 고려하도록 만드는 미묘한 압력이 많다. 동시에 판결해야 되는 사례가 지나치게 많아지는 것을 예방하기 위해 소송의 양을 제한하는 조직적 압력도 존재한다. 항소법원의 사례가 피고인의 소송비용 지불능력에 일부 의존한다는 사실과 함께, 그 압력은 대부분의 판결이 오직 부유하고 권력 있는 자와 관련 있다는 것을 의미하게 된다. 챔블리스와 사이드먼은 항소법원의 판결이 부유하고 권력 있는 자의 필요와 원하는 것을 압도적으로 반영한다고 결론지었다.

마지막으로, 챔블리스와 사이드먼은 형사사법기관의 기능이 합의이론과 갈등이론의 주장 중 어느 것을 반영하는지 보기 위해 형사사법기관의 일상적 활동을 조사했다. 그들의 분석은 그 기관의 관료제적 성격과 정치조직과의 연계성에 중점을 두었다.[44] 다른 관료제 기관처럼 법을 집행하는 기관도 목표 대체적 활동에 관계되는 경향이 있다. 즉 기관의 일상적인 기능을 수행하는 가운데, 공식적인 조직의 목표와 규범은 조직의 긴장을 최소화하고 보상은 최대화하는 활동과 정책으로 대체되는 경향이 있다. 목표대체는 형사사법기관이 더 많은 재량권을 가지고 있고 목표대체에 대한 공식적·비공식적 불이익도 비교적 적기 때문에 형사사법기관 안에서 더 넓게 퍼져 있다. 이후 챔블리스와 사이드먼은 법집행기관들이 자원 공급을 정치 조직에 의지하기 때문에, 정치적으로 약한 사람을 사법처리하고 정치적으로 권력 있는 자는 사법처리하는 것을 삼간다면 보상은 최대화하고 긴장은 최소화할 수 있다고 주장했다. 그들은 법집행 기관이 권력 있는 자의 범죄는 무시하고 정치적으로 약하고 권력 없는 많은 사람을 차별적으로 사법처리할 것으로 예상된다고 결론지었다.

그들의 입법과정, 항소법원의 판결과정, 법집행 기관의 활동과정에 대한 검토를 바탕으로, 챔블리스와 사이드먼은 구조적으로나 기능적으로 법은 권력집단의 이해관계에 따라 운영된다고 결론지었다. 공공의 이해관계는 그것이 권력집단의 이해관계와 일치하는 만큼만 반영된다.[45]

블랙의 "법의 행위이론"

5년 후인 1976년 도널드 블랙(Donald Black)은 법의 양과 양식의 편차를 설명하는 「법의 행위(The behavior of law)」 라는 이름의 사회 이론을 출판했다.[46] 이 이론은 그 범위가 더 넓지만 조금 전 소개한 갈등이론과 어느 정도 유사점을 가지고 있다. 블랙은 정부의 사회통제와 같은 "법의 양(quantity of law)"은 장소와 시간에 따라 다르다고 주장했다. 즉 어떤 장소나 시간에서는 더 많은 양의 법이 있고 다른 장소와 시간에서는 더 적은 양의 법이 있다. 범죄를 신고하는 것, 체포하는 것, 기소하는 것, 유죄를 판결하는 것, 교도소에 보내는 것, 사형선고를 하는 것 모두 "더 많은 양의 법"을 나타내며 이 행동을 취하지 않는 것이 "더 적은 양의 법"을 의미한다. 블랙은 법이 그 양식에서도 변화를 보인다고 주장했다. 블랙은 대부분 형사법에 대해 논의를 했는데, 형사법의 경우 어떤 범죄자에 대해 어떤 집단이 법을 집행한다. 법은 피해자가 그 피해에 대해 보상을 요구할 경우 보상적이 될 수도 있다. 법이 사회적 일탈행위에 적용될 경우 치료적이

될 수도 있다. 마지막으로, 법은 사회의 여러 부분이 불균형을 해소하기 위하여 같이 노력할 경우 타협적일 수도 있다.[47]

블랙은 계층, 조직형태, 문화, 조직, 사회통제라는 사회생활의 다섯 가지 차원을 연구했다. 계층은 사회구조 내 구성원 간의 수직적 거리를 말하며 개인 또는 집단 간 평균적 부(富)의 차이나 가장 가난한 수준과 가장 부유한 수준의 차이로 가장 잘 측정된다.[48] 조직형태는 사회생활의 수평적 측면으로 분업, 상호관계의 네트워크, 친근함, 사회통합 등 구성원 간의 관계적 분포를 나타낸다.[49] 문화는 진실한 것, 옳은 것, 아름다운 것 등의 표현을 포함하는 삶의 상징적 측면이다. 예를 들어 과학, 기술, 종교, 마술, 민속예술 등이 있다. 문화는 시, 미술, 의류, 건축, 심지어 요리법과 같은 순수예술 또는 대중문화 등 모든 종류의 미적 삶을 포함한다.[50] 조직은 사회생활의 협동적 측면으로 집합적인 행동을 할 수 있는 것을 의미한다.[51] 마지막으로, 사회통제는 사회생활의 규범적 측면이다. 이것은 일탈행동에 대한 대응, 즉 뭘 해야 하는지를 정의한다. 예를 들어 법은 대표적인 사회통제이고 이 외에도 예의, 관습, 윤리, 관료제, 정신질환의 치료 등이 있다.[52]

각 차원별로 블랙은 법에 대한 가설을 정립했다. 계층의 경우, 블랙은 더 상류층일수록 본인을 위해 더 많은 양의 법을 이용할 수 있다고 주장했다. 게다가 두 사람의 계층적 차이가 클수록 높은 계층의 사람은 상대방에 대해 더 많은 양의 법을 행사할 수 있다. 예를 들어 회사 임원이 거리의 부랑아에게 피해를 입은 경우, 그가 다른 회사 임원에게 피해를 입었거나 또는 거리의 부랑아가 회사 임원에게 피해를 입은 경우보다 많은 양의 법이 그 거리의 부랑아에게 쓰일 것이다. 계층에 대한 블랙의 주장은 그의 이론을 앞서 설명한 갈등이론들과의 차이점을 명확하게 한다.

블랙은 더 나아가 다른 네 가지의 사회적 특성과 관련된 법의 양과 양식의 변화에 대해 논했다. 형태(Morphology)는 사람 간의 관계적 거리나 다른 사람의 생활에 얼마나 참여적인지에 대한 것이다. 블랙은 법과 관계적 거리는 곡선 관계에 있다고 주장했다. 법은 친밀한 사람 사이에서는 활동이 없다가 그 관계적 거리가 멀어짐에 따라 점점 증가한다. 그러다가 다시 줄어들기 시작해 완전히 구분된 세상에서 사는 사람에게 다다를 때까지 줄어든다.[53] 은둔자는 완전히 구분된 세상에 살기 때문에 거의 법을 사용하지 않거나 이를 필요로 하지 않으며, 결혼한 부부는 친근감이 깨어지지 않는 한, 상대에게 법을 행사하지 않는다. 블랙은 법의 양이 관계적 거리가 친밀과 고립 사이의 중간 지점일 때 더 많아진다고 언급했다.

문화와 관련된 블랙의 가설은 법이 많은 양의 문화보다는 적은 양의 문화를 향해 더 많이 적용되고 게다가 문화적 거리는 법의 양에 정비례로 영향을 미친다는 것이다. 예를 들어 교육을 문화의 측정 도구로 사용할 때, 가해자가 피해자보다 교육을 덜 받았다면 그 피해를 보상하기 위하여 더 많은 양의 법이 쓰일 것이고 가해자와 피해자 간 교육적 차이가 가장 클 때 가장 많은 양의 법이 쓰일 것이다.[54] 다른 한편 가해자가 피해자보다 교육을 더 많이 받았다면, 더 적은 양의 법이 피해를 처리하는 데 쓰이고, 가해자와 피해자 사이의 교육적 차이가 가장 클 때 가장 적은 양의 법이 피해를 처리하는 데 쓰일 것이다.

이와 비슷하게 블랙은 법이 조직과 정비례하여 변화한다고 주장했다. 가해자가 피해자보다 더 조직화되어 있다면 (예를 들어 가해자가 회사이고 피해자가 개인인 경우), 더 적은 법이 피해를 보상하기 위해 쓰일 것이다. 게다가 가해자와 피해자 사이의 조직적 차이가 가장 클 때 가장 적은 양의 법이 피해를 보상하기 위해 쓰일 것이다. 가해자가 피해자보다 덜 조직화되어 있다면 (예를 들어 가해자가 개인이고 피해자가 회사인 경우), 그 반대의 경우가 될 것이다. 더 많은 양의 법이 피해를 처리하는 데 쓰일 것이고, 가장 많은 양의 법은 가해자와 피해자 사이의 조직적 차이가 가장 클 때 쓰일 것이다. 블랙은 이 가설을 화이트칼라 범죄가 상대적으로 가벼운 처벌을 받는 것을 설명할 때 사용했다.

마지막으로, 블랙은 법이 다른 형태의 사회통제가 약할 때 더 많아진다고 주장했다. 다섯 가지의 사회적 측면을 통틀어 블랙은 법의 양과 양식이 어떻게 변화하는지에 대해 스무 가지가 넘는 가설을 제시했다. 이 가설의 증거는 주로 다양한 출처의 인류학적 사례와 같은 일화적인 것으로 그는 어떠한 체계적 검증도 하지 않았다.

그의 책 「법의 행위(The Behavior of Law)」 서문에서, 블랙은 "이 책은 법의 변화를 판단하지도 어떤 정책을 제안하지도 않는다. 그보다 이 책은 단지 자연적 현상으로 법을 이해하기 위한 노력일 뿐이다."라고 언급했다.[55] 같은 주제에 대해 나중에 출판된 「사회학적 정의(Sociological Justice)」[56] 라는 책에서 블랙은 법의 양과 양식의 가변성이 어떤 면에서는 잘못된 것이라고 판단했다. 그는 법의 사회적 가변성을 줄이기 위해 법적 협동조합, 법의 탈사회화, 법의 최소화라는 세 가지 형태의 정책을 제안했다. 첫 번째 제시한 법의 개선에서는, 사법체제 안에서 일반 사람은 기업이 가지는 우월적 지위와의 차이를 줄이기 위해 정부지원을 받는 법적 협동조합에 참여하게 된다. 각 협동조합은 그 조합 내의 관계가 비교적 평등하게 되도록 다양한 사람으로 구성된다. 집단 내 비싼 법적 비용을 일으키는 자가 방출됨에 따라 비공식 사회통제가 협동조합 내에서 발생할 것이다. 물론 집단이 바람직하지 않은 자를 신속히 방출한다면, 이 또한 법의 사회적 가변성을 지속적으로 변하지 않도록 만들 것이다. 블랙의 두 번째 개선책은 범죄사건을 처리하는 형사사법기관의 종사자에게 가해자에 대한 사회적 정보를 제공하지 않는 것이다. 예를 들어 배심원은 가해자나 증인 또는 피해자를 실질적으로 볼 수 없게 될 것이다. 모든 증언은 그 내용이 방언이나 교육 같은 사회적 성격을 벗어버릴 수 있도록 전자기기를 통해서 이루어질 것이다. 블랙의 세 번째 제안은 법을 최소화하는 것이다. 근본적으로 그는 법이 거의 존재하지 않는 최소한일 때 사람은 분쟁 해결과 같이 갈등을 해결할 수 있는 다른 방법에 의존할 것이라고 주장했다. 이 제안에는 심각한 오류가 있지만, 법의 행위에서 사회적 요소를 제거하자는 이 책의 목표는 고귀한 것이었다.[57]

블랙의 이론을 검증하기 위한 초기 연구는 범죄의 심각성에 대해 개념적 질문을 던졌다. 갓프레드슨과 힌덜랭은 블랙의 사회적 차원의 변화가 법의 양 변화를 통계적으로 의미 있게 예측하지 못하고 오히려 범죄의 심각성이 법의 양적 변화를 주로 결정한다는 점을 발견했다.[58] 블랙은 이에 대해 범죄를 심각하다고 정의하는 것 자체가 다섯 가지의 사회적 측면에 영향을 받은 것이고 실질적으로 심각하다는 것 자체가 그 행동이 많은 양의 법을 받고 있는 것이라고 응했다.[59] 갓프레드슨과 힌덜랭은 이에 대해 이것이 사실이면 블랙의 이론은 명확하게 검증될 수 없다고 응했다.[60] 심각성을 어떻게 다루느냐에 대한 혼란이 이후 블랙의 이론을 검증하려는 시도를 막아 왔으며 현재까지도 종합적이고 타당하다고 여겨지는 검증은 없다.[61]

한편 몇몇 최근 연구는 상대적 지위와 관계없는 절대적인 사회적 상태를 보는 것이 아니라, 관여자 사이의 관계를 연구해 왔다. 예를 들어 법원의 최종 판결의 패턴을 조사한 한 연구는 이론적 출발점을 헤이건(Hagan)의 구조적 범죄학으로 하고 피해자와 가해자의 관계가 형사사법기관의 반응에 어떻게 영향을 미치는지 설명하기 위해 블랙의 가설 중 몇 가지를 사용했다. 제미슨(Jamieson)과 블로워즈(Blowers)는 피해자가 조직되어 있지 않을 때 사건이 기각될 가능성이 높고 특히 의심되는 가해자가 더 조직화되어 있는 경우, 더욱 그렇다는 것을 발견했다.[62] 이 발견은 헤이건의 조직화를 포함하는 권력의 차이가 행위에 대한 반응에 영향을 미친다는 생각과 조직화에 따라 법이 변화한다는 블랙의 가설과 일치한다.

블랙은 그의 법의 행위에 대한 저서에서 갈등이론에 대해 언급하지 않았고 어느 곳에서도 그의 연구가 갈등이론으로 여겨지지는 않았다. 그의 이론 중 주요한 몇 가지 가설이 더 권력이 있는 사회 구성원이 비권력자에 대해 법을 더 많이 사용한다는 것을 의미한다는 점에서 갈등이론의 생각과 일치한다. 블랙의 이론은 최소한 두 가지 이유 때문에 갈등이론으로 여겨지지 않았을 것이다. 첫째, 블랙은 자신의 가설을 개인적 또는 구조적 동기를 부여함 없이 순수한 사회적 원칙으로 제시했다. 갈등이론은 불평등한 처우는 이른바 권력이 많은 자의 이익을 보호한다는 목적을 가진다고 가정했다. 둘째, 블랙의 이론은 갈등이론보다 광범위하다. 갈등이론은 일반적으로 권력관계에 국한되지만 블랙의 이론은 권력과 관계가 있기도 하고 없기도 한 여러 종류의 사회관계의 차이와 관련한 것이다.

범죄에 관한 통합갈등이론

이 부분에서 우리는 하나의 통합된 이론을 만들기 위해 여러 가지의 갈등이론에서 도출한 가장 중요한 개념을 하나로 묶고자 한다. 아래 제시된 갈등이론은 대부분 이 장에서 언급된 볼드, 퀴니, 챔블리스와 사이드먼의 이론에서 도출하였다.[63]

복잡한 사회에서의 가치와 이해관계

1. 한 개인의 가치(예를 들어 무엇이 좋고 바르고 공정하며 적어도 용납되는지에 대한 신념)와 이해관계(예를 들어 보상을 주고 이득이 되는 것)는 일반적으로 그 사람이 살아가는 상황을 통하여 형성된다.
2. 복잡하고 매우 분화된 사회는 매우 다른 상황에서 살아가는 사람으로 구성된다.
3. 그러므로 사회가 더 복잡하고 분화될수록 그 사회 내의 사람은 상이하고 상충되는 가치와 이해관계를 더욱 많이 가지게 될 것이다.

개인 행동의 패턴

4. 사람은 가치나 이해관계와 일치하는 방향으로 행동하는 경향이 있다. 즉 그들은 자신이 옳고 바르고 공평하며 최소한 용납할 만하다고 생각하는 방법과 그들에게

개인적으로 이익이 되는 방법으로 행동하는 경향이 있다.

5. 가치나 이해관계가 서로 부딪힐 때 사람은 가치를 이해관계와 같은 방향으로 조절하는 경향이 있다. 사람은 개인적으로 이익이 되는 행동이 진실로 좋고 바르고 공정하며 적어도 용납할 만하다고 반복적으로 생각하는 경향이 있다.
6. 한 사람의 인생 환경은 (그리고 가치와 이해관계는) 비교적 지속적으로 안정적이기 때문에, 사람은 이익이 되며 좋고 바르고 공평하며 최소한 용납 가능하다고 생각하는 행위에 대한 상대적으로 안정적인 패턴을 개발한다.

형사법의 제정

7. 형사법의 제정은 조직된 집단 (그리고 매우 적은 범위에서 사적인 개인)이 그들의 가치와 이해관계를 보호하고 증진시키기 위해 서로 타협하고 갈등하는 일반적인 입법과정의 일부이다.
8. 개개의 형사법은 보통 특정한 한 집단의 가치와 이해관계보다는 여러 다른 집단의 가치와 이해관계의 조합을 나타낸다. 어떻게 되었던 한 집단의 정치적·경제적 권력이 클수록 그 집단의 가치와 이해관계가 더 많이 그 형사법에 반영된다.
9. 한 집단의 정치적·경제적 권력이 클수록 그 집단의 안정적인 행위의 패턴(예를 들어 집단의 구성원에게 개인적으로 이익이 되고 좋고 바르고 공정하며 적어도 용납할 수 있다고 믿는 행위들)이 그 형사법을 위반할 가능성이 적으며 그 반대의 경우도 마찬가지다.

형사법의 집행

10. 사람이 법을 위반했을 때, 더 많은 정치적·경제적 권력을 가질수록 공식적 법집행기관이 법절차를 진행하기가 어려워지며, 더 적은 정치적·경제적 권력을 가질수록 공식적 법집행기관이 법절차를 진행하기 쉬워진다.
11. 관료제 기관으로서 법집행기관은 처리하기 어려운 사건보다 쉽게 처리할 수 있는 사건에 대해 법절차를 진행하는 경향이 있다.
12. 법집행기관은 정치적·경제적 권력이 많은 사람보다 적은 사람에 대해 법절차를 진행하는 경향이 있다.

● **공식 범죄율의 분포**

13. 앞서 설명된 형사법전의 제정과 법 집행 절차로 인해 모든 사회에 있어서 공식 범죄율(예를 들어 체포, 유죄판결, 수감, 형집행)은 다른 요인(예를 들어 범죄자나 사법기관 직원의 행동에 영향을 미치는 사회적·심리적·생물학적 요소)과 관계 없이 사회 내의 정치적·경제적 권력의 분포와 반대되는 경향이 있다.

이 통합 갈등이론은 일반적인 사회구조적 특징에서 시작하여, 비슷한 사회구조적 위치를 갖는 개인이 비슷한 행위의 패턴을 배우는 과정을 설명한다. 또한 이 이론은 공식 범죄율의 분포를 설명하기 위해 이 행위의 패턴을 형사법전으로 제정하고 집행하는 절차에 연결시킴으로써 결론을 맺는 이론적 연결을 제시한다.[64] 이 이론은 범죄행위에 대한 이론을 형사법의 행위에 대한 이론으로 결합하고 상호 연결시키기 때문에 "범죄의 통합이론"이라 기술할 수 있다.

갈등이론의 검증

갈등이론가는 범죄나 형사사법기관의 개괄적인 패턴이 그들의 주장이나 예측과 일치한다는 것을 증명할 수 있다. 동일한 패턴에 대해 다른 설명도 가능하다. 갈등이론을 입증할 때 가장 주요한 문제는 갈등이론의 설명과 다른 가능한 설명 중 어느 것이 옳은지 구분하는 것이다.

예를 들어 거시적 관점의 위협이론(threat theory)은 소수 집단이 현 상황에 대해 점차 큰 위협이 될 때, 치안활동 자체가 그 소수 민족에 대해 더 집중된다고 주장한다.[65] 이 이론에 대한 연구는 "도시 내 흑인의 상대적 비율의 증가는 경찰관 수와 체포의 증가로 귀결된다."라는 가설을 입증함으로 이루어진다. 소수 집단의 비율과 치안활동량 또는 경찰력과의 비례적 상관관계가 이 갈등이론을 지지하는 것으로 여겨진다.

비갈등이론적 설명도 이 발견과 양립할 수 있다.[66] 범죄가 불균형하게 소수인종이 사는 가난한 지역에 더 많이 일어나면 가난한 소수인종의 구성원은 잠재적인 피해자로서 더 많은 경찰의 보호를 요청하게 될 것이다. 그 소수인종 주민은 다른 사회적 문제를 가지고 있어서 다양한 사회적 서비스가 필요하고 적어도 이 서비스 중 몇몇은 최종적으로 경찰이 제공한다. 따라서 더 많은 경찰의 관심은 그 지역주민의 정치적 영향이 약해서가 아니라 정치적 영향이 강한 것을 반영하는 것이다. 현재까지의 연구는 같은 현상에 대하여 위협이론에 근거한 설명과 비갈등이론적 설명 중 어느 것이 옳은지 구분하는데 어려움을 겪어 왔다.[67]

게다가 다른 종류의 갈등이론은 위협이론적 가설을 가정하지 않고 대신 일상적인 관료제적 요소에 집중했다. 예를 들어 체포할 것인가를 결정할 때, 경찰관은 가해자의 정치적 또는 경제적 권력 때문에 유죄판결이 어렵다고 생각할 것이다. 이 경우, 체포할 명목이 있어도 경찰관은 공식적인 체포를 진행하기 위한 일(예를 들어 서류를 작성하는 것)을 하기 꺼릴 것이다. 다른 한편 경찰관은 가해자의 체포를 요구하는 권력 있는 피해자의 편에 서서 체포 사유가 불분명하고 유죄판결이 의심스러운 경우에도 체포할 것이다. 경찰의 의사결정 가변성은 특히 심각하지 않은 범죄의 경우에 가해자나 피해자의 정치적·경제적 권력을 반영하게 되며 거시적 위협과는 관계가 없다.

교도소의 수감률을 설명할 때도 비슷한 해석의 문제가 발생한다. 예를 들어 1999년 인구 10만 명당 417명의 백인남성이 수감된 반면, 흑인남성은 3,408명이 수감되었는데[68] 이는 8대 1보다 큰 비율이다. 여기에서 논점은 이 패턴이 갈등이론으로 더 잘 설명되는지 아니면 다른 이론으로 잘 설명되는지에 관한 것이다.

종종 이 논쟁은 서로 다른 범죄율로 인한 것인지 아니면 다른 범죄처리 과정으로 인한 것인지로 정리된다. 즉 수감률의 차이가 흑인 남성이 위험한 범죄를 더 자주 저지르는 것을 나타내는지 아니면 흑인 남성이 형사사법기관 내에서 다르게 처리되는 것을 나타내는지에 대한 논쟁이다. 이 질문에 대해 해답을 찾는 다른 방법은 형사사법기관이 특히 형량을 정할 때 범죄의 심각성과 전과 기록 등 법적 변수가 아닌 인종과 사회적 지위 등 다른 법 외적 변수에 어느 정도 영향을 받는지를 알아보는 것이다.

1960년대와 1970년대 초기에 많은 학자는 흑인이 백인보다 더 많은 형량을 받는다고 결론지었다. 헤이건은 이 초기의 연구가 대부분 범죄의 심각성이나 전과 기록을 고려하지 않았다는 것을 발견했다.[69] 이 요인을 고려하면 인종에 따른 형량의 차이는 대부분 사라졌다. 게다가 헤이건은 초창기 연구가 발견한 불균형의 실제 양(예를 들어 교도소에서 수감된 일수)은 상당히 작다고 주장했다.

이 주제에 관한 연구를 검토한 후, 워커(Walker)와 동료들은 형사사법기관의 모든 개별 결정 과정에서 법 외적 변수의 영향이 작다고 결론을 지었다.[70] 그들은 형사사법기관의 특정 개별 과정, 특정 관할 구역, 또는 특정 범죄에 대해서는 다른 경우보다 법 외적 변수의 영향이 크다고 주장했다.

그들은 형사사법기관이 각 판결이 이전 판례에서 영향을 받는 판결의 연속과정을 수반한다고 지적했다. 이 영향은 개인이 형사사법기관 절차를 밟음에 따라 축적되고 상당히 커질 수도 있다. 예를 들어 대부분의 판결이 법적인 변수로 결정되기 때문에 판결에 대한 인종의 영향은 작다. 흑인은 개인 변호사를 고용할 가능성이 적기에 더 많이 수감된다.[71] 게다가 흑인은 효과적인 법적 방어를 가능케 하는 보석금을 지불할 능력이 적기 때문에 더 장기의 형량을 받을 가능성이 높다.[72] 이와 같이 인종이 직접 판결에 미치는 영향은 적지만 인종은 개인 변호사를 고용할 수 있는 능력과 보석금을 지불할 능력에 영향을 미치고 이것은 판결에 별도의 영향을 미친다. 따라서 판결에 미치는 모든 인종의 영향은 계속적인 의사결정 과정에 대한 영향을 포함해야 한다. 이와 같이 모든 인종의 개별 영향을 고려하면, 판결에 미치는 인종의 전체적인 영향은 상당히 크다.

이 영향의 축적은 청소년범죄의 처리 과정에서 잘 나타난다.[73] 가난한 소수 민족 어린이를 처리하는 과정에서 나타나는 작은 차이는 그 어린이가 사법절차를 진행함에 따라 축적되어 많은 영향으로 귀결된다. 이 차이는 소년사법기관 직원의 편파적인 태도에서 기인한다. 무어(Moore)는 이 차이가 전혀 편견에서 기인하지 않을 수도 있다는 가능성을 제시했다.[74] 이보다 그는 가난한 소수 민족의 어린이에게 가족이나 지역사회의 지원이 전혀 없으므로, 소년사법기관의 직원이 전혀 편견을 가지고 있지 않을지라도 그 아이와 가족은 불평등하게 공식 사법처리 될 것이다. 사실상 무어는 소년사법기관 내 상대적으로 많은 소수 민족의 분포는 편견 때문이 아니라 가족이나 지역공동체의 실질적인 능력차 때문이라고 제안했다.[75] 무어는 이 요인이 가장 문제가 되는 가능성이라고 서술했다.

소년사법에 대한 무어의 발견과 같이, 성인 사법절차 내에 축적된 대부분의 작은 영향은 인종적 편견에 기인한 것이 아니라 사회계층과 관련된 형사사법기관의 일상적 작용에 의한 것일 수도 있다. 오 제이 심슨(O.J. Simpson)과 같이 부유한 흑인은 부유한 백인처럼 범죄자로 공식적으로 지명되거나 처리되지 않도록 많은 자원을 동원할 수 있다.[76] 이 발견은 인종보다는 계층에 더 직접 관련된 정치적·경제적 권력에 관심을 집중하는 갈등이론과 일치한다.

앞서 설명한 모든 것은 형사법을 집행하는 형사사법기관의 일상적 작용과 관련된 것이다. 이 외에 특별히 범죄라고 정의된 행위의 종류와 그것들이 어느 정도 심각한지를 정의한 형사법 자체의 개별 규정이 있다. 즉 형사법의 집행 너머엔 그것의 제정이 있다. 구체적인 사례는 일반 코카인 마약과 가루 코카인 마약의 판결에 대한 논쟁에서 찾을 수 있다.[77] 두 가지 모두 같은 마약의 형태이지만 5그램의 일반 코카인은 500그램의 가루 코카인과 같은 양의 지정된 형벌을 받는다. 일반 코카인은 대부분 가난한 흑인이 사용하고 가루 코카인은 대부분 부유한 백인이 사용한다. 이 형량의 차이는 부유한 다수집단 내 개인의 불법행위보다 가난한 소수집단 내 개인의 불법행위가 더 심각하다고 여겨지는 일반적인 경향을 반영하는 것일 수 있다. 톤리(Tonry)는 한발 더 나아가 모든 마약과의 전쟁은 불리한 처지의 흑인 청소년에게 차별적으로 영향을 미치도록 미리 정해져 있고, 마약과의 전쟁을 계획한 사람은 젊은 흑인을 희생시킬 의도를 가지고 있다고 주장했다.[78]

톤리의 마약과의 전쟁에 대한 갈등적 해석은 같은 사실에 대한 비갈등적인 다른 해석으로 반박될 수 있다. 예를 들어 일반 코카인과 가루 코카인에 대해 다르게 지정된 형량은 그들이 얼마나 난폭한 범죄와 관련이 있는지를 나타내는 것일 수 있다. 다른 설명에 대한 경험적 테스트는 실행하기가 힘들다.

갈등이론적 해석의 입증이 매우 곤란하기는 하나, 최소한 정치적·경제적 권력이 형사법의 제정과 집행에 영향을 미치며 공식 범죄율의 결과적 분포에 영향을 미친다는 것은 부정하기 어려울 것이다. 실제로 그 영향이 어느 정도이냐는 것이 관건이다. 권력의 분포가 전반적인 공식 범죄율의 분포를 결정하는지 아니면 권력의 영향은 작고 한계적이어서 실제 범죄의 주변에서만 작용을 하는지가 바로 그것이다.

함의와 결론

갈등범죄학적 이론은 사회의 집단 간 권력이 더 평등하게 배분될수록 공식 범죄율 또한 더 균등하게 배분될 것이라고 암시한다.[79] 현재 높은 범죄율을 나타내는 집단은 최근 획득한 권력을 자신의 가치와 이익을 합법적으로 지키기 위해 사용하기 때문에 낮은 범죄율을 가지게 될 것이다. 현재 낮은 범죄율을 가지고 있는 집단은 자신의 가치와 이익을 지켜주는 권력이 계속적으로 다른 집단으로부터 견제를 받음에 따라 점차 높은 범죄율을 보이게 될 것이다. 이 증가에도 불구하고 집단 간 권력이 평등화됨에 따라 전반적인 갈등의 수준이 줄어들고 사회의 전체 범죄의 양도 줄어들 것이다.[80]

갈등이론의 전제하에 권력의 재분배가 이루어질 수 있는 명백한 절차는 현재 조직화되어 있지 않은 개인의 모임이 그들의 가치와 이익을 추구할 수 있도록 조직화된 단체를 설립하는 것이다.[81] 이 절차는 다른 집단과 합의된 규정에 따라 상호작용하는 집단에 이전에 고립되었던 개인을 귀속하도록 연결시켜 주기 때문에 통제이론의 정책적 암시와 유사하다. 다른 점은 통제이론이 일반적으로 개인이 전통적인 집단에 속해져야 한다고 주장하는 반면, 갈등이론은 개인이 비슷한 가치와 이해관계가 있고 사회적 지위가 비슷한 다른 개인과 묶여져야 한다고 암시한다. 특정 개인이 비합법적으로 여겨지는 정도만큼, 그들의 가치와 이익을 나타내는 집단이 비합법적으로 여겨질 것이다. 사회갈등의 가장 바람직한 해결책은 비슷하고 평등한 형태의 단체로 다양한 개인의 모임을 대표하도록 하는 것이라는 견해는 갈등이론이 일반적으로 정부의 한 형태로서 다원적 민주주의와 가장 어울리기 때문이다.[82]

갈등이론은 권력을 향한 일반적 성향이 공식적 범죄율과는 반비례적 관계에 있다고 주장한다. 이 관점에서, 액튼 경(Lord Acton)의 유명한 금언 "권력은 부패한다. 그리고 절대 권력은 절대 부패한다."를 생각해보는 것은 흥미 있는 일일 것이다. 권력은 아마도 부패할 것이다. 공식적 범죄화는 그 부패를 범죄로 정의할 수 있는 더 큰 어떤 권력이 존재할 것을 요구한다. 그렇지 않으면 행위가 어느 정도 부패되었는지를 불문하고 형사법으로 범죄를 규정하지 않거나 그 행위자를 형사사법기관이 범죄자로 처벌하지 않을 것이다. 절대 권력은 절대 부패할 것이지만 절대 권력을 지닌 사람은 공식적인 범죄자로 절대 명시되지 않을 것이다.[83]

주요 용어

- 낙인이론
- 상황정의
- 자아의 재규정
- 중화의 기술
- 합의이론가
- 주요 문화적 갈등
- 집단갈등이론
- 자기이미지
- 일차적 일탈자
- 이차적 일탈자
- 갈등범죄학
- 행위규범
- 이차적 문화적 갈등
- 사회적 절차

- 소수 권력 집단
- 사회의 분파
- 자연법
- 법의 양
- 범죄의 통합갈등이론
- 차별화된 사법처리
- 효과의 축적
- 범죄의 사회적 실재
- 문제 사례
- 목표-대체 행동
- 권력의 다분화
- 차별적인 범죄
- 법 외적 변수

토의할 문제

1. 낙인이론에 대한 비판은 무엇인가? 낙인이론은 어떻게 "나이가 들면 범죄를 그만두는" 현상을 설명할 것인가?
2. 거리범죄의 구체적 사례와 화이트칼라범죄의 구체적 사례를 들고 범죄자가 사익스와 맛차의 중화 기술을 사용하여 자기의 행위에 어떻게 비범죄적 의미를 부여하는지를 설명하라.
3. 비공식 사회통제과정에 대한 예를 들어보라. 낙인이론에 의하면 이런 과정이 어떻게 범죄와 비행을 증가시키는가?
4. 형사법원의 오명부여효과 혹은 낙인효과가 감소하면 왜 범죄사건이 증가하는가?
5. 합의이론가는 법을 어떻게 정의하였고 법이 어떻게 실행된다고 주장했는가? 갈등이론가는 이 질문에 대해 어떻게 대답하겠는가?
6. 갈등이론가의 주장과 일치하는 결론을 내린 논란이 있는 대법원의 판결을 하나 또는 둘을 찾아서 설명하라.
7. 블랙의 「법의 행위 이론」은 어떤 면에서 갈등이론과 일치하는가?
8. 어떤 특별한 요소가 화이트칼라 범죄자를 형사법적으로 덜 처벌받도록 하는가?
9. 갈등이론가는 서로 다른 이익집단 간의 투쟁과 관계없는 충동적이고 비이성적인 범죄를 어떻게 설명하는가?
10. 갈등이론가는 사회적 권력이 낮은 사람이 실질적으로 더 많은 범죄를 저지른다고 생각하는가?
11. 퀴니가 권력 있는 개인이나 집단이 "그들의 권위를 합법화하기 위해 범죄의 특별한 개념

을 증진시킨다."고 말했을 때, 퀴니가 의미한 것은 무엇인가?

인용&
부연설명

1. 플라톤(Plato)과 아리스토텔레스(Aristotle)까지 거슬러 올라가는 합의와 갈등 사이의 논쟁의 역사는 Thomas J. Bernard, *The Consensus-Conflict Debate: Form and Content in Social Theories* (New York: Columbia University Press, 1983)에서 찾을 수 있다.
2. Frank Tannenbaum, *Crime and the Community* (Boston: Ginn, 1938).
3. Ibid., p. 20.
4. Edwin M. Lemert, *Social Pathology* (New York: McGraw-Hill, 1951); see also Lemert, Human Deviance, *Social Problems, and Social Control* (Englewood Cliffs, NJ: Prentice-Hall, 1967).
5. Lemert, Human Deviance, op. cit., pp. 17, 40.
6. Lemert, Social Pathology, op cit., pp. 75-76; and ibid., pp. 40-64.
7. Samuel Yochelson and Stanton E. Samenow, *The Criminal Personality*, vol. 1 (New York: Jason Aronson, 1976), p. 19.
8. Mary Cameron Owen, *The Booster and the Snitch* (New York: Free Press, 1964), pp. 159, 161, 168.
9. Donald R. Cressey, *Other People's Money: A Study of the Social Psychology of Embezzlement* (Glencoe, IL: Free Press, 1953).
10. Gresham M. Sykes and David Matza, "Techniques of Neutralization: A Theory of Delinquency," *American Sociological Review* 22 (December 1957): 664-70.
11. William A. Westley, "Violence and the Police," *American Journal of Sociology* 5 (July 1953): 34-41.
12. William J. Chambliss and Robert B. Seidman, *Law, Order and Power* (Reading, MA: Addison-Wesley, 1971), p. 71.
13. Harold Garfinkel, "Conditions of Successful Degradation Ceremonies," *American Journal of Sociology* 61, no. 5 (1965): 420-24.

14. Howard S. Becker, *Outsiders—Studies in the Sociology of Deviance* (New York: Free Press of Glencoe, 1963), pp. 32–33. 또한 참조 Kai T. Erikson, "Notes on the Sociology of Deviance." *Social Problems* 9 (Spring 1962): 311. 구체적 사례로는 레이의 주장을 들 수 있다. 헤로인 중독자가 치료를 받아도 또다시 마약에 빠져드는 경우가 많은데, 이에 대해 레이는 주위 사람들이 계속해서 그 사람을 중독자로 대했기 때문에 재범에 빠져든다고 주장했다. 참조 Marsh B. Ray, "The Cycle of Abstinence and Relapse among Heroin Addicts," *Social Problems* 9 (Fall 1961): 132–40.

15. Becker, op. cit., pp. 34–35.

16. Ibid., pp. 37–39.

17. Ronald L. Akers "Problems in the Sociology of Deviance: Social Definitions and Behavior," *Social Forces* 46 (1967): 455–65.

18. Franklin E. Zimring and Gordon J. Hawkins, *Deterrence* (Chicago: University of Chicago Press, 1973), pp. 190–94.

19. Charles R. Tittle, "Labelling and Crime: An Empirical Evaluation," in Walter R. Gove, ed., *The Labelling of Devianch—Evaluating a Perspective* (New York: John Wiley, 1975), pp. 181–203.

20. Thorsten Sellin, *Culture Conflict and Crime* (New York: Social Science Research Council, 1938), pp.32–33

21. Ibid., pp. 63, 104, 105.

22. George B. Vold, *Theoretical Criminology* (New York: Oxford University Press, 1958), pp. 203–19.

23. 볼드는 짐멜(Simmel)의 갈등사회학에 주로 기초하였다. Kurt H. Wolff (Glencoe, IL: Free Press, 1950)의 서문과 *The Sociology of Georg Simmel*, trans.를 보라. 또한 짐멜의 Conflict (trans. by Kurt H. Wolff)와 *The Web of Group Affiliations* (trans. by Reinhard Bendix) (Glencoe, IL: Free Press, 1955)를 보라. 짐멜의 저서는 루이스 코저(Lewis A. Coser)의 *The Functions of Social Conflict* (Glencoe, IL: Free Press, 1956)에 분석되어 있다. 또한 Bernard, op. cit., pp. 111–42를 보라.

24. Austin Truk, *Criminality and Legal Order* (Chicago: Ran McNally, 1969), p. 53.

25. Ibid., pp. 58–61.

26. Ibid., pp. 65–67.

27. Ibid., pp. 67–70.

28. Richard Quinney, *The Social Reality of Crime* (Boston: Little, Brown, 1970). 퀴니는 15쪽에서 23쪽까지에서 그의 이론을 여섯 가지의 가설로 정리하였다.

29. Ibid., pp. 38.

30. Vol, op. cit., p. 219.

31. 이 주장은 부분적으로 피터 버거(Peter L. Berger)와 토마스 루크맨 (Thomas Luckmann)의 *The Social Construction of Reality* (Garden City, NY: Doubleday, 1966)에 의거한다.

32. William J. Chambliss and Robert B. Seidman, *Law, Order, and Power* (Reading, MA: Addition-Wesley, 1971). 동시간대에 출판된 형사사법기관에 대한 다른 갈등 분석은 Stuart L. Hills, *Crime, Power, and Morality: The Criminal Law Process in the United States* (New York: Chandler, 1971); Richard Quinney, *Critique of Legal Order* (Boston: Little, Brown, 1973); Erik Olin Wright, *The Politics of Punishment* (New York: Harper & Row, 1973); Clayton A. Hartjen, *Crime and Criminalization* (New York: Praeger, 1974); Barry Krisberg, *Crime and Privilege* (Englewood Cliffs, NJ: Prentice-Hall, 1975); and Harold E. Pepinsky, *Crime and Conflict* (New York: Academic Press, 1976) 등이 있다.

33. Chambliss and Seidman, p. 4.

34. Edmund Burke, Works (London: H. J. Bohn, 1893), p. 447, quoted in Chambliss and Seidman, op. cit., p. 63.

35. Ibid., p.73.

36. Ibid., pp. 473-74.

37. Ibid., p.75.

38. Ibid., pp. 125-28.

39. Ibid., pp. 128-31.

40. Ibid., pp. 131-45.

41. Ibid., pp. 141-42.

42. Ibid., p. 151.

43. Ibid., pp. 95-115.

44. 이 이론은 ibid., p. 269에 정리되어 있다.

45. Ibid., p. 503.

46. Donald Black, *The Behavior of Law* (New York: Academic Press, 1976), pp. 3–4.

47. Ibid., pp. 4–5.

48. Ibid., p. 13.

49. Ibid., p. 37.

50. Ibid., p. 61.

51. Ibid., p. 85.

52. Ibid., p. 105.

52. Ibid., p. 41.

54. Ibid., pp. 65–66.

55. Ibid., p. x.

56. Donald Black, *Sociological Justice* (New York: Oxford University Press, 1989).

57. Thomas J. Bernard, "Review Essay: Donald Black's Sociological Justice," *The Critical Criminologist* 3, no.2(1991): 7–8, 13–14를 보라.

58. Michael Gottfredson and Michael Hindelang "A Study of the Behavior of Law," *American Sociological Review* 44 (1979): 3–18.

59. Donald Black, "Common Sense in the Sociology of Law," *American Sociological Review* 44 (1979): 18–27.

60. Gottfredson and Hindelang, "Theory and Research in the Sociology of Law" *American Sociological Review* 44 (1979): 27–37.

61. 그러나, Larry Hembroff, "Testing Black's Theory of Law," *American Journal of Sociology* 93 (1987): 322–47; and Gloria Lessan and Joseph Sheley, "Does Law Behave?" *Social Forces* 70 (1992): 655–78을 보라. 이 문제에 대한 토론을 위하여 Thomas J. Bernard, "The Black Hole – Sources of Confusion for Criminologists in Black's Theory," *Social Pathology* 1 (1995): 218–27을 보라.

62. Katherine Jamieson and Anita Neuberger Blowers, "A Structural Examination of Misdemeanor Court Disposition Patterns," *Criminology* 31 (1993): 243–62.

63. 초기의 의견은 Thomas J. Bernard, "The Distinction Between Conflict and Radical Criminology," *Journal of Criminal Law and Criminology* 72 (1981):362–79와 본 책자의 두 번째, 세 번째, 네

번째 판에서 찾을 수 있다.

64. Akers, ibid., pp. 61–68 또한 행위의 구조적 원천과 이러한 행동들을 배우는 사회적 과정에 대하여 비슷한 주장을 제시하였다. 이곳에 제시하는 주장은 그 이론적 연결을 공식적 범죄율의 분포로 확대하는 것이다.

65. 사회위협이론(Social Threat Theory)의 여러 가지 다른 형태를 전반적으로 보기 위해서는 Allen Liska, *Social threat and Social Control* (Albany: State University of New York Press, 1992)를 보라.

66. David Greenberg, R. C. Kessler, and Colin Loftin, "Social Inequality and Crime Control," *Journal of Criminal Law and Criminology* 76 (1985):684–704.

67. 토론을 위해서 Mitchell B. Chamlin and John K. Cochran, "Race Riots and Robery Arrests: Toward a Direct Test of the Threat Hypothesis," *Social Pathology* 6 (2000): 83–101을 보라.

68. Allen J. Beck, *Bureau of Justice Statistics Bullentin: Prisoners in 1999* (Washington, DC: U.S. Department of Justice, 2000), Table 14.

69. John Hagan, "Extra–legal Attributes and Criminal Sentencing: An Assessment of a Sociological Viewpoint," *Law and Society Revew* 8 (1974):357–83.

70. Samuel Walker, Cassia Spohn, and Miriam DeLone, *The Color of Justice: Race, Ethnicity, and Crime in America*, 2nd ed. (Belmont, CA: Wadsworth, 2000). 다른 결론에 대하여는 William Wilbanks, *The Myth of a Raciest Criminal Justice System* (Monterey, CA:Brooks/Cole, 1987)을 보라.

71. Cassia Spohn, J. Gruhl, and Susan Welch, "The Effect of Race on Sentencing: A Re–examination of an Unsettled Question," *Law and Society Reveiw* 16 (1981–82): 72–88.

72. Alan Lizotte, "Extra–Legal Factors in Chicago's Criminal Courts: Testing the Conflict Model of Criminal Justice," *Social Problems* 25 (1978): 564–80.

73. 예를 들어 Belinda McCarthy and Brent L. Smith, "The Conceptualization of Disciminzation in the Juvenile Justice Process,:" *Criminology* 24 (1986): 41–64; Barry Krisberg et al., "The Incarceration of Minority Youth," *Crime and Delinquency* 32 (1987): 5–38; Carl E. Pope and William H. Feyerherm, "Minority Status and Juvenile Justice Processing: An Assessment od the Research Literature," *Criminal Justice Abstracts* 22 (1990); 327–35 and 527–42; Donna M. bishop and Charles S. Frazier, "The Infuence of Race in Juvenile Justice Processing," *Journal of Research in Crime and Delinquency* 25 (1988): 242–63; and Bishop and Frazier, "Race

Effects in Juvenile Justice Decision-Making," *Journal of Criminal Law and Criminology* 86 (1996): 392-413.

74. Mark Harrison Moore, *From Children to Citizens: The Mandate for Juvenile Justice* (New york: Springer-Verlag, 1987), p. 112.

75. 또한, Jennifer Calnon and Thomas J. Bernard, "Discrimination Without Prejudice," unpublished manuscript를 보라. 칼넌(Calnon)과 버나드(Bernard)는 편견이 전혀 없는 상황에서도 많은 공식 사법 정책들은 개인의 범죄행위와 관계없이 인종과 계층에 관계된 다른 결과를 야기한다. 그들은 이 효과를 "편견 없는 차별 (discrimination without prejudice)"라고 설명하고 이러한 편견 없는 차별을 야기하는 사법 정책이 사법기관의 인종적·계층적 편견보다 크고 심각한 문제를 야기한다고 결론지었다.

76. 예를 들어 Gregg Barak, ed., *Representing O.J.: Murder, Criminal Justice, and Mass Culture*, (Guilderland, NY: Harrow and Heston, 1996)을 보라.

77. Kathryn K. Rusell, *The Color of Crime* (New York: New York University Press, 1998).

78. Michael Tonry, *Malign Neglect* (New York: Oxford University Press, 1995), p. 123.

79. Bruce A. Arrigo and Thomas J. Bernard, "Post Modern Criminology in Relation to Radical and Conflict Theory," *Critical Criminology* 8 (1977): 39-60.

80. 이 결론은 경제적 불균형의 감소가 폭력의 감소와 연결된다는 연구와 일치한다. 5장을 보라.

81. Ralf Dahrendorf, *Class and Class Conflict in Industrial Society* (Stanford, CA: Stanford University Press, 1959), pp. 225-27.

82. Ibid.; and Coser, *The Functions of Social Conflict*, op. cit.

83. Thomas Hobbes, *Leviathan* (New York: E. P. Dutton, 950), chap. 18, p. 148을 보라.

제12장 마르크스주의와 포스트모던 범죄학

장 개요

- 마르크스 이론의 고찰
- 범죄, 형법, 형사사법에 대한 마르크스의 사상
- 마르크스주의 범죄학의 출현
- 마르크스주의 이론과 범죄에 대한 연구
- 포스트모더니즘의 개요
- 포스트모던 범죄학
- 결론

C/H/A/P/T/E/R 12

마르크스주의와 포스트모던 범죄학

비판 범죄학(critical criminology)이라는 용어는 "새롭게 부상하여 진화 중인 일련의 시각을 포괄하는 명칭"으로 여겨져 왔는데, 이 시각의 특징은 "특히 연구 의제에서 가치를 분리하는 것은 불가능하다는 주장과 더불어 혜택 받지 못한 사람을 위해 진보적 의제를 개진해야 한다고 요구"[1]한다는 점이다. 이 장은 이처럼 부상하고 있는 두 개의 비판적 관점, 즉 마르크스주의 범죄학과 포스트모던 범죄학에 초점을 맞춘다.[2] 세 번째 관점인 페미니스트 범죄학 역시 비판 범죄학의 하나로 언급되지만 성과 범죄를 다루는 다음 장에서 논의한다.

앞 장에서 소개한 갈등 이론과 마찬가지로 비판 이론도 권력 불평등이 범죄 문제와 인과적으로 연결된다는 견해를 공유한다. 하지만 갈등 이론은 대체로 권력의 근원 혹은 기원을 무시하는 데 반해, 비판적 관점은 그 쟁점에 대해 특별한 주장을 제기한다. 일반적으로 마르크스주의 이론은 권력을 생산 수단의 소유에 위치시키지만, 포스트모던 이론은 그것을 언어 체계에 대한 통제에 위치시킨다.[3] 두 관점 모두 범죄 문제는 오직 권력 구조가 변해야만 해결될 수 있다는 주장을 함축하고 있다.

이것은 근원(root)을 나타내는 라틴어 "radix"의 뜻 그대로의 "급진(radical)" 이론이다.[4] 이 관점에 의하면, 범죄 문제의 근원을 해결하기 위해서는 가장 기본적인 수준에서의 사회 변화가 요구된다. 궁극적으로 이 관점은 사회 정의와 같은 이상에 초점을 맞추고 현대 사회가 어떻게 이런 이상을 성취할 수 있는지를 결정하려 한다. "존재(what is)"가 아니라 "당위(what ought to be)"에 초점을 맞추는 것, 현실이 아니라 이상에 초점을 맞추는 것은 이 이론을 갈등 이론을 포함한 주류 범죄학과 구별 짓는 가장 큰 특징이다.[5]

비판 이론을 요약하는 것은 다음과 같은 두 가지 이유 때문에 어렵다. 첫째, 이론적 복잡성은 같은 분야 내 다른 이론가들 사이에서도 극심한 의견 불일치를 유도한다. 둘째, 이 분야의 이론가는 사유가 발전함에 따라 자주 자신의 입장을 바꾸는 것처럼 보인다. 따라서 한 시점에서 어떤 입장을 취했던 이론가가 얼마 지나지 않아서 전혀 다른 입장에 서 있기도 한다. 결국 몇 가지 주요 논제만을 요약할 수 있을 뿐, 상당히 많은 주장들은 논외로 남겨질 수밖에 없다.

마르크스 이론의 고찰

칼 마르크스(1818–1883)는 산업 혁명이 가져온 대규모 사회 변동의 즉각적 여파 속에서 저술 활동을 하였다.[6] 한 생애(대략 1760–1840) 내에서 과거 1,000여 년에 걸쳐 유지되어 왔던 세상이 갑자기 변해버렸다. 마르크스는 이 극심한 변동이 왜 발생했고 언제 시작되었는지를 설명하고 향후 무엇이 도래할지를 포착하고자 했다. 그의 이론은 경제 발전을 사회적·정치적·역사적 변동과 결부시켰지만, 범죄 문제를 별로 중요하게 다루지는 않았다.

마르크스가 그의 이론 속에 개진했을 뿐만 아니라 그의 이론이 토대를 두고 있는 주요 갈등은 물질적인 생산력과 사회적인 생산 관계 사이에 나타나는 것이다.[7] 물질적인 생산력이라는 용어는 한 사회의 물질적인 상품 생산 능력을 나타내는 것으로, 여기에는 기술적인 장비와 지식, 기량, 그 장비를 사용하는 조직이 포함된다. 사회적 생산 관계라는 용어는 사람들 간의 관계를 나타낸다. 여기에는 물질적인 생산력에 의해 생산된 재화가 분배되는 방식, 즉 누가 무엇을 갖는지를 결정하는 소유 관계가 포함된다.

물질적인 생산력의 발달은 역사가 진행되는 동안 비교적 지속된다. 그것은 테크놀로지, 기량 등의 발달로 구성되기 때문이다. 그러나 사회적인 생산 관계는 오랫동안 특정 유형 속에 동결되는 경향이 있다. 일단 사회 관계가 정립되고 나면, 물질적인 생산력의 발달을 향상시키나, 시간이 흐를수록 점차 생산력과 양립하지 않게 되고 그것이 더 발달하는 것을 방해하기 시작한다. 어느 시점에 이르면 사회 관계가 갑작스럽고 격렬하게 변화하고 새로운 사회 관계가 정립됨으로써 다시 한 번 물질적인 생산력의 발달을 증진시킨다.

마르크스는 유럽 사회에서 막 발생했던 엄청난 변동들을 설명할 때 이 일반 모형을 사용했다. 맨 처음 봉건주의 사회 관계가 확립되었을 때, 그것은 물질적 생산력의 더 나은 발달에 필수 요건이라는 의미에서 진보적인 성격을 띠었다. 하지만 1,000여 년이 지나자, 물질적인 생산력은 널리 발달했지만 사회 관계는 거의 변하지 않았다. 그 시점에 봉건주의 사회 관계는 물질적인 생산력의 더 나은 발달을 방해하고 있었다. 산업 혁명이라는 대규모의 변동은 사회적 생산 관계의 갑작스럽고 격렬한 재구조화를 반영했다. 새로운 사회 관계, 즉 부르주아 자본주의는 물질적인 생산력이 더 발달하는 데 필수적이라는 의미에서 진보적이었다.

유럽에서 나타난 격렬하고 갑작스러운 사회 변동의 원인을 분석한 마르크스는 앞으로 발생하게 될 것을 예견하는 데도 동일한 기본 분석을 사용했다. 자본주의에서 물질적인 생산력은 지속적으로 발달하겠지만, 사회 관계는 봉건주의 사회처럼 상대적으로 고정된 채 남아 있을 것이다. 시간이 흐를수록 자본주의 사회 관계는 점차 물질적인 생산력이 더 발달하는 것을 막는 걸림돌이 될 것이다. 마르크스는 궁극적으로 사회주의가 자본주의를 대체하는 사회 관계의 갑작스럽고 급격한 재구조화가 나타날 것이라고 예견했다.

마르크스는 왜 재구조화가 발생할 것이라고 생각했는지에 관해서 꽤나 구체적이었다. 자본주의의 논리는 가장 적합한 것이 적합하지 않은 것을 잡아먹는 "적자생존"이다. 이와 관련하여 마르크스는 "한 명의 자본가가 항상 수많은 사람을 죽인다."[8]고 표현했다. 이 과정에서 자산은 점점 더 소수의 손에 집중되고 예전에 자본가였던 사람들은 자신을 위해 누군가를 고용하는 대신 남을 위해 일을 하는 임금 노동자로 전락한다. 동시에 기업과 산업에서 기계화가 확대되어 노동자의 필요성이 점점 더 줄어들며, 그 결과 불완전 고용 상태의 노동자와 실업 노동자의 인력 풀은 증가한다. 일자리를 원하는 수많은 노동자의 확보가 가능하게 됨에 따라 이미 직무에 종사하고 있는 노동자의 임금도 낮출 수 있게 되었다. 다른 노동자는 더 낮은 임금을 받고서도 일을 하려 할 것이기 때문이다.

마르크스는 자본주의 사회가 두 개의 갈등하는 집단으로 양극화되는 경향이 있다고 주장했다. 한 집단은 자신의 경쟁자를 집어삼킴으로써 그 사회에서 자산의 몫이 증가하는 사람들로 구성된다. 시간이 흐름에 따라 이 집단은 점점 소수가 되고 더욱더 부유해진다. 동시에 기계화가 실업을 확대하고 노동력의 공급이 그 수요를 초과함으로써 실질 임금이 감소함에 따라, 고용 혹은 실업 상태의 임금 노동자로 구성된 다른 집단은 그 규모가 점차 커지고 더욱더 가난해진다.

한 집단은 그 수가 점점 줄어들고 더욱 부유해지며, 다른 집단은 그 수가 점점 늘어나고 더욱 가난하게 되는 이러한 양극화를 마르크스는 자본주의의 "모순"이라고 불렀다. 양극화가 더 극단적으로 진행될수록 물질적인 생산력의 더 나은 발달을 막는 크나큰 걸림돌로 작용한다. 따라서 어느 시점에 이르면 사회적 생산 관계의 혁명적인 재구조화가 필연적이게 된다. 마르크스는 자본주의에 만연된 과잉 생산과 경기 침체를 종결짓기 위해서는[9] 생산 수단에 대한 집단적 소유권의 수립과 중앙 집권적인 계획의 시행을 수반하는 사회 구조의 재편이 이루어져야만 한다고 생각했다.

범죄, 형법, 형사사법에 대한 마르크스의 사상

마르크스가 여러 구절에서 범죄 문제나 경제 체계에 대한 범죄의 관계를 다루긴 했으나 그 주제를 깊이 있게 논의하지는 않았다.[10] 이 구절 중에서 특히 마르크스의 두 가지 주장이 후일의 마르크스주의 범죄 행위 이론에서 중요했다.

첫째, 마르크스는 사람이 삶과 일에서 생산적인 것은 인간 본성에 본질적인 것이라고 주장했다. 하지만 산업화된 자본주의 사회에서는 실업 혹은 불완전 고용 상태에 놓여 있는 수많은 사람이 비생산적이고 탈도덕화가 된다. 따라서 그들은 온갖 종류의 범죄와 악행의 주체가 된다. 마르크스는 이 탈도덕화한 사람을 룸펜프롤레타리아라고 불렀다.[11]

둘째, 마르크스는 당대에 지배적이었던 고전주의 철학, 즉 모든 사람은 공동선을 위한 사회 계약에 자유롭고 평등하게 참여하며 법률은 일반 의지의 합의를 반영한다는 사상을 비판했다.[12] 마르크스는 이 견해가 한 사회에서 부의 불평등한 분배는 권력의 불평등한 분배를 낳는다는 사실을 무시하고 있다고 주장했다. 사회 계약의 형성에서 부를 소유하지 못한 사람은 아무런 권력도 갖지 못하나, 엄청난 부를 갖고 있는 사람은 자기 자신의 이익을 반영하기 위해 권력을 통제할 수 있다. 따라서 마르크스는 범죄를 공동선에 대한 고의적인 위반으로 보지 않고 "지배적 조건에 대한 고립된 개인의 투쟁"으로 간주했다.[13] 때때로 이 결론을 마르크스의 원초적 반역론(primitive rebellion thesis)이라고 부르기도 한다. 범죄는 지배적인 사회 질서에 대한 원초적인 반역의 한 형태로서 점차 의식적이고 혁명적인 활동으로 발전할 수 있다는 점을 함축하고 있기 때문이다.

마르크스는 또한 형법과 형사사법 기관의 역사적 기원을 분석하는 몇몇 구절을 서술했다. 철학자 헤겔(Hegel)의 추종자였던, 젊은 마르크스는 1840년대 독일의 목재 절도 범죄에 관한 몇 가지 논문을 집필했다.[14] 전통적으로 귀족은 숲에서 수렵할 수 있는 권리를 갖고 있었고, 농민은 목재와 같은 임산물을 채집할 수 있는 권리가 있었다. 하지만 1800년대 초반 선박 건조, 철로 건설 등의 호황 탓에 목재의 가치가 극적으로 높아졌다. 농민한테서 전통적인 권리를 빼앗고 숲에서 목재를 취하는 행위를 범죄로 규정하는 다수의 법률이 통과되었다. 이 법률의 집행은 형사사법 기관의 주요 기능이 되었다. 어떤 지역에서는 형사소추 된 사건의 사분의 삼 가량이 목재를 취하는 것과 같은 산림 범죄에 해당하는 것이었다. 마르크스는 자신의 헤겔주의 철학에 기초하여, "진정한" 국가라면 모든 시민의 권리를 옹호하겠지만, 이 법률은 단지 삼림 소유주의 이익만을 반영한다고 논박했다.[15]

마르크스는 후일 「자본론(Capital)」에서 자본주의 경제적 토대는 농민의 전통적 권리에 대한 유사한 절취에 기초하고 있다고 주장했다.[16] 자본주의 이전에 대부분의 농민은 국가 소유, 교회 소유, 혹은 공동으로 소유하고 있는 토지를 이용할 수 있는 세습적인 권리를 지닌 독립적인 생산자였다. 다양한 법적 수단을 통해, 이러한 토지에 대한 농민의 권리는 종식되었고, 삶을 영위하는 그들의 전통적인 방식은 불법적인 것으로 선언되었으며, 그들이 소유했던 토지는 사적 자본가들에게 넘겨졌다.

전통적인 생계 수단을 박탈당한 수많은 농민들은 걸인과 부랑아가 되거나 배회하는 강도단을 형성했다. 삶을 영위하는 이 방법 또한 모두 범죄 행위로 규정되었으며, 결국 형법은 사실상 농민을 자본가를 위한 임금 노동자로 전락시켰다. 마르크스는 농민은 기회가 주어질 때면 언제든 임금 노동자가 되기보다는 독립적인 생산자로 남아 있고자 한다는 사실을 논증했다. 그리하여 그는 자본주의의 경제적 토대는 상상할 수 없는 실로 엄청난 규모의 절도, 강제적인 형법 권력에 의해 달성되는 절도에 의해 수립되었다고 주장했다.

마르크스주의 범죄학의 출현

초기 마르크스주의 범죄학자 중 한 명인 빌렘 봉거(Willem Bonger)는 1916년에 출간된 그의 저서 「범죄성과 경제 조건(Criminality and Economic Conditions)」을 통해 확장된 범죄 이론을 제시했다.[17] 봉거는 자본주의 경제 체계가 모든 사람으로 하여금 탐욕적이고 이기적이게 하고 동료의 복지에는 관심을 두지 않은 채 자기 자신만의 이익을 추구하도록 조장한다고 주장했다. 형사사법 체계가 가난한 사람의 탐욕은 범죄화 하고 부자에게는 이기적인 욕망을 추구할 수 있는 기회를 제공하므로, 범죄는 하류층에 집중된다. 봉거는 사회주의 사회는 전체 사회 복지에 대한 관심을 증진하고 부자에게 우호적인 법적 편향을 제거할 것이므로 궁극적으로 범죄를 몰아낼 것이라고 주장했다.

1920년대 중반 이후로 마르크스주의 범죄학은 영어권 국가에서 사실상 사라졌지만,[18] 1970년대에 그 시기의 급진적인 사회 분위기에 힘입어 다시 등장했다.[19] 이 버전의 마르크스주의 범죄학은 마르크스의 원초적 반역론에 근거해 범죄자를 설명하는 경향이 있었다. 말하자면 범죄자는 자본주의 경제 체계에 대한 무의식적 반역의 한 형태로써 범죄에 가담한다는 것이다. 1970년대에는 형사사법 체계에 대한 도구적 관점도 등장했다. 이에 따르면 형법의 제정과 집행은 다른 집단의 희생의 대가로 자신의 이득을 추구하려고 공모하는 단일하고 한 덩어리로 뭉친 지배 계급의 단순한 도구일 뿐이다.

범죄자와 형사사법에 대한 이 단순한 시각은 거의 즉각적으로 마르크스 사상을 잘못 해석했다는 비판을 받았다.[20] 예를 들어 블록과 챔블리스(Block and Chambliss)는 초기 이론이 지배 계급을 단일체의 엘리트로 단순하게 묘사한 점, 법률의 제정과 집행을 단지 지배 계급의 이익만을 반영하는 것이라고 주장한 점, 범죄 행동을 억압과 착취의 조건에 대한 정치적 반응이라고 주장한 점을 들어 이를 비판했다.[21] 그린버그(Greenberg)는 이 이론들이 범죄의 법적 정의에 대한 폭넓은 합의가 존재하고 있고 혜택을 받지 못하는 사람은 같은 부류의 다른 사람에게 매우 자주 범죄 피해를 입기 때문에 형법의 집행에 관심을 갖는다는 점을 보여주는 연구 결과를 망각했다고 지적했다. 또한 그는 사회주의 사회에서 범죄가 없어질 것이라고 기대하는 것은 비현실적이라고 역설했다.[22] 나중에 그린버그는 이 이론들을 범죄의 본질에 대한 참된 학술적인 주장이라기보다는 일차적으로 정치적인 진술이라고 묘사했다.[23] 신좌파 정치학이 붕괴되었을 때, "자신의 정치적 헌신을 버리지 않았던 좌파는 장기적으로 파고들었다." 몇몇은 지역 사회 조직화로 돌아섰지만, 다른 사람은 보다 광범위한 사회 과정에 대한 자신의 이해를 심화하기 위해 마르크스주의 이론으로 전환했다. 그린버그는 "늦어도 1970년대 중반에는 특별한 마르크스 범죄학(Marxian criminology)이 형태를 갖추기 시작했다."라고 결론을 내렸다.[24] 이 새롭고 엄격한 마르크스주의 범죄학(Marxist criminology)은 범죄 행위와 범죄 정책을 그것이 발생하는 특정 사회의 정치 경제와 결부시키려 하고, 자신의 주장을 뒷받침하기 위해 역사적·교차 문화적 연구들에 일차적으로 의존한다. 오직 그와 같은 연구들에 의해서만 정치 경제가 서로 다른 사회들을 비교할 수 있기 때문이다.

마르크스주의 이론과 범죄에 대한 연구

더 엄격한 마르크스주의 범죄학에서는 형법과 형사사법에 대한 단순한 도구주의적 견해가 더 복잡한 구조주의적 견해로 대체되었다.[25] 이 견해에 의하면, 국가의 일차적 기능은 자본가의 단기적 이익에 직접 봉사하는 것이 아니라 자본주의 사회 관계가 장기적으로 영속되도록 보증하는 것이다. 이 목표가 달성되기 위해서는 자본주의 붕괴를 유도할 조건들의 등장을 막을 수 있도록 다양한 시점에서 서로 다른 수많은 이해관계의 요구가 충족되어야 한다. 따라서 형법의 제정과 집행을 포함하는 특정 쟁점과 관련하여 국가는 생산 수단 소유주의 이해관계 이외에 다른 이해관계를 위해 봉사할 수 있을 것으로 보인다. 그럼에도 불구하고 조직화된 국가가 장기적으로는 생산 수단 소유주의 경제적 이익에 봉사할 것이라는 점에서, 생산 수단 소유주는 여전히 지배 계급으로 묘사될 수 있다. 더욱이 생산 수단 소유주는 단기적으로 국가가 자신의 이익에 봉사하도록 만들 수 있는 전혀 불균형한 능력을 지니고 있어, 다른 집단들에 비해 과도한 양의 정치 권력을 보유한다.

이와 같은 구조주의적 견해의 맥락에서, 마르크스주의자는 종종 경제적인 자기 이익을 추구하는 데서 나타나는 지배 계급의 행위의 유해성과 이 해로운 행위를 공식적으로 범죄로 규정하고 소추하지 못하는 형법 및 형사사법 기관의 실책에 초점을 맞춰 왔다. 예를 들어 라이먼(Reiman)은 재산 손실, 신체적 상해, 사망이라는 관점에서 봤을 때, 지배 계급이 유발한 일반 대중의 범죄 피해는 거리 범죄자가 유발한 일반 대중의 범죄 피해보다 훨씬 더 심각하다고 주장했다.[26] 그는 정부의 수치를 이용해, 한 해 동안 미국에서 발생한 거리 범죄의 비용은 약 180억 달러인데 비해, 기업 범죄의 비용은 1조 달러에 육박한다고 추정했다. 뿐만 아니라 불법적인 작업장 환경 때문에 사망하는 사람은 살인 범죄로 사망하는 사람의 약 두 배이고, 그런 환경으로 인해 상해를 입은 사람은 폭행 범죄로 다친 사람보다 11배나 더 많다. 라이먼은 또한 형사사법 기관이 거리 범죄를 통제하는 데 계속해서 실패하는 것은 사실상 지배 계급의 장기적인 이익에 봉사한다고 주장했다. 일반 대중이 하류층의 범죄를 계속 걱정한다면 부자와 권력자가 일반 대중에게 저지른 훨씬 더 심각한 범죄 피해는 주목받지 못하게 된다.[27]

마르크스주의의 이 주장은 앞 장에서 언급했던, 형법의 제정과 집행을 틀 지움으로써 자신들의 행위가 범죄로 규정되고 소추되지 않도록 할 수 있는 상류층 권력 집단의 능력에 대한 갈등 이론의 주장과 유사하다. 마르크스주의자들은 일반적으로 범죄가 무엇인지(혹은 무엇이어야 하는지)를 결정하기 위한 어떤 객관적인 토대가 존재한다고 주장한다는 점에서 두 이론은 차이를 보인다. 마르크스주의 및 다른 급진 범죄학자들은 권력을 가진 자가 권력이 없는 자에게 행하는 것이기 때문에 공식적으로 범죄 행동으로 규정되거나 소추되지 아니하는 "사회적으로 해로운" 다양한 행위 유형을 탐구해 왔다.[28] 이 행위에는 "인종주의, 성차별주의, 제국주의로 인한 인권 침해, 안전하지 못한 작업 환경, 부적절한 자녀 양육, 부적절한 고용 및 교육 기회, 수준 이하의 주거 환경과 의료 보호, 경제적·정치적 지배의 범죄, 환경오염, 가격 담합, 경찰의 야만성, 학살, 전쟁 도발,[29] 존엄성의 침해, 물리적 욕구와 필수품의 부정, 자기 결정권에 대한 훼방, 적절한 음식의 박탈과 유관한 정치적 결정에 참여할 수 있는 기회의 차단" 등이 포함된다.[30] 이 행동 대부분은 결코 범죄 행위로 규정되지 않는다. 그것이 범죄로 규정되더라도 법은 거의 집행되지 않는다. 집행되더라도, 객관적인 해를 덜 야기하는 거리 범죄자의 행위에 통상적으로 부과되는 것에 비하면, 그 형벌은 대개 미미한 수준이다.

당초 마르크스주의자들은 지배 계급의 사회적으로 해로운 행동에 초점을 맞췄기 때문에 하류층의 거리 범죄를 망각하거나 이를 낭만적으로 바라보았다.[31] 예를 들어 1973년 테일러, 월턴, 영(Taylor, Walton, and Young)은 일탈 행동을 개인 혹은 사회 병리의 산물이 아닌 진정한 인간 행동으로 간주해야 한다고 주장했다.[32] 즉 일탈(deviance)은 인간의 다양성의 표현이며, 일탈의 범죄화는 그 행동의 질과는 무관한 사회적인 요구이다. 이 저자들은 "그것이 개인적이든, 조직적이든, 아니면 사회적이든 관계없이, 인간의 다양성이라는 사실이 권력에 의한 범죄화의 대상이 되지 않는 사회를 만드는 것이 과제"[33]라고 결론을 맺었다. 이 저자들이 마르크스주의로 전환한 것은 이와 같은 사회를 만들기 위해서이다.

그러나 하류층 지역 사회에서 일하는 마르크스주의자는 일차적으로 다른 하류층 사람을 대상으로 행해지는 하류층 범죄가 사실상 심각한 문제라는 점을 즉각적으로 발견했다. 그리하여 대략 1980년경부터 마르크스주의자는 마르크스의 원초적 반역론에서 벗어나 룸펜프롤레타리아에 관한 그의 주장으로 되돌아감으로써 하류층 범죄에 대한 설명을 제시하기 시작했다. 즉 하류층 범죄가 이런 저런 형태의 "진정한 인간 행동"으로 비춰지는 대신에, 그 행위는 선진 자본주의 사회 구조의 병리적 결과물로 묘사되기에 이

르렀다.[34]

그들이 자신의 기초적인 개념을 정치-경제 체계 및 그 체계가 변동하는 역사 과정에 대한 보다 포괄적인 견해와 연계한다는 점을 제외하면, 이 설명은 더 전통적인 범죄학 이론에서 발견되는 설명과 아주 유사하다.[35] 이 마르크스주의 이론 중 몇몇은 긴장 이론[36]과 통제 이론[37]에서 발견되는 것과 유사한 인과적 주장을 제기하지만, 대부분은 범죄 행위를 사회적으로 학습된 것으로 묘사하는 전통적인 범죄학 이론과 유사하다. 말하자면 마르크스주의 이론은 일반적으로 범죄 행위는 자본주의 사회 관계에 의해 구조화 되는 상황 속에서 평범한 개인이 사회적으로 학습한 결과물이라고 주장한다. 이 견해는 일반적으로 그리고 장기적으로 개인은 자신의 경제적 이해관계와 일치하는 방식으로 행동하고 사고한다는 마르크스주의 이론의 견해와 일치한다.

예를 들어 챔블리스(Chambliss)는 시애틀의 조직 범죄 분석 연구에서 이 접근을 취했다.[38] 그는 한때 조직 범죄가 제공하는 재화와 용역은 대부분 합법적이었다고 주장했다. 다양한 역사적 이유로 인해 이 재화와 용역이 불법적인 것으로 공표되었지만, 그 수요는 사라지지 않았다. 따라서 챔블리스는 우리의 정치 체계에서 정치인은 사무실 운영 자금을 마련하려는 강한 욕구를 가지고 있으며, 동시에 불법적인 재화와 용역에 대한 법률이 집행되는 조건을 통제한다고 지적했다. 이 상황은 정치인과 조직 범죄자 간의 매우 강한 제휴 압력을 형성한다. 챔블리스는 시애틀 조직 범죄의 핵심부에서 이 제휴를 발견했다고 주장했다. 챔블리스는 비범죄화가 도움이 될 것이라고 주장할 뿐, 그 범죄를 제거하기 위한 개혁의 가능성에 관해서는 꽤나 비관적이었다. 그는 대부분의 개혁은 단지 핵심 지위에 있는 사람들을 대체할 뿐이며, 애초에 조직 범죄를 야기하는 기초적인 정치-경제적 힘(정치인에 의한 불법적인 재화와 용역의 수요, 돈의 필요성)에 대해서는 아무 것도 할 수 없다고 언급했다. 결과적으로 새로운 개혁적인 사람은 동일한 힘에 대해 반응함으로써 자신들이 대신하는 부패 정치인이 행했던 것과 같은 종류의 행동을 취하는 경향이 있다.

챔블리스는 나중에 블록(Block)과 같이 집필한 저서에서 다양한 범죄 유형을 그것이 발생하는 사회의 정치-경제 체계와 결부시킴으로써 몇몇 그의 주장을 일반화했다.[39] 블록과 챔블리스는 모든 정치-경제 체계는 근본적인 사회 구조의 변화 없이는 해결될 수 없는 모순들을 보유하고 있다고 주장했다. 한 사회의 범죄는 본질적으로 그와 같은 모순들에 대한 합리적인 반응이다. 일반적으로 범죄 통제 정책이 갖는 문제는 그것이 그러한 징후들을 낳는 기본적인 정치-경제적 힘은 변경하지 않은 채 그 징후들만을 다루려 한다는 점이다.[40]

몇몇 마르크스주의 범죄학자는 자본주의 사회의 더 큰 정치-경제적 힘을 변화시키는 데 초점을 맞췄음에도 불구하고 현재의 범죄 문제에 대한 보다 제한적인 접근을 취하려고 시도하였다.[41] "좌파 현실주의자(left realists)"라고 부르는 이 범죄학자는 범죄는 노동 계급 시민에게 심각한 문제를 야기하고 설령 자본주의 경제 체계가 전복되지 않더라도 형사사법 기관은 그와 같은 문제에 대응할 수 있다는 점을 인식한다.[42] 그러므로 이 범죄학자는 주류(심지어 자유주의 범죄학자도 포함하는) 범죄학자의 권고와 크게 다르지 않은 다양한 정책을 권고하였다.[43] 특히 이 권고에는 탈 중앙집권적이고 지역 사회에 기초한 경찰 활동의 시행도 포함된다.[44] 지역 사회 주민은 종종 억압적이고 강경한 경찰 정책을 선호하는데, 좌파 현실주의 범죄학자의 도전은 지역 사회가 억압적인 경제 조건이라는 보다 넓은 맥락에서 범죄 문제에 접근하고 지역 사회 주민이 범죄 피해를 당하는 다양한 방식에 대한 인식을 확장하도록 하는 것이다. 다른 유사한 정책적 권고에는 화이트칼라 범죄의 기소,[45] 교도소 개혁,[46] 길거리 매춘의 규제(범죄화에 대해서는 반대하면서),[47] 마약 문제를 처리하기 위한 장기 전략으로써 도심의 중대한 보건, 주택, 교육적 욕구들을 다루는 것 등이 포함된다.[48] 범죄에 대한 이러저러한 중범위 정책적 대응은 계급에 기초한 자본주의 사회의 특징인 경제적 주변성, 사회적 소외, 정치적 탄압을 줄이려는 시도이다.

포스트모더니즘의 개요

모더니즘은 과학을 세계에 대한 예측과 통제를 지향하는 하나의 객관적 과정으로 바라보는 견해를 포함하여 이 책의 제1장에서 자연주의적 접근이라고 언급했던 것과 관련된다.[49] 대부분의 범죄학은 이런 의미에서 근대적이다. 예외적으로 제1장에서 논의했던 심령주의적 접근은 모더니즘의 등장 이전에 존재했던 세계에 대한 지배적인 사유 방식이라는 점에서 전근대적인 것으로 규정할 수 있어 보인다.

포스트모더니즘 이론은 모든 사유 체계와 지식이 언어에 의해 매개되고 언어 그 자체는 결코 중립적인 매체가 아니라고 주장함으로써 모더니즘을 넘어서려 한다.[50] 사람들이 이를 인식하든 인식하지 못하든, 언어는 항상 몇몇 관점을 특권화하고 다른 것은 폄하한다. 예를 들어 모더니즘은 과학적 사유 체계가 다른 유형의 사유 체계에 비해 특별한 타당성과 객관성을 갖는다는 점을 들어 이에 특권을 부여한다. 이와 대조적으로 포스트모더니즘은 과학적 사유 체계에 특별한 지위를 부여하지 않으며, 대신 그것은 다른 유형의 사유 체계보다 그 타당성이 더하지도 덜하지도 않는다고 본다. 심지어 포스트모더니스트는 특권화 된 관점을 해체하려 하기 때문에 어느 정도까지는 과학적 사유 체계를 공격하기도 한다. 즉 그들은 과학적 사유 체계의 관점은 정당화 되고 다른 관점은 폄하되는 방식의 기저를 이루는 암시적인 가정과 지지받지 못하는 주장을 규명한다. 동시에 포스트모더니스트는 폄하된 관점을 드러내고 정당화하기 위해 그것을 탐색한다.[51] 그 목표는 단지 하나의 관점을 해체하여 다른 것으로 대체하는 것이 아니라, 상이한 문법들이 동시에 정당한 것으로 수용될 수 있는 상황에 이르게 하는 것이다. 그렇게 될 때, 어떤 관점은 우월하고 다른 것들은 열등하다고 가정하지 않는 관점의 다양성이라는 어떤 느낌이 존재한다.

슈워츠와 프래드릭스(Schwartz and Friedrichs)는 "거의 무한대의 포스트모던 관점이 존재하는 것으로 여겨지기 때문에 포스트모니즘을 요약하기란 어렵다."고 지적했다.[52] 덧붙여 슈왈츠는 심지어 여러 번 독해한 뒤에도 "나는 도대체 그들이 어떤 것에 대해 이야기하고 있는 것인지 도무지 알 수가 없다."고 지적하면서, 수많은 포스트모더니스트의 난해한 문체에 대해 언급했다.[53] 이 문제 모두 포스트모더니즘 그 자체와 연관이 있다. 포스트모더니즘은 선형적인 사고 과정, 원인과 결과에 관한 진술, 삼단 논법적인 추론, 객관적 분석, 그 밖에 다른 과학적 사유 체계의 기준들이 다른 유형의 사유 형식보다 더 타당한 것은 아니라고 생각하기 때문이다. 따라서 누군가 어떤 논리적·응집적·체계적 방식으로 포스트모던 사상을 요약하고자 하는 한, 그는 포스트모던 사상 그 자체에 반하는 행동을 하는 것이다. 그럼에도 불구하고 최소한 몇몇 포스트모던 이론가는 그런 요약의 자기 모순적 본질을 인식하면서도 이를 시도해왔다.[54]

포스트모더니즘의 핵심은 일반적으로 모더니즘, 특히 과학이 해방보다는 압제의 증가를 유도한다는 견해에 있다.[55]

> (포스트모더니즘은) 모더니티는 더 이상 해방의 동력이 아니라 복속, 압제, 탄압의 힘이 되었다고 주장한다. 이 주장은 모더니티의 산물인 사회 과학 그 자체에 대해서도 적용된다. 포스트모더니스트는 자유주의 진보 개념과 해방에 대한 급진적인 기대에 환멸을

느낀다. …… 모더니즘의 힘(예를 들면 산업주의)은 세상에서 폭력이 미치는 범위를 확대하고 증폭시켜왔다. 포스트모던 비판가에 의하면, 심지어 더 나쁜 것은 이러한 폭력에 대한 주요 대응 형태가 주로 전문가와 숙련가에 상당히 의존하는 합리적 조직(예를 들면 법원 체계와 규제적 관료제)을 통해서 이루어진다는 점이다. 비판가는 그런 대응은 아마 새롭지만 덜 치명적이지는 않은 형태로 단지 지배를 재생산할 뿐이라고 넌지시 말한다.

포스트모더니스트의 대응은 더 많은 자유를 성취하는 수단으로써 사회의 지배 구조를 드러내는 것이다. 포스트모더니스트에 의하면, 이 지배의 주요 원천은 언어 체계의 통제이다.[56] 왜냐하면 언어는 사고를 구조화하기 때문이다. 즉 사람이 의미를 실어 나르기 위해 사용하는 낱말과 구절은 그 언어를 사용하는 사람이 알든 모르든 중립적인 시도가 아니라 지배적인 세계관을 지지하는 것이다.[57]

그러므로 포스트모더니스트는 의미, 정체성, 진실, 정의, 권력, 지식을 생성하는 데 있어 인간 작용 주체(human agency)와 언어 간의 관계를 검증한다.[58] 이 관계는 언어 속에 함축된 진의와 가정에 주목함으로써 어떻게 의미와 뜻이 구성되는지를 탐구하는 방법인 담론 분석(discourse analysis)을 통해 규명된다. 담론 분석은 말해지거나 쓰인 것의 의미를 이해하기 위해 화자 혹은 필자의 사회적 지위를 고려한다. 하지만 그것은 사람이 점하고 있는 사회적 역할에 대한 분석은 아니다. 대신 그것은 어떻게 언어가 이 역할 속에 착근되어 있고, 어떻게 사람이 이 역할 속에서 사고하고 말하는 방식을 형성하고 틀 지우는지를 고려한다. 따라서 이 역할은 "담론 주체의 지위"(discursive subject positions)로 간주된다.

포스트모던 범죄학

이 준거 틀의 맥락에서 포스트모던 범죄학자는 "특히 인간 행위자가 사회 질서의 아이러니와 뜻밖의 기쁨에 참여할 때, 모순적 존재와 생성 속에서의 모든 인간 행위자(예를 들어 범죄 피해자, 범죄자, 경찰관, 교정 공무원, 법원 공무원, 판사, 변호사 등)의 통약 불가능한 충만함"[59]을 검증한다. 예를 들어 변호사가 변호사로서 이야기할 때 변호사가 의미한 것을 완전히 이해하려면 특정 사회에서 역사적으로 자리매김 되고 구조화된 "변호사라는 직"에 대한 상당한 이해가 필수적이다.[60] 범죄 및 형사사법 영역에는 자신들의 고유한 언어 체계와 연계된 수많은 다른 "담론 주체의 지위"(경찰, 청소년 갱 단원, 마약 중개상, 교정 공무원, 조직 범죄자, 기업 및 정치 범죄자, 법원 직원, 상점 절도범, 무장 강도, 심지어 범죄학자까지도 포함해서)가 존재한다.

포스트모던 범죄학자는 일단 사람들이 이 "담론 주체의 지위들" 중 하나로 가정되면, 그들이 말하는 단어는 더 이상 그들의 실재를 충분히 표현하는 것이 아니라 어느 정도까지는 더 큰 제도와 조직의 실재를 표현한다고 지적한다. 사람들의 언어가 다소 그들의 실재와 동떨어지게 되므로, 사람들은 탈 중심화 된(decentered) 것으로 묘사된다. 다시 말해 사람들은 결코 그들의 단어가 묘사하는 것이 되지 못하며, 항상 다소간 그들의 언어 체계가 기대하거나 요구하는 것이 되는 경향이 있다.[61]

예를 들어 강간을 당한 여성은 반드시 검사에게 자신의 스토리를 진술해야 한다. 그러면 그들은 그 스토리를 법정의 언어, 즉 "난해한 법률 용어"[62]로 재구성하거나 재포장한다. 그 여성은 법정에서 진술할 수 있지만, 그녀의 증언은 피고인에게 유죄 판결이 내려질 가능성을 위태롭게 하지 않는, 승인된 언어 체계에서 벗어나지 않을 것으로 보인다.[63] 심지어 피고인에게 유죄가 선고되더라도, 강간을 당한 여성은 자신의 스토리가 결코 충분하게 전해지지 않았고, 자신의 실재가 결코 완전하게 알려지지 않았으며, 자신의 고통이 전혀 완전하게 인식되지 않았다는 깊은 실망감을 가진 채 법정을 떠날지도 모른다. 법정 체계의 언어는 피해자에 대한 어떤 지배 형태를 표현하고 제도화하며, 이것이 피해자가 종종 법원에 실망하는 이유 중의 하나이다.

유사한 상황은 범죄로 기소된 피고인에게도 나타난다. 형사 변호인은 변론 구성의 일부로써 의례적으로 피고인의 스토리를 난해한 법률 용어로 재포장하고 재구성한다. 변호사는 그것이 소송에 승리하는 유일한 방법이기 때문에 그렇게 하지만, 통상 그 과정에서 피고인의 스토리에 담긴 충분한 의미는 상실된다. 경험이 덜한 피고인은 법정에서 전해지는 스토리가 실제 발생한 것과 거의 닮지 않았다는 이유로 반대할지 모른다. 하지만 세상에 더 밝은 피고인은 이것이 게임하는 방법임을 안다. 심지어 피고인이 소송에서 "이기더라도"(즉 무죄를 선고받더라도), 법정의 실재가 피고인의 실재를 지배하는 딱딱한 의례적 의식은 여전히 존재한다. 따라서 누가 소송에 승리하는지와 무관하게, 법정의 언어는 개인에 대한 사회 제도의 지배를 표현하고 제도화한다.

다른 포스트모던 분석은 공식 언어가 형사사법 절차에 참여한 사람을 지배함으로써 그 참여자 스스로 그 체계가 자신을 하찮은 존재로 만들고, 소외를 유발시키며, 압제적인 것으로 느끼게 하는 방식을 예증해왔다. 교도소 출입 변호사,[64] 911 신고 전화에 응하는 경찰관,[65] 형사 법정에서의 여성 변호인의 경험[66] 등에 관한 연구가 이 분석에 포함된다. 각각의 경우, 실재에 대한 하나의 견해(예를 들면 재소자, 경찰, 혹은 여성 변호인의 실재에 관한)가 다른 것(예를 들어 법정이나 교정 체계의 언어)으로 대체됨으로써, 기존 질서는 공고화되고 정당화된다.

포스트모더니스트는 현재 상황을 담론 지배적(예를 들어 의학, 법률, 과학의 언어)이거나 담론 저항적(예를 들어 교도소 수감자의 언어)인 것으로 묘사한다. 포스트모더니즘의 목표는 서로 다른 수많은 담론들이 정당한 것으로 여겨지는 상황으로 이행하는 것이다. 그렇게 하는 방법 중의 하나는 언어 그 자체가 사람들로 하여금 더 진정한 목소리를 갖고서 이야기할 수 있도록 도움을 주는 "대체 담론"을 수립하고 다른 사람의 진정한 목소리를 지속적으로 인식할 수 있게 유지하는 것이다.[67] 그 목표는 보다 큰 포섭성, 더 다양한 소통, 다원적인 문화이다. 이 목적을 달성하기 위해, 포스트모더니스트는 범죄행동의 정의를 구성하는 데 있어 배제된 견해에 주의 깊게 귀 기울인다. 그들은 대안 담론이 지배적인 발화 패턴(speech pattern)으로부터 시민을 해방시키는 사회를 만드는 일은 또한 범죄를 줄이기 위한 프로젝트에서 모든 시민의 역할을 정당화할 것이라고 결론을 내린다. 그 결과는 전체 사회에서 사람들의 다양성을 더 크게 존중하고, 다른 사람들이 범죄자에게 피해를 덜 받게 하며, 범죄자가 형사사법 기관으로부터 공식적인 형벌을 덜 받는 것을 의미할 것이다.[68]

포스트모더니즘은 초기 갈등 이론 및 마르크스주의 이론이 간과했던 사회 내 권력과 지배의 토대를 드러낸다. 하지만 그것은 "감식력이 있는 상대주의(appreciative relativism)"[69]와 "집단적 찬양(communal celebration)"[70]을 향하는 경향이 있으며, 특히 다른 사람에게 피해를 입히는 범죄자의 행동에 대해 "호의적으로 평가하거나" "찬사를 보낼" 때면, 그것은 범죄에 대한 단순한 초기 마르크스주의 견해와 닮았다. 이 견해는 뒤에 등장한 "좌파 현실주의" 접근과 모순된다. 좌파 현실주의 접근에서는 범죄를 현실적인 형사 정책에 의해 다뤄질 필요가 있는 실제적인 범죄 문제로 결론 내린다. 하지만 페핀스키(Pepinsky)는 강압적인 사회 정책은 단지 그 문제를 영속화할 뿐이라고 주장했다.[71]

> 범죄는 폭력이다. 처벌도 그렇고 전쟁도 그렇다. 전쟁을 치르는 사람은 폭력이 효과가 있다고 믿는다. 그 믿음은 범죄자나 범죄자가 처벌받기를 원하는 사람에게도 마찬가지이다. 이 모두가 폭력이 효과적이라고 믿는 것은 그들이 또한 지배가 필수적이라는 믿음을 갖고 있기 때문이다. 신, 자연의 지혜, 혹은 과학적 진리에 더 가까이 있는 사람은 말 안 듣는 졸개들(subordinates)을 잘 다스려야만 하며, 그렇지 않으면 사회 질서는 엉망이 된다.

유사하게 퀴니(Quinney)도 다음과 같이 서술했다.[72]

> …… 이 나라의 형사사법 기관은 폭력 위에 세워졌다. 그것은 폭력은 폭력으로 극복될 수 있고, 악은 악으로 극복될 수 있다고 가정하는 체계이다. …… 이 원리는 불행하게도 우리의 범죄학을 상당 부분 지배한다. …… 형사사법 기관이 전쟁 기계와 도덕적 등가물이라는 점을 인식할 때, 하나에 대한 저항이 다른 하나에 대한 저항과 연계되는 것을 깨닫게 된다. 이 저항은 열정과 사랑에 의한 것이어야 하며, 저항의 대상이 되는 폭력을 수단으로 하는 것이어서는 안 된다.

궁극적으로 이 범죄학자들은 형벌의 폭력은 오직 범죄의 폭력을 영속화하고 증가시킬 뿐이라는 결론에 도달했다. 오로지 범죄학자와 일반 대중이 폭력의 효과성과 적정성에 대한 믿음을 포기할 때, 범죄자도 이와 동일하게 행동할 것이라고 합리적으로 기대할 수 있다.[73]

결론

마르크스주의에 기초한 대부분의 사회는 현재 붕괴되고 없으며, 그것은 분명 마르크스주의에 기초한 경제적 기초가 치명적인 결함을 갖고 있음을 시사한다.[74] 하지만 마르크스주의 사회의 붕괴에서 출현한 새로운 국가는 자본주의의 재건과 더불어 큰 폭의 범죄 증가를 경험하고 있다.[75] 이 증가는 범죄와 자본주의 간에 어떤 관련성이 존재한다는 마르크스주의 범죄학의 주장에 어느 정도 타당성이 있음을 말해준다.[76] 최소한 범죄학자는 자본주의가 어떤 유형의 범죄와 그 수준에 인과적으로 연관되어 있는지를 결정하기 위해 전 사회주의 국가의 최근 발전을 탐구할 수 있을 것이다. 정치 경제와 범죄율 간에 어떤 연관성이 존재한다면, 그것은 자본주의가 높은 수준의 경제적 불평등과 결합되는 경향이 있어 자본주의 경제 체계가 아닌 바로 그 불평등 자체가 범죄의 원인이 되기 때문일지도 모른다.

포스트모더니즘 범죄학은 마르크스주의 범죄학과 많은 점에서 닮았지만, 경제적 생산에서 언어의 생산으로 관심을 돌린다. 포스트모더니스트는 지배 관계의 생성에서 언어의 사용에 주목하는데, 이 관점은 일반적으로 그리고 특히 범죄 연구에서 상당한 장점을 지니는 것으로 보인다.[77] 이와 더불어 배제적·거부적인 것이 아니라 포섭적·수용적인 "대체 담론"의 발달은 범죄학에 상당한 득이 될 수 있을 뿐만 아니라 당연히 범죄를 줄이는 방법이 될 것이다.[78]

포스트모더니즘은 모든 관점에 대해 동등하게 특권을 부여하고 과학적 담론을 다른 어떤 언어보다 더 많은 타당성을 지니는 것으로 취급하지 않는 "감식력이 있는 상대주의"를 취한다. 이 입장은 그 모든 실천적인 어려움에도 불구하고 기본적인 과학적 과정의 타당성을 신봉하는 대부분의 범죄학자의 입장과 크게 다를 수도 있다. 확실히 범죄학자는 과학적 관점에서 포스트모던 범죄학을 바라볼 것이다. 그것의 기본적인 주장 중의 하나는 폭력은 폭력을 낳기 때문에 현재 우리 형사 정책의 폭력은 우리 사회 범죄자의 폭력만을 증가시킬 것이라는 점이다. 이것은 궁극에 가서는 과학적 연구에 의해 검증될 수 있는 경험적 주장이다. 예를 들어 서로 다른 주나 국가에서 나타나는 형사 정책의 폭력은 그 주 혹은 국가의 범죄율과 비교될 수 있을 것이다. 포스트모더니스트가 맞는다면, 폭력적 형사 정책과 폭력 범죄 간에는 분명한 관계가 존재해야만 한다.

주요 용어

- 비판 범죄학
- 마르크스주의 이론
- 포스트모던 이론
- 급진 이론
- 사회 정의
- 물질적 생산력
- 사회적 생산 관계
- 자본주의 모순
- 룸펜프롤레타리아
- 원초적 반역
- 형법에 대한 도구적 견해
- 구조주의적 견해

- 좌파 현실주의자
- 담론 주체의 지위
- 지배적 혹은 적대적 담론
- 감식력이 있는 상대주의
- 담론 분석
- 탈 중심화 된
- 대체 담론

토의할 문제

1. 비판 범죄학자는 범죄 문제의 해결을 위해 어떤 대책을 제안할까요?
2. 빌렘 봉거에 의하면, 사회주의는 어떻게 범죄를 제거할까요?
3. 마르크스주의 이론과 포스트모던 이론에 대한 비판점은 무엇입니까?
4. "사회적 해악"의 분석을 응용하는 것이 갖는 함의는 무엇입니까? 이 접근에 대한 비판점은 무엇입니까?
5. 언어에 대한 포스트모던의 견해를 범죄학에 어떻게 응용할 수 있을까요?
6. 범죄에 대한 포스트모던의 견해는 무엇입니까?
7. "신좌파 현실주의"는 포스트모더니즘과 어떻게 대비됩니까?

인용& 부연설명

1. Marin D. Schwartz and David O. Friedrichs, "Postmodern Thought and Criminological Discontent: New Metaphors for Understanding Violence," *Criminology* 32 (1994): 221–46, p. 222. 비판 범죄학을 개관하려면 Raymond J. Michalowski, "Critical Criminology and the Critique of Domination: The Story of an Intellectual Movement," *Critical Criminology* 7 (1996), 9–16쪽과 Bruce A. Arrigo, "Introduction: Some Preliminary Observations on Social Justice and Critical Criminology," in Arrigo, ed., *Social Justice, Criminal Justice* (Belmont, CA: West/Waddworth, 1999), 3–9쪽을 볼 것.
2. Arrigo, op. cit.에서도 범죄학 내의 다른 유형의 비판 이론에 관한 읽을 만한 내용들을 발견할 수 있다.
3. Werner Einstadter and Stuart Henry, *Criminological Theory* (Fort Worth, TX: Harcourt Brace,

1995), 제10-12장. 갈등 범죄학, 마르크스주의 범죄학과 포스트모던 범죄학 간의 관계에 대한 논의는 Bruce A. Arrigo and Thomas J. Bernard, "Postmodern Criminology in Relation to Radical and Conflict Criminology," *Critical Criminology* 8 (1997), 39-60을 참조할 것.

4. "급진" 범죄학에 대한 논의를 위해서는 Michael J. Lynch, Raymond Michalowski, and W. Byron Grovesm, *A New Primer in Radical Criminology: Critical Perspectives on Crime, Power and Identity*, 3rd ed. (Monsey, NY: Criminal Justice Press,. 2000), 3-15를 참조할 것.

5. 예를 들어 Thomas J. Bernard, "Foreword," in Bruce A. Arrigo, ed., *Social Justice, Criminal Justice*, 3-15쪽.

6. 마르크스 이론에 대한 이런 설명은 Thomas J. Bernard, *The Consensus-Conflict Debate: Form and Content in Social Theories* (New York: Columbia University Press, 1983), 95-98쪽을 참조할 것. 범죄학과의 관련성 속에서 마르크스 이론을 개관한 다른 사례들로는 David Greenberg, *Crime and Capitalism* (Palo Alto, CA: Mayfield, 1980), 13-17쪽, Richard Quinney, *Class, States and Crime*, 2nd ed. (New York: Longman, 1980), 13-17쪽, Lynch, Michalowski, and Groves, op. cit., 제2장, Lynch and Paul Stretesky, "Marxism and Social Justice," pp. 14-29 in Arrigo, *Social Justice, Criminal Justice*, op. cit. 등이 있음.

7. 이 주장에 대한 요약은 Karl Marx, *Critique of Political Economy* (1859), English Translation (New York: International Publishers, 1967), 72-95쪽 참조.

8. Karl Marx, *Capital*, vol. 1 (New York: International Publishers, 1967), p. 763.

9. 일반적인 것으로는 Karl Marx, *Critique of the Gotha Programme* (New York: International Publishers, 1970)를 볼 것. 또한 D. Ross Gandy, *Marx and History: From Primitive Society tp the Communist Future* (Austin: University of Texas Press, 1979), 72-95쪽도 볼 것.

10. 마르크스의 범죄관에 대한 논의를 위해서는 Ian Taylor, Paul Walton, and Jock Young, *The New Criminology* (New York: Harper and Row, 1973), 209-36쪽 참조. 마르크스와 엥겔스의 원문은 Maureen Cain and Alan Hunt, eds., *Marx and Engels on Law* (New York: Academic Press, 1979), 혹은 Paul Phillips, *Marx and Engels on Law and Laws* (Totowa, NJ: Barnes and Noble, 1980) 참조.

11. Paul Q. Hirst, "Marx and Engels on Law, Crime, and Morality," in Ian Taylor, Paul Walton, and Jock Young, eds., *Critical Criminology* (London Routledge and Kegan Paul, 1975), pp. 215-21.

12. Karl Marx and Friedrich Engels, *The German Ideology* (London: Lawrence and Wishart, 1965),

pp. 365-67.

13. Ibid., p. 367.

14. Peter Linebaugh, "Karl Marx, the Theft of Wood, and Working Class Composition," in David Greenberg, *Crime and Capitalism*, op. cit., pp. 76-97. 또한 60-63쪽과 484쪽에 있는 Greenberg의 논평도 참조할 것.

15. 마르크스는 훗날 "철학자들은 단지 다양한 방식으로 세계를 해석하기만 했다. 하지만 요점은 그것을 변화시키는 것이다."라고 언급함으로써, 관념론적 헤겔주의를 거부하였다. Greenberg, *Crime and Capitalism*, op. cit., p. 484.

16. Greenberg의 *Crime and Capitalism*, op. cit., 45-48쪽에 인용된 Karl Marx, *Capital*. 또한 38-39쪽의 그린버그의 논평도 참조할 것.

17. Wilem Bonger, *Criminality and Economic Conditions* (Boston: Little, Brown, 1916), reprinted by Agathon, New York, 1967. Austin Turk, Indiana University Press, Bloomington, 1969의 요약본에 소개된 훌륭한 서문을 참조할 것.

18. Greenberg, op. cit., p. 1.

19. 예를 들어 Richard Quinney, *Critique of Legal Order* (Boston: Little, Brown, 1973); Richard Quinney and John Wildeman, *The Problem of Crime*, 2nd ed. (New York: Harper & Row, 1977); and Taylor, Walton, and Young, *The New Criminology*, op. cit.를 참조할 것.

20. Hirst, op. cit.. 또한 Serge Denisoff and Donald McQuaire, "Crime Control in Capitalist Society: A Reply to Quinney," *Issues in Criminology* 10 (1975), 109-119쪽도 볼 것.

21. Alan A. Block and William J. Chambliss, *Organizing Crime* (New York: Elsevier, 1981), pp. 4-7. 이 초기 이론들에 대한 상당히 가혹하지만 덜 실질적인 비판에 대해서는 Tony Platt, "Crime and Punishment in the United States: Immediate and Long-Term Reforms from a Marxist Perspective," *Crime and Social Justice* (Winter 1982), 38-45쪽을 참고할 것.

22. David F. Greenberg, "On One-Dimensional Criminology," *Theory and Society* 3 (1976): 610-21.

23. Greenberg, *Crime and Capitalism*, pp. 6-10.

24. Ibid., p. 10.

25. 국가와 법질서에 관한 도구주의적 견해와 구조주의적 견해의 유용한 요약은 Lynch, Michalowski, and Groves, op. cit. 제3장에 제시되어 있음.

26. Jeffrey Reiman, *The Rich Get Richer and the Poor Get Prison* (Boston: Allyn and Bacon,

1998).

27. Lynch, Michalowsku, and Groves, op. cit. 제8-10장의 경찰, 법원, 교정 기관에 대한 급진적 관점들도 참조할 것.

28. Paddy Hillyard and Steve Tombs, "From 'Crime' to Social Harm?" *Crime Law and Social Change* 48 (2007), 9-25쪽을 볼 것.

29. Vincenzo Ruggiero, "Criminalizing War: Criminology as Ceasefire," *Social & Legal Studies* 14 (2005), 239-257쪽을 볼 것.

30. Lynch, Michalowski, and Grove, op. cit. 제4장 범죄의 정의에 대한 논의를 참조할 것.

31. Platt, op. cit., chap. 4.

32. Taylor, Walton, and Young, op. cit.

33. Ibid., p. 282.

34. 예를 들어 리처드 퀴니(Class, State and Crime, op. cit., pp. 59-62)는 거리 범죄를 자본주의 조건들에 의해 야수화 된 사람들의 행동이라는 의미에서 이를 자본주의 사회 관계에 대한 "적응"(accommodation) 범죄로 묘사하였다. 이 범죄자들은 자신의 범죄 행동 속에서 자본주의의 착취 관계를 재생산한다. 즉 그들은 자신이 취급되어 왔던 방법으로 범죄 피해자들을 다룬다는 것이다. 퀴니의 서술은 앞에서 언급했던 룸펜프롤레타리아에 대한 마르크스의 논증에 의존한다.

35. Lynch, Michalowski, and Grove, op. cit. 제5-7장을 볼 것. 또한 W. Byron Groves and Robert J. Sampson, "Traditional Contributions to Radical Criminology," *Journal of Research in Crime and Delinquency* 24 (1987): 181-214도 참조할 것.

36. 예를 들어 Mark Colvin and John Pauly, "A Critique of Criminology: Toward an Integrated Structural-Marxist Theory of Delinquency Production," *American Journal of Sociology* 89 (1983): 513-51을 참조할 것. 또한 초기 주장을 확장하면서도 전통적인 긴장 이론의 방향으로 물러서고 있는 Mark Colvin, *Crime and Coercion: An Integrated Theory of Chronic Criminality* (New York: St. Martin's Press, 2000)도 참조할 것.

37. 예를 들어 David O. Friedrichs, "The Legitimacy Crisis: A Conceptual Analysis," *Social Problems* 27 (1980): 540-555을 참조할 것.

38. William J. Chambliss, *On the Take: From Petty Crooks to Presidents* (Bloomington: Indiana University Press, 1978).

39. Block and Chambliss, op. cit.

40. Greenberg, *Crime and Capitalism*, pp. 23–25.

41. 예를 들어 Jock Young, "Ten Points of Realism," in Jock Young and Roger Matthews, eds., *Rethinking Criminology* (London: Sage, 1997), Matthews and Young, eds., *Issues in Realist Criminology*: A Reader (Thousand Oaks, CA: Sage, 1992)를 볼 것.

43. Lynch, Michalowski, and Groves, op. cit., pp. 216–19.

44. John Lowman and Brian Maclean, eds., *Realist Criminology: Crime Control and Policing in the 1990s* (Toronto: University of Toronto Press, 1992); and Richard Kinsey, John Lea, and Jock Young, Losing the Fight Against Crime (Oxford, England: Blackwell, 1986).

45. David O. Friedrichs, *Trusted Criminals: White Collar Crime in Contemporary Society* (Belmont, CA: Wadsworth, 1995).

46. Roger Matthews, "Developing a Realist Approach to Prison Reform" in Lowman and MacLean, op. cit., pp. 71–87.

47. John Lowman, "Street Prostitution Control," pp. 1–17; and Roger Matthews, "Regulating Street Prostitution and Kerb-Crawling: A Reply to Lowman," pp. 18–22 in *British Journal of Criminology* 32 (1992). 또한 John Lowman, "The 'Left Regulation' of Prostitution," in Lowman and MacLean, op. cit. 157–176쪽도 참조할 것.

48. Elliot Currie, "Retreatism, Minimalism, Realism: Three Styles of Reasoning on Crime and Drugs in the United States," in Lowman and MacLean, op. cit., pp. 88–97.

49. Anthony Borgman, *Crossing the Postmodern Divide* (Chicago: University of Chicago Press, 1992).

50. Dragan Milovanovic, *A Primer in the Sociology of Law* (Albany, NY: Harrow and Heston, 1994), 143–145쪽, 155–184쪽을 참조할 것.

51. 특권화 된 사유 체계의 진영을 공격하는 이러한 경향성으로 인해, 일반적으로는 포스트모더니즘, 특별하게는 해체 사상(deconstruction)은 회의주의(nihilistic)와 상대주의적(relativistic)이라고 비판받아 왔다. 이에 대해서는 Einstadter and Henry, *Criminological Theory*, op. cit., 298쪽 참조. 몇몇 포스트모더니스트들은 이와 같은 회의주의적, 해체주의적, 대항주의적(oppositional) 접근을 강조하지만, 다른 포스트모더니스트들은 구성주의적 방법들(constitutive methods)을 통합하는 확언주의적(affirmative), 재구성주의적(reconstructive), 전망주의적(prospective) 접근을 강조한다. 범죄학에 대한 응용 사례를 위해서는 Stuart Henry and Dragan Milovanovic, *Constitutive Criminology: Beyond Postmodernism* (London: Sage, 1996).

52. Schwartz and Friedrichs, "Postmodern Thought and Criminological Discontent," op. cit., p. 222. 이 저자들은 또한 "출간된 것 상당수가 단지 허세부리는 지적인 유행일" 가능성에 대해서도 언급하였다.

53. Martin D. Schwartz, "The Future of Criminology," pp. 119–24 in Brian MacLean and Dragan Milovanovic, *New Directions in Criminology* (Vancouver: Collective Press, 1991).

54. 예를 들어 부르스 아리고(Bruce Arrigo, "The Peripheral Core of Law and Criminology," *Justice Quarterly* 12 [1995] : 447–72)는 이 관점을 요약하면서 "통쾌한 풍자"에 대해 논평하였다. 이와 유사한 논평으로 Schwartz and Friedrichs, op. cit., 222–223쪽과 Einstadter and Henry, op. cit., 281쪽을 볼 것.

55. Schwartz and Friedrichs, op. cit., p. 224.

56. 다음 논의는 Arrigo and Bernard, "Postmodern Criminology in Relation to Radical and Conflict Criminology," op. cit.에 상당히 의존하고 있음.

57. Milovanovic, *A Primer in the Sociology of Law*, op. cit., pp. 143–45, 155–84; Bruce Arrigo, *Madness, Language, and the Law* (Albany, NY: Harrow and Heston, 1993), pp. 27–25.

58. Henry and Milovanovicm, *Constitutive Criminology*, op. cit., pp. 8–11, 26–44.

59. Arrigo, "The Peripheral Core," op. cit., p. 467. 또한 Dragan Milovanovic, *Postmodern Criminology* (New York: Garland, 1997), Stuart Henry and Milovanovic, eds., *Constitutive Criminology at Work: Applications to Crime and Justice* (Albany: State University of New York Press, 1999)도 참조할 것. 비판 범죄학자들은 포스트모더니즘을 포기해야만 한다는 주장과 관련해서는 Russell Stuart, "The Failure of Postmodern Criminology," *Critical Criminology* 8 (1997): 61–90을 볼 것.

60. Peter Goodrich, "Law and Language: An Historical and Critical Introduction," *Journal of Law and Society* 11 (1984): 173–206.

61. Henry and Milovanovic, op. cit., 1996, p. 27.

62. Milovanovic, *A Primer in the Sociology of Law*, pp. 145–50.

63. Bruce A. Arrigo, "An Experientially_Informed Feminist Jurisprudence," *Humanity and Society* 17 (1993): 28–47.

64. Dragan Milovanovic, "Jailhouse Lawyers and Jailhouse Lawyering," *International Journal of the Sociologiy of Law* 16 (1988): 455–75.

65. Peter K. Manning, *Symbolic Communication: Signifying Calls and the Police Response* (Cambridge, MA: MIT Press, 1988).
66. Arrigo, *Madness, Language, and the Law*, op. cit.
67. Henry and Milovanovic, op. cit., p. 204.
68. Arrigo and Bernard, op. cit.
69. Einstadter and Henry, op. cit., p. 289.
70. 이 용어는 아인스태더(Einstadter)와 헨리(Ibid, p. 299, fn. 13)가 보그먼(Borgman, op. cit.)에 대해 언급할 때 사용하고 있다.
71. Harold E. Pepinsky, "Peacemaking in Criminology and Criminal Justice," in Pepinsky and Richard Quinney, eds., *Criminology as Peacemaking* (Bloomington: Indian University Press, 1991), p. 301.
72. Richard Quinney, "The Way of Peace," in Pepinsky and Quinney, ibid., p. 12.
73. Darnell F. Hawkins, Samuel L. Myers Jr., and Randolf N. Stone, eds., *Crime Control and Social Justice: The Delicate Balance* (Westport, CT: Greenwood Press, 2003)를 볼 것.
74. 공산주의 국가들이 직면하고 있는 모진 조건들에도 불구하고 마르크스주의 범죄학을 강력히 비판하는 사례로는 Carl Klockars, "The Contemporary Crisis of Marxist Criminology," *Criminology* 16 (1979): 477–515를 볼 것.
75. 그 예로서 Aleksandar Fatic, *Crime and Social Control in "Central"–Eastern Europe*, (Aldershot, England: Ashgate, 1997)가 있음.
76. 봉거(Bonger) 이론에 대한 최근의 검증은 Olena Antonaccio and Charles R. Tittle, "A Cross–National Test of Bonger's Theory of Criminality and Economic Conditions," *Criminology* 45 (2007): 925–58을 볼 것. 저자들은 100개국의 국제 자료를 이용하여 봉거 이론이 부분적으로 지지된다는 점을 발견했다. 자본주의의 정도는 살인 범죄율을 예견하는 것처럼 보였지만, 이 연관성이 봉거가 예견했던 탈 도덕화 된 대중 집단의 결과라는 점은 밝혀지지 않았다.
77. 지배 관계를 생성하는 수단으로서의 언어 사용은 버나드(Bernard, *The Consensus Conflict Debate*, op. cit.)의 주요한 초점이다. 이 책은 어떻게 사회 이론들이 사회에서 누가 그리고 무엇이 정당한지에 대한 관념(이론의 "내용")을 구축하기 위해 어떤 언어 체계(이론의 "외형")를 사용하는지를 보여주고자 한다. 그러므로 정당성에 대한 이러한 관념들은 해당 사회 내에서 어떤 사람들에게는 특권을 부여하고 다른 사람들은 억압하는 데 사용된다. 이 책은 정당성을 구성하는 이러한 유형화된 방식들이 멀리 플라

톤과 아리스토텔레스까지 거슬러 올라가며 보다 최근에는 "합의-갈등 논쟁"으로 알려진 쟁점의 실질적 요점임을 보여준다.

78. 예를 들어 제16장에서 논의되는 브레이스웨이트(Braithwaite)의 수치심 부여 이론(shaming theory)은 일탈에 대한 대응에 있어 언어의 포용적 사용과 배타적 사용에 관한 몇몇 유사한 주장들을 제기한다. 그렇지만 브레이스웨이트는 포스트모던 접근이 아닌 전통적인 과학적 접근의 맥락 속에서 그리하였다.

제13장 성과 범죄

장 개요

- 페미니스트 범죄학의 발전
- 페미니스트 범죄학파
- 범죄학에서 성
- 왜 여성의 범죄율은 낮은가?
- 왜 남성의 범죄율은 높은가?
- 결론

C/H/A/P/T/E/R 13

성과 범죄

성은 가장 강하면서도 일관되게 관련이 있는 범죄와 비행의 원인이다.[1] (매춘과 같은) 몇몇 예외를 제외하면 남성은 여성보다 더 많은 범죄를 저지른다. 그 이유가 명확하지는 않다. 최근 범죄학의 이론과 연구는 이에 많은 관심을 보여 왔다.

이 장은 페미니스트 범죄학에 대한 논의에서 출발한다. 이것은 여성의 범죄, 여성의 피해자화, 형사사법기관에서 여성의 경험과 관련된 다양한 쟁점을 제기해 왔다. 그 다음으로 이 장은 범죄와 관련된 이론으로 초점을 좁힌다. 이 책의 앞의 장들에서 다룬 전통적인 범죄학이론은 대개 여성의 범죄를 무시했다. 따라서 페미니스트 범죄학은 이 이론이 여성의 범죄를 설명하는 데 얼마나 "일반화"될 수 있는지에 관한 문제를 제기한다. 그러나 더 큰 문제는 범죄학이론이 성에 영향을 받는 범죄의 속성을 얼마나 잘 설명하느냐는 것이다. 다시 말해 범죄는 대개 남성에게서 나타나는 현상이다.[2] 따라서 이 장은 왜 여성의 범죄율이 그렇게 낮고 남성의 범죄율이 높은지에 대한 최근 논의를 살펴본다.

페미니스트 범죄학의 발전

페미니즘은 범죄학에 적용할 수 있는 사회적 이론화의 극히 넓은 한 분야이지만, 범죄학은 확실히 페미니즘의 주요 초점은 아니다. 페미니즘에 많은 갈래가 있는 것처럼, 페미니스트 범죄학에도 많은 갈래가 있으며, 이 갈래들 내에서 많은 불일치와 미세한 차이가 있다. 다음은 이 영역에 대한 감을 갖게 하고 페미니스트 범죄학의 주요 주제를 살펴보기 위한 간략한 개관이다.

범죄학에서 첫 페미니스트 문헌들은 전통적 범죄학에 대한 비판이었다. 그 문헌들은 전통적 범죄학은 여성범죄자에 관한 많은 주제를 무시하거나 심각하게 왜곡한다고 주장했다.[3] 전통적인 이론은 대개 남성의 범죄행동만을 설명하는데[4], 여성범죄를 설명하는 몇몇 이론은 단순한 것이었고 또한 고정관념화한 이미지에 의존했다.[5] 게다가 대부분의 전통적인 범죄학이론은 성중립적이었고, 따라서 (적어도 이론적으로는) 여성과 남성을 평등하게 다루었다. 그들은 남성과 여성 사이에 사회적으로 구축된 관계를 무시했는데, 이것은 남성성과 여성성의 개념과 관련된 것이다.[6] 결과적으로, 이 이론들은 대개 성에 의해 영향을 받는 범죄의 속성(다시 말해 남성이 대부분의 범죄를 저지르는 것)을 설명할 수 없었다. 성에 의해 영향을 받는 범죄의 속성이 다루어질 때, 이 이론들은 여성의 열등성을 암시하는 상상적인 특성을 부각하고, 남성에 대한 여성의 복종을 강화시키는 경향이 있었다.[7] 전통적 범죄학이론은 또한 (남성에 비해) 여성이 형사사법기관에서 다루어지는 방식의 차이를 설명하지 못했다.[8] 예를 들어 성범죄로 잡힌 여성은 종종 유사한 범죄로 잡힌 남성보다 더 엄하게 처리되었지만, 폭력범죄로 고소된 여성은 종종 더 관대하게 다루어졌다. 이 대우의 차이는 공식범죄율의 차이를 초래하며(예를 들어 성범죄율은 높고, 폭력범죄율은 낮다), 이후 범죄학이론에서 여성의 범죄에 대한 설명에 영향을 주었다. 마지막으로, 기존의 범죄학이론 중 어떤 것도 1970년대 여성해방의 한 부분으로서 사회 일반에서 여성이 맡았던 여성의 새로운 역할과 이 새로운 역할이 여성의 범죄참여에 어떻게 영향을 줄 수 있는지에 대해 논의하지 않았다.

전통적인 범죄학이론이 가진 많은 문제를 지적하는 비판은 1975년에 나타난 여성과 범죄라는 주제에 대한 두 권의 책 이후에 나타났다. 「범죄를 저지르는 자매들 : 새로운 여성범죄자의 등장(Sisters in Crime: The Rise of the New Female Criminal)」[9]에서 프레다 아들러(Freda Adler)는 여성이 전통적인 가정 내의 사회적 역할에서 벗어나서 이전에 대개 남성의 영역으로 여겨졌던 경쟁적인 시장으로 유입되었을 때, 더 공격적이고 경쟁적이 된다고 주장했다. 아들러에 따르면, 본질적으로 여성은 남성이 항상 싸우던 전장에서 싸우게 됨으로써, 남성적 자질을 갖게 되었다. 그녀는 이와 같은 종류의 변화가 범죄자 사이에서도 나타난다고 주장했는데, 이 변화에서 "범죄를 하고자 마음먹은 비슷한 수의 여성이 주요 범죄의 세계에 불쑥 밀고 들어왔다." 그녀에 따르면, 지금 점점 많은 여성이 총, 칼, 꾀를 사용해 남자만큼의 폭력과 공격을 할 수 있는 완전한 인간 존재로서 자신을 확립해 나가고 있다.

같은 해, 리타 제임스 사이먼(Rita James Simon)은 「여성과 범죄(Women and Crime)」[10]를 출간했다. 사이먼도 여성이 저지르는 범죄의 유형과 양에서 나타나는 최근의 변화를 설명했지만, 그것은 여성이 남성의 힘센 특성을 갖게 되었기 때문이 아니라고 주장했다. 오히려 여성이 전통적인 가정 내의 역할을 벗어났을 때, 훨씬 다양한 유형의 범죄 기회, 특히 경제범죄와 화이트칼라범죄의 기회를 만난다. 이 범죄는 다른 사람의 돈에 접근하기 위해 신뢰감을 주는 (사회적) 위치를 필요로 한다.

아들러와 사이먼의 이론 모두 전통적인 역할로부터의 여성 해방이 여성범죄를 증가시켰다고 주장했다. 둘 사이의 주요 차이는 이 새로운 여성범죄자가 저지르는 범죄유형의 예측과 관련이 있다. 아들러의 이론은 이 범죄의 더 큰 부분이 폭력범죄일 것이라고 주장했지만, 사이먼의 이론은 이들의 범죄가 압도적으로 재산범죄와 화이트칼라범죄일 것이라고 주장했다. 이후의 연구는 사이먼의 기회명제가 더 타당하지만, 대체로 "새로운 여성범죄자"가 존재한다는 증거도 거의 없었다고 지적한다.[11] 더욱이 심슨(Simpson)은 이 이론이 비페미니스트 범죄학자 사이에서 거대한 관심을 불러일으켰고, 어떤 점에서는 이들이 "여성의 삶과 경험을 형성하는 물질적·구조적 힘에 관심을 두지 않았기" 때문에, 페미니스트 범죄학 운동을 좌절시켰다고 주장한다.[12] 이 때문에 다른 페미니스트 범죄학자는 두 이론 모두 페미니스트 범죄학으로 부르지 말아야 한다고 주장한다.[13]

페미니스트 범죄학파

아들러와 사이먼의 공헌 이후, 여성의 범죄참여를 설명하는 데 초점을 맞춘 범죄학 저술들은 급속히 증가했다. 이 문헌에는 유사성과 차이점이 많지만, 이들의 다양성을 설명하는 한 분류범주로 이들을 때로 페미니스트 학파로 부른다.[14]

초기에 범죄학에서 많은 페미니스트 문헌은 그 자체로 전통적인 범죄학의 한 부분이라고 할 수 있었다. 이들은 전통적 범죄학의 틈새를 메우고 과거의 왜곡을 수정했기 때문이었다. 그들은 자유주의적 페미니즘으로 불리게 된 것의 일부였다.[15] 자유주의 페미니즘은 기본적으로 기존의 사회구조 틀 내에서 여성의 문제에 관심을 집중하고, 여성의 권리를 증진시키고, 여성의 기회를 증가시키고, 사회에서 여성의 역할을 바꾸는 데 영향을 미쳤다.

곧 "비판적" 페미니즘 중의 몇 갈래가 나타나 자유주의 페미니즘이 활동하고 있던 사회구조에 직접 도전했다. 이들은 여성이 어떻게 사회에서 열등한 역할을 갖게 되었고, 사회가 그 자체로 어떻게 변화될 수 있었는지에 대해 훨씬 더 근본적인 문제를 제기했다. 그 첫 번째 갈래는 급진적 페미니즘으로 알려졌으며, 중심개념은 "가부장제"였다. 이것은 원래 막스 베버(Max Weber)와 같은 사회학자가 봉건제 하에서의 사회관계를 설명하기 위해 사용한 것이었다. 케이트 밀레트(Kate Millett)는 1970년에 그 용어를 남성이 여성을 지배하는 사회조직의 한 형태를 언급하는 것으로 부활시켰다.[16] 밀레트에 따르면, 가부장제는 모든 사회에서 지배의 가장 근본적인 형태이다. 가부장제는 성역할 사회화와 "핵심 성정체성"의 창출을 통해 확립되고 유지되는 것인데, 이들을 통해 남성과 여성 모두 남성이 다양한 측면에서 우월하다고 믿게 된다. 이 성 정체성을 토대로 남성은 가족처럼 사적인 상호작용에서 여성을 지배하는 경향이 있다. 여기서 남성지배는 더 큰 사회의 모든 제도와 조직으로 확대된다. 밀레트와 동료 페미니스트들은 "사적인 것은 정치적이다"라고 결론 내렸다.

밀레트가 사회화 문제의 근원은 사회화로 얻은 성역할이라고 주장한데 반해, 마르크스주의 페미니스트는 급진적 페미니즘을 전통적 마르크스주의와 결합시켜, 남성 지배의 근원은 남성의 재산소유와 경제적 생산수단에 대한 통제라고 주장한다.[17] 마르크스주의 페미니스트에게 가부장제는 자본주의의 경제적 구조에 묶여 있고, 따라서 남성이 경제를 통제하고 여성이 남성과 그들의 성적인 욕구에 봉사하는 "노동의 성적 분업"을 만들어 내는 것이다.[18] 일반적으로 마르크스주의 범죄학자와 매우 유사하게, 마르크스주의 페미니스트 범죄학자는 이 자본주의-가부장제 체제를 위협하는 행동은 형법과 형사사법기관에 의해 범죄로 정의된다고 주장한다. 이처럼 남성의 경제적 지배를 위협하는 여성의 행동은 재산범죄로 정의되고, 여성의 몸과 성에 대한 남성 지배를 위협하는 여성의 행동은 성범죄로 정의된다. 다른 마르크스주의자와 유사하게, 어떤 마르크스주의 페미니스트 범죄학자는 법이 억압 수단이라는 형법에 대한 도구적인 견해를 갖지만, 다른 사람은 더 복잡한 구조적인 견해를 취한다. 즉 법이 가부장제를 유지하는 수단이 되는 전체적 패턴에 주목한 것이다.[19] 따라서 이 시각에서 여성 범죄성향의 또 다른 원천은 여성이 이 제한된 사회적 역할에 갇혀 지냄으로써 느끼는 좌절과 분노이다.[20]

마지막으로, 사회주의 페미니스트는 사회적 역할과 경제적 생산 모두를 계속 중요시하지만, 딱딱한 마르크스주의 틀에서는 벗어났다. 특히 이들은 남성과 여성 간의 자연적인 출산의 차이가 남성-여성 관계에 놓여있다고 주장했다. 출산통제가 가능해지기 전에, 여성은 남성보다 훨씬 더 그들의 생물학적 특성 – 생리, 임신, 출산 및 육아, 폐경 – 에 좌우되었다. 이 모든 것은 여성을 신체적 생존을 위해 남성에게 더 의존하게 만들었다. 임신, 출산, 육아에서 여성의 생물학적 역할은 여성으로 하여금 아이를 키우는 데 주된 책임을 갖게 했다. 이것은 오랜 기간 광범위한 돌봄을 필요로 하는 일이다. 이 돌봄은 노동의 성 분업을 초래한다. 이 성 분업에서 남성은 집 밖에서 일하고 여성은 집 안에서 일하며, 그럼으로써 여성에 대한 남성의 지배와 통제의 기본적 토대가 형성된다.[21] 사회주의 페미니스트에 따르면, 평등한 사회를 위한 열쇠는 여성이 생산수단을 갖는 것보다는 여성이 자신의 몸과 재생산기능에 대한 통제력을 갖는 것이다. 일단 여성이 통제력을 가지면 더 큰 사회 내에서 올바른 위치를 갖는 방향으로 나아갈 수 있다.

자유주의, 급진주의, 마르크스주의, 사회주의 페미니즘은 모두 넓게 봐서 페미니즘의 한 갈래로 간주되지만, 몇몇 다른 갈래도 가끔 언급된다.[22] 이 갈래 중의 하나는 포스트모던 페미니즘이다.[23] 예를 들어 스마트(Smart)는 담론이 관행적으로 어떻게 어떤 여성을 "여성범죄자"로 분리해 내는지에 대해 논의한다.[24] 원더스(Wonders)에 따르면, 포스트모더니즘과 페미니즘 모두 담론과 설명의 맥락에서 재판의 속성에 대해 의문을 제기하며, 둘 다 "진실"이 한쪽에는 손해를 주면서 다른 한쪽에는 이익을 주는 의견에 불과하다고 인식하는 경향이 있다.[25] 다른 페미니스트는 포스트모더니즘을 비판했다. 체스니린드(Chesney-Lind)와 페이스(Faith)는 여성들이 지식생산과정에서 발언권을 얻는 이 시점에서 진실의 개념에 대해 논쟁하는 것이 유용한지에 의문을 제기했다.[26] 다른 학자는 이들이 과학적 객관성의 기준을 따르는 페미니스트이론과 연구를 옹호하기 때문에, 포스트모더니즘을 반대하는 것으로 보았다.[27]

그들이 전체적으로 포스트모더니즘에 집착하든 않든, 많은 페미니스트는 페미니즘 내에서 포스트모더니즘과 유사한 "호의적 상대주의(appreciative relativism)" 입장을 취한다. 다시 말해 그들은 상이한 페미니스트의 주장들을 정당한 것으로 인정하고, 이들의 상이한 주장을 분석하고, 분류하고, 궁극적으로 비판하지 않으려 한다.[28] 특히 페미니스트 범죄학자는 다인종적·다문화적 주장에 가치를 부여한다. 그들은 범죄, 피해자, 형사사법과 관련한 여성의 경험에 대해 이야기한다.[29] 이 다문화적 페미니즘은 인종, 계급, 성이 서로 맞물려 있는 지배구조에 초점을 맞춘다.[30] 예를 들어 미국 중산층 백인여성이 주도했던 초기의 페미니즘은 가난한 미국 흑인여성의 상이한 경험을 무시하는 경향이 있다.[31]

범죄학에서 성

범죄학에서 성 문제는 보통 두 가지 형태로 다루어져 왔다. 첫째, 일반화가능성 문제는 남성의 범죄행동을 설명하기 위해 만들어진 전통적 범죄학이론이 여성의 범죄행동을 설명하는데도 일반화될 수 있는지에 초점을 맞춘다. 둘째, 성비율의 문제는 왜 여성은 남성에 비해 범죄에 적게 가담하는지를 설명하는 데 초점을 맞춘다.[32]

데일리(Daly)와 체스니린드(Chesney-Lind)는 일반화가능성 문제가 막 이 분야에 뛰어드는 여성범죄학자를 위한 안전한 행동통로라고 주장한다. 그들은 "일반화가능성 문제에 집중하고 이전의 이론을 수정하기 위해 익숙한 페미니즘을 사용하라."라고 말한다.[33] 일반화가능성은 "더 안전한" 통로이지만, 문제는 전통적인 남성지향적 범죄학이론이 여성범죄를 설명하는 것의 가치를 폄하해왔다는 것이다.[34] 데일리와 체스니린드는 "이 이론이 기초한 이론적 개념이 남성주의자의 경험에 의해 너무나 깊이 각인되어 있어서 이 접근은 여성범죄에 적용될 때 너무나 한정적이거나 적어도 판단을 그르친다."고 주장한다.[35] 반면 스미스(Smith)와 페터노스터(Paternoster)는 문헌들을 분석한 후, 남성에 기초한 이론을 여성범죄에 적용하는 것을 완전히 버리는 것은 아직 이르다고 주장했다.[36] 유사하게 크루트슈니트(Kruttschnitt)는 "비행의 발전에 영향을 미치는 요인은 어떤 점에서는 남성과 여성이 다르지만, 그 밖의 점에서는 동일하다."고 결론 내렸다.[37]

성비 문제에 초점을 맞추는 여성범죄학자는 일반화가능성 문제에 반대하면서, 더 관찰과 면접조사를 이용하는 경향이 있고, 이론적 수준에서 "보편적인 주장을 하는 데 더 망설이고 불편해 왔다." 대조적으로 성비 문제를 다루는 남성범죄학자는 일반이론적 주장을 하는 데 더 용감하고 양적인 자료의 통계적 분석을 이용하는 경험적 연구를 하는 경향이 있었다. 데일리와 체스니린드는 다음과 같이 말했다.

> 여성범죄학자는 문장을 만들고, 사회적 맥락을 제공하고, 사건의 흐름을 제공하는데 더 많은 관심을 가진다. 간단히 말해서 청소년과 성인여성이 어떻게 범죄에 개입하게 되는지에 대해 정밀한 초상화를 제공하는 데 더 관심을 갖는다. 이 성차는 과거 남성범죄에 대해 범죄학자가 했던 것과 같이, 여성 자신의 관점에서 여성범죄에 대해 이해하려는

욕구를 느끼는 데서 기인한다.[38]

이 여성범죄학자에게 문제는 "글로벌하거나 거대이론적인 주장과 높은 수준의 통계적 분석이 학문을 직업으로 하는 사람에게 높이 평가된다."는 것이다. 따라서 여성범죄학자는 그들의 접근이 "단지 사례연구로서 폄하되거나 충분히 이론적이지 않은 것으로 평가절하 될"[39] 위험을 감수한다.

체스니린드(Chesney-Lind)와 페이스(Faith)는 성이 범죄학이론에서 중심개념이 되어야 한다고 주장한다.[40] 사회계급은 과거에 많은 범죄학이론에서 중심개념이었지만, 많은 범죄학자는 계급과 범죄 사이에 아무런 직접적인 관계가 없다고 주장한다.[41] 대조적으로 성과 범죄 사이의 관계는 강하며 부인할 수 없는 것이다. 이것을 넘어, 체스니린드와 페이스는 성비 문제(여성은 범죄에 적게 가담하며, 남성은 많이 가담하는 이유)가 단지 성 체계, 또는 가부장제의 맥락만으로도 완전히 설명될 수 있다고 주장했다. 그것은 문화에 따라서 다르지만, 가부장 체계는 생물학적 성(sex) 밖에서 사회적 성(gender)이라는 범주를 만들어 내며, 이 사회적 성 범주를 노동분업에서 상이한 역할이나 일과 관련시키며, 여성과 여성의 일에 비해 남성과 남성의 일에 더 높은 가치를 부여한다.[42] 성비 문제를 설명하기 위해, 체스니린드와 페이스는 범죄학자가 그들의 범죄이론에서 "성을 이론화"하여야 할 것이라고 주장했다. 다시 말해 남성과 여성에 대한 형사사법기관의 상이한 취급뿐만 아니라, 가해자와 피해자로서 여성과 남성의 경험 모두 가부장제라는 성체계의 맥락에서만 완전히 이해될 수 있다.[43] 페미니스트 범죄학은 광범위한 쟁점을 제기해 왔다. 이들은 가해자로서의 여성, 피해자로서의 여성,[44] 형사사법기관에서 여성이 겪는 경험에 관한 것이며, 이 모든 쟁점은 남성에 대한 기존의 많은 범죄학적 지식에 대해 함의를 갖는다. 그러나 다음 절은 단지 성비 문제만을 고려한다. 20세기를 통틀어, 성비에 대한 설명은 왜 여성의 범죄율이 낮은지에 집중되었고, 여기에 대한 설명은 다음 절의 주제이다. 요컨대 이 접근은 남성의 범죄율이 평균이라고 가정하고, 왜 여성의 범죄율은 그 평균과 다른지에 대해 설명하려고 한다.[45] 반대의 질문, 즉 왜 남성의 범죄율은 높은지는 이 장의 뒤에서 다룬다.

왜 여성의 범죄율은 낮은가?

20세기 전반 범죄학이론은 생물학적·심리학적 이상의 측면에서 모든 범죄를 설명했다. 그 이론은 여성이 남성에 비해 덜 자주, 덜 심각한 범죄를 저지르기 때문에 여성범죄자는 남성에 비해 더 심각한 생물학적·심리적 이상을 가진다고 가정한다.[46] 20세기 중반까지 남성의 범죄성향에 대한 이론은 앞의 장들에서 논의되었던 생태학, 긴장, 차별접촉, 통제, 낙인이론과 같은 사회적 설명으로 바뀌었다. 이 이론들은 원래 제시된 바와 같이 여성의 범죄에 대해 거의 아무것도 설명하지 못했다.[47] 이 시기 동안 여성의 범죄에 대한 이론은 거의 개인적 병리학에 초점을 맞춘 채로 남아있었고, 여성범죄자의 범죄행동을 압도적으로 성적 활동과 관련된 사소한 범죄로 보려고 했다. 여성이 더 심각한 범죄에 개입하면 남성 파트너한테서 영향을 받은 것으로 종종 이해되었다.[48] 여성의 범죄를 그 자체로 하나의 완전한 실체로 보고 여성의 사회적 상황의 맥락에서 보게 된 것은 페미니즘의 등장 이후였다.

최근의 많은 이론은 사회화의 차이들, 특히 그 중에서도 성역할과 관련된 차이에 주목한다. 그들은 여성이 남성에 비해 더 순응적으로 위험을 덜 감수하는 쪽으로 사회화된다고 주장한다.[49] 대안적이지만 관련이 있는 시각은 여성이 남성에 비해 더 많이 통제된다는 것이다. 이것은 특히 감시나 감독과 같은 직접적인 통제에서 두드러진다.[50] 헤이건(Hagan)과 동료들은 이 두 시각을 권력통제이론(power-control theory)으로 통합한다. 이 이론은 부모가 아들보다 딸을 더 많이 통제하고 따라서 소년은 소녀보다 더 위험한 행동에 많이 개입하는 경향이 있다고 주장한다.[51] 이 행동에 대한 불균형한 통제는 가부장적인 가정에서 제일 강하다. 이런 가정에서 아버지는 어머니와 달리 일터에서 고용되어 있기 때문에, 어머니보다 더 많은 권력을 갖는다. 이 행동은 가부장적이지 않은 가정에서는 제일 작게 나타날 것이다. 이런 가정의 부모는 일터에서의 동등한 지위로 인해 동등한 권력을 갖는다. 따라서 개인의 비행률은 두 가지 차원의 권력 분포, 즉 사회(일터)의 권력관계와 가정의 권력관계의 산물이다. 권력통제이론을 검증한 연구들은 이 이론의 다양한 주장을 지지하는 결과를 보여준다.[52]

권력통제이론이 딸을 더 많이 통제하는 것에 초점을 맞추는 반면에, 다른 설명은 긴장이론의 맥락에서 여성범죄를 고려한다. 많은 이론은 여성이 경험하는 특별한 피해를 논의하면서 여성이 저지르는 특정 유형의 범죄와 연결시키려고 했다. 체스니린드와 페이스는 "이 연구는 소녀와 성인여성의 일관되게 많은 범죄피해가 이들의 법규위반에서 중요한 역할을 한다는 것을 증명하며, 여성이 범죄를 저지르는 이유로 여성해방보다는 이 성적 억압의 패턴이 가장 중요하다."고 주장한다.[53] 애그뉴의 일반긴장이론도 브로이디(Broidy)와 애그뉴(Agnew)에 의해 제안된 이론의 확장으로 성별 차이에 적용되었다. 그들은 남성과 여성은 서로 다른 유형의 긴장(예를 들면, 남성의 재정적, 대인간 분쟁 대 여성의 가족이나 친구 문제, 성차별)에 직면하고 전형적인 남성의 긴장은 여성의 긴장 유형에 비해 범죄나 비행에 훨씬 더 연결된다고 주장한다.[54] 일반긴장이론을 성별 차이에 적용한 것에 대한 검증은 혼재된 결과의 양상을 보였다.[55]

그러나 다른 이론은 차별접촉이론의 맥락에서 여성범죄에 접근하고 있다. 예를 들어 지오다노(Giordano)와 록웰(Rockwell)은 1982년에 오하이오의 유일한 여자소년원에 있는 소녀 127명을 전수면접조사하고, 1995년에 이들 대부분을 재조사했다.[56] 그들은 "이 소녀들은 문자 그대로 일탈적 생활양식에 깊이 빠져있었는데, 이들의 이모, 사촌, 형제자매, 아버지, 어머니가 생활양식에서 일상적으로 폭력과 범죄행동에 개입하고 있는 것"을 발견했다.[57] 그들은 가족 및 가족 외의 영향에서 범죄행동 그 자체를 직·간접적으로 학습하는 것뿐만 아니라, 범죄의 정의에 대한 가족의 영향을 설명하기 위한 일화들을 제시한다. 또한 차별접촉이론의 전통에서, 하이머(Heimer)와 드코스터(De Coster)에 따르면, "소년은 소녀보다 더 폭력적이다. 이것은 대개 그들이 그 행동에 대해 더 우호적인 정의를 배웠기 때문이다. 소녀는 소년보다 덜 폭력적이다. 이것은 소녀가 미묘한 메커니즘을 통해 통제되기 때문이다. 이 메커니즘 속에서 소녀는 폭력이 그들 성의 의미와는 잘 어울리지 않는다는 것을 학습할 뿐만 아니라 가족에 대한 감정적 유대로 폭력이 억제된다."[58] 그들은 "페미니스트의 주장과 동일하게, 폭력에서 드러나는 성 차이는 권력의 차이에서 기원한다."[59]고 결론 내렸다.

더 최근에 몇몇 페미니스트는 "성의 수행(doing gender)" 맥락에서 여성범죄를 설명해왔다. 이 접근은 여성의 성역할이 특수한 상황맥락에서 수행되어야 하는 어떤 것이라고 가정한다.[60] 여성의 성역할 그 자체는 다양한 방식에서 역기능적일 수 있지만, 더 큰 문제는 어떤 것을 증명하고 특수한 맥락에서 여성성을 증명할 필요에 따라 나타나는 그 역할에 대한 과도한 순응에 있다. 이 접근은 앞에서 논의한 다문화적 페미니즘과 관련이 있다. 다양한 인종 및 민족 집단의 여성성에 대한 규범은 상이할 수 있다. "헤게모니적인" 성역할(남성은 생계유지, 여성은 가정주부)로 불리는 것은 지배적인 백인의 문화가 정의한 남성성과 여성성이다. 심슨(Simpson)과 엘리스(Ellis)는 스펜더(Spender)[61]를 인용하면서, 이 여성성을 소녀가 학교에서 배운다고 묘사한다.

> 예절바르게 행동하고 순응하지만 동시에 재주를 부리지 않는 것(물리, 수학, 생물학, 화학 등과 같은 "정말로" 중요한 과목에서는 적어도 뛰어나지 않아야 한다)이 기대된다. "여성은 가치 있는 존재가 아니고, 그리 중요하게 고려되지 않으며, 가질 수 있는 자격은 보통 남성의 조직에서 높은 서열이 아닌 어떤 전문적인 분야로 제한된다는 것을 배운다." 이 생각이 대체로 헤게모니적인 여성성이다.[62]

심슨과 엘리스는 이 헤게모니적 여성성이 미국 백인여성에게는 더 적절하지만, 미국 흑인여성을 포함한 일할 것이 기대되는 여성에게는 적절하지 않다고 주장했다.

다른 학자는 "성의 수행" 접근을 취하면서도 심각한 범죄에 연루되는 여성의 매우 다른 여성성에 대해 조사해 왔다. 예를 들어 메이허(Maher)[63]는 뉴욕의 브루클린에 있는 마약시장에서 보이는 노동의 성적 분업을 묘사한다. 밀러(Miller)[64]는 세인트루이스에서 무장강도에 연루된 여성을 면접했고, 반면에 레이들러(Laidler)와 헌트(Hunt)[65]는 갱단의 소녀를 면접했다. 이 여성은 여성의 역할이 상당히 제한되는 엄격하게 계층화된 성 위계 속에서 행동한다. 그들의 동기는 남성범죄자와 유사하지만, 그들의 특수한 행동은 그 성이 만든 환경의 맥락에서만 이해될 수 있다.

왜 남성의 범죄율은 높은가?

하이덴손(Heidensohn)에 따르면, 여성범죄에 대한 모든 이론과 연구에서 배워야할 교훈 중의 하나는 "우리가 어떤 상이한 질문을 해야 한다는 것이다. 다시 말해 무엇이 여성범죄율을 그토록 낮게 만드는지가 아니라, 왜 남성의 범죄율은 그토록 높은가?"[66]를 질문해야 한다. 체스니린드와 페이스에게 그 질문을 이런 방식으로 하는 것은 "갑자기 남자가(여성은 아닌) 어떤 성을 가졌고, 남성의 행동은 더 이상 표준이 아니라"[67]는 것을 의미한다. 하이덴손은 이 질문이 "깜짝 놀랄 만한 함의를 가진다."고 설명한다.

페미니스트 범죄학자가 문제를 제기하기 전, 전통적 범죄학이론은 대개 남성범죄를 다루었고, 남성모집단을 검증했다. 그럼에도 불구하고, 이 이론 대부분은 그들의 주장에서 성중립적이며, 남성범죄와 여성범죄 간의 차이점을 설명할 수 없었다(성비의 차이 문제). 문제는 이 이론이 제기한 경제적 불평등이나 사회구조적 긴장과 같은 인과적 요인은 남성과 여성에게 차별적으로 영향을 미치는 것 같지 않았다는 것이다. 따라서 그 이론 자체의 논리로는 남성과 여성의 범죄율이 동등해야 한다는 것을 암시했다.[68]

이 전통적인 범죄학이론 몇몇은 성에 따라 불균등하게 분포하는 인과요인을 제시했다. 예를 들어 범죄와 관련되는 한 생물학적 요인인 테스토스테론 수준은 여성보다 남성이 더 높다.[69] 그 생물학적 요인이 범죄의 성 차이에 대해 다소의 효과가 있다는 것을 부인하는 범죄학자는 거의 없지만, 제3장에서 논의한 바와 같이, 이 효과는 직접적이거나 환경에서 고립되어 있는 것은 아니다. 게다가 같은 성 내의 매우 큰 범죄율의 차이(다시 말해 어떤 남성은 범죄를 많이 저지르고, 어떤 남성은 범죄를 저지르지 않는다)는 엄격하게 생물학적 요인이 범죄학이론에서 제한된 역할만을 할 수 있음을 보여준다.[70]

보이드(Boyd)는 남성과 여성 간 범죄율의 차이가 10배나 난다는 것은 생물학적 요인 때문이라고 주장한다. 「내부에 있는 짐승 : 왜 남성은 폭력적인가」[71]에서, 그는 "남성 폭력이 유전자와 환경의 복합작용으로 나타난다는 사실을 받아들이는 것을 주저하는데"서 범죄학이 현재 어려움을 겪는다고 주장한다. 보이드에 따르면, "민첩함, 몸집, 힘, 성적 욕구, 공간지각 능력, 언어 능력, 감정이입 능력에서의 생물학적 차이뿐만 아니라, 테스토스테론이 남성을 여성보다 훨씬 폭력적으로 만든다." 보이드는 테스토스테론과 공격성 간의 직접적인 관계는 약하다는 것을 인정하지만, "테스토스테론과 성적 욕구는 깊은 관계가 있고" 테스토스테론과 폭력 간의 관계를 이해하기 위한 열쇠가 된다고 주장했다. 생물학적 요인을 사회적인 변화와 연결하기 위해, 보이드는 1960년대 초반의 폭력범죄의 증가를 성과 연관 지었으며 특히 "일부일처제와 배우자에 대한 성실 의무"라는 성 개념을 바꾼 성 혁명과 결부시켰다. 그는 그 변화가 예기치 않은 성적 관계의 몰락을 가져왔고, 성적으로 성숙하지 않은 젊은 남성 사이에 좌절과 혼란을 가져왔다고 보았다.

코트(Cote)는 종단적인 연구에 기초하여 소년과 소녀가 공격성을 상이하게 사용하는 것에 발전적인 시각을 적용했다.[72] 코트는 소년과 소녀가 유아기에 물리적 공격성을 사용할 때는 거의 다르지 않지만, 생애과정을 통해 이 차이는 점점 커져, 18세에서 30세 사이에 정점을 이룬다는 것을 발견했다. 코트는 이 차이가 커지는 이유가 성인여성이 물리적으로 공격적인 행동을 조절하고 억제하는 능력이 더 크기 때문이라고 주장했다.[73] 간접적인 공격을 사용하게 될 때, 다시 말해 악의적인 험담이나 사회적으로 배척하는 것과 같은 교묘하고 완곡한 형태의 공격성 측면에서, 여성은 취학 전에 이미 남성보다 간접적으로 더 공격적이다. 이 차이는 아동기와 청소년기를 통해 점점 더 커진다. 남성과 여성이 간접적인 공격성을 사용하는 데 큰 차이가 나지 않는 시점인 22세에 이르기까지 이 차이는 줄어든다. 소녀의 물리적 공격성은 아동기에 점점 줄어들지만, 간접적인 공격성은 나이를 먹으면서 커지는 것으로 나타난다. 물리적 공격성은 걸음마 단계에서 가장 높고 간접적인 공격성은 청소년기에 가장 높다.[74] 코트는 공격성의 차이가 소녀와 소년 간의 상이한 사회관계 탓이며, 성적인 선택에서 남성과 여성의 상이한 선택압력 탓이라고 결론 내렸다.[75]

다른 전통적 이론은 그 자체로는 이것을 주장하지는 않지만, 성에 따라 차별적으로 분포할 수 있는 인과요인을 제시한다. 예를 들어 허쉬(Hirschi)의 사회통제이론은 소년이 소녀보다 더 적은 통제를 경험한다면, 성비 문제를 설명할 수 있다. 그러나 이 이론은 이를 주장하지 않으며, 허쉬 자신은 그의 이론을 검증하기 전에 여성에 대한 모든 자료를 버렸다.[76] 우리가 여성의 범죄율에 대한 절에서 논의한 바와 같이, 이 주장에 대한 최근의 검증결과는 혼재된 결과를 보여준다.

이와 유사하게 갓프레드슨(Gottfredson)과 허쉬(Hirschi)의 자기통제이론을 통해 성비 문제를 설명할 수도 있다. 소년에 대한 자녀양육 관행이 소녀보다 소년에게 더 청소년기와 성인기처럼 어떤 안정적인 성격이 형성되는 시기에 낮은 자기 통제력을 만들어 내도록 하는 경향이 있다는 설명은 가능하다. 갓프레드슨과 허쉬는 성이 범죄에 대한 "주요하고도 지속적인 관련 요인"이라는 데 동의한다.[75] 그들은 기존 연구를 분석한 후, 범죄에서 몇몇 성적인 차이점은 "기회나 감독의 차이"를 반영하는 것으로, 부모가 "특히 딸에 대해서 범죄 기회를 최소화하려고 노력한다"는 점에서 그러하다. 그러나 그들은 "성 간에 상당한 자기 통제력 차이가 존재하고" 범죄의 성 차이에 대한 설명은 "직접적인 외적 통제가 만들지 않은 자기 통제력의 차이"를 포함해야 한다고 결론 내렸다. 그들은 자기 통제력의 성 차이가 매우 어린 아동의 일탈행동에 대한 부모의 감시와 처벌의 성에 따른 차이에서 나타날 수도 있다고 추측하지만, "범죄의 성 차이와 관련된 모든 요인을 찾아내려고 하는 것은 이 작업의 범위를 벗어난다."고 말했다.[78]

마지막으로, 범죄에 영향을 주는 원인이라는 측면에서 남성성이나 성 체계(가부장제)

를 공공연히 다루는 전통적인 범죄학이론은 거의 없다. 그러나 갱행동에 대한 몇몇 이론은 예외이다.[79] 밀러(Miller)는 그의 하류층문화이론(lower-class culture theory)에서, 갱행동의 중심에 있는 미약한 남성성에 대해 묘사했는데, 남자청소년의 "동성친구집단"은 대개 여성이 가장인 가정 출신이라고 한다.[80] 이와 유사하게 코헨(Cohen)은 그의 긴장이론에서 소년의 갱행동은 "적어도 하나의 장점을 갖는다. 그것은 논쟁의 여지없이 관련된 모든 사람의 눈에 그의 본질적인 남성성에 순응하는 것으로 보인다. 비행청소년은 사나운 남성이다."[81] 밀러와 코헨을 따라서, 클라워드(Cloward)와 올린(Ohlin)[82]은 그들의 긴장이론에서 갱소년을 다음과 같이 묘사한다.

> 확실한 남성으로서의 자기 이미지를 형성하는 데 문제가 있다. …… 소년은 여성의 세계에 휩쓸려 자신의 정체성이 모호해질 때, 여성성에 "저항"하려는 경향이 있다. 이 저항은 왕성하고 공격적인 행동을 취할 수 있고, 심지어 악의적이고, 무책임하고, 파괴적인 행동을 취할 수 있다. 그 행동은 어머니의 비난을 불러일으키고, 반항적인 청소년에게 독립과 남성성을 대변하는 것으로 다가온다.

이 이론은 갱비행이 여성범죄와 비행의 페미니스트이론에서 설명된 바와 같은 "성의 수행" 과정과 관련된다고 주장한다. 다시 말해 갱행동 그 자체는 특별한 상황과 문화적 맥락에서 남성성을 증명하는 한 수단이다. 메서슈미트(Messerschmidt)는 이 견해를 상당히 발전시켜, 상이한 문화적 맥락에서 남성의 범죄행동이 어떻게 각 맥락에서 남성성을 증명하려는 상이한 시도로 나타나는지를 밝혀낸다.[83]

이 접근에서, 남성적인 성역할은 증가하는 자살, 범죄, 건강문제, 친족관계문제를 포함한 다양한 남성문제의 원천으로 알려져 있다. 이 모든 문제, 특히 여성과의 관계는 오늘날 남성 성역할의 변화를 만들어 내고 있다. 더 큰 문제는 대부분의 남성이 성역할 기대에 "맞추어 살지" 않고, 남성성을 "증명"할 필요를 느낀다는 것이다. 이처럼 남성은 성역할 그 자체보다는 성역할의 요구에 맞추어 살아가려는 과정에 더 집착을 한다. 남성이 "남성성"을 증명하는 바로 그 행동은 자신이 속한 특별한 문화적·상황적 맥락에 따라 매우 많이 달라진다.

거리폭력과 갱비행에 관한 최근의 연구들은 범죄자의 동기를 이해하고 성에 따라 다르게 나타나는 그 행동의 속성을 이해하려고 했다. 멀린스(Mullins), 라이트(Wright),

제이콥스(Jacobs)는 남성 40명과 여성 12명을 세인트루이스의 거리에서 면접한 결과를 분석한 후, 보복적 폭력은 "강한 성적인 속성"을 가진다는 것을 발견했다. 이 폭력에서 남성은 폭력적인 보복을 "거리에서 살아남기 위한 핵심적인 생존전술"로 본다. 이것은 남성으로서의 그들의 정체성에 깊이 뿌리내려져 있다. 동성 간의 보복의 동기가 남성과 여성에게 유사한 것으로 보이지만(거리의 명성을 얻고 유지하는 것), 그 기준은 서로 다르다. 여성은 더 가정 내의 문제에 초점을 맞추고 폭력에 덜 개입한다. 남성의 폭력은 훨씬 더 자주 총기와 관련되며, "거리에서 남성성의 정체성을 실현하려는 욕구에서 기인하는" 보복적 순환 속에서 나타난다.[84] 또한 페터슨(Peterson), 밀러(Miller), 에스벤슨(Esbensen)은 갱과 비행을 설명하면서, 모든 경우에 남성만으로 구성된 갱에서 활동하는 남성은 다른 유형의 갱(성비 균형이 맞는 갱 또는 남성이 더 많은 갱)에서 활동하는 남성보다 덜 비행적이라는 것을 발견했다. 그들은 이것이 남성과 여성 사이의 단순한 차이에서 기인하는 것이 아니라, "성에 따라 사회적으로 구성된 조직형태와 관련이 있다는 것을 증명한다."고 결론 내렸다. 이 관점에서 그들은 남성성과 여성성은 유동적인 개념이며, "깊이 자리 잡은 성적 차이에서 나온다기보다는 상황적으로 정의되고 만들어지는 것"이라고 단정했다.[85]

결론

밀러는 여성의 범죄성향을 설명하는 것과 관련하여, "성의 중요성을 인식하는 것과 성 평등 사이의 균형을 맞추는 것이 중요하지만, 모든 것을 성으로 환원하는 것은 필요하지 않다."[86]고 결론 내렸다. 이와 유사하게 지오다노(Giordano)와 록웰(Rockwell)은 "진정으로 포괄적인 접근은 …… 필연적으로 성에 따라 다른 것으로 나타나는 인과과정(예를 들어 성학대의 배경)과 남성과 여성 모두에 적용가능성을 가진 것으로 보이는 인과과정(예를 들어 범죄의 정의와 기회에 대한 노출을 포함한 가족력)에 주의를 기울여야 할 것"[87]이라고 결론 내렸다. 범죄학이론에서 성의 역할에 대한 이 결론은 합리적인 것으로 여겨진다.

범죄는 압도적으로 성에 따라 다르게 나타나는 행위이며, "성비"는 범죄학이론이 설명할 수 있어야 하는 하나의 가장 중요한 사실로 여겨질 수 있다. 범죄학자는 점점 이 성에 따른 차이를 더 신중히 설명하기 시작했지만, 확실한 사실은 전통적인 이론이 대개 이 문제를 고려조차 하지 않았고 그것을 설명하는 경우는 더 없었다는 것이다. 성비에 대한 완전한 설명은 양성에 공통적인 몇몇 이론과 한쪽 성에만 적용되는 몇몇 이론을 포함해야 할 것으로 보인다. 그것을 넘어서, 성비에 대한 더 완전한 설명은 페미니스트가 가부장제라는 성 체계로서 묘사하는 것(즉 여성과 남성이 여성성과 남성성을 행하게 하는 성에 따른 역할과 기대의 층화된 체계)을 포함해야 할 것이다.

주요 용어

- 성에 따른 범죄의 속성
- 새로운 여성범죄자
- 핵심 성정체성
- 성비 문제
- 성적 억압
- 성의 수행
- 페미니스트 범죄학
- 가부장제
- 일반화가능성 문제
- 권력통제이론
- 성 해방

토의할 문제

1. 무엇이 범죄와 비행의 남녀 차이를 가장 잘 설명한다고 생각하는가?
2. "성해방 명제"는 무엇인가? 그것은 증명되었는가?
3. 전통적 범죄학이론이 남성범죄에서 여성범죄에 이르기까지 일반화될 수 없다는 주장에 동의하는가? 혹은 반대하는가?
4. 과거 10여 년 동안, 미국 흑인여성은 재소자인구 중 가장 빠르게 증가하는 집단이었다. 왜? 어떤 이론이 이 증가를 설명할 것인가?

인용&
부연설명

1. 자료의 검토를 위해서는 Charles R. Tittle and Raymond Paternoster, *Social Deviance and Crime* (Los Angeles: Roxbury, 2000), pp. 316–24 를 보라.

2. 이 주제에 대한 최근의 편집서를 위해서는 K. Heimer and C. Kruttschnitt, eds., *Gender and Crime: Patterns in Victimization and Offending* (New York: New York University Press, 2006)를 보라. 또한 Sandra Walklate, *Gender, Crime and Criminal Justice*, 2nd ed. (portland, OR Willan Publishing, 2004)를 보라.

3. Dorie Klein, "The Etiology of Female Crime: A Review of the Literature," *Issues in Criminology* 8 (1973): 3–30; Carol Smart, *Women, Crime and Criminology: A Freminist Critique* (Boston: Routledge and Kegan paul, 1976). 이 책들은 Sally S. Simpson, "Feminist Theory, Crime, and Justice," *Criminology* 27 (1989): 605–31; and in Kathleen Daly and Meda Chesney–Lind, "Feminism and Criminology," *Justice Quarterly* 5 (1988): 497–538 에서 간략하게 리뷰되었다.

4. Eileen B. Leonard, *Women, Crime and Society: A Critique of Criminology Theory* (New York: Longman, 1982); Ngaire Naffine, *Female Crime: The Construction of Women in Criminology* (Boston: Allen and Unwin, 1987).

5. 이 초기이론들에는 Cesare Lombroso and William Ferrero, *La Donna Delinquente* (1893) 포함되고, 이것은 *The Female Offender*(Buffalo, NY: Hein, 1980) 로 번역되어 재출간되었다. Willem Bonger, *Criminality and Economic Conditions* (Boston: Little, Brown, 1916)은 Agathon, New York, 1967에 의해 재출간되었다. W. I. Thomas, *The Unadjusted Girl* (1923)은 Patterson Smith, Montclair, NJ, 1969에 의해 재출간되었다. Sheldon Glueck and Eleanor Glueck, *Five Hundred Delinquent Women* (1934)은 Periodicals Service, Germantown, PA, 1972에 의해 재출간되었다. Otto Pollock, *The Criminality of Women* (1952)은 Greenwood, Westpost, CT, 1972에 의해 재출간되었다. Meda Chesney–Lind and Randall G. Shelden, *Girls, Delinquency, and Juvenile Justice*, 2nd ed. (Belmont, CA: West/Wadsworth, 1998), pp. 74–81의 논의를 보라.

6. Daly and Chesney–Lind, op. cit.

7. Smart, op. cit.; Frances Heidensohn, *Women and Crime* (New York: New York University Press, 1985). 몇몇 예에 대한 간략한 논의를 위해서는 James W. Messerchmidt, *Masculinities and Crime* (Lanham, MD: Rowman and Littlefield, 1993), pp. 2–4, or Messerschmidt, *Capitalism, Patriarchy*

and Crime: Toward a Socialist Feminist Criminology (Totowa, NJ: Rowman and Littlefield, 1986), pp. 1-24를 보라.

8. Jane R. Chapman, *Economic Realities and the Female Offender* (Lexington, MA: Lexington Books, 1980); Susan Datesman and Frank R. Scarpitti, *Women, Crime and Justice* (New York: Oxford University Press, 1980); Clarice Feinman, *Women in the Criminal Justice System* (New York: Praeger, 1986). 몇몇 차이는 Simpson, op. cit. pp. 612-17에서 검토된다.

9. Freda Adler, *Sisters in Crime: The Rise of the New Female Criminal* (New York: McGraw Hill, 1975).

10. Rita James Simon, *Women and Crime*, (Lexington, MA: Lexington Books, 1975). See also Simon and Jean Landis, *The Crimes Women Commit, the Punishments They Receive* (Lexington, MA: Lexington Books, 1991).

11. 최근의 연구들에 따르면, 지난 20여 년 동안 여성폭력범죄율, 특히 폭행범죄율의 증가는 주로 정책변화, 치안활동, 그리고 신고율에 기인하는데, 이것은 여성 폭력범죄의 실질증가와는 무관하다. Darry 1 Steffensmeier et al., "An Assessment of Recent Trends in Girls' Violence Using Diverse Longitudinal Sources: Is the Gender Gap Closing?" *Criminology* 43 (2005): 355-405 를 보라.

12. Simpson, op. cit., p. 611. Daly and Chesney-lind (op. cit., p. 511)는 또한 "자유주의적 페미니스트 시각이 그들의 성과를 홍보하는 데 한계가 있다고" 지적한다.

13. Allison Morris, Women, *Crime and Criminal Justice* (New York: Blackwell, 1987), p. 16. Daly and Chesney-Lind (op. cit., p. 507)는 그녀의 결론에 동의했다.

14. 범죄학에서 페미니즘학파에 대한 개관을 위해서는 Meda Chesney-Lind and Karlene Faith, "What About Feminism?" in Raymond Paternoster and Ronet Bachman, eds., *Explaining Criminals and Crime* (Los Angeles: Roxbury, 2000), pp. 287-302를 보라.

15. Alison Jaggar, *Feminist politics and Human Nature* (Totowa, NJ: Roman and Allanheld, 1983).

16. Kate Millett, *Sexual Politics* (New York: Doubleday, 1970).

17. See Michael J. Lynch, Raymond Michalowski, and W. Byron Groves, *The New Primer in Radical Criminology* (Monsey, NY: Criminal Justice Press, 2000), pp. 108-11.

18. Polly Radosh, "Woman and Crime in the United States: A Marxian Explanation," *Sociological Spectrum* 10 (1990): 105-31.

19. Dawn Currie, "Women and the State: A Statement on Feminist Theory," *Critical Criminologist* 1 (1989): 4-5.

20. Radosh, op. cit.; Daly and Chesney-Lind, op. cit.
21. Shulamith Firestone, The Dialectics of Sex: *The Case for Feminist Revolution* (New York: William Morrow, 1970).
22. See, e.g., Daly and Chesney-Lind, op. cit., p. 501; and Simpson, op. cit., p. 606.
23. Chesney-Lind and Faith, op. cit., pp. 296-97.
24. Carol Smart, *Feminism and the Power of Law* (London: Routledge, 1989); and "Feminist Approaches to Criminology or Postmodern Woman Meets Atavistic Man," in Loraine Gelshorpe and Allison Morris, eds., *Feminist Perspectives in Criminology* (Milton Keynes, England: Open University Press, 1990), pp. 70-84 상이한 포스트모더니스트 페미니스트의 견해를 위해서는 Christine Garza, "Postmodern Paradigms and Chicana Feminist Thought: Creating a Space and Language," *Critical Criminologist* 4, no. 3-4 (1992): 1-2, 11-13를 보라.
25. Nancy A. Wonders, "Postmodern Feminist Criminology and Social Justice," in Bruce A. Arrigo, *Social Justice, Criminal Justice* (Belmont, CA: West/Wadsworth, 1998), pp. 111-28.
26. Chesney-Lind and faith, op. cit., p. 297.
27. 예를 들어 Chesney-Lind and Faith (ibid., p. 298)는 "여성의 범죄와 피해자화에 관한 견고한 연구와 이론의 구축을 요구한다.
28. 다른 한편으로, 다양한 여성의 경험을 포함시키는 것은 여성의 공통적인 억압의 경험에 관한 주장을 약화시키는 경향이 있다. Dawn H. Currie, "Challenging Privilege: Feminist Struggles in the Canadian Context," *Critical Criminologist*, 3 (1991): 1-2, 10-12 를 보 29. Chesney-Lind and Faith, op. cit., p. 297-98. 어느 정도, 다문화적 페미니즘이라는 고상한 페미니즘은 다른 페미니스트의 견해를 반박하는데, 이들은 페미니스트의 사고는 남성-지배적 사고에 비해 우월하다고 주장한다. 왜냐하면 이들은 남성지배에 충실하기 때문에, 편견에 차 있고, 왜곡되었으며, 그리고 객관성을 결여하기 때문이다. Jagger, op. cit., p. 370 를 보라. 또한 Daly and Chesney-Lind, op. cit., pp. 499-500 를 보라. 포스트모더니즘은 특정한 관점을 특별대우하거나 깔보는 것이 아니기 때문에, 그 자체로는 남성지배적 사고가 페미니스트의 사고만큼 정당하다고 주장하는 것 같다. 그러한 정도로, 포스트모더니즘은 페미니즘과 융합하기 어렵다. Einstadter and Henry, op. cit., pp. 299-300 를 보라.
30. Patricia Hill Collins, *Black Feminist Thought* (Boston: Unwin Hyman, 1990).
31. See Sylvia Walby, *Theorizing Patriarchy* (Cambridge, MA: Basil Blackwell, 1990).
32. Daly and Chesney-Lind, op. cit., pp. 514-20.
33. Ibid., p. 518.

34. Ibid., p. 514.

35. Ibid., p. 519.

36. douglas A. Smith and Raymond Paternoster, "The Gender Gap in theories of Deviance," *Journal of Research in Crime and Delinquency* 24 (1987): 140–72.

37. Candace Kruttschnitt, "Contributions of Quantitative Methods to the Study of Gender and Crime, or Bootstrapping Our Way Into the theoretical Thicket," *Journal of Quantitative Criminology* 12 (1996): 135–61, p. 141.

38. Ibid., p. 518.

39. Ibid., pp. 518–20.

40. Op. cit., pp. 289–90.

41. 이 쟁점에 대한 논의를 위해서는 R. Gregory Dunaway, Francis T. Cullen, Velmer S. Burton, Jr., and T. David Evans, "The Myth of Social Class and Crime Revisited," *Criminology* 38 (2000): 589–632를 보라.

42. Claire Renzetti and Dan Curran, *Women, Men and Society* (Boston: Allyn and Bacon, 1993).

43. Chesney–Lind and Faith, op. cit., pp. 290.

44. 폭력범죄 피해에서의 성별 차이에서의 동향에 대한 한 최근의 논의를 위해서는 Janet L. Lauritsen and karen Heimer, "The Gender Gap in Violent Victimization, 1973–2004," *Journal of Quantitative Criminology* 24 (2008): 125–48를 보라.

45. Maureen Cain, "Realist Philosophy and Standpoint Epistemologies for Feminist Criminology as a Successor Science," in Loraine Gelsthorpe and Allison Morris, eds., *Feminist Perspectives in Criminology* (Buckingham, England: Open University Press, 1990), pp. 124–40.

46. Peggy C. Giordano and Sharon Mohler Rockwell, "Differential Association Theory and Female Crime," in Sally S. Simpson, ed., *Of Crime and Criminality* (Thousand Oaks, A: Pine Forge Press, 2000), p. 4.

47. 검토를 위해서는 Chesney–Lind and Shelden, op. cit., pp. 81–91를 보라.

48. Peggy C. Giordano and Stephen A. Cernkovich, "Gender and Antisocial Behavior," in David M. Stoff, James Breiling, and Jack D. Maser, eds., *Handbook of Antisocial Behavior* (New York: John Wiley, 1997), pp. 496–510.

49. 예를 들어 Margaret L. Anderson, *Thinking About Women*, 2nd ed. (New York: Macmillan,

1988).

50. 예를 들어 Charles Tittle, *Control Balance* (Boulder, CO: Westview Press, 1995).

51. 권력통제이론에 대한 최초의 논문은 John Hagan, A. R. Gillis, and John Simpson, "The Class Structure of Gender and Delinquency: Toward a Power-Control Theory of Common Delinquent Behavior," *American Journal of Sociology* 90 (1985): 1151-79 이다. 이 이론은 후에 John Hagan, *Structural Criminology* (New Brunswick, NJ: Rutgers University Press, 1989) 에서 보다 큰 이론적 맥락에서 제시되었다.

52. John Hagan, *Structural Criminology*, chaps. 7-9; Hagan, A. R. Gillis, and John Simpson, "Clarifying and Extending Power-Control Theory," *American Journal of Sociology* 95 (1990): 1151-78; Brenda Sims Blackwell, "Perceived Sanction Threats, Gender, and Crime," *Criminology* 38 (2000): 439-88.

53. Chesney-Lind and Faith, op. cit., p. 299. 이 견해를 지지하는 결과는 Jane A. Siegel and Linda M. Williams, "The Relationship Between Child Sexual Abuse and Female Delinquency and Crime: A Prospective Study," *Journal of Research in Crime and Delinquency* 40 (2003): 71-94에서 찾을 수 있다.

54. Lisa M. Broidy and Robert Agnew, "Gender and Crime:A General Strain Theory Perspective," *Journal of Research in Crime and Delinquency* 34(1997).

55. 이 연구의 요약과 논의를 보려면 Fawn T. Ngo and Raymond Paternoster, "Stalking Strain, Concurrent Negative Emotions, and Legitimate Coping Strategies:A Preliminary Test of Gendered Strain Theory," American Journal of Criminal Justice 38(2013): 369-391, pp. 371-374를 참고할 수 있다.

56. Giordano and Rockwell, op. cit.

57. Ibid., p. 22.

58. Karen Heimer and Stacy De Coster, "The Gendering of Violent Delinquency," *Criminology* 37 (1999): 306.

59. Ibid., p. 305.

60. Candace West and Sarah Fenstermaker, "Doing Gender," *Gender and Society* 9 (1995): 3-37.

61. Dale Spender, *Invisible Women* (London: Writers and Readers Publishing, 1982), p. 23.

62. Sally S. Simpson and Lori Elis, "Doing Gender: Sorting Out the Caste and Crime Conundrum,"

Criminology 33 (1995): 71.

63. Lisa Maher, *Sexed Work: Gender, Race, and Resistance in a Brooklyn Drug Economy* (Oxford, England: Clarendon Press, 1997).

64. Jody Miller, "Up It Up: Gender and the Accomplishment of Street Robbery," *Criminology* 36 (1998): 37–66; and "Feminist Theories of Women's Crime: Robbery as a Case Study," in Simpson, ed., *Of Crime and Criminality*, op. cit., pp. 25–46.

65. Karen Joe Laidler and Geoffrey Hunt, "Accomplishing Femininity Among the Girls in the Gang," *British Journal of Criminology* 41 (2001): 656–78.

66. Frances Heidensohn, "Gender and Crime," in Mike Maguire, Rod Morgan, and Robert Reiner, eds., *The Oxford Handbook of Criminology*, 2nd ed. (New York: Oxford University Press, 1996), p. 791.

67. Chesner–Lind and Faith, op. cit., p. 287.

68. Messerschmidt, Masculinities and Crime, op cit., pp. 2–4.

69. Ibid., chap. 3.

70. Tittle and Paternoster, op. cit., 364–65. 남성성과 범죄에 대한 논의를 위해서는 Time Newburn and Elizabeth A. Stanko, *Just Boys Doing Business: Men, Masculinities and Crime* (New York: Routledge, 1994) 를 보라.

71. Neil Boyd, *The Beast Within: Why Men Are Violent* (Vancouver: Greystone Books, 20000, pp. 139–67.

72. Sylvana M. Cote, "Sex Differences in Physical and Indirect Aggression: A Developmental Perspective," European Journal of Policy Research 13 (2007): 183–200.

73. Ibid., p. 187.

74. Ibid., p. 188.

75. Ibid ., pp. 194–95.

76. Messerschmidt, Masculinities and Crime, op. cit., p. 3.

77. Michael R. Gottfredson and Travis Hirschi, *A General Theory of Crime* (Stanford, CA: Stanford University Press, 1990), pp. 144–49.

78. Karen Hayslett–McCall and Thomas J. Bernard ("Attachment, Self–Control, and Masculinity: A Theory of Male Crime Rates," *Theoretical Criminology* 6 [2002]: 5–33)는 보다 넓은 남성성의

이론으로 연결시키면서, 이 추측을 지지한다.

79. Miller, Cohen, and Cloward and Ohlin are quoted in Chesney-Lind and Shelden, op. cit., pp. 84-86.

80. Walter B. Miller, "Lower Class Culture as a Generating Milieu of Gang Delinquency," *Journal of Social Issues* 14 (1958): 5-19. 9장의 논의를 보라.

81. Albert Cohen, *Delinquent Boys: The Culture of the Gang* (New York: Free Press, 1955), pp. 139-40. 8장에서의 코헨에 대한 논의를 보라.

82. Richard A. Cloward and Lloyd E. Ohlin, *Delinquency and Opportunity* (New York: Free Press, 1960). 8장의 논의를 보라.

83. Messerschmidt, Capitalism, Patriarchy, and Crime, op. cit. Messerschmidt, *Crime as Structured Action: Gender, Race, Class, and Crime in the Making* (Thousand Oaks, CA: Sage, 1997. 또한 Timothy Newburn and Elizabeth A. Stanko, *Men, Masculinities, and Crime* (New York: RoutLedge, 1991); Tony Jefferson, "Masculinities and Crime," in Maguire, Morgan, and Reiner eds., *The Oxford Handbook of Criminology*, op. cit., and Lee H. Bowker, *Masculinities and Violence* (Thousand Oaks, CA: Sage, 1998) 를 보라.

84. Christopher W. Mullins, Richard Wright, and Bruce A. Jacobs, "Gender, Streetlife, and Criminal Retaliation," *Criminology* 42 (2004): 911-30.

85. dana Peterson, Jody Miller, and Finn-Aage Esbensen, "The Impact of Sex Composition on Gangs and Gang Member Delinquency," *Criminology* 39 (2001): 411-39.

86. Miller, "Feminist Theories," op. cit., p. 43.

87. Giordano and Rockwell, op. cit., p. 22.

제14장 발전이론

장 개요

- 대논쟁: 범죄경력, 종단적 연구, 연령과 범죄와의 관계
- 범죄경향성과 범죄경력
- 발전범죄학으로의 전이
- 세 가지 발전이론
- 손베리의 상호작용이론
- 샘슨과 라웁의 비공식사회통제 연령-단계 이론
- 트렘블레이의 공격성 발달의 기원
- 결론

C/H/A/P/T/E/R 14

VOLD의 이론범죄학

발전이론

대부분의 범죄학이론은 범죄와 다양한 생물학적·심리학적·사회적 요인과의 관계에 관심을 집중한다. 그리고 이 요인들이 범죄자에게 미치는 영향은 연령에 관계없이 동일하다고 가정한다. 발전이론은 그렇지 않다. 범죄자의 연령에 따라 다른 요인이 다른 영향을 미친다고 가정한다. 따라서 발전이론은 생애과정의 맥락에서 즉 아동기에서 소년기로, 성인기로, 나아가 노년기로의 진행을 고려하며 범죄를 설명한다. 예를 들어 어떤 요인으로는 아동기 또는 조기 소년기에 시작되는 범죄행위를 설명하고, 후기 소년기와 성인기에 시작되는 범죄는 이와 다른 요인으로 설명한다. 또한 일부 요인으로는 어떤 사람이 범죄를 시작하는 사실을 설명하고, 다른 요인으로는 그 사람이 범죄를 오랫동안 저지를 것인가 아니면 곧 그만둘 것인가를 설명한다.

일부 학자들은 발전이론이 범죄학의 발전에 새로운 기여를 하지 못했다고 비판한다. 이들은 연령이나 생애과정을 고려하지 않는 기존이론으로도 충분히 범죄를 적절히 설명할 수 있다고 주장한다. 이 문제를 둘러싸고 1980년대 중반까지 대규모 논쟁이 치열히 전개되었다. 논쟁의 핵심은 연령과 범죄의 관계였다. 이후에 논쟁은 범죄경력의 주장들과도 복잡하게 얽히게 되었다. 왜냐하면 범죄경력은 시간의 흐름에 따른 범죄의 발전과 진행을 지칭하기 때문이다. 더불어 범죄학이론의 검증에 필요한 연구방법에 대해서도 많은 논쟁이 있었다. 이번 장에서는 먼저 논쟁과 논쟁당사자들이 인용했던 일부 증거자료들을 살펴본다. 이후에 다른 발전이론들을 논의한다.

대논쟁 : 범죄경력, 종단적 연구, 연령과 범죄와의 관계

1986년 국립연구위원회(National Research Council)의 범죄경력연구 패널(Panel on Research on Criminal Career)은 「범죄경력과 경력범죄자(Criminal Careers and "Career Criminals")」[1]라는 두 권의 책을 발간했다. 패널이 했던 연구는 한 동안 주목받았던 아이디어를 발전시킨 것이었다. 1972년 필라델피아에서 어떤 연구가 소년인구의 6%가 그 도시에서 경찰이 개입했던 소년사건 전체의 52%를, 중범죄 소년사건의 70%를 저질렀다는 사실을 발견했다.[2] 이런 결과는 적은 수의 활동적 "경력범죄자"가 있으며, 그들이 대부분의 범죄를 저지른다는 것을 시사했다.[3] 또한 이런 결과는 상습범죄자를 구금하면 범죄율이 급속히 감소될 것이라는 기대로 이어졌다.[4] 이후 거액의 연구자금이 이런 아이디어를 개발해 실용적 범죄정책의 토대로 구축하려고 했던 학자들에게 지원되었다.

초기에는 명확히 구분되지 않았지만, "경력범죄자(career criminal)"와 "범죄경력(criminal career)"은 매우 다른 개념이다. 경력범죄자는 오랜 기간에 빈번히 범죄를 저지르는 상습범죄자를 가리킨다. 반면에 범죄경력은 범죄행위의 빈도나 심각성과는 아무 관련이 없다. 대신 한 사람의 생애에서 범죄행위가 언제 시작되었고, 얼마 동안 지속되었고, 언제 중단되었는가에 대한 것이다. 범죄자들의 대다수는 "범죄경력"이 짧고 사소하다. 이들은 한두 차례 경미범죄를 저지르고 더 이상 저지르지 않는다.

범죄경력연구 패널(Panel on Research on Criminal Career)은 범죄경력 측면에서 범죄행위를 기술하기 위해 새로운 용어들을 소개했다. 참여(participation)는 어떤 사람이 한번이라도 범죄를 저질렀는지에 대한 것이다 – "했다(yes)"와 "안했다(no)"로 구분한다. 확산도(prevalence)는 인구집단(예를 들어 18세 이하의 연령집단)에서 한 번이라도 범죄를 저지른 사람의 비율이다. 빈도(frequency, 그리스 문자 람다(lambda)로 표기한다)는 범죄에 가담한 사람의 범죄활동율(rate of criminal activity)을 나타내며, 흔히 일정 기간에 저지른 범행횟수로 측정한다. 심각성(severity)은 용어 그대로 한 사람의 범죄가 얼마나 심각한 내용인가를 나타낸다. 시작(onset)과 중단(desistance)은 범죄경력의 시작과 종료를 가리키며, 지속기간(duration)은 시작과 중단 사이의 시간 간격이다.

새로운 용어들은 연령과 범죄와의 관계를 설명하면서 처음으로 광범위하게 사용되었고, 이때부터 앞서 언급한 대논쟁이 시작되었다. 범죄율은 청소년기에 급격히 증가하고, 청소년기 후반이나 20대 초반에 정점을 이루고, 그 후로는 점진적으로 감소한다. 기존에는 20세 이후에 범죄곡선이 감소하는 현상을 흔히 빈도의 변화 때문이라고 보았다. 즉 범죄자의 수는 같지만, 이들의 범행횟수가 줄었기 때문이라고 보았다. 이에 대해, 범죄경력 연구자들은 범죄율의 감소가 참여의 변화에 의한 것이라고 주장했다. 즉 범죄자의 숫자가 감소했기 때문이며, 남아있는 각 범죄자의 범행횟수는 여전히 높은 수준이라는 것이다. 범죄경력 연구자들이 옳다면, 20대 초반 이후에도 높은 수준으로 범죄를 지속하는 사람은 "경력범죄자(career criminals)"이고 무력화해야 할 대상자들이다. 반면에, 만약 모든 범죄자들이 나이가 들면서 전체적으로 범죄를 적게 저지르면 이들의 그 누구도 "경력범죄자"가 아니다. 왜냐하면 경력범죄자는 다른 사람들보다 더 자주 더 오랫동안 범죄를 저지르는 사람이기 때문이다.

연령과 범죄의 관계에 대한 이 해석에는 또 다른 함의가 있다. 일부 범죄자는 지속적으로 참여하고 다른 범죄자는 범죄경력을 조기에 중단하므로, 참여와 빈도를 예측하기 위해서는 별도의 연구모형을 개발할 필요가 있다는 것이다. 일부의 요인은 어떤 사람이 참여하는 데 영향을 미치고, 다른 요인은 범죄행위의 빈도와 지속기간에 영향을 미칠 수 있기 때문이다.

이런 사항들에 대해 앞서 언급한 대논쟁에서 두 입장이 첨예하게 대립했다. 한편은 경력범죄 연구자들로 알프레드 블룸스테인(Alfred Blumstein), 잭컬린 코헨(Jacqueline Cohen), 데이비드 패링턴(David Farrington)이 대표했고, 다른 한편은 마이클 갓프레드슨(Michael Goffredson)과 트레비스 허쉬(Travis Hirschi)가 대표했다.[5] 갓프레드슨과 허쉬는 연령이 많아지면, 다른 사회학적 설명과 무관하게, 사람들이 범죄를 저지르지 않는다는 입장을 취했다. 연령에 따른 범죄율의 감소는 따라서 범죄자의 범죄빈도가 감소했기 때문이며, 범죄자의 수가 줄었기 때문이 아니라는 것이다. 이런 이유로 갓프레드슨과 허쉬는 "경력범죄자"를 판별하고 선택적으로 무력화하려는 시도는 그렇게 해야 할 근거가 전혀 없다고 주장했다.

연령과 범죄의 관계에 대한 논쟁은 이후 범죄학이론을 검증하는 데 적합한 연구방법에 관한 치열한 논쟁으로 발전했다. 대부분의 범죄학 연구는 집적된 범죄율(aggregate crime rates)을 살펴봤다. 예를 들어 특정 지역에서의 침입절도 발생률에 주목했다. 하지만 집적된 범죄율로는 상세한 내용을 알 수가 없다. 침입절도 발생률의 경우에 그것이 소수의 범죄자들이 많이 저지른 것인지 아니면 개인적으로는 적었지만 범죄자의 수가 많았기 때문인지를 구별할 수 없다. 이 문제를 해결하기 위해 경력범죄 범죄학자들은 특정 지역의 집적된 범죄율 대신에 개별 범죄자가 일정 기간 저지르는 범죄유형에 관심을 집중했다.[6] 특히 동일한 조사대상자를 오랫동안 추적조사 하는 "종단적(longitudinal research)" 연구방법을 주로 사용했다. 제4장에서 검토한 글룩부부(the Gluecks)의 연구는 종단적 방법을 사용한 초기의 대표적 연구이다. 이들은 수년 동안 비행소년 500명과 일반소년 500명의 생활을 추적하고 어떤 소년이 비행소년이나 범죄자가 되고 다른 소년은 그렇게 되지 않는 지를 분석했다.[7]

반면에, 다수의 다른 범죄학자들은 동일한 시점에서 조사대상자를 상호 비교하는 "횡단적(cross-sectional)" 연구방법을 사용했다. 예를 들어 특정 도시에서 일정 수의 소년을 조사한 후에 어떤 소년이 범죄를 많이 저지르는가를 파악하고, 그 소년과 관련된 요인들이 무엇인지를 연구했다. 횡단적 연구는 대상자를 한 번만 조사하기 때문에 종단적 연구에 비해 비용이 훨씬 적게 든다. 갓프레드슨과 허쉬는 연령-범죄 관계가 불변하는 것이므로 횡단적 연구로 충분하다고 주장했다. 오랜 기간에 걸쳐 동일 대상자의 정보를 반복적으로 수집하는 일은 불필요한 자원의 낭비라는 것이다.[8] 그러나 다른 범죄학자들은 종단적 자료수집과 분석이 범죄행위의 연구에 많은 기여를 할 수 있다고 믿었다.[9] 이들은 횡단적 설계로는 범죄행위의 상관요인만을 알 수 있을 뿐이며, 종단적 설계로는 어떤 요인이 시간적으로 선행하는가를 확정할 수 있으므로 인과관계를 연구할 수 있다고 주장했다. 또한 종단적 연구로는 과거행위가 현재행위와 미래행위에 얼마나 영향을 미치는 지도 파악할 수 있다. 이와 더불어, 생애과정의 다른 시점에서의 행위를 설명하기 위해 별도의 분석모형들이 필요한 지를 평가할 수 있다.

범죄경향성과 범죄경력

치열한 논쟁 이후에, 연령-범죄 논쟁은 "범죄경향성(criminal propensity)"과 "범죄경력"의 논쟁으로 압축되었다. 갓프레드슨과 허쉬는 범죄경향성을 지지하는 입장을 취했다. 갓프레드슨과 허쉬는 기본적으로 어떤 사람은 범죄를 저지를 경향성이 높고 다른 사람은 경향성이 낮고, 범죄를 저지를 경향성은 8세 전후에 형성되고 이후의 생애과정에서 거의 변하지 않는 안정적 속성이라고 주장했다. 그러나 기회와 상황에 따라 범죄경향성이 다양한 유형과 행위로 표현될 수 있으므로, 동일한 수준의 범죄경향성을 가졌더라도 실제 저지르는 범죄건수와 범죄유형은 다를 수 있다고 보았다. 범죄경향성은 생애과정에 걸쳐 변하지 않는 속성이므로, 범죄의 시작연령(age of onset), 범죄경력의 지속기간(duration), 범죄의 빈도(frequency)를 별도로 설명하는 것은 불필요한 일이다. 개인들이 저지르는 범죄행위의 규모가 변하는 것은 이들이 연령-범죄 곡선에서 어떤 지점에 있는가에 의해 기본적으로 설명이 가능하다. 모든 사람이 연령-범죄 곡선에 따르기 때문에, 누구든지 10대 후반에 범죄를 가장 많이 저지르고 그 후로는 점차 줄어든다. 하지만 경향성이 가장 낮은 사람은 전 연령대에서 범죄가담의 정도가 가장 낮고, 경향성이 가장 높은 사람은 범죄가담의 정도가 항상 가장 높다. 그림 14-1은 범죄를 저지를 경향성에 따른 연령-범죄 곡선의 형태를 나타낸 것이다.

갓프레드슨과 허쉬는 연령-범죄 곡선 자체가 불변하며 별도의 설명이 필요 없다고 주장했다. 설명이 필요한 부분은 왜 사람들이 서로 다른 범죄경향성을 갖는가이다.[10] 범죄경향성은 생애과정에 걸쳐 변화하지 않는 성질이다. 따라서 이에 대한 설명은 횡단적 연구로 충분히 할 수 있고, 비용이 많이 드는 종단적 설계는 필요하지 않다. 제10장에서 소개한 갓프레드슨과 허쉬의 낮은 자기통제이론은 이런 배경에서 제안되었다.[11]

이에 대해, 범죄경력 연구는 생애과정의 서로 다른 시점에서 발생하는 행위를 설명하려면 다른 변수들이 필요하다는 입장이다. 시작연령(onset), 참여(participation), 빈도(frequency), 지속기간(duration), 중단(desistance)의 경우에 별도의 분석모형이 필요하다는 것이다. 그간 논쟁의 상당 부분은 하나의 이론("범죄경향성" 입장)으로 "범죄경력" 전반을 설명할 수 있는가, 아니면 생애과정의 여러 시점에서 상이한 인과과정이 작용하는가("범죄경력" 입장)에 관한 견해 차이였다. 특히 핵심쟁점은 참여와 빈도에 대해 별도의 인과모형을 구성할 필요성이 있는가에 관한 것이었다. 연령-범죄 곡선에 대한 상반된 설명에서 참여와 빈도가 결정적으로 두 입장을 구별하기 때문이다.

연령-범죄 관계의 논쟁이 범죄경향성과 범죄경력 입장과의 대립으로 정착하면서, 각각의 입장을 지지하는 자료를 수집하려는 많은 연구가 있었다. 그래도 아직까지 이 문제는 완전히 해결되지 않고 있다.[12] 단지 각각의 입장을 지지하는 예비적 수준의 자료가 있을 뿐이다.

그림 14.1 연령, 범죄경향성, 범죄와의 가설적 관계

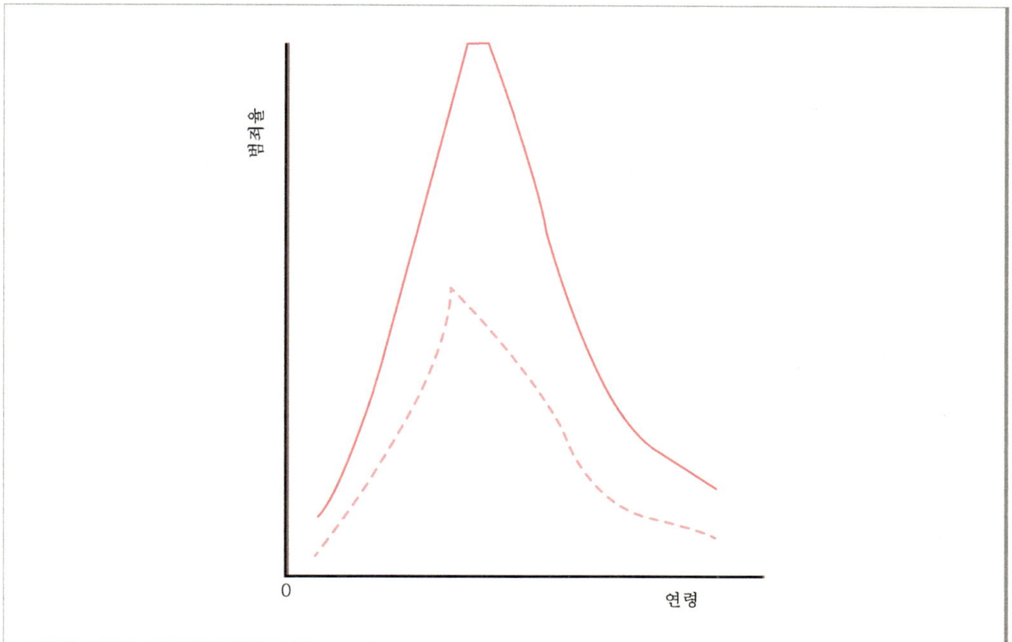

출처. Travis Hirschi and Michael Gottfredson, "Age and the Explanation of Crime," American Journal of Sociology 89 [1983]: p.565. 허가에 의한 재인용.

로우(Rowe), 오스굿(Osgood), 나이스웬더(Nicewander)의 연구는 범죄경향성 입장을 지지하는 가장 확실한 증거를 제시한 연구이다.[13] 이들은 잠재속성모형(latent trait model)을 활용했다. 잠재속성은 직접 관찰할 수 없지만 여러 측정치로 추론할 수 있는 속성이다. 범죄를 저지를 내재적 경향성이 있다면, 개인별 경향성은 직접 관찰할 수 없으므로 그것은 잠재속성일 가능성이 높다. 연구문제는 과연 그런 것이 있는가이다. 로우 등이 사용한 방법은 잠재적 "범죄경향성" 속성에 대해 몇 가지 가정을 하고, 그 속성이 실제로 존재한다면 범죄행위가 어떻게 분포할 것인가를 예측한 것이었다. 로우(Rowe) 등은 예측치와 네 개 도시의 실제 범죄분포를 비교했다. 로우 등의 분석모형은 기본적으로 비이론적(atheoretical)이다. 범죄행위의 잠재적 경향성을 유발하는 원인을 고려하지 않고 단지 그런 경향성이 있는가를 검증한 것이었다. 경향성 입장에 따르면 이 속성이 개인별 범죄행위의 참여가능성과 참여빈도를 설명해야 한다. 왜냐하면 참여가능성과

참여빈도 모두가 동일한 원인의 영향을 받기 때문이다. 로우 등이 분석모형을 네 개의 도시에서 수집한 개인행위 자료에 적용했을 때에 이들은 경향성 입장을 지지하는 명확한 연구결과를 발견할 수 있었다.[14]

시몬스(Simons)와 동료들도 잠재속성모형을 검증했지만 연구결과는 범죄경력 입장을 지지하는 것이었다.[15] 아동기 후반에 반사회적 행위를 했던 소년들은 부모훈육과 학습지도가 열악했고 비행친구와의 접촉이 많은 편이었다. 이들 세 가지 원인이 초기 소년기에 비행을 증가시켰다. 세 가지 원인이 없으면 소년기 비행이 증가하지 않았다. 연구결과에 의하면 소년들은 잠재적인 반사회적 속성을 갖지 않았으며, 생애과정의 발전론적 사건들이 소년기 비행에 영향을 미치는 경향이었다. 또한 몬코넨(Monkonnen)은 1773년부터 1874년까지, 그리고 1976년부터 1995년까지 뉴욕시에서 연령별 폭력범죄의 분포를 분석했다.[16] 이전 시기에 폭력범죄는 20세부터 30세 사이에 가장 많이 발생했다. 그러나 최근에 들어 정점에 이르는 나이가 빨라졌고 20대 초반 이후로는 범죄율이 평탄해지는 경향이었다. 몬코넨은 최근의 폭력범죄 연령분포를 역사적으로 새로운 현상이라고 결론지었다. 그의 결론은 연령과 범죄와의 관계가 불변한다는 갓프레드슨과 허쉬의 주장에 의문을 제기하는 것이었다.

한편 오브라이언(O'Brien)과 동료들은 1960년부터 1995년까지 연령대별 살인범죄율을 분석했다.[17] 이들 연구에 의하면, 1990년대에 4세에서 17세까지의 소년은 1960년대와 1970년대의 같은 연령집단에 비해 살인범죄를 두세 배 더 많이 저질렀다. 반면에 1990년대에 25세 이상의 성인은 1960년대와 1970년대의 같은 연령집단에 비해 살인범죄를 적게 저지르는 경향이었다. 오브라이언 등은 1990년대는 출생아의 수가 많고 특히 미혼모의 출생비율이 높다는 사실에 주목하고, 폭력범죄의 발생률이 높은 이유는 소년들이 어렸을 때에 가용한 자원이 부족했기 때문이라고 설명했다. 이 집단의 소년들은 나이가 들어서도 폭력범죄의 발생유형이 지속되었고 대체로 안정적이었다. 이런 연구결과는 갓프레더슨과 허쉬의 경향성 입장 즉 범죄경향성이 어린 나이에 형성되고 시간적으로 연령-범죄 곡선에 따른다는 주장과 일치한다.[18]

발전범죄학으로의 전이

범죄학자는 지금도 경향성 입장과 범죄경력 입장을 비교검증하고 있고, 논쟁에 관련한 쟁점들은 점차 복잡해지고 있다.[19] 그렇지만 최근의 연구자들은 두 입장이 대립된 것으로 단정하지 않는 추세이다. 예를 들어 내긴(Nagin)과 랜드(Land)는 범죄경력과 경향성 모두를 지지하는 연구결과를 발견하고, "범죄경력의 성격에 대해 양자택일하는 이론적 입장들의 활동중단"을 제안했다.[20] 또한 발전범죄학(developmental criminology)이 새롭게 대두하고 있다. 발전범죄학은 발달심리학에 뿌리를 두고 범죄를 생애과정의 사회적 사건들(social event)로 취급한다.[21] 범죄경력과 범죄경향성 간의 대논쟁은 발전범죄학이론들이 새롭게 개발되고 연구되면서 점차 그 열기를 잃고 있다.

발전범죄학자들과 범죄경력연구는 무관하지 않다. 발전학자들은 범죄경력 패러다임의 용어를 많이 채용했다. 예를 들어 뢰버와 르 블랑(Loeber & Le Blanc)은 발전론에 관한 문헌들을 검토하고 연구결과들을 활성화(activation), 악화(aggravation), 중단(desistance) 등의 개념으로 재정리했다.[22] 이런 개념들은 범죄경력 패러다임의 주요 개념들과 유사한 의미이다. 활성화는 범죄행위의 지속성, 빈도, 다양성을 일컫는 개념이며, 가속화(acceleration, 빈도의 증가), 안정화(stabilization, 시간적 지속성), 다양화(diversification, 범죄행위)를 포함한다. 악화는 시간적으로 범죄 심각성이 증가하는 발전과정을 일컫는다. 중단은 범죄빈도의 감소, 다양화의 감소(전문화, specialization), 심각성의 감소를 일컫는다.

지난 10년 동안에 발전이론을 평가하기 위해 많은 경험적 연구들이 실시되었다. 패링톤(Farrington)은 이런 연구들을 검토한 후에 범죄발전에 관해 일반적으로 수용하는 결론들과 논란의 대상이 되는 쟁점들을 요약했다. 그는 앞으로 발전이론들이 학계에서 수용하는 결론들을 설명할 수 있어야 하고 논란이 되는 쟁점들을 해결하는 데 노력해야 한다고 지적했다. 표 14-1은 패링톤의 요약을 정리한 것이다.[23]

표 14.1 발전이론들의 결론과 논쟁사항에 대한 패링톤의 요약

범죄발전에 관해 일반적으로 수용하는 결론	논쟁이 되는 이슈
•확산도의 정점이 15-19세 사이에 있다. (확산도(참여율)는 전체 인구에서 한 번이라도 범죄를 저지른 사람의 비율이다).	•확산도의 정점이 10대 후반이지만, 연령에 따른 개인별 범행빈도의 차이는 거의 알려져 있지 않다. 대부분의 범죄자가 10대 후반에 정점에 이르는가? 아니면 지속적으로 범죄를 저지르는가?
•범죄시작의 정점은 8-14세 사이이며, 범죄중단의 정점은 20-29세 사이이다.	•연령에 따라 범죄자가 저지르는 범죄심각성은 변화하는가 아니면 대체로 일정한가?

•범죄시작 연령이 어릴수록, 범죄경력의 지속기간은 길어지고 전체 범죄건수도 증가한다.	•범죄시작 연령이 어릴수록 개인별 범행빈도가 많아지고 범죄심각성의 평균은 증가하는가? •조기시작 범죄자와 후기시작 범죄자는 어떤 면에서 차이가 있는가?
•아동기의 반사회적 행위와 성인기의 범죄행위는 밀접한 관련이 있지만, 그래도 시간이 지나면서 사람들은 변할 수 있다(예를 들어 순응적일 수 있다)	•범죄의 조기시작과 관련한 위험요인들이 범죄행위에도 인과효과가 있는가? 아니면 범죄행위에는 별도의 위험요인들이 있는가?
•소수의 범죄자가 전체 범죄에서 많은 양의 범죄를 저지른다.	•만성범죄자가 비만성범죄자보다 더 심각한 범죄를 저지르는가? 그리고 두 집단의 범죄자가 어떤 면에서 근본적인 차이를 보이는가?
•"전문화 범죄자"에 관한 연구는 대부분의 범죄자가 여러 종류의 범죄를 저지르기 때문에 크게 도움이 되지 않는다.	
•10대가 저지르는 범죄는 대부분 다른 사람과 함께 하지만, 이후에는 혼자 저지르는 경향이 있다.	
•10대에는 흥분과 지루함과 같은 비실용적 요인이 범죄동기이지만, 성인의 경우는 금전적 이득과 복수심 같은 실용적 요인이 범죄동기이다.	
•연령집단과 범죄유형과는 밀접한 연관이 있다. 예를 들어 상점절도를 저지르고 이후 침입절도로 발전하며 마지막 단계에 강도를 저지르는 경향이 있다. •어렸을 때에는 여러 종류의 범죄를 저지르지만 나이가 들면서 전문화하는 경향이 있다.	•범죄유형별 시작시점들이 개인의 일반적 특성(범죄잠재력)을 반영하는 것인가? 아니면 관문효과(gateway effect, 상점절도의 방법을 처음에 배워야 하고, 그래야 침입절도와 다른 범죄로 나아갈 수 있다)를 반영하는 것인가?

2007년 피퀘로(Piquero), 패링톤(Farrington), 블룸스테인(Blumstein)은 캠브리지 비행발전 연구(Cambridge Study in Delinquency Development, CSDD)의 자료를 분석했다. 캠브리지 연구는 1952년에 런던 남부에서 태어난 남자 411명을 종단적으로 조사한 것이다. 캠브리지 연구는 1961년에 시작되었고 조사대상자가 10세였을 때부터 40세가 될 때까지를 추적했다.[24] 자료의 분석결과는 앞서 기술한 일반적으로 수용하는 결론들과 대체로 일치했다. 기존 결론과 불일치했거나 논쟁이 된 쟁점에 대한 분석결과는 다음과 같다.[25]

전체 유죄판결의 빈도는 16세에 정점이었고 이후 20세부터 40세까지 원만히 그리고 꾸준히 감소했다. 반면 폭력범죄의 빈도는 16-20세가 정점이었고, 성인기 초반에 천천히 감소했고 이후 40세까지 큰 변화 없이 평탄했다. 시작연령의 평균은 18세이었다. 그러나 시작연령의 정점은 14세이었고 조기에 시작한 경우에 생애과정에서 유죄판결을 많이 받았고 폭력적으로 행동하는 경향이 있었다. 폭력범죄를 예측할 때에 유죄판결 빈도의 예측효과가 시작연령 효과보다 컸고, 범행빈도가 가장 강력한 예측요인이었다. 시작연령이 어릴수록 범죄경력의 기간이 길었고, 범행빈도가 많았으며, 다양한 범죄로 인한 유죄판결의 빈도가 많았다. 조사대상자의 13%(혹은 범죄경험자의 32%)가 유죄판결 사건의 73%를 저질러 "만성(chronic)" 혹은 "경력(career)" 범죄자에 관한 주장이 입증되었다. 만성범죄자는 평균적으로 범죄경력이 길었고, 시작연령이 어렸고, 폭력범죄가 많았고, 다양한 범죄를 저지르는 경향이 있었다.

연구결과는 비범죄자, 범죄자, 만성범죄자로 구분하는 것이 지나치게 단순하다는 점도 시사했다. 40세가 될 때까지 다섯 가지의 궤적이 있었으며, 이들 궤적들은 시작연령, 지속, 중단의 측면에서 서로 달랐다. 피퀘로 등은 다섯 가지의 궤적을 비범죄자, 조기 소년기 정점자, 낮은 범죄율의 만성범죄자, 후기 소년기 정점자, 높은 범죄율의 만성범죄자로 구분했다. 40세까지 2회 이상의 유죄판결을 받은 범죄자의 경우에 범죄경력의 평균기간은 10년 이상이었다. 시작연령은 경력기간과 밀접한 관련이 있었으며, 조기에 범죄를 시작한 범죄자들에서 범죄경력의 기간이 길었다.[26]

저자들은 연구결과로부터 다음의 정책적 함의를 도출했다.[27] 대부분의 범죄자가 40세 무렵에 범죄를 중단하는 것은 갓프레드슨과 허쉬의 대다수 범죄자가 집합적 연령-범죄 곡선에 따른다는 주장과 일치했다. 그러나 적은 규모의 하위집단이 생애 전반에 걸쳐 높은 범죄율을 보일 것이라는 주장과는 일치하지 않았다. 이를 바탕으로 저자들은 범죄자를 성인기 후반까지 장기간 교도소에 수감하는 정책의 효율성에 대해 의문을 제기했다. 범죄자와 비범죄자는(다양한 범죄궤적까지는 구분하지 못했지만) 네 가지의 개선 가능한 인과변수들에 의해 확연히 구분되었다: 낮은 성취도, 열악한 부모훈육, 충동성, 빈곤. 이에 따라 저자들은 조기 예방(early prevention)을 하는 것이 범죄와 기타 반사회적 행위에 보다 효과적으로 대처할 수 있는 방안이라고 결론지었다.

또한 저자들은 우선순위가 높은 5개의 연구주제를 제안했다.[28] 간헐성(intermittency, 범죄경력의 경로가 지그재그인 이유를 설명하는 것), 중단(desistance, 왜 범죄자별로 상이한 시점에서 범죄경력을 중단하는지를 연구하는 것),[29] 건강(health, 범죄행위가 신체적·정신적 건강에 미치는 영향을 파악하는 것), 질적 서술(qualitative narratives, 질적 연구방법을 사용해 심층적으로 범죄자 유형별로 범죄경력을 연구하는 것), 맥락효과(contextual effects, 인종, 성별, 이웃지역유형 등의 변수가 얼마나 범죄경력에 영향에 미치는가) 등이 높은 우선순위의 연구주제들이었다.

세 가지 발전이론

다음에서는, 세 가지의 발전이론을 소개한다. 각 이론은 서로 다른 방향에서 이론발전에 기여했다.[30] 손베리(Thornberry)의 상호작용이론은 과거범죄와 현재범죄의 관계를 검토하고, 비행의 인과과정이 얼마나 역동적이며 영향요인들이 시간적으로 서로에게 어떻게 작용하는지를 보여주고, 인과적 효과가 개인의 생애단계에 따라 다르다는 것을 보여준다. 샘슨(Sampson)과 라웁(Laub)의 종단적 연구는 발달심리학과 범죄학 분야에서 서로 대립하는 안정성 관점과 변화 관점에 특히 관심을 집중한다. 샘슨과 라웁은 과거행위가 현재행위와 미래행위의 중요한 결정인자라는 것은 인정한다. 그러나 개인생활에 전환점(turning point)이 있으며, 이에 따라 발전과정에서 변화(긍정적 혹은 부정적)가 언제든지 있을 수 있다고 주장한다. 트렘블레이(Tremblay)의 종단적 분석은 공격성의 정점연령을 조기아동기로 앞당기고, 폭력성이 학습되고 소년기에 공격성이 개시된다는 견해에 의문을 제기한다.

손베리의 상호작용이론

손베리의 상호작용이론은 소년비행에 대한 통제이론과 사회학습이론(제9장과 제10장 참조)의 통합적 설명능력을 향상시키기 위해 두 이론들을 결합한 것이다.[31] 손베리에 의하면, 두 이론 모두 단방향의 인과구조에 의존하기 때문에 결함이 있다. 손베리는 두 이론의 주요 개념들이 시간적으로 상호영향을 미치고 이와 함께 일탈행위가 이론적 개념들과 상호영향을 미치는 모형을 개발하고자 했다. 또한 손베리는 소년비행의 유발요인들이 개인의 생애과정에 따라 다르다고 주장했다.

손베리의 상호작용이론은 대체로 통제이론을 바탕으로 사회적 제약(social constraint)

을 소년비행의 일차 원인으로 고려하는 이론이다. 손베리에 의하면, 사회적 제약이 약화되면 소년들은 자유롭게 행동할 수 있지만, 소년비행은 여전히 "[그것을] 학습하고, 수행하고, 강화하는 상호작용적 환경을 필요로 한다."[32] 손베리의 상호작용이론은 통제이론과 사회학습이론에서 차용한 여섯 개의 개념을 주요 구성요소로 한다. 이들 개념들은 부모에의 애착, 학교에의 전념, 인습적 가치의 믿음, 비행친구와의 접촉, 비행가치의 수용, 비행행위 가담 등이다. 세 가지 모형이 제안되었는데, 각 모형은 조기 소년기(11-13세), 중기 소년기(15-16세), 후기 소년기(18-20세)에 대한 것이다. 이론을 이처럼 단계별로 다른 모형들로 구성하는 방식은 발전이론의 대표적 특징 가운데 하나이다.

손베리의 상호작용이론에서 주요 목표는 통제이론가와 사회학습이론가의 논란을 해결하는 것이었다. 통제이론가는 소년비행이 친구와의 애착에 영향을 미친다고 주장하고, 사회학습이론가는 친구와의 접촉이 소년비행에 영향을 미친다고 주장한다. 손베리는 친구접촉이 행위에 영향을 미치지만, 역으로 행위도 마찬가지로 친구를 선택하는데 영향을 미친다고 주장했다. 상호작용이론에서는 통제이론으로부터 차용한 개념이 가장 중요한 인과요인이다. 사회적 제약이 약화되지 않으면 소년비행이 처음부터 발생하지 않을 것이기 때문이다. 따라서 부모에의 애착과 학교에의 전념이 강할수록, 소년비행에 가담할 가능성이 낮다. 애착과 전념은 인습적 가치의 믿음에 영향을 미치며, 이런 믿음은 학교에의 전념과 상호영향(reciprocal influence)을 통해 소년비행에 간접적으로 영향을 미친다. 소년비행은 역으로 애착이나 전념에 부정적 영향을 미친다. 또한 그것은 애착에 미치는 영향을 통해 간접적으로 인습적 가치의 믿음에 영향을 미친다. 손베리가 서술했듯이, "인습적 사회와의 유대 약화가 소년비행의 초기 원인일 수 있지만, 소년비행은 이후 그 자체의 간접원인이 될 수 있다. 간접원인이 되는 이유는 소년비행으로 인해 가족, 학교, 인습적 믿음 등에 대한 소년의 유대가 더욱 약화되기 때문이다."[33]

또한 손베리의 상호작용이론은 소년기 비행의 설명모형들이 시기별로 어떻게 다른지에 대한 가설을 포함한다. 초기, 중기, 후기 소년기의 설명모형들은 전체적으로 크게 다르지 않다. 그러나 손베리는 몇 가지 차이점을 지적했다.[34] 중기 소년기에는 가정 밖의 활동에 많이 참여하므로 부모애착의 역할이 크지 않을 것으로 기대했다. 또한 중기의 비행가치는 조기 소년기와 비교할 때에 전념, 비행, 비행친구와의 접촉에 더욱 중요한 영향을 미칠 것으로 기대했다. 중기 소년기에는 비행가치가 견고화될 시간이 많기 때문이다. 후기 소년기에는 두 가지 변수가 모형에 추가되었다. 추가된 변수들은 인습적 활동에의 전념과 가족에의 전념이다. 인습적 활동에의 전념은 취업, 대학 진학, 군 복무 등으로 측정할 수 있고, 가족에의 전념은 결혼이나 자녀출산 등으로 측정할 수 있다. 이런 변수들은 후기 소년기의 개인생활을 적절히 반영하며 이전 시기의 모형에 포함되었던 부모에의 애착과 학교에의 전념을 대신한다.

손베리의 다양한 주장은 종단적 연구들에 의해 검증되었다. 연구결과들은 대체로 그의 주장과 일치했다.[35] 손베리는 17개의 종단적 연구들을 검토했다. 그리고 "비행의 단방향적 원인이라고 가정했던 상당수 영향요인들이 실제로는 비행의 결과이거나 혹은 비행과 상호 강화하는 인과관계에 연루되었음을 모든 연구들에서 압도적으로 많은 경험적 증거들이 보여주었다"[36]라고 결론을 지었다. 예를 들어, 통제이론에서 차용한 변수들에서, 손베리는 부모에의 애착과 비행은 거의 관계가 없다는 것을 발견했다. 이는 놀라운 결과였다, 손베리는 어린 나이의 소년을(그가 검토했던 연구들이 모두 중기 소년기(middle adolescence)에 실시되었다) 대상으로 했다면 둘 간의 관계가 나타났을 것이라고 추론했다. 비행과 신념("인습적 가치의 믿음은 중기 소년기에서 비행행위에 영향을 미치고 영향을 받았다") 그리고 전념("학교와 취업의 경우에 동조에의 투자는 비행과 범죄를 감소시켰다. 그러나 비행행위는 역으로 학교에의 애착과 직장에의 참여를 약화시켰다")[37] 간에도 매우 높은 수준의 상호영향 관계가 있었다. 사회학습이론의 변수와 관련해, 손베리는 "비행친구와 비행은 가장 강력하고 가장 일관된 상호영향 관계"라는 것을 알 수 있었다. 비행친구와 비행은 상호 유사한 수준의 인과효과가 있었다.[38] 즉, 비행이 비행친구에 미치는 영향은 비행친구가 비행에 미치는 영향과 거의 같은 수준이었다. 손베리는 비행의 상관관계적 효과로부터 인과적 효과를 정확히 분리해야만 소년비행을 효과적으로 예방하는 대책을 구상할 수 있다고 결론을 지었다. 그리고 상관관계적 효과와 인과적 효과의 분리는 발전이론의 맥락에서 종단적 연구를 통해서만 가능하다고 보았다.

샘슨과 라웁의 비공식사회통제 연령-단계 이론

소년비행의 아마도 가장 중요한 초기 연구는 1930년대에 셸던(Sheldon)과 엘리너 글룩(Eleanor Glueck)에 의해 시작되었다고 할 수 있다. 글룩부부는 500명의 만성비행소년들과 500명의 일반소년들을 비교했다.[39] 두 집단은 연령, 일반지능, 인종, 빈민지역 거주 등의 측면에서 서로 유사하도록 구성되었다. 글뤽부부는 소년비행과 가장 관련이 있는 요인들을 결정하기 위해 두 집단을 상호 비교했다. 글뤽부부가 소년들에 대한 자료는 풍부하게 수집했지만 당시에는 분석방법들이 제대로 개발되어 있지 못했다. 따라서 이들의 자료분석이 부적절했다는 비판이 오늘날의 기준에서 지속적으로 제기되고 있다.

1985년 존 라웁(John Laub)은 글룩 부부의 원자료를 구하고, 로버트 샘슨(Robert Sampson)과 함께 몇 년간에 걸쳐 원자료를 재구성하고 재분석하여 방법론적 비판들에 대응하고자 했다. 재분석 과정에서, 샘슨과 라웁은 비행과 범죄의 종단적 이론을 개발했고 이후 양적 방법과 질적 방법을 통해 자신들의 이론을 검증하고자 했다.[40] 이들의 이론은 세 부분으로 구성되었다. 첫 번째는 소년비행을 설명하는 부분이며, 두 번째는 소년이 성인이 될 때의 행동 변화를, 세 번째는 성인범죄를 설명하는 부분이다.

샘슨과 라웁에 의하면 소년비행은 "가족맥락"이라고 이들이 명명했던 요인들에 의해 직접 설명되었다. 비행 유발의 가능성이 가장 큰 가족맥락요인들은 부모의 위협적이고 일관되지 않은 훈육, 어머니의 감독결핍, 자녀에 대한 부모의 거부, 부모에 대한 자녀의 정서적 거부감 등이었다. 한편 가족맥락요인은 샘슨과 라웁이 "배경적 구조요인"으로 명명했던 요인들의 영향을 받는다. 배경적 구조요인은 가구의 과밀성, 가족해체(예를 들어 편부모 가정), 가구 크기, 낮은 가구 수입, 높은 주거이동성, 외국출생 부모, 가정 밖의 어머니 취업, 부모 모두 혹은 한 명의 범죄성 등이었다. 배경적 구조요인은 가족맥락요인에 대한 효과를 통해 – 예를 들어 부모의 위협적이고 일관되지 않은 훈육을 통해 – 간접적으로 비행에 영향을 미친다.[41] 또한 배경적 구조요인은 학교에 대한 낮은 애착, 학교에서 낮은 성취도, 비행형제와 비행친구에 대한 애착 등에 영향을 미친다. 이런 요인들이 함께 작용해 비행을 저지를 가능성을 증가시킨다.[42]

샘슨과 라웁의 이론은 생애과정에서 안정성과 변화에 관한 내용도 다루었다. 샘슨과 라웁은 범죄학 연구에서 한 가지 모순된 사실에 주목했다. 성인 범죄행위의 가장 강력한 예측인자는 아동기의 반사회적 행위와 소년기의 비행이다. 그러나 대부분의 비행소년은 성인 범죄자로 발전하지 않는다. 샘슨과 라웁은 이런 명백한 모순을 설명하려고 노력했다.[43]

생애과정에서 범죄행위의 안정성은 – 즉 소년범죄자가 성인범죄자로 발전하는 경향은 – 잘 알려진 현상이며, 이를 설명하려는 시도가 많이 있었다. 예를 들어, 갓프레드슨과 허쉬는 범죄행위의 안정성을 그들이 낮은 자기 통제력이라고 불렀던 안정적인 개인속성 때문이라고 설명했다.[44] 내긴(Nagin)과 패터노스터(Paternoster)는 이전 범죄의 인과효과를 강조하며 이전 범죄가 차후 범죄를 쉽게 하기 때문이라고 설명했다.[45] 반면에 샘슨과 라웁은 "누적적 지속성(cumulative continuity)"이 안정성의 원인이라고 지적했다. 이들에 의하면, "누적적 지속성"은 비행과 이에 대한 사법체계의 개입으로 여러 면에서 소년의 "미래가 차단되는" 상황을 일컫는다. 비행은 학업실패의 가능성을 증가시키고; 학교, 친구, 가족에 대한 소년의 사회적 유대를 단절하며; 취업과 결혼 등 성인기의 사회적 유대를 위태롭게 한다. 이 모든 것은 성인기 범죄행위의 위험성을 증가시킨다. 샘슨과 라웁은 누적적 지속성이 사회계급, 배경, 가족, 학교 요인들과는 무관하다고 주장했다.[46]

생애과정에 걸친 범죄행위의 안전성에 대한 증거에도 불구하고, 샘슨과 라웁은 변화 역시 일반적이라고 강조했다. 비행소년이 성인범죄자가 되지 않는 사례들이 많이 있고, 성인범죄자가 범죄를 그만두는 사례도 많이 있다. 샘슨과 라웁은 성인들의 경우에 사회적 연대의 내용과 크기가 범죄행위의 가담여부에 가장 강력한 영향요인이라고 주장했다. 배우자와의 관계, 직업 안정성과 전념, 고용주에 대한 의존도, 다른 유사한 요인들이 범죄행위의 가능성을 낮춘다는 것이다. 샘슨과 라웁은 이런 요인들을 사회적 자본(social capital)[47] – 개인이 소유하는, 합법적 수단으로 자신의 목적을 성취하는 것을 도와주는 준법적인 사람과의 사회관계적 자산 – 이라고 기술했다. 어렸을 때의 소년 비행은 성인기에 사회적 자본을 획득하는 데 부정적 영향을 미친다. 그렇더라도 성인기에 사회적 유대를 형성하면 소년기 경험과 무관하게 범죄의 가능성이 감소될 수 있다. 비행전력이 있으면 이런 과거로 인해 여러 불이익을 받겠지만 완전히 그것에 구속되지 않는다. 최근에 다른 학자들은 "인적 자본(human capital)"이 사회적 자본에 비해 범죄궤적을 예측하는 데 더 유효하다고 주장한다.[48] 여기서 인적 자본은 "읽기, 쓰기, 사고 능력과 같이 개인이 자신의 역할을 유능하게 수행하는 데 필요한 기술과 자원을 의미한다."[49]

글룩 부부의 자료에 대한 샘슨과 라웁의 분석결과는 전체적으로 이들의 발전이론을 지지하는 것이었다.[50] 비행에 가장 강력한 효과는 가족, 학교, 친구 요인이었고, 이런 요인들은 배경적 구조요인에 의해 영향을 받는 경향이었다. 배경적 구조요인의 직접효과는 크지 않았으며, 대신에 비공식 사회통제변수에 미치는 효과를 통해 소년비행에 영향을 미쳤다. 기대한 대로, 아동기 비행이 성인기 범죄행위의 가장 중요한 예측요인이었다. 또한 과거경험과 무관하게 성인기에 강한 사회적 유대를 형성한 경우에 범죄와 일탈의 가능성이 감소했다.

범죄행위를 그만두는 데 가장 중요한 전환점(turning point)의 하나는 결혼이었다. 라웁, 내긴, 샘슨 등은 글룩부부의 자료를 사용해 다른 연구를 수행했다. 그리고 결혼이 비행과 범죄를 줄였으며 결혼의 긍정적 효과는 시간의 흐름에 따라 점진적이고 누적적이라는 것을 알 수 있었다.[51] 라웁 등은 이런 결과에 대해 좋은 내용의 결혼이 비공식 사회통제로 작용해 범죄를 그만두게 된 것이라고 해석했다. 워(Warr)는 글룩부부와 다른 자료를 사용했다. 워의 연구에서도 결혼은 긍정적 효과가 있었다. 결혼은 친구들과 함께 보내는 시간, 특히 비행친구와 함께 하는 시간을 현저히 줄이는 효과가 있었다.[52] 따라서, 워는 결혼에 의한 범죄 감소는 친구관계의 변화로 설명할 수 있다고 주장했다. 다른 연구에서는 비혼인의 로맨틱한 관계[53]와 동거[54]가 정식 결혼만큼은 아니라도 범죄를 감소시키는 것으로 나타났다.

최근의 범죄대책은 범죄자를 장기간 교도소에 구금하는 방법을 위주로 한다. 이 장의 도입부에서 서술한 무력화 정책이며 경력범죄자 연구들이 권고하는 대책이다. 샘슨과 라웁의 연구는 이런 대책이 앞으로 범죄와 비행을 더욱 더 악화시킬 수 있다고 우려했다.[55] 장기간의 교도소 구금은 사회적 유대를 차단한다. 구금 상태에서는 범죄와의 단절을 촉진시키는 결혼과 취업과 같은 전환점이 차단된다. 샘슨과 라웁이 옳다면, 장기간의 구금은 석방 이후에도 지속적으로 범죄를 저지르는 현상과 밀접한 관련이 있을 수 있다. 뿐만 아니라, 젊은 남자의 구금은 그 사람의 어두운 취업전망과 관계가 있고, 아버지가 부재한 가정과 관련이 있고, 나아가 이런 가정에서의 높은 자녀비행율과 관련이 있을 수 있다.[56] 샘슨과 라웁은 흑인의 매우 높은 교도소 구금률이 특히 우려된다고 지적했다.

샘슨과 라웁은 범죄대책이 무력화 대신에 예방에 초점을 두어야 한다고 제안했다. 범죄가 발생한 이후에 가해자를 구금하는 대책보다, 자신들의 책에서 서술한 구조적 배경요인과 가족맥락요인을 고려하고 인과과정에 개입하는 대책이 더욱 유익하다는 것이다. 이런 정책을 시행하기는 쉽지 않을 것이고, 또한 범죄대책, 고용기회, 가족결속, 도심 지역의 사회조직 등과의 연계를 고려해야 한다. 그러나 예방중심의 대책은 장기적으로는 범죄자를 구금만 하는 대책보다 범죄와 비행을 감소하는 데 더욱 큰 효과가 있을 것이다.

트렘블레이의 공격성 발달의 기원

리처드 트렘블레이(Richard Tremblay)는 캐나다 아동발달 분야의 수석연구원이다. 트렘블레이는 자신을 "십자군"이라고 칭하며, 소년기 이전의 인간발달을 범죄학자들이 고려하도록 설득하는 데 많은 노력을 경주했다.[57] 그는 "대다수의 학자들이 환경으로부터, 특히 언론매체[58]와 나쁜 친구로부터 공격성을 학습할 것이라고 믿는 현상"을 매우 안타까워했다. 트렘블레이는 신체적 공격성의 "후기 착수(late onset)" 사고를 배척하는 데에 앞장을 섰다.[59] 1920년대 후반에 그는 케더린 밴덤 브리지(Katharine M. Bantham-Bridges)와 플로렌스 굿드나우(Florence Goodenough)와 함께 연구활동을 시작했다. 밴덤 브리지와 굿드나우는 출생 후 처음 2년에 신체적 폭력성이 나타난다는 사실을 발견한 아동발달 분야의 전문가들이었다. 이후 트렘블레이는 출생 때부터 자료수집이 시작된 여러 종단적 연구들을 분석했다. 분석결과에 의하면 대다수의 아동들에서 9개월부터 48개월까지 신체적 공격성의 빈도가 크게 증가했고, 유치원시기 이후에는 현저히 감소하는 경향이었다.[60] 소수의 아동에서만 청소년기에 빈도가 증가했다. 이런 결과는 연령-범죄 곡선에서 정점이 왜 청소년기에 나타나는지를 잘 설명한다. 트렘블레이에 의하면, 아동기에 신체적 폭력성의 궤적이 높았던 소년들이 마침내 경찰과 마찰을 하고, 체포되고, 유죄선고를 받게 되어 청소년기에 정점에 이른다는 것이다. 트렘블레이는 나이를 먹으면서 신체적 공격성의 행위 빈도가 증가하는 이유를 사회학습 또는 청소년기의 호르몬 변화 때문이라고 보는 견해를 비판했다.[61] 이런 발전양상은 공격성의 사용이 선천적일 수 있고, 공격성이 한 때는 진화론적 우월성이었지만 현재는 부적응성이 되었음을 시사하는 것이다. 따라서, 학습되어야 할 것은 비공격성이다.

유치원 시기에 신체적 공격성의 대안을 학습하는 데 실패한 아동은 다양한 문제들에서 높은 위험성의 상태에 있다. 이런 아동들은 과잉활동적이고, 부주의하고, 불안해 하고, 남들이 어려움에 처했을 때에 도와주지 않는다; 학급 친구로부터 거부당하고, 학업성적이 낮고, 학교활동을 방해하는 행동을 한다. 이들은 따라서 "정상적" 친구집단에서 바로 따돌리고, 특수학급이나 다른 "비행소년"과 함께 특수 학교나 시설과 같이 비정상적 행위가 강화될 수 있는 환경에 배치된다. 이들은 유치원 이후로 비행성이 가장 높은 집단이며, 약물사용과 성관계를 제일 먼저 시작한다. 또한 중퇴를 하고, 충격적 사건들을 겪고, 폭력범죄자가 되고, 정신질환 진단을 받게 될 위험성이 가장 크다.

발달유형과 누적적 결과를 바탕으로 트렘블레이는 범죄대책이 나아가야 할 방향을 분명히 제시할 수 있었다. 공격성이 정점인 시기는 어릴 때이다. 이 때는 대뇌가 유연하고 골격이 연약하므로 대안적 방법들을 배울 수 있는 최적의 시기이기도 하다. 어린 아동들에 집중 투자하는 것은 만성적인 신체적 공격성을 가장 효과적으로 예방하는 방안이다. 공격성을 허용하지 않기, 친사회적 행위에 보상을 해 주기, 원하는 것에 대해 기다리는 법을 가르치기, 말을 사용해 다른 사람을 설득하고 좌절감을 표현하도록 가르치기 등이 트렘블레이가 강조한 내용들이다. 그리고 사람들은 대부분 유치원 기간에 신체적 공격성의 대안들을 신속히 학습하지만 "특정한" 상황에서는 모든 사람들이 폭력성을 표출하는 위험에 놓일 수 있다. 따라서 제9장에서 짐바도가 강조했듯이, 갈등의 상황적 예방은 "문명화 과정"[63]에서 중요한 요인이다. 트렘블레이의 이론은 기존의 여러 범죄학이론들과 밀접한 관련이 있다. 인간의 유전적 구성에 대한 환경의 영향은 생물사회이론과 관련이 있고, 전승되는 사회적 기술의 중요성은 학습이론과 관련이 있고, 부모의 조기훈육에 의한 장기적 효과는 자아통제이론과 관련이 있다. 트렘블레이는 이처럼 사회, 개인, 유전자의 결합관계를 강조했다.

나는 아이스너(Eisner)의 견해에 전적으로 동의한다. 우리의 종단적 연구결과는 노베르트 엘리아스(Norbert Elias)가 사회적 수준에서 상세히 기술했던 사회화 과정을 개인적 수준에서 기술한 것이다. 거시수준의 과정은 개인의 발달에 영향을 미치며, 후자는 다시 거시과정에 영향을 미친다. 후생학적(epigenetic) 발달이 아마도 이런 상호작용의 대표적 사례일 것이다. 환경이 유전자 형상에 영향을 미치며, 광범위한 후생학적 효과는 사회적 변화를 유도한다.[64]

결론

발전이론은 범죄와 비행을 한 가지 이론으로는 제대로 설명할 수 없다고 지적한다. 생애과정의 다양한 시점에서의 범죄와 비행을 설명하려면 여러 이론들이 필요하다는 견해이다. 더불어, 손베리의 상호작용이론은 범죄행위가 일부 요인들에 의해 영향을 받지만 역으로 이들 요인들이 범죄행위에 의해 영향을 받을 수 있다고 시사한다. 미래의 범죄학이론은 발전론적 그리고 상호작용적 특성을 모두 반영해야 할 것이다. 이에 따라 미래의 범죄학이론은 아마도 과거 이론들보다 더 복잡할 것이다. 이를 통해 미래의 범죄학이론은 범죄의 복잡성을 보다 잘 기술할 것이고 또한 보다 효과적인 범죄대책들을 제안할 수 있을 것이다.

발전이론과 상호작용이론은 시간이 흐르면서 사람들이 변화하고 또한 사람들은 주위 환경의 변화에 반응한다고 가정한다. 이런 변화들이 암시하는 의미는 비록 생애과정의 범죄행위에서 일정한 안정성이 나타나도, 범죄를 저지르려는 경향성이 불변하리라고 가정하지 말아야 한다는 것이다. 미래의 범죄학이론은 전환점이 늘 있을 수 있으며, 과거에 비행이나 범죄를 아무리 많이 저질렀어도 사람들은 이와 관계없이 정상적이고 법률준수적 생활방식으로 이행할 수 있다고 가정할 것이다. 미래의 범죄정책에서 전환점을 찾은 일이 중요한 과제가 될 것이다. 이런 정책들은 성숙변수들(maturation variables)에 크게 의존할 것이다. 그리고 성숙에는 시민적/공동체적(예를 들어, 투표, 자원봉사, 세금납주 등) 성숙, 심리사회학적(예를 들어, 공격성 통제, 미래지향, 자립심 등) 성숙, 사회적 역할 성숙(예를 들어, 성인 인간관계, 고용, 자녀 교육 등), 인지변화/정체성 변화(예를 들어, 변화에 대한 개방성, 일탈에 대한 태도변화, 사회제도 등), 신경인지적(예를 들어, 뇌형상의 변화, 작업기억의 향상, 지능 등) 성숙 등 다양한 유형이 있다.[65]

미래의 범죄정책은 교도소 수감에서 벗어나 예방 위주로 발전해야 한다. 특히 조기 아동기의 문제들을 예방하는 데 주의를 기울여야 한다. 어렸을 때의 문제가 이후 오랫동안 범죄와 비행을 유발하기 때문이다. 발전과정에 대한 우리의 지식은 현재 충분하지 않다. 범죄적 삶에 빠지게 하는 사건들의 정확한 진행과정을 아직 잘 알지 못한다. 또한 범죄자에 따라 진행과정이 다를 수 있는데 이에 대해서도 아직 잘 알지 못한다. 그렇지만 20년 전에 비해 지금은 많은 지식이 축적되었고, 가까운 미래에는 더 많은 것을 알게 될 것이다. 이런 배경에서 발전이론들은 현재 범죄학 연구의 후원기관들로부터 막대한 예산지원을 받고 있다.

주요 용어

- 발전이론
- 생애과정
- 경력범죄자
- 범죄경력
- 종단적 연구
- 횡단적 연구
- 범죄경향성
- 시작연령
- 범죄중단
- 빈도
- 확산도
- 잠재속성
- 가족맥락요인
- 안정화
- 변화
- 사회적 자본
- 전환점

토의할 문제

1. "연령에 따라 범죄를 그만두는 현상(aging out of crime)"이란 무엇인가? 이런 현상을 어떻게 설명할 수 있는가?
2. 울프갱의 1972년 연구가 시사하는 정책적 함의는 무엇인가?
3. 갓프레드슨과 허쉬는 왜 "경력범죄자"를 판별하고 선택적으로 무력화하려는 시도가 무모한 일이라고 주장했는가?
4. 소년비행과 성인범죄의 안정성을 설명하는 요인은 무엇인가?
5. 발전이론으로 화이트칼라범죄를 어떻게 설명할 수 있는가?

인용&
부연설명

1. Alfred Blumstein, Jacqueline Cohen, Jeffrey A. Roth, and Christy A. Visher, *Criminal Careers and "Career Criminals"* (Washington, DC: National Academy Press, 1986).

2. Marvin Wolfgang, Robert Figlio, and Thorsten Sellin, *Delinquency in a Birth Cohorrt* (Chicago: University of Chicago Press, 1972).
3. 경력범죄자에 대한 인식은 사실 울프갱 등의 연구보다 훨씬 일찍이 있었다. 그러나 울프갱등의 연구는 이 분야에 대한 새로운 관심을 고취하는 데 핵심역할을 했다. 참조 Michael Gottfredson and Travis Hirschi, "The True Value of Lambda Would Appear to Be Zero: An Essay on Career on Career Criminals, Criminal Careers, Selective Incapacitation, Cohort Studies, and Related Topics," *Criminology* 24 (1986): 213–33.
4. 자료를 구체적으로 살펴보면, 필라델피아 연구는 이런 결론을 지지하지 않는다. 참조 Thomas J. Bernard and R. Richard Ritti, "Selective Incapacitation and the Philadelphia Birth Cohort Study," *Journal of Research in Crime and Delinquency* 28 (1991): 33–54.
5. 여러 편의 논문을 통해 논쟁의 진행과정을 살펴볼 수 있다: Alfred Blumstein and Jacqueline cohen, "Estimation of Individual Crime Rates from Arrest Records," *Journal of Criminal Law and Criminology* 70 (1970): 561–85; Travis Hirschi and Michael Gottfredson, "Age and the Explanation of Crime," *American Journal of Sociology* 89 (1983): 552–84; David Greenberg, "Age, Crime, and Social Explanation," *American Journal of Sociology* 91 (1985): 1–21; Gottfredson and Hirschi, "The True Value of Lambda Would Appear to Be Zero," op. cit.; Blmstein, Cohen, and David Farrington, "Criminal Career Research: Its Value for Criminology," *Criminology* 26(1): 1–35 (1998); Gottfredson and Hirschi, "Science, Public Policy, and the Career Paradigm," *Criminology* 26 (1998): 37–55; and Blumstein, Cohen, and Farrington, "Longitudinal and Criminal Career Research: Further Clarifications," *Criminology* 26 (1988): 57–73.
6. 이는 "범죄는 비록 범죄집단이 조직화되었어도 개인들이 저지르며, 형사사법기관의 의사결정대상도 결국 개인이다."라는 저자들의 견해에 기초한다(Blumstein et al, op. cit., p. 12).
7. Sheldon Glueck and Eleanor Glueck, *500 Criminal Careers* (New York: Knopf, 1930); Glueck and Glueck, *Juvenile Delinquents Grown Up* (New York: Commonwealth Fund, 1940); Glueck and Glueck, *Unraveling Juvenile Delinquency* (Cambridge, MA: Harvard University Press, 1950); and Glueck and Glueck, *Delinquents and Nondelinquents in Perspective* (Cambridge, MA: Harvard University Press, 1968).
8. Michael Gottfredson and Travis Hirschi, "The Methodological Adequacy of Longitudinal Research on Crime," *Criminology* 25 (1987) 581–614.
9. 참조 Scott Menard and Delbert Elliott, "Longitudinal and Cross-Sectional Data Collection and

Analysis in the Study of Crime and Delinquency," *Justice Quarterly* 7 (1990): 11-55.

10. 범죄의 일반이론에서(*A General Theory of Crime* (Stanford, CA: Stanford University Press, 1990)), 갓프레드슨과 허쉬는 범죄경향성이 낮은 자기통제의 결과라고 주장했지만, 분석모형에 범행기회를 도입함으로써 경향성이 실제 행위에 미치는 효과는 달라질 수 있는 가능성을 허용했다. 즉 낮은 자아통제는 범죄행위를 할 수 있는 기회가 있을 때에 이런 행위를 유발한다는 것이다. 참조 chap. 10.
11. 갓프레드슨과 허쉬의 주장을 전폭적으로 지지한 최근 연구에 대해서는 다음 참조. Alex R. Piquero, Terrie E. Moffitt, and Bradley E. Wright, "Self-Control and Criminal Career Dimensions," *Journal of Contemporary Criminal Justice* 23 (2007): 72-89.
12. 오스굿과 로우는 경향성 주장과 범죄경력 주장을 상호비교하면서 검증할 수 있는 상세한 연구방법을 제안하고자 했다. 참조 D. Wayne Osgood and David Rowe, "Bridging Criminal Careers, Theory, and Policy Through Latent Variable Models Models of Individual Offending," *Criminology* 32 (1994): 517-54.
13. David Rowe, D. Wayne Osgood, and W. Alan Nicewander, "A Latent Trait Approach to Unifying Criminal Careers," Criminology 28 (1990): 237-70. 이들 연구자들은 경향성을 인과요인의 상대적 안정성으로 규정했다(p. 241).
14. 자료를 통해, 얼마나 많은 범죄자들이 0건, 1건, 2건 등 몇 건의 범죄를 저질렀는가에 대한 분포를 알 수 있다. 예를 들어 울프갱의 필라델피아 코호트에서, 코호트의 65퍼센트가 한 건의 범죄도 저지르지 않았으며, 2.3퍼센트가 9건 또는 그 이상의 범죄를 저질렀다. 로우 등의 연구는 잠재적 경향성이 정규분포를 하며, 범죄를 저지르려는 경향성과 범행빈도(람다, lambda)와의 관계는 지수(exponential)분포이며, 실제 범행빈도는 뿌와송 분포(Poisson distribution, 일정시간에 사건발생건수가 상대적으로 희소할 때의 확률분포)로 모형화 할 수 있다고 가정했다. 이러한 확률관계들을 결합했을 때에 저자들은 필라델피아, 런던, 리치몬드(캘리포니아), 라신(위스콘신)에서 수집한 자료의 경우에 모형화한 빈도분포와 실제 범행건수의 분포가 유사하다는 것을 알 수 있었다. 비록 이들의 모형화가 경험적으로 타당한 것으로 판별되었지만, 모형화의 타당성은 앞서 기술했던 가정들의 타당성에 의존한다는 사실을 잊지 말아야 한다.
15. Ronald L. Simons, Christine Johnson, Rand D. Conger et al. "A Test of Latent Trait versus Life-Course Perspectives on the Stability of Adolescent Antisocial Behavior," *Criminology* 36 (1998): 217-43.
16. Eric H. Monkkonen, "New York City Offender Ages," *Homicide Studies* 3 (1999): 256-70.
17. Robert M. O'Brien, Jean Stockanrd, and Lynne Isaacson, "The Enduring Effects of Cohort

Characteristics on Age-Specific Homicide Rates," *American Journal of Sociology* 104 (1999): 1061-95.

18. Ibid., pp. 1087-88.

19. 참조 Raymond Paternoster, Charles W. Dean, Alex Piquero et al., "Generality, Continuity, and Change in Offending," *Journal of Quantitative Criminology* 13 (1997): 231-66; Alex Piquero, Raymond Paternoster, Paul Mazerolle et al., "Onset Age and Offense Specialization," *Journal of Research in Crime and Delinquency*, 36 (1999): 275-99; and Robert Brame, Shawn Bushway, and Raymond Paternoster, "On the Use of Panel Research Designs and Random Effects Models to Investigate Static and Dynamic Theories of Criminal Offending," *Criminology* 37 (1999): 599-641.

20. Daniel Nagin and Kenneth Land, "Age, Criminal Careers, and Population Hetergeneity: Specification and Estimation of a Nonparametric, Mixed poisson Model," *Criminology* 32 (1993): 357.

21. 연구방향을 범죄경력논쟁으로부터 발전론적 관점으로 전환하고자 했던 최초의 시도는 헤이건과 팔로니라고 할 수 있다. John Hagan and Alberto Palloni, "Crimes as Social Events in the Life Course: Reconceiving a Criminological Controversy," Criminology 26 (1988): 87-100. 저자들은 범죄학자들이 범죄행위에서 반사회적 행위로 관심을 넓혀야 하고, 지금까지의 "사회적 사건"에 대한 사고로부터 "범죄경력적" 사고로 전환해야 하고, 단기적 측면과 장기적 측면 모두에서 반사회적 행위의 원인과 결과를 분석해야 한다고 주장했다.

22. Rolf Loeber and Marc Le Blanc, "Toward a Developmental Criminology," in Michael Tonry and Norval Morris, eds., *Crime and Justice: A Review of Research*, vol. 12 (Chicago: University of Chicago Press, 1990), pp. 375-473; Le Blanc and Loeber, "Developmental Criminology Updated," in Michael Tonry, ed., *Crime and Justice: A Review of Research*, vol. 23 (Chicago: University of Chicago Press, 1998), pp. 115-98.

23. David p. Farrington, "Introduction to Integrated Developmental and Life-Course Theories of Offending," in David p. Farrington, ed., *Integrated Developmental and Life-Course Theories of Offending* (New Brunswick, NJ: Transaction, 2005), pp. 1-15.

24. Alex R. Piquero, David P. Farrington, and Alfred Blumstein, *Key Issues in Criminal Career Research: New Analyses of the Cambridge Study in Delinquent Development* (New York: Cambridge University Press, 2007), pp. 38-39.

25. Ibid., pp. 201–03.

26. 범죄시작에 대한 최근 문헌에 관해서는 다음 참조. Matt DeLisi, "Zeroing in on Early Arrest Onset: Results from a Population of Extreme Career Criminals," *Journal of Criminal Justice*, 34 (2006): 17–26.

27. Piquero, Farrington, and Blumstein, pp. 207–08.

28. Ibid., pp. 209–14.

29. 범죄중단에 대한 최근 문헌에 관해서는 다음 참조. David P. Farrington, "Advancing Knowledge About Desistance," *Journal of Contemporary Criminal Justice* 23 (2007): 125–34; Barry Vaugh, "The Internal Narrative of Desistance," *British Journal of Criminology* 47 (2007): 390–404. 전과자 관점으로부터 범죄중단 관점으로의 전환에 관해서는 다음 참조. Greg Newbold, "Rehabilitating Criminals: It Ain't That Easy," and Richard Jones, "Excon: Managing a Spoiled Identity," in Jeffrey Ian Ross and Stephen C. Richards, eds., *Convict Criminology* (Belmont, CA: Wadsworth, 2003). 또한 참조 Shadd Maruna, *Making Good: How Ex-Convicts Reform and Rebuild Their Lives* (Washington, DC: American Psychological Association, 2001).

30. 중요한 다른 두 가지 발전론적 이론들에 대해서는 다음 참조. G. R. Patterson, Barbara DeBaryshe, and Elizabeth Ramsey, "A Developmental Perspective on Antisocial Behavior," *American Psychologist* 44 (1989):329–35; and Terrie Moffitt, "Adolescence-Limited and Life-Course-Persistent Antisocial Behavior: A Developmental Taxonomy," *Psychological Review* 100 (1993): 674–701. Moffitt's theory is briefly described in chap. 4.

31. Terrence Thornberry, "Toward an Interactional Theory of Delinquency," *Criminology* 25 (1987): 863–87. An earlier version of this section is found in Thomas J. Bernard and Jeffrey Snipes, "Theoretical Integration in Criminology," in Michael Tonry, ed., *Crime and Justice: A Review of Research*, vol. 20 (Chicago: University of Chicago Press, 1996), pp. 314–16.

32. Thornberry, op. cit., p. 865.

33. Ibid., p. 876.

34. Ibid., pp. 877–82.

35. 특히 다음 참조. Terrence Thorberry, Alan Lizotte, Marvin Krohn, and Sung Joon Jang, "Testing Interactional Theory: An Examination of Reciprocal Causal Relationships among Family, School, and Delinquency," *Journal of Criminal Law and Criminlolgy* 82 (1991): 3–35, and "Delinquent Peers, Beliefs, and Delinquent Behavior: A Longitudinal Test of Interactional

Theory," *Criminology* 32 (1994): 47–83. 경향성과 범죄경력 논쟁에 대한 검증에서와 같이(참조 fn 18), 상호작용이론을 검증하기 위해서는 종단적 자료가 필요하며 따라서 몇 가지 복잡한 방법론적 문제가 있다. 참조 Sung Joon Jang, "Age-Varying Effects of Family, School, and Peers on Delinquency," pp. 643–85, a comment by Janet L. Lauritsen, "Limitations in the Use of Longitudinal Self-Report data," pp. 687–94, and Jang's rejoinder "Different Definitions, Different Modeling Decisions and Different Interpretations," pp. 695–701, in *Criminology* 37 (1999).

36. Terence P. Thornberry, "Empirical Support for Interactional Theory," in J. D. Hawkins, ed., *Delinquency and crime: Current Theories* (New York: Cambridge University Press, 1996), p. 229.
37. Ibid., p. 230.
38. Ibid., p. 231.
39. Glueck and Glueck, *Unraveling Juvenile Delinquency*, op. cit.
40. Robert Sampson and John Laub, *Crime in the Making: Pathways and TurningPoints Through Life* (Cambridge, MA: Harvard University Press, 1993). 또한 참조 Laub and Sampson, "Turning Points in the Life Course: Why Change Matters to the study of Crime," *Criminology* 31 (1993): 301–26; and Sampson and Laub, "Crime and Deviance in the Life Course," *Annual Review of Sociology* 18 (1992): 63–84. 이를 잘 정리한 요약과 검토는 다음 참조. Laub, Sampson, and Leana C. Allen, "Explaining Crime Over the Life Course," pp. 97–112 in Raymond Paternoster and Ronet Bachman, eds., *Explaining Criminals and Crime* (Los Angeles: Roxbury, 2001).
41. Sampson and Laub, *Crime in the Making*, pp. 65–71.
42. Ibid, pp. 101–06.
43. 예를 들어 (Lee Robins, "Sturdy Childhood Predictors of Adult Antisocial Behaviour: Replications from Longitudinal Studies," *Psychological Medicine* 8 [1978]: 611)는 "성인기의 반사회적 행위에는 아동기 반사회적 행위가 대체로 선행하지만 [그러나] 대부분의 반사회적 아동은 나중에 반사회적 성인이 되지 않는다."라고 주장했다. 또한 참조 Moffitt, op. cit, p. 767.
44. Gottfredson and Hirschi, *A General Theory of Crime*, op. cit.; "누적적 지속성(cumulative continuity)" 주장에 대한 논평에 관해서는 다음 참조. Travis Hirschi and Michael Gottfredson, "Control Theory and the Life-Course Perspective," *Studies on Crime and Crime Prevention* 4 (1995): 131–43.

45. Daniel Nagin and Raymond Paternoster, "On the Relationship of Past and Future Participation in Delinquency," *Criminology* 29 (1991): 163–90. This article described the "state dependence" perspective.
46. Ibid., pp. 123–25. 이와 유사한 주장은 다음에서도 찾아볼 수 있다. Moffitt, op. cit.
47. James Coleman, "Social Capital in the Creation of Human Capital," *American Journal of Sociology* 94 (1988): 95–120.
48. Alex R. Piquenro, Wesley G. Jenings, Nicole Leeper Piquenro, and Carol A. Schubert, "Human But Not Social Capital is Better Able to Distinguish Between Offending Trajectories in a Sample of Serious Adolescent Hispanic Offenders," *Journal of Criminal Justice* 42 (2014): 366–373.
49. Dina. R. Rose and Todd R. Clear, "Incarceration, Social Capital, and Crime: Implications for Social Disorganization Theory," Criminology 36 (1998): 441–480, p. 455.
50. Sampson and Laub, op. cit., pp. 247–49. 이론을 지지하는 다른 경험적 연구에 대한 검토는 다음 참조. Sampson, Laub, and Allen, op. cit., pp. 104–07.
51. John H. Laub, Daniel S. Nagin and robert J. Sampson, "Trajectories of Change in Criminal Offending," *American Sociological Review* 63 (1998): 225–38.
52. Mark Warr, "Life-Course Transitions and Desistance from Crime," *Criminology* 36 (1998): 183–216.
53. Jessica J. B. Wyse, David J. Harding, and JeffreyD. Morenoff, "Romantic Relationships and Criminal Desistence: Pathways and Processes," Sociological Forum 29(2014): 365–385.
54. Walter Forrest, "Cohabitation, Relationship Quality, and Desistence from Crime," Journal of Marriage and Family 76(2014): 539–556.
55. Sampson, Laub, and Allen, op. cit., pp. 107–09.
56. Sampson and Laub, *Crime in the Making*, op. cit., p. 255.
57. Richard Tremblay, "Targeted and Situational Prevention of Physical Violence: In Response to Eisner's and Homel's Comments," *European Journal of Policy Research* 13 (2007): 179–81.
58. 매체폭력 효과에 대한 발전론적 분석에 관해서는 다음 참조. Sarah M. Coyne, "Does Media Violence Cause Violent Crime," *European Journal of Criminal Policy Research* 13 (2007): 205–11.
59. Richard Tremblay, "The Development of Youth Violence: An Old Story With New Data," *European Journal of Policy Research* 13 (2007): 161–70. 공격성 발달과 관련한 문헌전반에 관해서

는 다음 참조. Richard E. Tremblay, Willard W. Hartup, and John Archer, eds., *Developmental Origins of Aggression* (New York: Guilford Press, 2005).

60. Tremblay, op. cit., pp. 163–66.

61. Ibid, pp. 163–64.

62. Ibid., p. 167.

63. Tremblay, "Targeted and Situational Prevention of Physical Violence," p. 181.

64. Ibid.

65. Michael Rocque, "The Lost Concept: The (Re) Emerging Link Between Maturation and Desistance From Crime," *Criminology & Criminal Justice* 15(2015): 340–360.

제15장 통합이론

장 개요

- 엘리엇의 비행과 약물남용의 통합이론
- 반증 대 통합 논쟁
- 브레이스웨이트의 재통합적 수치심부여이론
- 티틀의 통제균형이론
- 강제와 사회적 지지
- 버나드와 스나입스의 통합이론적 접근
- 애그뉴의 일반이론
- 로빈슨의 통합체계이론
- 결론

C/H/A/P/T/E/R 15

통합이론

앞의 장들에서 충분히 설명한 바와 같이, 범죄학에는 여러 이론이 있다.[1] 대부분의 범죄학자는 "반증"과정을 통해 이론의 수를 줄일 수 있다고 믿는다. 이 견해에 따라 다양한 이론은 연구를 통해 검증될 수 있는 모순된 예측을 한다. 예측이 자료와 맞지 않는 이론은 반증되고 폐기될 수 있으며, 그럼으로써 이론의 수를 줄일 수 있다.

일부 범죄학자는 다양한 실용적 이유 때문에 반증이 어렵다고 믿고, 통합을 통해 이론의 수를 줄이려고 한다. 그들은 상이한 이론이 서로 모순되지 않지만 같은 현상의 다른 측면에 초점을 맞추기 때문에, 상이한 예측을 하게 된다고 주장한다. 그러므로 그 이론은 통합의 과정을 통해 더 적은 수의 큰 이론으로 결합할 수 있다. 그들은 또한 이렇게 통합된 이론이 범죄의 다양성을 더 잘 설명할 수 있다는 점에서 훨씬 강력하다고 주장한다. 통합은 범죄학에서 이론의 수를 줄이는 한 방식으로서 반증의 대안이다.

대부분의 이론이 그들의 주장 속에 적어도 몇몇 기존이론의 주장을 통합하기 때문에, 통합이론과 비통합이론 간의 확고하고도 명확한 구분선은 없다. 범죄학에서 통합에 대한 추가적인 논의를 촉진하기 위해, 우리는 여기서 합리적인 선에서 통합이론으로 볼 수 있는 몇몇 이론을 제시한다.

엘리엇의 비행과 약물남용의 통합이론

1979년 엘리엇(Elliott), 아제턴(Ageton), 캔터(Cantor)는 통합이론의 한 초기 버전을 제안했다. 이것은 긴장이론, 통제이론, 사회학습이론의 시각을 이용해 비행과 약물남용을 명확히 설명하는 것이었다.[2] 1985년 엘리엇, 후이징가(Huizinga), 아제턴은 더 복잡한 형태의 통합이론을 제안했고, 엘리엇은 또한 이론적 통합을 하나의 과정으로서 옹호했다.[3] 통합을 위한 노력과 통합을 반대하는 사람의 반응은 범죄학에서 이론적 통합에 대한 상당히 큰 논쟁을 촉발시켰다.

엘리엇과 동료들은 범죄학이론을 두 단계로 통합했다. 첫 번째 단계에서 그들은 긴장이론을 사회통제이론과 통합했고, 그 후 긴장-통제이론을 사회학습이론과 결합했다. 그들의 견해에서 긴장이론은 "비행이 사회적으로 추구되는 욕구나 목표(지위, 부, 권력, 사회적 승인 등)를 성취하는 데 실제 또는 예상되는 실패에 대한 반응"이라고[4] 주장한다. 반면에 사회통제이론은 전통사회에 대한 개인의 유대의 강도가 그 개인이 비행에 참여할 가능성과 반비례적(−)으로 관련된다고 주장한다. 약한 사회통제의 원천으로는 가정에서의 부적절한 사회화와 지역사회나 사회 내부의 사회해체가 포함된다. 엘리엇과 동료들은 긴장이론과 통제이론을 통합하면서 비행의 가능성은 어떤 개인이 더 많은 긴장과 더 적은 통제 모두를 경험할 때 가장 높을 것이라고 주장했다. 그들은 사회통제를 약화시키는 것으로 알려진 사회해체가 긴장을 증가시킬 것이라고도 주장했다. 결국 엘리엇과 동료들은 긴장 그 자체가 사회통제를 약화시킨다고 주장했다.

긴장이론과 통제이론을 통합한 후, 엘리엇과 동료들은 사회학습이론을 통합했다. 그들의 이론은 비행이 사회화의 순응적 행동과 일탈적 행동패턴 모두에서 보상과 처벌 간의 균형에 의해 영향을 받는다고 주장한다. 청소년은 주로 가족, 학교, 친구에게서 그들의 행동에 대한 보상과 처벌을 받는다. 가정과 학교는 거의 항상 전통적이거나 합법적인 행동을 강화한다. 대조적으로 친구집단은 친구집단의 성격에 따라 꽤 다르지만, 훨씬 더 일탈적인 행동을 강화하는 경향이 있다. 그러므로 엘리엇과 동료들은 친구집단에서 비행적 태도와 행동에 대한 노출의 양은 비행의 확률에 영향을 미치는 주된 요인이라고 주장했다.

이 점에서 엘리엇과 동료들은 통제이론을 수정해서, 개인이 유대를 갖는 집단의 유형에 대해 설명할 필요가 있다는 것을 발견했다. 통제이론은 사회화의 내용이 항상 순응을 촉진하는 것이고, 사회화의 강도만이 범죄와 비행을 설명할 때 필요하다고 주장한다(다시 말해 약한 사회화가 일탈을 만들어낸다). 더욱이 통제이론에 따르면 비행집단 내에서는 아무런 강한 유대가 없다. 일탈 그 자체는 순수하게 이기적인 행동이기 때문이다. 따라서 일탈집단(예를 들어 청소년 갱)의 구성원은 순수하게 이기적인 사람이고, 그 집단은 각 구성원의 개인이익에 도움이 될 때만 유지된다. 대조적으로 사회학습이론은 사회화의 내용이 일탈이나 순응행동에 우호적일 수 있고, 개인은 일탈적인 사회집단에 강한 유대를 형성할 수 있다고 주장한다. 엘리엇과 동료들은 이 두 이론을 통합하면서 일탈집단에 강한 유대가 있고 전통적 집단에 약한 유대가 있을 때 일탈행동이 일어날 가능성이 가장 높고, 전통적 집단에 강한 유대가 있고 일탈집단에 약한 유대가 있을 때 일탈행동이 일어날 가능성이 가장 낮다고 가정한다.

그림 15.1 엘리엇과 동료들의 통합적 인과경로

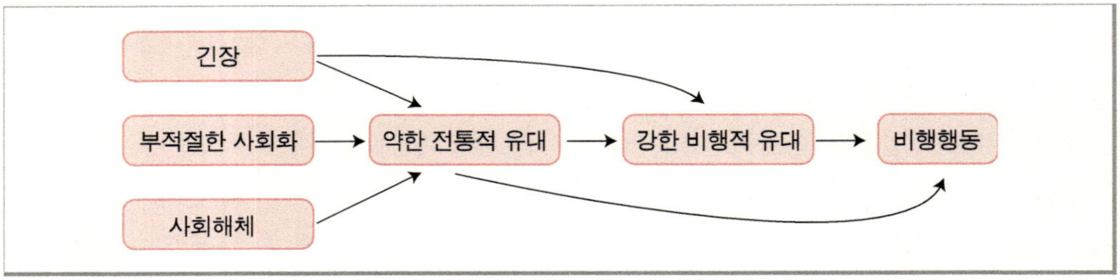

긴장이론, 통제이론, 사회학습이론을 통합하는 세 번째 단계는 세 이론에서 나온 모든 변수를 포함하도록 하나의 단일한 인과과정의 경로를 제안하는 것이다(그림 15-1을 참조). 긴장, 부적절한 사회화, 사회해체는 모두 약한 전통적 유대를 만들어 낸다고 알려져 있다. 이 실패는 그 후 강한 일탈적 유대를 만들어 내고, 결국 이것은 비행으로 이어진다. 긴장은 적어도 몇몇 긴장이론이 주장하는 바와 같이, 직접적으로 강한 비행적 유대에 영향을 미치지만, 엘리엇과 동료들은 대부분의 긴장은 약한 전통적 유대를 통해서만 효과가 있다고 주장했다. 게다가 약한 전통적 유대는 통제이론이 주장하는 바와 같이, 직접적으로 비행에 영향을 줄 수 있지만, 엘리엇과 동료들은 대부분의 약한 전통적 유대는 강한 비행적 유대를 통해서 효과를 낸다고 주장했다.

엘리엇과 동료들은 이 통합모델을 사회학습 시각이라기보다는 사회통제 시각으로 파악한다. 통제 시각이 더 일반적이고 다양한 설명수준에서 일탈을 설명할 수 있으며, 그것이 일탈행동을 통제할 때 제도적 구조의 역할에 큰 강조점을 둔다는 점에서 더 사회학적이기 때문이다. 그러고 나서 전국청소년조사(National Youth Survey)의 종단적 자료를 통해 그들의 모형이 맞는다는 것을 보여주었다. 그들은 긴장과 사회통제 개념들이 비행행동에 아무런 직접적인 효과가 없다는 것을 발견했다. 대신 비행 대부분은 비행친구에 대한 유대로 설명되었다.

반증 대 통합 논쟁

엘리엇과 동료들의 1979년 논문에 대한 한 반응으로, 허쉬(Hirschi)는 범죄학에서 하나의 전략으로 쓰이는 통합에 대해 거세게 반대했다.[5] 그는 대부분의 범죄학이론은 내포하는 가정이 달라 서로 모순적이라고 주장했다. 그러므로 이론은 내적 일관성과 설명력에 대해 또는 다른 이론에 반해서 독자적으로 검증되어야 한다고 보았다. 이론이 본질적으로 같은 것을 주장한다면 통합될 수 있지만, 대부분의 범죄학이론은 그렇지 않다. 허쉬는 범죄학이론이 "분리되어 다양하게 존재하는 것이 더 좋다"고 결론 내렸다.

엘리엇과 동료들은 1985년 더 완전한 버전의 통합이론에서, 통합에 반대하는 허쉬의 주장에 대해 답했다. 그들은 먼저 범죄학에서 "대립의 전통"은 실패했다고 주장한다. 이 전통은 상이한 이론이 서로에 반해 검증되는 반증과정을 말한다. 엘리엇과 동료들은 또한 어떤 개별이론이 불법행동의 10-20%만을 설명할 수 있다고 주장했다. "단순히 말해 개별이론이 기여하는 설명된 변량의 수준은 당혹스럽게 낮다. 사회학적인 범죄와 비행의 설명이 미래의 계획에 어떤 상당한 영향을 가질 수 있다면, 그들은 더 큰 설명력을 나타낼 수 있어야 한다."[6]

다른 논문에서 엘리엇은 이론적 경쟁은 대체로 무의미한 것이라고 주장했다. 대부분의 경우 이는 다른 이론이 범죄의 변량에서 다른 부분을 설명하기 때문이다.[7] 범죄에는 다중의 원인이 있어 다른 인과요인을 도입하는 다른 이론은 공존할 수 있다. 엘리엇은 범죄학자가 그 이론을 경쟁적인 고립상황에 남기지 말고 이를 합성하여 일탈행동에 대한 더 큰 설명력을 얻어야 한다고 주장했다.

이후 논문에서 허쉬는 통합에 대한 그의 주장을 확장하고, "대립의 전통"의 붕괴와 이론적 통합에 대한 최근의 움직임에 대해 냉소적으로 논의했다.[8] 그는 범죄학이론이 이론적 경쟁을 폭넓게 했음에도 불구하고 발전하지 못한 점을 인정했다. 그러나 그는 통합을 이 문제에 대한 하나의 해결책으로 보지는 않았다. 특히 그는 엘리엇과 같은 통합주의자가 통제이론을 다른 이론과 통합할 때 했던, 통제이론의 수정에 대해 반대했다. 허쉬는 통합주의자가 다른 범죄학이론이 공존불가능하다는 점과 이들이 어떤 방향이든 앞으로 나아가고 있다는 사실을 무시했다고 주장했다. 그의 주장에 따르면, 이 진보는 기존 이론의 통합이 아니라 새로운 이론의 창조로 가능하다.

브레이스웨이트의 재통합적 수치심부여이론

허쉬의 반대에도 불구하고, 통합을 향한 움직임은 계속되었다. 허쉬가 통합에 반대하는 그의 주장을 확장했던 같은 해인 1989년 존 브레이스웨이트(John Braithwaith)는 그의 재통합적 수치심부여이론(reintegrative shaming theory)을 출간했다. 이것은 낙인이론, 하위문화이론, 기회이론, 통제이론, 차별접촉이론, 사회학습이론에서 도출한 것이었다.[9] 브레이스웨이트는 엘리엇과 동료들처럼 이전 이론에서 나온 주장을 결합하지 않고, 재통합적 수치심부여라는 새로운 이론적 개념을 만들어 내고, 그 개념이 다른 이론의 주장을 어떻게 체계화하는지를 보여주었다.

브레이스웨이트는 수치심부여(shaming)를 "수치심이 부여되는 것을 알게 되는 다른 사람에 의해, 수치를 당하거나 비난을 받는 사람이 양심의 가책을 갖도록 의도하거나 그런 효과를 염두에 둔 불승인 표시의 모든 사회적 과정"이라고 설명한다.[10] 그는 수치심부여를 두 가지 유형으로 구분했다. 하나는 오명을 씌우는 것(그 수치심부여가 수치심을 느끼는 사람에게 일탈의 감정을 불러일으킬 때)이며 다른 하나는 재통합(수치심을 느끼게 하는 사람이 수치심을 느끼는 사람과의 유대를 유지할 것을 확신시킬 때)이다. 재통합적 수치심부여는 범죄자가 수치심을 느끼지만 자신의 잘못된 행동에 불구하고 그 순응 집단에 다시 통합되는 것이 허용된다는 것을 알게 될 때 발생한다. 브레이스웨이트 이론의 핵심주장은 재통합적 수치심부여가 낮은 범죄율을 낳는 반면, 오명 씌우기식 수치심부여는 높은 범죄율을 낳는다는 것이다. 브레이스웨이트는 이 주장을 피해가 발생한 수많은 다양한 유형의 범죄를 설명하기 위해 이용하지만, 피해자 없는 범죄를 설명하는 데는 이용하지 않는다.

그러고 나서 그는 다른 범죄학이론이 어떻게 이 핵심주장과 관련이 되는지를 설명했다.[11] 더 많은 사회적 유대를 가진 사람은 재통합적인 수치심부여를 받을 가능성이 높아 범죄를 덜 할 것이다. 낙인이론은 오명의 부여를 설명하기 위해 끌어들여졌는데, 일단 개인에게 오명이 부여되면, 그는 일탈적 하위문화에 참여하기가 더 용이하고 범죄에 개입할 가능성이 더 높다. 브레이스웨이트의 이론은 구조적 수준에서도 논의된다. (사회해체이론에 따르면) 도시화나 이동성의 확대는 "사회적 공동체주의"가 존재할 가능성을 낮춘다. 공동체주의, 또는 어떤 문화에서의 개인 간 상호의존성은 재통합과 관련되는 경향이 있지만, 그것의 부재는 오명을 부여하게 하며 그 결과는 합법적인 기회를 차단하고, 하위문화를 형성하게 하며, 비합법적인 기회와 높은 범죄율이 나타나게 한다.

어젠(Uggen)은 브레이스웨이트의 이론을 비판했고, 브레이스웨이트는 그 이론의 잠재적인 문제를 조사하여 답변했다.[12] 더욱이 마카이(Makkai)와 브레이스웨이트는 요양소의 법준수 사례에서 재통합적 수치심부여와 범죄행동 간의 관계를 지지하는 증거를 발견했다.[13] 헤이(Hay) 역시 도시 청소년에 대한 그의 연구에서 이 관계를 지지하는 증거를 발견했다. 그는 부모가 재통합과 수치심부여를 모두 사용할 때 비행이 줄어든다는 것을 발견했다. 부모와 자녀 간의 상호의존성을 통제하면 이러한 재통합의 효과가 사라지지만, 수치심부여의 효과는 지속되는 것을 발견했다.[14] 이 발견은 수치심부여가 재통합의 정도가 높을 때만 효과가 있다는 이론의 명제와 모순된다. 더 나아가 부모와 자녀 간의 유대는 재통합을 능가하는 효과를 가질 수 있다. 헤이는 수치심부여가 개념적으로 오명 씌우기와 다른 것일 수 있고, 이것은 수치심부여가 왜 비행에 강한 독립적인 효과를 갖는지를 설명할 때 도움을 줄 것이라고 주장했다. 재통합적 수치심부여이론에 대한 종단적인 검증이 있어야 하고, 수치심부여와 다른 이론에서 가져온 개념들 (사회유대는 예외지만) 간의 더 큰 관계에 대해 탐색해야 하며, 이 이론의 구조적 측면(예를 들어 국가 간의 비교)을 평가할 필요가 있다.

제한된 논의와 검증에도 불구하고, 이 이론은 훨씬 더 포괄적인 “회복적 사법(restorative justice)” 운동과 연결되어 왔다. 이것은 피해자, 가해자, 지역사회를 범죄 이전의 상태로 회복시킴으로써 범죄에 대응하자는 것이다. 회복적 사법의 맥락에서, 재통합적 수치심부여는 범죄자를 범죄가 발생하기 이전의 상태로 회복시키는 것을 말한다. 회복적 사법은 상당히 규범적인 이론이다. 그것은 세계가 어떻게 해야 하는지를 설명한다. 대조적으로, 재통합적 수치심부여는 경험적 이론이다. 그것은 재통합된 범죄자가 오명이 부여된 범죄자보다 재범을 할 가능성이 낮다고 주장한다. 브레이스웨이트는 계속하여 회복적 사법에 대한 경험적 문헌들을 많이 분석하여 꽤 희망적인 결과를 발견했다.[15] 범죄자의 행동에 대한 다양한 범죄학이론의 통합을 넘어서, 브레이스웨이트는 범죄에 대한 형사사법적 대응에 관한 경험적·규범적 이론을 통합했다.

티틀의 통제균형이론

1995년 찰스 티틀(Charles Tittle)은 차별접촉이론, 머튼의 아노미이론, 마르크스주의 갈등이론, 사회통제이론, 낙인이론, 억제이론, 일상활동이론의 본질적인 요소들을 통합한 일탈의 일반이론을 제시했다.[16] 그는 먼저 각 이론이 그들 자신의 용어로 옹호될 수 있지만, 다른 이론으로부터 답변을 요하는 질문에 대해 답하지 않는다는 점에서 불완전하다고 보았다.[17] 그에 따르면, 완전한 이론은 넓은 범위의 일탈행동을 설명할 수 있어야 하며, 일탈행동을 완전히 설명해야 하고, 그 인과적인 주장이 정밀해야 한다. 또한 완전한 인과적 연쇄를 설명해야지, 단순히 직전에 존재하는 원인을 통해 (그 원인들에 대해서는 설명이 없이) 설명하려고 해서는 안 된다.[18]

브레이스웨이트처럼 티틀은 그 후 초기의 더 단순한 설명에서 명제를 통합하는 새로운 개념인 "통제균형(control balance)"이라는 개념을 제시했다. 그의 핵심주장은 "개인이 행사하는 통제의 양보다 상대적으로 그가 받는 통제의 양이 발생 가능한 일탈의 유형뿐만 아니라, 일탈의 발생 가능성도 결정한다."라는 것이다.[19] 이 견해는 (허쉬의 이론처럼) 전통적인 통제이론의 전제를 받아들인다. 이것은 통제가 순응을 설명하는 중요한 개념이라고 주장한다.[20] 티틀의 이론은 통제가 또한 일탈을 설명하는 중요한 동기부여 요인이라고 주장함으로써 이 이론에 반대한다. 즉 다른 사람에게 통제받는 사람들은 그 통제로부터 벗어나기 위해 일탈을 하는 경향이 있지만, 다른 사람에 대해 통제를 행사하는 사람들은 그 통제를 확대하기 위해 일탈에 관여하는 경향이 있다.[21] 이 이론에서 순응은 통제 그 자체보다는 "통제균형"으로 설명된다. 다시 말해 사람들은 그들이 다른 사람에게 행사하는 통제가 대략 다른 사람이 그들에게 행사하는 통제와 비슷할 때 순응을 하는 경향이 있다. 이 패턴은 U자 모양의 곡선으로 나타나는데, 가장 많은 통제를 하는 사람들과 가장 적은 통제를 하는 사람들이 일탈을 가장 많이 한다.[22]

티틀은 일탈을 "해당 집단의 다수가 받아들일 수 없는 것으로 여기거나, 부정적인 형태의 집단적인 반응을 불러일으키는 어떤 행동"[23]으로 정의했다. 그는 일탈을 개념으로 설명하기보다는 그것을 여섯 가지의 유형 – 강탈, 착취, 반항, 수탈, 퇴폐, 굴종 – 으로 나누었다.[24]

강탈(predation)은 직접적인 신체적 폭력이나 재산을 빼앗으려는 속임수를 말한다.

여기에는 절도, 강간, 강도, 사기, 살인과 같은 행동이 포함된다. 착취(exploitation)는 간접적인 강탈로 착취를 하는 사람이 다른 사람에게 "더러운 일"을 하게 할 때 생긴다. 예를 들면 청부살인, 가격조작, 정치적 부패를 들 수 있다. 대항(defiance)은 사람들이 규범이나 가치에 대해 반기를 들 때 생기며 주로 통행금지위반, 손괴, 정치적 저항, "상대방 배우자에 대해 뾰로통해 있는 것"과 같은 행동으로 나타난다. 수탈(plunder)은 사회적 양심이 거의 없는 사람들이 하는 것으로 특히 악의적이다 라고 여겨진다. 여기에는 여우사냥을 위해 논밭을 망치거나, 정유회사가 오염을 시키거나, 점령군이 비현실적인 세금을 부과하는 것이 포함된다. 퇴폐(decadence)는 예측불가능하며, 대부분의 사람이 비이성적으로 보는 행동을 말하는 것으로 어린이와의 그룹섹스나 가학적 고문을 예로 들 수 있다. 굴종(submission)은 "다른 사람의 기대, 명령, 또는 예상되는 희망에 대해 수동적이고, 아무런 생각 없이, 노예적으로 복종하는 것"[25]을 말한다. 예를 들어 명령에 따라서 구정물을 먹거나, 성적으로 굴욕적인 행동을 감수하는 것을 들 수 있다. 사람들은 (명령에 따라 구정물을 먹는 것과 같이) 이 범주에 묘사된 몇몇 행동이 과연 일탈인지 아닌지 의문을 가질 수 있다. 티틀에 따르면, 이 이론은 일탈 이상의 것 – 굴종, 퇴폐, 다른 범주들 – 을 설명한다. 이처럼 어떤 행동은 굴종적이지만 필연적으로 일탈이 아닐 수도 있다. 그럼에도 불구하고 이 이론으로 설명한다.[26]

네 가지의 주 개념 – 성향, 유발, 기회, 제약 – 이 통제균형이론에서 쓰인다. 일탈적 동기부여를 향한 성향(predisposition)은 한 사람의 자율성의 욕구와 한 사람의 통제비로 구성되는데, 통제비(control ratio)란 "한 사람이 행사할 수 있는 통제의 양에 대한 받는 통제의 양을 말한다."[27] 티틀은 어떤 사람의 자율성의 욕구는 성향적 요소라고 할 수 있지만, 개인에 따라 거의 차이가 없다고 지적한다. 개인에 따라 통제비는 더 많이 다르다. 각 개인의 통제비는 시간의 흐름에 관계없이 꽤 안정적이지만, 상황에 따라 변할 수도 있다. 이것은 다른 맥락적 상황이 통제의 균형에 영향을 미칠 수 있기 때문이다.

유발(provocation)은 "사람들이 일탈행동을 통해 자신의 통제비를 변경시킬 가능성을 확실히 인식하게 하는 맥락적 특징"이다.[28] 그 예로 언어적 모욕이나 도전을 들 수 있다. 제약(constraint)은 잠재적인 통제가 실제로 행사될 가능성을 말한다(통제비와 비교되는데, 통제비는 실질적인 통제가 아닌 잠재적인 통제를 말한다). 마지막으로 기회(opportunity)는 전통적인 방식으로 정의된다. 이것은 해당 행동을 저지르기에 적당한 상황을 말한다. 예를 들어 옆에 사람이 아무도 없다면 강간을 할 수가 없으며, 주변에 집이 한 채도 없다면 침입절도를 할 수가 없다.

통제균형이론을 구성하는 인과적 과정은 꽤 복잡하기에 우리는 이 논의를 핵심적인 이론적 메커니즘에 한정할 것이다. 일탈행동은 사람이 일시적 혹은 영구적으로 자신의 통제비를 변경하려고 할 때 발생한다. 이와 같이 일탈은 그것을 저지르는 사람에게 하나의 목적이 된다. 어떤 사람이 행사하는 통제의 양이 그가 받는 통제의 양과 같을 때, 통제균형이 생겨나고, 일탈의 가능성은 낮아진다. 그러나 그 비가 (어떤 방향으로든) 불균형할 때, 일탈의 가능성은 통제비가 불균형한 정도에 비례해 증가한다. 일탈적 동기부여는 일탈행동의 가능성을 높이고, 통제비의 영향을 강하게 받는다. 유발, 제약, 기회와 같은 다른 변수도 일탈이 발생한 실제의 가능성에 모두 영향을 미치지만, 어떤 사람의 일탈적인 동기부여(그리고 동기부여를 향한 성향)는 일탈에 대한 가장 중요한 기여요인이다.

통제균형이론은 일탈의 가능성 외에도 일탈의 유형을 설명한다. 통제비가 균형 잡힌 사람은 순응하는 경향이 있다. 억압에 대한 자율성의 비가 더 높은 사람은 (다시 말해 통제되는 것보다 더 많은 통제를 행사할 것 같은 사람은) 착취(exploitation, 최소의 불균형), 수탈(plunder, 중간 정도의 불균형), 퇴폐(decadence, 최대의 불균형)에 개입할 가능성이 높다. 억압에 비해 자율성의 비가 더 낮은 사람은 (다시 말해 행사하는 통제보다 통제될 것 같은 사람은) 강탈(predation, 약간의 불균형), 대항(defiance, 중간 정도의 불균형), 굴종(submission, 극단적 불균형)에 개입할 가능성이 높다. 주의를 끄는 문제는 왜 (강탈과 같은) 일탈의 가장 심각한 형태가 가장 적은 불균형과 연결되는가하는 것이다. 티틀은 이것을 통제결핍이 적을 때, 사람은 다른 사람의 통제반응에 대한 큰 두려움이 없기 때문에 더 심각한 일탈행동을 할 수 있다고 설명한다. 약간의 통제결핍을 가진 사람은 보통 일탈행동이 잘 억제되지만, 티틀에 따르면, 그들이 일탈행동을 할 때, 그 행동은 속성에서 더 심각할 것이다. 더 극단적으로 큰 통제결핍을 가진 사람은 "그 행동이 남들의 통제반응을 벗어날 것이라고 상상하기 어렵고,"[29] 따라서 그들의 일탈은 (굴종이나 대항과 같이) 덜 심각한 형태를 취할 것이다. 이와 유사하게 잉여통제를 가진 (억압에 비해 자율성이 더 많은) 사람도 어떻게 통제되는지에 비례해 심각한 일탈행동을 할 것이다. 단지 약간의 우위를 가진 사람은 통제를 행사할 수 있는 정도에서 더 제한된다는 것을 느낄 것이고 따라서 (수탈과 퇴폐와 비교하여 착취와 같은) 덜 심각한 행동을 할 것이다.

2004년 티틀은 그의 이론에 문제를 제기한 여러 비판과 연구에[30] 답하기 위해 통제균형이론을 더 세련화하고 쉽게 이해 가능하며, 더 쉽게 검증이 가능하도록 만들었다.[31] 이 개선된 이론은 "통제균형 이상성(control balance desirability)"이라는 개념에 초점을 맞추었다. 이것은 통제불균형에서 장기간의 위안을 제공하기 쉬운 일탈행동을 저지르고, 피해자(목표물)와 직접적인 접촉을 할 필요가 없는 일탈행동을 저지름으로서 최대화된다.[32] 따라서 높은 정도의 통제균형 이상성을 지닌 일탈행동은 내·외적 통제 속에서 최소한의 위험으로 이익을 가져다준다.[33] 네 가지의 주요 변수(개인의 통제비, 기회, 제약, 자기 통제력)가 이 통제균형의 이상성의 범위에 영향을 준다. 일탈행동은 이 통제균형 이상성의 범위에서 선택될 것이다. 티틀은 일탈행동을 저지르는 결정을 통제불균형 상태에 있는 개인과 함께 시작되는 어떤 과정으로 인식했다. 이 통제불균형은 그 사람에게 일탈에 대한 동기를 부여한다. 일단 어떤 유발적인 상황이 발생하면, 개인은 모멸감을 느끼고, 통제불균형을 깨달으며, 일탈이 이 상황을 우호적으로 변화시킬 수 있음을 깨닫는다.[34] 기회가 있고 행동이 가능한 경우, 제약은 행위자가 일탈행동이 야기할 통제의 상실보다 일탈행동에서 얻게 될 잠재적인 이익을 "이론상으로 계산할 때"에 나타날 수 있을 것으로 보인다.[35] 이 과정이 발생할 가능성은 자기 통제력이 높은 사람일수록 높고, 자기 통제력이 낮은 사람일수록 낮다. 따라서 이 변수는 서로 상호작용하여 주어진 통제균형 이상성의 범위 내에서 다양한 일탈의 가능성을 만들어 낸다.[36] 티틀의 초기 이론과 유사하게, 이 새로운 이론은 자기통제이론, 학습이론, 일반긴장이론의 변수를 도입하여 이론적 통합을 강조한다.

이 티틀의 개선된 이론은 너무나 최신 이론이라 그 동안 비판이나 검증의 대상이 되지 못했다.[37] 이 두 버전의 이론에 대한 우리의 간략한 요약은 어떤 깔끔한 이론을 구축하려는 티틀의 노력뿐만 아니라, 그 이론의 복잡성을 보여주지 못한다. 티틀의 많은 책은 좋은 이론의 필수요건을 구체화하고, 많은 범죄학자가 어떻게 몇몇 견고한 이론의 특성을 결여하고 있는지 보여주기 위한 것이다. 이 책들은 이 특성들(적용범위, 포괄성, 정밀성, 심원함)을 마음에 두고 통제균형이론을 구축하고, 통제균형이론이 겪을 수 있는 만일의 사태(어떤 인과메커니즘이 작동하지 않을 수 있는)에 대해 논의하는 중요한 장을 포함한다. 티틀의 이론은(하층의 부랑자나 정치범 및 기업범죄자를 포함한) 사회의 다양한 집단들이 저지르는 일탈을 설명해주는 뛰어난 성과물이다.

강제와 사회적 지지

콜빈(Colvin), 컬렌(Cullen), 반더 벤(Vander Ven)은 범죄의 통합이론을 하나 제안한다. 그것은 많은 이론에 걸치는 두 가지의 "일반적인 주제들", 즉 강제(Coercion)와 사회적 지지(Social Support)를 통합한다.[38] 강제의 시각에 따르면, 개인은 두려움과 불안을 만들어 내는 힘에 위협을 받는다. 강제는 가족(강제적인 훈육), 학교(강제적인 친구관계), 이웃(위험한 환경)을 포함한 다양한 영역에 존재할 수 있다. 강제는 범죄와 비행의 몇몇 이론과 연결되는데, 여기에는 애슨스(Athens)의 이론(강제적인 대인관계), 티틀의 통제균형이론(강제와 유사한 개념으로서의 억압), 애그뉴(Agnew)의 일반긴장이론(강제적 관계로 유발된 분노)이 포함된다. 강제는 마크 콜빈(Mark Colvin)의 통합이론에서 처음 제시되었다.

콜빈에 따르면, 강제는 두 가지의 차원을 갖는다. 하나는 강제력의 강도(전혀 없는 것에서 강한 것까지)이며 다른 하나는 그것의 일관성이다(변덕스러운 것에서 일관적인 것까지).[39] 변덕스러운 강제는 그것을 경험하는 사람이 불공정, 변덕스러운 대우라고 느끼기 때문에 분노를 유발한다. 일관적으로 적용되는 강제는 범죄를 적게 유발하지만, 한편으로 친사회적 행동도 덜 하게 만들고 우울 등 정신건강문제와 같은 부작용도 유발한다. 콜빈의 주된 이론적 명제는 버지니아의 중학생에 대한 한 연구에서 지지를 얻었다.[40] 부모의 강제는 학교와 이웃의 비대면적인 강제(위험에 대한 지각)와 마찬가지로 비행과 관계가 있었다. 그러나 괴롭힘(bullying)은 비행과 관계가 없었다.

컬렌은 범죄이론을 구성하는 것으로 사회적 지지를 처음으로 제시한 사람 중의 하나였다.[41] 강제가 범죄행동을 유발하는 반면에, 사회적 지지는 그것을 감소시킨다.[42]

사회적 지지는 표출적일 수도 있고 도구적일 수 있다. 표출적인 사회적 지지는 감정의 공유와 표출, 그리고 어떤 사람과 그 밖의 다른 사람들의 자기가치와 존엄성에 대한 긍정을 포함한다. 도구적인 사회적 지지는 물질적·재정적 도움과 정당한 세계에서의 긍정적인 사회적 승진을 위한 조언, 지도, 연줄을 포함한다. 사회적 지지는 사회의 다양한 수준에서 나타난다. 가족 내에서, 친구들 사이에서, 그리고 이웃, 지역사회, 국가의 더 큰 사회적 네트워크 내에서의 밀접한 상호작용 속에서 나타나는 것이다. 표출적 또는 도구적인 사회적 지지는 모두 잠재적으로 가족과 친구 사이의 비공식적 사회관계 속에서, 그리고 학교, 직장, 복지와 형사사법기관 속에서의 공식적인 네트워크를 통해서 제공된다. 사회적 지지가 제공되는 정도는 가족, 이웃, 지역사회, 국가에 따라 다양하다.

강제처럼 사회적 지지는 변덕스럽게 또는 일관되게 주어질 수 있다. 일관적인 사회적 지지는 다른 개인과 사회기관에 대한 신뢰와 도덕적 책임감을 형성한다. 변덕스러운 사회적 지지는 개인과 사회기관 사이의 유해한 관계를 만들고, 분노를 유발할 수 있다. 지지는 철회될 수 있고, 그렇지 않으면 언제든 이용가능하지 않을 수 있기 때문에, 개인은 자기이익에 몰두하고 자신의 생존에만 관심을 갖게 될 수 있다.

둘이 함께 주어질 때, 강제와 사회적 지지는 하나의 양면적이고 통합된 이론의 두 측면을 형성하는 것으로 보인다. 즉 한쪽 면은 개인이 범죄를 하게 만들고, 다른 쪽 면은 범죄를 하지 않게 만든다.[43] 가장 최악의 시나리오는 변덕스럽게 사회적 지지를 공급하고 변덕스럽게 강제를 부여하는 것이다. 가장 최상의 시나리오는 일관적인 사회적 지지를 하고 아무런 또는 거의 강제를 하지 않는 것이다. 이 이론은 또한 서로 다른 유형의 사회적 지지, 즉(갱이나 조직범죄 네트워크와 같은 데서 공급되는) 불법적인 사회적 지지가 있다고 한다. 변덕스럽게 공급된 불법적인 사회적 지지는 개인을 불법적인 지지를 추구하게 만들 수 있고, 그럼으로써 그를 조직화된 범죄경력을 향해 나아가게 할 수 있다. 어떤 사람이 합법적 원천에서 지지를 받는지 또는 불법적 원천에서 지지를 받는지에 관계없이, 어떤 방법이든 순환된다. 지지를 받는 사람은 다른 사람에게 그것을 넘겨준다.

이 통합적 접근의 정책함의는 강제를 감소시키고 합법적인 사회적 지지를 증가시키는 쪽으로 나아가는 것이다. 콜빈과 동료들은 가족에 대한 지지를 공급하여 강제적인 가족행동을 감소시키는(부모효과성 교육과 같은) 프로그램을 추천한다. 다시 말해 학교환경을 개선하여 강제와 경쟁을 참여민주주의와 협력적 환경으로 대체하는 것이나, 회복적 사법 접근과 조화를 이루는 형벌정책을 더 많이 만드는 것이 그러한 것이다.[44]

버나드와 스나입스의 통합이론적 접근

버나드(Benard)와 스나입스(Snipes)는 완전히 새로운 통합이론을 제안하기보다는, 기존의 범죄학이론들을 새롭게 해석한다. 그들에 따르면, 이 이론은 기존 이론들의 내용을 정확히 묘사하고, 동시에 폭넓은 통합과 경험적 검증이 가능하도록 한 것이다.[45] 그들의 접근은 과학적 과정에서 이론의 적절한 역할에 관한 그들의 주장에 기초한다. 그들의 주장을 요약하면 다음과 같다.

첫째, 범죄학자는 이론 자체보다는 변수들 간의 관계에 초점을 맞추어야 한다. 허쉬에 따르면, 범죄학자는 때때로 변수를 이론이 "소유하고" 있는 것처럼 취급한다. 예를 들어 애착은 때때로 허쉬의 사회통제이론이 소유권을 갖고 있는 것처럼 취급된다. 그래서 애착과 범죄와의 관계에 대한 증거는 허쉬 이론의 타당성을 나타내는 증거로 해석된다. 버나드와 스나입스는 허쉬의 주장을 넘어서, 단지 중요한 것은 "변수가 어떤 방식으로 범죄와 관련이 있는가?"하는 것이라고 주장한다. 다시 말해 그들은 애착이 범죄행동에 관련이 있는지 없는지, 있다면 어떻게 있는지에 초점을 맞추고, 허쉬 이론의 타당성 문제는 중요하지 않은 것으로 여긴다. 실제로 그들은 이 문제를 비생산적인 것으로 본다. 그것이 모두의 시간을 낭비하게 하는 끊임없는 논쟁을 불러일으키기 때문이다.

둘째, 버나드와 스나입스에 따르면, 범죄학이론은 타당성의 측면에서가 아니라, 과학적 절차의 유용성이라는 측면에서 평가되어야 한다. 과학적 절차에서 이론은 과거 연구의 결과를 해석하고 미래 연구의 방향을 계획한다. 다시 말해 이론은 연구가 이미 관찰한 변수 사이의 관계를 설명하고 아직 관찰되지 않은 변수 사이의 새로운 관계를 찾도록 만든다. 1969년에 만들어진 허쉬의 사회통제이론은 정확히 이 방식으로 범죄학자에게 꽤 유용했다. 그러나 사회통제이론은 오늘날 범죄학자에게 거의 유용하지 않다. 허쉬 자신조차 지금은 새로운 이론(낮은 자기 통제력)을 이용하여 과거 연구의 결과를 해석하고 미래 연구의 방향을 계획한다. 버나드와 스나입스에 따르면, 과학적 이론을 평가하는 적절한 기준은 과학적 과정에 대한 유용성이지 그 이론의 타당성은 아니라고 주장했다.

셋째, 범죄학자는 이론을 반증하려는 목표에서 구조화된 확률을 다루는 위험-요인 접근으로 옮겨가야 한다. 이 장의 앞부분에서 논의한 것처럼, 완전한 통합에 대한 논쟁은 반증 방법이 범죄학이론의 수를 줄이지 못했다는 주장에서 시작된다. 반증에서 나타나는 문제는 그것이 경쟁적 검증과 통계적 유의도에 기초하여, 전부가 아니면 아무 것도 아니라는 결론(이론은 검증되지 않으면 반증된다)을 필요로 한다는 것이다. 그러나 범죄는 너무나 복잡해서 적어도 어떤 시점에서는 모든 이론이 참인 것처럼 보일 수 있다. 그러므로 영원히 거짓인 이론은 없다.[46] 대조적으로, 위험-요인 접근은 등급화한 결론을 허용한다. 즉 어떤 이론이 주장하는 요인은 범죄의 변량 중 많은 부분을 설명하지만, 다른 이론이 주장하는 요인은 적은 부분만을 설명한다. 이 접근은 앞에서 논의했던 변수들 간의 관계에 초점을 맞추는 것과 조화를 이룬다. 반증의 접근은 경쟁적인데(한 이론이 참이라면 다른 이론은 거짓이어야 한다) 비해, 위험-요인 접근은 통합적이다(많은 요인들은 범죄에 영향을 미칠 수 있고, 그 중 어떤 요인은 다른 요인보다 더 큰 효과를 가진다).

넷째, 버나드와 스나입스는 모순적인 이론은 서로 통합될 수 없다는 허쉬의 주장에 동의했다. 그러나 그들은 범죄학이론이 서로 모순된다는 허쉬의 주장에는 동의하지 않았다. 특히 버나드와 스나입스는 긴장이론, 통제이론, 문화적 일탈이론의 측면에서 범죄학이론에 대한 허쉬의 사회심리학적 해석이 잘못되었다고 주장했다. 허쉬의 해석은 이른바 긴장과 문화적 일탈이론의 주장을 심각하게 왜곡했기 때문이다.[47] 따라서 버나드와 스나입스는 사회구조적 조건에서 범죄행동에 대한 문화적 관념을 통해 범죄를 설명하는 두 유형의 이론을 다르게 해석했다.[48]

다섯째, 위험-요인 접근과 일관되게, 버나드와 스나입스는 범죄학이론들을 각각이 가진 독립적인 변량과 인과관계의 방향에서 차지하는 그들의 위치라는 측면에서 해석하고 분류해야 한다고 주장했다.[49] 이 접근은 이론이 범죄의 원인으로 주장하는 것(다시 말해 독립적인 변량의 위치)에 초점을 맞춤으로써 이론의 정책적 함의를 중요시한다. 대조적으로, 범죄학이론은 직관적으로 호소력이 있을지라도, 정책적 함의가 불명확한 탓에 종종 비판을 받는다.

이 방식으로 봤을 때 버나드와 스나입스는 범죄학이론에는 주요 유형이 두 가지 있다. 하나는 "개인적 차이"이론이고 다른 하나는 "구조/과정"이론이다.[50] 개인적 차이이론은 어떤 사람은 처한 상황에 관계없이, 다른 사람보다 범죄에 개입할 가능성이 높다는 상식적인 관찰을 반영한다. 따라서 이 이론은 범죄행동의 가능성에서 차이를 만들어내는 개인적 특성을 찾으려고 한다. 구조/과정이론은 어떤 상황은 그 상황 속에 있는 개인들의 특성에 관계없이 더 높은 범죄율을 만들어 내는 경향이 있다는 또 다른 상식적인 관찰을 반영한다. 그러므로 이 이론은 범죄율에서 차이를 만들어 내는 상황적 특성을 찾아내려고 한다.

따라서 개인적 차이이론은 개인의 특성 변량을 이용하여 개인이 범죄를 저지를 확률을 예측한다. 버나드와 스나입스에 따르면, 이런 유형의 이론은 세 가지의 암묵적인 주장을 펼친다고 한다. 첫째, 범죄에 개입할 가능성의 차이는 개인의 차이로 설명된다. 둘째, 이 개별적인 특성은 그 환경 내에 있는 다른 사람과의 상호작용으로 설명될 수 있다. 그러나 환경 그 자체는 사회구조적 변수가 아니라 그 환경 내에서 활동하는 개인의 특성으로 설명된다. 셋째, 범죄는 개인적 차이로 설명되기 때문에, 범죄자 그 자체는 어떤 측정 가능한 방식에서 일반인과 다르다고 가정된다.

대조적으로, 구조/과정이론은 개인이 반응하는 구조화된 환경에서 나타나는 것처럼, 사회구조적 특성으로 범죄행동의 비율과 분포를 설명한다.[51] 이 이론은 일반적으로 두 가지 주장을 펼친다. 구조적 주장은 구조적 조건을 어떤 사회 내에서의 범죄행동의 비율 및 분포와 연결시키는 반면에, 과정적 주장은 왜 이런 구조적 조건을 경험하는 "평범한(이 문단 말미에 제시된 정의를 볼 것)" 개인이 범죄행동에 더 많이 개입하는 경향이 있는지를 설명한다. 이 이론은 세 가지의 암묵적인 주장에 기초한다. 첫째, 범죄는 개인의 한 반응인데, 그 개인은 자유롭게 선택하고 있으며 그의 선택은 그가 직면한 환경의 강제를 받는다. 둘째, 그 직면한 환경은 구조화된다. 이것은 그 특성이 사회조직의 넓은 구조적 특징들과 인과적으로 관련이 있다는 점에서 그러하다. 셋째, 범죄자는 평범하다. 이것은 그들이 직면한 환경과 상호작용하는 과정에서, 그리고 환경에 대한 그들의 반응을 유도하는 동기에서 범죄자가 아닌 일반인과 유사하다는 점에서 그러하다.

이론들이 개인적 차이 혹은 구조/과정으로 해석되고 있다는 점에 기초하여, 버나드와 스나입스는 범죄학이론의 경쟁적인 검증은 거의 항상 부적절하며, 이론의 통합은 거의 항상 가능하다고 주장했다.[52] 실제로 거의 모든 범죄학이론은 다른 이론에 의해 설명되는 변량을 거부하기보다 통제한다. 따라서 범죄학이론 간의 경쟁은 거의 완전히 경험적인 것이지 이론적인 것이 아니다. 중요한 문제는 "각 이론이 범죄행동이나 범죄율을 설명할 때 다른 이론보다 얼마나 많이 기여하는가?"이다.

애그뉴의 일반이론

애그뉴는 범죄의 일반통합이론을 제안했다. 그것은 버나드와 스나입스의 이론적 통합의 아이디어와 잘 맞아떨어진다.[53] 그의 이론은 다른 범죄학이론에서 범죄행동과 관련된 것으로 증명되었다고 그가 생각하는 모든 변수를 담고 있다. 이 변수의 선택을 넘어서, 애그뉴는 그들을 체계화하고 변수 무리들을 연결하는 인과네트워크에 관한 일련의 명제를 제안하는 새로운 도식을 제시했다. 이 분석틀을 만들게 한 전제는 범죄가 제약이 적고 범죄에 대한 동기부여의 수준이 높을 때, 가장 쉽게 발생한다는 것이다. 다섯 무리의 변수는 강제와 동기부여에 영향을 주는 것으로 보인다. 애그뉴는 이것을 "생활영역(life domains)"[54]이라고 명명했다. 이 무리에는 성격특성, 가족, 학교, 친구, 직장 변수가 포함된다. 성격특성은 그 중에서도 특히 충동성, 주의력 결핍, 자극적인 것의 추구, 과민성, 범죄에 우호적인 신념을 포함한다. 가족변수에는 약한 부모-자녀 간의 유대, 가족갈등, 학대, 범죄적인 가족구성원, 혼인상태, 낮은 가족사회적 지지가 포함된다. 학교 변수는 낮은 학업성취, 학교에 대한 낮은 유대, 교사의 부적절한 대우가 포함된다. 친구 변수로는 비행친구와의 접촉과 교제, 갱 가입, 나태하고 감시되지 않는 친구들과의 시간, 친구에 의한 범죄피해가 포함된다. 직장 변수로는 낮은 업무성과, 만성적인 실업, 이차 노동시장에서 고용(유쾌하지 못한 직업)되는 것이 포함된다. 애그뉴의 통합이론이 여기에 열거하지 않은 변수를 포함하지만, 여기서 바로 언급된 변수는 대부분 범죄에 상당히 강한 효과를 가지는 것으로 확인된 것들이다.

애그뉴의 일반이론은 많은 명제를 제시한다.[55] 첫째, 막 언급한 변수의 집락들은 범죄의 원인이지만, 다양한 생활영역의 효과는 어떤 사람의 삶에 따라서 변할 수 있다. 둘째, 이 이론에서 변수는 제약(외적·내적 통제, 순응에의 관여)을 감소시킴으로써, 그리고 동기부여(긴장, 강화, 노출, 범죄에 우호적인 믿음)를 증가시킴으로써 범죄를 증가시키는 작용을 한다. 셋째, 생활영역들은 인과적으로 연결된다. 따라서 한 영역의 문제는 종종 다른 영역에서 문제를 야기한다. 예를 들어 낮은 자기 통제력이라는 성격은 어떤 사람을 부적절한 부모가 되게 할 수 있다. 이 인과모델은 이처럼 영역들 내에 그리고 영역들 간에 직·간접적 영향으로 중첩되어 있다. 넷째, 이 이론은 이전의 범죄와 현재 또는 미래의 범죄 사이의 관계를 설명한다. 과거범죄의 직접적인 효과 외에도, 간접적인 효과가 이 영역을 통해 작용한다고 주장한다. 예를 들어 이전의 범죄는 매우 과민하고 자기 통제력이 낮거나, 특히 범죄를 유발할 가능성이 높은 사회환경에서 사는 사람으로 하여금 미래의 범죄를 저지르게 할 가능성이 높다. 다섯째, 이 이론은 영역 사이의 많은 상호작용에 대해 가정한다. 즉 한 영역이 어떤 사람을 범죄에 특히 취약하게 만들 때, 다른 영역의 효과는 더 커질 것이다. 위험요인은 누적적이고 상호작용적 효과를 가지는 것으로 보인다. 여섯째, 애그뉴는 인과적 네트워크와 시간순서의 수학적 모양을 고려하면서, 영역에서 도출된 변수와 범죄행동 사이의 비선형적 관계를 가정하고, 그 영역은 서로서로 동시에(즉시) 영향을 미칠 것이라고 주장했다. 다시 말해 각 생활영역은 과거의 범죄에 의해 그 자체로 강화되며, 현재와 미래의 범죄에 영향을 주게 될 것이고, 범죄행동은 상호적으로 다양한 생활영역에 영향을 줄 것이다. 마지막으로, 많은 개인의 인구학적인 특성과 지역사회의 특성은 생활영역의 전체적인 수준에 영향을 미치는 외부적 요인이라고 할 수 있다.

이 이론이 너무나 새로워 아직 검증되지 않았음에도 불구하고, 애그뉴는 책의 한 장을 이 통합이론을 검증하는 방법에 할애했다.[56] 그는 검증을 위해 꽤 특수한 절차를 제안했지만, 완전한 이론을 검증할 수 있을 만한 데이터가 현재 부족하고 검증할 필요가 있는 인과적 네트워크가 광범위하기 때문에 통계패키지가 그 검증을 수행하기가 어렵다는 점을 깨달았다. 애그뉴는 이 검증을 "부분 부분" 수행해야 한다고 주장했다. 이 형태의 검증이 필수적일지도 모르지만, 그것이 최선은 아니다. 어떤 시점에서 한 부분을 검증하는 것은 그 검증이 다르게 수집되고 다른 시점과 환경에 걸쳐있는 데이터를 포함하게 된다는 문제점이 있다. 더 바람직해 보이는 대안적 접근은 비록 성과는 지연될지라도 단일한 종단적 연구에 투자하여 그의 통합이론에 포함된 모든 변수에 대한 정보를 수집하고 소프트웨어문제를 극복할 만큼 충분히 큰 표본을 제시하는 방법일 것이다. 애그뉴의 이론에 대한 검증은 지금까지도 매우 부분적으로 이뤄졌다.[57]

로빈슨의 통합체계이론

통합이론가들이 점차 복합적인 모델을 개발하면서 애그뉴의 이론에서 초기에 논의한 검증문제는 어려워졌다. 로빈슨(Mattew Robinson)의 초기 통합체계모델(첫째 판은 2004년 출간된 「Why Crime?」 이다)[58]이 그런 경우다. 로빈슨은 이 이론에서 학문 분야와 분석 수준을 넘나드는 변수들 사이에 61개 번호를 매긴 모델을 제안했다. 로빈슨은 비버(Kevin Beaver)와 함께 저술한 「왜 범죄를?(Why Crime?)」 개정판에서 검증 가능성 문제를 인정하면서 이론을 수정한 버전을 제시했다.[59] 여기에서는 이를 다룰 생각이다.

애그뉴의 이론은 거기에 포함된 변수 숫자 면에서 광범위했던 반면, 로빈슨의 이론은 학문 분야와 분석 수준을 넘나드는 통합의 양에 있어 더 나아간다. 특별히 모델에 유전학적·생물학적 변수들을 포함시킨 것이 주목할 만하다. 범죄학을 생물사회학적으로 접근하는 문제는 제4장에서 논의한 바 있다. 이 점에서 로빈슨의 이론은 잘 들어맞는다.

로빈슨의 이론은 유전적-환경적 상호작용과 초기 반사회적 행동에서 시작하여, 신경전달물질, 효소, 그리고 호르몬의 영향을 포함한다. 모노아민 산화효소에 대한 연구는 특히 이 논의에서 중요하다. 이 이론은 또한 양육조건(예를 들어, 스트레스, 약물 남용, 식습관)이 이 변수들에 영향을 미칠 수 있다고 강조한다.

다음으로, 양육변수들이 도입된다. 양육방식은 애착과 훈육, 식습관, 동료의 4가지 방식을 통해 뇌에 영향을 미칠 수 있다. 부정적인 양육 효과에는 부모-자녀 간 낮은 애착, 비일관적인 그리고/또는 폭력적인 훈육, 좋지 않은 식습관과 영양, 그리고 비행 친구들과의 노출 및 교제의 증가가 포함될 것이다. 가족 환경은 또한 자녀들의 행동을 망가뜨릴 수 있는데, 이것은 부정적인 낙인, 일반 긴장, 약물남용의 위험을 조성하는 것을 통해 가능해진다.

세 번째 단계에는 사회해체이론에서 아주 많이 나타나는 공동체의 특징이 추가된다. 여기에는 가난, 도시화, 주거 이동성, 가족이 자녀와 자녀의 동료선택에 대한 통제를 더욱 유지하기 어렵게 만드는 조건들이 해당한다. 가난도 낙인의 위험을 추가할 뿐만 아니라 환경적 독소와 일반긴장의 느낌을 통해 뇌 화학체계에 손상을 줄 수 있다. 이는 고용가능성을 낮추고 인간관계를 망칠 수 있다. 사회 해체는 일반적으로 일상활동의 패턴과 관련되는데, 이것은 부적절한 행동을 위한 적당한 기회를 증가시킨다.

통합시스템이론의 네 번째 단계는 (반사회적 행동을 유지시키는) “제도적 문제”와 (개인이 범죄와 관계를 단절하도록 돕는) “전환점”을 다룬다. 인간관계와 고용에서의 문제는 교묘히 반사회적 행동을 지속하도록 하지만, 긍정적인 동료관계, 좋은 일자리, 건전한 관계는 범죄의 순환을 끊어줄 수 있다. 공동체 특징은 반사회적 행동이나 욕구가 지속되는지 여부에 영향을 미친다.

통합시스템이론은 개발 중인 실증주의 이론이다. 각각의 삶의 단계(태아기/출생기, 초기 유아기, 청소년기, 초기 성인기)에서 다른 요인들이 어느 정도 중요하다. 사회통합이론은 주로 생물학, 사회학, 심리학을 주로 활용하는 학제적 특징을 지닌다. 이 이론이 범죄 행동의 가능성을 증가시키거나 감소시키는 10여 가지 위험 요소와 보호 요소를 포함한 것은 그럴듯하다. 마지막으로 이 이론은, 세포와 기관 같은 작은 생태계와 공동체나 사회 같은 거대 시스템 사이에 피드백 루프를 통합한다는 점에서 체계적이다.

통합시스템이론은 애그뉴의 일반이론이 겪은 것과 똑같이 검증가능성 문제에 직면해 있다. 종단적 자료로 검증할 필요가 있는데, 여기에는 유전적·생물학적 측정치를 포함한 주요 변수를 적어도 20년 이상 함께 포함해 살펴볼 필요가 있다. 통합이론이 보다 더 학제적일수록, 그리고 분석의 단계가 많아질수록, 그것을 검증할 "꿈의" 데이터세트를 수집하는 것은 더 어렵다. 그래도 통합시스템이론에서 매우 고무적인 특징은 생물학, 사회학, 심리학 분야가 시너지를 발휘하면서 범죄연구에 기여하고 있다는 것이다. 이것은 범죄학의 통합된 접근의 진전이라고 할 수 있는데, 학문분야와 시각들을 통한 대립이라기보다는 협력을 특징으로 한다.[60]

결론

몇몇 범죄학자는 이론에 대해서라기보다는 오히려 변수에 초점을 맞추는 위험-요인 접근을 취하는 것이 범죄학을 탈이론적이고 정책지향적으로 변모시킬 것이라고 주장할지도 모른다. 대조적으로, 우리의 견해는 이것이 실용적인 접근이며, 이 접근에서 이론은 과학적 과정에서 적절한 역할을 떠맡을 수 있다는 것이다. 이 접근은 범죄학의 설명력을 높일 수 있으며, 궁극적으로 범죄를 감소시킬 수 있는 실용적인 정책적 함의를 찾을 수 있게 할 것이다.

다음 장에서 우리는 우리의 통합모델에 기초하여 범죄학이론의 전체적인 평가를 할 것이다. 이 장은 두 가지의 목적을 갖는다. 첫째, 이 책에서 설명한 모든 이론에 대해 해석적 개관을 함으로써 이 책 전체의 결론을 제시한다. 둘째, 범죄학이론을 해석하고 통합하기 위한 우리의 접근을 구체적으로 설명한다.

주요 용어

- 반증
- 범죄에서의 변량
- 오명의 부여
- 대립적 전통
- 회복적 사법
- 경험적 이론
- 강제
- 변수
- 위험-요인 접근
- 정책함의
- 구조/과정이론
- 통합시스템
- 통합
- 재통합적 수치심부여
- 재통합
- 사회적 공동체주의
- 규범적 이론
- 통제균형이론
- 사회적 지지
- 타당도
- 구조화한 확률
- 개인적 차이이론
- 생활영역

토의할 문제

1. 반증이나 통합을 사용하자고 하는 주장들은 무엇인가?
2. "대립적 전통"은 무엇인가?
3. "통제균형이론"은 무엇이며, 범죄를 어떻게 설명하는가?
4. 브레이스웨이트의 재통합적 수치심부여이론의 정책적 함의는 무엇인가?
5. 통합이론에 대한 "변수"접근은 무엇인가? 이것이 범죄학자에게 좋은 지향이라고 생각하는가?
6. 범죄의 통합이론 형성에 있어서 왜 학제와 분석의 단계를 뛰어넘는 것이 중요한가?

인용& 부연설명

1. 이 장의 초기 버전은 다음에서 찾을 수 있다. Thomas J. Bernard and Jeffrey B. Snipes, "Theoretical Integration in Criminology," in Michel Tonry, ed., *Crime and Justice: A Review of Research*, vol. 20 (Chicago: University of Chicago Press, 1996), pp. 301–48; and in Bernard, "Integrating Theories in Criminology," in Raymond Paternoster and Ronet Bachman, eds., *Explaining Criminals and Crime* (Los Angeles: Roxbury, 2001), pp. 335–46.
2. Delbert S. Elliott, Suzanne S. Ageton, and Rachelle J. Cantor, "An Integrated Theoretical perspective on Delinquent Behavior," *Journal of Research in Crime and Delinquency* 16 (1979): 3–27.
3. Delbert S. Elliott, David Huizinga, and Suzanne S. Ageton, *Explaining Delinquency and Drug Use* (Beverly Hills, CA: Sage, 1985); and Delbert S. Elliott, "The Assumption that Theories Can Be Combined with Increased Explanatory Power," in Robert F. Meier, ed., *Theoretical Methods in Criminology* (Beverly Hills, CAL Sage, 1985), pp. 123–49.
4. Elliott et al., *Explaining Delinquency and Drug Use*, op. cit., p. 14.
5. Travis Hirschi, "Separate But Unequal Is Better," *Journal of Research in Crime and Delinquency* 16 (1979): 34–38.
6. Elliott et al., *Explaining Delinquency and Drug Use*, p. 125.
7. Elliott, "The Assumption that Theories Can Be Combined," op. cit., p. 14.
8. Travis Hirschi, "Exploring Alternatives to Integrated Theory," pp. 37–49 in Steven F. Messner, Marvin D. Krohn, and Allen E. Liska, eds., *Theoretical Integration in the Study of Deviance and Crime* (Albany: State University of New York Press, 1989).
9. John Braithwaite, *Crime, Shame, and Reintegration* (Cambridge, England: Cambridge University Press, 1989).
10. Ibid., p. 100.
11. 수치심부여가 범죄학이론을 어떻게 통합하는지에 대한 보다 최근의 논의를 위해서는 John Braithwaite, "Reintegrative Shaming," pp. 242–51 in Paternoster and Bachman, op. cit 를 보라.
12. See Christopher Uggen, "Reintegrating Braithwaite: Shame and Consensus in Criminological

Theory," *Law & Social Inquiry* 18 (1993): 481–500; John Braithwaite, "Pride in Criminological Dissensus," *Law & Social Inquiry* 18 (1993): 501–12; and Uggen, "Beyond Calvin and Hobbes: Rationality and Exchange in a Theory of Moralizing Shaming," *Law & Social Inquiry* 18 (1993): 513–16.

13. Toni Makkai and John Braithwaite, "Reintegrative Shaming and Compliance With Regulatory Standards," *Criminology* 32 (1994): 361–85; and "The Dialectics of Corporate Deterrence," *Journal of Research in Crime and Delinquency* 31 (1994): 347–73.

14. Carter Hay, "An Exploratory Test of Braithwaite's Reintegrative Shaming Theory," *Journal of Research in Crime and Delinquency* 38 92001): 132–53.

15. Braithwaite, "Restorative Justice: Assessing Opptimistic and Pessimistic Accounts," in Michael Tonry, ed., *Crime and Justice: A Review of Research*, vol. 25 (Chicago: University of Chicago press, 1999), pp. 1–127.

16. Charles R. Tittle, *Control Balance: Toward a General Theory of Deviance* (Boulder, CO: Westview Press, 1995) 또한 Tittle, "Control Balance," pp. 315–34 in Paternoster and Bachman, op. cit; and Raymond Paternoster and Charles Tittle, *Social Deviance and Crime*, (Los Angeles: Roxbury, 2000), pp. 549–77를 보라.

17. Tittle, *Control Balance*, op. cit., pp. 1–16.

18. Ibid., pp. 17–53.

19. Ibid., p. 135.

20. Ibid., p. 142.

21. 티틀은 "통제를 받는 것"을 "도움을 주거나, 보상을 하거나 방해하거나 또는 처벌하는 다른 사람의 능력에 의해, 또는 세상의 물리적, 사회적 제도에 의해 어떤 사람의 욕구나 충동이 (실제로 행사되든 아니든 관계없이) 잠재적으로 제한되는 정도를 뜻하는 연속형 변수"라고 정의했다. 그는 "통제의 행사"를 "어떤 사람이 다른 사람의 목표실현을 제한할 수 있거나, 다른 사람의 행동 또는 물리적·사회적 제도로부터 생겨나는 자신의 행동적 동기부여에 대한 제한을 피할 수 있는 정도를 반영하는 연속형 변수"라고 정의했다.

22. Ibid., p. 183.

23. Ibid., p. 124.

24. Ibid., pp. 137–41.

25. Ibid., p. 139.

26. Ibid., p. 140.

27. Ibid., p. 145.

28. Ibid., p. 163.

29. Ibid., p. 187.

30. 논의와 비판을 위해서는 James R. Short, Joachim J. Savelsberg, and Gary Jensen 가 기여하고 *Theoretical Criminology* 3 (1999): 327–52에서 티틀이 답변한 통제균형이론에 대한 심포지엄을 보라. 첫 경험적 검증을 위해서는 Alex R. Piquero and Matthew Hickman, "An Empirical Test of Tittle's Control Balance Theory," *Criminology* 37 (1999): 319–41를 참조하라. 또한 Theodore R. Curry and Alex R. Piquero, "Control Ratios and Defiant Acts of Deviance: Assessing Additive and Conditional Effects with Constrains and Impulsivity," *Sociological Perspectives* 46 (2003): 397–415를 보라.

31. Charles R. Tittle, "Refining Control Balance Theory," *Theoretical Criminology* 8 (2004): 395–428.

32. Ibid., pp. 400–03. 통제균형 이상성이라는 연속체로 초점을 이동하면서, 티틀은 억압적·자율적 연속체들을 통합하고, 그의 초기이론에 포함되었던 강탈, 착취, 그리고 수탈 하위유형들을 삭제하였다.

33. Ibid., p. 404.

34. Ibid., pp. 410–11.

35. Ibid., p. 414. 티틀은 억압을 심각성, "역–통제의 잠재적 크기", 그리고 상황적 위험, "발생한 결과를 통제하는 실질적 기회"를 포괄하는 합성변수로 생각한다.

36. Ibid., pp. 415–20.

37. 기업범죄에 통제균형이론을 적용한 사례의 검증을 위해서는 Nicole Leeper Piquero and Alex R. Piquero, "Control Balance and Exploitative Corporate Crime," *Criminology* 44 (2006): 397–430를 보라.

38. Mark Colvin, Francis T. Cullen, and Thomas Vander Ven, "Coercion, Social Support, and Crime: An Emerging Theoretical Consensus," *Criminology* 40 (2002): 19–42.

39. Mark Colvin, Crime and Coercion: An Integrated Theory of Chronic Criminality (New York: St. Martin's Press, 2000). 콜빈의 이론에 대한 비판을 위해서는 A. Daktari Alexander and Thomas J. Bernard, "A Critique of Mark Colvin's Crime and Coercion: An Integrated Theory of Chronic

Criminality," *Crime Law and Social Change* 38 (2002): 389-98를 보라.

40. James D. Unnever, Mark Colvin and Francis T. Cullen, "Crime and Coercion: A test of Core Theoretical Propositions," *Journal of Research in Crime and Delinquency* 41 (2004): 244.

41. Francis T. Cullen, "Social Support as an Organizing Concept for Criminology: Presidential Address to the Academy of Criminal Justice Sciences," *Justice Quarterly* 11 (1994): 527-59.

42. Colvin, Cullen, and Vander Ven, op. cit., p. 24.

43. Ibid., pp. 26-33.

44. Ibid., pp. 33-37.

45. Bernard and Snipes, "Theoretical Integration in Criminology," op. cit.

46. See Thomas J. Bernard, "Twenty Years of Testing Theories: What Have We Learned and Why?" *Journal of Research in Crime and Delinquency* 27 (1990): 325-47.

47. Ibid., pp. 324-30.

48. 이 구조적 해석은 8장과 9장에 제시되었다.

49. Ibid., p. 330. 이것은 보통 "설명수준"의 측면에서 묘사되었다. 일반적으로, "설명수준"은 이론의 종속변수에 대해 언급한다. 대부분의 범죄학이론들은 개인의 행동이나 사회에서 범죄행동의 비율과 분포를 설명한다. 몇몇 다른 이론은 집단의 행동을 설명한다. 이 이론이 설명하는 것(다시 말해 종속변수)을 진술하는 것은 이론의 설명수준에 대해 이야기하는 것보다 더 적절하다.

50. 이 접근은 Albert J. Reiss and Jeffrey A Roth, eds., *Understanding and Preventing Violence*, vol. 1 (Washington, DC: National Academy Press), chap. 3 의 접근과 비교할만하다. 또한 Robert J. Sampson and Janet L. Lauritsen, "Violent Victimization and Offending: Individual-, Situational-, and Community-Level Risk Factors," pp. 1-114를 보라. Reiss and Roth, eds. *Understanding and Preventing and Preventing Violence*, vol. 3 (Washington, DC: National Academy Press, 1994) 버나드와 스나입스의 접근은 또한 Cressy(1960)가 원인론과 개인적 행동의 측면에서 묘사한 것과 비교할만하다.

51. 이 정의는 *Ronald Akers, in Deviant Behavior: A Social Learning Approach* (Belmont, CA: Wadsworth, 1985)의 정의와 가깝다.

52. Bernard and Snipes, op. cit., p. 338-43.

53. Robert Agnew, Why Do Criminals Offend? *A General Theory of Crime and Delinquency* (Los Angeles: Roxbury, 2005).

54. Ibid., p. 11.

55. Ibid., pp. 11–12 for a summary..

56. Ibid., pp. 175–86.

57. 이 두 개는 Tan Zhang George Day, and Liqun Cao, "A Partial Test of Agnew's General Theory of Crime and Delinquency," *Crime and Delinquency* 58(2012): 856–878(생활 영역이 억제의 감소와 동기 증가를 통해 비행을 높이는 것에 대한 지지를 찾아볼 수 있다)과 Fawn T. Ngo, Raymond Taternoster, Frances T. Cullen, and Doris Layton Mackenzie, "Life Domains and Crime: A Test of Agnew's General Theory of Crime and Delinquency," *Journal of Criminal Justice* 39(2011): 302–311(5가지 생활 영역 변수 중에서 단 2개만이 상습범행과 관련된다는 사실을 보여준다)이다.

58. Mattew B. Robinson, *Why Crime? An Integrated Systems Theory of Antisocial Behavior* (Upper Saddle River, NJ: Prentice Hall, 2004).

59. Mattew B. Robinson and Kevin M. Beaver, *Why Crime? An Integrated Systems Theory of Antisocial Behavior,* 2d ed. (Durham, NC: Carolina Academic Press, 2009)

60. 예를 들어 Robert Agnew, *Toward a Unified Criminology: Integrating Assumptions About Crime, People, and Society* (New York: New York University Press, 2011)을 보시오. J. Wheeldon, J. Heidt, and B. Dooley, "The Trouble with Unification: Debating Assumption, Methods, and Expertise in Criminology," *Journal of Theoretical and Philosophical Criminology* 6 (2014): 111–128을 또한 볼 것.

제16장 범죄학이론의 평가

장 개요

- 과학, 이론, 연구, 정책
- 개인적 차이 이론
- 구조/과정 이론
- 형법작용의 이론
- 결론

C/H/A/P/T/E/R 16

범죄학이론의 평가

이 책의 다른 장에서 우리는 범죄학의 많은 다양한 이론을 제시하고 토론했다. 각 장의 말미에서 우리는 각 장에 제시된 이론들이 범죄에 대한 우리의 이해에 얼마나 기여하는지에 대하여 간단히 평가했다. 이 장에서 우리는 범죄학이론이 범죄에 대한 우리의 이해에 얼마나 기여했는지를 총괄적으로 논의한다.

이 평가의 기준은 바로 이전 장의 마지막 부분에서 제시되었던 범죄이론을 해석하고 통합하는 우리 자신의 모델이다.[1] 이 모델은 이론적 논쟁 자체에 대한 것보다는 이론 내의 독자적 변화에 중요성을 부여하는 분류체제와 관련이 있다. 이 모델은 두 가지 형태의 이론, 즉 개인의 특성과 범죄행위에 가담할 가능성 사이의 상관관계를 설명하는 개인적 차이 이론과 사회적 단위의 특성과 이 단위들 내의 범죄분포와의 상관관계를 주장하는 구조/과정 이론을 설명한다. 결론을 맺는 이 장에서 우리는 형사법의 행동에 대한 이론을 세 번째 형태로 더하고자 한다. 이 이론은 왜 어떤 사람과 그의 행동은 범죄자와 범죄로 취급되고 왜 다른 사람과 그의 행동은 그렇지 않은지를 설명한다.[2]

과학, 이론, 연구, 정책

우리가 이 책의 첫 번째 장에서 서술한 바와 같이, 이곳에서 평가된 모든 이론은 범죄라는 문제에 대해 중립적·과학적으로 접근한 것이다. 과학적인 접근은 관찰 가능한 현상들 사이의 상관관계에 초점을 맞춘다. 그러므로 이 장에서 우리는 범죄문제에 대하여 초자연적 접근방법을 취한 이론은 고려하지 않는다. 우리가 초자연적 접근방법이 근거가 없다고 생각한다는 의미는 아니다. 그러나 우리의 접근방법은 과학적이고, 이 장의 전반적인 목적이나 이 책의 취지는 범죄학을 과학으로 발전시키는 것이다.

과학적인 접근방법 안에서 우리의 초점은 범죄의 원인을 밝혀내는 것이다. 이론을 범죄의 원인에 대한 그들의 관점에서 해석함으로써, 그 이론의 정책적 의미를 명백하게 할 수 있다.[3] 이와 동시에 이론을 정책적 의미의 관점에서 평가함으로써 이 이론이 제시하는 범죄원인에 대해 직접적으로 관심을 기울일 수 있다. 과거에 많은 범죄이론이 직관적으로는 흥미를 끌었으나 그들의 주장이 범죄의 원인을 밝히거나 범죄에 대한 대응책으로 활용되는 정책 제안에 대해서는 특별히 명확하지 않았다.[4] 레윈(Lewin)은 그의 잘 알려진 격언에서 좋은 이론만큼 실용적인 것은 없다고 말했다. 이 격언의 관점에서 볼 때, 이 장은 범죄학이론이 실질적인 정책적 의미의 관점에서 보았을 때 얼마나 좋은 이론인가를 평가한다고 해석될 수 있다.

첫 번째 장에서 우리는 "상관관계(두 현상이 서로 같이 변화하여야 함)", "이론적 근거(한 현상이 다른 현상을 일으킨다고 믿을 수 있는 합당한 이유가 있어야 함)", "시간적 순서(원인이 되는 현상이 먼저 발생하여야 함)", "허위관계의 부재(두 현상이 다른 것으로 기인한 것이 아니어야 함)"라는 과학적인 인과관계의 네 가지 기준에 대해 언급했다. 이 네 가지의 기준 중에서 가장 문제가 되는 것은 시간적 순서와 허위관계의 부재이다. 많은 요인이 범죄와 연관되어 있고 이 요인이 왜 범죄를 일으키는지에 대해 이론적 근거를 제시하는 것은 거의 언제나 가능하다. 그러나 이 요인 중에 많은 것은 높은 범죄율을 보이는 우범지역에서와 같이, 같은 장소 같은 시간대에 범죄와 관련성을 가진다. 이 경우에는 시간적 순서나 허위관계의 부재를 밝혀내는 것이 어렵다. 즉 이 경우에 어떤 요인이 범죄를 일으키고, 어떤 요인이 범죄에 의해 일어나며, 어떤 요인이 범죄를 일으키는 같은 요인에 의해 일어나는지 밝혀내기가 어렵다.[5]

여기에 언급된 요인 중 대다수에 대해 범죄학 연구자는 쟁점을 충분히 분류하지 않아왔다. 그러나 여기에 제시된 평가에서 우리는 범죄를 일으키는 요인과 그 방법에 대해 실험적일지라도 우리가 합리적이라고 믿는 결론을 제시한다.

이 장에서 우리는 고전주의 이론과 실증주의 이론으로 나누는 전통적인 범죄학의 분류방법을 따르지 않는다. 이 구분이 범죄학 분야에 깊이 뿌리박혀 있기 때문에 우리는 처음 두 장에서 이 구분을 제시했다. 그러나 제3장에서 우리는 고전주의 이론이 사실상 범죄율에 대한 형벌정책의 효과에 초점을 맞춘 과학적 이론이라고 주장했다. 우리는 억제이론, 합리적 선택이론, 일상활동이론 등 최근의 고전주의적 접근방법도 설명했다.

모두 관찰 가능한 변수 사이의 관계를 제안하는 과학적 이론이다. 따라서 우리는 고전주의 이론과 실증주의 이론의 구분방법은 부자연스러운 것이라고 여긴다.

개인적 차이이론은 어떤 사람은 처한 상황과 관계없이 다른 사람에 비해 범죄에 가담할 가능성이 높다고 가정한다. 따라서 이 이론은 범죄행위에서 차이점을 발생시키는 개인적 특성을 발견하고자 노력한다. 구조/과정 이론은 어떠한 사회적 상황이 그 상황 속에 처한 개인의 특성과는 관계없이 높은 범죄율을 발생시킨다고 가정한다. 따라서 이 이론은 범죄율에 있어 차이점을 발생시키는 사회적 특성을 발견하고자 노력한다. 이 두 종류의 이론 사이에 모순된 주장은 없다. 이들은 단지 구분된 사회적 문제점을 나타내는 것이다.[6]

개인적 차이 이론

우리가 검토한 이론 대부분, 특히 이 책의 앞부분은 개인이 범죄에 가담할 가능성을 증가시키거나 감소시킨다고 여겨지는 개인의 특성에 초점을 맞췄다. 이 특성을 검토할 때 두 가지 요점을 명심하는 것이 중요하다. 첫째, 이 특성 중 어느 것도 개인이 범죄에 가담할 여부를 절대적으로 결정짓지 않는다. 이 특성을 가진 사람 대부분이 범죄에 전혀 가담하지 않는다. 단지 그들이 다른 사람보다 범죄에 가담할 가능성이 다소 높다는 것이다.[7] 둘째, 이 특성이 특정 개인이 범죄에 가담할 가능성을 높일 수는 있지만 이들이 전체 범죄율에는 영향을 전혀 미치지 않을 수 있다. 이 결론은 실직 상황과 비슷하다. 교육, 동기부여, 기술 부족 등의 요인은 한 개인이 실직할 가능성을 증가시킬 수 있다. 그러나 대부분의 경우 실업률의 증가는 이 특성을 가진 개인의 수적 증가에 기인하지 않는다. 그 대신 실업률은 개인의 특성과 전혀 관계없는 이자율, 재정적자, 무역적자, 주식시장 가격과 같은 사회적 특성에 기인한다. 이와 비슷하게, 범죄율의 증가는 보통 이 특성을 가진 개인의 수적 증가에 기인하지 않는다(범죄율의 증가나 감소와 관계있는 요인들은 다음 부분에서 검토된다). 이 두 가지 요점을 염두에 두고 이제 우리는 이 책의 여러 장에서 논의된 개인적 차이 이론을 검토하고자 한다.

육체적 외모를 범죄에 연관시킨 롬브로조의 이론은 명백하게 잘못된 것일지라도 셸던과 글룩부부의 체형이론은 평가하기가 제법 쉽지 않다. 체형과 범죄행위에 가담할 가능성 사이에 어느 정도 상관관계가 있어 보인다. 그러나 우리는 이 상관관계가 아마도 개인성이나 동기부여와 같은 다른 변인에 의해 중재된다고 믿는다. 우리는 육체적 외관 그 자체는 실질적으로 범죄의 원인이 될 수 없다고 결론을 짓고, 따라서 육체적 외관에 초점을 둔 이론은 폐기되어야 된다고 제안한다.

몇몇 생물학적 변인은 상황이 다르다. 일반적으로 쌍둥이 및 입양 연구는 인간행동에 대한 생물학적·유전적 요인의 영향을 입증하여 왔다. 그러나 부족해 보이는 실험설계에 의한 이 연구를 제외하면, 우리는 범죄에 가담할 가능성에 대한 유전적 요인의 영향을 발견하지 못했다. 인식 가능한 특정 위험요인을 검사하는 유전적 연구가 현재의 속도로 계속 발전한다면 이 연구가 언젠가는 전반적인 개인적 차이 이론에 기여할 수 있을 것이다.

특정 생물학적 특성에 대한 다른 연구는 세로토닌 결핍과 같은 신경전달체계의 불균형, 테스토스테론 과다와 같은 호르몬 불균형, 전두엽 또는 대뇌엽 장애와 같은 중추신경체계의 장애, 걱정에 대한 비정상적 반응과 같은 자율신경체계의 이상과 같은 것이 범죄를 저지를 가능성에 대해 다소 인과적 영향을 가진다고 주장되어 왔다. 게다가 많은 불법적인 마약의 사용과 동일하게 알코올 섭취도 적어도 일시적으로는 범죄에 가담할 가능성을 높인다. 납중독, 일정 형태의 두뇌손상, 임신 또는 출생 합병증과 같은 다른 생물학적 요인은 장기간에 거쳐 범죄의 가능성에 영향을 미치는 것으로 보인다.

이 모든 것이 미약하나마 반사회적, 일탈적, 또는 범죄적 행위와 연관되어져 왔다. 그러나 이 변인이 어떤 절차를 통해 범죄행위와 연결되는지는 잘 설명되지 않는다. 중요한 문제는 인과관계의 방향성을 결정하는 것이다. 예를 들어 높은 테스토스테론 수준이 범죄에 가담할 가능성을 증가시킬 수도 있지만 반대로 범죄의 가담이 테스토스테론을 증가시키는 것도 가능하다. 게다가 테스토스테론이 사회적 융화와 같은 제3의 변인에 영향을 미칠 수도 있다. 이처럼 높은 테스토스테론 그 자체가 범죄에 인과적 영향을 미치는지는 명확하지 않다.

범죄와 일탈행위를 설명하기 위해 생물학적 요인이 어떻게 사회적 환경과 공생적 관계로 상호작용을 하는지를 설명하는 생물사회적 접근방법이 현저하게 발전하여 왔다. 이 접근방법을 취한 매우 흥미롭고 모든 면에서 과학적인 연구 중의 하나가 제4장에서 제시되었던 카스피와 동료들이 MAOA(모노아민 산화효소)가 청소년 학대의 추후 문제아적 행동에 대한 영향을 완화시킨다는 것을 증명한 연구이다. 생물사회적 접근방법은 정확히 어떤 구조를 통하여 생물학과 사회학이 상호작용하는지에 대해 풀기 어려운 질문을 던지고 있다.

이 많은 질문에도 불구하고 이 생물사회학적 특성과 범죄에 가담할 가능성 사이에 인과관계가 존재한다고 결론을 짓는 것은 타당해 보인다. 이것이 사실이라면, 세로토닌 수준을 증가시키기 위해 리튬 탄산염을 처방하는 것과 같은 여러 가지 범죄를 예방할 수 있는 정책적 개입이 가능할 것이다. 이 정책에는 생물학적으로 정상인 범죄자에게도 적용될 수 있다는 중요한 문제점이 있다. 예를 들어 범죄자 중 극히 일부분은 낮은 세로토닌 수준을 가지고 있을 수 있으나 공공정책의 정치적 성격을 고려해 볼 때, 상당수의 범죄자가 리튬 탄산염을 처방받는 것으로 결정될 것이다.

심리학적 요인과 관련하여 낮은 IQ 점수와 범죄를 저지를 가능성 사이에는 명백한 상관관계가 존재한다. 문제는 낮은 지능 자체가 어떻게 범죄를 일으키는지에 대해 설명이 가능하냐는 것이다. 이 질문은 제5장에서 검토된 바와 같이 여러 가지 경험적 쟁점들 때문에 복잡하게 얽혀 있다. 예를 들어 지적 능력 그 자체는 직접 측정할 수 없으며 주요 측정도구인 IQ 점수는 지적 능력 대신 읽기능력 또는 학과과정에서 성공하고자 하는 동기부여를 측정할 수 있다. IQ 점수와 관련된 문제점은 낮은 지적 능력이 범죄행위에 영향을 미친다는 인과과정이 오히려 낮은 지적 능력 그 자체는 원인적 요인이 아니라는 것을 의미하기 때문에 복잡하게 얽혀 있다. 예를 들어 그 인과과정의 하나는 학교에서의 실패로 범죄행위에 영향을 미친다는 것이다. 이것이 사실이라면 낮은 지적 능력이 아닌 학교에서의 실패가 사실상 범죄의 원인일 것이다. 적절한 교육기법이 적용된다면 지적 능력이 낮은 어린이도 학교에서 성공할 수 있고 다른 학생과 비교하여 범죄에 가담할 가능성이 다르지 않을 것이다. 동시에 높은 지적 능력을 가진 어린이도 다양한 이유로 학교에서 실패를 경험할 수 있기에 범죄를 저지를 가능성이 높을 것이다. 이와 비슷하게, 낮은 지적 능력이 도덕적 추론, 감정이입, 문제해결과 같은 높은 인지기술의 습득을 저해함으로써 범죄와 연관된다고 여겨져 왔다. 높은 지적 능력이 있는 어린이도 여러 다양한 이유로 이 인지기술을 배우지 못할 수 있고 이 경우 이들이 범죄에 가담할 가능성이 높을 것이다. 비일탈 어린이보다 평균적으로 8점 낮은 IQ를 기록했던 일탈 어린이도 조금만 더 노력한다면 학습장애가 있는 어린이가 읽기와 수학을 배우는 것처럼 인지기술을 배울 수 있을 것이다. 이것이 이루어진다면, 낮은 지적 능력을 지닌 어린이도 다른 어린이와 비교하여 범죄를 저지를 가능성이 비슷할 것이다. 다시 한 번 말해 원인적 변인의 근원은 낮은 지적 능력 자체에 있지 않고 다른 요인에 있는 것이다. 이 경험적·이론적 이유 때문에 우리는 이 시점에서 지적 능력 자체는 범죄의 원인이 아니라고 결론 내린다.

과거에는 성격검사 결과에 근거해 어떤 종류의 성격유형은 범죄나 일탈행위를 저지를 가능성이 증가되는 것과 연관이 있다고 암시해 왔다. 그러나 대부분의 경우, 이 주장은 범죄자에게 비사실적인 심리학적 꼬리표를 붙이는 것과 같아 보인다. 이 공상적인 꼬리표는 그 사람에 대한 우리의 지식이나 범죄예방을 위해 무엇인가를 할 수 있는 능력에 대해 아무것도 더해주지 않는다. 아마도 범죄를 저지를 가능성이 증가하는 것과 관련 있는 개인적인 성격이 존재할지도 모른다. 하지만 현재까지의 연구는 이것들이 무엇인지 아직도 명확히 밝혀내지 못하고 있다. 현시점에서 가장 그럴 듯한 후보는 최근 연구가 지속적으로 반사회적 또는 범죄행위와 연결시키는 충동적 성격이다. 충동적 성격은 다른 개인적 성격과 연관되어 있을 수도 있다. 예를 들어 갓프레드슨과 허쉬는 충동적·무감정적·육체적인 것을 선호하고 위험을 잘 무릅쓰는, 근시안적, 비대화적인 사람일수록 범죄를 저지를 가능성이 높다고 주장했다. 모핏은 충동적 성격이 다른 사람과 달리 다양한 상황 속에서 분노나 걱정 같은 부정적 감정을 느끼는 것과 연관이 있다고 지적했다. 왈터는 광범위한 무책임성, 자기중심적 이기심, 인간 상호관계에 침입적 접근 방법으로 특정화되는 여덟 가지 특별한 사고양식을 설명했다.

어린 시절 우울증과 일탈행위 사이에는 상당한 상관관계가 있음이 연구로 밝혀졌지만 테스토스테론의 경우와 같이 시간적 우선관계를 밝히기는 어렵다. 우울증이 일탈행위로 가는 성향을 증가시키는 것인지 아니면 일탈행위가 학교에서의 나쁜 성적 또는 친구의 따돌림과 같은 중재요인 때문에 우울증을 가져오는 것인지는 분명하지 않다.

이 시점에서 우리는 이 특성이 적어도 어느 정도는 범죄성향의 증가와 관련이 있다고 결론을 내린다. 그것이 사실이라면 여러 가지 인지적 또는 인지행동적 처방이 범죄성향의 감소와 같은 반응패턴의 변화를 가져올 수 있을 것이다. 심리학자는 초기 어린 시절의 문제행동이나 가혹하고 일관되지 못한 잘못된 가정교육이 이후 범죄나 일탈행위의 가능성이 높은 것과 관련이 있다고 결론을 내린다. 그것이 사실이라면 부모에게 효과적인 가정교육을 하게 만드는 것과 문제아에 대한 초기 인지행동적 처방에 중점을 두는 정책적 대안을 제시해야 할 것이다.[8]

이 개인차는 범죄이론 중 생물학적·심리학적 이론에서 기인하지만, 개인차에 대한 암시는 몇몇 사회학적 이론에서도 찾아볼 수 있다. 예를 들어 에이커스와 서덜랜드의 이론은 범죄에 가담하거나 이를 용인하는 사람과 어울리는 사람이 더 많이 범죄에 가담한다고 제안한다. 에그뉴의 긴장이론은 사람이 원하는 바대로 대우받지 못하는 상황이나 관계를 피할 수 없는 경우, 실망, 우울, 두려움, 분노와 같은 부정적 감정을 경험하기 때문에 범죄에 가담할 가능성이 높다고 주장한다. 여러 가지 문화적 이론은 어떤 공유된 인식이 범죄를 저지를 가능성의 증가와 관련이 있다고 제안한다. 예를 들어 혼란, 무법, 고통, 흥분, 운명, 자율성 또는 남성다움의 지나친 강조에 대한 하류층의 중점적 관심이 폭력적 하위문화에서 발견된다. 허쉬의 통제이론은 다른 사람에게 더 소속되어 있고, 인습적 행동에 더 참여하며, 범죄행위로 더 잃을 것이 많고, 법의 도덕적 정당성에 더 강한 신념을 가지고 있는 사람일수록 범죄에 가담할 가능성이 적다고 주장한다. 이 긍정적 특성은 반대로 범죄를 저지를 가능성을 높이는 특성을 가리킨다고 볼 수 있다. 또한 지각된 억제 연구의 입장에서 보면 처벌받을 가능성을 적게 인식하는 개인이 더 범죄에 많이 가담하게 된다. 마지막으로, 생활양식이론은 특히 야간에 자주 집밖에 머무르거나, 집 밖에서 공공활동에 가담하거나, 또는 우범자와 어울리는 것과 같은 몇몇 특성은 범죄의 피해자가 될 가능성을 높인다고 암시한다.

이 요인이 범죄나 일탈행위를 저지를 가능성을 높이는 것과 관련이 있지만, 이들이 연령 또는 성별 범죄분포를 충분히 설명하지는 못한다. 갓프레드슨과 허쉬는 청소년 후기 또는 성인 초기에 범죄율이 정점에 이르는 연령-범죄분포는 변하지 않으므로 앞서 언급한 요인과 별개로 존재한다고 주장했다. 이와 달리, 발전이론은 연령이 앞서 말한 요인과 상호작용하며 연령대에 따라 개인에게 영향을 미친다고 제안한다. 발전이론적 해석이 갓프레드슨과 허쉬의 연령별 불변 가설보다 적절하기에 우리는 이것이 옳다고 잠정적으로 결론을 내린다. 이 책의 이전 판 이후, 발전적 범죄이론으로의 전개가 이쪽에서 일하는 연구자의 인원수적인 면에서나 범죄의 시작, 지속, 빈도, 중단과 같은 범죄경력의 경로에 대한 정보를 제공하는 장기간의 연구를 위한 자료적인 측면에서 상당한 진전을 이루었다.

남성이 여성보다 범죄를 더 많이 저지른다는 차별적 범죄분포는 남성이 여성보다 이 요인 중 적어도 몇 가지를 불균형하게 많이 경험한다는 사실로 일정 부분 설명할 수 있다. 다른 한편으로, 남성의 높은 범죄나 일탈행위 가능성의 주요 부분은 전술한 요인의 조합으로 설명할 수 없고 남성스러움과 여성스러움과 관련된 성역할과 기대의 계층적 체제로만 설명할 수 있다. 특히 성역할로서의 남성스러움은 범죄나 일탈행위를 저지를 높은 가능성과 독립적으로 관련이 있는 것으로 보인다.

요약하면, 다음과 같은 특성이 범죄를 저지를 가능성의 증가와 관련된다.

1. 초기 어린 시절의 문제행동이나 학교에서의 실패, 도덕적 판단이나 문제해결과 같은 높은 인지능력 습득의 실패, 가혹하고 일관되지 않은 훈육과 같은 잘못된 가정교육의 이력
2. 세로토닌과 같은 특정 신경전달 체계의 불균형, 테스토스테론 과다와 같은 특정 호르몬의 불균형, 뇌의 전두엽 또는 측두엽 장애와 같은 중추신경체계의 장애, 걱정에 대한 비정상적 반응과 같은 자율신경체계의 이상
3. 알코올, 다양한 불법 마약, 납과 같은 독성분의 섭취, 두뇌손상, 임신 또는 출산 중의 합병증
4. 충동적 성격, 무감각, 육체적·비대화적 성향, 위험을 무릅쓰는 성향과 같은 개인적인 성격들
5. 혼란, 무법, 고통, 흥분, 운명, 그리고 자율성에 중점을 두는 사고방식, 장기적인 결과를 고려하지 않고 근시안적으로 생각하는 경향
6. 범죄행위에 가담하거나 이를 용인하는 사람과의 어울림
7. 다른 사람에 대한 약한 소속감, 관습적 활동의 저조한 참여, 범죄로 잃을 것이 적음, 법의 도덕적 정당성에 대한 약한 신념
8. 범죄행위 가담에 대한 처벌 가능성이 적다고 생각하는 인식
9. 성역할로서의 남성다움

이 모든 요인은 다른 연령대의 개인에게 어느 정도 다르게 영향을 미친다. 게다가 다음에 제시되는 차이점이 어떤 사람이 범죄피해자가 될 가능성을 증가시킨다.

10. 특히 야간에 자주 집 밖에 있기, 집 밖에 있는 동안 공공활동에 참여하기, 우범자와 어울리기

이 이론 사이에 어떤 요인이 범죄의 변량을 많거나 적게 설명하는지에 대한 논쟁은 다분히 경험적 증명에 관한 것이다. 당연히 이 특성의 상대적 기여는 자주 논쟁의 대상

이 된다. 최근 통합이론에서 볼 수 있듯이, 범죄의 설명에 상호작용하는 원인을 알아내는 것은 중요하다. 우리가 앞에서 언급한 바와 같이, 상호작용 측면에서 중요한 분야는 생물사회학적 이론에서 찾아볼 수 있다. 이 상호작용은 생물사회학적 변인과 사회학적인 변인의 독립적인 영향뿐만 아니라 그들 사이의 상호작용적 영향도 포함한다. 중요한 점은 어떤 생물학적 특성은 일부 사회적 환경 내에서 범죄에 대해 큰 영향을 미칠 수 있으나, 다른 환경에서는 그 영향이 아주 적거나 또는 전혀 영향을 미치지 않을 수 있다는 것이다. 또 다른 상호작용 중 하나는 연령과 다양한 요인 사이에서 찾아볼 수 있다. 이 요인은 연령대별로 다른 영향을 미친다.

다양한 개인적 차이 이론을 통합하는 것은 특히 인과관계적 순서의 측면에서 이론이 상호 어떻게 일치되는지에 대해 주의 깊은 관심을 가지고 이루어져야 한다. 원인적 변화의 근원을 명확하게 알아내고 다른 변인들을 배제하는 것이 중요하다. 원인적 변화의 실제적 근원은 이 이론의 정책적 제언을 고려할 때 명확해진다. 예를 들어 앞서 말한 바와 같이, 높은 테스토스테론 수치는 실제로 범죄행위를 증가시키는 것이 아니라, 사회적 유대를 저해하고 이에 따라 범죄행위가 증가되는 것일 수도 있다. 그것이 사실이라면 테스토스테론을 줄이기 위해 치료약을 처방하는 것은 사회적 연대를 증가시키려는 조치가 따르지 않는다면 범죄를 줄이지 못할 것이다. 동시에 사회적 유대를 늘리는 것은 테스토스테론 수치의 감소와는 관계없이 범죄를 줄일 수 있을 것이다. 게다가 어떤 하위문화적 신념은 범죄와 인과적인 관계가 있을 수 있으나 이 신념은 그 자체가 구조적 조건이 생성했을 수도 있다. 그것이 사실이라면 신념이 최초 그들을 초래했던 구조적인 조건으로 계속 재생산되어지기 때문에 이 신념을 바꾸려는 정책은 비효과적일 것이다. 따라서 정책은 이 신념을 초래하는 구조적 조건을 바꾸는 방향으로 선회되어야 할 것이다.

구조/과정 이론

개인적 차이 이론과는 별도로 또한 우리는 특히 이 책 뒷 부분의 장에서 광범위한 구조/과정 이론에 대해 토론했다. 이 이론들은 개인적인 특성과는 관계없이 몇몇 상황이 높은 범죄율과 관련된다고 가정한다. 따라서 이 이론들은 높은 범죄율과 관련 있는 상황 내에서의 변인을 찾으려고 노력한다.

이 이론들을 논의할 때, 몇 가지 요점을 명심할 필요가 있다. 첫째, 이 이론들은 복잡하고 서술적인 경향이 있으며 때때로 제안된 범죄의 원인을 확정하기 어렵다. 이것이 사실일수록, 이 이론의 정책적 제안은 모호할 것이다. 둘째, 이 이론들은 자주 개인적 수준에서 해석되고 입증되어 왔다. 이 입증은 필연적으로 집적된 데이터로 개인을 설명하는 생태학적 오류(ecological fallacy)를 동반하며[9] 이론 자체에 대한 심각한 혼란을 불러일으킨다. 셋째, 높은 범죄율의 상황은 빈곤, 불평등, 높은 거주이동성, 편부모가정, 실직, 가난하고 밀집한 거주지, 조직폭력배의 존재와 불법적 범죄기회, 부적절한 학교, 사회적 서비스의 결핍 등과 같은 상호관계가 있고 범죄와도 연관이 있는 상당히 많은 변인을 자주 보여준다. 이 변인 중에서 어떤 것이 높은 범죄율과 인과관계가 있고 어떤 변인이 전혀 관계가 없는지 결정하는 것은 매우 어렵다.[10] 마지막으로, 이 이론들의 수와 복잡성 때문에 다음의 논의에서는 많은 것을 제외한다. 이 이유 때문에 우리의 구조/과정 이론의 요약은 우리가 방금 제시했던 개인적 차이 이론의 요약보다 많은 반대와 불만을 일으킬 수 있을 것이다.

이 염려되는 문제에도 불구하고, 우리는 다음과 같은 해석과 평가를 제시한다. 각각의 경우, 우리는 먼저 몇몇 구조적 특성이 범죄율이나 그것의 분포와 관련이 있다고 주장한다. 이것은 구조/과정 이론의 구조적 부분이다. 이후 우리는 왜 이 구조적 상황에 처한 일반인이 다른 상황의 많은 사람보다 범죄에 가담할 가능성이 높은지에 대해 제안된 이유를 간략히 서술한다. 이것은 구조/과정 이론의 과정적 부분이다.

경제적 근대화와 발전은 높은 재산범죄율과 상관관계가 있다. 초기에는 뒤르켐이 이 구조 속의 일반인이 높은 범죄율에 가담하는 과정은 급격한 사회변화에 따른 무규범상태와 관련이 있다고 주장했으나 이제 이 주장은 맞지 않아 보인다. 오히려 이 과정은 아마도 사람의 일상적인 활동의 변화와 발달된 사회에 존재하는 더 광범위한 범죄기회와 관련될 것이다. 특히 사회가 발달함에 따라 사람은 그들의 집 밖에서 시간을 더 많이 소비하고 이는 그들과 그들의 집을 더 범죄의 목표물이 되게 한다. 게다가 사람들이 가치가 높고 운반하기 쉬운 재산을 더 많이 소유할수록 도난을 더 많이 당한다. 재산범죄는 사회가 상당히 발전하고 그 높은 수준을 지속적으로 유지할 때까지 증가하는 경향이 있다. 범죄율의 안정성과 관련된 과정은 아마도 목표물의 견고화(target hardening), 감시체제, 경보체제, 지역방범과 같은 범죄예방기법의 효과성 증대와 관련되어 있을 것이다. 근대화가 일반적으로 되돌릴 수 있는 과정이 아니기 때문에, 이 예방기법이 이 이론들에서 도출되는 최상의 정책적 제안이다.

경제적 근대화와 발전은 높은 폭력범죄율과는 긴밀한 관련성이 없다. 상당수 후진사회는 대단히 폭력적이지만 적어도 몇몇 후진사회는 폭력범죄가 무척 적다. 그러나 경제적 발전은 최소한 그 초기에 심각한 경제적 불균형을 가져오는 경향이 있고 경제적 불균형은 높은 폭력범죄율과 관련이 있다. 이와 같이, 보통은 최소한 경제적 발전의 초기에 폭력범죄가 급증한다. 발전한 이후에도 경제적 불균형이 심각한 사회의 경우에는 높은 폭력범죄율을 유지하는 경향이 있다.

경제적 불균형과 높은 폭력범죄와의 상관관계는 가끔 높은 경제적 불균형 속에 사는 사람들이 어떤 과정을 통해 높은 수준의 폭력범죄를 저지르게 되는지를 검토하지 않고 제기되었다. 어떤 경우에는 상대적 박탈감이나 좌절의 경험과 관련된 과정적 논거가 제시되기도 한다. 이 구조적 논쟁의 정책적 함의는 대체적으로 사회의 폭력수준을 줄이기 위한 경제적 불평등의 감소와 관련된다. 물론 이 정책은 사회의 종합적인 경제적 발전을 저해할 수도 있다. 이것이 옳다면, 이 정책을 도입하기 전 더딘 경제성장으로 인한 손실과 폭력성의 감소로 인한 이익을 비교 평가하는 것이 중요할 것이다.

게다가 물질적 성공의 목표는 크게 강조하지만 합법적 수단에 대해 약하게 강조하는 사회는 다른 사회보다 높은 도구적 범죄율을 나타내는 경향이 있다. 이것은 특히 가정, 학교, 직업, 정치와 같은 사회의 비경제적 기능이 경제체제의 요구에 강하게 영향을 받거나 심지어 종속적인 경우에 사실이 된다. 이 사회가 또한 정당한 수단이 사회단체 사이에 불균형하게 분배되어 있는 사회구조를 가지고 있다면 도구적 범죄율은 정당한 수단의 분배와 반비례로 분포될 것이다. 마지막으로, 물질적 성공을 성취하기 위한 정당하지 않은 수단은 정당한 수단이 없는 상황에서 자주 계발된다. 돈을 많이 벌고 싶어 하나 정당한 방법으로 돈을 벌기 어려운 청소년 갱들은 그 예이다. 일단 불법적인 수단이 계발되면 이 상황 속에서의 도구적 범죄율은 더욱더 증가한다. 그러나 물질적 성공을 성취하기 위한 합법적이거나 불법적인 수단이 모두 존재하지 않는 지역의 경우 높은 폭력범죄율이 존재할 것이다.

다르지만 비교할 수 있는 행동양식 속에서, 사람들, 특히 청소년은 다른 동료 사이에서 사회적 지위를 얻으려고 노력한다. 전통적인 기준에 따라 지위를 성취하지 못하는 사람은 서로 단결하고, 지위를 분배하는 새로운 기준을 창조하며, 이 새로운 기준에 따라 지위를 자신들에게 분배한다. 이 과정은 컴퓨터광(computer nerds)처럼 다른 형태를 취할 수도 있지만, 물질적 성공에 대한 강한 문화적 요구가 있는 반면 성공을 이루기 위한 정당한 기회가 없는 범죄율이 높은 지역의 경우, 범죄행위를 저지르는 것은 높은 지위를 얻는 수단이 될 수 있다.

이 구조적 상황이 높은 범죄율로 귀결되는 과정에 대해 논쟁이 끊이지 않았다. 전통적인 견해는 이 상황에 처한 사람이 좌절감을 많이 느끼고 이 좌절감 자체가 높은 범죄율을 초래한다는 것이었다. 더 최근 견해는 사람들이 단순히 자신의 이익과 일치하는 방향으로 행동하는 경향이 있어 무슨 수를 써서라도 물질적 성공이나 높은 지위를 추구한다는 것이다. 이 두 번째 견해를 보면 이 상황에 있는 사람이 좌절감을 느끼는지 아닌지는 중요하지 않다.

이 이론적 주장의 정책적 함의는 물질적 성공에 대한 강조를 줄이고 자기만족을 얻는 수단으로 정당한 방법을 더욱더 강조하는 문화적 변화와 관련된다. 한 가지 방법은 가정, 학교, 직업, 정치와 같은 비경제적 사회제도를 강화하여 그들이 경제체제의 요구에 강하게 영향을 받지 않도록 하는 것이다. 또 다른 방법은 사회적 지위를 정당한 방법을 통하여 성취될 수 있도록 개선하는 것이다. 물론 이 방법은 상당히 복잡하다. 게다가 정책적 함의는 물질적 성공을 위한 정당한 기회의 배분을 평등하게 함으로써 사회구조를 개혁하는 것과 관련이 있다. 이 변화는 빈곤과의 전쟁의 실패에서 본 것처럼 상당히 복잡하다. 마약 판매책과 같은 정당하지 않은 기회구조를 직접 개선하려는 노력은 더 큰 문화나 구조의 변화를 시도해 보지도 못하고 실패할 가능성이 높다.

지역공동체적 수준에서 볼 때, 그리고 특히 물질적 성공을 강조하고 그 성취를 구조적으로 제한하는 문화가 있는 사회가 경제적 개발이나 경제적 불균형의 상황을 겪을 때, 범죄는 사회해체와 관련된다. 범죄율이 높은 지역은 높은 실업률, 잦은 주거이동, 높은 가족해체라는 세 가지 구조적 특성을 가지는 경향이 있다. 이 구조적 특성이 높은 범죄율을 일으키는 과정은 익명성, 이웃 간의 관계 부족, 지역공동체 조직의 낮은 참여율 등과 관련된다. 결과적으로, 이 과정은 같은 지역 내 사람이 공통된 가치와 목표를 달성할 수 없는 "사회해체"라고 불리는 상황으로 귀결된다. 이런 지역에서는 부패와 범죄의 악순환이 일어난다. 이 이론의 정책적 함의는 이를 초래하는 구조적 상황을 변경할 수 있는 다양한 수단들과 관련된다. 아마도 지역사회의 익명성 문제를 직접 다루는 것도 가능할지 모른다. 그러나 이 익명성을 유발하는 구조적 상황을 먼저 개선하지 않고는 이 정책이 범죄를 줄일 가능성은 낮을 것이다.

물질적 성공의 가치를 포함한 것 외에 다른 공유된 문화적 관념도 범죄와 인과적 연관이 있을 수 있다. 특히 문화나 하위문화가 다양한 상황 속에서 폭력의 사용을 정당화하는 견해를 뒷받침하면 높은 폭력범죄율을 예상할 수 있다. 이 문화적 또는 하위문화적 견해 중 일부는 구조적으로 형성되었을 수 있다. 예를 들어 인종차별과 실직의 구조적 상황이 다양한 상황에 대하여 폭력적 반응이 예상되는 하위문화적 규범을 형성할 수 있다. 이 법칙은 결과적으로 빈민촌 거주자가 실직과 인종차별을 접할 경우 느끼는 절망과 소외감을 반영한다. 하위문화의 견해가 구조적으로 형성되었다면 이 견해를 직접 다루려는 정책적 반응은 실패할 것이다. 그 대신 정책은 그 의견을 형성했던 구조적 상황을 처음부터 고려해야만 한다. 어떤 문화적 또는 하위문화적 견해는 현재의 구조적 상황과는 관계가 없을 수도 있다. 예를 들어 미국 남부지역 백인 남성의 지나친 남성다움은 현재의 어떤 구조적 상황과도 관련이 없어 보이고 이에 대한 정책적 반응은 대중매체와 같은 다른 방법을 통해 이 견해를 더 잘 다룰 수 있을 것이다.

대중매체는 물론 법위반을 선호하는 문화적 견해를 유포할 수도 있다. 범죄를 저지르는 기술과 범죄의 정당화가 선호되는 것처럼 반복적으로 비추어 질 수 있다. 이것은 특히 폭력범죄의 경우 사실이다. 게다가 대중매체는 폭력이 불법인 경우에도 인간 사이의 갈등을 해소하는 주요한 방법이라는 인상을 만들 수 있다. 대중매체 또는 다른 문화적 사회제도가 이 견해를 유포할 때, 우리는 그 사회에서 높은 폭력범죄율을 예상할 수 있다. 폭력범죄가 발생하는 과정은 범죄의 기술과 정당화를 직접 배우거나 범죄행위가 다른 사람에게 초래한 결과를 통해 간접적으로 배우는 사회적 학습과 관련된다. 이것의 정책적 함의는 대중매체로 하여금 법을 준수하고 사람 사이의 갈등을 비폭력적 방법으로 해결하는 것을 선호하는 영상을 계속 내보내도록 요구하거나 장려하는 것을 포함한다.

수치를 당하는 사람의 사회적 귀속을 영원히 불가능하게 하는 오명 씌우기 식 수치심 부여에 의존하는 사회는 수치를 당하는 사람의 사회적 귀속이 유지되고 지역사회로의 복귀가 환영되는 재통합적 수치심 부여에 의존하는 사회보다 범죄율이 더 높은 경향이 있다. 이 과정은 정당한 기회의 제한과 하위문화의 확립과 관련된다. 어떤 사람이 대략 자신이 통제받는 것만큼 다른 사람을 통제할 수 있는 균형 잡힌 통제를 보이는 사회는 몇몇 사람이 다른 사람에게서 통제를 거의 받지 않으나 다른 사람은 상당히 통제하는 불균형한 통제를 보이는 사회보다 낮은 범죄율을 보이는 경향이 있다. 이 과정은 어떤 사람이 다른 사람에 대한 그들의 통제를 늘리려는 자연적 경향과 관련된다. 사회가 오명 씌우기 식 수치심 부여와 재통합적 수치심 부여 중 어느 것을 채택하는지 그리고 균형 잡힌 통제를 유지하고 있는지는 경제적 불균형과 같은 다양한 다른 사회적 특성에 영향을 받는다.

마르크스주의 범죄학자는 자본주의 자체가 범죄의 원인이라고 주장하여 왔다. 이전 소비에트 연맹에서 독립한 새로운 국가에서 나타나는 범죄의 폭발적 증가가 이 견해를 지지하는 것처럼 보이지만 우리는 잠정적으로 이는 사실이 아니라고 결론을 내린다. 이것보다는 범죄는 아마도 여기서 서술되었던 경제개발, 경제적 불균형, 정당한 수단의 구조적 제한에 수반된 물질적 성공의 문화적 강조, 지역사회의 해체, 다양한 상황에서 벌어지는 폭력사용의 용인, 오명 씌우기 식 수치심 부여의 사용, 불균형한 통제의 존재처럼 자본주의와 관련된 다른 상황이 야기한다고 보여진다.

어떤 재판 관할구역의 형사사법정책은 또한 그 관할구역 내의 범죄율에 명백하게 영향을 미친다. 억제효과에 대한 연구는 엄격한 단속이 (범죄예방 효과가 신속하게 줄어드는) 일시적인 억제효과를 보이지만 그 효과는 엄격한 단속이 종료된 시점 이후에도 지속될 수 있다는 것을 제안하여 왔다. 객관적인 처벌의 확실성 증가도 범죄율의 감소와 관련되는 것처럼 보인다. 다른 한편으로 처벌의 엄격성의 증가에 대한 대부분의 연구는 범죄의 억제효과가 전혀 또는 거의 없다는 것을 보여 왔다. 이 시점에서 많은 연구는 특히 엄격히 수준이 이미 높은 경우, 예를 들어 야수화 효과에서 볼 수 있는 것처럼 엄격성의 증가가 실제적으로 범죄의 증가로 귀결된다는 것을 밝혀왔다.

요약하면 다음에 기술된 구조적 주장이 높은 범죄율과 관련된 사회적 특성을 서술한다. 각각의 구조적 주장은 사람이 개인의 특성과 관계없이 범죄를 저지르는 경향이 증가되는 구조적 상황에서 작동하는 과정을 간단히 설명한다.

1. 경제적 근대화와 개발은 재산범죄율의 증가와 관련이 있다. 재산범죄는 사회가 고도로 발달하고 그 높은 수준을 안정적으로 유지할 때까지 증가하는 경향이 있다. 이 범죄의 패턴을 일으키는 과정은 일상적 활동의 변화 및 범죄기회의 증가와 관련되며 결과적으로 범죄예방기법의 효과성의 증가와 균형을 이루게 된다.
2. 경제적 불평등은 폭력적 범죄율의 증가와 관련된다. 이 폭력성은 좌절과 상대

적 박탈감에 기인한다.

3. 정당한 수단에 충실한 것에 대해 개의치 않고 물질적 성공의 목표를 강조하는 문화는 높은 공리주의적 범죄율과 관련이 있다. 물질적 성공을 위한 정당한 수단의 불평등한 분배는 공리주의적 범죄의 분포와 역관계가 있다. 그리고 경제적 성공의 정당한 수단이 없는 경우에는 정당하지 않은 수단의 개발 부족이 폭력범죄의 증가와 관련되는 반면, 정당하지 않은 수단의 개발 자체는 공리주의적 범죄의 증가와 관련이 있다. 이러한 상황에서 인습적 규준에 의해 지위를 성취할 수 없는 것은 지위 전도 및 더 높은 비율의 비공리주의적 범죄행위와 관련을 맺는다. 이러한 구조적 패턴 속에 포함된 과정들은 좌절이나 자기이해에 관계되는 행위에 가담하려는 단순한 경향성을 수반한다.
4. 높은 실업률, 잦은 주거이동, 가족해체가 존재하는 지역사회는 높은 범죄율을 보이는 경향이 있다. 그 과정은 사회해체로 귀결되는 지역공동체의 익명성과 관련된다.
5. 대중매체가 범죄수법과 법 위반을 옹호하는 정당화를 전파하는 것은 범죄율의 증가와 관련이 있다. 이 과정은 범죄 수법과 정당화를 직접적으로 습득하는 것과 범죄행위가 다른 사람에게 초래한 결과를 통해 간접적으로 습득하는 것을 포함한다.
6. 실직과 인종차별은 여러 가지 상황에서 규범적 폭력을 규정하는 빈민촌의 길거리 법률을 발생시킨다. 이 과정은 빈민촌 거주자의 절망과 소외감, 자존감 유지의 수단인 대립적 하위문화와 관련된다.
7. 객관적인 처벌의 확실성 증가는 범죄율의 감소와 연관이 있지만, 객관적인 엄격성의 증가는 범죄율과 관련이 전혀 없거나 범죄율의 증가와 관련이 있다. 그리고 특정 유형의 범죄에 대한 엄격한 단속은 그 범죄의 일시적인 범죄율 감소와 연관이 있고 그 효과는 엄격한 단속의 기간이 지나서도 지속될 수 있다.
8. 일탈행위자를 낙인찍는 사회는 일탈행위자를 재통합하는 사회보다 높은 범죄율을 가진다. 이 과정은 하위문화의 형성과 정당한 기회의 봉쇄와 연루된다.
9. 어떤 사람이 다른 사람을 더 통제할 수 있는 사회는 비슷한 정도로 서로 통제하는 사회보다 높은 범죄율을 가진다. 이 과정은 사람들이 자신의 통제권한을 확대하려는 자연적 경향과 관련된다.

이 요약에서 제시된 바와 같이, 다양한 구조/과정 이론은 상호 모순되지 않아 보인다. 이 주장 중에서 어떤 것은 옳지 않으며 각 주장에 대한 경험적 의문이 존재한다는 것은 확실히 사실일지도 모른다. 심지어 그럴 가능성이 상당히 높다. 이 주장 중 하나에 대한 경험적 입증은 다른 어떤 주장에 대한 반증을 의미하지는 않는다. 이 점에서 이 이론의 경험적 입증에 입각하여 모든 구조적 주장을 높거나 낮은 범죄율을 보이는 사회의 특성을 설명하는 하나의 이론으로 통합할 수 있다.

마지막으로, 우리가 이전에 검토했던 개인적 차이 이론과 구조/과정 이론은 서로 모순되지 않는다. 구조/과정 이론의 어떤 부분도 어떤 사람은 그들이 처한 상황과 관계없이 범죄에 가담할 가능성이 더 높다는 주장을 반박하지 않는다. 이와 비슷하게, 개인적 차이 이론의 그 어떤 부분도 어떤 상황에선 개인이 그들의 특성과는 관계없이 범죄에 더 가담하게 된다는 것을 반박하지 않는다. 이들은 서로 다른 주장이며 범죄행위에 대한 더 큰 하나의 이론으로 통합될 수 있다.

형법작용의 이론

이 책의 여러 장에 제시된 많은 주장은 형사법 자체가 어떻게 행동하는지에 대해 몇 가지 의견을 제시했다. 이 주장은 어떤 형태의 사람이 범죄를 저지를 가능성이 높은지 또는 어떤 형태의 상황이 높은 범죄율을 보일 가능성이 높은지에 대한 주장과는 별개이다.

예를 들어 뒤르켐과 에릭슨(Erikson)은 기계적인 사회(mechanical society)에서 법은 범죄자나 다른 일탈행위자를 처벌하고 제외시킴으로써 사회의 도덕적 경계를 결정한다고 주장했다. 정상적인 시기에 사회는 사회적 단결을 유지하기 위해 비교적 변함없는 처벌의 수준이 필요하다. 그러나 사회적 단결이 위험에 처했을 경우 범죄의 수준과는 관계없이 처벌의 기능이 확대될 것으로 예상된다. 이 이론은 지난 10여 년간 미국의 범죄는 줄어왔으나 수감률은 세 배가 증가한 사실을 설명할 때 사용될 수 있다. 뒤르켐의 이론은 수감률의 상당한 증가는 범죄 자체의 위협보다는 사회의 단결을 위협하는 것으로 동기화된다고 주장한다.

서덜랜드는 국가가 하층민이 피해를 끼치는 행동에 대해서는 형사적 처벌로 대응하지만 지식층이 피해를 끼치는 행동에 대해서는 규제와 민사적 사건으로 대응한다고 주장했다. 이 이론은 무엇이 범죄를 구성하는지에 대한 규범을 정할 수 있는 지식층의 능력에 초점을 맞춘다. 서덜랜드에게는 해로운 행동의 편차보다 형사법 제정과 집행의 편차가 더 공식 범죄율의 계층적 분포를 설명한다.

비마르크스주의(Non-Marxist) 갈등이론도 비슷한 주장을 제시하나 이들은 가치나 규범이 아닌 이해관계에 초점을 맞춘다. 이 이론에 따르면, 입법부와 사법기관의 종사자는 그들의 이해관계와 일치하는 방향으로 행동하며 이 이해관계는 사회구조로 구체화된다. 가치와 규범을 포함한 평가적 의견 또한 이해관계로 구체화되며 결과적으로 이해관계가 사람이 무엇이 옳고 그른지, 좋고 나쁜지, 정당하고 부당한지, 범죄적인지 합법적인지를 생각하는 것에 영향을 미친다. 이 이해관계에 따라, 어떤 행위가 생명이나 재산에 미치는 실제적인 해악과는 관계없이 입법부나 사법기관의 종사자는 하층민의 전형적인 행동은 범죄로 규정하고, 많은 권력을 가진 단체의 전형적인 행동은 합법적이라고 규정할 가능성이 높다.

갈등이론은 형사법 제정과 집행이 정치적 권력의 분포로 구체화된다고 주장한다. 이 권력은 더 광범위한 법의 행위에 대한 블랙(Black)의 이론 속에 표현된 "계층"이라는 한 요소이다. 블랙은 또한 법이 형태학, 조직, 문화, 사회통제라는 네 가지 다른 요소로 구체화된다고 주장했다. 근본적으로 이 특성은 무엇이 더 심각한 또는 덜 심각한 범죄로 여겨지는지를 결정한다. 예를 들어 블랙은 조직이 개인에 대해 저지른 범죄와 비교하여 보면, 개인이 조직에 대해 저지른 범죄가 더 심각하다고 여겨진다. 따라서 더 큰 형벌을 받는 것이 당연하게 여겨질 것이라고 주장했을 것이다. 이와 비슷하게, 문화를 많이 소유한 사람이 문화가 상당히 부족한 사람에 대해 저지른 범죄와 비교할 때, 문화가 없는 사람이 상당히 문화적인 사람에 대해 저지른 범죄가 더 심각하다고 여겨진다. 따라서 더 큰 형벌을 받는 것이 당연하게 생각될 것이다.

마지막으로, 마르크스주의 이론은 형사법으로 보호되는 다른 어떤 이해관계와 관계없이 법은 경제적 생산수단을 소유한 사람의 경제적 이해관계를 보호하여야만 한다고 주장한다. 형사법이 그들의 경제적 이해관계를 침해했을 경우 그 소유자는 그들의 이해관계가 보호되는 사법관할 구역으로 그 생산수단을 단순히 옮길 수 있다. 이처럼 생산수단을 소유한 사람의 경제적 이해관계를 침해하는 형사법을 제정하거나 집행하는 사람은 자신을 가난하게 만드는 결과를 초래할 것이다. 이 결과는 생산수단을 소유한 사람에게 형사법의 내용에 거부권을 행사할 수 있는 권리를 효과적으로 제공한다.

이렇게 명백히 설명하는 이론 외에, 범죄행위에 대한 많은 이론이 형사법의 행위에 대한 이론을 은연중에 내포한다. 예를 들어 갓프레드슨과 허쉬는[11] "범죄의 속성"을 장기간의 이익이 거의 없이 단순하고 즉각적인 욕구의 충족을 위한 행동, 기술이나 계획이 거의 필요 없는 흥분되고 위험한 행동, 가해자에게는 이익이 거의 없으나 피해자에게는 고통과 피해를 야기하는 행동이라고 규정했다. 이들은 이 자연적 정의를 일상적인 범죄의 특성을 분석하여 도출했다. 이 주장이 자연법 철학의 견지에서 제시되었지만, 사실상 형사법의 제정기관과 집행기관의 행위에 대한 주장을 내포하고 있다. 구체적으로 갓프레드슨과 허쉬가 옳다면, 입법부나 사법기관의 종사자는 일반적으로 "높은 자기 통제력" 행위가 아니라 "낮은 자기 통제력" 행위를 범죄로 규정하고 처리하여야 한다. 이것은 더이상 철학적인 문제가 아니라 경험적인 주장이다.

과학적인 범죄학의 견지에서 볼 때, 갓프레드슨과 허쉬의 범죄의 본성에 대한 철학적 서술을 형법의 작용에 대한 경험적 주장으로 해석하는 것은 나름의 이점이 있다. 경험적 주장은 연구로 검증될 수 있다. 예를 들어 적어도 몇몇 높은 자기 통제력 행위는 범죄라고 정의되고 처리되는 것이 명백하다. 갓프레드슨과 허쉬의 서술을 역으로 생각해보면, 높은 자기 통제력 행위는 복잡하고 욕구를 더디게 충족하며 단기간의 이익이 거의 없는 행위, 상당한 기술과 계획이 필요하나 지루하고 안전한 행위, 피해자에게는 거의 고통과 피해가 없으나 범죄자에게 많은 이익을 제공하는 행위이다. 이는 몇몇 화이트칼라범죄의 특성이다. 우리가 형법의 작용에 대한 경험적 주장을 만들면, 왜 어떤 높은 자기 통제력 행위는 범죄로 정의되고 처리되는 반면, 어떤 낮은 자기 통제력 행위가 그렇지 아니한지 검증할 수 있다. 범죄의 속성에 대한 철학적 주장의 견지에서 이렇게 하는 것은 더 어렵다. 다른 범죄학과 마찬가지로, 형법작용의 이론들은 그 주장이 경험적으로 검증받을 수 있도록 과학적이어야 하며 철학적 서술 그 이상이어야 한다.

요약하면 형사법의 행위에 대한 주장은 다음과 같다.

1. 사회의 사회적 단결이 위협을 받을 때, 범죄의 증가와는 관계없이 범죄의 처벌이 증가한다.
2. 형사법 제정과 집행은 개인과 단체의 정치적·경제적 권력과 비례하여 그들의 가치와 이해관계를 반영한다.

3. 계층 이외에, 특정 사건에 적용되는 법의 양은 형태학, 문화, 조직, 다른 유형의 사회통제의 범위에 영향을 받는다.
4. 형사법으로 어떤 다른 이해관계가 보호되는 것과는 관계없이, 형사법은 경제적 생산수단을 소유한 사람의 경제적 이해관계를 보호하여야만 한다.
5. 장기간의 이익이 거의 없이 단순하고 즉각적인 욕구의 충족을 위한 행동, 기술이나 계획이 거의 필요 없는 흥분되고 위험한 행동, 가해자에게는 이익이 거의 없으나 피해자에게는 고통과 피해를 야기하는 행동이 다른 행동에 비하여 범죄로 규정되고 처리될 가능성이 높다.

형법의 작용에 대한 이 주장은 다른 것과 필연적으로 모순되지 않는다. 이 주장 중 일부가 경험적 연구로 입증된다 해도 필연적으로 다른 주장에 대한 반증을 의미하지는 않는다. 예를 들어 낮은 자기 통제력 행위가 범죄로 정의되고 처리될 가능성이 높다는 것이 사실일지도 모른다. 하지만 정치적·경제적 권력이 적은 사람이 범죄자로 정의되고 처리되는 것 또한 사실일 수 있다. 두 주장이 동시에 사실이라면, 권력을 조금 지닌 낮은 자기 통제력의 사람은 권력을 많이 지닌 낮은 자기 통제력의 사람보다 높은 공식 범죄율을 보이게 될 것이다.

형법작용의 이론은 범죄행위에 대한 이론을 부정하지 않는다. 그 무엇보다도, 이들은 "왜 어떤 행동과 사람은 다른 행동과 사람과는 달리, 범죄라고 정의되고 처리되는가?"라는 다른 질문을 던진다. 그러나 이 별개의 질문은 범죄라고 공식적으로 정의되고 처리되는 행위의 원인에 대한 이론에 몇 가지를 암시한다. 예를 들어 갓프레드슨과 허쉬의 범죄행위에 대한 이론(범죄자는 낮은 자기 통제력을 가진다)은 형법작용의 이론(법 제정 및 집행 공무원은 높은 자기 통제력 행위가 아닌 낮은 자기 통제력 행위를 범죄로 정의하고 처리한다)을 내포한다. 그들의 형법작용의 이론이 옳지 않은 정도만큼 낮은 자기 통제력 행위가 범죄행위와 같지 않기 때문에 그들의 범죄행위에 대한 이론도 옳지 않다.

결과적으로 범죄학자는 형법의 작용과 개인 범죄자의 행위를 동시에 설명할 수 있는 이론을 제시해야만 한다. 이것은 "통합 범죄이론(unified theory of crime)"이라고 칭할 수 있다.[12] 갓프레드슨과 허쉬의 형법의 작용에 대한 암시적 이론이 명백히 서술된다면, 이것이 왜 어떤 행위가 범죄로 정의되고 처리되는지와 왜 어떤 사람이 이 범죄행위에 가담하는지에 대해 조합된 설명을 제시하기 때문에 그들의 이론은 통합 범죄이론이 된다. 이 경우, 관련된 질문은 이 이론의 경험적 적합성이 될 것이다. 형법이 어떻게 작용하는지와 개인 범죄자가 왜 그렇게 행동하는지에 대한 갓프레드슨과 허쉬의 이론은 경험적으로 수집된 자료와 일치해야만 한다.

결론

과거에 형사정책은 종종 정치적 이데올로기의 산물이었다. 보수주의자는 어떤 정책을 선호하고 자유주의자는 다른 정책을 선호했다. 자유주의자나 보수주의자나 특별히 연구에 관심을 두지는 않았으며 그들이 선호하는 정책이 실제적으로 효과가 있는지에 대하여도 관심을 두지 않았다. 대신 그들은 종종 "내 마음이 결정되었으니 사실로 나를 방해하지 마라."라는 입장을 취하는 것처럼 보였다.

오늘날 자유주의자와 보수주의자 모두 형사정책에 대한 그들의 제안을 입증하기 위해 점점 범죄이론과 연구에 의존하고 있다. 이 책 전반에 걸쳐 서술하고 특히 이 장에서 요약한 바와 같이, 이 이론과 연구는 세상이 자유주의자나 보수주의자가 묘사한 것과 같이 단순하지 않다는 것을 보여준다. 그보다는 오히려 다른 자유주의 정책은 그렇지 않은 반면, 몇몇 자유주의적인 정책은 범죄를 줄이며, 또한 다른 보수주의 정책은 그렇지 않은 반면, 몇몇 보수주의적인 정책은 범죄를 줄이는 것 같아 보인다.

이 연구에 입각하여, 최근 자유주의자와 보수주의자는 적어도 몇몇 범죄억제 정책에 동의하는 경향이 있다.[13] 예를 들어 이 시점에서 자유주의자와 보수주의자 모두 초기 어린 시절에 초점을 두는 예방정책을 선호하는 것처럼 보인다. 어느 정도 보수주의자는 가족을 강화하기 때문에 이 정책을 선호하는 반면, 자유주의자는 이 정책이 사람을 처벌하는 것보다 도울 수 있기 때문에 이를 선호한다. 그러나 자유주의자나 보수주의자 모두 경험적 연구가 이 정책이 장기간에 걸쳐 상당히 효과적임을 보여 왔다는 것을 인지하고 있다. 이와 같이 어느 정도는 범죄이론과 연구가 형사정책의 출처로 정치적 이데올로기를 대체하고 있다.

미래에는 정치적 이데올로기가 아닌 범죄이론과 연구가 형사정책의 주요 출처가 될 것이다. 이 책의 첫 장에서 언급한 것처럼, 모든 과학의 요점은 우리가 사는 세상에 대해 통제력을 획득하는 것이다. 범죄학자가 범죄와 인과관계가 있는 원인을 더 많이 밝혀냄에 따라, 형사정책은 이 원인을 더 많이 처리하게 될 것이다. 우리는 우리가 사는 세상에 대해 더 많은 통제력을 가지게 될 것이고 우리는 범죄를 줄이기 위해 이 통제력을 사용할 것이다. 몇몇 범죄학자는 범죄를 줄이는 것에서 얻는 이익보다 통제력을 늘리기 위한 비용이 더 많이 들 것을 두려워하여 이 방향으로 움직이는 것에 대해 경고할지도 모른다. 이 경고와는 관계없이, 범죄학과 형사정책이 이 방향으로 움직이고 있는 것은 분명해 보인다. 몇몇 범죄학자는 학습이론과 같은 한 분야에서만 이론을 계속 개발하고 있고 또 몇몇은 낮은 자기 통제력이나 범죄기회와 같은 한두 가지의 기초적인 개념에 기인하는 이론을 구축하려고 노력하고 있지만, 더 많은 범죄학자는 그들의 연구에 입각한 정책이 가능한 더 포괄적이 될 수 있도록, 범죄의 가장 많은 변량을 설명하기 위해 변인중심의 접근방법을 도입하고 있다. 게다가 제15장에서 살펴본 것처럼, 범죄학에서 흐름이 이론들을 통합할 때 점차 학제 간 통합으로 나아가고 있다.

인용&
부연설명

1. Thomas J. Bernard and Jeffrey B. Snipes, "Theoretical Integration in Criminology," *Crime and Justice: A Review of Research* 20 (1996): 301–48.
2. 공간적 고려로 인하여 형법작용의 이론은 버나드와 스나입스의 논문에서 거론되지 않았다 (Ibid., p. 343). 그러나 이러한 이론과 다른 이론과의 통합에 대해서는 Thomas J. Bernard, "A Theoretical Approach to Integration," in Steven F. Messner, Marvin D. Krohn, and Allen E. Liska, eds., *Theoretical Integration in the Study of Deviance and Crime* (Albany: State University of New York Press, 1989), pp. 137–59에서 토의되었다.
3. 범죄학적 연구에 입각하여 형성된 형사정책의 예에 대해서는 "Critical Criminal Justice Issues: Task Force Reports for the ASC to Attorney General Janet Reno," *The Criminologist* 20, no 6 (November–December, 1995):3–16을 보라.
4. Jack Gibbs, "The Methodology of Theory Construction in Criminology," in Robert F. Meier, ed., *Theoretical Methods in Criminology* (Beverly Hills, CA: Sage, 1985), pp. 23–50을 보라.
5. 이것은 제5장에서 토의되었던 다중공선성(Multicollinearity)의 문제이다.

6. 이 접근방법은 Albert J. Reiss and Jeffrey A. Roth, eds., *Understanding and Preventing Violence*, vol. 1 (Washington, DC: National Academy Press, 1993), chap. 3 에서 취해진 것과 대략 비교할 수 있다. 또한, Robert J. Sampson and Janet L. Lauritsen, "Violent Victimization and Offending: Individual-, Situational-, and Community-Level Risk Factors," in Reiss and Roth, eds., *Understanding and Preventing Violence*, vol. 3 (Washington, DC: National Academy Press, 1994), pp, 1-114를 보라.
7. 예를 들어 David P. Farrington, "Early Predictors of Adolescent Aggression and Adult Violence," *Violence and Victims* 4 (1989): 709-100을 보라. 이 논문은 청소년의 공격성, 10대의 폭력성, 그리고 성인의 폭력성을 보이는 사람들과 폭력적 범죄로 처벌을 받은 사람들의 많은 특성을 백분율로 제시한다.
8. 예를 들어 Peter W. Greenwood, Karyn E. Model, C. Peter Rydell, and James Chiesa, *Diverting Children from a Life of Crime* (Santa Monica, CA: Rand Cooperation, 1996)을 보라.
9. W.S. Robinson, "Ecological Correlations and the Behavior of Individuals," *American Sociological Review* 15 (June 1950): 351-57.
10. 제5장의 다중공선성 문제점에 대한 토론을 보라.
11. Michael Gottfredson and Travis Hirschi, *A General Theory of Crime* (Stanford, CA: Stanford University Press, 1990), pp. 15-44, 89-91.
12. Bernard, "A Theoretical Approach to Integration," op. cit을 보라. 또한, 제13장의 "통합 갈등 범죄 이론"을 보라.
13. 예를 들어 the report to the United States Congress prepared for the National Institute of Justice by Lawrence W. Sherman, Denise Gottfredson, Doris MacKenzie et al., *Preventing Crime: What Works What Doesn't, What's Promising* (Washington, DC: U.S. Department of Justice, 1997)을 보라.

INDEX

(국문)

역자 약력

◉ **이순래**
고려대학교 사회학과 졸업
University of Florida(Gainesville) 박사
현 원광대학교 경찰행정학과 교수

◉ **이성식**
고려대학교 사회학과 졸업
University of Wisconsin(Madison) 박사
현 숭실대학교 정보사회학과 교수

◉ **박정선**
고려대학교 사회학과 졸업
University of Chicago 박사
현 경찰대학교 행정학과 교수

◉ **김성언**
서울대학교 사회학과 졸업
동대학원 박사
현 경남대학교 경찰행정학과 교수

◉ **박철현**
고려대학교 사회학과 졸업
동대학원 박사
현 동의대학교 경찰행정학과 교수

◉ **김상원**
동국대학교 사회학과 졸업
University of Oklahoma(Norman) 박사
현 동의대학교 경찰행정학과 교수

◉ **박성민**
경찰대학 행정학과 졸업
University of Cincinnati 박사
현 University of Tennessee(Chatanooga) 형사사법학과 교수

◉ **류준혁**
계명대학교 경찰행정학과 졸업
University of Cincinnati 박사
현 대구가톨릭대학교 경찰행정학과 교수

도서출판
그린

Vold의 이론범죄학 7판

Green Pub.

1판 1쇄 ▶	2019년 3월 5일
역 자 ▶	이순래 · 이성식 · 박정선 · 김성언 · 박철현 · 김상원 · 박성민 · 류준혁
발행처 ▶	도서출판 **그린**
발행인 ▶	윤덕우
출판등록 ▶	제8-161호(1995. 5. 3.)
주소 ▶	경기 파주시 가람로116번길 107 운정한강듀클래스 411호 (우) 10896
전화 ▶	02)333-2574, 2575
Fax ▶	02)333-2561
E-mail ▶	greenpress@greenpress.co.kr
Homepage ▶	http://www.greenpress.co.kr

정가 : 29,000원

ISBN : 978-89-5727-288-6 (93350)